Précis d'économie

COLLECTION MAJOR

DIRIGÉE PAR PASCAL GAUCHON

CODIRIGÉE PAR GUILLAUME BERNARD

Précis d'économie

par

Emmanuel Combe

Professeur à l'Université de Paris I
Professeur affilié à l'ESCP Europe

Presses Universitaires de France

Du même auteur

Alliances entre firmes et course technologique, Paris, Economica, 1995.
L'organisation mondiale du commerce, Paris, Armand Colin, 1999.
Cartels et ententes, Paris, PUF, « Que sais-je ? », 2004.
Économie et politique de la concurrence, Paris, Dalloz, « Précis », 2005.
La politique de la concurrence, Paris, La Découverte, « Repères », 2008.
Le low cost, Paris, La Découverte, « Repères », 2011.

ISBN 978-2-13-060744-1

Dépôt légal – 1re édition : 1996, novembre
12e édition mise à jour : 2012, septembre

6, avenue Reille, 75014 Paris

à ma femme Nathalie,
à mon fils Aurélien
à ma fille Floriane

Sommaire

Présentation de l'ouvrage

Encore un manuel de sciences économiques ?

Cette légitime interrogation de tout nouveau lecteur pourrait laisser penser qu'il existe une manière unique (d'aucuns diraient la « bonne ») de « faire de l'économie ».

Or force est de constater que l'enseignement de l'économie apparaît aujourd'hui très diversifié ; longtemps cantonnée à un cercle de spécialistes, la science économique s'adresse de nos jours à des publics très différenciés quant à leur formation et leurs besoins respectifs : elle fait partie intégrante du cursus de tout étudiant en droit et en Institut d'études politiques, tandis que les personnes préparant les concours des grandes écoles ou de la fonction publique se voient confrontées à une épreuve de dissertation économique.

Il n'existait pourtant pas à ce jour un ouvrage synthétique, offrant à ces différents publics un panorama des principaux débats et enjeux qui parcourent cette discipline. Ce précis voudrait justement pallier cette lacune, en s'adressant non seulement à ceux qui disposent déjà d'une formation en ce domaine et qui souhaiteraient faire le point sur leurs connaissances, mais également aux nombreuses personnes qui s'engagent dans des études d'économie.

Cet objectif – ambitieux, il est vrai – suppose que plusieurs conditions soient réunies : cet ouvrage se veut accessible à tous, sans pour autant céder à la tentation du discours simplificateur ; il privilégie en outre la dimension synthétique, en mettant en évidence les notions essentielles et les débats saillants ; il établit un continuel va-et-vient entre les théories et les faits économiques ; il fournit enfin au lecteur des problématiques de travail, notamment au travers de plans de dissertation et de thèmes de réflexion.

Si, en refermant ce livre, notre lecteur – désormais informé de nos intentions – avait le sentiment que l'économie, loin de constituer une matière aride et technique, est le lieu de débats féconds... alors l'auteur aurait le sentiment d'avoir atteint pleinement son objectif.

Cet ouvrage ne saurait rendre compte de la totalité des sujets dont traite la science économique aujourd'hui : l'ampleur et la diversité des thèmes possibles rendent difficile (pour ne pas dire illusoire) l'exhaustivité et impose donc une sélection. Selon quels critères ?

Nous avons choisi tout d'abord de traiter des thèmes qui constituent des « classiques » de concours, à l'image du chômage (chap. 3), de la politique économique (chap. 5), de l'inflation (chap. 4), de la monnaie (chap. 7) et de la croissance économique (chap. 6).

Nous avons également sélectionné des thèmes qui permettent – en particulier à ceux qui ne disposent pas au départ d'une formation en sciences économiques – de resituer les débats dans leur contexte et par rapport aux notions clés : tel est le cas du chapitre 1 sur les acteurs de l'économie et du chapitre 2 relatif à l'histoire de la pensée économique.

Nous abordons dans les chapitres 8 et 9 l'économie internationale, sous l'angle des relations commerciales et monétaires.

En revanche, nous avons fait le choix de ne pas traiter ici de l'économie du développement et des finances internationales : sur ces différents points, nous renvoyons le lecteur à l'ouvrage de H. Bourguinat, *Finance internationale* (Dalloz, 2007) ainsi qu'à l'ouvrage de D. Perkins, *Économie du développement* (De Boeck, 2008). De même, les questions relatives à la comptabilité nationale ne sont pas développées dans ce manuel.

L'écriture d'un ouvrage relève avant tout de l'exercice solitaire ; ce dernier ne peut être cependant entrepris sans le concours de nombreuses personnes : qu'il me soit permis ici de leur témoigner ma sincère reconnaissance. Je tiens à remercier le groupe d'étudiants de l'Institut d'études politiques de Paris ainsi que mes collègues enseignants, pour leurs remarques critiques. Je suis également très reconnaissant à Nathalie Fix-Combe, agrégée de lettres, à Pierre-Marie Combe, chargé de recherches au CNRS, à Jérôme Gautié, professeur à l'université de Paris 1, à Pierre-Cyrille Hautcœur, professeur à l'EHESS, à Didier Marteau, professeur à l'ESCP Europe et à Pascal Gauchon, directeur de la collection « Major », pour leurs nombreuses remarques et corrections.

Bien entendu – et selon la formule consacrée –, je reste seul responsable des erreurs et insuffisances qui pourraient subsister.

Adresse internet : emmanuelcombe@free.fr
Site internet : http://www.emmanuelcombe.fr/

1

Les acteurs de l'économie

LES AGENTS ÉCONOMIQUES ET LEURS FONCTIONS

Connaître

— Au 1er janvier 2010, le montant mensuel brut du SMIC s'établit en France à 1 343 €.

— En 2009, le PIB de la France a atteint 1 921 milliards d'euros.

— En 2009, la consommation finale des ménages atteint 1 047 milliards d'euros, soit 55 % du PIB.

— En 2009, le taux d'épargne des ménages est égal à 16,2 %.

— En 2009, les dépenses de « logement, chauffage et éclairage » représentent le premier poste budgétaire dans la consommation des ménages en France.

— En 2009, la FBCF atteint 392 milliards d'euros en France, soit 20 % du PIB.

— En 2009, le taux de prélèvements obligatoires en France est de 40,7 %.

— En 2009, le déficit public atteint 143 milliards d'euros, soit 7,5 % du PIB. La dette publique s'élève à 75 % du PIB.

— En 2008, la France occupe la 16e place en termes de PIB par habitant, avec 46 000 $.

L'étude de problèmes particuliers tels que le chômage ou l'inflation suppose au préalable une bonne connaissance des acteurs qui évoluent au sein d'une économie nationale, respectivement l'État, les ménages, les entreprises et le système financier. Cet apprentissage est généralement effectué dans le cadre de la comptabilité nationale, laquelle fournit une évaluation quantitative des principales opérations économiques réalisées par les « secteurs institutionnels » d'un pays.

Pour notre part, nous avons choisi ici d'adopter une démarche quelque peu différente, en privilégiant la dimension qualitative et théorique.

Nous étudierons tout d'abord les caractéristiques des ménages ainsi que leurs fonctions.

Nous nous tournerons ensuite vers les entreprises, qui ont pour principal objectif de produire et qui, pour ce faire, investissent.

Quels que soient les pays, les économies contemporaines se caractérisent par la présence d'une « main visible », qui intervient non seulement dans le domaine juridique mais aussi dans la sphère économique : l'État ; nous étudierons les principales missions qui lui sont dévolues et les moyens dont il dispose pour mener à bien une politique économique.

Nous nous pencherons enfin sur le fonctionnement du système financier, qui met en relation et ajuste les capacités de financement des agents avec les besoins de financement de l'économie.

I. Les ménages et leurs fonctions

1. Les ménages disposent de revenus dont l'origine apparaît très diverse

En comptabilité nationale, la notion de ménage revêt une acception très large : tout individu ou groupe d'individus, habitant sous le même toit, constitue un ménage.

► **Les ménages perçoivent des revenus primaires, résultant soit de leur participation directe à l'activité productive, soit de la détention d'un patrimoine.**

• **Les revenus de l'activité productive sont la contrepartie monétaire d'un travail et prennent deux formes principales** :

— les **bénéfices**, dans le cas d'un entrepreneur individuel (songeons à un architecte qui est à son compte) ;

— le **salaire**, c'est-à-dire une somme versée par un employeur à un employé, en contrepartie d'un temps de travail (salaire horaire) ou d'une quantité de travail (salaire aux pièces). Dans la plupart des pays de l'OCDE, la rémunération du travail salarié ne peut descendre en dessous d'un certain seuil : il existe un **salaire minimum**. Dans le cas de la France, c'est en 1950 qu'est créé le SMIG (salaire minimum interprofessionnel garanti), lequel est indexé sur les prix ; après 1970, le SMIG se transforme en SMIC (salaire minimum interprofessionnel de croissance), qui est indexé sur la croissance et les gains de productivité de l'économie. En 2010, la valeur du SMIC est égale à 1 343 € (brut) par mois pour un plein-temps.

Les salaires perçus par les individus diffèrent selon le niveau de diplôme, l'âge, le sexe ou le secteur d'activité. Ainsi, en France, le salaire mensuel moyen (brut) s'établit en 2009 à 5 491 € pour un cadre supérieur, contre 1 882 € pour un employé ; à la même date, le salaire mensuel moyen (brut) perçu par un homme atteint 2 945 € contre 2 401 € pour une femme. Comment rendre compte de cette hétérogénéité des salaires ? Faut-il parler de différences de salaires ou d'inégalités, voire de discrimination salariale ?

Parmi les nombreuses explications avancées, celle développée par G. Becker (prix Nobel en 1992) a connu une grande audience : selon Becker, les différences de salaire selon le niveau de diplôme s'expliquent par des différences de productivité, qui résultent elles-mêmes de différences d'investissement en **capital humain**. Afin d'expliciter le raisonnement de Becker, considérons le cas d'un individu qui doit déterminer son niveau d'investissement en capital humain, lequel se définit comme l'ensemble des compétences valorisables sur le marché du travail. À l'image d'un entrepreneur, cet individu va comparer le coût et le bénéfice qu'il espère retirer de l'acquisition de connaissances supplémentaires. Si les coûts et les bénéfices sont quantifiables monétairement, l'individu peut alors comparer ce que lui rapporte le fait de poursuivre ses études un an de plus (le « gain marginal ») avec le coût supplémentaire que cela lui occasionne (le « coût marginal »). Le coût marginal d'une année d'études supplémentaire correspond à la fois au coût direct (prix du diplôme, loyer du logement étudiant, etc.) et au coût d'opportunité, c'est-à-dire au salaire que l'étudiant aurait obtenu s'il avait occupé un emploi et auquel il renonce en poursuivant ses études. Le gain marginal représente quant à lui le supplément de salaire que l'étudiant compte obtenir ensuite sur le marché du travail, grâce à l'année d'études supplémentaire qu'il a effectuée : ce gain marginal est décroissant. Comme l'illustre le schéma 1, la décision optimale pour un étudiant est de poursuivre ses études jusqu'à ce que le coût marginal d'une année d'études supplémentaire soit égal à son gain marginal (soit cinq années d'étude dans notre exemple numérique).

Schéma 1
Le choix de poursuivre ou non ses études

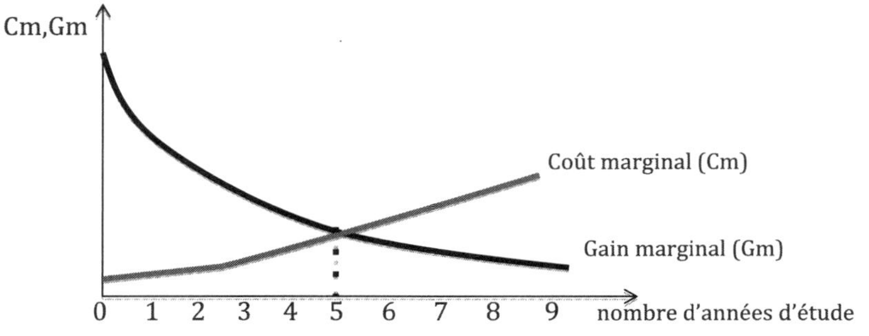

L'approche microéconomique de Becker a suscité de nombreuses critiques :

— seul le niveau d'études et la qualité de la formation reçue sont pris en compte pour expliquer les différences de salaires entre individus. Ce faisant, le rôle d'institutions telles que l'entreprise (le salaire peut également dépendre de la taille de l'entreprise dans laquelle l'individu travaille) ou le syndicat, le rôle de comportements tels que la discrimination (à diplôme égal, les femmes gagnent en moyenne moins que les hommes) sont négligés ;
— elle ne peut expliquer pourquoi, statistiquement, certaines catégories d'individus investissent plus que d'autres en capital humain : par exemple, comment rendre compte du fait qu'en moyenne les enfants de cadres supérieurs entreprennent des études plus longues et/ou plus rentables que ceux issus d'un milieu ouvrier ? ;
— elle repose sur l'hypothèse selon laquelle l'investissement en formation permet de rendre les individus plus productifs. Une autre thèse, développée par Spence (prix Nobel d'économie en 2001), considère que les études servent davantage à révéler la productivité des individus aux employeurs qu'à acquérir des compétences. En effet, compte tenu de l'imperfection de l'information sur le marché du travail, le fait pour un individu d'avoir entrepris avec succès des études (longues et difficiles) envoie un **signal crédible** sur la qualité de ses compétences. Cet « effet parchemin » se retrouve notamment sur des micro-marchés où la productivité des travailleurs est très difficile à estimer *a priori* : le prestige du diplôme tient alors lieu de critère de sélection à l'embauche entre les individus ;
— le niveau de salaire d'un individu ne dépend pas seulement de son niveau d'investissement en capital humain, mais également de l'offre et de la demande de qualifications sur le marché du travail à un moment donné.

Par exemple, le « rendement » d'un investissement dans des études médicales longues n'est pas le même selon qu'il y a pénurie de médecins ou non ! En particulier, si un grand nombre d'individus investissent dans des études longues au même moment, alors même que la demande pour ce type de qualifications n'a pas changé, il va en résulter un phénomène d'« inflation des diplômes » : la valeur économique du diplôme sur le marché du travail diminuera, bien que le niveau de l'investissement soit inchangé.

• **Les revenus primaires dont disposent les ménages peuvent également provenir de la détention d'un patrimoine : on parle alors de revenus de la propriété.**

Le **patrimoine** représente l'ensemble des actifs dont un agent dispose à un moment donné. Il se compose d'actifs réels (tels qu'un logement, un terrain, etc.) et d'actifs financiers (épargne liquide, valeurs mobilières, etc.). Par exemple, une personne qui possède une maison ayant une valeur marchande d'un million d'euros et un terrain d'une valeur de 200 000 € dispose d'un patrimoine total de 1 200 000 €.

La constitution d'un patrimoine permet d'obtenir des revenus, qui peuvent prendre des formes très variées : par exemple, la détention d'un actif immobilier génère des loyers, tandis que les actions rapportent des dividendes et les obligations des intérêts.

Les comportements patrimoniaux posent une question essentielle à l'économiste : les agents constituent-ils un patrimoine dans le but de préparer leur retraite (« épargne pour soi ») ou dans celui de léguer un héritage (« épargne pour autrui ») ? Cette interrogation a suscité nombre d'analyses théoriques et empiriques, en particulier dans le sillage de la théorie du cycle de vie de Modigliani (cf. *infra*).

• **Depuis les années 1960, on peut observer un mouvement de salarisation des revenus** : la part des salaires dans l'ensemble des revenus primaires des ménages tend à croître, tandis que la part des revenus de l'activité non salariée diminue. On constate également une progression des revenus de la propriété.

La mesure de l'inégalité de la répartition des revenus : la courbe de Lorenz et le coefficient de Gini

La courbe de Lorenz permet de donner une représentation graphique de la répartition individuelle des revenus dans un pays : en abscisse se trouve le pourcentage cumulé des ménages et en ordonnée le pourcentage cumulé des revenus des ménages. Une répartition relativement égalitaire des revenus correspond à une courbe de Lorenz proche de la diagonale 0A. Plus la concentration des revenus est forte, plus la courbe s'éloigne de cette diagonale : par exemple, sur notre figure, 30 % des ménages disposent de 90 % des revenus, alors que les 70 % restant se partagent 10 % des revenus.

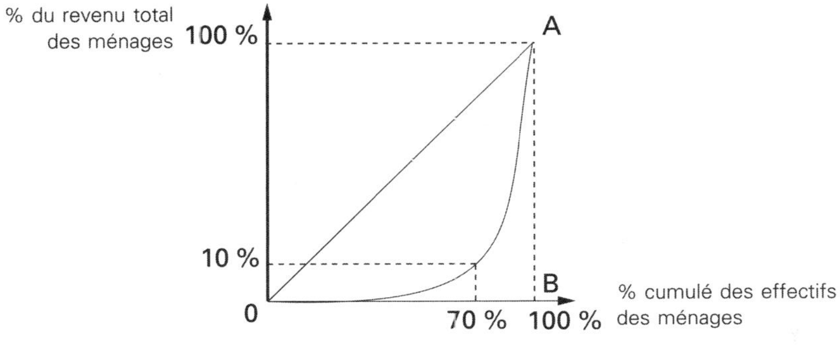

À partir de la courbe de Lorenz, on peut calculer un indicateur de concentration des revenus, dénommé coefficient de Gini ; il se définit comme le rapport entre la surface comprise entre la courbe de Lorenz et la diagonale et la surface du triangle OAB. Lorsque ce coefficient tend vers 0, la répartition des revenus est égalitaire ; à l'inverse, plus le coefficient tend vers 1, plus la concentration des revenus est forte.

► **Ces revenus primaires sont soumis à des prélèvements obligatoires (tels que l'impôt sur le revenu) et complétés par des revenus de transferts (tels que les allocations familiales)** : on passe alors du revenu primaire au revenu disponible, c'est-à-dire au revenu dont disposent librement les ménages pour consommer et épargner.

Dans sa fonction de redistribution verticale, l'État peut se fixer comme objectif prioritaire d'assurer aux plus démunis un minimum de ressources : tel est par exemple le rôle joué en France par le **revenu minimum d'insertion** (RMI) instauré en 1988. Rappelons en effet que certains ménages ne disposent pas de revenus primaires, soit parce qu'ils ne participent pas à l'activité productive (songeons aux chômeurs de longue durée), soit parce qu'ils ne disposent pas de patrimoine. Après vingt ans d'existence, le RMI a été remplacé en 2009 par le RSA (revenu de solidarité active), dont l'objectif est non seulement de lutter contre la pauvreté mais aussi d'inciter à la reprise d'un emploi, en apportant un complément de revenu aux travailleurs pauvres. En effet, contrairement au RMI qui était une allocation différentielle, un bénéficiaire du RSA qui perçoit un euro supplémentaire grâce à son travail ne voit pas diminuer son revenu d'assistance d'un montant équivalent : la réduction du RSA n'est que de 0,83 €, de sorte que le retour à l'emploi lui permet d'augmenter son pouvoir d'achat de 0,62 €. Le RSA traduit donc la volonté de valoriser le travail et de faire en sorte que le retour à l'emploi soit durablement rémunérateur pour les allocataires de minima sociaux. En dépit de ces revenus de transfert, de nombreux ménages disposent aujourd'hui en France de ressources si faibles que l'on peut parler de situations de pauvreté. L'INSEE dispose d'un indicateur monétaire de pauvreté, correspondant pour une personne seule à un revenu inférieur en moyenne à 60 % du niveau de vie médian : en 2008, 13 % de la population vivait en dessous de ce seuil en France, soit 7,8 millions de personnes.

2. Les ménages ont pour principale fonction de consommer et d'épargner

Précisons d'emblée que l'activité économique des ménages ne se limite pas exclusivement à la consommation et à l'épargne ; tout comme les entreprises, les ménages investissent, en particulier à l'occasion de l'achat d'un logement ou de grosses réparations. Néanmoins, il ne s'agit pas là de leur principale fonction : les ménages sont d'abord perçus comme des consommateurs, c'est-à-dire comme des agents qui dépensent une partie de leur revenu pour acquérir des biens et services, et comme des épargnants.

► **La consommation des ménages est une consommation finale : elle est destinée à satisfaire directement des besoins (se nourrir, se cultiver, etc.).** En 2009, la consommation des ménages représente en France plus de 1 084 milliards d'euros, soit 56 % du PIB.

Plusieurs types de consommation finale sont généralement distingués :

— les ménages se procurent les biens qu'ils souhaitent consommer, en les achetant grâce à leurs revenus : on parle alors de **consommation marchande** ;
— les ménages peuvent également satisfaire leurs besoins en consommant des biens et services dont ils sont eux-mêmes les producteurs : on parle alors d'**autoconsommation** (ex. : lorsqu'un agent se nourrit avec les légumes de son potager) ;
— les ménages peuvent enfin **consommer des biens et services non marchands** fournis par la collectivité et qui n'exigent pas de contrepartie monétaire immédiate (ex. : lorsqu'un agent utilise le système de l'enseignement public pour scolariser ses enfants) ; ces services collectifs sont généralement financés de manière indirecte, par le biais de prélèvements obligatoires.

► **L'épargne des ménages est une composante essentielle de l'épargne nationale [1] et comprend trois éléments** :

— l'épargne destinée à être investie dans l'achat de biens immobiliers. En particulier, lorsqu'il s'agit de remboursements de prêts immobiliers, on parle d'**épargne contractuelle** ;
— l'épargne des entrepreneurs individuels : ces derniers épargnent pour pouvoir procéder à des investissements productifs ;
— l'épargne financière des ménages, correspondant à ce que la comptabilité nationale dénomme la **capacité de financement des ménages**. Cette épargne financière peut elle-même être placée en actifs financiers ou bien être détenue sous la forme de placements liquides.

1. Notons en effet que les administrations publiques et les entreprises épargnent également.

Pour prendre la mesure de l'épargne des ménages dans un pays, plusieurs indicateurs sont généralement calculés :

— le **taux d'épargne des ménages**, défini comme le rapport entre l'épargne brute des ménages et leur revenu disponible brut ;
— le **taux d'épargne non financière**, défini comme le rapport entre l'épargne non financière (achats de logements, investissement des entrepreneurs individuels) et le revenu disponible brut ;
— le **taux d'épargne financière**, défini comme le rapport entre l'épargne financière et le revenu disponible brut.

► **Les déterminants de la consommation et de l'épargne sont multiples et controversés.**

• **Les économistes ont longtemps considéré que la consommation et l'épargne dépendaient du taux d'intérêt réel et du niveau général des prix.**

Selon les auteurs classiques, la propension à épargner est une fonction croissante du taux d'intérêt réel : un fort taux d'intérêt réel (c'est-à-dire une forte rémunération de l'épargne) incite à diminuer sa consommation présente pour accroître son épargne, selon un **effet de substitution**. Mais la relation positive entre taux d'intérêt et épargne peut être contrebalancée par un **effet revenu** : pour un ménage qui souhaite effectuer des placements financiers, une hausse des taux d'intérêt signifie un surcroît de revenus futurs, ce qui peut inciter à réduire l'épargne nécessaire pour constituer un patrimoine donné. Ainsi, « au total, le sens de la réaction de l'épargne au taux d'intérêt est en théorie indéterminé. Si la consommation présente et la consommation future sont fortement substituables aux yeux des ménages, l'effet de substitution sera fort et l'emportera sur l'effet de revenu. Au contraire, si la consommation future est ressentie comme plutôt complémentaire de la consommation présente, l'effet de revenu l'emportera sur un effet de substitution faible » [1].

Quant aux effets de l'inflation sur l'épargne, les économistes ont depuis longtemps souligné l'ambivalence de la relation. D'un côté, pour conserver la valeur réelle de leur patrimoine financier, les ménages sont contraints d'épargner plus : ce phénomène, mis en évidence par Pigou, est dénommé **effet d'encaisse réelle** [2]. Mais d'un autre côté, à court terme, l'anticipation d'une accélération de l'inflation peut conduire les ménages à précipiter leurs achats, en particulier de biens durables : ce comportement est dénommé **fuite devant la monnaie**.

► **Keynes a renouvelé le débat, en affirmant que le niveau de la consommation et de l'épargne est déterminé par le revenu courant :**

> La loi psychologique fondamentale sur laquelle nous pouvons nous appuyer en toute sécurité, à la fois *a priori* en raison de notre connaissance de la nature humaine et *a posteriori* en raison des renseignements détaillés de l'expérience, c'est qu'en moyenne et la plu-

1. P. Allard, « Le comportement d'épargne des ménages », *Revue française d'économie*, 1993.
2. La notion d'encaisse réelle est développée dans le chapitre 7.

> part du temps, les hommes tendent à accroître leur consommation à mesure que le revenu croît, mais non d'une quantité aussi grande que l'accroissement du revenu [1].

La relation keynésienne qui unit consommation et revenu courant peut être exprimée par la fonction suivante :

$$C = cY + C0 \quad \text{avec } 0 < c < 1 \qquad (1)$$

avec C, la consommation totale ;
Y, le revenu courant (c'est-à-dire le revenu perçu par le ménage au cours d'une période) ;
c, la propension marginale à consommer, définie comme le rapport entre la variation de la consommation et la variation du revenu ;
C_0, la consommation incompressible : il s'agit de la consommation de l'agent lorsqu'il ne dispose d'aucun revenu.

En divisant l'équation (1) par Y, on obtient la propension moyenne à consommer C/Y :

$$C/Y = c + C0/Y \qquad (2)$$

L'équation (2) fait apparaître que la propension moyenne à consommer décroît avec le niveau de revenu et tend vers la propension marginale. Cela signifie tout simplement que, lorsque le revenu augmente, la consommation totale augmente, mais moins rapidement que le revenu.

Schéma 2
La fonction de consommation keynésienne

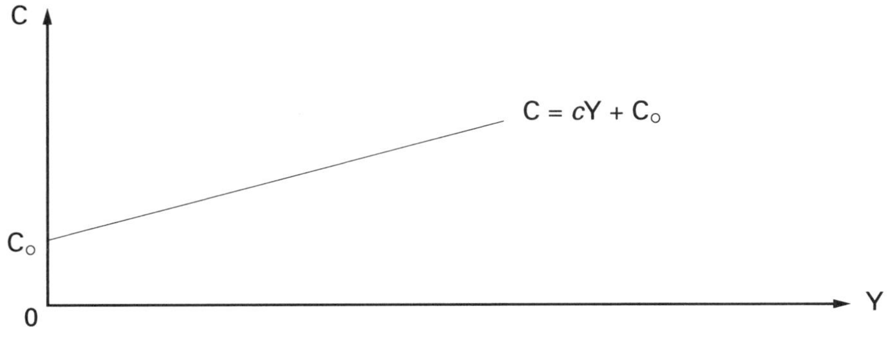

Comme l'épargne (notée S) représente la fraction du revenu qui n'est pas consommée, elle dépend également du revenu :

1. *Théorie générale de l'emploi, de l'intérêt et de la monnaie*, chap. VIII.

$$\Leftrightarrow S = Y - C$$
$$\Leftrightarrow S = Y - (cY + C_0)$$
$$\Leftrightarrow S = (1 - c)\,Y - C_0\,, \qquad (3)$$

L'équation (3) nous montre bien que **l'épargne est une fonction croissante du niveau de revenu** : pour reprendre l'expression de Keynes, l'épargne constitue un « résidu ». Pour un revenu nul ($Y = 0$), l'épargne est négative et égale à $(-C_0)$: cela signifie qu'il y a désépargne, afin de financer la consommation incompressible. L'épargne ne devient positive qu'à partir d'un certain niveau de revenu égal à $C_0/(1 - c)$.

• **La fonction de consommation keynésienne a été contestée par plusieurs auteurs néoclassiques, au premier rang desquels Friedman et Modigliani.**

Cette remise en cause fait suite à une série d'études empiriques sur la consommation. Plusieurs travaux ont confirmé qu'à court terme la fonction de consommation keynésienne était bien vérifiée : la propension moyenne à consommer diminue avec le niveau de revenu. Mais une étude en longue période réalisée par Kuznets en 1946 remet en question les résultats obtenus en courte période : étudiant la relation entre consommation et revenu disponible des ménages aux États-Unis entre 1869 et 1938, Kuznets montre que la propension moyenne à consommer est constante dans le temps ; en d'autres termes, la fonction de consommation de long terme est du type :

$$C = cY.$$

Pour expliquer cette discordance entre courte et longue période, une première explication a été avancée par Brown [1] : selon cet auteur, la consommation d'aujourd'hui ne dépend pas seulement du revenu courant mais également des revenus perçus dans le passé. Il existe un **effet de cliquet** : si les revenus baissent à un moment donné, les ménages ne diminuent pas pour autant leur niveau de consommation.

À la suite de Brown, d'autres arguments théoriques ont été mobilisés, qui consistent à introduire la dimension temporelle dans l'arbitrage entre consommation et épargne : **les ménages ne déterminent pas leur consommation en considérant leur revenu courant mais leur revenu anticipé sur une période beaucoup plus longue**. Tel est l'objet de l'approche en termes de cycle de vie et de revenu permanent.

Selon Ando et Modigliani [2], les ménages consomment et épargnent en fonction de leur **cycle de vie**. Cette théorie montre que le ménage type emprunte lorsqu'il est jeune (par exemple pour financer ses études), épargne durant sa vie active (afin d'accumuler un patrimoine) et désépargne durant sa période de retraite. Le schéma 3*a* représente l'évolution des revenus et de la consommation d'un agent type. Ce dernier souhaite lisser sa consommation sur l'ensemble de sa vie, alors même que ses revenus diffèrent selon les périodes. Durant la période de jeunesse, ses revenus sont inférieurs à sa consommation et l'agent emprunte la surface (1). À l'âge adulte, ses revenus sont supérieurs à sa consommation et il épargne, à la fois pour rembourser ses emprunts de jeunesse et pour préparer la période de retraite.

1. « Habit persistance and lags in consumer behaviour », *Econometrica*, 1952.
2. « The life cycle hypothesis of saving », *American Economic Review*, 1963.

Schéma 3
Épargne et cycle de vie

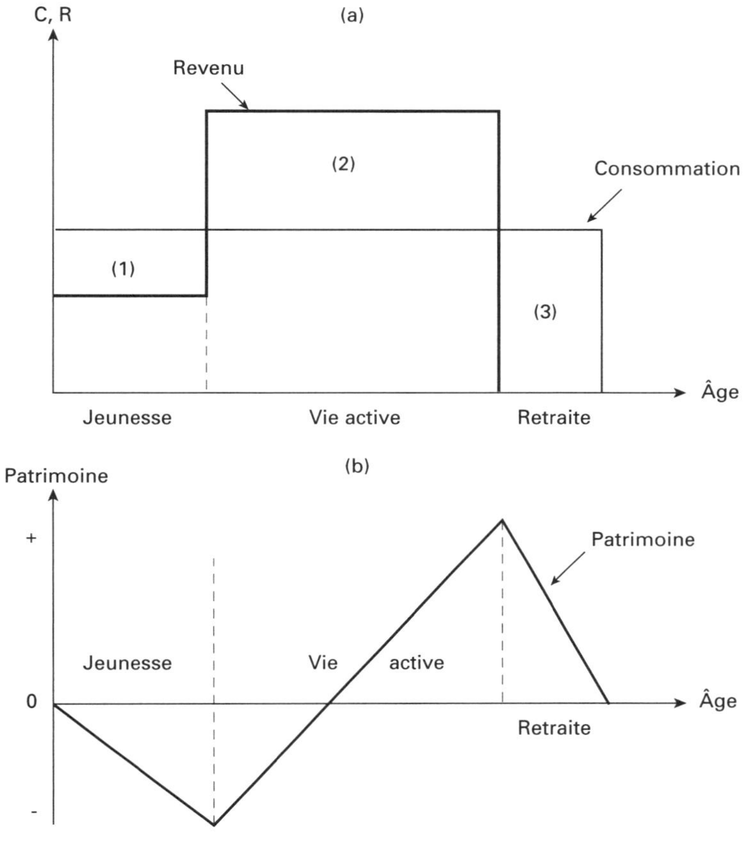

Le montant de son épargne équivaut à la surface (2). Une fois à la retraite, il est supposé que l'agent ne perçoit plus aucun revenu : il désépargne, à hauteur de la surface (3) jusqu'à son décès à la date D. En valeur actualisée, la surface (2) doit être égale aux surfaces (1) et (3). Le schéma 3*b* représente l'évolution du patrimoine de l'agent type : son patrimoine est négatif durant la période de jeunesse, puis durant la période d'activité il devient progressivement positif pour décroître au cours de la retraite. Au niveau d'un pays, on devrait donc trouver une relation entre le taux d'épargne et la structure par âge de la population : si les actifs d'un pays sont nombreux par rapport aux inactifs (jeunes et retraités), le taux d'épargne sera élevé. La théorie du cycle de vie repose sur plusieurs hypothèses fortes :

— les ménages épargnent exclusivement en vue de préparer financièrement leur période de retraite : ils vont donc « dilapider » intégralement leur patrimoine à cette occasion. C'est oublier que les ménages peuvent souhaiter transmettre un héritage à leurs enfants ;
— les ménages connaissent *a priori* leurs revenus futurs et... leur durée de vie. Si l'on suppose qu'il y a incertitude sur la valeur future des revenus, les ménages vont alors constituer une épargne de précaution ;
— les ménages épargnent dans la mesure où ils ne perçoivent pas de revenus de transfert durant leur retraite. Or il existe dans nombre de pays un régime obligatoire de retraite, ce qui limite l'incitation à épargner. À la suite des travaux de Feldstein et Munnel en 1974, de nombreuses études ont essayé de tester l'impact d'un système de retraite obligatoire sur le taux d'épargne, sans parvenir à des résultats univoques ;
— il est supposé que les ménages, durant leur jeunesse, peuvent emprunter auprès du système bancaire pour financer notamment l'accumulation en capital humain. Cette hypothèse est discutable dans la mesure où le marché du crédit est en réalité imparfait : par exemple, faute d'informations fiables sur leur client, les banques peuvent refuser de prêter à un ménage ne disposant pas de collatéraux ou de garanties suffisamment fortes. Dès lors qu'un ménage est rationné sur le marché du crédit (situation dite de « **credit crunch** »), il ne peut « lisser » sa consommation durant la période de jeunesse : sa consommation devient fonction de son revenu courant, et l'on retrouve alors un cadre d'analyse... keynésien. Sur le schéma 4, nous constatons qu'un individu qui n'a pas accès au marché du crédit ne peut consommer durant sa jeunesse que ce qu'il gagne : sa consommation est donc égale à son revenu courant. À l'âge adulte, cet individu va épargner dans le seul but de préparer sa retraite, puisqu'il n'a pas d'emprunt de jeunesse à rembourser. Ce faisant, sa consommation va faire un « saut » à l'âge adulte et passer de C_1 à C_2 : la contrainte de liquidité remet en cause le principe même du « lissage » intertemporel de la consommation.

Selon Friedman [1], la consommation et l'épargne ne dépendent pas du revenu courant mais du **revenu permanent** : ce dernier est défini comme le revenu dont l'agent peut disposer à chaque période de sa vie sans entamer son patrimoine. Par exemple, pour un agent qui dispose d'un travail salarié et d'un appartement qu'il loue, son revenu permanent est représenté par son salaire et le loyer perçu. À la différence de Modigliani, Friedman fait donc l'hypothèse que les ménages ne dilapident pas leur patrimoine (car ils souhaitent léguer un héritage) mais utilisent seulement les revenus issus de ce patrimoine. Friedman distingue dans le revenu observé (Y) deux composantes : le revenu permanent (Y_P) et le revenu transitoire (Y_T) ; ce dernier peut être positif, auquel cas le revenu observé est supérieur au revenu permanent, ou négatif, auquel cas le revenu observé est inférieur au revenu permanent. Selon Friedman, il existe une relation proportionnelle à long terme entre revenu permanent et consommation :

1. *A theory of the consumption function*, Princeton University Press, 1957.

Schéma 4
Cycle de vie et accès au crédit

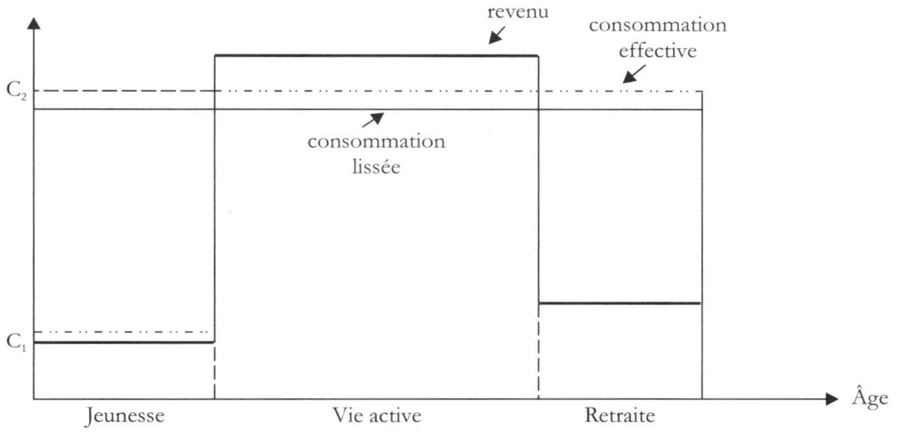

$$C = cY_P.$$

Mais à court terme la relation entre revenu et consommation n'est pas proportionnelle, dans la mesure où il existe un revenu transitoire : en moyenne, les personnes riches disposent d'un revenu transitoire positif, ce qui fait que leur propension moyenne à consommer est plus faible que celle des personnes « pauvres », lesquelles disposent en moyenne d'un revenu transitoire négatif.

3. La consommation et l'épargne des ménages ont connu des évolutions heurtées depuis les années 1970

► **L'étude de l'évolution récente du taux d'épargne des ménages permet de mettre en évidence trois phases** (schéma 5) :

— jusqu'en 1978, on assiste en France à une augmentation tendancielle du taux d'épargne des ménages, qui atteint près de 20 % en 1978 ;

— une phase de forte baisse du taux d'épargne des ménages se produit entre 1978 et 1987, où il atteint 11 %. Cette diminution affecte également la composante financière de l'épargne des ménages ;

— le taux d'épargne remonte tendanciellement après 1987 et se situe en 2009 à 16,2 % ; on assiste parallèlement à la remontée du taux d'épargne financière des ménages qui s'établit en 2009 à 7,3 %.

• **De nombreux facteurs ont été invoqués pour rendre compte de l'évolution du taux d'épargne des ménages au cours des années 1970-1980.** Notons

Schéma 5
L'évolution du taux d'épargne des ménages (France, 1978-2001)

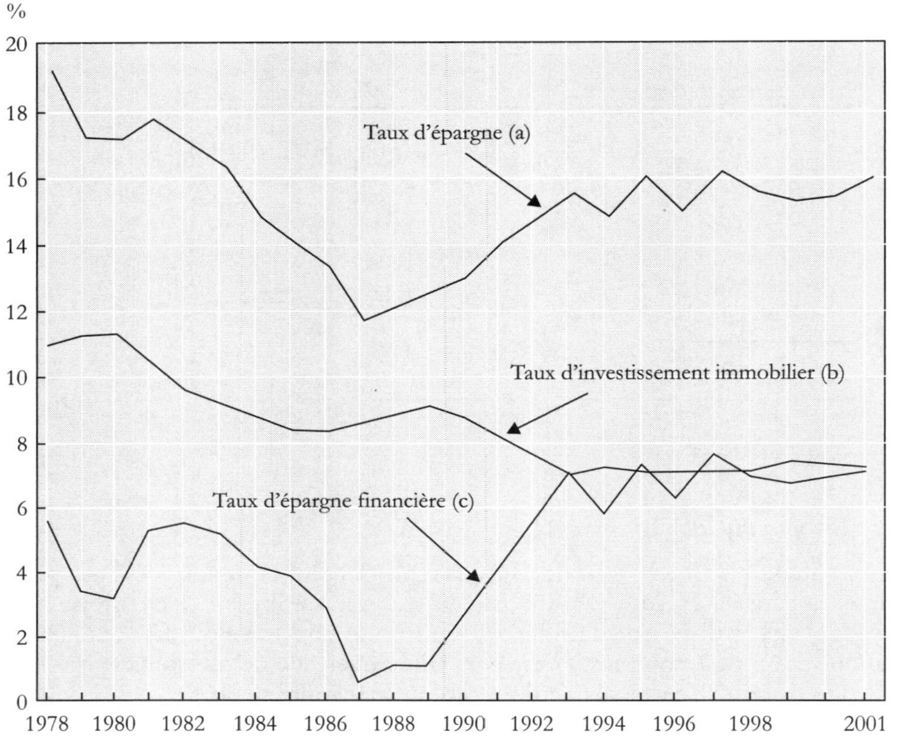

(a) Épargne des ménages rapportée au revenu disponible.
(b) FBCF des ménages non entrepreneurs individuels rapportée au revenu disponible.
(c) Capacité de financement des ménages rapportée au revenu disponible brut.

d'emblée que l'évaluation empirique des déterminants de l'épargne se révèle particulièrement difficile : il existe de nombreux facteurs qui influent sur l'épargne ; un même déterminant peut jouer dans des sens opposés (songeons au taux d'intérêt) ; certains déterminants – tels que l'influence du système de retraites – se prêtent peu à la quantification ; certains facteurs relèvent du conjoncturel (par exemple la croissance économique), tandis que d'autres s'inscrivent dans une perspective structurelle (par exemple la pyramide des âges). En dépit de ces obstacles méthodologiques, les travaux français mettent l'accent sur plusieurs facteurs clés pour expliquer l'évolution à la baisse du taux d'épargne des ménages durant les années 1980 :

— la crise économique des années 1970 et son impact sur la progression des revenus : la faible croissance des revenus a pu inciter les ménages à réduire leur épargne pour conserver leur niveau de consommation ; un tel phénomène d'effet de cliquet a été mis en évidence à la fin des années 1970.

> De 1978 à 1980, par exemple, le taux de croissance du pouvoir d'achat du revenu des ménages est passé de 5 % l'an à 0 % ; les ménages ont réagi en diminuant leur taux d'épargne qui s'est abaissé de 17,5 % à 14,9 %, de sorte que le niveau de leur consommation est, en 1980, supérieur de 3 % à celui qu'il aurait été à taux d'épargne maintenu au niveau de 1978. Ainsi la chute du taux d'épargne a-t-elle compensé, en partie, l'effet de la politique d'austérité qui frappait le revenu des ménages [1].

— La hausse du taux de chômage : la crainte de perdre son emploi peut inciter les ménages à constituer une épargne de précaution.

— La baisse du taux d'épargne peut s'expliquer par la diminution de l'investissement en logements des ménages durant les années 1980.

— Les effets de l'inflation sur l'épargne apparaissent ambivalents : à court terme, l'effet de fuite devant la monnaie a pu jouer, pour céder la place à l'effet d'encaisse réelle à moyen terme.

— Dans une optique de cycle de vie, le vieillissement de la population française devrait se traduire par une baisse structurelle du taux d'épargne des ménages. Si l'on raisonne en longue période, au taux actuel de fécondité, le pourcentage de personnes d'au moins soixante ans, par rapport aux personnes âgées de vingt à cinquante-neuf ans passera de 38 % à 47 % en 2025 : cela signifie donc que le poids relatif des désépargnants augmentera par rapport à celui des épargnants et qu'en conséquence le taux d'épargne pourrait baisser.

— Le taux d'intérêt ne semble pas exercer d'influence significative sur le volume de l'épargne : les taux d'intérêt réels sont très faibles en 1974 alors que le taux d'épargne est élevé et les taux d'intérêt réels augmentent de 1980 à 1986, tandis que le taux d'épargne des ménages chute [2]

— Les facteurs « socioculturels » : par exemple, l'instabilité des couples influe sur le taux d'épargne des ménages.

> Cette instabilité raccourcit l'horizon des choix : toutes les formes d'engagement à long terme se trouvent donc dévalorisées et il peut même paraître peu opportun de repousser, fût-ce à un futur proche, une consommation que l'on peut se permettre dès maintenant. [3]

Pour ce qui est du niveau de l'épargne des ménages en France comparativement aux autres pays, l'accent est souvent mis sur les facteurs structurels tels que la

1. H. Sterdyniak, « Le choix des ménages entre consommation et épargne en France de 1966 à 1986 », *Revue de l'OFCE*, octobre 1987.

2. Cette faible influence du taux d'intérêt réel sur le volume de l'épargne n'est pas spécifique à la France : on la retrouve également aux États-Unis, au Japon et au Royaume-Uni ; en revanche, dans le cas de l'Allemagne fédérale, la hausse des taux d'intérêt réels exerce un effet positif sur le taux d'épargne des ménages.

3. A. Babeau, « Les facteurs structurels de baisse du taux d'épargne », *Eurépargne*, 1986.

démographie et le système de retraites. Ainsi, une étude [1] du CEPII a tenté d'expliquer les différences de niveau d'épargne entre les pays de l'OCDE sur la période 1977-1985, en mobilisant quatre déterminants :

— la part de la population du pays ayant plus de soixante-cinq ans : dans une optique de cycle de vie, ce facteur doit être défavorable à l'épargne ;
— le taux d'activité des plus de soixante ans : il influe négativement sur le taux d'épargne ;
— les retraites versées (en % du PIB) : de fortes retraites versées incitent peu à épargner ;
— le taux d'activité des femmes : ce dernier influe négativement sur le taux d'épargne.

Ainsi, le Royaume-Uni, qui se caractérisait par un faible taux d'épargne des ménages, conjuguait une population relativement âgée (15 % de plus de soixante-cinq ans), un taux d'activité des femmes élevé (60 %), un faible taux d'activité des plus de soixante ans (15 %), un système de retraites relativement important (10,5 % du PIB). À l'opposé du cas britannique se trouvait le cas japonais, caractérisé par un taux d'épargne des ménages élevé : au Japon, la part des personnes de plus de soixante-cinq ans dans la population totale était de 9 %, le système de retraites versées était peu développé (5 %), le taux d'activité des femmes était plus faible qu'au Royaume-Uni (53 %) ; seul le fort taux d'activité des plus de soixante ans (35 %) pouvait abaisser le taux d'épargne japonais.

Entre ces deux cas polaires se situait la France, qui occupait une position moyenne : le taux d'activité des plus de soixante ans était faible (11 %), ainsi que celui des femmes (54 %) ; en revanche, l'importance des retraites versées (12 % du PIB) incitait peu à l'épargne.

• La remontée du taux d'épargne des ménages en France dans les années 1980 reste difficile à expliquer.

En effet, si l'on retient une approche en termes d'effet d'encaisse réelle, la désinflation aurait dû pousser le taux d'épargne à la baisse ; de même, « lorsque le revenu courant ralentit de façon transitoire, ce qui a été le cas de 1990 à 1994, le revenu permanent n'est pas sensiblement affecté si les ménages anticipent un rattrapage à long terme. Ceux-ci consentent donc une baisse temporaire de leur taux d'épargne leur permettant de maintenir leurs dépenses [2] ».

Plusieurs arguments ont été invoqués pour rendre compte de l'évolution de l'épargne des ménages durant les années 1990 :

— face à l'augmentation du taux de chômage, les ménages constituent une épargne de précaution ;
— les forts déficits budgétaires au cours de la récession de 1993 ont pu conduire à des comportements à la « Ricardo-Barro » : compte tenu de l'ampleur des

1. A. Galibert, J. Le Dem, « L'épargne des ménages américains : les enseignements d'une comparaison internationale », *Économie prospective internationale*, 1989.

2. X. Bonnet, O. Leclerc, « Les déterminants de l'arbitrage entre l'épargne et la consommation depuis 1990 », *Note de conjoncture INSEE*, 1996.

déficits, financé par l'emprunt, les ménages anticipent une augmentation future des impôts et constituent en conséquence une épargne ;
— dans un contexte de libéralisation financière, les ménages seraient devenus plus sensibles aux taux d'intérêt et à la contrainte d'endettement. Le haut niveau des taux d'intérêt réels au début des années 1990 a entraîné un arbitrage favorable à l'épargne ; de même, les ménages qui s'étaient endettés au milieu des années 1980 ont dû réduire leur consommation dans les années 1990 pour pouvoir rembourser leurs emprunts, compte tenu de la faible progression des revenus.

► **L'évolution de la structure de la consommation par fonction peut être appréhendée en distinguant différents postes budgétaires** ; les statisticiens distinguent ainsi huit postes, correspondant à un ensemble de besoins : « alimentation, boisson et tabac », « habillement et chaussures », « soins médicaux et santé », etc. À chaque poste budgétaire le consommateur affecte une certaine dépense et l'on peut alors calculer les différents **coefficients budgétaires**.

Tableau 1
L'évolution des coefficients budgétaires des ménages (France, 1959-2006) (en %)

	1959	*1970*	*1980*	*1994*	*1997*	*2001*	*2006*
Alimentation, boisson, tabac	34,1	26	21,4	18,3	17,9	18,2	12,8
Habillement, chaussures	8,7	9,6	7,3	5,7	5,2	4,9	3,6
Logements, chauffage, éclairage	11,8	15,3	17,5	21,3	22,5	24	19,4
Équipement et entretien du logement	10,2	10,2	9,5	7,5	7,3	6,4	4,6
Soins médicaux et de santé	7,1	7,1	7,7	10,2	10,3	11,9	11,7
Transports et communications	8,9	13,4	16,6	16,4	16,3	17,7	13,5
Loisirs et dépenses culturelles	5,4	6,9	7,3	7,4	7,4	9	7,2
Autres biens et services	13,8	11,5	12,7	13,2	13,1	7,9	8,6

Source : INSEE.

Dans le cas de la France, le tableau 1 met en évidence plusieurs caractéristiques des coefficients budgétaires :

— la part du poste « alimentation, boisson et tabac » a fortement diminué dans la consommation des ménages depuis 1959 ;

— dans une moindre mesure, on assiste à une baisse tendancielle depuis les années 1970 du coefficient budgétaire affecté au poste « habillement et chaussures » ; il en est de même pour le poste « équipement et entretien du logement » ;

— la part des postes « logement, chauffage, éclairage » et « transports et communications » a augmenté fortement ;

— on assiste à une croissance tendancielle des dépenses liées à la santé et à la culture.

Comment expliquer ces évolutions dans la structure de la consommation des ménages ? Confrontés à cette interrogation, les économistes ont apporté plusieurs réponses.

• **La structure de la consommation dépend du revenu dont dispose le ménage** : telle est l'idée développée par le statisticien allemand Engel [1] et reprise par la théorie microéconomique du consommateur. Selon Engel, l'observation de l'évolution du budget des ménages fait apparaître que :

— plus le revenu est élevé, plus est faible la proportion des dépenses consacrées à la nourriture ;
— la proportion de la dépense consacrée aux vêtements reste la même lorsque le revenu augmente ;
— lorsque le revenu s'élève, la proportion des dépenses de santé, de culture et de transports augmente.

Schéma 6
Les lois d'Engel

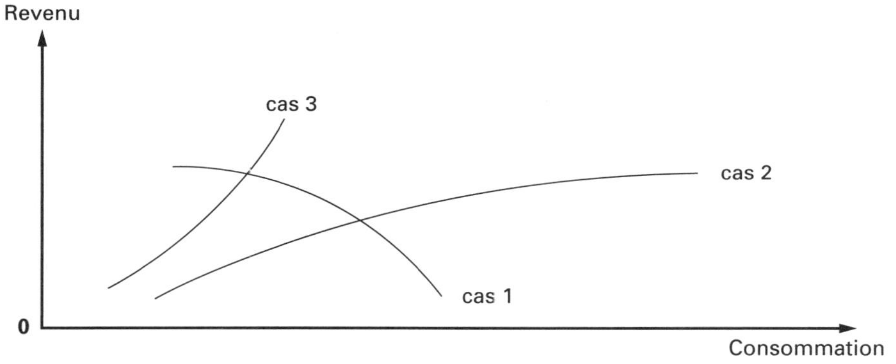

À la suite d'Engel, la microéconomie du consommateur a établi une relation entre revenu et structure de la consommation, en classant les différents biens (et services) en fonction de leur **élasticité revenu** ; cette dernière est définie comme le rapport entre la variation en pourcentage de la consommation d'un bien donné et la variation en pourcentage du revenu. L'élasticité revenu s'écrit donc :

$$e = (dC_x/C_x) \ / \ (dR/R)$$

avec : C_x la consommation du bien X avant l'augmentation du revenu
R le revenu de départ

1. *Les conditions de production et de consommation du Royaume de Saxe*, 1856 ; le travail d'Engel sera ensuite repris par l'économiste américain Wright en 1875, puis en France par le sociologue Maurice Halbwachs en 1934 dans son ouvrage *Morphologie sociale*.

Trois cas d'élasticité revenu sont distingués :

— si l'élasticité revenu est négative, cela signifie qu'une augmentation du revenu se traduit par une baisse de la consommation du produit considéré : on parle alors d'un **bien inférieur** (voir le cas 1 du schéma 6). Par exemple, lorsqu'un agent voit son revenu augmenter de 10 %, il diminue sa consommation de pain de 10 % pour se tourner vers d'autres biens ;

— si l'élasticité est positive et comprise entre 0 et 1, une augmentation du revenu entraîne une faible hausse de la consommation du bien considéré : on parle alors de **bien normal**. Par exemple, si le revenu d'un agent augmente de 10 %, il accroît sa consommation de viande de 5 % (voir le cas 2 du schéma 6) ;

— si l'élasticité est positive et supérieure à l'unité, cela signifie qu'une hausse du revenu induit une augmentation plus que proportionnelle de la consommation du bien considéré : il s'agit d'un **bien supérieur**. Par exemple, lorsque le revenu d'un agent augmente de 10 %, sa consommation de cinéma et spectacles s'accroît de 20 % (voir le cas 3 du schéma 6).

• **La structure de la consommation dépend également du prix des différents biens et de leur évolution.**

Pour connaître précisément la sensibilité de la demande d'un bien à son prix, les économistes calculent l'**élasticité prix** de la demande. Elle se définit comme le rapport entre la variation (en pourcentage) de la quantité demandée du bien X et la variation (en pourcentage) de son prix. L'élasticité prix s'écrit donc :

$$e = (dC_x/C_x) \; / \; (dP_x/P_x)$$

avec : C_x la consommation du bien X avant l'augmentation de son prix
P_x le prix de départ du bien X

L'élasticité prix est toujours négative (ou égale à zéro) : en effet, lorsque le prix d'un bien augmente, la quantité demandée diminue (ou reste constante).

Une demande est considérée comme élastique par rapport à son prix lorsque le pourcentage de variation de la quantité demandée est supérieur au pourcentage de variation du prix : tel est le cas si, par exemple, une augmentation du prix de la viande de 10 % par an se traduit par une baisse de 20 % de la quantité consommée.

Si la demande d'un bien diminue en principe lorsque son prix augmente, c'est parce que le consommateur se reporte sur d'autres biens considérés comme substituables. On peut également calculer une **élasticité prix croisée**, définie comme la variation (en pourcentage) de la demande du bien Y à la suite d'une variation (en pourcentage) du prix du bien X.

L'élasticité prix croisée s'écrit donc :

$$e = (dC_y/C_y) \; / \; (dP_x/P_x)$$

avec : P_x le prix du bien X avant l'augmentation des on prix
C_y la consommation du bien Y avant la hausse du prix du bien X

Trois situations peuvent alors être envisagées :

— si l'élasticité prix croisée est nulle, cela signifie que la hausse du prix de X ne modifie pas la consommation du bien Y ; les deux biens sont considérés comme **indépendants** ;
— si l'élasticité prix croisée est positive, cela signifie que la hausse du prix de X se traduit par une augmentation de la quantité de Y ; les deux biens sont en fait **substituables** (à l'image de la voiture et du transport en commun) ;
— si l'élasticité prix croisée est négative, une augmentation du prix de X entraîne une baisse de la quantité consommée de Y ; les deux biens sont **complémentaires** (à l'image de l'essence et de la voiture).

II. Les entreprises et leurs fonctions

1. La notion d'entreprise recouvre une grande diversité de situations

► **Une entreprise peut se définir comme « une unité de production qui acquiert sur les marchés des facteurs de production qu'elle combine en vue de produire un bien ou d'offrir un service, destinés à satisfaire une demande solvable exprimée sur un marché [1] ».** L'entreprise se distingue à la fois d'une administration (qui peut être publique ou privée), laquelle produit des services non marchands, et d'une association, laquelle poursuit des buts non lucratifs.

Cette définition générique ne doit cependant pas faire oublier qu'il existe plusieurs types d'entreprises, différentes d'un point de vue à la fois économique, juridique et organisationnel.

• **Les entreprises diffèrent selon la nature publique ou privée de leurs capitaux.**

Lorsque le capital d'une entreprise est détenu majoritairement ou intégralement par l'État, il s'agit d'une **entreprise publique** (à l'image en France de la SNCF). À l'inverse, les capitaux d'une entreprise peuvent être entièrement privés. Certaines entreprises occupent une position intermédiaire, du point de vue de la propriété du capital : elles associent en effet capitaux privés et capitaux publics ; on parle dans ce cas d'entreprise mixte.

Le statut public ou privé d'une entreprise n'est pas intangible et peut évoluer au cours du temps :

— une entreprise privée peut se transformer en entreprise publique, à la suite d'une opération de **nationalisation**. C'est ainsi qu'en 1981-1982 le gouvernement Mauroy a procédé à une importante vague de nationalisations, comprenant pas moins de cinq groupes industriels, deux compagnies financières et trente-six banques ;

1. *Dictionnaire d'histoire, économie, finance, géographie*, sous la direction de F. Teulon, Paris, PUF, « Major », 1995.

— une entreprise publique peut évoluer vers un statut d'entreprise privée ou mixte, au travers d'une opération de **privatisation**. Dans le cas français, on a pu assister par exemple en 1986-1987 à un mouvement de privatisation affectant douze entreprises (à l'image de la chaîne de télévision TF1, cédée au groupe Bouygues). Une deuxième vague de privatisations et d'ouverture du capital a lieu à partir de 1993, qui a touché des entreprises comme Thomson Multimédia, Renault ou Bull. En l'espace d'une quinzaine d'années, l'État s'est ainsi désengagé de la quasi-totalité des activités du secteur concurrentiel mais reste encore présent dans les activités de réseau telles que les transports (SNCF, Air France), ou l'énergie (EDF-GDF).

• **Les entreprises individuelles doivent être distinguées des sociétés.**

Dans le cas d'une entreprise individuelle, une même personne assure la direction de l'entreprise, l'apport des capitaux (donc la propriété de l'entreprise) et l'activité productive. Qui plus est, il n'y a pas de séparation entre le patrimoine privé du chef d'entreprise et son patrimoine professionnel : songeons par exemple à un médecin, qui exerce à son compte et dispose de son propre cabinet médical.

Comment justifier économiquement l'existence d'entreprises publiques ?

Si la logique des nationalisations ne relève pas toujours d'une logique économique (songeons aux « nationalisations-sanction » opérées à la Libération contre des entreprises accusées d'avoir travaillé pour l'Allemagne), la théorie économique apporte néanmoins plusieurs éléments de réponse :

— dans une perspective keynésienne, l'entreprise publique est un instrument de régulation de l'activité économique : en lançant des programmes d'investissement au travers de ses entreprises, l'État espère agir sur la conjoncture ;
— l'entreprise publique est un vecteur de restructuration de l'industrie : elle permet de s'engager dans de nouvelles activités dont la rentabilité n'est pas immédiate et le succès aléatoire, et de se désengager des secteurs en déclin au moyen d'aides financières de l'État ;
— dans une perspective néoclassique, l'entreprise publique se justifie dans les situations de « monopole naturel [1] » ;
— certains investissements sont très risqués et nécessitent donc un taux de rendement élevé pour être réalisés. Si l'État entreprend le projet, le risque est réduit, dans la mesure où il est réparti sur l'ensemble des contribuables. Ainsi, l'échec du programme Concorde a été financé par un prélèvement sur chaque contribuable français.

Cependant, nombre d'auteurs – et en particulier les tenants de l'école du *Public Choice* – contestent le bien-fondé des nationalisations : « Dans un contexte de relâchement des contrôles sur les gestionnaires publics, l'offre d'État tend à croître au service d'intérêts particuliers : la production mise en œuvre par l'État ne maximise pas un intérêt général, mais des intérêts privés, au prix d'un gaspillage social [2]. » Dans cette perspective, la privatisation est perçue comme un moyen de limiter la dérive bureaucratique inhérente aux entreprises publiques.

Pourtant, les nombreuses études empiriques sur les performances comparées des entreprises privées et publiques ne parviennent pas à conclure de manière irrévocable que la propriété publique du capital engendre une moindre performance (mesurée par la productivité des facteurs) que la propriété privée du capital. Il semble en fait que la privatisation ne soit pas une condition suffisante pour accroître les performances des firmes :

— dans le cas du secteur concurrentiel, la privatisation doit s'accompagner d'une déréglementation ; la plupart des études empiriques montrent que les firmes privées sont plus efficaces que les firmes publiques, dès lors qu'elles opèrent sur des marchés concurrentiels. Lorsque la structure de marché n'est pas *ex ante* caractérisée par une situation de concurrence, la privatisation doit alors s'accompagner de la libéralisation des conditions de la concurrence pour avoir un impact positif. Ce faisant, il devient difficile d'évaluer l'ampleur de l'impact attribuable au seul transfert de propriété ;

— dans le cas de monopoles naturels non contestables, la privatisation doit s'accompagner d'une réglementation. En effet, si l'on privatise un monopole naturel, il va simplement se transformer en... monopole naturel privé. Il faut donc accompagner la privatisation d'une régulation, comme cela s'est fait au Royaume-Uni.

1. Ces notions sont explicitées dans le chapitre 5.
2. C. Voisin, « Les entreprises publiques aujourd'hui : nationalisations, privatisations, marché unique », *Cahiers français*, n° 271, 1994.

Dans le cas d'une société, le capital est réparti entre plusieurs individus. On distingue les sociétés de personnes (société en nom collectif, société en commandite simple), dans lesquelles la responsabilité des associés est totale, et les sociétés de capitaux, où la responsabilité des associés est limitée à leur apport. D'un point de vue juridique, deux types de sociétés de capitaux sont généralement distingués :

— la **SARL** (Société à responsabilité limitée) : elle peut être créée par deux associés seulement (une cinquantaine au maximum) et nécessite un faible capital social minimum. Chaque associé réalise un apport en capital et reçoit en contrepartie des parts sociales ;

— la **SA** (Société anonyme) rassemble plusieurs actionnaires (au moins sept) et le capital social, divisé en actions, suppose un montant minimum assez élevé. Chaque actionnaire reçoit une partie du bénéfice appelée dividende et participe à la gestion de la SA à l'occasion des assemblées générales des actionnaires. Son droit de vote est proportionnel à la part du capital qu'il détient. L'assemblée générale des actionnaires procède à l'élection des membres du conseil d'administration de la société parmi les actionnaires. Le conseil d'administration définit les grandes orientations de la société (en matière d'investissement, etc.) et élit à sa tête un président.

• **Les entreprises peuvent être également classées selon leur structure organisationnelle**, comme l'ont mis en évidence les travaux pionniers de Chandler [1].

Chandler distingue deux formes d'organisation de la firme, qui se seraient succédé aux États-Unis : l'organisation fonctionnelle centralisée, dénommée **forme U**, et l'organisation multidivisionnelle en centre de profits autonomes, dénommée **forme M** (schéma 7).

Dans le cas de la forme U, l'activité de l'entreprise est structurée par fonctions (la production, la recherche, le marketing, etc.), autour d'une direction générale unique. Dans le cas de la forme M, l'entreprise est décentralisée en divisions auto-

1. Notamment dans *Strategy and structure*, 1962 ; *The visible hand*, 1977 ; *Scale and scope*, 1990.

Schéma 7
La structure U et la structure M

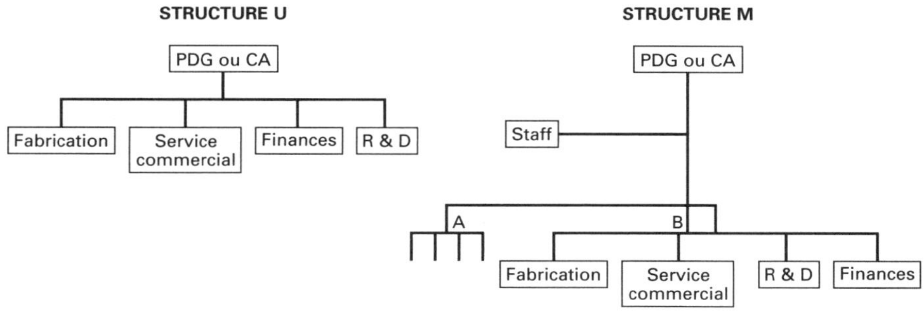

nomes, qui sont spécialisées par lignes de produits ou par régions. Chaque division dispose de sa propre direction et est organisée en centre de profit autonome. Ces différentes divisions sont supervisées par une direction générale, qui assure la coordination de l'ensemble.

Le Japonais Aoki [1] a également proposé une classification organisationnelle des entreprises, en distinguant la **firme A** (américaine) de la **firme J** (japonaise).

Dans le cas de la firme A, le travail est réparti selon un principe de spécialisation très rigide : les ouvriers suivent des règles de travail fondées sur la répétitivité et les tâches à effectuer sont déterminées par un bureau des méthodes. La firme A se caractérise donc par une nette séparation entre les fonctions de conception et d'exécution : les flux d'informations y sont unilatéraux.

La firme J repose sur une organisation du travail plus flexible : il existe une rotation des tâches et la séparation entre exécutants et donneurs d'ordre est moins nette. En particulier, les ouvriers disposent de temps pour procéder à des échanges d'informations, notamment au travers des cercles de qualité, tandis que les ingénieurs sont présents dans les ateliers.

• **Les entreprises diffèrent selon leur taille, laquelle est mesurée par le chiffre d'affaires ou les effectifs salariés.** Dans ce dernier cas, trois types d'entreprises sont distingués :

— les très petites entreprises (TPE), qui emploient moins de 10 salariés ;
— les petites et moyennes entreprises (PME), lesquelles comprennent de 10 à 500 salariés ;

1. « Horizontal versus vertical information structure of the firm », *American Economic Review*, 1986.

— les grandes entreprises, dont les effectifs sont supérieurs à 500 salariés. Dans ce cas, on assiste souvent à une séparation entre les fonctions de propriété et de direction : les actionnaires confient la gestion de la firme à des managers. Le problème qui se pose alors est de savoir si les managers ne vont pas profiter de leur position privilégiée (meilleure information sur l'environnement de l'entreprise, etc.) pour poursuivre un objectif différent de celui des actionnaires (à savoir la maximisation du profit). Dès les années 1930, Berle et Means (*The modern corporation and private property*) ont développé la thèse selon laquelle les managers allaient orienter la gestion des firmes dans leur propre intérêt. Cette thèse connaît aujourd'hui un regain d'intérêt, avec le développement de la **théorie du gouvernement d'entreprise** (*corporate governance*), qui étudie les dispositifs permettant aux actionnaires de discipliner les managers.

Le contrôle des managers

De manière schématique, on peut dire qu'il existe deux formes principales de contrôle des managers. La première est fondée sur des mécanismes de contrôle externe : les firmes mal gérées constituent des cibles naturelles pour des acquéreurs, qui peuvent lancer une OPA (Offre publique d'achat). Les managers, craignant d'être « débarqués » en cas de changement de propriétaires, sont incités à maximiser le profit de la firme. Ce contrôle par le marché financier, très développé dans les pays anglo-saxons, n'est efficace que si plusieurs conditions sont réunies : en particulier, il faut que l'actionnariat soit dispersé et que le marché financier soit très liquide. Ce système a l'inconvénient de développer chez les managers des comportements de « court-termisme » : les dirigeants hésitent à entreprendre des projets à long terme, souvent aléatoires, de peur d'être sanctionnés par les actionnaires.

La seconde forme de gouvernance, particulièrement présente en Europe continentale et au Japon, repose sur le contrôle interne des managers. Par exemple, la politique salariale peut permettre de discipliner les managers : ces derniers sont incités à poursuivre l'intérêt des actionnaires, dès lors que leur rémunération se fait en partie sous forme d'actions. De même, les actionnaires peuvent intervenir à l'occasion du conseil d'administration, qui est chargé (entre autres) de nommer et de révoquer le président du conseil et les directeurs généraux.

Le critère de taille des firmes est souvent mobilisé en sciences économiques, pour expliquer différents phénomènes tels que :

— la mortalité des firmes : cette dernière est étroitement corrélée à la taille de la firme, qui dépend elle-même de son âge. Plus une firme est ancienne, plus le risque de faillite est faible ;

— l'accès aux sources de financement externe : les petites firmes ont difficilement accès au marché financier et sont très dépendantes des crédits octroyés par les banques ;

— la propension à innover : Schumpeter a défendu la thèse selon laquelle les firmes de grande taille disposaient de plus de ressources pour entreprendre des dépenses de R&D (recherche et développement). Cette conjecture ne semble pas toujours vérifiée : dans le cas des biotechnologies, les firmes qui ont une forte propension à innover sont souvent des *start-up* de petite taille.

La taille de l'entreprise se modifie au cours du temps, à la suite d'opérations de croissance interne et de croissance externe. La **croissance externe** se définit comme l'acquisition d'une ou de plusieurs capacités de production en état de fonctionnement ; elle vise généralement à atteindre trois objectifs :

— au moyen de l'acquisition d'activités différentes (croissance conglomérale), la firme opère une diversification de son portefeuille et tente de pénétrer un nouveau segment de marché. Ainsi en est-il du rachat de TF1 en 1987 par la firme de bâtiment et travaux publics Bouygues, qui a permis à cette dernière d'entrer sur le marché en croissance de l'audiovisuel ;
— au moyen de l'acquisition d'activités semblables (croissance horizontale), la firme tente de parvenir à une taille critique. L'acquisition permet ici de créer ou de contourner un obstacle lié à la présence d'économies d'échelle ;
— en acquérant des firmes situées en amont ou en aval de son activité principale (croissance verticale), la firme cherche à s'assurer un approvisionnement sûr (cas de l'intégration en amont) ou à commercialiser elle-même ses produits (cas de l'intégration en aval).

Quant à la **croissance interne**, elle repose sur la création par l'entreprise d'une nouvelle capacité, de production, de R&D ou de commercialisation.

Les limites de la croissance externe et interne

La rapidité de pénétration d'un marché constitue l'avantage essentiel d'une opération de croissance externe, par rapport à la croissance interne. Mais la croissance externe – particulièrement sous la forme d'une fusion-acquisition – se heurte à plusieurs obstacles :

— l'acquisition n'est pas toujours possible, en particulier lorsque le secteur est protégé par les pouvoirs publics ou lorsque des considérations de politique antitrust entrent en ligne de compte ;

— la taille (qui peut acquérir General Motors ?) ou la structure du capital des firmes peut empêcher le rachat d'une firme par l'autre ;

— il peut être difficile d'estimer *a priori* la valeur d'une firme, en particulier dans le cas d'une *start-up* opérant dans un domaine nouveau ;

— l'intégration de la firme rachetée à une nouvelle entité peut se révéler très coûteuse, en particulier lorsqu'il s'agit d'activités différentes de celles de la firme acquéreuse. Plusieurs travaux ont ainsi montré que le succès d'une croissance externe est d'autant plus probable que les groupes de clients et les technologies de l'acquéreur et de la société visée sont proches.

Qui plus est, nombre d'auteurs ont insisté sur l'émergence d'un nouveau contexte économique qui remettrait en cause l'efficacité de la croissance interne :

— la stratégie de découplage géographique et temporel des marchés, telle qu'elle s'exprime dans la théorie du cycle de vie du produit, serait dépassée aujourd'hui par une approche unifiée de la concurrence. Dans ces conditions, la firme se doit d'être présente simultanément sur les principaux marchés : la croissance interne apparaît trop lente pour réaliser une telle mutation ;

— les innovations entre secteurs d'activité auraient tendance à devenir de plus en plus interdépendantes, imposant aux firmes une « fertilisation réciproque » des connaissances. Il en va ainsi du domaine des biotechnologies : la maîtrise de cette filière exige la combinaison de savoirs relevant tant de la chimie que de la biologie. Ce caractère générique de la technologie limite l'intérêt d'une stratégie de croissance interne fondée sur une activité ciblée de R&D ;

— la rapidité du renouvellement technologique des produits implique pour la firme des dépenses de R&D dépassant ses capacités de financement et réduit ainsi l'efficacité de la croissance interne, particulièrement en période de faible croissance économique.

2. Les entreprises évoluent sur une structure de marché

En microéconomie, il est usuel de classer les structures de marché en fonction du nombre d'acheteurs et de vendeurs (voir tableau 2) : par exemple, un marché comprenant un seul offreur et un grand nombre de consommateurs sera qualifié de **monopole**. Aujourd'hui, nombre de marchés présentent une **structure oligopolistique** : quelques firmes effectuent l'essentiel de la production, à l'image de l'industrie des mémoires dynamiques (DRAM), qui rassemble au niveau mondial moins de dix producteurs.

Lorsqu'un marché se caractérise par un grand nombre de firmes, qui offrent un produit différencié, on se trouve dans une configuration de **concurrence monopolistique** : le marché de la chaussure est emblématique de ce type de marché.

La prise en compte du nombre de firmes évoluant sur un marché est essentielle, dans la mesure où elle détermine (en partie) le **pouvoir de marché** dont dispose la firme : une firme en situation de concurrence ne peut pratiquer un prix supérieur à ses coûts, sous peine de perdre tous ses clients. À l'inverse, une firme en situation de monopole est en mesure de fixer un prix supérieur au coût marginal et de réaliser durablement un profit.

Tableau 2
Les différentes structures de marché

	Nombre d'acheteurs	*Nombre de vendeurs*
Concurrence	Grand nombre	Grand nombre
Oligopole	Grand nombre	Peu de vendeurs
Duopole	Grand nombre	Deux vendeurs
Monopole	Grand nombre	Un seul vendeur
Monopole bilatéral	Un seul acheteur	Un seul vendeur
Monopsone	Un seul acheteur	Grand nombre
Duopsone	Deux acheteurs	Grand nombre
Oligopsone	Peu d'acheteurs	Grand nombre

Il serait néanmoins erroné d'en conclure qu'il existe une relation nécessaire et univoque entre la concentration d'un marché (appréhendée par le nombre de firmes) et le pouvoir de marché :

— comme le montrent Baumol et la théorie des marchés contestables [1], une firme seule n'est pas toujours en mesure de fixer un prix élevé, si elle est soumise à la menace d'entrée de nouvelles firmes. L'intensité concurrentielle d'un marché est moins fonction du nombre de firmes effectivement présentes sur ce marché que de l'existence d'une concurrence potentielle ;
— l'État peut intervenir pour limiter les profits d'une firme en situation de monopole. En particulier, dans le cas de monopoles naturels, l'État peut nationaliser la firme ou réglementer le prix auquel elle vend ses produits ;
— la concentration d'un marché ne dépend pas seulement du nombre de firmes mais également de la répartition des parts de marché. Un marché comprenant trois firmes, dont l'une représente 90 % du marché, n'est-il pas plus concentré qu'un marché comportant trois firmes, disposant chacune de 33 % du marché ? Pour remédier à ce problème, les économistes recourent à des indices de concentration, tels que l'indice d'Hirschman-Herfindhal. Ce dernier, compris entre 0 (faible concentration) et 1 (forte concentration), est égal à la somme des carrés des parts de marché (notées *s*) de chaque firme, soit :

$$H = \Sigma s_i^2.$$

Supposons qu'une des trois firmes fasse 90 % du marché et les deux autres 5 % chacune. Dans ce cas, l'indice d'Hirschman-Herfindhal est égal à :

$$(0,9)^2 + (0,05)^2 + (0,05)^2 = 0,815.$$

En revanche, si chacune des trois firmes réalise 33 % du marché, l'indice d'Hirschman-Herfindhal est plus faible :

$$(0,33)^2 + (0,33)^2 + (0,33)^2 = 0,326.$$

• **Les entreprises développent des stratégies visant à modifier à leur avantage les structures de marché.**

Ces dernières ne sont pas intangibles et évoluent au cours du temps ; les firmes sont prises dans une sorte de jeu dialectique entre concurrence et monopole : une entreprise, qui évolue au départ dans un contexte de concurrence, parvient à se créer une position monopolistique ; mais cette situation se révèle transitoire, dans la mesure où l'existence d'un profit élevé entraîne l'arrivée d'imitateurs.

La question qui se pose alors est de savoir comment une entreprise peut échapper – momentanément ou durablement – à la pression concurrentielle. L'entreprise se soustrait à la concurrence en érigeant des **barrières à l'entrée** (selon l'expression de Bain) [2], lesquelles peuvent revêtir plusieurs formes :

— l'entreprise peut bénéficier d'un avantage absolu en termes de coûts de production : par exemple, la firme dispose d'une technique de production plus efficace que ses rivales ;

1. Voir sur ce point les développements du chapitre 5.
2. *Barriers to new competition*, Harvard University Press, 1956.

— l'entreprise peut différencier son produit, soit de manière objective (par l'innovation), soit de manière plus subjective (en jouant par exemple sur le marketing et la publicité) ;
— l'entreprise en place peut bénéficier d'économies d'échelle. Si une nouvelle firme veut entrer sur le marché, elle se trouve alors confrontée à un dilemme : soit elle entre avec un niveau élevé de production, pour tirer parti des économies d'échelle, mais provoque une chute du prix, qui risque de tomber en dessous du coût moyen de production ; soit elle pénètre avec un faible niveau de production mais souffre d'un désavantage en termes de coût de production par rapport à la firme installée.

Une entreprise peut même délibérément ériger des barrières à l'entrée dans le seul but de dissuader l'arrivée de nouvelles firmes ou de forcer les firmes en place à sortir du marché : on parle alors de **barrières stratégiques**. Une entreprise peut par exemple adopter un comportement de **prix prédateur**, consistant à pratiquer un prix de vente inférieur au coût variable moyen de production : par un tel comportement, l'entreprise espère évincer les firmes en place, « le manque à gagner » immédiat étant compensé par un profit élevé à long terme lié à une position de monopole. De même, une firme peut mettre en œuvre une stratégie qualifiée de **dissuasion**, qui vise à empêcher l'entrée de nouvelles firmes : une solution consiste à investir dans des capacités de production excédentaires, que l'on menace de mettre en route si une nouvelle firme pénètre le marché ! Les économistes ont développé de nombreuses analyses sur les différentes stratégies dont peuvent user les firmes pour modifier à leur avantage les structures de marché [1].

En particulier, lorsque les firmes sont peu nombreuses sur un marché, elles peuvent tenter de se constituer en cartel [2]. Dans un cartel, les firmes se concertent pour réduire leur production et augmenter les prix : les firmes d'un oligopole se comportent alors comme une firme en situation de monopole. Une variante du cartel peut également consister à se répartir géographiquement le marché. La mise en place et la viabilité d'un cartel se heurtent à plusieurs difficultés :

— il faut que le nombre de firmes sur le marché soit faible, pour éviter des coûts de négociation trop élevés ;
— certains producteurs peuvent refuser de s'associer au cartel ;
— il faut que le produit soit homogène, ce qui permet de s'étendre plus facilement ;
— la politique antitrust condamne le comportement du cartel [3] ;
— chaque membre du cartel n'est pas incité à respecter la discipline du cartel : en effet, le fonctionnement d'un cartel se heurte à une situation dite de « dilemme

1. Pour une vision d'ensemble, nous renvoyons le lecteur à l'ouvrage de référence : M. Glais, *Économie industrielle*, Paris, Litec, 1993.
2. Voir E. Combe, *Cartels et ententes*, Paris, PUF, « Que sais-je ? », 2004.
3. Voir sur ce point : E. Combe, *La politique de la concurrence*, Paris, La Découverte, « Repères », 2008.

du prisonnier [1] ». Les firmes ont collectivement intérêt à réduire leur production pour augmenter le prix, mais chaque firme individuellement a intérêt à baisser son prix pour gagner des parts de marché. Supposons que deux firmes A et B décident de former un cartel (schéma 8). Lorsque les deux firmes ont une production élevée, le prix est faible et le profit par firme est de 1. Si les deux firmes produisent peu, le prix augmente et chaque firme reçoit un profit de 2. Mais une firme obtient un profit élevé lorsqu'elle produit beaucoup et que sa partenaire produit peu : la firme qui « triche » reçoit 3, tandis que l'autre firme fait un profit nul. Dans ces conditions, l'issue du jeu est évidente : chaque firme se comporte de manière opportuniste et la solution qui prévaut est (1 ; 1). Cette solution est pourtant moins intéressante que la solution du cartel, mais aucune des deux entreprises ne peut prendre le risque de respecter seule l'accord.

Schéma 8
L'instabilité du cartel

		Production de B	
		Forte	Faible
Production de A	Forte	(1 ; 1)	(3 ; 0)
	Faible	(0 ; 3)	(2 ; 2)

Les firmes peuvent également modifier les structures de marché à leur avantage au moyen de stratégies de **fusion-acquisition** (F&A) : cette opération consiste par exemple pour une firme à prendre le contrôle d'une autre firme lors d'une OPA (Offre publique d'achat) amicale ou hostile. Les fusions-acquisitions peuvent prendre trois formes principales :

— fusion horizontale : des firmes concurrentes, c'est-à-dire présentes sur les mêmes marchés, rassemblent leur capital pour ne former plus qu'une seule entité. Ce type de F&A est souvent motivé par la recherche d'économies d'échelle afin d'obtenir une taille critique : la création d'une grande entité doit permettre d'augmenter la quantité produite et de diminuer ainsi le coût unitaire de production. Un autre motif, moins avouable, consiste à réduire l'intensité de la concurrence sur le marché mais les autorités antitrust ont aujourd'hui les moyens de contrôler ce risque, par exemple en bloquant l'opération ou en exigeant des entreprises qu'elles revendent certains actifs à des concurrents ;

— fusion verticale : une firme s'intègre en amont, en rachetant son fournisseur, ou en aval, en rachetant son distributeur. Ce type de F&A est souvent dicté

1. Le « dilemme du prisonnier » est exposé au chapitre 2.

par la recherche d'une meilleure coordination entre les différents stades de production. Mais une telle F&A peut également affecter négativement la concurrence, dès lors que la nouvelle entité maîtrise le réseau de distribution ou l'accès à une ressource indispensable : en effet, la firme peut avoir la tentation d'empêcher ses concurrents d'accéder à son réseau de distribution ou à ses fournisseurs, situation qualifiée par les économistes de « foreclusion du marché » ;

— fusion de diversification : une firme présente sur un marché A achète une entreprise présente sur un marché B. Ce type de F&A peut viser à réaliser des synergies entre activités, ce que les économistes désignent par l'expression « économies de gamme » : il est sans doute moins coûteux de produire simultanément des camions et des autocars que les deux séparément, dans la mesure où ces deux activités présentent des synergies. De même, une fusion de diversification permet de mieux coordonner des activités complémentaires : par exemple, une entreprise de consoles de jeux peut avoir intérêt à racheter un éditeur de jeux vidéo afin de maîtriser la qualité et le prix de vente de l'ensemble (jeu + console). En effet, en l'absence de coordination, chaque entreprise fixe son prix en fonction de son propre profit, sans voir que cela handicape les ventes de l'autre entreprise. Si le prix des consoles est trop élevé, les ventes de jeux vidéo seront limitées, dans la mesure où peu de personnes achèteront une console. Symétriquement, si le prix des jeux est trop élevé, cela freinera l'achat de consoles. Une coordination sur les prix entre les deux entreprises permettrait de fixer un prix global (jeu + console) plus faible, ce qui profite à la fois aux consommateurs et aux deux entreprises. Lorsque les entreprises qui fusionnent produisent des biens qui n'ont aucune relation de complémentarité entre eux ou qui ne génèrent aucune synergie, on parle alors de fusion « conglomérale » : le seul but de la fusion réside dans la diversification du risque [1].

Quelles que soient leurs formes, les fusions-acquisitions devraient normalement permettre de créer de la valeur pour les actionnaires, objectif souvent résumé par la formule « 1 + 1 = 3 ». Très concrètement, cela signifie que la valeur (boursière) de la nouvelle entité doit valoir plus que la somme des valeurs des deux entreprises avant la fusion. Pourtant, force est de constater que près d'une fusion-acquisition sur deux se révèle rétrospectivement un échec, en ce qu'elle n'a pas créé de valeur supplémentaire ! Ce résultat paradoxal provient notamment du fait que les managers surestiment les gains d'une F&A (synergies, etc.) et sous-estiment les coûts qu'elle occasionne, notamment en termes de management du capital humain : il peut être complexe et coûteux de faire travailler ensemble des équipes qui étaient auparavant concurrentes et qui ne disposent pas de la même culture d'entreprise, en particulier dans le cas de F&A transfrontalières.

1. Cet argument est discutable : en effet, pourquoi un manager diversifie-t-il l'activité de son entreprise, alors que les actionnaires peuvent le faire en diversifiant leur portefeuille ?

3. Pour produire des biens et services, les entreprises utilisent des facteurs et procèdent à des investissements

▸ **Les entreprises combinent des facteurs de production, respectivement le travail et le capital, pour obtenir un certain niveau de production.**

La fonction de production représente justement la relation technique qui relie la quantité produite (notée Y) et la combinaison des facteurs travail (noté L) et capital (noté K) :

$$Y = f(K, L).$$

Il est usuel de distinguer en microéconomie deux types de fonction de production :

— la **fonction à facteurs substituables** : dans ce cas, l'entrepreneur peut combiner différentes proportions de capital et de travail pour obtenir un niveau donné de production ; par exemple, pour produire 10 voitures, il a le choix entre utiliser 5 travailleurs et 1 machine ou bien 3 travailleurs et 2 machines (schéma 8*a*) ;

— la **fonction à facteurs complémentaires** : dans ce cas, le travail et le capital doivent être combinés dans une proportion fixe, pour atteindre un niveau donné de production (schéma 8*b*).

Schéma 8
Les isoquantes*

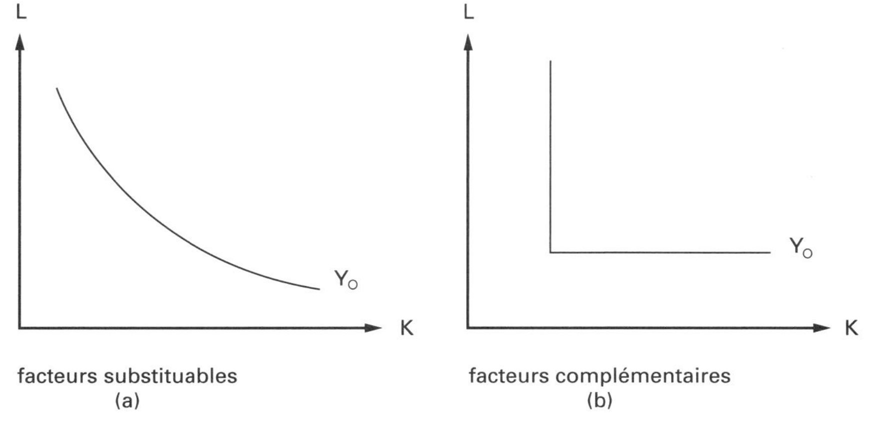

* Une isoquante est une courbe indiquant l'ensemble des combinaisons de K et L qui permettent de produire une quantité donnée Y_O.

▶ **Le rapport entre la quantité produite et les facteurs utilisés permet de déterminer la productivité d'une entreprise.** Trois mesures de la productivité sont généralement retenues : la productivité apparente du travail, la productivité apparente du capital, la productivité globale des facteurs.

La productivité apparente du travail peut être calculée en termes physiques ou en valeur :

— en termes physiques, on divise la quantité produite par le nombre d'unité de travail utilisé. Par exemple, si un entrepreneur produit 100 voitures avec 5 salariés, la productivité physique est égale à 20 ;
— en valeur : on divise la valeur de la production (mesurée par la valeur ajoutée) par la quantité de travail utilisée, mesurée par le nombre d'heures travaillées (« productivité horaire ») ou par les effectifs employés (« productivité par tête »).

Pour ce qui est de la productivité apparente du capital, elle est appréhendée en divisant la valeur ajoutée par le stock de capital fixe (c'est-à-dire le stock d'équipements et de machines, hors bâtiments).

La productivité globale des facteurs est calculée comme une moyenne pondérée des productivités apparentes [1].

▶ **Lorsque l'entrepreneur achète des biens de production, il réalise une opération d'investissement** [2] : par exemple, un entrepreneur investit lorsqu'il décide de se procurer une nouvelle machine. À la différence des consommations intermédiaires (matières premières, etc.) qui sont immédiatement détruites au cours du processus de production, les investissements servent plusieurs fois dans le cycle productif. L'investissement constitue un flux de dépense qui permet d'accroître le stock de capital. Notons que les entreprises ne sont pas les seules à investir : l'État procède aussi à des investissements, lorsqu'il réalise par exemple des infrastructures ; de même, comme nous l'avons vu précédemment, les ménages investissent lorsqu'ils achètent un logement.

• **L'évaluation de l'investissement au niveau d'un pays est appréhendée au travers de la notion comptable de FBCF (Formation brute de capital fixe)**, définie comme la « valeur des biens durables acquis pour être utilisés pendant au moins un an dans le processus de production » (INSEE). La FBCF mesure l'investissement brut, c'est-à-dire inclut :

— l'**investissement net**, destiné à accroître les capacités de production ;
— les opérations de renouvellement du capital, dénommées **amortissement**.

La comptabilité nationale fournit également une évaluation de la formation nette de capital fixe, en déduisant de l'investissement brut les opérations d'amortisse-

1. La pondération retenue est généralement la part de la rémunération de chaque facteur dans le PIB. Cette méthode de calcul suppose que les facteurs de production soient rémunérés à leur productivité marginale.
2. L'acception économique de la notion d'« investissement » est donc différente de l'acception courante, relative à un placement financier.

ment. Si l'on ajoute à la FBCF les stocks, on obtient une mesure de la formation de capital. Si l'on enlève de la FBCF les investissements en logement des ménages, on obtient une évaluation de l'**investissement productif**. On peut également calculer à partir de la FBCF un indicateur qui donne la mesure de l'effort d'investissement d'un pays : le **taux d'investissement**, défini comme le rapport entre la FBCF et le PIB.

L'amortissement

L'utilisation des biens de production se traduit inévitablement par leur usure et/ou leur obsolescence : les « machines » n'ont pas une durée de vie infinie et sont rapidement surclassées par de nouvelles technologies, plus performantes.

L'entrepreneur doit donc anticiper le renouvellement de son appareil de production, au travers d'une opération qualifiée d'amortissement. Dans le compte de résultat, lequel décrit les produits et les charges de l'entreprise au cours de l'exercice écoulé, les sommes liées à l'amortissement sont inscrites en charges (à la ligne « dotation aux amortissements »).

Supposons par exemple qu'une entreprise investisse 10 000 € le 1er janvier 2000 dans l'acquisition d'une machine, dont elle anticipe une durée de vie de deux ans. Il lui faut donc mettre en réserve 5 000 € à la fin de l'année 2000 et 5 000 € à la fin de l'année 2001 pour pouvoir renouveler son matériel à l'identique (par simplification, nous supposons qu'il n'y a pas d'actualisation et que le prix de la machine reste inchangé).

▶ **L'investissement peut revêtir des formes très variées.**

Il est usuel de distinguer l'**investissement matériel** (machines, bâtiments, etc.) de l'**investissement immatériel** : ce dernier comprend les dépenses de R&D, de logiciels, de formation des salariés et de publicité. Notons que ces investissements immatériels, qui représentent aujourd'hui une part importante de l'investissement des entreprises, ne sont pas pris en compte dans la définition de la FBCF.

Les **investissements de capacité** doivent être distingués des **investissements de productivité** (dénommés aussi **investissements de rationalisation**) : alors que les premiers sont destinés à accroître les capacités de production, les seconds visent à modifier la combinaison productive capital/travail à niveau de production donné.

▶ **La décision d'investissement est déterminée par de multiples facteurs.**
Nous en retiendrons quatre principaux, sans prétendre à l'exhaustivité : le profit, le taux d'intérêt, la demande anticipée, le prix relatif des facteurs.

L'entrepreneur investit dès lors qu'il dispose de moyens financiers pour le faire. Nous retrouvons ici la logique selon laquelle « les profits d'aujourd'hui sont les investissements de demain, qui sont les emplois d'après-demain ». Il est ici implicitement supposé que l'entrepreneur recourt au financement interne de l'investissement, c'est-à-dire utilise sa propre épargne pour acquérir des biens de production.

Mais l'existence d'un profit ne signifie pas nécessairement que l'entrepreneur va procéder à un investissement ; il va en effet comparer le profit espéré de l'investissement avec ce que lui rapporte un placement financier. L'entreprise peut également procéder à un financement externe de l'investissement, en empruntant une certaine somme. Dans ce cas, elle compare le prix d'un emprunt (le taux d'intérêt) avec ce que lui rapporte l'investissement, à savoir son taux de rendement [1]. Si le taux de rendement est supérieur au taux d'intérêt, l'entreprise effectue l'investissement.

L'entrepreneur n'investit pas seulement parce qu'il dispose de moyens financiers (en propre ou empruntés) mais également parce qu'il anticipe une demande élevée : tel est le principe de **l'accélérateur**, mis en évidence par Albert Aftalion en 1908 [2]. L'investissement est ici induit et non pas exogène comme dans le cas du multiplicateur. La relation simplifiée d'accélération s'écrit :

$$It = \beta\,(Yt - Yt - 1)$$

avec I*t*, l'investissement en *t* ;

Y*t*, le revenu en *t* ;
Y*t* – 1, le revenu à la période *t* – 1.

Le **coefficient d'accélération** β représente le coefficient de capital, c'est-à-dire le rapport entre le stock de capital et la production (K/Y). Comme le coefficient de capital est généralement supérieur à 1, une variation de la demande finale (biens de consommation) entraîne une variation plus que proportionnelle de la demande de biens de production. Cet effet d'amplification joue tant à la hausse qu'à la baisse : un ralentissement de la croissance de la demande entraîne une baisse de l'investissement plus forte. **Il en résulte que les fluctuations de l'investissement sont plus marquées que les fluctuations de la demande finale.**

Ainsi, sur le schéma 10, on voit qu'une accélération de la croissance de la demande (entre les points A et B) se traduit par une augmentation de l'investissement qui lui est supérieure ; à partir du point B (point d'inflexion), la croissance de la demande ralentit, ce qui provoque une chute de l'investissement, lequel reste néanmoins positif. Lorsque la demande finale est à son maximum, l'investissement est nul (point C). Une diminution de la demande finale conduit à des valeurs négatives de l'investissement : entre les points C et D, on assiste à un processus de désinvestissement, qui se résorbe entre les points D et E, lorsque la chute de la demande se ralentit. Ce phénomène de désinvestissement est en réalité moins marqué : en cas de baisse de la demande finale, les entreprises s'abstiennent simplement de renouveler leurs investissements existants.

Le principe de l'accélérateur repose sur plusieurs hypothèses :

— les firmes fonctionnent à pleine capacité (une augmentation de la demande nécessite l'achat de nouveaux biens de production) ;

1. Le taux de rendement de l'investissement est égal au ratio : profits liés à l'investissement/coût de l'investissement.
2. « La réalité des surproductions générales », *Revue d'économie politique*, 1908.

— le coefficient de capital est constant (il existe une relation fixe entre le stock de capital et la quantité produite [1]) ;
— les entrepreneurs répondent à une hausse de la demande en augmentant les quantités produites et non les prix.

Schéma 10
L'accélérateur : une représentation graphique

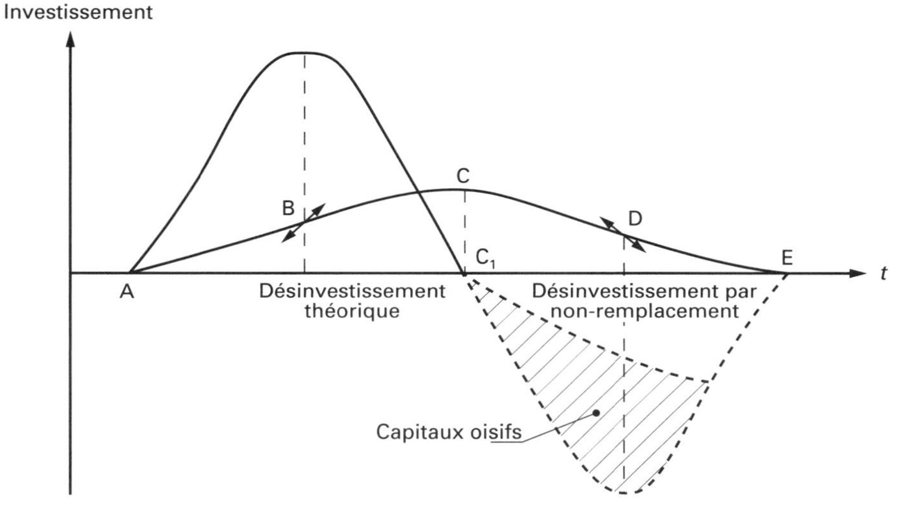

L'investissement est également déterminé par le prix relatif des facteurs, dès lors que la fonction de production est à facteurs substituables. En effet, si le prix du travail augmente par rapport au prix du facteur capital, l'entrepreneur substitue du capital au travail, c'est-à-dire investit.

▶ Le taux d'investissement global a connu en France d'amples fluctuations depuis les années 1960.

On observe tout d'abord un accroissement du taux d'investissement global durant les années 1960 : il passe de 21 % en 1960 à 24 % en 1973. Puis il chute entre 1973 et 1986, où il atteint 17 %. De 1987 à 1990, le taux d'investissement remonte légèrement pour atteindre 18,9 % en 1990. Après 1990, on assiste de nouveau à une diminution du taux d'investissement qui atteint moins de 17 % en 1996. Après 1996, il remonte pour atteindre plus de 19,5 % en 2006.

1. Ce qui revient à supposer, soit que la fonction de production est à facteurs complémentaires, soit que le prix relatif des facteurs est invariant.

III. L'action de l'État

Institution née à l'époque moderne, l'État – détenteur du « monopole de la contrainte physique légitime » (Weber) – a longtemps vu ses prérogatives limitées en matière économique. Au XIXe siècle en particulier, sous l'influence des idées libérales, les pouvoirs publics interviennent relativement peu dans l'activité économique, si ce n'est pour offrir des biens collectifs, protéger l'industrie nationale en période de crise (notamment par le protectionnisme), établir les droits de propriété et en assurer le respect (au moyen de la police et de la défense nationale).

Le XXe siècle marque de ce point de vue une nette inflexion : on passe d'une logique d'État minimal à une logique d'État-providence, ce qui se traduit par un élargissement des fonctions étatiques et par la multiplication des instruments de politique économique.

1. Trois fonctions de l'État peuvent être distinguées, qui ont évolué au cours du temps

► **Il revient à Musgrave d'avoir proposé en 1959** [1] **une typologie des fonctions de l'État** :

— la fonction d'**affectation des ressources** : l'État effectue des dépenses pour entretenir son administration et pour financer les biens collectifs, tels que l'activité de défense et les infrastructures routières ;

— la fonction de **redistribution** : l'État aspire à l'égalité d'accès des citoyens à certaines richesses matérielles. Ne se contentant pas d'adhérer au principe de la justice commutative (« à chacun selon son apport »), il introduit un principe de justice redistributive (« à chacun selon ses besoins ») ;

— la fonction de **régulation** : l'État a pour mission de réguler l'activité économique, en relançant l'activité dans les périodes de dépression et en restreignant les dépenses publiques en période d'inflation. Il s'agit du principe de la régulation conjoncturelle, telle qu'elle a été mise en place durant les années 1960 au travers des politiques de *stop and go*.

Cette typologie de Musgrave prête cependant à discussion, dans la mesure où la séparation des trois fonctions n'est pas toujours opératoire : ainsi, la fonction de régulation peut s'opérer au travers de la fiscalité, ce qui affecte la fonction de redistribution, ou en faisant varier les dépenses de fonctionnement de l'institution étatique, ce qui influe sur la fonction d'affectation des ressources.

• **Cette typologie des fonctions étatiques peut être lue dans une perspective historique.**

1. *The theory of public finance*, McGraw-Hill.

Sous l'Ancien Régime, la fonction d'affectation des ressources domine, en particulier avec les fonctions régaliennes consistant dans le maintien de l'ordre au niveau externe (activité de défense) et au niveau interne (activité de police). Ainsi, en début du XIXe siècle, 70 % des dépenses publiques sont encore assignées à ces seules fonctions régaliennes.

Au XIXe siècle (au sens historique du terme, c'est-à-dire jusqu'en 1914), la fonction d'allocation des ressources s'élargit avec le développement des biens collectifs et des services de tutelle : il s'agit en particulier de l'institution en France de l'école publique obligatoire sous l'impulsion des lois Ferry (1882). Mais l'État n'en demeure pas moins étroitement circonscrit à cette seule fonction d'allocation : il n'intervient pas directement dans la sphère économique par le biais d'une politique économique. Le libéralisme constitue alors le discours dominant sur l'État, à l'image de Taine estimant que « l'État est toujours mauvais chef de famille » : l'État est perçu comme une source de dépenses inutiles et le respect de l'équilibre budgétaire annuel est érigé en véritable dogme (ni excédent ni déficit).

De la Première Guerre à 1945 émerge en France une fonction de redistribution avec la mise en place d'un impôt sur le revenu en 1913 et d'un système d'indemnisation du chômage durant la Grande Crise.

Après 1945, sous l'impulsion des idées keynésiennes alors dominantes, on assiste à l'essor des fonctions de redistribution et de régulation conjoncturelle (les politiques de *stop and go*). L'État circonscrit cède alors la place à un État inscrit dans l'activité économique [1].

Depuis les années 1980, la fonction de régulation macroéconomique a été remise en cause, notamment à la suite de la période de stagflation des années 1970 et sous l'influence des thèses libérales. Parallèlement à ce mouvement de retrait de l'État comme régulateur de la conjoncture, on a pu assister à l'essor de la fonction de **réglementation microéconomique** : le rôle de l'État consiste moins aujourd'hui à intervenir directement dans l'activité économique qu'à fixer les règles du jeu régissant les relations entre acteurs privés (entreprises, ménages, banques, etc.) en économie de marché, que ce soit en matière de concurrence (politique antitrust), d'environnement (lutte contre la pollution) ou financière (réglementation bancaire, par exemple).

2. L'État dispose d'un budget, composé de recettes et de dépenses

► **Le budget de l'État représente l'ensemble des comptes qui décrivent pour une année civile les ressources et les charges de l'État** [2]. Il est déterminé chaque année par une « loi de finances », votée par le Parlement à l'automne précédant l'année civile de son application.

1. André Delorme, *L'État et l'économie : essai d'explication de l'évolution des dépenses publiques en France 1870-1980,* Paris, Seuil, 1983.

2. L'État est ici défini au sens strict, c'est-à-dire par ses administrations centrales ; les ressources et les dépenses des collectivités locales (régions, départements, communes) et des organismes de Sécurité sociale ne sont pas prises en compte.

• **Quatre principes gouvernent le budget** :

— le principe d'**universalité budgétaire** : aucune recette n'est *a priori* affectée à une dépense particulière ; ce principe est aussi appelé principe de non-affectation ;
— le principe de l'**annualité budgétaire** : l'autorisation de percevoir des impôts pour effectuer des dépenses ne peut être qu'annuelle ;
— le principe de l'**unité budgétaire** : l'ensemble des dépenses et des recettes budgétaires doit être présenté dans un document unique ;
— le principe de **spécialité** : les dépenses publiques sont examinées par le Parlement de façon détaillée.

• **La structure du budget de l'État comprend deux types d'opérations** :

— les opérations **définitives** : il s'agit de sommes qui ne sont pas directement récupérées par l'État (ex. le traitement des fonctionnaires) ;
— les opérations **temporaires** : ce sont des sommes récupérées au bout d'un certain temps (ex. les prêts et les avances consentis à des États étrangers).

• **Les charges budgétaires sont réparties en différents postes (dénommés « sections budgétaires ») d'inégale importance.**

Ainsi, dans le budget 2001 de la France, les « charges communes » constituent le deuxième poste : il s'agit de l'ensemble des dépenses communes à toutes les administrations (pensions, dépenses relatives à la dette publique, etc.). Hormis les charges communes, les postes « éducation nationale » et « défense » représentent les deux premières affectations budgétaires (tableau 3).

• **En longue période, les dépenses budgétaires ont tendance à augmenter plus rapidement que le PIB, et ce quel que soit le pays.**

Il est vrai cependant qu'en niveau le rapport (dépenses publiques/PIB) diffère entre les pays, quelle que soit la période : la tradition anglo-saxonne, accordant une place plus restreinte à l'État, se distingue de la tradition d'Europe continentale. Comment expliquer cette tendance à l'évolution des dépenses publiques par rapport à la production ?

Tableau 3
Les principales dépenses de l'État
(par section budgétaire ; 2001 ; milliards d'euros)

Charges communes	51,1	19,5 %
Éducation nationale	59,2	22,7 %
Défense	37,3	14,3 %
Travail, emploi, formation professionnelle	31,9	12,2 %
Équipement, transport et tourisme	21,1	8,2 %
Autres		23,1 %
Charges budgétaires totales	260,9	100 %

Source : INSEE.

Wagner établit dès la fin du XIXe siècle une loi selon laquelle l'élasticité des dépenses publiques au revenu national est supérieure à l'unité, soit :

$$(dG/G)/(dPIB/PIB) > 1.$$

Cette inéquation signifie qu'une hausse de 10 % du PIB (soit $dPIB/PIB = 10\ \%$) entraîne une augmentation des dépenses publiques de plus de 10 % (soit $dG/G > 10\ \%$).

Wagner avance deux arguments principaux pour justifier cette loi :

— la croissance économique implique la mise en place d'infrastructures (routes, ponts, etc.) qui sont financées par l'État, dans la mesure où il s'agit de biens collectifs ;
— la croissance économique s'accompagne d'une augmentation de la demande de services non marchands tels que l'éducation et la culture. Nous retrouvons ici les lois mises en évidence par Engel sur l'évolution de la répartition du budget des ménages : lorsque le revenu disponible augmente, la part des dépenses d'alimentation diminue, tandis que celle des dépenses de services (biens supérieurs) croît.

La **loi de Wagner** ne fournit cependant aucune indication quant à la manière dont progressent ces dépenses publiques : est-ce de manière linéaire ou par à-coups ? Deux auteurs anglais, Peacock et Wiseman [1], apportent une réponse à cette interrogation, en introduisant la notion d'**effet de déplacement**. À partir de l'étude de l'évolution des dépenses publiques par rapport au PIB au Royaume-Uni depuis le milieu du XIXe siècle, ils montrent que cette évolution se fait par à-coups, à l'occasion de crises et de guerres. L'explication en est relativement simple : en période de calme, la population résiste à toute augmentation de la charge fiscale ; en revanche, en situation de crise, les impôts peuvent augmenter. Une fois la crise terminée, la charge fiscale ne revient cependant pas à son niveau antérieur : il y a un **effet de cliquet**, dû à l'émergence de dépenses nées de la crise. Par exemple, à la suite d'une guerre, les dépenses militaires diminuent, mais il faut affecter une partie du budget à de nouveaux postes tels que la reconstruction ou les pensions aux anciens combattants.

► **Les ressources de l'État proviennent pour l'essentiel des prélèvements obligatoires**, c'est-à-dire des transferts réalisés par des agents économiques aux administrations publiques, à condition que ces versements ne soient pas liés à une décision volontaire et qu'ils ne soient pas assortis d'une contrepartie immédiate ou directe individualisable. Les **prélèvements obligatoires**, qui représentent plus de 90 % des ressources publiques en France, se composent eux-mêmes des impôts et des cotisations sociales.

1. *The growth of public expenditure in the United Kingdom*, 1967.

Les **impôts** regroupent principalement en France l'impôt sur le revenu, l'impôt sur les sociétés, la taxe sur la valeur ajoutée, la taxe intérieure sur les produits pétroliers, l'impôt sur les grandes fortunes (ISF).

Les **cotisations sociales** rassemblent les cotisations des employeurs (dénommées également « cotisations patronales »), les cotisations des salariés, les cotisations des non-salariés (travailleurs indépendants ou personnes inactives).

Les différents types d'impôts

Les impôts, quels qu'ils soient, présentent trois caractéristiques :

- ils sont perçus sur la base d'une assiette, c'est-à-dire d'une grandeur économique (telle que le revenu, le patrimoine, etc.) ;
- ils sont déterminés par un taux d'imposition, qui correspond à un certain pourcentage prélevé sur la grandeur économique considérée. Dans le cas de l'impôt sur le revenu, le taux d'imposition diffère selon le niveau de revenu (on dispose dans ce cas d'un barème d'imposition) ;
- ils sont encaissés (« recouverts ») selon diverses modalités : la déclaration des agents économiques (qui peut être tronquée, ce qui justifie l'existence de contrôles fiscaux), l'achat d'un bien (dans le cas de la TVA).

Il est usuel de distinguer deux grandes catégories d'impôts :

- les impôts directs : ils sont supportés et versés au percepteur par le même agent économique ; tel est le cas de l'impôt sur le revenu, sur le bénéfice des sociétés ou des impôts locaux ;
- les impôts indirects : les agents qui les supportent ne sont pas ceux qui les versent à l'administration fiscale. Tel est le cas de la TVA (Taxe sur la valeur ajoutée), payée par le consommateur lorsqu'il achète un bien (ou un service), mais versée au fisc par le commerçant.

Parmi les impôts directs, l'impôt sur le revenu occupe une place à part, dans la mesure où il affecte les revenus des personnes physiques (salaires, revenus de l'épargne, etc.). Dans tous les pays, l'impôt sur le revenu est progressif : le taux d'imposition augmente par tranche de revenus.

• **Au cours de la période 1965-2000 on note une tendance générale dans les pays de l'OCDE à l'augmentation du taux des prélèvements obligatoires, défini comme le rapport des prélèvements obligatoires au PIB (tableau 4).**

Le niveau des prélèvements obligatoires de l'ensemble des pays de l'OCDE a en effet augmenté de manière continue, passant de 25,8 % du PIB en 1965 à 37,5 % en 2000, soit une hausse de 11,7 points.

La France se caractérise – tout comme les pays nordiques – par un **taux de pression fiscale** relativement élevé (plus de 45 % en 2000), comparativement aux États-Unis (28 % en 2000), au Royaume-Uni (37 % en 2000) et au Japon (27 % en 2000) ; on voit aussi que ce taux a fortement augmenté depuis 1973 dans la plupart des pays de l'OCDE, ce qui est dû en partie au ralentissement de la croissance, et au développement de l'indemnisation chômage.

• **En ce qui concerne la structure des prélèvements obligatoires, la France présente un certain nombre de spécificités** :

— les cotisations sociales, et en particulier celles émanant des employeurs, y constituent la première source de prélèvements obligatoires, avec plus de 40 % du total ;

Tableau 4
L'évolution du taux de pression fiscale

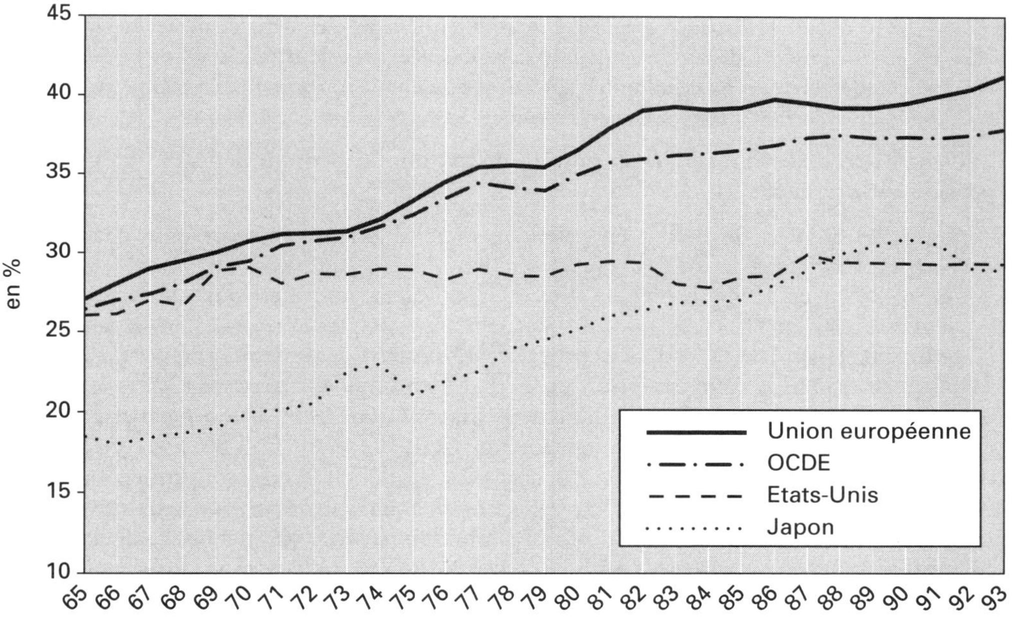

Source : OCDE.

— l'impôt sur le revenu des personnes physiques (IRPP) occupe une place relativement modeste (dans la mesure où il existe une tradition d'exemption des personnes à faibles revenus en France) comparativement à des pays tels que le Danemark ou la Suède ;

— les impôts indirects – à l'image de la TVA – représentent une source importante de recettes, comparativement aux impôts directs.

► **Le solde budgétaire représente la différence entre les recettes et les charges du budget.**

Si ce solde est positif, cela signifie que le budget est excédentaire ; à l'inverse, un **déficit budgétaire** apparaît lorsque les dépenses sont supérieures aux recettes, qui doit être financé soit par la création monétaire, soit par l'emprunt. Le déficit budgétaire de nature conjoncturelle doit être également distingué du déficit budgétaire structurel.

> Le déficit conjoncturel est celui qui résulte du ralentissement de la croissance par rapport au taux jugé normal de progression du PIB, eu égard aux capacités de production disponibles (en main-d'œuvre et en capital). Il est la somme des baisses de rentrées fiscales liées à la récession (produit naturel des stabilisateurs automatiques) et des dépenses que l'État consacre à indemniser le chômage provenant également de la récession. Il disparaît quand l'économie retrouve le plein-emploi de ses capacités productives. Le déficit structurel est la différence entre le déficit total et le déficit conjoncturel : il est celui qui persisterait si l'économie tournait à plein régime et que le gouvernement doit s'attacher à résorber [1].

Dans le cas de la France, l'évolution du déficit public a connu depuis 1983 cinq périodes principales :

— de 1983 à 1985, le déficit en valeur absolue augmente et représente chaque année près de 3,5 % du PIB ;
— entre 1986 et 1990, le déficit diminue en valeur absolue pour atteindre en 1990 1,5 % du PIB ;
— entre 1991 et 1993, le déficit progresse fortement pour représenter en 1993 4,45 % du PIB : cette explosion du déficit s'explique en partie par l'effet de la récession économique (particulièrement marquée en 1993 avec une baisse du PIB de – 1,1 %), qui diminue les recettes fiscales ;
— après avoir atteint 4,45 % du PIB en 1993, le déficit tend à diminuer, pour atteindre 3 % en 1997, 2,7 % en 1998 et 1,8 % en 1999 (pour un taux moyen de 1,2 % dans la zone euro). Cette réduction récente du déficit budgétaire résulte à la fois d'une forte hausse des recettes fiscales et d'une croissance ralentie des dépenses publiques ;
— après 2000, sous l'influence du ralentissement de la conjoncture et du relâchement de la politique budgétaire, le déficit budgétaire se creuse de nouveau, pour atteindre plus de 3,6 % en 2003. De 2004 à 2007, la tendance a été à la réduction relative du déficit budgétaire. Depuis 2008, le déficit budgétaire est reparti à la hausse, sous l'impact de la crise mondiale : il atteint 7,5 % du PIB en 2009.

La **dette publique** représente l'ensemble des emprunts contractés par l'État pour financer les déficits budgétaires. Ces emprunts ne figurent pas dans le budget de l'État ; seuls les intérêts de la dette sont inscrits dans le budget comme une charge, c'est-à-dire comme une dépense que l'État doit consentir chaque année au profit de ses créanciers. En 2009, la dette publique (brute) représente en France 75 % du PIB (schéma 11).

1. J.-M. Daniel, « Budget et dette publique », *Regards sur l'actualité*, février 1995.

Schéma 11
Finances publiques
déficit et dette des administrations publiques
(en % du PIB)

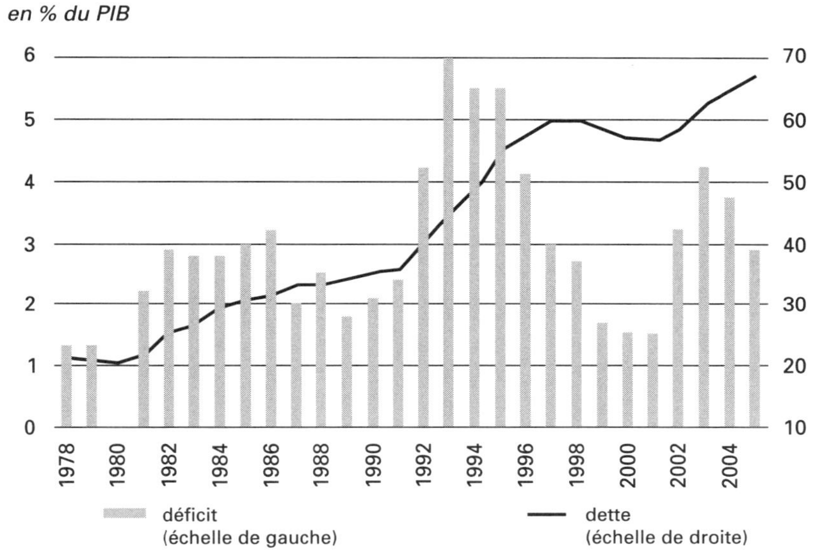

Source : INSEE.

3. Par sa politique économique, l'État poursuit des objectifs différents et dispose d'un large éventail d'instruments

► **Les objectifs de la politique économique sont souvent résumés au travers du « carré magique » de Kaldor** (schéma 12) : la politique économique aurait pour mission d'agir sur le taux d'inflation (généralement dans le sens d'une diminution de ce dernier), sur le taux de chômage (généralement dans le sens d'une baisse), sur le taux de croissance de la production (généralement dans le sens d'une accélération de celle-ci), sur l'équilibre extérieur (généralement dans le sens d'une réduction du déficit extérieur et d'une stabilité du taux de change).

Le problème est que la poursuite simultanée de ces différents objectifs apparaît souvent conflictuelle : par exemple, si l'on considère la relation de Phillips, une relance des dépenses publiques permet de faire diminuer le chômage, mais entraîne aussi une reprise de l'inflation. Face à ce conflit d'objectifs, l'État doit opérer une hiérarchisation des objectifs : ainsi, au cours des années 1980, l'objectif de lutte contre l'inflation a été privilégié, tout comme celui de stabilité du taux de change.

Schéma 12
L'évolution des objectifs de la politique économique : le carré magique en France de 1960 à 1991

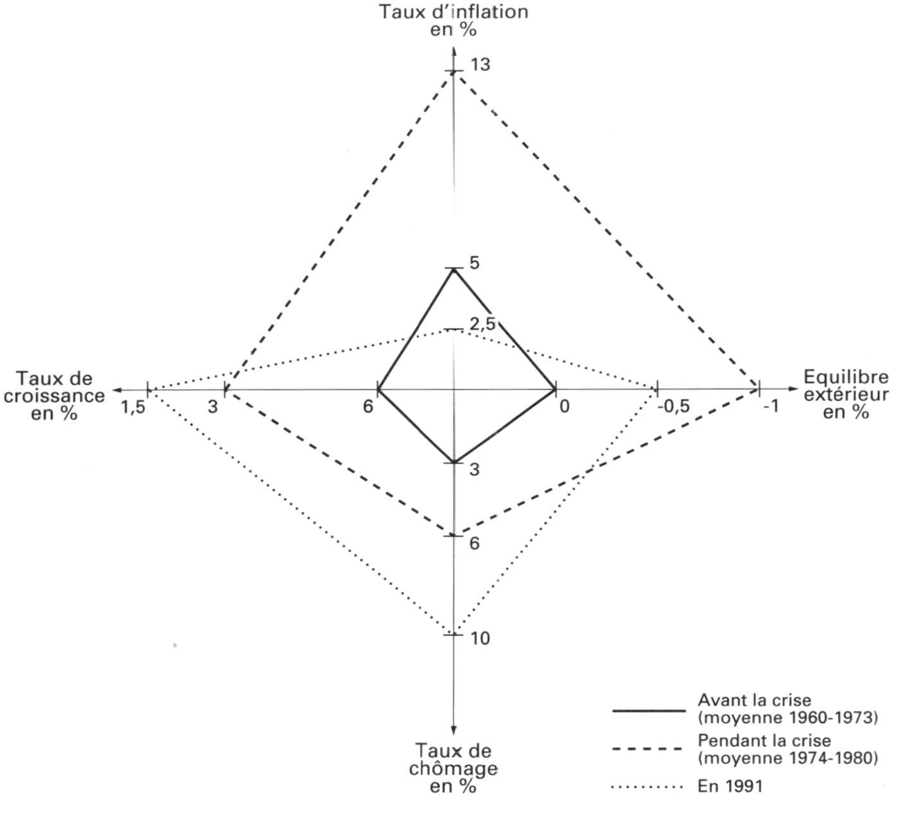

Note : L'équilibre extérieur est mesuré par la balance commerciale exprimée en % du PIB.

Source : F. Teulon, *L'État et le capitalisme au XXe siècle*, Paris, PUF, 1992.

▶ **Dans le cas de la politique budgétaire et fiscale, les objectifs renvoient aux trois fonctions de Musgrave.** Une première mission assignée à la politique budgétaire et fiscale consiste à financer l'entretien d'une armée, d'une police ainsi que les biens collectifs : comme nous le verrons, cette fonction d'affectation des ressources est privilégiée par l'école néoclassique. La politique budgétaire permet aussi de réguler l'activité économique : une augmentation des dépenses publiques ou une réduction des impôts doivent permettre une relance de l'activité en période de récession, tandis qu'une réduction des dépenses publiques ou une hausse des impôts permettent de limiter le dérapage inflationniste. Cette fonction de régulation est privilégiée par l'école keynésienne. La politique budgétaire et fiscale poursuit aussi un objectif de redistribution, en particulier avec la progressivité de l'impôt sur le revenu.

• **La politique fiscale de l'État peut s'appuyer sur trois catégories d'instruments.**

L'État peut agir sur le niveau de la TVA (généralement dans le sens d'une diminution), par exemple pour relancer l'activité. L'efficacité de cet outil comme instrument de relance dépend de deux conditions : il faut que la demande soit élastique à une baisse du prix ; il ne faut pas que les producteurs adoptent des comportements de marge.

L'État peut aussi agir sur l'impôt sur le revenu, soit en modifiant le taux d'imposition, soit en modifiant les tranches d'imposition (ainsi, en les restreignant, l'impôt s'alourdit).

L'État peut enfin jouer sur l'impôt sur les sociétés. Il dispose en la matière de plusieurs possibilités d'action. Il peut modifier le régime des acomptes : l'impôt sur les sociétés étant normalement versé en quatre acomptes trimestriels, l'État peut avancer ou retarder la date des échéances. L'État peut modifier le rythme des amortissements, qui sont déductibles des bénéfices soumis à l'impôt : cet outil est souvent utilisé dans le cadre de la modernisation de l'appareil productif. L'État peut procéder à des déductions et majorations exceptionnelles, soit dans une perspective conjoncturelle (relancer la demande par déduction fiscale), soit dans une perspective structurelle (modernisation de l'appareil productif).

• **Dans le cas de la politique budgétaire, trois instruments sont principalement utilisés.**

L'État peut jouer sur sa **fonction d'employeur** : n'oublions pas qu'en France l'État demeure le premier employeur avec 2,5 millions de fonctionnaires, auxquels il faut ajouter ceux des collectivités locales. L'État peut influer soit sur le nombre de fonctionnaires (comme en 1981 et 1982 où 110 000 emplois publics furent créés), soit sur les évolutions de salaires (augmentation du traitement des fonctionnaires ou politique de désindexation).

L'État peut tirer parti de sa **fonction d'acheteur**, en particulier dans le domaine des marchés publics et des marchés captifs (matériel militaire).

L'État peut enfin agir sur sa **fonction de redistributeur** au moyen :

— d'aides aux entreprises : subvention d'investissement, bonification d'intérêt, prise en charge des cotisations sociales ;
— d'aides à la consommation : politique de transferts sociaux, par augmentation des prestations familiales, par l'augmentation du minimum vieillesse, par la politique du SMIC ;

Tableau 5
Objectifs et instruments de la politique budgétaire, fiscale et monétaire

	Objectifs	*Instruments*
Politique budgétaire	Arbitrage inflation/chômage Financement des biens collectifs Redistribution des richesses	Commandes publiques (ex. : dépenses militaires) Nombre de fonctionnaires Rémunération des fonctionnaires Transferts sociaux (allocations)
Politique fiscale	Arbitrage inflation/chômage Financement des biens collectifs Redistribution des richesses	TVA Impôts sur le revenu Impôts sur les sociétés
Politique monétaire	Stabilité des prix Arbitrage inflation/chômage Stabilité du taux de change	Encadrement du crédit Taux de réserves obligatoires Taux directeurs Intervention sur le marché monétaire

► **La politique monétaire est généralement utilisée en vue d'atteindre trois objectifs**[1] :

— dans une optique néoclassique, la politique monétaire doit assurer une croissance non inflationniste : la croissance de la masse monétaire doit suivre celle de la croissance économique ;

— dans une optique keynésienne, la politique monétaire a longtemps constitué un instrument de régulation de la conjoncture, aux côtés de la politique budgétaire : elle vise à relancer l'investissement, par la baisse du taux d'intérêt, lorsque le chômage augmente ; à l'inverse, une politique monétaire restrictive, en augmentant le taux d'intérêt, permet de limiter les tensions inflationnistes, lorsque l'activité s'emballe ;

— la politique monétaire peut être aussi affectée à la recherche de l'équilibre externe : en particulier, si le pays est confronté à un déficit extérieur, une politique monétaire restrictive permet d'attirer les capitaux et de limiter ainsi la dépréciation du taux de change.

• **La politique monétaire peut s'appuyer sur plusieurs outils pour contrôler l'évolution de la création monétaire** :

— l'**encadrement du crédit** : il s'agit d'un instrument dirigiste puisque l'État fixe un plafond à l'octroi de crédit. Cet instrument n'est plus utilisé aujourd'hui dans les pays développés : ainsi, l'encadrement du crédit a été aboli officiellement en France en 1987 ;

— le **taux de réserves obligatoires** : les banques de second rang sont tenues d'approvisionner leur compte non rémunéré à la Banque centrale, à l'occasion de chaque opération de crédit ; le montant de ces réserves obligatoires correspond à

1. Pour une analyse détaillée de la politique monétaire, nous renvoyons le lecteur au chapitre 7.

un certain pourcentage des dépôts et la Banque centrale peut en faire varier le taux. Si le taux de réserves obligatoires augmente, la création monétaire s'en trouve limitée ;

— le **taux d'escompte** : les banques de second rang peuvent refinancer leurs créances directement auprès de la Banque centrale ; celle-ci détermine le volume des créances mobilisables ainsi que le prix de ce refinancement, par le biais du taux d'escompte. En augmentant le taux d'escompte, la Banque centrale limite la création monétaire. En France, le taux d'escompte de la Banque de France, qui a longtemps constitué le prix du refinancement des banques, a cessé d'avoir une réelle signification économique depuis les années 1971-1972, époque à partir de laquelle le refinancement des banques s'est réalisé sur le marché monétaire ;

— l'**intervention de la Banque centrale sur le marché monétaire** (marché sur lequel les banques de second rang se procurent de la monnaie Banque centrale) : par exemple, en vendant des titres contre de la monnaie, la Banque centrale restreint la quantité de liquidités disponibles sur le marché et fait augmenter en conséquence le taux d'intérêt.

► **Au-delà de ces instruments génériques, l'État peut mobiliser des outils plus spécifiques quant à leur domaine d'action** : il s'agit de la politique des revenus, de la politique de change, de la politique d'emploi, de la politique de concurrence, de la politique industrielle [1].

IV. Le système financier

Comme nous l'avons vu aux sections précédentes, il existe dans toute économie des agents disposant d'une épargne qu'ils n'utilisent pas eux-mêmes pour investir : ces agents – généralement les ménages – dégagent ce que l'on appelle une **capacité de financement** ; parallèlement, on trouve d'autres agents – généralement les entreprises et l'État – disposant d'une épargne inférieure aux dépenses et investissements qu'ils souhaitent effectuer : ils présentent un **besoin de financement**.

Le problème est de savoir comment mettre en relation ces deux catégories d'agents de manière efficiente : peut-on faire en sorte que les agents à capacité de financement prêtent leur épargne à ceux qui ont un besoin de financement ? Plusieurs solutions existent (schéma 13) :

— la première – qualifiée de **financement externe direct** – consiste à mettre directement en relation le prêteur et l'emprunteur par le biais des marchés de capitaux : l'agent à besoin de financement émet des actions ou des obligations sur le marché financier ;

1. Ces différents instruments spécifiques seront repris à l'occasion des chapitres thématiques.

— la seconde – qualifiée de **financement externe indirect** – s'appuie sur l'existence d'intermédiaires entre les prêteurs et les emprunteurs.

Ces deux solutions correspondent à un financement non monétaire de l'économie, dans la mesure où elles reposent sur l'existence d'une épargne préalable.

Mais le financement de l'économie peut aussi s'effectuer selon le principe « les crédits font les dépôts ». En effet, lorsque les besoins de financement sont supérieurs aux capacités de financement de l'économie, l'écart peut être comblé par le recours à la création monétaire [1] : les banques ont en effet le pouvoir d'octroyer des crédits, c'est-à-dire de créer de la monnaie scripturale. On parle dans ce cas de financement monétaire de l'économie.

Schéma 13
Les modalités de financement de l'économie

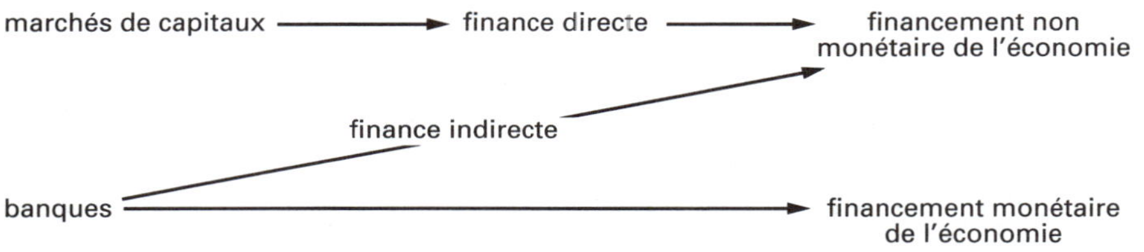

1. Les institutions financières développent une activité d'intermédiation financière

Si les marchés financiers permettent la mise en relation directe des prêteurs et des emprunteurs, nombre d'offreurs de capitaux préfèrent néanmoins confier leur épargne à des intermédiaires financiers. Comment justifier économiquement l'existence de ce financement indirect de l'économie ?

► L'imperfection des marchés et l'aversion pour le risque peuvent expliquer la présence d'intermédiaires financiers.

• **En l'absence d'intermédiaires financiers, il serait difficile pour un agent de placer son épargne** : il lui faudrait trouver un agent à besoin de financement, s'entendre avec lui sur la durée du prêt, sur la somme prêtée, etc. Cette activité de recherche d'un emprunteur prendrait énormément de temps. L'existence d'un intermédiaire financier permet justement :

— de réduire les coûts de prospection. « Dans un système économique dépourvu d'intermédiaires financiers, on imagine sans difficulté le temps et la

1. L'étude des modalités de la création monétaire, effectuée dans le chapitre 7, ne sera pas reprise ici en détail.

dépense d'énergie que devrait consacrer un agent économique souhaitant acheter par emprunt l'appartement ou la voiture de ses rêves. En mettant une annonce dans les journaux, en placardant les murs de son quartier ou en faisant du porte à porte, l'agent en question mettrait sûrement plus de temps que n'en met l'intermédiaire financier pour recueillir les fonds recherchés [1] » ;

— de collecter de faibles dépôts et d'octroyer des prêts d'un montant supérieur. Supposons par exemple que les agents à capacité de financement disposent chacun d'une épargne de 10 € et qu'un agent à besoin de financement souhaite emprunter à hauteur de 700 €. En l'absence d'intermédiaires, l'emprunteur devrait conclure pas moins de 70 contrats pour recueillir la somme nécessaire !

— de transformer des ressources placées généralement à court terme en les prêtant à long terme ; en l'absence d'intermédiaire financier, un agent qui souhaite placer à un an n'accepterait pas de prêter à un autre agent voulant emprunter sur dix ans. L'intermédiaire, estimant que les épargnants ne vont pas tous retirer leurs fonds en même temps [2], opère cette transformation des échéances.

• **L'intermédiation financière permet également de réduire le risque encouru par l'épargnant lorsqu'il prête ses fonds.**

En effet, si l'agent X prête directement une certaine somme à un agent Y, il court toujours le risque de n'être jamais remboursé : l'agent Y peut par exemple faire faillite, sans que X ne puisse le prévoir.

L'intermédiaire financier bénéficie de ce point de vue d'un triple avantage :

— en raison de son expérience, il est mieux à même d'évaluer les risques présentés par les emprunteurs ;

— dans la mesure où il réalise un grand nombre de financements, il peut compenser l'insolvabilité de certains emprunteurs par des gains sur d'autres opérations ; dans ce cas, l'épargnant n'est plus soumis au risque d'insolvabilité, lié à la défaillance d'un emprunteur ;

— dès lors que son portefeuille est composé d'actifs financiers à risques indépendants, l'intermédiaire peut réduire le risque moyen : les prêts très risqués sont compensés par des prêts à faible risque.

► **Les intermédiaires financiers réalisent trois types d'opération** : il s'agit respectivement de l'intermédiation de représentation, de l'intermédiation de transformation, de la création monétaire [3].

Dans le cas de l'**intermédiation de représentation**, l'institution financière émet des titres et utilise les ressources collectées pour acquérir à son tour des titres auprès

1. C. Ottavj, *Monnaie et financement de l'économie*, Paris, Hachette, « Supérieur », 1994.
2. Ce faisant, l'intermédiaire financier court un risque, dénommé « risque d'illiquidité » : si tous les agents qui ont placé à court terme récupèrent leurs fonds en même temps, l'intermédiaire financier se trouve dans l'incapacité de rembourser les prêteurs, puisque les crédits sont octroyés à long terme.
3. Nos développements s'appuient sur l'ouvrage de C. Ottavj.

d'agents à besoin de financement. La rémunération de l'institution financière est représentée par la différence entre les intérêts reçus (sur les titres acquis) et les intérêts versés (sur les titres émis). L'intermédiation de représentation peut être illustrée par le schéma 14.

Dans le cas de l'**intermédiation de transformation**, l'institution utilise les fonds déposés par les épargnants (et qui sont rémunérés par un taux d'intérêt) pour accorder des crédits aux agents à besoin de financement. La rémunération de l'institution financière réside ici dans la différence entre les intérêts perçus sur les crédits octroyés et les intérêts versés sur les dépôts. On parle d'une transformation dans la mesure où l'institution financière utilise de l'épargne souvent placée à court terme pour octroyer des prêts à long terme. Ce type d'intermédiation est surtout pratiqué par les organismes de dépôts, tels que les Caisses d'épargne. L'intermédiation de représentation peut être illustrée par le schéma 15.

Un troisième type d'opération financière est réservé aux seules banques : il s'agit de la **création monétaire** (schéma 16). Les banques disposent en effet du pouvoir de créer de la monnaie scripturale : elles peuvent accorder un crédit à un agent financier sans pour autant disposer d'une épargne préalable d'un montant équivalent. Cette création monétaire se traduit par une augmentation du passif de la banque (le dépôt à vue dont dispose désormais le client) et de son actif (la banque détient une créance sur son client).

2. Les marchés de capitaux permettent la mise en relation directe des prêteurs et des emprunteurs

Dans des pays comme la France, l'intermédiation – notamment par le crédit bancaire – a longtemps constitué le mode privilégié de financement externe : pour reprendre les termes de Hicks[1], l'économie française était structurellement une **économie d'endettement**. Toutefois, depuis les années 1980, on assiste à l'essor du financement direct par les marchés de capitaux, ce que Hicks dénomme l'**économie de marchés financiers**.

Les marchés de capitaux rassemblent le marché financier, où sont émis des titres à long terme (dont l'échéance est supérieure à trois ans), et le marché monétaire, qui porte sur des titres de court terme. Nous traiterons ici principalement du marché financier[2].

► **Plusieurs catégories d'agents interviennent sur le marché financier.**

Du côté des offreurs de capitaux, nous trouvons tout d'abord les ménages. Les entreprises peuvent également acheter des titres, pour placer leur épargne ou pour prendre le contrôle d'une autre entreprise. Les investisseurs institutionnels – tels

1. *La crise de l'économie keynésienne*, Paris, Fayard, 1988.
2. Le marché monétaire – et en particulier son compartiment interbancaire – est présenté au chapitre 7.

Schéma 14
L'intermédiation de représentation

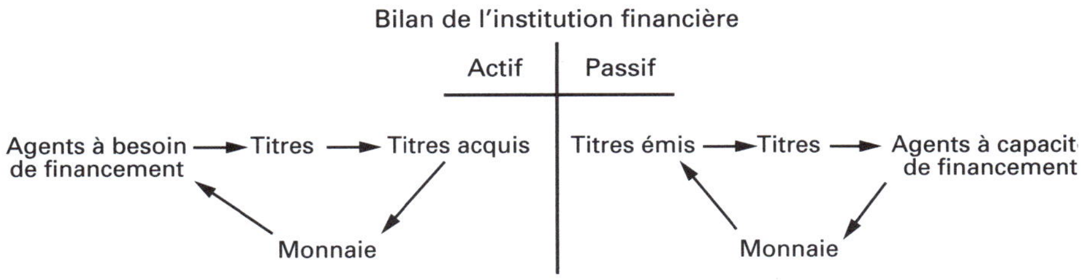

Schéma 15
L'intermédiation de transformation

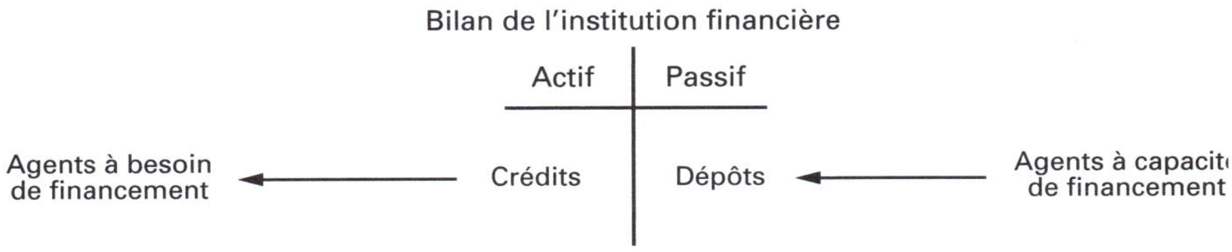

Schéma 16
La création monétaire

Bilan de la banque

Actif	Passif
créance	monnaie scripturale émise

Bilan du client

Actif	Passif
monnaie sur le compte courant	dette envers la banque

que les caisses de retraite, la CDC (Caisse des dépôts et consignations), les OPCVM (Organisme de placement collectif en valeur mobilière) – constituent la troisième catégorie d'offreurs de capitaux. Du côté des demandeurs de capitaux, nous trouvons à la fois des entreprises (privées ou publiques), le Trésor, les collectivités locales et les établissements de crédit.

Le marché financier est encadré en France par une autorité administrative indépendante, l'Autorité des marchés financiers (AMF), qui est chargée de veiller au bon fonctionnement des marchés, au respect des obligations professionnelles auxquelles sont tenus les intervenants sur ces marchés ainsi qu'à l'information des investisseurs. L'AMF dispose également de pouvoirs d'enquête et de sanction, notamment en matière de « délit d'initiés » (pratique consistant à effectuer des transactions sur la base d'informations privilégiées).

▶ **Le marché financier est organisé en deux compartiments interdépendants : le marché primaire et le marché secondaire.**

Le marché primaire est le lieu d'émission de nouveaux titres. De son côté, le marché secondaire [1] – dénommé aussi Bourse – constitue en quelque sorte le marché de l'occasion : un agent qui achète des titres peut les revendre sur le marché secondaire, à un cours qui résulte de la confrontation de l'offre et de la demande.

La **Bourse** permet à un agent de liquider ses titres à tout moment mais avec un risque de pertes en capital, si les cours diminuent.

▶ **Les titres disponibles sur le marché financier sont soit des actions, soit des obligations.**

• **Une action représente un titre de propriété et correspond à une part du capital social d'une société.** Les actions sont émises soit à l'occasion de la création d'une société, soit à l'occasion d'une augmentation de capital. Les détenteurs d'actions – dénommés actionnaires – reçoivent chaque année des **dividendes**, qui sont fonction des bénéfices réalisés par la société et de la politique de distribution des bénéfices. Les actionnaires participent théoriquement à la gestion de la société, par le biais de l'assemblée générale des actionnaires et par leur présence éventuelle au conseil d'administration [2].

Lorsque l'on raisonne sur un horizon de court terme, le cours des actions apparaît très volatil. La fluctuation du cours d'une action peut être décomposée en deux éléments distincts :

— le **risque de marché** (appelé aussi « risque systématique ») : le cours de l'action fluctue parce que les perspectives économiques générales changent et affectent l'ensemble du marché boursier. Par exemple, si l'économie entre en récession, il est probable que la plupart des cours des actions diminueront, compte tenu de la révision des perspectives de profits à la baisse ;

— le **risque spécifique** : ce risque résulte des caractéristiques intrinsèques de l'action. Par exemple, le cours boursier d'une entreprise spécialisée dans le transport

1. Les actions ont été longtemps compartimentées en plusieurs marchés : premier marché, second marché, nouveau marché. Depuis 2005 toutes les sociétés, quelle que soit leur taille, font partie d'une liste unique, l'Eurolist, avec une classification selon la capitalisation (laquelle représente la « taille boursière » d'une société) :

– les **blue chips** (valeurs supérieures à 1 milliard d'euros) appartiennent à Eurolist A ;
– les **valeurs moyennes** (entre 1 milliard et 150 millions d'euros) appartiennent à Eurolist B ;
– les **petites valeurs** (capitalisation inférieure à 150 millions d'euros) appartiennent à Eurolist C.

À côté de ce grand marché réglementé cohabite un autre non réglementé, le marché libre. Les sociétés qui y entrent sont souvent de très petite taille, ce qui leur permet de s'acclimater à la Bourse sans contraintes excessives. Ce compartiment qui ne bénéficie pas des mêmes conditions de transparence qu'Eurolist souffre d'une défiance des investisseurs. En effet les entreprises du marché libre ne sont pas, par exemple, obligées de publier des comptes trimestriels ou semestriels, seule une publication annuelle étant exigée.

2. Bien entendu, le droit de vote d'un actionnaire est en général déterminé au prorata de son apport en capital.

aérien sera très sensible au contexte géopolitique, alors qu'une entreprise de boissons sera peu affectée.

Afin de limiter l'exposition au risque, les agents peuvent diversifier leur portefeuille, c'est-à-dire détenir des actions dont les rentabilités ne sont pas corrélées entre elles : le célèbre « **modèle de marché** » montre que la diversification permet de diminuer la volatilité d'un portefeuille, en réduisant le risque spécifique.

Si la diversification de portefeuille permet de réduire le risque spécifique, il n'en demeure pas moins que la valeur des indices boursiers reste fluctuante : ainsi, après avoir connu une forte croissance entre 1998 et septembre 2000, l'indice CAC40, qui rassemble les quarante plus grandes capitalisations de la Bourse de Paris, a connu par exemple une chute de plus de 50 % entre octobre 2000 et octobre 2002. La volatilité du marché boursier doit être toutefois relativisée, si l'on raisonne en très longue période : en effet, l'étude de Siegel (1998) sur un portefeuille d'actions américaines au cours de la période janvier 1802-septembre 2002 met en évidence, au-delà des nombreuses fluctuations (notamment la crise de 1929), un rendement annuel réel moyen de l'ordre de 6 % (schéma 17) ! Ce rendement apparaît largement supérieur à celui procuré par la détention d'autres actifs risqués, tels que des actifs immobiliers.

• **Une obligation se définit comme un titre de créance à long terme émis par une entreprise, l'État ou les établissements de crédit** : au moyen d'une obligation, un agent emprunte des fonds auprès d'épargnants. Pendant la durée de l'emprunt, les souscripteurs d'une obligation reçoivent régulièrement une rémunération fixe, déterminée au moment de l'émission et dénommée « coupon » ; lorsque l'emprunt arrive à échéance, il est remboursé au souscripteur, à sa valeur nominale. Par exemple, une obligation de 500 € sur sept ans émise à 10 % rapporte chaque année 50 € ; au bout des sept ans, le capital est remboursé à sa valeur nominale, soit 500 €.

Les obligations constituent un placement risqué :

— il existe un risque lié à l'évolution du niveau général des prix : si l'économie connaît une forte inflation, les coupons annuels et le capital remboursé voient leur valeur réelle diminuer. En conséquence, lorsque l'inflation repart dans un pays, le cours des obligations tend à baisser dans la mesure où les détenteurs de ces titres se mettent en position de vendeurs ;

— il existe un risque de variation du taux d'intérêt : si les taux d'intérêt augmentent, le cours des obligations déjà émises va normalement diminuer [1]. En effet, supposons qu'une obligation X soit émise 1 000 € à la date t à un taux de 8 %. Le taux d'intérêt augmente et passe à 10 % en $t+1$: les agents vont donc vendre leurs obligations X pour en acheter de nouvelles, plus rémunératrices. La vente des obligations X se traduit par la baisse de leurs cours : le prix de l'obligation X est maintenant égal à 800 €, soit un

1. Notons néanmoins qu'il existe aujourd'hui des obligations à taux variables.

Schéma 17
Évolution de l'indice réel d'un portefeuille d'actions américaines

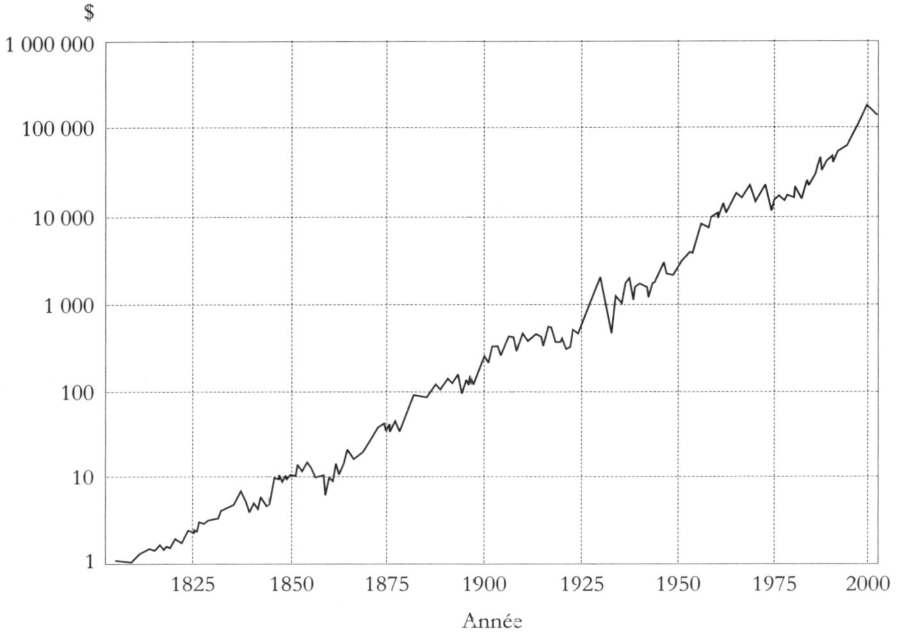

rendement[1] de 10 % équivalent à celui des nouvelles obligations. Plus généralement, une hausse des taux d'intérêt se traduit par une baisse des cours des obligations et réciproquement ;

— il existe un **risque de défaut** de l'émetteur de l'obligation, qui peut se retrouver en situation de faillite. Ce risque est certes intégré dans le taux d'intérêt lors de l'émission des titres : en effet, le taux d'intérêt se compose du taux sans risque (égal à celui que supporte une obligation d'État) auquel vient s'ajouter une **prime de risque** de défaut. Les obligations présentant un fort risque de défaut doivent offrir en moyenne un taux de rendement plus élevé, à l'image des « obligations pourries » (*junk bonds*) qui ont fleuri durant les années 1980 ;

— il existe un **risque de liquidité** sur l'obligation : si le volume des transactions sur le marché est faible, si les écarts de prix entre l'achat et la vente sont élevés, le détenteur de l'obligation exigera également lors de l'émission une « prime » liée à la difficulté de revendre ses titres.

1. Le rendement se définit comme le rapport entre les intérêts versés (le coupon) et le cours d'une obligation.

Approfondir

LECTURES

- P. Villieu, *Macroéconomie : l'investissement*, Paris, La Découverte, « Repères », 2007.
- P. Villieu, *Macroéconomie : consommation et épargne*, Paris, La Découverte, « Repères », 2008.

THÈMES DE RÉFLEXION

- Les déterminants de l'épargne.
- Comment expliquer la chute des taux d'épargne dans les années 1970-1980 ?
- L'évolution de la consommation des ménages.
- Les déterminants de l'investissement.
- Qu'est-ce qu'une firme ?
- Les objectifs de la firme.
- La compétitivité d'une économie.
- À quoi servent les intermédiaires financiers ?
- Économie d'endettement et économie de marchés financiers.

Retenir

— Les fonctions de l'État selon Musgrave ; la loi de Wagner ; le taux de pression fiscal ; les prélèvements obligatoires ; l'IRPP ; l'effet de déplacement (Peacock et Wiseman) ; le déficit budgétaire ; la dette publique ; l'effet boule de neige de la dette ; le carré magique de Kaldor ; la règle de Tinbergen ; la règle de Mundell ; le revenu courant ; le revenu permanent ; le cycle de vie (Modigliani) ; l'accélérateur ; l'amortissement ; investissement net ; investissement brut ; capacité de financement ; besoin de financement ; création monétaire ; financement direct ; financement indirect (ou « intermédié ») ; action ; obligation ; les lois d'Engel ; bien normal ; bien supérieur ; bien inférieur ; la FBCF ; les coefficients budgétaires ; l'effet de cliquet ; la propension marginale à consommer ; la propension moyenne à consommer ; l'effet revenu ; l'effet substitution ; la courbe de Lorenz ; le coefficient de Gini ; la consommation finale ; la consommation intermédiaire ; l'autoconsommation ; la consommation marchande ; les ménages ; le salaire minimum ; le SMIC ; le SMIG ; les isoquantes ; la productivité apparente ; la productivité globale des facteurs ; le taux d'investissement ; l'investissement productif ; la formation de capital ; l'investissement matériel ; l'investissement immatériel ; l'investissement de capacité ; l'investissement de productivité ; l'entreprise ; la société ; la nationalisation ; la privatisation ; le taux d'épargne ; le revenu primaire ; le revenu disponible ; le patrimoine ; les actifs réels ; les actifs financiers ; la redistribution verticale ; le RMI ; les structures de marché ; la croissance externe ; la croissance interne ; la société anonyme (SA) ; la société à responsabilité limitée (SARL) ; la forme U ; la forme M ; la firme A ; la firme J ; les barrières à l'entrée ; la différenciation du produit ; la prédation ; la préemption ; la fonction de production ; l'assiette de l'impôt ; le taux d'imposition ; les impôts directs ; les impôts indirects ; l'IRPP.

2

D'Adam Smith aux contemporains

REPÈRES SUR LES GRANDS COURANTS DE PENSÉE ÉCONOMIQUE

Connaître

1776	Adam Smith publie *Recherches sur la nature et les causes de la richesse des Nations*
1798	Robert Malthus publie son *Essai sur le principe de population*
1803	Jean-Baptiste Say publie son *Traité d'économie politique*
1817	David Ricardo publie les *Principes de l'économie politique et de l'impôt*
1848	Stuart Mill publie les *Principes d'économie politique*
1871	Karl Marx publie le livre 1 du *Capital*
1874	Léon Walras publie ses *Éléments d'économie politique pure*
1912	Joseph Schumpeter publie *Théorie de l'évolution économique*
1920	Arthur Cécil Pigou publie *Économie du bien-être*
1931	Friedrich Hayek publie un recueil de conférences, intitulé *Prix et production*
1936	John Maynard Keynes publie *Théorie générale de l'emploi, de l'intérêt et de la monnaie*
1957	Milton Friedman publie *A theory of the consumption function*
1969	Création du prix Nobel d'économie, décerné à Ragnar Frisch et Jan Tinbergen
1974	Friedrich Hayek, théoricien de l'économie de marché, obtient le prix Nobel d'économie
1995	Robert Lucas, figure de proue de la « nouvelle économie classique », obtient le prix Nobel
2001	Georges Akerlof, Michaël Spence et Joseph Stiglitz obtiennent le prix Nobel pour leurs travaux sur le fonctionnement des marchés en situation d'asymétries d'information
2006	Edmund Phelps obtient le prix Nobel d'économie, notamment pour ses travaux sur le taux naturel de chômage
2008	Paul Krugman reçoit le prix Nobel d'économie pour ces travaux sur le commerce international

Pourquoi faut-il étudier l'histoire des idées économiques ? À cette question quelque peu naïve, deux réponses peuvent être apportées.

L'histoire de la pensée économique permet de se prémunir contre l'illusion de la nouveauté radicale, en resituant chaque auteur au sein d'une tradition (penser avec) ou en réaction à elle (penser contre). L'histoire des idées ne constitue en rien « le musée des théories dépassées [1] » : les nouvelles théories prennent toujours leur source dans des débats relativement anciens, tombés un temps dans l'oubli. Ainsi en est-il de la révolution keynésienne : le message de Keynes, qui apparaît novateur par rapport à l'orthodoxie dominante dans les années 1930, a été annoncé dès le XVIIe siècle par William Petty, mercantiliste anglais.

L'histoire de la pensée est là ensuite pour nous rappeler que la science économique, loin de se réduire à une technique de calcul, constitue le champ d'affrontements théoriques entre paradigmes concurrents. À quelque époque que ce soit, l'existence d'une pensée dominante n'a jamais empêché le maintien ou l'apparition d'hétérodoxies.

Dans l'exposé des grands courants de pensée, nous procéderons de manière chronologique.

Après avoir étudié les fondements de la tradition libérale à la fin du XVIIIe siècle, nous nous pencherons sur la réaction marxiste au milieu du XIXe siècle.

La fin du XIXe siècle est marquée par le renouvellement de la pensée libérale, sous l'impulsion de l'école néoclassique ; cette révolution marginaliste s'impose comme l'orthodoxie, avant d'être à son tour contestée dans les années 1930 par la révolution keynésienne.

Depuis 1945, la pensée économique se caractérise par la perpétuation des orthodoxies et par un mouvement de convergence entre paradigmes.

1. Nous reprenons cette expression de l'ouvrage de J. Boncœur et H. Thouement, *Histoire des idées économiques*, Paris, Nathan, 1989.

I. Les premiers jalons de la tradition libérale : les classiques

1. Contemporains de la première révolution industrielle, les classiques ne forment pas un courant de pensée uniforme

► **La fin du XVIIIe siècle voit le développement au Royaume-Uni d'un prolétariat dans les grands foyers urbains**, à la suite de la **première révolution industrielle** et de la **législation sur les enclosures**, qui ont contraint une partie de la population à l'exode rural. La condition de ces hommes ne disposant que de leur force de travail pour survivre apparaît très précaire, en particulier à l'occasion des crises industrielles. Dans quelle mesure cette misère ouvrière est-elle liée au développement du système capitaliste ? À cette question le classique Malthus apportera une réponse très nette, en dédouanant le capitalisme de toute responsabilité propre.

La fin du XVIIIe siècle est aussi marquée par l'accroissement de la population en Europe du Nord, conséquence de la **transition démographique** ; les classiques – au premier rang desquels Malthus et Ricardo – s'interrogeront sur la relation qui unit la croissance démographique à la croissance des subsistances.

Sur le plan philosophique, c'est à la fin du XVIIIe siècle que se développe au Royaume-Uni une **pensée utilitariste**, sous la plume de Bentham : la poursuite de l'intérêt individuel n'entre pas en contradiction avec le bien-être collectif. Smith reprendra à son compte cette vision harmonieuse de la société, en mobilisant le principe de la **main invisible**.

► **Le terme « classique » a été donné *a posteriori* par Marx aux auteurs anglais de la fin du XVIIIe siècle**, dont il admirait la rigueur scientifique. Ce qualificatif pourrait laisser supposer qu'il existe une communion de pensée entre un Smith, un Ricardo ou bien encore un Mill.

Il est vrai que ces différents auteurs, à défaut d'apporter des réponses semblables, posent les mêmes questions : quelle est la source de la valeur ? quels sont les facteurs qui régissent la croissance économique ? quel rôle joue la monnaie dans l'activité économique ?

Il est vrai aussi que les auteurs classiques conçoivent l'économie de marché, fondée sur la propriété privée et la liberté individuelle, comme un système naturel et n'envisagent pas l'existence d'un mode alternatif d'organisation collective.

► **Mais au-delà de cette communauté de questionnement et de cette adhésion aux valeurs fondatrices du libéralisme, il semble difficile de mettre au jour une véritable unité de pensée.** À la différence du courant physiocratique, le courant classique rassemble une lignée d'auteurs qui se succèdent sur plus de soixante-dix ans – entre 1776 (*La richesse des nations* de Smith) et 1848 (*Traité d'économie* *politique* de Mill) – et qui appartiennent à des pays aussi différents que la France et le Royaume-Uni. Ces différences spatiales ou temporelles ne sont pas sans influer sur les points de vue développés : ainsi, la solution française au problème de la valeur se révèle très différente de celle défendue par les auteurs anglais. Qui plus est, confrontés à une même interrogation, les auteurs classiques apportent des réponses divergentes (tableau 1).

Tableau 1
Les principaux débats au sein de l'école classique

Nature du débat	Clivage
La source de la valeur	Anglais/français
Les déterminants de la spécialisation	Smith/Ricardo
Le rôle de la monnaie	Ricarco-Smith/Malthus
Le passage de la valeur au prix	Smith/Ricardo
La possibilité des crises	Say/Sismondi
L'avenir du capitalisme	Say/Ricardo

2. Les auteurs anglais constituent les principaux artisans de l'école classique

► Adam Smith, un libéral optimiste [1]

• **Dans son ouvrage *Recherches sur la nature et les causes de la richesse des nations* (1776), Adam Smith met en évidence le rôle de la division du travail comme facteur de croissance intensive.** La division du travail permet de réaliser des gains de productivité, dans la mesure où elle développe l'« habilité du travailleur », par la répétition des tâches et les effets d'apprentissage qui lui sont associés. À l'appui de sa démonstration, Smith mobilise l'exemple célèbre de la manufacture d'épingles.

> Quelque adroit qu'il fût... un ouvrier pourrait peut-être à peine faire une épingle dans toute sa journée, et certainement il n'en ferait pas une vingtaine... De la manière dont cette industrie est maintenant conduite, le travail de faire une épingle est divisé en 18 opérations distinctes c, lesquelles, dans certaines fabriques, sont remplies par autant de mains différentes.

La division du travail constitue une conséquence de l'échange : il n'est possible de se spécialiser que parce qu'il est possible d'échanger pour obtenir le bien que l'on ne produit pas. L'ampleur de la division du travail dépend également de l'étendue du marché.

1. Parmi les nombreux thèmes de réflexion qui parcourent l'œuvre de Smith, nous avons ici choisi d'en sélectionner les plus significatifs ; la théorie smithienne du commerce international, l'étude du lien entre progrès technique et emploi seront reprises dans les chapitres thématiques (respectivement les chapitres 8 et 3).

> Si le marché est très petit, personne ne sera encouragé à s'adonner entièrement à une seule occupation, faute de pouvoir trouver à échanger tout le surplus du produit de son travail qui excédera sa propre consommation, contre un pareil surplus du produit du travail d'autrui qu'il voudrait se procurer.

• **Selon Smith, l'économie de marché est régie par une main invisible** qui permet d'atteindre spontanément, au travers de la poursuite des intérêts particuliers, l'intérêt général.

> Chaque individu s'efforce continuellement de trouver l'emploi le plus avantageux pour tout capital dont il peut disposer. C'est son propre avantage, en vérité, et non celui de la société qu'il a en vue. Mais l'étude de son propre avantage l'amène naturellement, ou plutôt nécessairement à préférer l'emploi qui est le plus avantageux pour la société... Il recherche seulement son intérêt personnel, et il est en cela, comme dans bien d'autres cas, amené par une main invisible à atteindre une fin qui n'entrait nullement dans ses intentions. Et ce n'est pas toujours ce qu'il y a de plus mal pour la société, que cette fin ne fasse pas partie de ses intentions. En poursuivant son propre intérêt il agit souvent plus efficacement pour l'intérêt de la société que lorsqu'il cherche réellement à agir en faveur de ce dernier.

Comme il n'existe aucune contradiction entre les dimensions individuelle et collective, il suffit de laisser les individus poursuivre leurs propres fins : Smith se fait ici le défenseur du principe de liberté individuelle.

• **Smith développe la théorie de l'État-gendarme, qui a longtemps constitué la référence libérale en matière d'intervention étatique** : l'État est perçu comme une institution nécessaire à l'économie de marché, bien que son rôle doive être étroitement circonscrit.

La nécessité de l'État s'explique par le fait que l'économie de marché se fonde sur la propriété privée [1], elle-même établie par la loi. En outre, comme les agents peuvent entraver la loi, il revient aussi à l'État d'en assurer le respect au moyen d'une police et d'une armée.

Mais au-delà de ces fonctions essentielles, l'État n'a pas à intervenir dans la sphère économique ; nulle trace chez Smith d'une quelconque politique économique, au sens moderne du terme. Une exception est cependant mentionnée dans le livre V de *La richesse des nations* : les **biens collectifs** (ponts, routes, etc.), qui ne peuvent être offerts par le marché, doivent être financés par l'impôt [2].

En défendant une vision minimaliste de l'intervention étatique, Smith rompt avec la pensée préclassique. Rappelons en effet qu'aux XVIe et XVIIe siècles se développent les premières réflexions économiques sur le rôle de l'État, sous la plume des mercantilistes. Face à l'afflux d'or et d'argent en provenance du Nouveau Monde, la question qui se pose alors au Portugal et en Espagne est de savoir comment conserver cet afflux de métaux précieux ; dans le cas de la France et du Royaume-Uni, il s'agit plutôt de trouver les moyens adéquats pour attirer ces métaux précieux. Les

1. En effet, pour pouvoir échanger il faut d'abord attribuer la ressource considérée à un agent, dénommé propriétaire.
2. La notion de bien collectif est développée dans le chapitre 5.

mercantilistes espagnols et français vont apporter une même réponse : c'est par l'intervention de l'État que les problèmes liés à l'afflux d'or et d'argent trouveront une solution. Selon les mercantilistes espagnols, l'intervention de l'État doit se faire sous la forme d'un protectionnisme monétaire, correspondant à ce que nous appellerions aujourd'hui le contrôle des changes : l'État doit interdire les sorties d'or, obliger les exportateurs étrangers à dépenser en Espagne et contraindre les exportateurs espagnols à rapatrier leurs créances. Selon les mercantilistes français, l'État doit mettre en place des droits de douanes et favoriser les exportations, par la création de manufactures.

• **Après Aristote et saint Thomas d'Aquin, Smith se penche à son tour sur le problème de la source de la valeur.**

Il commence par établir une première distinction entre valeur d'usage et valeur d'échange : la valeur d'usage apparaît comme une condition nécessaire mais non suffisante à la définition de la valeur d'échange. Quelle est alors la source véritable de la valeur d'échange ? Smith distingue deux cas.

Dans le cas d'un **bien non reproductible** (or, œuvre d'art, etc.), l'origine de la valeur réside dans la rareté ; mais Smith ajoute aussitôt que cette catégorie de biens n'intéresse pas à proprement parler l'économie, science qui étudie le domaine du reproductible.

Dans le cas d'un **bien reproductible**, la source de la valeur se trouve dans la quantité de travail nécessaire à sa production.

> Le travail, ne variant jamais dans sa propre valeur, est la seule mesure réelle et définitive qui puisse servir, dans tous les temps et dans tous les lieux, à apprécier et à comparer la valeur de toutes les marchandises. Il est leur prix réel, l'argent n'est que leur prix nominal.

Il s'agit donc d'une théorie de la valeur centrée sur l'offre : Smith se propose de rendre compte du prix de production, appelé **prix naturel**, autour duquel gravite le prix de marché.

Selon Smith, le problème du passage de la valeur-travail au prix de marché se pose dans les économies développées : le prix n'y reflète plus le coût en travail, dans la mesure où il incorpore la rémunération du capitaliste (le profit) et celle du propriétaire foncier (la rente).

▸ David Ricardo, un libéral pessimiste [1]

• **Dans son ouvrage *Des principes de l'économie politique et de l'impôt* (1817), Ricardo montre que les lois de la répartition du revenu conduisent au blocage de la croissance économique.**

Ricardo commence par distinguer trois catégories d'agents, entre lesquels est répartie la valeur ajoutée : les salariés, qui offrent leur force de travail et reçoivent

1. Comme pour Smith, nous avons sélectionné ici certains thèmes de l'œuvre de Ricardo ; la théorie ricardienne du progrès technique, celle des avantages comparatifs seront traitées dans les chapitres thématiques (respectivement les chapitres 3 et 8).

en échange un salaire, lequel est fixé au niveau de subsistance ; les propriétaires fonciers, qui offrent la terre et dont la rémunération est la rente foncière ; les capitalistes, qui avancent le capital (machines et fond de salaires) et dont la rémunération est le profit. À la différence du salaire et de la rente foncière, le profit est appréhendé comme un revenu résiduel : c'est ce qui reste au capitaliste une fois que ce dernier a payé le facteur travail et la rente foncière ; si le profit est trop faible, le capitaliste n'a plus aucune incitation à investir.

Ricardo passe alors à l'étude de la dynamique de la répartition. Si la population du pays augmente, il devient nécessaire d'accroître les subsistances, en mettant en culture de nouvelles terres. Ces dernières sont moins productives que celles déjà utilisées, en vertu de la loi des rendements décroissants : le coût de production du blé sur ces terres marginales augmente, entraînant une hausse générale du prix du blé sur le marché. Une rente différentielle (définie comme la différence entre le prix de marché et le coût de production) apparaît pour les producteurs disposant des meilleures terres. De surcroît, l'augmentation du prix du blé oblige le capitaliste à relever les salaires (puisqu'ils sont fixés au niveau de subsistance), ce qui diminue d'autant son profit. Il arrive un moment où la baisse du profit est telle que le capitaliste n'a plus aucune incitation à investir : on débouche sur l'**état stationnaire**, c'est-à-dire sur la croissance zéro.

Afin de retarder l'avènement de cet état stationnaire, Ricardo envisage deux solutions. Une première solution, interne au pays, consiste à réaliser des gains de productivité dans l'agriculture, grâce au progrès technique. Une seconde solution, externe au pays, consiste à importer du blé de l'étranger : il faut s'ouvrir au libre-échange et abolir les *corn laws* en usage au Royaume-Uni.

• **Ricardo adhère à la théorie de la valeur-travail** et reprend les distinctions smithiennes entre valeur d'usage et valeur d'échange, entre biens non reproductibles et biens reproductibles. La rupture avec Smith porte sur le passage de la valeur au prix : à la différence de Smith, Ricardo montre que le prix exprime toujours la valeur dans les pays avancés, dès lors que l'on prend en compte, dans l'évaluation du coût de production, le **travail incorporé**, c'est-à-dire le travail nécessaire à la production des biens utilisés dans la production du bien final.

• **Ricardo marque le point de départ d'une longue tradition en économie monétaire : la théorie quantitative de la monnaie** [1]. Trois hypothèses fortes sont au fondement de cette approche.

Tout d'abord, il est supposé que le niveau de la production ne dépend que de la disponibilité en facteur travail et en facteur capital ; la monnaie n'intervient pas dans la détermination des quantités produites : elle constitue simplement un lubrifiant, un **voile** permettant d'échanger des produits contre des produits. La monnaie n'a aucune utilité en elle-même et l'économie monétaire ne diffère pas en nature de l'économie de troc.

1. Dénommée aussi « théorie de la monnaie voile », « théorie dichotomique », « théorie de la monnaie neutre ». Déjà en filigrane chez le mercantiliste français Jean Bodin, cette approche de la « monnaie voile » sera reprise – entre autres – par Stuart Mill, Leon Walras, Irving Fisher et Milton Friedman, ce dernier étant qualifié parfois de « néoquantitativiste ».

Ensuite, le niveau des prix relatifs [1] ne dépend que du seul rapport des coûts de production, eux-mêmes évalués en quantité de travail.

Enfin, le niveau absolu des prix dépend de la quantité de monnaie en circulation. Si la production augmente, il est nécessaire d'augmenter la masse monétaire, afin de maintenir constant le niveau général des prix ; en revanche, une augmentation de la masse monétaire, qui n'est pas la résultante d'un accroissement préalable de la production, se traduit par une hausse du niveau général des prix : l'inflation résulte d'un excès de création monétaire.

▸ Robert Malthus, entre orthodoxie et hétérodoxie

Face au développement d'une misère ouvrière dans les grands foyers industriels anglais, Malthus s'interroge, dans son *Essai sur le principe de population* (1798), sur les origines et les responsabilités d'un tel état de fait : cette misère est-elle intrinsèquement liée au système capitaliste ou est-elle naturelle, c'est-à-dire inhérente à tout système économique ? Certains auteurs de l'époque, tel Godwin, affirmaient que cette misère résultait d'une répartition inégale des richesses propre au capitalisme et préconisaient l'intervention correctrice de l'État. À l'opposé de cette vision, Malthus dédouane le capitalisme de toute responsabilité propre.

• **Selon Malthus, l'origine de la misère provient d'un décalage, inhérent à toute société, entre deux lois : une loi de progression arithmétique des subsistances et une loi de progression géométrique de la population.** L'État ne doit en aucun cas intervenir, en aidant les plus démunis ; loin de remédier au déséquilibre, l'intervention étatique – au travers des lois sur les pauvres – ne fait que l'entretenir : « on peut donc dire qu'en quelque sorte ces lois créent les pauvres qu'elles entretiennent ». La résorption du décalage doit se faire par... la mortalité, la baisse de la natalité, le mariage tardif et le célibat.

• **Dans les *Principes d'économie politique*, Malthus procède à la contestation de la loi des débouchés de Say** : il montre en effet qu'à court terme toute offre ne génère pas automatiquement sa propre demande, dans la mesure où toute épargne n'est pas nécessairement investie : une partie de l'épargne peut être conservée pour elle-même, c'est-à-dire thésaurisée. La crise de sous-consommation se traduit par la baisse des prix, laquelle engendre à son tour une baisse des revenus.

> Un grand accroissement de produits avec un nombre de consommateurs relativement stationnaire, et avec des besoins réduits par les idées d'économie, doit nécessairement occasionner une grande baisse dans la valeur des produits estimés en travail. De sorte que, tout en coûtant la même quantité de travail que par le passé, le même produit ne pourrait plus en payer autant.

À ce titre, Malthus peut être perçu comme le précurseur de la « révolution keynésienne » et Keynes lui-même écrira en 1933 un petit opuscule au titre significatif : *Robert Malthus, the first of the Cambridge economists.*

1. Dans le cas de deux biens A et B, le prix relatif se définit comme le rapport PA/PB.

De Malthus au néomalthusianisme

« Dès les années 1830 en Angleterre et, plus généralement autour de 1880 en Europe, un débat passionné s'est déroulé non à propos de Malthus et de ce qu'on a appelé le malthusianisme, où l'accent est placé sur le retard de l'âge au mariage, mais du néomalthusianisme, mouvement et pratique plus que doctrine, basé sur la restriction des naissances dans le mariage. [...]. Le néomalthusianisme est occidental et urbain. Il est lié à la croissance industrielle et aux fortes densités européennes. Il est favorisé par "la grande dépression" des années 1880-1890 et le chômage qui rendent plus sensibles les problèmes du nombre et de la concurrence. [...]. Il pense qu'un petit nombre d'enfants est un moyen de réduire la réserve de main-d'œuvre, et donc le chômage, de faire hausser les salaires et de prévenir la guerre, fruit du surpeuplement. [...]. Au tournant du siècle, on s'inquiète en France de la dénatalité ; on fait du néomalthusianisme le bouc émissaire d'une situation dont les origines sont autres. La loi de 1920 interdit toute propagande antinataliste. Entre les deux guerres, le néomalthusianisme est un mouvement isolé ; des politiques natalistes sont ébauchées. Il est dénoncé par les socialistes comme une idéologie petite-bourgeoise et individualiste cachant la racine de l'exploitation. Mais l'on assiste en France à ce que l'on a pu appeler "l'irrésistible progression du planning familial" (F. Ronsin) avec la loi sur la contraception (1967) et la reconnaissance de l'enseignement des pratiques anticonceptionnelles et de l'avortement (1974) » (extrait de J. Wolff, *Malthus et les malthusiens*).

Après 1945, de nombreux pays ont mené des politiques antinatalistes : mentionnons le Japon (avec la loi de « protection eugénique » de 1948), l'Inde, la Chine (avec le slogan lancé en 1979 « un seul enfant par couple »).

3. En marge de l'école anglaise se développe une école classique française

► **Dans son *Traité d'économie politique* (1817), Jean-Baptiste Say énonce la célèbre loi des débouchés** : toute offre génère sa propre demande. Cela signifie que toute production donne lieu à la création d'une somme de revenus d'égale valeur ; au niveau global, les agents ne peuvent demander des biens et services que parce qu'ils vendent des biens et services pour une valeur équivalente (graphique 1). Cette affirmation ne relève pas de la simple égalité comptable, dès lors que l'on explicite les hypothèses qui la sous-tendent.

Elle s'inscrit tout d'abord dans un raisonnement en longue période où toute épargne est investie : ce qui est épargné est en fait dépensé par d'autres agents (les investisseurs, qui empruntent auprès des épargnants). L'épargne constitue donc une vertu, puisqu'elle permet de financer des moyens de production supplémentaires.

La loi de Say suppose également que la monnaie n'a pas d'autre fonction que celle d'intermédiaire des échanges, conformément à la théorie quantitative. La monnaie n'est pas demandée pour elle-même mais pour les biens et services qu'elle permet de se procurer. C'est pourquoi, dès qu'un individu a vendu un produit, « il n'est pas moins empressé de se défaire de l'argent que lui procure sa vente, pour que la valeur de l'argent ne chôme pas non plus ».

Par ailleurs, à l'encontre de la tradition anglaise, Say défend une conception de la **valeur fondée sur l'utilité**.

Graphique 1
Une illustration de la loi des débouchés

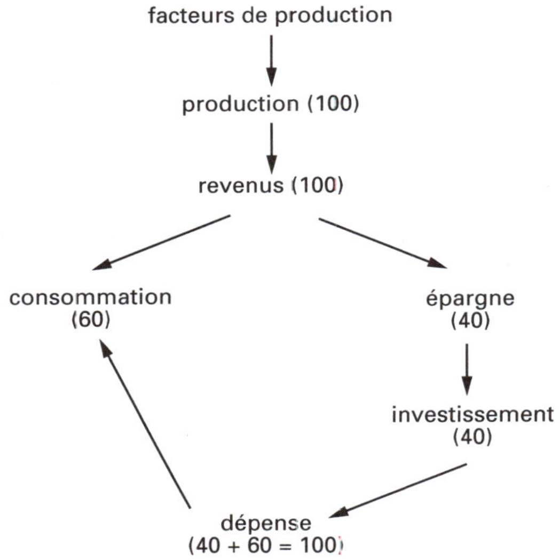

N.B. : Les chiffres entre parenthèses correspondent à des valeurs monétaires.

> Je dirai que créer des objets qui ont une utilité quelconque c'est créer des richesses, puisque l'utilité de ces choses est le premier fondement de leur valeur, et que leur valeur est de la richesse.

▸ **Sismondi apparaît comme un auteur très critique, tant vis-à-vis des auteurs anglais que de la loi des débouchés de Say.**

Dans ses *Nouveaux principes d'économie politique* (1819), Sismondi remet en question la conception de la justice développée par les libéraux anglais, qui repose sur une vision purement **commutative** (« à chacun selon son effort ») et qui ne prend pas en considération les relations de pouvoir qui président à l'échange. Sismondi, attaché au problème de la répartition des richesses et indigné par la situation misérable des ouvriers, veut montrer que le contrat de travail entre le salarié et le capitaliste n'est pas fondé sur une véritable justice : le travailleur, ne disposant pas de ressources pour survivre, se trouve dans la nécessité immédiate d'offrir sa force de travail, alors que le capitaliste dispose de temps et recherche simplement un profit supplémentaire. Le contrat de travail est donc fondamentalement biaisé en faveur du capitaliste : Sismondi introduit dans la détermination du salaire le pouvoir de négociation des deux parties, qui en l'occurence est un pouvoir inégalement réparti. Face à cette situation, Sismondi milite en faveur d'une justice **redistributive** (« à chacun selon ses besoins ») : l'État se voit attribuer une nouvelle fonction, celle de redistribuer la richesse, en particulier sous la forme d'une assistance au chômage, à la maladie et à la vieillesse.

Sismondi n'hésite pas également à remettre en cause la loi de Say, en introduisant la demande : une crise de surproduction se traduit par une baisse des prix (déflation) mais aussi des revenus, compte tenu de la baisse de la demande de travail ; cette diminution des revenus entraîne à son tour une baisse de la demande et l'on entre alors dans un processus cumulatif de dépression.

II. La contestation radicale du libéralisme : la pensée de Marx

Marx naît à Trèves en 1818 dans une famille bourgeoise, marquée par le libéralisme des idées et la relative indifférence religieuse.

Entre 1836 et 1845, Marx poursuit sa formation intellectuelle : il entame des études de droit avant de soutenir une thèse de philosophie en 1841 ; il mène parallèlement une activité militante, tout d'abord comme rédacteur en chef d'un journal proche de la bourgeoisie d'affaires (qui s'oppose aux propriétaires fonciers et à l'État prussien) puis, à l'issue d'un séjour à Paris où il rencontre Engels, il s'engage en 1844-1845 dans la voie révolutionnaire.

Au cours de la période 1845-1848, Marx, exilé à Bruxelles à la suite de son expulsion de Paris, publie, avec Engels, ses premiers écrits : *L'idéologie allemande* (1846) où est exposé le principe du matérialisme historique ; *Misère de la philosophie*, en réponse à l'ouvrage de Proudhon sur *Philosophie de la misère* (1847) ; *Le manifeste du parti communiste* (1848). Sur le plan de l'engagement politique, Marx milite au sein de la Ligue communiste.

La période 1849-1870 marque une troisième étape dans la vie de Marx, qui s'installe en Grande-Bretagne : il s'agit du temps des écrits théoriques majeurs, avec la publication en 1859 de *Critique de l'économie politique* et en 1867 du livre 1 du *Capital*. Au cours de cette troisième période, Marx milite au sein de la Première Internationale ouvrière.

Très affecté par la déroute de l'expérience française de la Commune, Marx se retire progressivement de tout engagement politique et, à partir de 1873, rédige les livres 2 et 3 du *Capital* qui seront publiés après sa mort (en 1883) par Engels.

► **Marx est le contemporain de la deuxième révolution industrielle** et assiste au développement d'un véritable prolétariat dans les grandes métropoles industrielles anglaises [1], dont Engels a décrit en 1845 la précarité des conditions de vie, dans *La situation des classes laborieuses en Angleterre*. En particulier, la

1. Rappelons qu'en 1851 le taux d'urbanisation au Royaume-Uni est de 48 %, contre 25 % en France.

généralisation du salariat conduit, lors des crises industrielles (1847-1850, 1857-1860, 1866, 1873), à l'apparition d'une figure nouvelle : le chômeur, c'est-à-dire celui qui ne dispose pour survivre que de sa force de travail et qui ne trouve pas acheteur.

Face à ce contexte économique et social, Marx pose la même question que les classiques, et en particulier que Malthus : dans quelle mesure le système capitaliste est-il à l'origine de cette « paupérisation » ?

► **Sur le plan des idées, Marx a été influencé par la pensée hégélienne**, et en particulier par sa vision dialectique : après avoir connu un communisme primitif (thèse), l'humanité a été soumise à la propriété privée (antithèse) ; ce stade sera lui-même dépassé par l'avènement du communisme (synthèse). Si Marx emprunte à Hegel cette conception du mouvement de la totalité, sa démarche n'en constitue pas moins un renversement de la perspective spiritualiste hégélienne [1], dans la mesure où il affirme le primat de la structure économique sur la pensée : « Ce n'est pas la conscience des hommes qui détermine leur être ; c'est inversement leur être social qui détermine leur conscience », écrit-il dans l'avant-propos de *La critique de l'économie politique*. Le **mode de production**, combinaison de **forces productives** [2] et de **rapports de production** [3], constitue en dernière instance l'infrastructure de toute société, les formes juridiques, politiques, religieuses, artistiques et philosophiques n'apparaissant que comme une simple superstructure : tel est le principe qui fonde le **matérialisme historique**.

• **Marx a aussi été marqué par la pensée de Feuerbach et la notion d'aliénation.** Dans *L'essence du christianisme*, Feuerbach montre en effet que l'homme est soumis à une aliénation religieuse, Dieu n'étant qu'une création de l'esprit humain. Cette automystification conduit les hommes à se prosterner devant ce qui n'est que le produit de leur invention : s'étant dépouillés de leurs propres attributs en les transférant à la divinité, les hommes sont devenus étrangers à eux-mêmes. On retrouve le concept d'aliénation chez Marx, en particulier dans les *Manuscrits de 1844* : les conditions objectives de la production empêchent l'homme de réaliser son humanité qui réside dans le travail créateur. En effet, dans la société capitaliste, le travail est aliéné car le producteur est rendu étranger au produit de son travail (qui appartient à son employeur), à l'activité de production (qu'il ne peut organiser comme il l'entend) et à son être générique (dans la mesure où il ne voit plus dans l'activité productive que le moyen de son existence individuelle).

1. Citons ici la phrase célèbre d'Engels dans *Feuerbach et la fin de la philosophie classique allemande* (1888) : « Hegel défigure la dialectique par le mysticisme, ce n'en est pas moins lui qui en a le premier exposé le mouvement d'ensemble. Chez lui, elle marche sur la tête ; il suffit de la remettre sur les pieds. »

2. Les forces productives se composent des hommes et des machines.

3. Les rapports de production concernent l'agencement des relations entre les hommes dans l'acte de production : l'esclavage, le servage, le salariat.

1. Marx, parfois qualifié de « dernier des classiques », s'inscrit à la fois en continuité et en rupture avec l'école classique anglaise

Pour ce qui est de la méthode, Marx entend procéder, comme les classiques anglais, à une analyse scientifique de la société, visant à en déceler les lois de fonctionnement : Marx rompt ici avec les socialistes « vulgaires » (Proudhon, Fourier [1]), taxés d'idéalisme.

Marx reprend également à son compte la conception anglaise de la valeur-travail (ainsi que les distinctions usuelles entre biens reproductibles/non reproductibles ; valeur d'usage/d'échange), dans laquelle il introduit le concept d'**exploitation**.

Dans le prolongement de Ricardo, Marx place au cœur de son analyse la lutte pour la répartition du revenu, même si le triptyque ricardien (le capitaliste ; le salarié ; le propriétaire foncier) se transforme chez Marx en un diptyque (le capitaliste face au salarié).

Mais ces points de convergence ne doivent cependant pas masquer les critiques radicales auxquelles se livre Marx à l'encontre de l'édifice classique.

Marx considère tout d'abord que l'économie politique classique relève de l'idéologie, dans la mesure où elle prétend mettre en évidence des lois naturelles (au double sens du terme : universelles et a-historiques). Pour Marx au contraire, les lois du marché sont datées, le capitalisme est une étape, un **mode de production** parmi d'autres, succédant au mode de production antique (fondé sur l'esclavage), au mode de production médiéval (fondé sur le servage) et auquel succédera le communisme, stade ultime et fin de l'Histoire. Cette critique de l'économie politique comme idéologie apparaît très nettement dès le *Manifeste du parti communiste*.

> C'est par intérêt que vous, les bourgeois, érigez en lois éternelles de la nature et de la raison vos rapports de production et de propriété, qui n'ont qu'un caractère historique et que le cours même de la production fera disparaître : en quoi vous pensez comme toutes les classes qui ont dominé et qui se sont effondrées.

Marx voit aussi dans l'économie politique classique une idéologie, dans la mesure où elle met en évidence de simples rapports entre les marchandises, là même où s'exercent des rapports conflictuels entre des hommes. La spécificité du mode de production capitaliste ne réside pas dans la lutte des classes mais précisément dans cette non-transparence des rapports de production, masqués par l'apparente impersonnalité du marché et le **fétichisme de la marchandise.** Nous retrouvons ici la notion d'aliénation.

1. Fourier apparaît comme un auteur atypique, qui se propose de décrire la société idéale : il s'agit d'une société fondée sur le « phalanstère », tout à la fois coopérative de production et coopérative de consommation ; au sein de ce phalanstère sont réunis l'entrepreneur et les travailleurs qui possèdent en commun la propriété : nous avons ici une vision non pas de lutte des classes, mais de réconciliation entre classes.

L'ouvrage majeur de Proudhon, publié en 1840, est *Qu'est-ce que la propriété ?* Proudhon y attaque le principe même de propriété (« la propriété, c'est le vol ») dans la mesure où c'est elle qui rend possible l'exploitation du travailleur (le propriétaire perçoit un revenu alors même qu'il n'a pas participé à l'acte de production). Proudhon définit le profit comme la part du produit de la force de travail qui n'est pas attribuée au travailleur alors même qu'elle lui revient de droit ; la rupture avec la pensée de Marx se situe ailleurs : Proudhon milite pour l'avènement de la propriété individuelle pour tous, c'est-à-dire d'une société où le salariat n'existe plus. Mais il condamne le communisme, associé à une forme d'esclavage : Proudhon reste très « individualiste » dans les solutions proposées et préfigure en ce sens le mouvement anarchiste. Marx n'hésite d'ailleurs pas à qualifier Proudhon, dans le *Manifeste du parti communiste*, de « socialiste conservateur ».

> Les rapports sociaux disparaissent de la conscience des hommes qui ne perçoivent plus que des rapports entre choses, perçues dorénavant comme naturelles.

De ces deux ruptures fondamentales sur l'objet même de la science économique découlent de nombreuses remises en cause thématiques. Citons, à titre d'exemple, le rejet par Marx de la loi de Say, qui nie l'existence même de la crise, en la rendant exogène au système ; pour Marx au contraire, la crise est inscrite dans la nature même du système capitaliste, à la fois comme crise dans le système et comme crise du système capitaliste lui-même.

2. Marx introduit au cœur de la théorie de la valeur-travail la notion d'« exploitation »

▶ **Reprenant à son compte la théorie de la valeur objective, Marx commence par y introduire plusieurs raffinements**, portant sur la manière d'évaluer la quantité de travail incorporée dans une marchandise.

Le **travail abstrait** (« la substance de la valeur »), défini comme dépense générique de force humaine et qui est à l'origine de la valeur d'échange de toute marchandise, est distingué du **travail concret**, qui est à l'origine de la valeur d'usage d'un bien particulier (la fabrication d'un pain ne demande pas le même travail que celle d'une montre).

Une deuxième distinction est établie entre **travail simple** et **travail complexe** : les heures de travail de différents ouvriers ne peuvent être additionnées, sans tenir compte de la diversité de qualifications entre travailleurs. Il faut trouver un coefficient de multiplication pour traduire ces différences qualitatives en différences de productivité.

Marx établit également une distinction entre les **conditions particulières de production** et le **travail nécessaire socialement** : le temps de travail pour la production d'une marchandise doit être évalué à partir du temps moyen, lui-même fonction des conditions de production en usage.

Enfin, Marx prend soin de séparer le **travail vivant** (appelé chez les classiques « travail direct ») du **travail mort** : pour déterminer la valeur d'une marchandise, il faut tenir compte non seulement du travail vivant mais aussi du travail nécessaire à la production des biens de production qui ont permis de fabriquer cette marchandise.

▶ **L'objectif du capitaliste ne vise pas seulement à produire une marchandise qui est une valeur d'échange** : il faut surtout que la valeur d'échange soit supérieure à la valeur dépensée dans l'achat des marchandises nécessaires pour la produire. Le capitaliste ne vend pas pour acheter (schéma MAM : Marchandise ⇒ Argent ⇒ Marchandise), le capitaliste achète pour vendre (A ⇒ M ⇒ A′ avec A′ > A). Le problème qui se pose alors est de savoir d'où vient cette valeur supplémentaire (la différence entre A′ et A), dénommée **plus-value** (*Mehrwert*) ?

Pour Marx, ce « supplément de valeur » ne peut naître de l'échange lui-même ; il provient d'une marchandise qui crée de la valeur lorsqu'on la consomme : le travail.

Ce que paie le capitaliste au salarié ce n'est pas le travail (valeur d'usage) mais la force de travail (valeur d'échange), rémunérée au salaire de subsistance : la plus-value (appelée aussi **surtravail** ou **travail impayé**) se définit précisément comme la différence entre la valeur créée par la force de travail et la valeur payée à cette force de travail.

> La valeur de la force de travail est déterminée par la quantité de travail nécessaire à son entretien ou à sa production, mais l'usage de cette force de travail n'est limité que par l'énergie agissante et la force physique de l'ouvrier (*salaire, prix, profit*).

À partir de cette notion de plus-value, Marx introduit deux indicateurs :

— le **taux d'exploitation**, appelé aussi taux de plus-value : il s'agit du rapport plus-value/capital variable (le travail). Noté pl/v (avec pl, la plus-value et v, le capital variable), il exprime le rapport de la valeur extorquée au travailleur à la valeur des biens de subsistance nécessaires à la reproduction de la force de travail. Pour accroître ce taux, le capitaliste dispose de deux moyens : la production de plus-value relative par la hausse de la productivité et la production de plus-value absolue par l'augmentation du temps de travail ;

— le **taux de profit** : il correspond au rapport plus-value/capital total (c'est-à-dire capital variable + capital constant [1]). Il se note :

$$\pi = pl/(c + v)$$, avec c, le capital constant.

3. La crise – à la fois comme crise dans le capitalisme et comme crise du capitalisme – apparaît inéluctable

▶ **Qu'advient-il au cours du temps de ce taux de profit ?** Que fait le capitaliste de cette plus-value extirpée indûment au facteur travail ? La plus-value est réinvestie à nouveau dans la production : c'est ce que Marx nomme le processus de **capitalisation de la plus-value** ou d'**accumulation** (« Accumulez, accumulez, c'est la loi et les prophètes »).

Cette accumulation s'accompagne d'un changement dans la **composition organique du capital** (notée c/v et défini comme le rapport capital constant/capital variable) : le rapport c/v tend à augmenter, car le capitaliste investit en capital constant au détriment du capital variable. Mais en investissant en capital constant, le capitaliste ne se rend pas compte (ce que Marx nomme la **myopie du capitaliste**) qu'il court à sa propre perte : la substitution du capital constant au capital variable entraîne en effet une baisse du taux de profit, dans la mesure où le capital constant ne crée pas de valeur mais transmet simplement la valeur-travail qui lui est incorporée. Le taux de profit peut en effet se réécrire :

$$\pi = (pl/v)/(c/v + 1)$$

1. Le capital constant est constitué par les machines et les matières premières.

avec *pl/v* le taux de plus-value et *c/v* la composition organique du capital. Si la composition organique du capital augmente, le taux de profit diminue, toutes choses égales par ailleurs.

> La masse de travail vivant utilisée diminue continuellement par rapport à la masse de travail matérialisé qu'elle met en mouvement, c'est-à-dire par rapport aux moyens deproduction consommés de façon productive ; il s'ensuit que la fraction non payée de ce travail vivant, matérialisée dans la plus-value, doit décroître sans cesse par rapport à la valeur du capital total investi. Or ce rapport entre la masse de plus-value et la valeur du capital total investi constitue le taux de profit ; celui-ci doit donc baisser continuellement.

► **La baisse tendancielle du taux de profit est à l'origine de crises cycliques dans le système capitaliste qui débouchent à terme sur la crise du système capitaliste lui-même.**

La substitution du capital constant au capital variable entraîne le développement du chômage, qui apparaît ici comme un phénomène endogène au système capitaliste et non comme un accident ; mais en même temps le développement de cette **armée de réserve industrielle** (appelée aussi **surnuméraire**) constitue l'une des conditions à court terme du prolongement du système capitaliste, dans la mesure où le développement du chômage permet de faire pression à la baisse sur les salaires.

Le développement du chômage engendre une crise de surproduction sur le marché des biens de consommation : un mouvement de baisse des prix s'amorce, qui provoque à son tour une diminution du taux de profit. On assiste alors à la faillite des petites entreprises et à l'amorce d'un processus de concentration industrielle. Afin de limiter la crise de débouchés, l'État, instrument de la classe bourgeoise, relance ses dépenses publiques.

La répétition de ces crises cycliques débouche *in fine* sur la crise du système lui-même : le capitalisme cède la place au communisme, caractérisé par l'appropriation collective des moyens de production, la disparition de l'État (après une phase de dictature du prolétariat) et de la monnaie.

III. Le renouvellement de la pensée libérale : les néoclassiques

L'émergence à la fin du XIXe siècle de la « révolution marginaliste » a donné lieu à plusieurs interprétations :

— la révolution néoclassique peut être appréhendée comme le résultat du développement propre de la pensée économique, marquée dès 1850-1860 par la désintégration progressive de l'économie classique ;
— selon Robinson, l'école néoclassique constitue plutôt la réponse libérale au marxisme : il s'agit de retrouver une philosophie de l'harmonie des intérêts

pour combattre la vision de Marx en termes d'antagonismes. Pour séduisant qu'il soit, cet argument ne semble pourtant pas fondé, dans la mesure où la plupart des auteurs néoclassiques ne se sont pas penchés sur l'œuvre de Marx.

L'approche néoclassique ne constitue pas au départ un courant uniforme et trois écoles de pensée peuvent être distinguées :

— **l'école de Lausanne**, dont les deux représentants les plus célèbres sont Walras et Pareto, élabore la théorie de l'équilibre général et de l'optimum. L'ouvrage fondateur de cette école *Éléments d'économie pure* est publié par Walras en 1874 ;
— **l'école de Cambridge** s'ouvre en 1871 avec la *Théorie de l'économie politique* de Jevons ; cette école anglaise est à l'origine de la théorie de l'équilibre partiel et des imperfections de marché, sous la plume de Marshall, Jevons et Pigou ;
— **l'école de Vienne** (Menger, Böhm-Bawerk, von Wieser pour la première génération ; Hayek et Schumpeter pour la seconde génération) développe une théorie du capital (le « détour de production ») et des crises économiques. Son point de départ se situe en 1871 avec la publication des *Fondements de l'économie politique* de Menger.

1. L'approche néoclassique renouvelle l'analyse des classiques

Classiques et néoclassiques sont souvent regroupés sous le terme générique « libéraux », laissant ainsi supposer une parfaite continuité entre les deux courants ; la portée du préfixe « néo » doit être cependant relativisée, dans la mesure où l'école néoclassique ne constitue pas simplement un prolongement, une réactualisation de la pensée classique.

▶ **Une première différence entre classiques et néoclassiques peut être identifiée, qui porte sur la théorie de la valeur.** Alors que les classiques privilégient les facteurs d'offre dans l'explication de la valeur, les néoclassiques situent l'origine de la valeur dans la demande. La conception objective de la valeur fondée sur le travail cède la place à une approche subjective, fondée sur l'**utilité marginale**. L'utilité marginale se définit comme la variation de l'utilité totale à lasuite d'une variation infinitésimale de la quantité consommée [1] ; elle est toujours décroissante, en vertu du principe de rareté, et positive (ou nulle), en vertu du principe de rationalité (graphique 2).

1. Algébriquement, l'utilité marginale correspond à la dérivée de l'utilité par rapport à la quantité consommée, soit : dU/dQ.

Graphique 2
L'utilité marginale

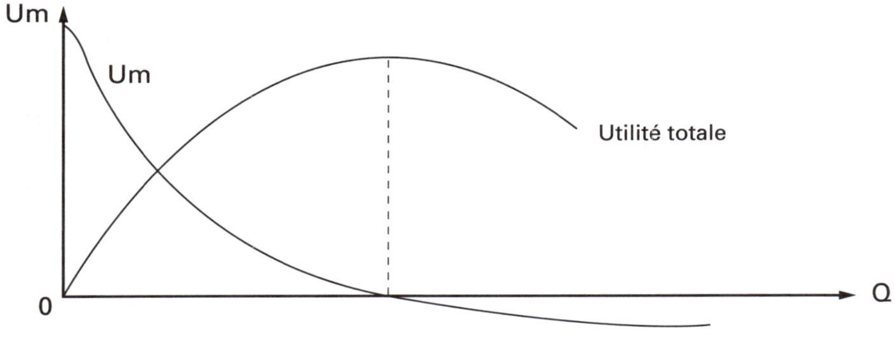

Comme l'écrit Menger, auteur néoclassique de l'école de Vienne :

> La valeur n'est pas inhérente aux biens ; elle n'en est pas une propriété ; elle n'est pas une chose indépendante qui existe en soi. C'est un jugement que les sujets économiques portent sur l'importance des biens dont ils peuvent disposer pour maintenir leur vie et leur bien-être. Il en résulte que la valeur n'existe pas hors de la conscience des hommes.

Notons que la théorie subjective de la valeur s'est développée simultanément au sein des trois écoles néoclassiques – en Angleterre avec Jevons, en France avec Walras, en Autriche avec Menger – dans l'ignorance mutuelle les unes des autres.

• **Une deuxième différence apparaît, qui porte sur la définition même de la science économique.** Cette dernière ne se définit plus par son objet (étude de la production, de la répartition, de l'échange de marchandises) mais par son mode de raisonnement : l'économie peut rendre compte de tout comportement rationnel, c'est-à-dire de toute action combinant des moyens rares pour atteindre au mieux une fin (on parle de **maximisation sous contrainte**). L. Robbins en 1932, dans *Un essai sur la nature et la signification de la science économique*, caractérise l'économie comme « la science qui étudie le comportement humain en tant que relation entre des fins et des moyens rares ayant un usage alternatif ».

▸ **Ces différences, pour importantes qu'elles soient, ne doivent cependant pas masquer les continuités entre auteurs classiques et auteurs néoclassiques.**

Tout d'abord, classiques et néoclassiques se font les défenseurs de l'économie de marché, reposant sur la propriété privée et la liberté individuelle.

Ensuite, à l'exception de quelques auteurs (Malthus puis Hayek), classiques et néoclassiques adhèrent d'un même élan à la théorie dichotomique de la monnaie : la monnaie est neutre et toute augmentation de la masse monétaire qui n'est pas la conséquence d'une augmentation préalable de la production engendre une inflation.

La limitation de l'intervention étatique aux fonctions essentielles constitue un troisième point de convergence entre ces deux traditions libérales : l'État doit assurer les fonctions régaliennes (police, défense) et offrir des biens collectifs. Au-delà de ces fonctions, toute politique économique est au mieux inutile, au pire néfaste.

Enfin, à l'exception des libéraux de l'école de Vienne, les néoclassiques reprennent à leur compte la thèse de Say sur l'impossibilité de crises générales et durables : la dépression crée d'elle-même les conditions de la reprise, la crise étant perçue comme un simple accident.

2. Les néoclassiques de Lausanne fondent l'approche en termes d'équilibre général et d'optimum

► **Dans son ouvrage *Éléments d'économie pure* (1874), Léon Walras jette les bases de la théorie de l'équilibre général** : il s'agit de montrer que l'équilibre (offre = demande) de plein-emploi des ressources peut être simultanément assuré sur tous les marchés et que de surcroît cet équilibre est stable.

Pour mettre en évidence l'existence d'un tel équilibre, Walras raisonne dans le cadre du modèle de **concurrence pure et parfaite** ; il commence par énoncer un principe qui, par la suite, portera le nom de **loi de Walras** : l'offre globale étant nécessairement égale à la demande globale, si l'équilibre est réalisé sur $n - 1$ marchés, il est réalisé sur le n-ième marché. Walras pose ensuite un système d'équations multiples (chacune représentant l'égalité de l'offre et de la demande sur le marché d'un bien), en désignant par n le nombre de facteurs de production et par m le nombre de biens de consommation. Pour que ce système admette une solution, il est nécessaire de disposer d'autant d'équations indépendantes que d'inconnues. Walras montre précisément que cette condition est respectée, dès lors qu'un bien est pris comme numéraire : le système comprend $(2n + 2m - 1)$ inconnues et $(2n + 2m - 1)$ équations indépendantes.

► **Walras se penche également sur le problème de la stabilité de l'équilibre général** : lorsque le système n'est pas à l'équilibre de plein-emploi des ressources, existe-t-il un mécanisme permettant d'y revenir spontanément ? Afin de répondre à cette interrogation, Walras suppose l'existence d'un agent extérieur au marché, dénommé **commissaire-priseur**, annonçant un prix et enregistrant les offres et les demandes correspondantes à ce prix : tant que l'offre et la demande ne sont pas égales, ce processus de **tâtonnement** se poursuit. Il est supposé qu'aucune transaction n'a lieu avant l'obtention de l'équilibre et que le processus ne génère pas de coûts de fonctionnement. En recourant au commissaire-priseur, Walras veut montrer que la stabilité de l'équilibre général est assurée par la flexibilité des prix : si l'offre est supérieure à la demande, les prix doivent baisser et *vice versa*.

La théorie de l'équilibre général sera reprise et développée en 1954 par Arrow et Debreu (conditions d'existence d'un équilibre général), puis au début des années 1970 par Sonnenschein, Mantel et Debreu (problème de la stabilité de l'équilibre général).

La concurrence pure et parfaite

Le modèle de concurrence pure et parfaite repose sur plusieurs hypothèses :

- la libre entrée : il n'existe aucune barrière (juridique, technique, commerciale ou financière) empêchant de nouvelles firmes de pénétrer sur le marché ;
- l'atomicité : il existe un très grand nombre de producteurs et d'acheteurs, si bien qu'aucun ne peut individuellement influer sur le prix du marché ;
- l'homogénéité du produit : les produits offerts sont identiques en tous points, il n'existe pas de différenciation du produit ; les acheteurs sont donc indifférents quant à l'identité de l'offreur ;
- la transparence de l'information : l'information est disponible sans coût et pour tous ; l'information se résume au prix : les offreurs connaissent le prix auquel ils sont en mesure de vendre leur production ; de même, les consommateurs connaissent exactement le prix de vente.

La concurrence pure et parfaite constitue une structure de marché caractérisée par le fait que les offreurs ne disposent d'aucun pouvoir de marché : ils sont « preneurs de prix » (*price takers*). Cela signifie que la demande est infiniment élastique par rapport au prix : si un offreur vend plus cher que le prix d'équilibre p^*, il ne vend rien. Il en résulte qu'à l'équilibre toutes les entreprises vendent au même prix, égal au coût marginal de production. Dit en d'autres termes, en situation de concurrence, il est impossible pour une firme de dégager durablement un profit positif. Si tel était le cas, de nouveaux producteurs entreraient sur le marché, ce qui ferait baisser le prix du marché jusqu'au coût marginal.

Le modèle de concurrence pure et parfaite représente un outil essentiel de l'analyse microéconomique, ce pour trois raisons principales :

- il constitue une sorte d'étalon qui permet de prendre la mesure, par différence, de l'imperfection des marchés : c'est en effet à partir de la concurrence pure et parfaite que l'on a pu appréhender la nature de structures de marché imparfaites, telles que le monopole, la concurrence monopolistique, l'oligopole. Ainsi, lorsque l'on dit « le monopole vend plus cher », c'est par référence au prix d'équilibre pratiqué en concurrence pure et parfaite ;
- pour certains auteurs néoclassiques, la concurrence pure et parfaite est non seulement un étalon mais aussi une norme à atteindre, dans la mesure où elle constitue la meilleure situation pour le consommateur ; il revient alors à la politique économique d'instaurer les conditions d'une « concurrence praticable » (*workable competition*).
- si les hypothèses du modèle font l'objet de débats, le résultat principal apparaît quant à lui très réaliste : en situation de concurrence, les profits des entreprises sont proches de zéro et les « rentes de situation » ne peuvent perdurer à long terme.

- **Walras a aussi apporté sa contribution à la théorie marginaliste de la valeur, fondée sur le principe de l'utilité-rareté.**

> Il y a dans la science trois solutions principales du problème de l'origine de la valeur. La première est celle de Smith et Ricardo ; c'est la solution anglaise : elle met l'origine de la valeur dans le travail. La deuxième est celle de Condillac et de Say ;

> c'est plutôt la solution française : elle met l'origine de la valeur dans l'utilité. Enfin, la troisième, qui est la bonne, est celle de Burlamaqui et de mon père : elle met l'origine de la valeur dans la rareté.

Walras réfute la théorie anglaise de la valeur, en avançant que le travail vaut parce qu'il est utile et en quantité limitée : ce n'est donc pas le travail en soi qui est à la source de la valeur mais la rareté du travail. Quant à l'approche française de la valeur, Walras considère qu'elle est incomplète, dans la mesure où l'utilité est une condition nécessaire mais non suffisante à la définition de la valeur. La source de la valeur réside selon Walras dans l'utilité-rareté. Walras développe donc une conception subjective de la valeur :

> La valeur vient de l'homme et non des choses. Elle reflète la satisfaction que leur consommation nous procure, non la quantité de facteurs productifs qu'exige leur fabrication.

► **Vilfredo Pareto est à l'origine de la notion d'optimum** [1]. Une situation est qualifiée de **Pareto-optimale** ou d'**optimum de Pareto** lorsqu'il n'est pas possible d'améliorer l'utilité d'un agent sans dégrader celle d'au moins un autre. La réalisation de l'optimum de Pareto permet de s'assurer que les ressources sont efficacement employées mais ne signifie en rien que les ressources sont équitablement réparties. La définition de Pareto s'appuie implicitement sur la notion d'unanimité : est sous-optimale toute situation telle que les agents seraient tous d'accord pour la modifier ou du moins pour ne pas s'opposer à sa modification.

Le graphique 3 fournit une illustration du concept d'optimum. La courbe représente la frontière des possibilités de production, c'est-à-dire le niveau maximum de production Y0 que l'on peut obtenir. Cette production est répartie entre les individus A et B. On voit aussitôt que les points C, D, E, F constituent tous des optima de Pareto puisqu'il n'est pas possible d'améliorer la dotation d'un des deux individus sans diminuer celui de l'autre. Tous les points situés sur la frontière de production sont en fait des optima : il n'est donc pas possible de choisir *a priori* entre ces différentes situations, équivalentes en termes d'efficacité. En revanche, le point G ne constitue pas un optimum : il est possible d'accroître la dotation de A ou de B sans dégrader celui du partenaire.

3. Mettant l'accent sur les limites du marché, les néoclassiques de Cambridge revendiquent un « libéralisme tempéré »

Parmi les nombreux auteurs qui composent cette école néoclassique anglaise (Marshall, Pigou, Jevons), nous mettrons ici l'accent sur les deux figures les plus célèbres : Alfred Marshall et Arthur Cecil Pigou.

1. Pareto est aussi à l'origine de la théorie microéconomique du consommateur, fondée sur les courbes d'indifférence.

Graphique 3
L'optimum de Pareto

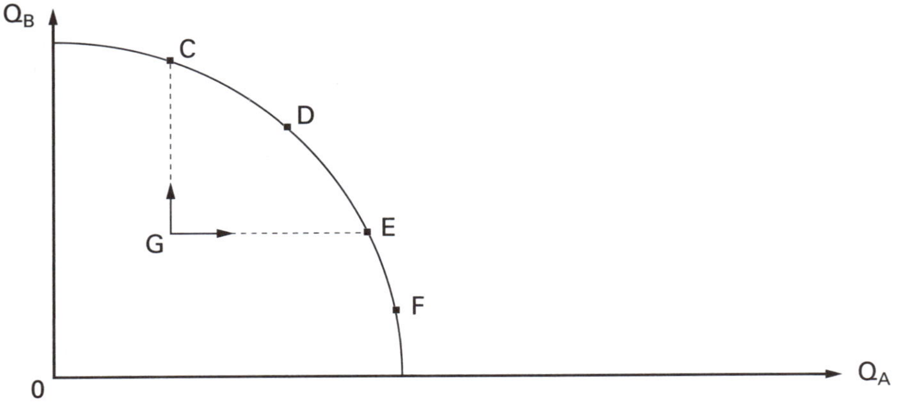

► **Alfred Marshall** [1]**, dans ses *Principes d'économie politique*, opère la synthèse entre la théorie marginaliste et l'approche anglaise de la valeur**, estimant que les deux visions ne sont pas incompatibles (graphique 4).

> Il serait tout aussi raisonnable de discuter sur le point de savoir si c'est la lame supérieure ou la lame inférieure d'une paire de ciseaux qui coupe un morceau de papier que de se demander si la valeur est déterminée par l'utilité ou par le coût de production.

Les classiques anglais ont considéré la valeur sous l'angle de l'offre, tandis que les néoclassiques privilégiaient l'angle de la demande. Marshall montre alors qu'en courte période ce sont essentiellement les conditions de la demande qui influent sur le prix d'un bien, puisque les capacités de production sont données (la courbe d'offre est une droite verticale) ; à l'inverse, en longue période, le coût de production est déterminant dans la mesure de la valeur (la courbe d'offre tend vers l'horizontale).

• **Marshall a aussi jeté les fondements de l'analyse des marchés en équilibre partiel.** Il s'agit d'étudier le fonctionnement d'un marché, en faisant l'hypothèse que l'équilibre quantité/prix obtenu ne dépend pas de l'équilibre obtenu sur les autres marchés : par exemple, l'équilibre sur le marché des biens est déterminé toutes choses égales par ailleurs, c'est-à-dire sans prendre en compte la situation sur le marché du travail. L'analyse en équilibre partiel est souvent utilisée en microéconomie, en particulier dans l'étude des marchés imparfaits (monopole, oligopole).

1. Comme pour les auteurs précédents, nous avons choisi de sélectionner certains aspects de la pensée de Marshall ; nous laissons en particulier de côté les concepts marshalliens d'élasticité et d'économies d'échelle (internes et externes).

Graphique 4
Les lames de ciseaux de Marshall

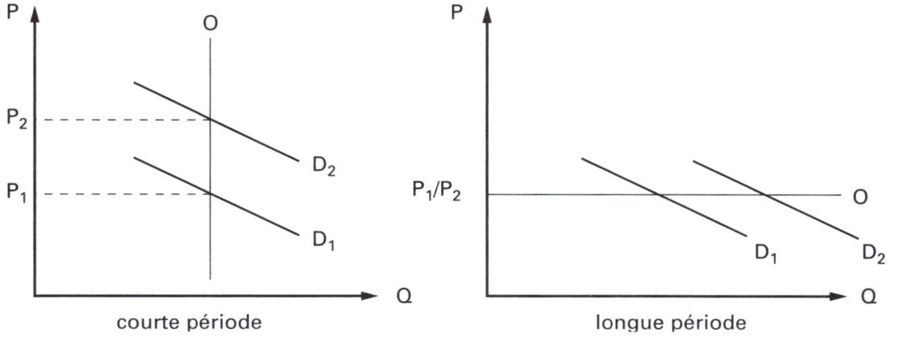

• **On doit enfin à Marshall d'avoir mis en évidence le concept de surplus, qui est à la source même de l'échange.**

Dans le cas du consommateur, le surplus peut se définir comme la différence entre le prix que le consommateur est disposé à payer pour les différentes unités précédant la quantité d'équilibre Q* et le prix p^* pratiqué à l'équilibre. Dans le cas du producteur, le surplus représente la différence entre le prix que le producteur est prêt à offrir pour les unités précédant Q* et le prix p^* pratiqué à l'équilibre (graphique 5). Ce concept de surplus est très utilisé en économie pour comparer des situations économiques différentes : ainsi, en économie internationale, le tarif douanier entraîne, par rapport au libre-échange, un **transfert de surplus** du consommateur vers le producteur et une perte de surplus ; de même, le monopole se traduit, par rapport à la situation de concurrence pure et parfaite, par un transfert de surplus du consommateur vers le producteur et par une **perte de surplus**.

► **Dans son ouvrage *Économie du bien-être* (1920), Pigou met en évidence les défaillances du marché (*market failures*) représentées par les effets externes et les biens collectifs, et justifie du même coup une intervention étatique**[1]**.**

Un effet externe se définit comme une situation dans laquelle l'acte de production ou de consommation d'un agent influe positivement (cas de l'innovation) ou négativement (cas de la pollution) sur le niveau d'utilité d'un autre agent, sans que cette interaction ne transite par le marché, c'est-à-dire par le mécanisme des prix. L'effet externe renvoie donc à une situation d'**imperfection des droits de propriété**. Dans le cas d'un effet externe positif, le marché conduit à un sous-investissement par rapport à la situation qui aurait prévalu

1. Ces notions sont reprises et explicitées dans le chapitre 5.

Graphique 5
Le surplus du consommateur et du producteur

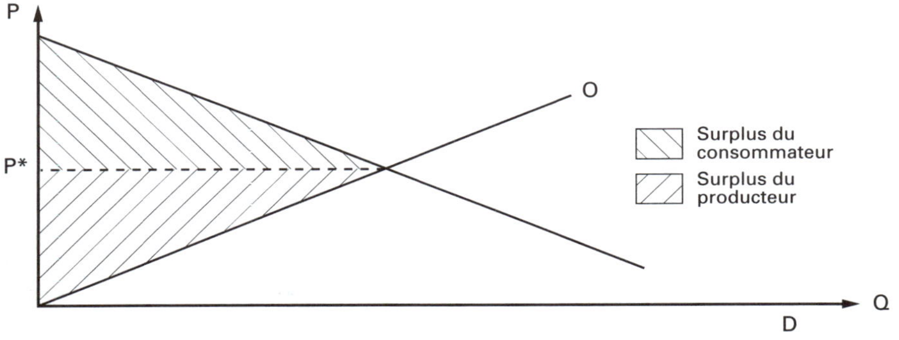

si les droits de propriété étaient parfaitement assurés. Dans le cas d'un effet externe négatif, le seul mécanisme du marché se traduit par une surproduction par rapport à la situation qui aurait prévalu si les droits de propriété étaient assurés. Face à cette défaillance du marché, l'intervention de l'État consiste à **internaliser les externalités**, c'est-à-dire à donner un prix à ce qui n'en avait pas jusqu'ici (instauration d'un brevet pour protéger l'innovateur ; indemnisation du riverain pollué par la firme).

Un bien collectif est un bien dont l'usage par un agent n'empêche pas l'usage simultané par d'autres agents (la radio, la défense nucléaire). Dans ce cas, les agents, qui sont rationnels, ne vont pas révéler leurs préférences pour ce type de bien, espérant en jouir sans en supporter le coût. On aboutit alors à un paradoxe : comme personne n'exprime de demande pour ce type de biens, aucune offre n'émerge, alors même que ces biens collectifs sont souhaités par le consommateur. Face à cette défaillance du marché, il revient à l'État de prélever un impôt (par nature obligatoire) pour financer ces biens collectifs. À la suite d'A. Smith, nous retrouvons une justification de l'intervention étatique, au-delà des fonctions de l'État-gendarme.

• **Au moyen de l'effet d'encaisses réelles (appelé aussi « effet Pigou »), Pigou reformule la thèse libérale de l'inflation monétaire.**

Pigou part du postulat selon lequel tout agent souhaite détenir en permanence une partie de son revenu réel sous la forme d'encaisses ; au niveau macroéconomique, cette encaisse réelle se définit comme le rapport entre la masse monétaire (M) et le niveau général des prix (P).

Il apparaît aussitôt que si la masse monétaire augmente (M), l'agent se trouve en présence d'une encaisse réelle supérieure à l'encaisse désirée : il va dépenser cette encaisse excédentaire et provoquer de ce fait une inflation (hausse de P) qui rétablit M/P à son niveau de départ.

À l'inverse, si l'économie entre dans une période de déflation, l'encaisse réelle augmente, l'agent consomme plus, ce qui fait augmenter de nouveau les prix : la déflation ne peut être un phénomène durable.

• **Alors que la crise de 1929 – avec son chômage de masse – fait rage, Pigou tente de défendre la théorie néoclassique du marché du travail, dans son ouvrage *La théorie du chômage* (1931).**

Normalement, le chômage involontaire ne saurait exister dans une économie de marché à prix flexibles : la flexibilité du salaire réel permet en effet d'assurer sur le marché du travail l'équilibre entre offre de travail (fonction croissante du salaire réel) et demande de travail (fonction décroissante du salaire réel).

Or on peut observer, à l'occasion de la crise de 1929, l'existence d'un chômage massif : cela ne remet-il pas en cause la pertinence du modèle néoclassique standard ? La réponse de Pigou est sur ce point catégorique : loin d'invalider la théorie néoclassique, le chômage observé la confirme par défaut, puisqu'il provient du non-respect des règles du marché. Le chômage existe en effet parce que les salaires réels ne sont pas flexibles à la baisse, à cause de la législation sur le salaire minimum et de l'existence des syndicats.

Dans ces conditions, la résorption du chômage doit se faire non par une intervention active de l'État mais par le rétablissement des règles essentielles du marché, fondées sur la flexibilité des prix.

À la même époque, en France, J. Rueff soutient la même thèse, dans un article au titre significatif : « L'assurance-chômage, cause du chômage permanent [1] ».

4. Par l'originalité de ses auteurs, l'école de Vienne se situe aux frontières de l'orthodoxie néoclassique

Les néoclassiques autrichiens se distinguent nettement de l'école de Lausanne par leur méfiance affichée vis-à-vis de toute formalisation mathématique et par leur intérêt pour la dimension psychologique des comportements économiques (on parle d'ailleurs de **subjectivisme autrichien**).

L'école de Vienne est constituée de deux générations d'auteurs. La première génération est à l'origine de la théorie de l'utilité marginale, sous la plume de Menger, et développe une théorie du capital et du taux d'intérêt, avec Böhm-Bawerk.

► **Schumpeter (1883 [2]-1950) représente, avec Hayek, la figure la plus célèbre de la seconde génération autrichienne.** Dans l'histoire de la pensée libérale, Schumpeter occupe une place à part : il apparaît souvent aux yeux des libéraux eux-mêmes comme un auteur si atypique que l'on a coutume de le placer, aux côtés de Marx, parmi les penseurs hétérodoxes.

1. *Revue d'économie politique*, 1931.
2. On notera que 1883 est aussi une année marquée par la mort de Marx et par la naissance de Keynes.

Il est vrai que Schumpeter, adversaire pourtant déterminé du marxisme, présente plusieurs points communs avec le prophète de la fin du capitalisme : comme Marx, il se focalise sur la dynamique du capitalisme et non, comme les auteurs néoclassiques, sur l'étude de l'équilibre ; comme Marx, il développe une théorie de la crise endogène au système capitaliste, alors que la pensée néoclassique orthodoxe appréhende la crise comme un accident, c'est-à-dire comme un événement exogène ; comme Marx enfin, il estime – bien qu'il s'en désole – que le capitalisme est un mode de production daté, auquel succédera le socialisme.

L'œuvre de Schumpeter apparaît particulièrement vaste et hétéroclite, puisqu'il s'est tour à tour intéressé à l'histoire de la pensée (*Histoire de l'analyse économique*), au processus de croissance (*Théorie de l'évolution économique* en 1912 puis en 1939 *Business Cycles*), à l'avenir du système capitaliste (*Capitalisme, socialisme et démocratie,* 1942), et à divers thèmes sociologiques tels que l'impérialisme. Dans les développements qui suivent, nous nous centrerons essentiellement sur l'ouvrage économique le plus célèbre de Schumpeter : *Théorie de l'évolution économique.*

► **La *Théorie de l'évolution économique* s'ouvre par la description d'un état de l'économie, dénommé « circuit stationnaire »** : il s'agit d'une situation fictive, tout comme l'état originel de Rousseau dans *Le discours sur l'origine de l'inégalité entre les hommes*, qui permet de prendre la mesure, par différence, de la situation réelle. Dans ce circuit stationnaire, les individus se comportent de manière routinière, c'est-à-dire agissent par rapport à des règles qui appartiennent au passé : l'habitude et la tradition constituent les deux guides de l'action. Au niveau de la production, les biens fabriqués sont toujours les mêmes et la combinaison productive ne change pas. La monnaie ne joue d'autre rôle que celui de transaction, et les producteurs n'effectuent ni pertes ni bénéfices. On aboutit à un fonctionnement de l'économie qui s'apparente à une simple reproduction à l'identique.

► **Le circuit stationnaire va connaître une rupture soudaine, l'innovation, qui remet en cause les comportements routiniers.**

• **Le terme « innovation [1] » revêt chez Schumpeter une acception très large puisqu'il regroupe cinq cas de figure** : l'innovation de produit, l'innovation de procédé, la découverte d'une nouvelle matière première, l'ouverture d'un nouveau marché, enfin un nouveau mode d'organisation de la production. Plus encore, l'innovation n'apparaît pas sous la forme d'un bien isolé mais sous forme de **grappes**, c'est-à-dire de biens liés les uns aux autres par une relation de complémentarité (ex. : la locomotive, le charbon et la voie de chemin de fer).

• **L'innovation est tout d'abord le fait de l'entrepreneur**, « homme des combinaisons nouvelles », qui n'hésite pas à prendre des risques et à rompre avec l'ordre dominant. Chez Schumpeter, l'entrepreneur est présenté comme un

1. Rappelons qu'en économie l'invention, qui relève du domaine de la découverte scientifique, doit être distinguée de l'innovation, qui en constitue une application matérielle.

marginal, « nageant à contre-courant », animé par un désir de puissance et de domination. On retrouve, dans cette analyse psychologique de l'origine de l'innovation, l'influence de l'école historiciste allemande : ce courant de pensée, dont les deux auteurs les plus célèbres furent Weber et Sombart, avait déjà mis en évidence l'influence que pouvaient exercer les représentations du monde sur l'activité économique. C'est ainsi que Max Weber a établi un parallélisme entre le mouvement de la Réforme et l'essor du capitalisme (dans *L'éthique protestante et l'esprit du capitalisme*, 1905), tandis que Werner Sombart mettait l'accent sur le rôle joué par la religion juive dans l'avènement de ce système (*Les Juifs et la vie économique*, 1911). Aux côtés de l'entrepreneur se trouve la figure du banquier, véritable compagnon de route du marginal : c'est lui qui accepte en effet de prendre le risque financier, en accordant un crédit à l'entrepreneur, qui est « le débiteur type ».

En innovant, l'entrepreneur se retrouve par définition en situation de monopole et réalise à ce titre un profit : l'introduction de grappes d'innovation inaugure une phase d'expansion de l'activité économique, qui est inflationniste en raison de la pénurie du nouveau bien. Cette phase expansionniste se traduit non seulement par un accroissement de la production réelle (dimension quantitative), mais aussi par un changement dans la nature de la production (dimension qualitative) [1] : comme l'écrit Schumpeter, « ajoutez autant de diligences que vous voulez, vous n'obtiendrez jamais un chemin de fer par ce moyen ».

Dans un second temps, l'innovation se diffuse, sous l'effet de l'imitation : on entre alors dans une phase de crise, marquée par la surproduction, la baisse des prix (déflation) ; le monopole de l'innovateur cède la place à une structure de marché concurrentielle. À l'encontre de la tradition libérale, la dépression apparaît chez Schumpeter comme la continuation logique de la phase de croissance : la crise est endogène, l'innovation constituant un phénomène de **destruction créatrice**.

Selon Schumpeter, l'économie serait donc régie par cette alternance de phases de croissance et de dépression : Schumpeter nous propose une théorie des cycles, gouvernés par le phénomène de l'innovation (tableau 2). L'analyse de Schumpeter offre à cet égard une vision originale de la concurrence, très différente de celle que l'on trouve dans la tradition néoclassique : dans une perspective dynamique, concurrence et monopole ne s'opposent plus mais alternent l'un et l'autre au cours du temps. La concurrence suscite en effet le désir des entrepreneurs d'y échapper, en se différenciant, en innovant : la concurrence cède alors le pas à une situation de monopole. Mais le monopole et les profits qu'il engendre attirent très vite les convoitises et l'imitation de la part des autres entreprises : le monopole s'érode peu à peu et le marché revient à une situation concurrentielle.

1. Voilà pourquoi Schumpeter emploie le terme « évolution » pour désigner la dynamique économique plutôt que « croissance », jugé trop restrictif.

Tableau 2
Les caractéristiques du cycle chez Schumpeter

	Phase de croissance	*Phase de dépression*
Technologie	Innovation	Imitation/diffusion
Structure de marché	Monopole	Concurrence
Évolution des prix	Inflation	Déflation

Dans *Business cycles* (1939), Schumpeter tente d'appliquer cette grille de lecture aux trois cycles longs identifiés par le statisticien russe Kondratieff : le cycle 1790-1849 (phase A de 1790 à 1815, puis dépression) s'appuie sur l'introduction de la machine à vapeur et l'essor de l'industrie textile ; le cycle 1849-1896 (croissance de 1849 à 1873, puis dépression) se fonde sur le chemin de fer et la métallurgie ; le cycle qui commence en 1897 (phase A de 1987 à 1914) renvoie à l'essor de l'électricité et de la chimie.

Après avoir mis en évidence l'existence de crises cycliques à l'intérieur du système capitaliste, Schumpeter s'interroge, après Ricardo et Marx, sur l'avenir du système lui-même dans *Capitalisme, socialisme et démocratie* : le capitalisme est-il un système naturel et éternel, comme le supposent les néoclassiques ; n'est-il pas plutôt voué à une autodestruction progressive ? Le verdict de Schumpeter est sans appel : miné de l'intérieur par son propre succès, le capitalisme sera progressivement détrôné au profit du... socialisme. Pour étayer ce jugement, Schumpeter invoque la tendance à la bureaucratisation et à l'uniformisation de la société, qui empêche l'émergence des entrepreneurs : le socialisme marque en fait l'avènement du circuit stationnaire, c'est-à-dire d'un univers où les comportements relèvent de la routine, où les biens et la combinaison productive ne changent pas.

• **La pensée de Schumpeter connaît un regain d'intérêt** pour au moins deux raisons.

Tout d'abord, à l'occasion de la crise des années 1970, certains auteurs, qualifiés de néoschumpetériens [1], ont avancé l'idée que la croissance des Trente Glorieuses correspondrait à une phase d'innovation (automobile, électroménager), tandis que la crise contemporaine serait liée à la diffusion de l'innovation.

Ensuite, l'intuition schumpetérienne sur la dynamique des structures de marché est aujourd'hui remise à l'honneur par les libéraux de l'école de Chicago, qui contestent l'utilité d'une politique antitrust : le monopole ne constitue pas une situation durable, puisqu'il est érodé progressivement par la concurrence. Le marché est suffisamment fort pour, de lui-même, rétablir la concurrence à long terme.

1. Voir le chapitre 6, où ces analyses néoschumpetériennes sont développées.

IV. *La réforme de la pensée libérale : la « révolution keynésienne »*

▸ **Trois aspects de la vie de Keynes (1883-1946) méritent d'être soulignés.**

Keynes a été d'abord un **universitaire**, tant par son milieu d'origine – son père John Neville Keynes était économiste à Cambridge – que par sa fonction principale : professeur au King's College de Cambridge. L'étude des mathématiques l'a conduit à une thèse en probabilités (*Traité sur les probabilités*, 1921), avant qu'il ne se tourne vers l'économie sous la direction de Marshall et Pigou. Au sein de l'*establishment* universitaire, Keynes a rapidement occupé des fonctions clés, en particulier comme rédacteur en chef de l'*Economic Journal*. Ses ouvrages universitaires les plus célèbres sont *Le traité sur la monnaie* en 1931 puis, en 1936, *La théorie générale de l'emploi, de l'intérêt et de la monnaie*.

Keynes a été ensuite **un haut fonctionnaire** : il a officié au ministère des Affaires indiennes en 1907-1908 ; au cours du premier conflit mondial, il a été chargé de la coordination des dépenses en devises de la Grande-Bretagne : c'est à cette occasion qu'il a proposé en 1919, dans *Les conséquences économiques de la paix*, des réparations modérées à l'Allemagne, ce qui lui valut au Royaume-Uni la célébrité. Il a retrouvé des fonctions administratives durant la Seconde Guerre mondiale comme conseiller au Trésor (*Comment financer la guerre*, 1940), comme négociateur de prêts avec les États-Unis puis, en 1944, comme chef de la délégation britannique à Bretton-Woods, où il proposa le plan Keynes, rejeté par les Américains.

Keynes a eu une activité de **financier**, en tant que président d'une compagnie d'assurances, et a utilisé ses connaissances en probabilités pour se livrer – avec succès – à une activité de spéculation boursière.

▸ **Keynes est le témoin privilégié des difficultés économiques que traverse le Royaume-Uni durant l'entre-deux-guerres.**

En particulier, le niveau du chômage reste élevé sur toute la période 1920-1939 : il ne tombe jamais en dessous d'un million de personnes après la brève prospérité de 1918-1920, et ce jusqu'en 1938. C'est dire qu'au Royaume-Uni la situation économique est préoccupante bien avant le déclenchement de la crise de 1929 : en prenant l'année 1913 comme base 100, le PIB est de 88 en 1921 (83 pour la France), de 113 en 1929 (128 pour la France), de 108 en 1932 (113 pour la France).

▸ **Ces difficultés économiques ne parviennent pourtant pas à ébranler l'édifice néoclassique, qui reste l'orthodoxie en sciences économiques.**

L'analyse du chômage développée par les néoclassiques au cours de l'entre-deux-guerres est à cet égard symptomatique : Jacques Rueff[1] en France, Pigou[2] et Robbins[3] au Royaume-Uni défendent la thèse selon laquelle le chômage massif

1. « L'assurance chômage, cause du chômage permanent », *Revue d'économie politique*, 1931.
2. *La théorie du chômage*, 1931.
3. *La grande dépression*, 1934.

résulte de la non-flexibilité des salaires à la baisse, elle-même causée par l'existence de syndicats puissants (qui se comportent comme un monopole) et d'un système d'indemnisation du chômage.

1. Keynes opère une triple rupture méthodologique avec la pensée classique

La révolution keynésienne trouve son point de départ dans une rupture fondamentale, qui relève de la méthodologie : certaines hypothèses de base du modèle néoclassique, jugées irréalistes, sont rejetées.

▸ **Comme le souligne Joan Robinson dans *Economic Philosophy*, la « révolution keynésienne » consiste d'abord à raisonner dans un cadre de courte période, rompant ainsi avec la vision qui privilégie le long terme.**

En effet, la pensée classique et néoclassique repose sur une sacralisation du long terme. Ainsi, la loi de Say ne nie pas la possibilité de crises mais ces dernières relèvent exclusivement du court terme, c'est-à-dire du transitoire. De même, la microéconomie envisage l'existence temporaire d'un profit en situation de concurrence pure et parfaite mais montre que, sur le long terme, l'entrée de nouvelles firmes sur le marché conduit à sa disparition. La théorie quantitative de la monnaie n'exclut pas les comportements de thésaurisation mais appréhende ce phénomène comme transitoire : sur le long terme, toute épargne thésaurisée doit être dépensée.

Keynes, pressé sans doute par l'urgence du moment – la crise de 1929 qui dure et la reprise qui n'est pas au coin de la rue –, rejette les raisonnements sur le long terme : « À long terme, nous serons tous morts », écrit-il en exergue à la *Théorie générale*. Cette apparente vérité de La Palice se révèle en réalité riche de sens et d'implications : à court terme, l'épargne n'est plus seulement une consommation différée mais une non-dépense, une fuite de revenus.

▸ **Une deuxième rupture méthodologique caractérise l'univers keynésien : Keynes substitue à l'hypothèse d'univers certain celle d'incertitude radicale.**

En effet, la tradition libérale s'inscrit dans une perspective qui n'accorde aucune place à l'incertitude. Ainsi la théorie de l'équilibre général de Walras repose-t-elle sur l'hypothèse de perfection de l'information ; de même, dans la théorie libérale des choix d'investissement, le calcul de la VPA (valeur présente actualisée) s'effectue à partir des flux de revenus futurs, connus avec certitude *ex ante*. Lorsque les néoclassiques introduisent dans leur raisonnement l'incertitude, elle est appréhendée en termes probabilistes : il est possible d'identifier *ex ante* de manière exhaustive les différents états de nature et de leur associer une probabilité.

Pour Keynes, au contraire, l'incertitude revêt un caractère « radical » et ne peut être ramenée à une probabilité : « on ne sait pas de quoi demain sera fait », car les états de nature possibles ne sont pas dénombrables *ex ante*. Dans une telle perspective, les anticipations des agents sur les grandeurs économiques (investissement, emploi, etc.)

deviennent prépondérantes : par exemple, les entrepreneurs – que Keynes qualifie d' « esprits animaux » – fixent le niveau de l'emploi en fonction de leur perception du niveau de l'activité. L'incertitude radicale se retrouve dans la fonction keynésienne de demande de monnaie avec l'introduction du **motif de spéculation** : dès lors que l'avenir est incertain, il devient rationnel de détenir de la monnaie pour elle-même, lorsque le taux d'intérêt est faible. La monnaie n'a plus seulement pour fonction de faciliter les transactions, elle constitue aussi une réserve de richesse.

► Une troisième rupture opérée par Keynes consiste à rejeter la démarche microéconomique des néoclassiques pour lui substituer une analyse macroéconomique.

Dans une optique microéconomique, il est usuel de raisonner sur la base d'un agent représentatif : le comportement collectif est alors réductible à la somme des comportements individuels.

Keynes critique une telle démarche, qui relève selon lui du **sophisme de composition**, en prenant l'exemple de la baisse des salaires : si la baisse d'un salaire permet à l'entrepreneur de réduire ses coûts, une diminution généralisée des rémunérations provoque une baisse de la demande globale, qui déprime à son tour l'activité. On ne peut pas passer du niveau de l'individu au niveau collectif par simple agrégation (problème du *no bridge*) ; Keynes invite à user d'une démarche alternative à l'individualisme méthodologique : une démarche holiste, qui prend comme point de départ le comportement des différents groupes d'agents au travers des agrégats de la comptabilité nationale (revenu global, dépense globale).

2. Ces ruptures méthodologiques conduisent à des ruptures thématiques marquées entre Keynes et les classiques

► Alors que les classiques supposent que l'ajustement se fait par les prix, Keynes développe une analyse dans laquelle les prix sont rigides.

Dans une perspective néoclassique, la flexibilité des prix assure la réalisation de l'équilibre et sa stabilité : si l'offre est supérieure à la demande sur le marché des biens, les prix baissent, et *vice versa.* Il en est de même sur le marché des fonds prêtables : les variations du taux d'intérêt assurent l'équilibre économique entre investissement et épargne. Sur le marché du travail enfin, l'ajustement entre offre de travail et demande de travail s'effectue par le biais du salaire réel.

Pour Keynes au contraire, l'ajustement ne peut se faire dans le court terme par les prix – qui sont rigides – et s'opère donc par les quantités. Si l'offre est supérieure (respectivement inférieure) à la demande sur le marché des biens, la production diminue (respectivement augmente) et donc l'emploi. Tant que les capacités de production ne sont pas pleinement utilisées et tant qu'il existe un sous-emploi, l'ajustement se fait par les quantités ; l'inflation ne peut apparaître qu'en situation de plein-emploi.

► **Keynes substitue à l'approche classique de l'équilibre une approche fondée sur le circuit.**

Dans la logique classique, toute épargne est nécessairement investie, toute importation donne lieu à une exportation d'un montant équivalent : le déséquilibre est introuvable puisque toute offre crée les conditions de sa propre demande et la crise apparaît impossible, dès lors que les règles du marché sont respectées.

Keynes conçoit l'activité économique comme un circuit (schéma 1) : il existe des fuites de revenu (l'épargne, les impôts, les importations) et des entrées de revenu (l'investissement, les dépenses publiques, les exportations). Le déséquilibre devient possible et même probable puisqu'il n'y a aucune raison – à court terme – que toute épargne soit investie, que toute exportation génère un montant équivalent d'importation, que tout prélèvement fiscal donne lieu à une dépense budgétaire.

Schéma 1
Une représentation simplifiée du circuit keynésien

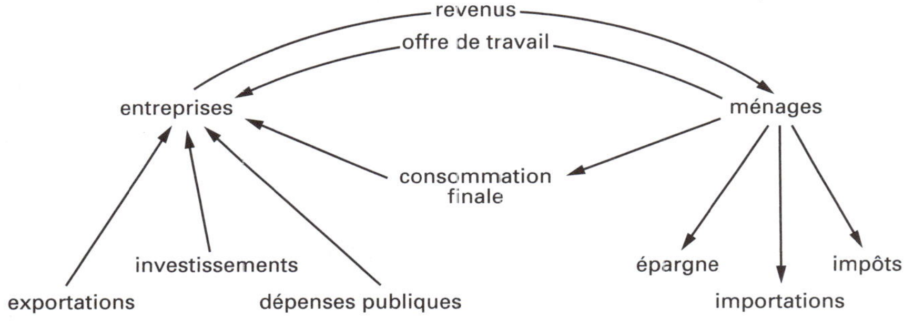

Que se passe-t-il par exemple si l'épargne (notée S) est supérieure à l'investissement (noté I) ? Dans l'optique libérale, l'équilibre entre I et S est assuré par les variations du taux d'intérêt : s'il y a un excès d'épargne, le taux d'intérêt va diminuer. Dans l'optique de Keynes, l'investissement est une fonction décroissante du taux d'intérêt, tandis que l'épargne est une fonction croissante du revenu : I et S ne dépendent donc pas des mêmes variables. Si l'épargne est supérieure à l'investissement, le niveau de production diminue, donc le revenu... et l'épargne : l'ajustement se réalise par une baisse des quantités et non par une variation du taux d'intérêt. On aboutit alors à ce que Keynes nomme le **paradoxe de l'épargne** : trop d'épargne tue l'épargne ; ce n'est pas l'épargne qui fait l'investissement, mais au contraire l'investissement qui fait l'épargne.

> Il y a aujourd'hui beaucoup de gens qui, voulant du bien à leur pays, s'imaginent qu'épargner plus qu'à l'ordinaire est la meilleure chose que leur prochain et eux-mêmes puissent faire pour améliorer la situation générale. [...]. En effet, la fonction de l'épargne

est de rendre une certaine quantité de travail disponible pour la production de biens d'équipements, tels que maisons, usines, routes, machines, etc. Mais si un surplus important de chômeurs est déjà disponible pour des emplois de ce genre, le fait d'épargner aura seulement pour conséquence d'ajouter à ce surplus et donc d'accroître le nombre de chômeurs. En outre, tout homme mis au chômage de cette manière ou pour toute autre raison verra s'amenuiser son pouvoir d'achat et provoquera, à son tour, un chômage accru parmi les travailleurs qui auraient produit ce qu'il n'a plus les moyens d'acheter. Et c'est ainsi que la situation ne cesse d'empirer en un cercle vicieux (*Essai sur la monnaie et l'économie*).

► **Keynes ne situe pas l'origine du chômage dans un dysfonctionnement du marché du travail mais dans une insuffisance de la « demande effective ».**

Dans l'optique néoclassique, le marché du travail est un marché comme les autres en ce sens que l'offre et la demande de travail dépendent toutes deux du salaire réel, dont la flexibilité permet d'assurer l'équilibre ; le chômage involontaire est impossible dès lors que cette condition de flexibilité des salaires est respectée.

Chez Keynes, il n'existe pas à proprement parler de marché du travail dans la mesure où l'offre et la demande de travail ne dépendent pas des mêmes variables : la demande de travail est une fonction décroissante du salaire réel, alors que l'offre de travail est une fonction croissante du salaire nominal (le travailleur ne connaît pas *ex ante* le salaire réel). Dans ces conditions, le niveau de l'emploi est fixé par l'entrepreneur, c'est-à-dire par la demande de travail, elle-même fonction de la demande effective (définie comme la demande globale anticipée par les entrepreneurs) ; chez Keynes le chômage apparaît donc comme **involontaire** par nature.

► **Alors que dans l'optique classique la monnaie est neutre, Keynes défend l'idée selon laquelle la monnaie influe sur l'économie réelle.**

À l'exception de l'Autrichien Hayek, la tradition libérale repose sur la théorie quantitative de la monnaie : Ricardo, Mill, Walras, Fisher adhèrent à l'idée selon laquelle l'économie monétaire ne diffère pas en nature de l'économie de troc, la monnaie n'ayant d'autre utilité que de faciliter les transactions. En situation d'univers certain et sur le long terme, la monnaie ne peut être demandée pour elle-même : il serait en effet irrationnel de détenir des encaisses non utilisées alors même qu'un placement pourrait rapporter un intérêt, ce dernier étant défini comme le prix du futur. Il en résulte que la monnaie n'a aucune influence sur la sphère réelle et que les variations de la masse monétaire n'affectent que le niveau général des prix : toute politique monétaire expansive dégénère sur le long terme en inflation.

Keynes rompt avec la théorie dichotomique et lui substitue une vision qualifiée d' « économie monétaire ». La monnaie n'est plus seulement demandée pour réaliser des échanges – **motif de transaction**, noté L1(Y) avec Y le niveau de la production –, mais aussi pour elle-même : en univers incertain apparaît un second motif de demande de monnaie, le **motif de spéculation** – noté L2(*r*) avec *r* le taux d'intérêt. La spéculation consiste ici à détenir des encaisses si le taux d'intérêt est faible et à effectuer des placements financiers si le taux d'intérêt est élevé, le taux d'intérêt étant défini comme le prix de la renonciation à la liquidité. Dans cette perspective, une politique monétaire expansive, en faisant baisser le taux d'intérêt, affecte positivement le niveau de production et plus seulement le niveau général des prix.

► **Afin de lutter contre « l'équilibre de sous-emploi », Keynes prône l'intervention de la main visible de l'État et rompt avec la logique de l'État minimal.**

Comme nous l'avons vu précédemment, dans une optique néoclassique, l'État a pour seule mission de fixer la législation sur la propriété privée, de la faire respecter et d'offrir des biens collectifs ; au-delà de ces fonctions, l'État, au service de la main invisible, ne se voit reconnaître aucune prérogative spécifique.

Tableau 3
Keynes face aux classiques : les principales ruptures

	Classiques	*Keynes*
Rôle de l'État	État minimal	État-providence
Monnaie	Neutre	Active
Demande de monnaie	Motif de transaction	Motif de transaction et motif de spéculation
Crise	Exogène	Endogène
Chômage	Volontaire	Involontaire
Consommation	Fonction décroissante du taux d'intérêt	Fonction croissante du revenu
Forme de l'épargne	Toujours placée	Fonction du taux d'intérêt
Prix	Flexibles	Rigides
Taux d'intérêt	Prix du futur	Prix de la renonciation à la liquidité
Offre de travail	Fonction croissante du salaire réel	Fonction croissante du salaire nominal
Objectif de la politique monétaire	Stabilité des prix	Relance de l'investissement par la baisse du taux d'intérêt
Objectif de la politique budgétaire	Offrir des biens collectifs	Relancer l'activité

Keynes s'inscrit en rupture avec ce discours : dès lors que le marché n'assure plus de lui-même la réalisation d'un équilibre de plein-emploi, il revient à l'**État-providence** de relancer l'activité. La politique de relance marque clairement l'avènement d'une nouvelle conception de l'État : ce dernier procède, par le biais d'une politique budgétaire ou monétaire expansive, à une « injection de revenu » (baisse des impôts, augmentation des dépenses publiques, relance de l'investissement par la baisse du taux d'intérêt, etc.), qui provoque un accroissement de la production par le jeu du multiplicateur. L'opposition entre Keynes et classiques ne porte donc pas sur la défense ou la condamnation de l'État comme institution mais sur la portée, la frontière de l'intervention étatique.

3. La portée de la révolution keynésienne doit être cependant relativisée

Keynes comme rupture radicale avec la pensée néoclassique : telle est la vision défendue par l'auteur de la *Théorie générale* lui-même et revendiquée ensuite par les néocambridgiens (Kaldor, Pasinetti, Robinson).

Il est vrai que Keynes rompt en son temps avec l'orthodoxie néoclassique : se retournant contre les enseignements de son maître Pigou, qui ne voit dans la crise de 29 qu'une crise passagère et exogène au système, Keynes met en évidence la possibilité d'un équilibre de sous-emploi durable et ouvre ainsi la voie à une intervention régulatrice de l'État récusée jusqu'alors par les libéraux. L'opposition entre les deux approches apparaît marquée et semble justifier le recours au qualificatif de « révolution », qualificatif que Keynes lui-même n'hésite pas à employer dans la *Théorie générale* ; le keynésien Klein fortifiera ce jugement en écrivant en 1947 un ouvrage intitulé *La révolution keynésienne*, consacrant ainsi l'idée d'une opposition irréductible à la pensée néoclassique dominante.

► **La révolution keynésienne n'a pas surgi *ex nihilo* : elle a été annoncée dès le XVIIe siècle par certains auteurs préclassiques puis classiques**, et Keynes lui-même revendique ces antécédents. En ce sens, la contribution de Keynes réside plus dans sa capacité à synthétiser et systématiser des apports épars que dans la nouveauté de son message. On serait même tenté de parler de révolution au sens physique du terme : Keynes marque le retour à la pensée d'un Petty, à l'hétérodoxie d'un Malthus.

Le mercantilisme anglais avec Petty, dans son *Arithmétique politique* publiée en 1690, montrait déjà que l'abondance monétaire, en faisant baisser le taux d'intérêt, permettait de relancer l'investissement et l'activité économique : la monnaie n'est pas neutre. Keynes rend hommage à l'intuition mercantiliste dans le chapitre 23 de la *Théorie générale.*

Keynes perçoit également en Malthus un précurseur, en particulier concernant la remise en cause de la théorie quantitative de la monnaie, et rédige sur ce sujet un opuscule en 1933 au titre significatif (*Robert Malthus, the first of the Cambridge economists*).

► **Révolution annoncée, la révolution keynésienne a été accompagnée dans les années 1930 par plusieurs courants qui développent des thèses très proches de celle de Keynes.**

Ainsi, durant l'entre-deux-guerres, l'école suédoise de finances publiques met l'accent sur la possibilité d'un équilibre de sous-emploi et sur la nécessité d'une intervention étatique pour relancer l'activité. En particulier, Lindhal et Myrdal ont mis en évidence le paradoxe de l'épargne, tandis qu'Ohlin préconisait une politique de régulation conjoncturelle contra-cyclique.

De plus, l' « attaque contre la citadelle orthodoxe fut une œuvre collective [1] » : Keynes a développé ses idées au sein d'un groupe d'économistes – le « circus » –

1. M. Beaud, G. Dostaler, *La pensée économique depuis Keynes*, Paris, Seuil, 1993.

composé d'auteurs comme Robinson, Kaldor ou Kahn[1] : c'est dire que si révolution keynésienne il y a, elle n'est pas réductible à une figure unique, celle de l'auteur de la *Théorie générale*.

▶ **Resituée aux côtés des hétérodoxes Marx et Schumpeter, la révolution keynésienne apparaît plutôt conservatrice.**

Bien que leur démarche s'inscrive dans des perspectives très différentes – et à bien des égards opposées –, Marx et Schumpeter raisonnent tout deux en termes d'évolution et non de croissance, réintroduisant ainsi l'Histoire au cœur du raisonnement économique. Ils substituent à une démarche purement quantitative (quel est le niveau de production qui permet le plein-emploi ?) une approche qualitative (quelle est la nature de la production ?), où l'irréversibilité joue un rôle déterminant : dans l'optique de Marx, le passage d'un « mode de production » à un autre (par exemple du capitalisme au socialisme) s'accompagne de changements dans la nature des rapports de production ; dans l'optique de Schumpeter, l'innovation modifie l'organisation même de l'activité économique et n'affecte pas seulement le niveau de production. Le raisonnement keynésien ne s'inscrit en rien dans cette perspective et reste centré sur une problématique des quantités.

Ensuite, à la différence de Marx et Schumpeter, Keynes n'envisage pas la possibilité d'une crise du système capitaliste. L'interrogation centrale de Keynes porte sur les conditions d'un fonctionnement efficace de l'économie de marché : sa problématique reste en ce sens instrumentale, dans la mesure où elle ne s'interroge pas sur le bien-fondé du système lui-même. Nulle interrogation en effet sur la pérennité de l'économie de marché, comme c'est le cas chez Schumpeter et Marx. En ce sens, Keynes reste très proche de l'orthodoxie néoclassique : le capitalisme est posé comme système naturel.

▶ **La pensée de Keynes a connu une postérité qui tend aujourd'hui à la rapprocher de l'orthodoxie néoclassique** : le « courant de la synthèse » s'est imposé après la Seconde Guerre mondiale comme la lecture dominante, qui envisage Keynes comme un cas particulier du modèle néoclassique.

V. Repères dans un dédale : la pensée économique depuis Keynes

Parce qu'elle est multiforme et ambiguë dans son message, l'œuvre de Keynes ne pouvait que susciter la controverse chez ses héritiers. On assiste en effet au

1. Kahn élabore en 1931 le principe du multiplicateur d'investissement.

cours des années 1950-1960 à la **guerre des deux Cambridge** : tandis que la majorité des keynésiens outre-Atlantique tentent d'opérer une synthèse avec la pensée néoclassique, les disciples anglais se font les défenseurs de l'hétérodoxie de Keynes [1]. Parallèlement à ce débat marquant sur la portée de la *Théorie générale*, certains libéraux, au premier rang desquels Friedman, renouvellent l'orthodoxie néoclassique, réfutant toute conciliation avec les keynésiens quels qu'ils soient. Cette pensée néoclassique renouvelée trouvera un écho particulier au cours des années 1970-1980 alors que la courbe de Phillips, instrument clé des keynésiens de la synthèse, est mise en défaut par la stagflation. Ajoutons aussi que depuis 1945 les hétérodoxies se perpétuent et se renouvellent : le marxisme continue de faire des adeptes, tandis qu'un nouveau paradigme prend son essor, l'institutionnalisme.

On serait alors tenté de dire que la pensée économique depuis 1945 est en proie à deux mouvements complémentaires : d'un côté, la convergence entre paradigmes, particulièrement entre keynésiens et néoclassiques ; de l'autre, la réaffirmation des orthodoxies et des hétérodoxies (tableau 4).

1. On assiste à un mouvement de convergence entre le paradigme néoclassique et keynésien

► **Initié dès 1937 par Hicks [2], le courant de la synthèse conçoit Keynes comme un cas particulier du modèle néoclassique.** Ce courant, très implanté aux États-Unis, s'est rapidement affirmé au cours des années 1950-1960 comme le courant dominant en macroéconomie. Les auteurs les plus célèbres en sont les prix Nobel Hicks, Samuelson, Klein, Tobin.

Le courant de la synthèse emprunte plusieurs voies de recherche.

Tout d'abord, Hicks et Hansen élaborent le **modèle IS-LM**, qui étudie les conditions d'efficacité de la politique monétaire et de la politique budgétaire en économie fermée. Le modèle IS-LM apparaît très consensuel puisqu'il montre que la relance est efficace (pour accroître le niveau de l'emploi) sous certaines conditions [3].

Ensuite, l'intuition keynésienne d'un arbitrage entre monnaie et actifs financiers est prolongée : alors que dans l'approche de Keynes l'arbitrage s'effectue de manière binaire (achat d'obligations ou détention de monnaie), la démarche de Tobin (1958) introduit la **diversification du portefeuille**. Tobin part de l'idée selon laquelle le rendement attendu des obligations est une variable aléatoire (détenir des titres est risqué, le risque étant mesuré par l'écart type du rendement) ; afin de minimiser le risque, l'agent diversifie son portefeuille et détient à la fois de la monnaie et des titres.

Enfin, Samuelson, Solow et Lipsey transforment la relation initiale de **Phillips** entre taux de chômage et hausse des salaires nominaux en une relation entre taux

1. Pour une présentation très claire de l'évolution de la pensée économique, voir G. Mankiw, « Les grandes voies de la recherche en macroéconomie depuis 1970 », *Problèmes économiques*, octobre 1991.
2. Le titre de l'article de Hicks est à cet égard très significatif : « Mr Keynes and the classics », *Econometrica*, avril 1937.
3. Le modèle IS-LM est présenté au chapitre 5, en annexe.

Tableau 4
La pensée économique depuis Keynes : concurrence et convergence des paradigmes

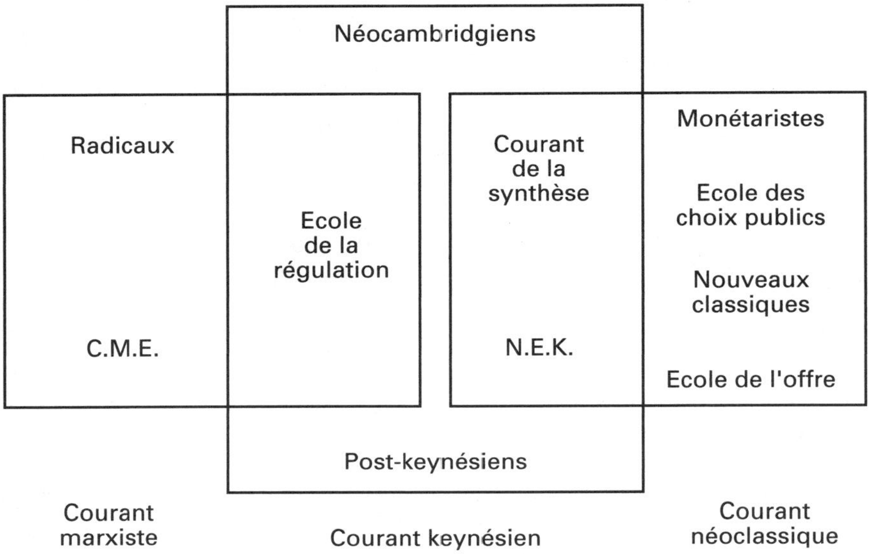

Note : ce tableau, très simplifié, n'a d'autre but que de fournir au lecteur quelques points de repère sur les principaux courants de l'analyse macroéconomique contemporaine. Il va sans dire que les développements de la science économique sont beaucoup plus riches et diversifiés que ce qui est ici mentionné : songeons à la théorie des jeux (Selten, Nash), à la théorie des coûts de transaction (Coase, Williamson), aux développements contemporains de la théorie de l'équilibre général (Arrow et Debreu), au courant de la nouvelle économie internationale (Kgruman), etc.

de chômage et hausse des prix. Ce prolongement de Phillips est au fondement des politiques de relance pratiquées dans les années 1960 (le *stop and go*) : lorsque le chômage se développe, on relance au risque d'un dérapage de l'inflation ; lorsque l'inflation s'accélère, on mène une politique restrictive pour casser l'inflation et le chômage tend à augmenter. On retrouve bien ici une logique de conciliation entre l'analyse de Keynes et celle des classiques puisque la relance se traduit à la fois par un ajustement par les quantités (baisse du chômage) de type keynésien et par un ajustement par les prix (inflation) [1].

1. La courbe de Phillips et ses prolongements sont présentés au chapitre 4.

► **Dans les années 1980, après la vague libérale représentée par l'école de l'offre, les nouveaux keynésiens ont connu au niveau académique un regain d'intérêt** car la montée du chômage dans les pays développés n'a pas entraîné, comme le prévoit le modèle néoclassique, une baisse des salaires et des prix [1]. Conformément à l'intuition de Keynes, ces « nouveaux keynésiens » ne croient pas en la flexibilité immédiate des prix : il existe des rigidités, surtout institutionnelles, à l'équilibre des marchés par les fluctuations des prix ; en particulier, ces auteurs estiment que les salaires ne s'ajustent pas instantanément à l'offre et à la demande (on parle parfois de viscosité des salaires). Par rapport au courant de la synthèse qui a prévalu durant les années 1960, les nouveaux se proposent de donner des fondements microéconomiques à la macroéconomique : c'est dire qu'ils développent une approche individualiste, fondée sur le principe de maximisation.

Trois courants composent cette **nouvelle économie keynésienne** (NEK) : il s'agit de la théorie du déséquilibre, de la nouvelle microéconomie du marché du travail, et enfin du courant étudiant la rigidité des prix sur le marché des biens et services [2].

La **théorie du déséquilibre** (Malinvaud, Benassy) centre son attention sur les conséquences de la rigidité des prix sur le fonctionnement d'une économie. À partir d'une approche en termes d'équilibre général à prix fixes, elle met en évidence la coexistence possible de deux types de chômage de nature différente : le **chômage keynésien**, lié à une insuffisance de la demande, et le **chômage classique**, lié à l'insuffisance de l'offre. On voit que cette théorie s'inscrit bien dans une perspective synthétique puisqu'elle parvient à concilier deux analyses du chômage longtemps considérées comme incompatibles.

De son côté, la **nouvelle microéconomie du travail** (théorie du salaire d'efficience, théorie des contrats implicites) se propose d'expliquer pourquoi les salaires sont rigides (notamment à la baisse), en utilisant les instruments de la microéconomie. L'un des résultats essentiels de cette approche est de montrer que la rigidité des salaires à la baisse est rationnelle, à la fois du point de vue de l'entrepreneur et du salarié. Par exemple, une diminution du salaire réel au niveau concurrentiel risquerait d'entraîner une diminution de la productivité dans l'entreprise, dans la mesure où l'effort fourni par le salarié sur son lieu de travail est une fonction croissante du salaire réel.

Quant au **courant de la concurrence imparfaite**, il s'attache à expliquer pourquoi, sur le marché des biens, les prix sont rigides (en particulier à la baisse). Cette viscosité des prix résulterait de la nature imparfaite (au sens microéconomique du terme) des marchés. Plus encore, lorsque la demande fluctue, les entreprises modifient peu leurs prix dans la mesure où tout changement de prix provoque des coûts de transaction (ou **coûts d'annonce**) : détermination des nouveaux tarifs, impression et diffusion des nouveaux prix auprès de la clientèle, détérioration de l'image commerciale de l'entreprise.

1. Pour une vision plus détaillée de ces « nouveaux keynésiens », voir D. Romer, « La nouvelle synthèse keynésienne », *Problèmes économiques*, novembre 1993.
2. La théorie du déséquilibre et la nouvelle microéconomie du travail sont développées au chapitre 3.

Pour justifier la rigidité des prix sur le marché des biens, les nouveaux keynésiens reprennent à leur compte la distinction introduite par Okun (1980) entre les **marchés de clientèle** et les **marchés d'enchères**. Sur un marché d'enchères, les prix fluctuent au gré de l'offre et de la demande : les marchés de matières premières et de produits agricoles constituent l'archétype d'un marché d'enchères. Sur un marché de clientèle, les prix fluctuent peu à court terme dans la mesure où le vendeur s'engage implicitement auprès de son client à ne pas modifier son prix : pour le vendeur, cette stratégie permet de fidéliser la clientèle ; pour le client, la relative prévisibilité du prix permet d'éviter les coûts de prospection.

Graphique 6
Courbe de demande coudée et rigidité des prix

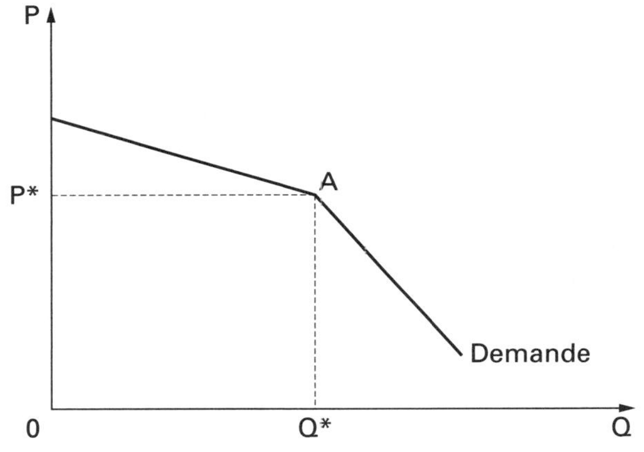

De même, les keynésiens s'appuient sur l'étude des marchés d'oligopole (caractérisés par un petit nombre d'offreurs) pour expliquer la rigidité des prix. En particulier, ils reprennent à leur compte le principe de la « courbe de demande coudée », développée par Sweezy en 1939. Supposons qu'une firme X évolue sur un marché d'oligopole avec différenciation du produit ; la firme X pratique à l'équilibre un prix P* et vend une quantité Q* (graphique 6). Si elle augmente son prix au-dessus de P*, les autres firmes ne la suivront pas et la firme X perdra une grande partie de ses clients : la demande est très élastique pour un prix supérieur à P*. En revanche, si la firme X décide de baisser son prix en dessous de P*, il est probable que les concurrents réagiront en baissant à leur tour leur prix : la demande à la firme est peu élastique pour un prix inférieur à P*. On voit ici que la courbe de demande est coudée au prix initial P* : la firme X n'a pas intérêt, toutes choses égales par ailleurs, à prendre l'initiative d'un changement de prix.

2. Ce mouvement de convergence n'empêche cependant pas le maintien d'une orthodoxie néoclassique

C'est à l'heure du modèle IS-LM, des politiques de relance et du Welfare State que les détracteurs du keynésianisme entament la contre-révolution, laquelle s'imposera dans les années 1980 comme la nouvelle orthodoxie : Friedman, dans les années 1950-1960, porte les premières attaques contre le courant de la « synthèse », avant que les nouveaux classiques, l'école de l'offre, l'école des choix publics ne viennent radicaliser les positions.

▸ **Dès les années 1950, les monétaristes, regroupés à Chicago sous l'impulsion de Friedman, remettent en cause les fondements du keynésianisme et réaffirment la validité des préceptes libéraux.** En particulier, les politiques de relance font l'objet de vives critiques de la part de Milton Friedman [1] :

— la politique budgétaire expansive serait inefficace car elle se heurte à un **effet d'éviction total** : l'augmentation des dépenses publiques se traduit par une diminution équivalente des dépenses privées ;
— à l'aide du concept d'**anticipations adaptatives**, Friedman critique la courbe de Phillips et montre que toute politique monétaire expansive part en inflation, même s'il admet qu'à court terme la monnaie puisse exercer des effets transitoires sur l'activité réelle : ce faisant, il renoue avec la théorie quantitative de la monnaie ;
— la fonction friedmanienne de demande de monnaie est très stable, dans la mesure où elle dépend du revenu permanent : les perturbations monétaires ne peuvent donc provenir que de l'offre de monnaie, supposée exogène (c'est-à-dire entièrement déterminée par les autorités monétaires) ;
— une politique de relance par la consommation est inefficace dans la mesure où les agents ne consomment pas en fonction de leur revenu courant mais en fonction de leur revenu permanent ;
— Friedman introduit la notion de « taux de chômage naturel », défini comme « le taux qui découlerait du système walrasien d'équilibre général si les caractéristiques structurelles effectives des marchés des biens et du travail y étaient intégrées, notamment les imperfections du marché, la variabilité aléatoire des offres et des demandes, le coût de collecte de l'information sur les emplois vacants, les coûts de mobilité, etc. ». Ce taux de chômage naturel est supposé stable et unique pour un pays donné : le taux de chômage effectif « gravite » autour du taux de chômage naturel. Friedman envisage le chômage naturel comme un phénomène essentiellement structurel (inadéquations entre offres et demandes d'emploi) et frictionnel (comportement de recherche d'emploi) ; cette hypothèse s'inscrit en rupture avec la vision keynésienne, fondée sur la possibilité d'un chômage conjoncturel.

1. Ses ouvrages les plus célèbres sont : *Études sur la théorie quantitative de la monnaie* (1956) ; *Une théorie de la fonction de consommation* (1957) ; *Une histoire monétaire des États-Unis* (1965) ; *Inflation et système monétaire* (1971).

► **Au cours des années 1970, la « nouvelle économie classique » (Muth, Lucas, Sargent, Wallace, Kydland, Prescott) radicalise la position des monétaristes**, en montrant que :

— la monnaie est neutre, même à court terme, renouant ainsi avec la vision dichotomique stricte des auteurs classiques ;
— les politiques économiques conjoncturelles restent sans effets sur l'activité réelle, dès lors qu'elles sont parfaitement anticipées par les agents. Il est supposé que les agents font des « anticipations rationnelles » : ils tirent parti de toute l'information disponible (et non plus seulement des informations passées) pour établir leurs prévisions ; en conséquence, les agents ne font pas d'erreurs systématiques de prévision, comme dans le cas d'anticipations adaptatives. Cette thèse de l'inefficacité radicale des politiques de relance a donné lieu à de nombreux développements : invalidation radicale de la courbe de Phillips par Lucas, théorème d'équivalence entre emprunt et impôt développé Barro, thèse du défaut de crédibilité initiée par Kydland et Prescott [1] ;
— les fluctuations cycliques sont la réponse optimale de l'économie à des chocs exogènes, ce qui ôte toute légitimité à l'intervention étatique. Telle est en particulier la thèse développée par l'école des cycles réels (De Long, Plosser, Kydland, Prescott) ; ces auteurs aboutissent à une conclusion très originale (mais bien peu réaliste) quant à l'évolution de l'emploi : les fluctuations du taux de chômage sont la réponse optimale des salariés à un choc exogène (changement technologique, etc.), ce qui revient à dire que tout chômage – même massif – est volontaire.

► **Au début des années 1980, l'école de l'offre, avec Gilder et Laffer, renouvelle la pensée libérale** et se voit érigée au rang de doctrine sous la première législature de Reagan. Arthur Laffer, dans son ouvrage *The economy of the tax revolt* (1979), se livre à une critique célèbre de la politique fiscale, en montrant qu'au-delà d'un certain seuil tout alourdissement du taux de pression fiscal provoque paradoxalement une baisse du montant total des recettes fiscales. Afin d'encourager l'offre, Laffer préconise une baisse des taux d'imposition sur les agents disposant des revenus les plus élevés, ce que Reagan fera en 1981 avec une réforme de la fiscalité (Economic Recovery Tax Act).

De même, dans son ouvrage *Richesse et pauvreté* (1980), Gilder renoue avec une vision défendue en son temps par Malthus : les prestations sociales telles que l'assurance chômage auraient un effet désincitatif sur l'offre de travail en diminuant le coût d'opportunité du loisir, et la société créerait en quelque sorte les pauvres qu'elle entretient.

► **À l'heure des politiques de relance, l'école de Virginie, dénommée aussi « école des choix publics » (Buchanan, Tullock), procède à la remise en cause de l'État-providence comme agent au service de l'intérêt général.**

1. Ces différents points sont repris en détail dans le chapitre 5.

C'est ainsi que la théorie du cycle politico-économique montre que la politique économique répond à des motifs électoraux, les politiques de relance suivant le calendrier électoral. De son côté, la théorie de la bureaucratie met au jour, sous le voile du service public, la poursuite des intérêts particuliers des bureaucrates, qui cherchent à maximiser la dépense. Enfin, la théorie du *rent seeking* insiste sur le rôle joué par les groupes de pression dans les décisions de politique économique. Paradoxalement, les ultralibéraux du Public Choice renouent – par des voies certes différentes – avec la problématique marxiste qui voit dans l'État l'expression d'intérêts particuliers (en l'occurrence ceux de la bourgeoisie).

► **À la croisée des différentes écoles libérales, l'œuvre de Friedrich Hayek a fortement influencé la pensée économique contemporaine.**

Auteur autrichien, Friedrich Hayek (1899-1992) s'inscrit dans la tradition de l'école de Vienne (Menger, Böhm Bawerk), centrée sur la théorie du capital (avec la notion de « détour de production ») et l'exaltation de l'économie de marché.

Invité à la London School of Economics, Hayek se fait connaître en critiquant le *Traité de la monnaie* de Keynes et en publiant en 1931 un recueil de conférences intitulé *Prix et production*. Il s'impose à cette occasion comme l'un des principaux pourfendeurs des thèses keynésiennes en développant une analyse originale des crises économiques, fondée sur le surinvestissement [1] : comme le soulignent Beaud et Dostaler, « cette vision est totalement opposée à celle de Keynes, pour qui l'insuffisance de l'investissement est la cause fondamentale du chômage. Il n'est donc pas étonnant que les deux auteurs se séparent tout aussi radicalement au sujet des politiques à mettre en œuvre : stimulation de l'investissement, entre autres par l'accroissement de la masse monétaire, pour Keynes, austérité et discipline monétaire pour Hayek. C'est aux politiques keynésiennes, contre lesquelles il a mené le combat en permanence, que Hayek attribue la longue inflation de l'après-guerre, puis la récession et l'augmentation du chômage que les économies capitalistes ont commencé à connaître à partir des années 1970 [2] ».

Mais l'audience dont jouit Hayek va bien au-delà de ses travaux sur l'origine des crises économiques ; Hayek s'est en effet imposé comme l'un des plus grands penseurs – et défenseurs – du libéralisme [3]. Mentionnons – sans prétendre à l'exhaustivité – quelques-uns de ses thèmes de prédilection :

— la théorie de l'ordre spontané : Hayek développe une philosophie originale de la société, où les institutions sont le produit involontaire des actions humaines et non le fruit d'un dessein, comme le supposent les rationalistes (*Droit, législation et liberté,* 1976). Ainsi, Hayek appréhende l'économie de marché comme un ordre spontané, fruit d'un long processus d'apprentissage et qui permet mieux que tout autre système (et notamment la planification) de concilier les divergences d'intérêt ;

1. Cet aspect est développé dans le chapitre 6.
2. *La pensée économique depuis Keynes, op. cit.*, p. 323.
3. Notons d'ailleurs qu'Hayek est le fondateur de la célèbre Société du Mont-Pèlerin, qui réunit les intellectuels d'obédience libérale.

— la concurrence des monnaies : Hayek se fait le défenseur de la privatisation des monnaies (*Denationalisation of money*, 1976) ;

— le rejet du socialisme : Hayek se présente comme le pourfendeur de la planification socialiste, laquelle repose sur l'illusion scientiste d'un ordre construit. Il publie sur ce sujet de nombreux ouvrages : en 1935 (à l'occasion d'une controverse avec Oskar Lange) *Les économies collectivistes planifiées, une étude critique de leur possibilité de fonctionnement*, en 1944 *La route de la servitude*, et en 1988 *La présomption fatale : les erreurs du socialisme.*

3. Certains keynésiens, refusant la convergence, rejoignent le camp des hétérodoxes, aux côtés des marxistes et des institutionnalistes

« À chaque période, des hétérodoxies naissent ou renaissent : ce furent, après Marx et sa critique de l'économie politique classique, Schumpeter et ses explications des mouvements longs de l'économie, Veblen et sa prise en compte des comportements sociaux et des institutions, Keynes et son explication du chômage. L'influence de Schumpeter a été diffuse, mais les trois autres hétérodoxies ont fait souche : celle de Marx, avec le foisonnement de marxismes, parfois acharnés à se combattre ; celle de Veblen, avec la tradition institutionnaliste ; celle de Keynes, avec le courant post-keynésien [1]. »

► **Les « néocambridgiens » puis les « postkeynésiens » conçoivent la révolution opérée par Keynes comme une rupture radicale et inconciliable avec la pensée néoclassique et refusent toutes les tentatives de synthèse.** Ses représentants les plus connus ont souvent travaillé avec Keynes au sein du « circus » : citons, entre autres, Kaldor, Robinson, Harrod ; aujourd'hui les deux représentants anglo-saxons les plus célèbres du courant postkeynésien sont Davidson, Weintraub, ou bien encore Minsky, qui développe une théorie des crises financières.

Ces auteurs retiennent en particulier du message de Keynes la notion d'incertitude radicale, le rôle des anticipations et réfutent les hypothèses de base du raisonnement microéconomique. Les principaux thèmes de réflexion de ce courant portent sur la critique du modèle de concurrence pure et parfaite, sur l'étude du lien entre inflation et répartition (avec la « boucle prix salaires » de Kaldor), sur la critique de la théorie quantitative (avec l'ouvrage de Kaldor *Le fléau du monétarisme*), sur l'élaboration de modèles keynésiens de croissance (avec le célèbre modèle Harrod-Domar). Par rapport au courant de la synthèse et aux nouveaux keynésiens, cette hétérodoxie keynésienne apparaît aujourd'hui relativement marginalisée.

► **Les auteurs radicaux et l'école du CME (Capitalisme monopoliste d'État) en France perpétuent le paradigme marxiste.**

Il existe aux États-Unis une pensée économique marxiste, dénommée « radicale » et dont les principaux auteurs sont Sweezy, Baran, Dobb, Mandel.

1. M. Beaud, G. Dostaler, *La pensée économique depuis Keynes*, *op. cit.*

En France, dans les années 1970, l'école du **Capitalisme monopoliste d'État** (CME), représentée par Herzog, Boccara et Mandel, reprend la vision marxiste de l'État pour l'appliquer aux économies capitalistes contemporaines.

Rappelons en effet que Marx, dans *Critique de l'État hégélien*, montre que l'État n'est pas le lieu de réconciliation et de dépassement des intérêts particuliers. Bien au contraire, il est considéré comme l'expression de l'intérêt d'une classe particulière, celle des capitalistes : l'État ne constitue pas un arbitre, extérieur aux rapports de classe, il est l'instrument de domination de la classe capitaliste, détentrice des moyens de production. Quel rôle assignent les capitalistes à l'État ? L'État a pour mission de gérer les contradictions du système, afin de limiter la baisse tendancielle du taux de profit. Une vision semblable se retrouve chez Lénine qui, dans son ouvrage *L'État et la révolution*, conçoit l'État comme le « valet du capital » : l'État apparaît comme « un organisme de domination d'une classe, un organisme d'oppression d'une classe par une autre ; c'est la création d'un ordre qui légalise et affermit cette opposition en modérant le conflit des classes ».

► **Un nouveau paradigme se développe en sciences économiques : l'institutionnalisme, qui se définit beaucoup plus par ce qu'il rejette que par son unité de pensée.**

Ce courant s'inscrit en rupture avec le modèle néoclassique, jugé irréaliste dans la mesure où il ne prend pas en compte le contexte social dans lequel évoluent les agents. L'institutionnalisme se propose au contraire de donner un fondement sociologique aux comportements économiques : par exemple, alors que la théorie néoclassique du consommateur considère les préférences des agents comme données, l'institutionnalisme se propose de rendre compte de la formation de ses préférences (avec l'effet d'ostentation). Ayant mis en évidence les rapports de pouvoir qui fondent les relations entre agents, les institutionnalistes se font souvent les défenseurs d'une intervention correctrice de l'État, en particulier dans le domaine de la redistribution des richesses.

Ce courant a irrigué de nombreux pans de la science économique. Il est représenté en économie du développement par Myrdal, qui a mis en évidence le phénomène des « causalités circulaires et cumulatives » (la pauvreté engendre une forte natalité ; la forte natalité rend difficile la sortie de la pauvreté) ; par François Perroux, qui a introduit la notion d'effets de domination entre pays riches et PED. En économie industrielle, Galbraith a mis en évidence l'existence d'une technostructure gérant les grandes entreprises et s'est fait le défenseur des contrepouvoirs tels que les syndicats ou les associations de défense du consommateur.

Un développement célèbre de cette école est représenté en économie du travail par la **théorie de la segmentation** du marché du travail, initiée par Piore et Doeringer. Cette théorie montre qu'il existe deux marchés du travail : un **marché primaire**, où la main-d'œuvre qualifiée est considérée comme du capital humain, coexiste avec un **marché secondaire**, où le travail est une marchandise ; l'existence du marché primaire – marché privilégié – est conditionnée par celle du marché secondaire, qui est soumis aux fluctuations de la conjoncture.

Ce foisonnement d'auteurs et de pistes de recherche laisse l'impression d'une très grande hétérogénéité au sein du paradigme institutionnaliste ; toutefois, « malgré l'évidente difficulté qu'ils ont à se définir d'un même mot emblématique, tous ces auteurs ont en commun l'approche holiste – refusant de couper le domaine économique du reste de la réalité sociale et de réduire l'économie au seul marché –, le travail pluridiscipinaire, la prise en compte des valeurs, des institutions, des technologies, de l'évolution et, souvent, une attitude favorable à une politique économique active » (Beaud et Dostaler, p. 140).

4. La pensée économique contemporaine ne se résume cependant pas à une concurrence des paradigmes

Il serait erroné de considérer les développements de la science économique contemporaine sous le seul angle de la concurrence/convergence des paradigmes, dans la mesure où :

— nombre d'économistes se définissent plus par leur thème de recherche que par leur appartenance à une « école », pour autant que cette notion ait encore un sens aujourd'hui. Suivant en cela les recommandations d'Adam Smith, les économistes appliquent de plus en plus le principe de... la division du travail : les champs de recherche se multiplient et les économistes se spécialisent. L'économie industrielle, la théorie du commerce international, l'économie spatiale, l'économie de l'assurance – pour ne prendre que ces exemples – sont aujourd'hui constituées en véritables disciplines ;
— depuis 1945, l'économie a particulièrement progressé au niveau des instruments d'analyse, avec l'introduction des méthodes économétriques, le développement de la théorie des jeux et de la théorie de l'agence.

► La théorie de l'agence traite du comportement stratégique des agents lorsqu'il existe entre eux des asymétries d'information.

Contrairement à ce que suppose le modèle de concurrence pure et parfaite, l'activité économique se caractérise souvent par l'existence d'asymétries d'information entre contractants : l'une des deux parties en présence dispose d'une information privée, qu'elle n'a pas spontanément intérêt à révéler à son partenaire : « La théorie de l'agence abandonne l'hypothèse selon laquelle la plupart des individus respectent spontanément leurs promesses et obéissent aux normes des organisations dont ils font partie. Elle suppose au contraire que le respect de ces normes n'est effectif que si les individus constatent qu'une telle attitude peut constituer un moyen efficace d'aboutir à la réalisation de leurs objectifs personnels » (*Dictionnaire Major*).

La relation entre un assuré (dénommé « agent ») et son assureur (dénommé « principal ») constitue sans doute l'archétype de la relation asymétrique, comme l'ont montré Rotschild et Stiglitz :

— une fois que la personne est assurée, elle a intérêt à modifier son comportement dans le sens d'une moins grande vigilance, dans la mesure où les dommages lui sont remboursés. Une telle situation est qualifiée de « **risque moral** » ;
— l'assureur ne peut distinguer *a priori* les bons conducteurs des mauvais conducteurs en augmentant le prix de l'assurance : dans ce cas en effet, il risque de n'assurer que... les mauvais conducteurs ; cette situation est qualifiée de « **sélection adverse** ».

Au-delà du cas de la relation d'assurance, les situations d'asymétrie d'information sont très fréquentes en économie :

— la régulation d'une firme publique qui se trouve en situation de monopole pose un problème d'accès à l'information : le régulateur (généralement le ministère de tutelle) ne connaît pas le véritable coût de production de la firme publique ; cette dernière va donc avoir tendance à surestimer ses dépenses pour bénéficier d'un « budget discrétionnaire » ;
— dans les grandes sociétés, les actionnaires, dont l'objectif est la maximisation du profit, confient la direction de la firme à des managers ; mais ces derniers ne vont pas nécessairement poursuivre les objectifs des actionnaires, dans la mesure où ces derniers ne peuvent observer parfaitement leur comportement : les managers vont alors poursuivre des objectifs tels que la maximisation de la taille de la firme ;
— sur le marché de l'occasion, le client potentiel ne peut connaître *a priori* la qualité de l'objet mis en vente. En 1971, l'économiste américain Akerlof a développé une analyse restée célèbre des conséquences d'une asymétrie d'information sur l'équilibre d'un marché, en s'appuyant sur l'exemple du marché automobile d'occasion : les vendeurs d'automobiles ne pouvant persuader les éventuels acheteurs de la qualité de leur voiture, ces derniers ne sont disposés à payer qu'un faible prix ; en conséquence, seules les voitures de mauvaise qualité sont effectivement mises en vente : les mauvaises voitures chassent les bonnes ! Un petit exemple numérique permet de comprendre ce résultat paradoxal. Supposons qu'un acheteur ait une chance sur deux (50 %) d'acheter une mauvaise voiture d'occasion et une chance sur deux (50 %) d'acheter une bonne voiture d'occasion. L'acheteur est prêt à payer jusqu'à 8 000 € pour une bonne voiture et seulement 2 000 € pour une mauvaise voiture (dont la durée de vie sera faible). Comme l'acheteur ne sait pas *a priori* si la voiture qu'il va acheter est bonne ou mauvaise, il va fixer un prix maximum qui tient compte des probabilités de chaque situation :

$$(0{,}5 \times 8\,000) + (0{,}5 \times 2\,000) = 5\,000 \text{ €}.$$

Mettons-nous à la place du vendeur, qui sait parfaitement si sa voiture est de bonne qualité. Si tel est le cas, il ne pourra pas la vendre plus de 5 000 € alors même qu'elle vaut en réalité beaucoup plus : comment convaincre en effet de manière crédible l'acheteur de la qualité de son véhicule ? En conséquence, il préfèrera ne pas la vendre et seules les mauvaises voitures d'occasion resteront sur le marché. Revenons au comportement de l'acheteur : convaincu désormais que les « bonnes » voitures ne seront pas sur le marché, il n'offrira pas de prix supérieur à 2 000 €. Nous parvenons à un résultat peu efficace : 100 % des voitures vendues sont de mauvaise qualité et s'échangent à un prix inférieur ou égal à 2 000 €. À cause d'une asymétrie d'information, l'équilibre du marché conduit à une situation qui n'est pas optimale.

— la relation de travail, qui met aux prises un employeur et un employé, est caractérisée par une asymétrie d'information : l'employeur ne connaît pas *a priori* les caractéristiques de la nouvelle recrue et ne peut observer parfaitement l'effort fourni durant le travail ;
— le banquier ne connaît pas *a priori* les caractéristiques et le comportement de ses clients. En particulier, il ne peut jouer sur le taux d'intérêt pour distinguer les « bons » clients des « mauvais » : en effet, s'il augmente le taux d'intérêt, seules les entreprises les plus risquées demanderont un prêt (phénomène de sélection adverse) ! En outre, une entreprise qui doit rembourser un emprunt coûteux est incitée à réaliser des projets plus risqués (phénomène de risque moral).

Comme le soulignent ces différents exemples, les asymétries d'information conduisent généralement à des situations sous-optimales : les assurés relâchent leur attention, les firmes publiques dépensent plus que nécessaire, les managers ne maximisent pas le profit, la productivité du travail est faible, seules les firmes risquées empruntent, seules les voitures de mauvaise qualité sont mises sur le marché de l'occasion !

La théorie de l'agence se propose d'étudier les moyens dont dispose le principal pour **inciter les agents à révéler leur information** et à ne pas se comporter de manière opportuniste :

— dans le cas de l'assurance, les solutions préconisées sont bien connues : la sélection adverse est combattue en différenciant les tarifs selon la puissance des voitures et l'âge du conducteur ; face au risque moral, l'assureur peut instaurer un système de bonus-malus et une franchise pour les remboursements ;
— dans le cas de la relation de travail, les employeurs peuvent augmenter les salaires au-dessus du niveau concurrentiel, pour inciter la main-d'œuvre à faire un effort ;
— dans le cas de la relation entre le banquier et ses clients potentiels, le « rationnement du crédit » peut constituer une solution : le banquier n'accepte pas d'accorder un prêt à une firme qu'il ne connaît pas, même si cette dernière est prête à payer un taux d'intérêt plus élevé.
— Le schéma 2 illustre cette situation : l'offre de crédit est dans un premier temps une fonction croissante du taux d'intérêt ; mais au-delà d'un taux d'intérêt critique r*, la banque offre de moins en moins de crédits, dans la mesure où la probabilité de non-remboursement devient trop forte. Si la demande de crédit est supérieure à l'offre pour un taux r*, il y a un rationnement de la part de la banque, égal au segment AB.

▶ **La théorie des jeux étudie les situations dans lesquelles les agents effectuent des choix en interaction.**

Initiée dès les années 1940 par les mathématiciens von Neumann et Morgenstern, la théorie des jeux a connu depuis une formidable audience en sciences économiques – sous la plume d'auteurs comme Nash (prix Nobel en 1994), Selten, Kreps –, au point de devenir l'un des instruments d'analyse les plus utilisés aujourd'hui. Cet intérêt pour la théorie des jeux s'explique aisément : la majorité des situations économiques rassemblent un petit nombre d'agents qui doivent prendre individuellement une décision, sans connaître celle de leur partenaire (ou adversaire). Ainsi, un pays A qui souhaite mettre en place un protectionnisme vis-à-vis du pays B doit anticiper le comportement de son partenaire. De même, une firme qui souhaite baisser ses prix pour accroître sa part de marché a besoin d'anticiper le comportement des autres membres de l'oligopole.

Schéma 2
Le rationnement du crédit

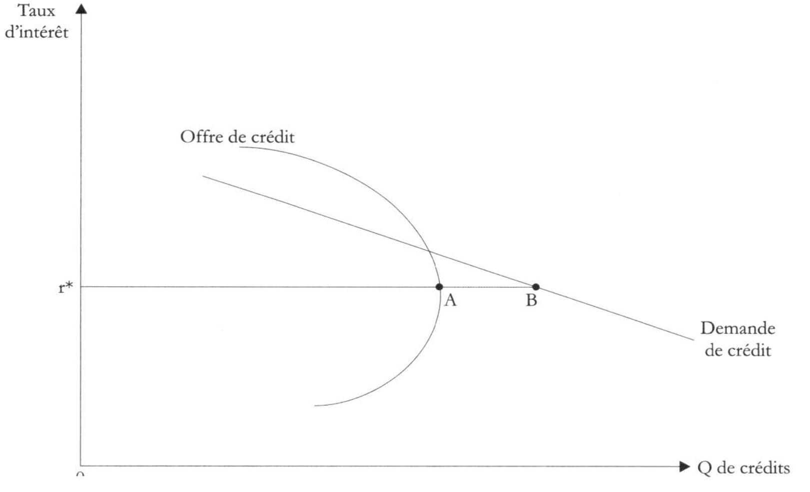

Une première catégorie de jeux est représentée par les **jeux à information complète et parfaite** : il est supposé que chaque joueur connaît son ensemble de choix (et celui de ses partenaires) et qu'il y a un ordre du jeu.

Illustrons ce type de jeux par un exemple : supposons qu'une firme X, en situation de monopole, soit confrontée à la menace d'entrée d'une nouvelle firme Y. La firme X souhaite savoir si l'entrée aura effectivement lieu. La firme Y joue en premier : elle doit décider d'entrer ou de ne pas entrer (schéma 3). Si elle n'entre pas, elle reçoit un gain nul et la firme X reste en situation de monopole (qui lui rapporte 10) ; si elle entre, son gain va dépendre de la réaction de la firme X. En effet, si la firme Y entre, la firme X peut partager le marché avec la firme entrante (chaque firme gagne 4) ou mener une guerre des prix (la firme Y perd 2 et la firme X perd 1). Parmi les trois issues possibles, quelle solution va prévaloir ? Pour répondre à cette question, la méthode de la « récurrence à rebours » est appliquée : on commence par déterminer le choix du dernier joueur puis celui de l'avant-dernier, et ainsi de suite (si le jeu comprend plus de deux étapes). Dans notre exemple, la firme X, qui joue en dernier, doit choisir entre – 1 (si elle déclare la guerre des prix) et 4 (si elle partage le marché) : la firme X retient le gain le plus élevé, soit 4. La firme Y sait donc que la firme X décidera de partager le marché si elle entre ; la firme Y, qui joue en premier, doit choisir entre 0 (si elle n'entre pas) et 4 (si elle entre) : la firme Y choisit d'entrer. On aboutit à l'issue (4 ; 4) : la firme Y entre et la firme X cède.

Schéma 3
Le monopole face à l'entrée d'une firme sur le marché

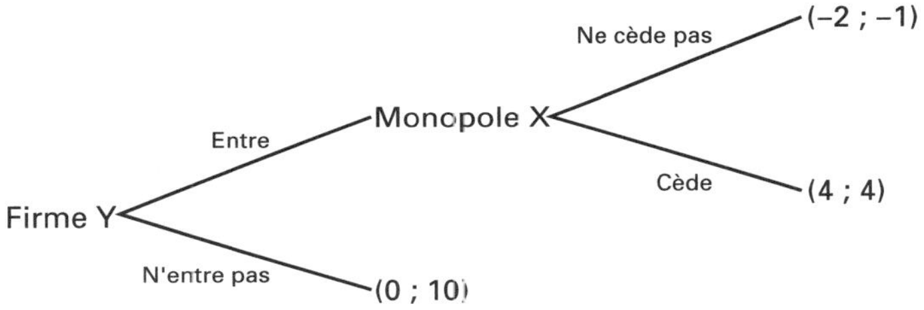

Une seconde catégorie de jeux est représentée par les **jeux à information complète mais imparfaite** : dans ce cas, chaque joueur connaît son ensemble de choix (et celui des partenaires) mais les décisions sont prises simultanément.

Schéma 4
Le dilemme du prisonnier

		Individu B	
		Se taire	Dénoncer
Individu A	Se taire	(7 ; 7)	(0 ; 14)
	Dénoncer	(14 ; 0)	(5 ; 5)

La situation du **dilemme du prisonnier**, très souvent reprise en économie, illustre cette configuration de jeu. Soient deux prisonniers (respectivement les individus A et B), suspectés de meurtre et qui sont chacun enfermés dans une cellule ; ils ne peuvent donc communiquer entre eux. Chaque individu a le choix entre dénoncer son partenaire ou se taire. Si les deux individus nient le crime, ils encourent une faible peine de prison ; si les deux individus se dénoncent mutuellement, ils encourent une peine plus lourde ; si l'individu A dénonce B et si B se tait, A est relâché et B obtient la peine maximale ; inversement, si l'individu B dénonce A et si A se tait, A obtient la peine maximale. On obtient donc quatre cas possibles, correspondant dans la matrice des paiements à quatre couples (schéma 4). Dans un couple, le premier chiffre correspond à l'individu A et le second à l'individu B. Le chiffre correspond à des niveaux d'utilité : plus le chiffre est faible, plus la peine de prison est lourde ! Les chiffres n'ont pas de signification en valeur absolue mais en valeur relative : par exemple, on voit bien qu'en se taisant tous les deux les individus A et B gagnent chacun 7, au lieu de 5 s'ils se dénoncent mutuellement. Si l'individu B se tait, la meilleure stratégie pour A est de le dénoncer (car 14 > 7) ; si l'individu B dénonce A, la meilleure stratégie pour A est aussi de le dénoncer (car 5 > 0). En conséquence, quel que soit le choix de B, A dénonce toujours. Sachant cela, la meilleure stratégie de B est également de dénoncer A (car 5 > 0). On aboutit à la pire situation : A et B se dénoncent mutuellement, alors même qu'ils auraient eu intérêt à se taire !

La solution (5 ; 5) constitue également un **équilibre de Nash** ; cette notion, très utilisée en théorie des jeux, signifie que l'équilibre atteint est un équilibre de meilleure réponse : individuellement, aucun joueur n'a intérêt à modifier son choix [1].

Les situations de dilemme du prisonnier sont très fréquentes en économie. Songeons au problème des biens collectifs : tout le monde souhaite les utiliser mais personne n'est disposé à les payer ; en conséquence, l'offre de biens collectifs sera limitée. Songeons également au problème de la promotion du libre-échange au niveau international : si l'on en croit Ricardo, le libre-échange permet d'améliorer la situation de tous les pays... mais chaque pays individuellement préfère opter pour le protectionnisme.

Approfondir

LECTURES

• J.-M. Daniel, *Histoire vivante de la pensée économique : des crises et des hommes*, Paris, Pearson, 2010.

1. Dans le cas du dilemme du prisonnier, l'équilibre de Nash conduit à une situation sous-optimale mais il n'en est pas toujours ainsi.

• H. Denis, *Histoire de la pensée économique*, Paris, PUF, « Quadrige », 2008.

THÈMES DE RÉFLEXION

- Peut-on parler d'une école classique ?
- Des classiques aux néoclassiques : continuité et rupture.
- Les théories de la valeur dans l'histoire des doctrines.
- Dans quelle mesure peut-on parler de « révolution keynésienne » ?
- Que reste-t-il de Keynes aujourd'hui ?
- Analyse comparative des modèles classiques et keynésiens.
- L'hétérodoxie dans l'histoire de la pensée économique.
- Investissement et épargne dans les modèles classique et keynésien.
- L'équilibre dans les modèles classique et keynésien.
- La monnaie dans les modèles classique et keynésien.
- Peut-on identifier en économie une pensée libérale ?

Retenir

Main invisible (Smith) ; école classique ; théorie de la rente différentielle (Ricardo) ; état stationnaire (Ricardo) ; école néoclassique ; taux de plus-value et taux de profit (Marx) ; armée de réserve industrielle (Marx) ; principe de population (Malthus) ; État-gendarme (Smith) ; théorie quantitative ; théorie des avantages absolus (Smith) ; théorie des avantages comparatifs (Ricardo) ; école de Cambridge ; école de Vienne ; école de Lausanne ; effet Pigou ; néocambridgiens ; postkeynésiens ; néokeynésiens ; courant de la synthèse ; école de l'offre ; monétaristes ; nouveaux classiques ; école des choix publics ; école de la régulation ; institutionnalisme ; école du CME ; théorie de la valeur-travail ; valeur d'usage ; valeur d'échange ; loi des débouchés ; utilité marginale ; composition organique du capital ; concurrence pure et parfaite ; commissaire-priseur ; optimum ; équilibre partiel ; équilibre général ; surplus du consommateur ; surplus du producteur ; effets externes ; bien collectif ; auteurs radicaux ; théorie des jeux ; théorie de l'agence ; risque moral ; sélection adverse ; équilibre de Nash ; dilemme du prisonnier.

Utiliser

Les théories de la valeur dans l'histoire des doctrines économiques

Doit-on acheter les produits agricoles en fonction de leur prix de revient ou selon l'utilité qu'ils nous apportent ? Voilà l'une des questions très concrètes que soulève l'évolution actuelle du marché agricole. Or cette polémique ne fait que ressusciter l'un des débats les plus anciens et les plus tranchés de la science économique, qui voit s'opposer deux traditions.

La première, développée par les classiques anglais Smith et Ricardo, fonde la valeur d'un bien sur la quantité de travail : il s'agit d'une conception objective de la valeur. Reprise et prolongée par Marx, cette approche débouche sur une théorie de l'exploitation et une remise en cause radicale du système capitaliste ; plus encore, dès le milieu du XIXe siècle, des auteurs comme Stuart Mill critiquent le bien-fondé de la valeur-travail et ouvrent ainsi la voie à une nouvelle conception de la valeur.

Cette seconde approche, initiée par les auteurs néoclassiques, place la valeur dans la relation qui unit l'homme à l'objet : la valeur est déterminée par l'utilité et la rareté. La théorie subjective de la valeur permet à la fois de répondre aux impasses de la théorie objective – en particulier sur le problème du passage de la valeur au prix – et de renouer avec une vision de l'harmonie des intérêts, mise à mal par la logique marxiste.

Ne peut-on voir dans l'avènement de la théorie de la valeur utilité-rareté à la fin du XIXe siècle la réponse aux insuffisances théoriques et aux implications politiques de la théorie de la valeur-travail ?

I. Initiée par les classiques anglais, la théorie de la valeur-travail s'est transformée en une critique radicale du système capitaliste, fondé sur l'exploitation

1. La théorie de la valeur-travail s'est développée au Royaume-Uni au XVIIIe siècle, à l'encontre d'une tradition qui fondait la valeur sur l'utilité et la rareté

À l'exception de saint Thomas d'Aquin, la théorie de la valeur avant les classiques anglais a surtout privilégié l'utilité et la rareté ; ainsi en est-il d'Aristote, de Galiani (auteur napolitain du XVIIIe siècle mis en évidence par Stigler dans *The development of utility theory*, 1965) puis de l'école classique française (Condillac et Say).

Selon les classiques anglais, l'utilité n'est pas une condition suffisante à la définition de la valeur d'échange puisqu'elle ne peut rendre compte du paradoxe de l'eau et du diamant (Smith explique en effet que l'eau, bien que très utile, dispose seulement d'une faible valeur d'échange) ; pour ce qui est de la valeur-rareté, les classiques anglais l'admettent dans le cas des biens non reproductibles, qui ne relèvent cependant pas de l'analyse économique, centrée sur le domaine du reproductible.

Comment expliquer alors l'émergence de la théorie de la valeur-travail à la fin du XVIIIe siècle ? :

— développpement des sciences exactes : tout comme les physiocrates, les classiques partent à la recherche des lois universelles qui gouvernent la sphère économique ; il s'agit pour eux de trouver l'étalon qui permet de donner une valeur à toute chose ;
— influence, selon Mark Blaug (*Histoire de la pensée économique*), de la Réforme : comme l'a mis en évidence Weber, l'éthique protestante tend à valoriser le

travail comme une fin en soi (la réussite par le travail étant perçue comme un signe d'élection).

2. En se plaçant du côté de l'offre, la théorie anglaise de la valeur-travail se propose d'expliquer le prix de production, appelé « prix naturel »

L'approche anglaise de la valeur-travail part de la distinction ricardienne entre prix naturel (prix correspondant au coût de production : salaire + profit + rente) et prix de marché (prix observé, qui gravite autour du prix naturel) : le prix naturel est un prix construit, l'explication de la valeur se situe uniquement du côté de l'offre et s'inscrit dans le long terme.

La non-prise en compte de la demande implique que l'offre soit toujours égale à la demande : la théorie anglaise de la valeur s'appuie donc implicitement sur la loi des débouchés.

3. Mais cette théorie de la valeur-travail se heurte à plusieurs difficultés techniques et débouche, sous la plume de Marx, sur une théorie de l'exploitation

Les difficultés de mesure de la valeur-travail en altèrent la portée pratique.

Tout d'abord, comment prendre en compte l'hétérogénéité du facteur travail ? On retrouve ici la distinction ricardienne entre travail simple et travail complexe ; il s'agit alors de trouver un « coefficient de multiplication » pour ramener ces différences qualitatives à des différences quantitatives. Marx et Ricardo posent le problème mais ne le résolvent pas.

Ensuite, il faut estimer la quantité de travail nécessaire à la production d'une marchandise sur la base d'une moyenne (ce que Marx qualifie de « travail socialement nécessaire ») ; il ne faut pas raisonner sur des cas particuliers.

Enfin, dans l'évaluation de la valeur de la marchandise, il faut prendre en compte non seulement le travail direct (le capital variable chez Marx), mais aussi le travail indirect incorporé dans les biens de production (le capital constant ou « travail mort » chez Marx).

À l'opposé des thèses libérales développées par les classiques anglais, la théorie marxiste de la valeur-travail conduit à une remise en cause du système capitaliste, fondé sur l'exploitation.

Selon les classiques anglais, le libéralisme a permis de supprimer l'exploitation des travailleurs qui existait dans les sociétés antérieures : il était en effet clair que l'esclavage et le servage constituaient des systèmes d'exploitation puisque l'esclave (à l'évidence) et le serf (par la corvée) fournissaient du travail non payé. Cette suppression de l'exploitation, les classiques anglais en voient la preuve dans la règle fondamentale de l'économie de marché : l'égalité de l'échange ; puisque tous les échanges sont égaux, il n'est plus possible à certains individus d'en exploiter d'autres.

Marx réfute cette vision et montre que le capitalisme comprend aussi une exploitation ; reprendre la distinction essentielle entre travail (valeur d'usage) et force de travail (valeur d'échange, c'est-à-dire celle qui permet la reproduction à l'identique de la force de travail : c'est donc le salaire) ; la différence entre la valeur créée par la force de travail et la valeur payée à la force de travail = la plus-value.

II. Née à la fin du XIXe siècle, la théorie de la valeur utilité-rareté apparaît à la fois en continuité et en rupture avec la théorie de la valeur-travail

1. La théorie de la valeur utilité-rareté peut apparaître comme un rejet des théories classiques de la valeur

Comme le met en évidence Walras dans *Éléments d'économie pure*, l'utilité constitue une condition nécessaire mais non suffisante à la définition de la valeur, tandis que le travail ne vaut que par sa rareté. Par rapport à la théorie anglaise de la valeur fondée sur l'offre, les néoclassiques privilégient une approche fondée sur la demande. La valeur d'échange se détermine sur le lieu d'échange, c'est-à-dire sur le marché, par confrontation de l'offre et de la demande : « La demande doit être considérée comme le fait principal, et l'offre comme un fait accessoire. On n'offre pas pour offrir, on n'offre que parce qu'on ne peut pas demander sans offrir ; l'offre n'est qu'une conséquence de la demande » (Walras).

Cette théorie de la valeur utilité-rareté s'appuie sur la construction d'outils microéconomiques : l'utilité marginale, la courbe d'indifférence.

2. La théorie de la valeur utilité-rareté peut apparaître comme un rejet de la lecture marxiste de la valeur-travail

Selon J. Robinson, la théorie néoclassique de la valeur constitue une réponse à la vision conflictuelle développée par Marx (*Essai sur l'économie de Marx*, 1942).

Alors que la théorie marxiste met au jour une exploitation du facteur travail, le marginalisme renoue avec une vision de l'échange juste : le travailleur est rémunéré à sa productivité marginale et le profit est la juste rémunération du capitaliste (qui a avancé le fond de salaire et les capitaux).

En outre, l'approche néoclassique parvient à surmonter le problème de la mesure de la valeur : nul besoin de trouver un coefficient de multiplication pour concilier travail simple et travail complexe ; les différences de qualifications se traduisent par des différences de productivité et donc de rémunération.

Quant aux inégalités de revenu, elles ne résultent pas d'une quelconque exploitation mais renvoient à des différences dans la rareté des compétences.

3. Mais la théorie marginaliste de la valeur peut être aussi perçue comme un prolongement de l'approche anglaise

À l'encontre de Walras, Alfred Marshall, dans ses *Principes d'économie politique*, opère la synthèse entre la théorie marginaliste et l'approche anglaise de la valeur, estimant que les deux visions ne sont pas incompatibles.

Selon Marshall, les classiques anglais ont considéré la valeur sous l'angle de l'offre, tandis que les néoclassiques privilégiaient l'angle de la demande. Marshall montre alors qu'en courte période ce sont essentiellement les conditions de la demande qui influent sur le prix d'un bien, puisque les capacités de production sont données (la courbe d'offre est une droite verticale) ; à l'inverse, en longue période, le coût de production est déterminant dans la mesure de la valeur (la courbe d'offre tend vers l'horizontale).

3

En quête d'emploi

EMPLOI ET CHÔMAGE DANS LES ÉCONOMIES DÉVELOPPÉES

Connaître

— En octobre 2010, le taux de chômage s'établit à :
8,6 % dans la zone OCDE ;
10, 1 % dans la zone euro ;
9,8 % en France ;
9,6 % aux États-Unis ;
5,1 % au Japon ;
6,7 % en Allemagne ;
7,7 % au Royaume-Uni.
— En 2009, en France, le taux de chômage des femmes est de 9,4 % contre 8,9 % pour les hommes.
— En 2009, en France, le taux de chômage des jeunes (15-24 ans) s'élève à 23,7 %.
— En 2009, en France, le chômage de longue durée représente 35,4 % du chômage total.
— En 2009, en France, les emplois à durée déterminée (CDD, stages, etc.) représentent près de 12 % de l'emploi salarié.
— En 2009, en France, le taux de chômage des sans-diplômes atteint 14,9 % contre 5,7 % pour les diplômés ayant une formation au moins égale à Bac +2.
— En 2009, en France, le taux de chômage des cadres est de 3,8 % contre 13,2 % pour les ouvriers.

Si la crise économique qui touche le monde depuis 2008 conduit à une forte hausse du chômage, force est de constater qu'il existe des disparités assez marquées selon les pays : alors qu'il se situe aujourd'hui à près de 5,1 % au Japon, le taux de chômage atteint 9,8 % en France et 6,7 % en Allemagne en octobre 2010. Comment rendre compte théoriquement de ces situations différentes ?

Sur cette question les économistes continuent aujourd'hui de débattre, prolongeant ainsi les controverses inaugurées durant la crise de 1929 entre l'école néoclassique et Keynes. Mais, à la différence de la Grande Crise, les réflexions contemporaines sur le chômage sont marquées par la convergence entre paradigmes : en particulier, la nouvelle microéconomie du travail est partie à la recherche des fondements microéconomiques de la rigidité (à la baisse) des salaires.

Pour leur part, les différents gouvernements ont mis en œuvre des politiques spécifiques, qualifiées de politiques d'emploi, qui ont emprunté deux directions principales : d'un côté, des instruments tels que l'indemnisation du chômage se sont inscrits dans le cadre d'une politique de gestion du chômage ; de l'autre, les pouvoirs publics ont tenté d'agir sur le niveau de l'emploi, par le biais de politiques actives.

Nous commencerons par définir le concept de chômage : le chômage repose en effet sur un certain nombre de mesures statistiques, qui prêtent à discussion.

Nous brosserons ensuite un tableau des principales évolutions du chômage et de l'emploi dans les pays de l'OCDE, en insistant sur la nature différenciée du phénomène.

Nous confronterons les analyses théoriques du chômage, en mettant en évidence les points de rupture mais aussi les points de convergence entre courants.

Nous terminerons par une étude des principaux outils de lutte contre le chômage qui ont été mis en œuvre ou qui sont aujourd'hui proposés, en particulier dans le cas français.

I. À la recherche d'une définition du chômage

La notion de chômage ne s'impose pas comme une évidence : elle est le produit d'un processus historique, marqué par l'apparition d'une figure nouvelle : le « salarié », qui vit essentiellement des revenus de son travail (en l'occurrence le salaire).

1. Le chômage est le produit d'une société fondée sur le salariat

► **La catégorie statistique de chômeur émerge en France seulement à la fin du XIXe siècle, à l'occasion du recensement de 1896.** Cette apparition renvoie au développement du salariat, situation dans laquelle le travail s'achète comme une marchandise : le chômeur se définit précisément comme celui qui ne trouve pas acheteur de sa force de travail et qui ne dispose que de cette dernière pour assurer sa survie.

Jusqu'à la deuxième révolution industrielle, l'ouvrier n'était pas encore complètement coupé du monde rural : en France, la proto-industrialisation a longtemps permis de concilier activité industrielle salariée (sous la forme du travail à domicile) et production agricole non marchande. L'activité économique s'organisait en partie dans le cadre de rapports précapitalistes de parenté (exploitation familiale agricole) : le temps de travail fluctuait selon la conjoncture ; il n'y avait pas de rapports marchands concernant le facteur travail ; travail marchand et travail domestique n'étaient pas nettement séparés, notamment d'un point de vue géographique. L'existence d'un sous-emploi à l'occasion des crises agricoles n'était donc pas assimilable à du chômage.

C'est à la fin du XIXe siècle que la figure du « prolétaire », vivant dans un foyer urbain et ne disposant plus du repli sur les activités précapitalistes, fait son apparition en France ; « La frontière travail/non-travail devient une coupure nette entre deux mondes et est vécue comme telle, d'autant qu'elle est séparation de lieu, entre lieu de travail et lieu d'habitat [1] ».

► **Cette historicité du concept de chômage est riche d'implications méthodologiques.**

Elle invite tout d'abord à relativiser la pertinence des comparaisons de taux de chômage entre périodes très éloignées. Ainsi, la comparaison du taux de chômage contemporain à celui de la Grande Crise prête à discussion : le taux de salariat étant plus faible en 1929 qu'aujourd'hui, le seul recours à l'indicateur taux de chômage risque de minorer le sous-emploi effectif.

Ensuite, les comparaisons entre régions très différentes quant à leur taux de salariat se révèlent fragiles. Alors que les pays de l'OCDE recourent massivement au salariat, les pays en voie de développement conservent une forte population tra-

1. N. Baverez, B. Reynaud et R. Salais, *L'invention du chômage*, Paris, PUF, 1986.

vaillant dans un cadre non salarié ; il y a sans doute dans ces régions un fort sous-emploi – ce que les théories du sous-développement appellent à juste titre du **chômage déguisé** (productivité marginale nulle à la campagne, travail dans le secteur informel) –, mais on ne peut à proprement parler de chômage.

2. La définition statistique du chômage se heurte à l'existence d'un halo

► **Selon le BIT (Bureau international du travail), le chômage se définit statistiquement comme la situation d'une personne sans travail rémunéré, disponible pour occuper un emploi et effectuant une démarche de recherche d'emploi.**

Cette définition combine un critère de situation et un critère de comportement : l'activité de prospection constitue en effet une condition nécessaire à la classification comme chômeur. De manière imagée, une personne sans domicile fixe, objectivement sans emploi, mais qui ne s'inscrit pas sur les listes de l'ANPE, doit être considérée comme... inactive. La prise en compte du comportement de recherche d'emploi se retrouve dans le découpage de la population totale entre actifs et inactifs : les chômeurs sont classés comme des actifs inoccupés, dans la mesure où – à la différence des inactifs – ils souhaitent occuper un emploi.

• **Une telle définition est l'objet de débats, dans la mesure où elle peut sous-évaluer le chômage effectif.**

En effet, certaines personnes classées statistiquement comme inactives ou comme actives occupées peuvent être en réalité considérées comme chômeurs : il existe, pour reprendre les termes de Freyssinet, un « halo » du chômage (schéma 1).

Certaines personnes considérées comme inactives parce qu'elles ne font plus l'effort de chercher un emploi sont néanmoins en situation objective de chômage : il s'agit en particulier du phénomène des **travailleurs découragés**, qui affecte particulièrement les chômeurs de longue durée dont les chances de retrouver un emploi sont faibles. De même, les personnes travaillant à temps partiel de manière involontaire peuvent être considérées comme des chômeurs « à temps partiel ».

L'existence de ces frontières entre chômeurs et inactifs d'une part, chômeurs et actifs occupés d'autre part ne permet plus de définir le chômage comme un résidu, c'est-à-dire comme la simple différence entre une offre de travail et une demande de travail. En effet, le **halo du chômage** reflète l'interdépendance entre offre de travail et demande de travail : si la situation économique s'améliore (c'est-à-dire si la demande de travail augmente), des « travailleurs découragés » vont de nouveau s'inscrire au chômage, contribuant ainsi à accroître l'offre de travail. La création d'emploi n'est alors plus synonyme de diminution équivalente du nombre de chômeurs.

Le **taux de flexion**, indicateur rapportant la baisse du nombre de chômeurs à la création de 100 emplois, rend compte de cette interdépendance : si ce taux est proche de 1, la création d'emplois affecte pleinement le taux de chômage, qui baisse ; si ce taux est proche de 0, la création d'emplois ne fait pas diminuer sensiblement le nombre de chômeurs.

Schéma 1
Le chômage et son « halo »

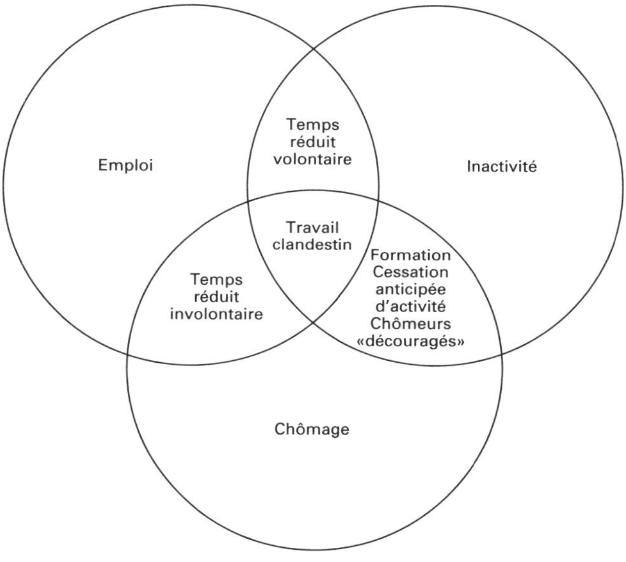

Source : Freyssinet, *Le chômage*.

► **Le recueil des données statistiques concernant le chômage est confié en France à deux organisations : l'INSEE et Pôle Emploi.**

L'INSEE procède chaque année[1] depuis 1968 à une « enquête sur l'emploi », auprès d'un échantillon de la population (environ 65 000 ménages). Le chômage est appréhendé au travers de la catégorie statistique de « population sans emploi à la recherche d'un emploi » **(PSRE)**, qui repose sur la combinaison des trois critères du BIT :

— la condition d'absence d'emploi nécessite que la personne n'ait pas travaillé, ne serait-ce qu'une heure, dans la semaine qui précède l'enquête ;
— le critère de disponibilité suppose que la personne puisse occuper un emploi dans un délai inférieur à quinze jours ;

1. Depuis 1992, l'INSEE propose aussi des résultats semestriels, effectués à partir d'un sous-échantillon de l'enquête annuelle.

— le critère de recherche d'emploi suppose que la personne soit inscrite à Pôle Emploi ou ait effectué des démarches dans le mois précédant l'enquête (par exemple, sous la forme d'une réponse à des petites annonces).

De leur côté, les données de Pôle Emploi sont le fruit des enregistrements mensuels des **DEFM** (Demandeurs d'emploi en fin de mois), c'est-à-dire « des personnes sans emploi et disponibles pour en occuper un, qui ont fait la démarche de s'inscrire à Pôle Emploi » : une personne peut donc être chômeur au sens de Pôle Emploi tout en exerçant une activité professionnelle très réduite, insuffisante pour interrompre les droits à indemnisation. Les données Pôle Emploi permettent de suivre mois par mois l'évolution du chômage de manière exhaustive. Pôle Emploi distingue plusieurs catégories de DEFM parmi lesquelles : la catégorie 1 regroupe les demandeurs d'emploi à temps plein et à durée indéterminée ; la catégorie 2 rassemble les demandes d'emploi à temps partiel et la catégorie 3 les demandes d'emplois saisonniers ou temporaires. Pôle Emploi fournit également, en plus de ces résultats bruts, des données corrigées des variations saisonnières, afin d'éliminer l'influence de facteurs conjoncturels (tels que l'arrivée de jeunes sur le marché du travail en septembre) et de dégager une tendance dans la progression du chômage.

3. La multiplicité des instruments de mesure du chômage témoigne de la complexité du phénomène

► **La situation globale de l'emploi est souvent résumée au travers du taux de chômage, défini comme le rapport entre le nombre de chômeurs et la population active.**

Cet indicateur a certes le mérite de ramener des différences absolues en différences relatives, permettant ainsi les comparaisons internationales. Mais il ne saurait à lui seul résumer la situation de l'emploi dans un pays. Le taux de chômage fournit une moyenne nationale mais n'indique rien quant aux disparités du chômage à l'intérieur d'un pays : la situation de l'Espagne durant les années 1990 ne se résumait pas seulement à son taux de chômage élevé mais renvoyait aussi au fort chômage des jeunes.

De même, le taux de chômage ne permet pas de prendre en compte la durée du chômage puisqu'il n'opère aucune distinction entre flux et stocks : est-il équivalent d'avoir 10 % de chômeurs qui soient toujours les mêmes ou 10 % de chômeurs qui changent de période en période ?

Supposons par exemple que deux pays A et B aient la même population active et le même nombre de chômeurs aux périodes 1 et 2. Dans le pays A, les chômeurs de la période 2 sont les mêmes que ceux de la période 1 : il n'y a donc aucune entrée et aucune sortie du chômage. Dans le pays B, les chômeurs de la période 2 diffèrent de ceux de la période 1 : les chômeurs de la période 1 sont sortis et ont été « remplacés » par de nouveaux chômeurs. Les pays A et B auront le même taux de chômage, alors même que leur marché du travail fonctionne de manière très différente.

Afin de surmonter ces obstacles plusieurs indicateurs complémentaires ont été introduits, tels que le taux de chômage relatif, le chômage de longue durée, l'employabilité, la vulnérabilité.

► **Le taux de chômage relatif correspond au rapport entre le taux de chômage d'une catégorie et le taux de chômage national** : si ce rapport est supérieur à l'unité, cela signifie que la catégorie concernée est relativement plus touchée que la moyenne nationale. Le taux de chômage relatif, calculé selon l'âge, le sexe, la CSP (catégorie sociale professionnelle), le secteur d'activité ou la région, constitue une bonne mesure de l'inégalité face au chômage.

La **vulnérabilité** se définit comme le rapport entre le taux d'entrée [1] en chômage d'une catégorie donnée et le taux global d'entrée au chômage : si ce rapport est supérieur à l'unité, la catégorie concernée est plus exposée au risque de chômage.

L'**employabilité** se définit comme le rapport entre l'ancienneté (mesurée en mois) de la recherche d'un emploi de la catégorie concernée et l'ancienneté de la recherche d'emploi de l'ensemble des chômeurs : un rapport supérieur à l'unité signifie que la catégorie retenue est mieux « lotie » que la moyenne pour retrouver un emploi.

► **L'indicateur « chômage de longue durée », défini comme le pourcentage de chômeurs de plus de douze mois parmi le nombre total de chômeurs, a permis de distinguer trois catégories de chômage** :

— le **chômage répétitif** : il s'agit d'un chômage de courte durée, qui se reproduit à plusieurs reprises dans la trajectoire professionnelle de l'individu ; ce type de chômage s'observe particulièrement chez les jeunes peu diplômés ;
— le **chômage de reconversion** : il s'agit d'un chômage de longue durée qui débouche ensuite sur un emploi stable ;
— le **chômage d'exclusion** : il s'agit d'un chômage de longue durée qui ne débouche pas sur un emploi stable.

• **La prise en compte de la durée permet aussi de mettre au jour un cercle vicieux du chômage** : la probabilité qu'a un individu de retrouver un emploi diminue avec son ancienneté au chômage. On peut observer d'ailleurs un cycle du chômage de longue durée, en fonction de la conjoncture économique (graphique 1) : lorsque la récession survient, de nouvelles personnes entrent massivement au chômage, ce qui accroît le taux de chômage mais diminue le pourcentage des chômeurs de longue durée (phase 1) ; au cours de la récession, le taux de chômage continue d'augmenter, tandis que les personnes déjà au chômage ne retrouvent pas d'emploi : le pourcentage des chômeurs de longue durée augmente (phase 2). À l'occasion de la reprise, le taux de chômage

1. Le taux d'entrée se définit lui-même comme la proportion dans la population active de référence des chômeurs dont la durée de recherche est inférieure à un mois.

diminue mais le pourcentage des chômeurs de longue durée s'accroît : en effet, lorsque la croissance économique repart, les entrepreneurs ont tendance à embaucher des chômeurs de courte durée, dont le capital humain n'a pas été « altéré » par la période de chômage ; qui plus est, le chômage de longue durée peut être appréhendé comme un signal négatif concernant les capacités du chômeur. Le chômage fonctionne selon un principe inversé de file d'attente où les derniers arrivés sont les premiers servis. Ce n'est que si la croissance se poursuit durablement que la baisse du chômage s'accompagne d'une diminution du chômage de longue durée (phase 4).

L'évolution du chômage en France à la fin des années 1990 est à cet égard révélatrice : alors que le taux de chômage global diminuait de 1998 à 2000 (passant de 12 % en mars 1998 à 10 % en mars 2000), la part du chômage de longue durée augmentait durant cette période : les chômeurs de longue durée représentaient 38 % des chômeurs en janvier 1999 contre 40 % en mars 2000. Cela signifie clairement que l'embellie sur le marché du travail a surtout profité aux chômeurs de courte durée.

Graphique 1
Taux de chômage et chômage de longue durée

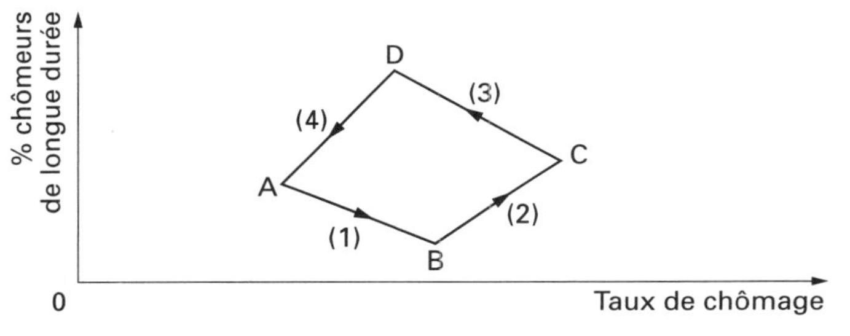

• **La prise en compte des taux d'activité fournit également de précieuses indications sur l'état du marché du travail.**

En effet, le taux de chômage peut être minoré par des comportements de sortie de la population active. Il semble que ce phénomène joue particulièrement dans les pays anglo-saxons pour les catégories de population les moins qualifiées : par exemple, les bonnes performances du Royaume-Uni en termes de chômage s'expliquent en partie par la baisse des taux d'activité, notamment chez les hommes jeunes. Plus généralement, on constate que les pays où les différences de salaire sont les plus fortes figurent aussi parmi ceux qui ont les taux d'emploi les plus faibles chez les non-qualifiés. Ainsi, au début des années 1990, les taux d'emploi des hommes les moins qualifiés (niveau de formation inférieur au secondaire) étaient plus élevés dans les pays d'Europe continentale que dans les pays anglo-saxons : 78 % en Italie, 72,5 % en Allemagne, 71 % en France, 65 % aux États-Unis, 70 % au Royaume-Uni.

II. Chômage et emploi dans les pays de l'OCDE : un panorama

1. L'évolution du chômage apparaît très différenciée selon les régions

► **L'évolution globale du chômage dans les pays de l'OCDE a connu plusieurs phases depuis 1950** (graphique 2).

De 1950 à 1970, en dépit de fluctuations conjoncturelles, le nombre de chômeurs oscille entre 8 et 10 millions de personnes.

Graphique 2
L'évolution du nombre de chômeurs (1950-1955 ; zone OCDE)

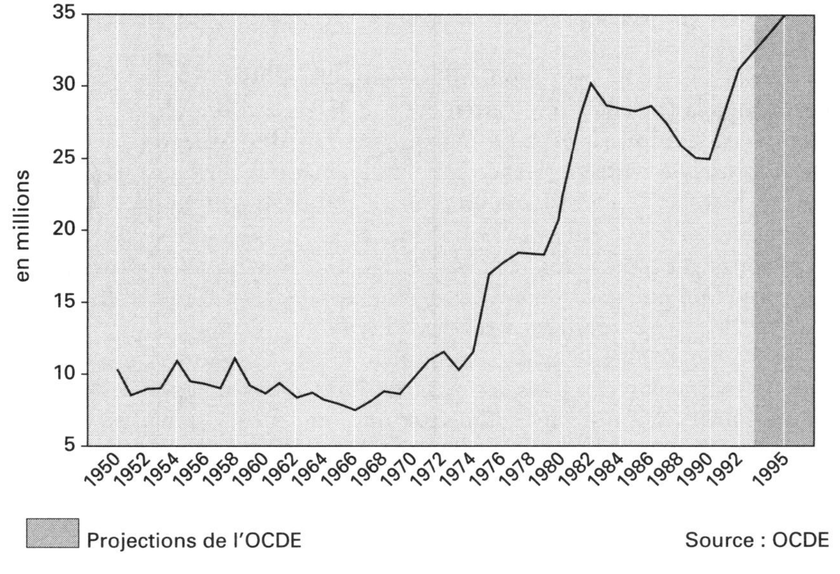

Source : OCDE

La période 1970-1982 marque une rupture très nette, puisque le nombre de chômeurs triple en l'espace d'une décennie : il passe de 10 millions à 30 millions, avec un palier en 1974 puis en 1979-1980.

Une décrue du chômage s'amorce à partir de 1983, qui conduit en 1990 à 25 millions de chômeurs.

De 1990 à 1995, le chômage augmente de nouveau pour atteindre 35 millions de chômeurs en 1995. Au début de l'année 1997, l'OCDE estime à 33 millions de personnes le nombre de chômeurs, sans tenir compte du halo du chômage.

> Même le chiffre officiel de 35 millions de chômeurs ne reflète pas le phénomène du chômage dans toute son ampleur. De nombreux demandeurs d'emploi ont renoncé à chercher du travail. Le travail à temps partiel involontaire est extrêmement répandu. Dans certains pays d'Europe, le travail à horaires réduits, ou « chômage partiel », financé par les systèmes d'indemnisation du chômage est devenu une pratique courante. Au Japon, le sous-emploi n'est pas négligeable : les entreprises, notamment les grandes, conservent leur personnel en période de ralentissement de l'activité, dans le cadre d'une stratégie d'emploi à vie. Ces éléments de sous-emploi pourraient alourdir le chômage total dans la zone de l'OCDE de 40 à 50 % (OCDE).

De 1998 à 2000, le taux de chômage entame une décrue dans les pays de l'OCDE pour atteindre 6,6 % en 2000. Entre 2001 et 2003, sous l'effet du ralentissement de la conjoncture, le taux de chômage dans la zone OCDE est reparti à la hausse puis a entamé une décrue à partir de 2004 pour se situer fin 2007 aux alentours de 5,6 %.

Sous l'influence de la crise économique de 2007-2008, le taux de chômage est remonté depuis la fin 2007 pour atteindre 8,6 % en octobre 2010.

• **Mais cette évolution globale masque en fait des trajectoires différenciées selon les régions de l'OCDE** (respectivement l'Amérique du Nord, la CEE, l'AELE [1] et le Japon), lorsque l'on considère les taux de chômage (graphique 3). À cet égard, cinq spécificités peuvent être mises en évidence.

Tout d'abord, au cours des années 1950-1960, le taux de chômage américain apparaît plus élevé que dans les autres régions de l'OCDE : il oscille entre 4 et 6 %, alors que la CEE présente un taux d'environ 3 %.

Ensuite, les quatre périodes précédemment identifiées dans l'évolution du chômage ne se retrouvent pas dans les pays de l'AELE et du Japon : pour ces deux régions, les années 1970 ne marquent pas une tendance à la hausse ni les années 1980 une tendance à la décrue.

Troisièmement, quelle que soit la période, les pays de l'AELE et le Japon affichent un taux de chômage inférieur à celui de la CEE et de l'Amérique du Nord. Le Japon constitue un cas exemplaire, puisque le taux de chômage est resté jusqu'au milieu des années 1990 inférieur à 4 % [2].

1. L'AELE regroupe l'Autriche, la Finlande, l'Irlande, la Norvège, la Suède et la Suisse.
2. Un tel résultat doit cependant être interprété avec prudence : selon le Département américain du Travail, le chômage japonais serait statistiquement sous-évalué, compte tenu de l'importance de l'effet « travailleur découragé » ; si ces travailleurs découragés étaient comptabilisés, le taux de chômage du Japon serait, pour 1990, de 7 %.

Graphique 3
L'évolution du taux de chômage selon les régions de l'OCDE (1950-1995)

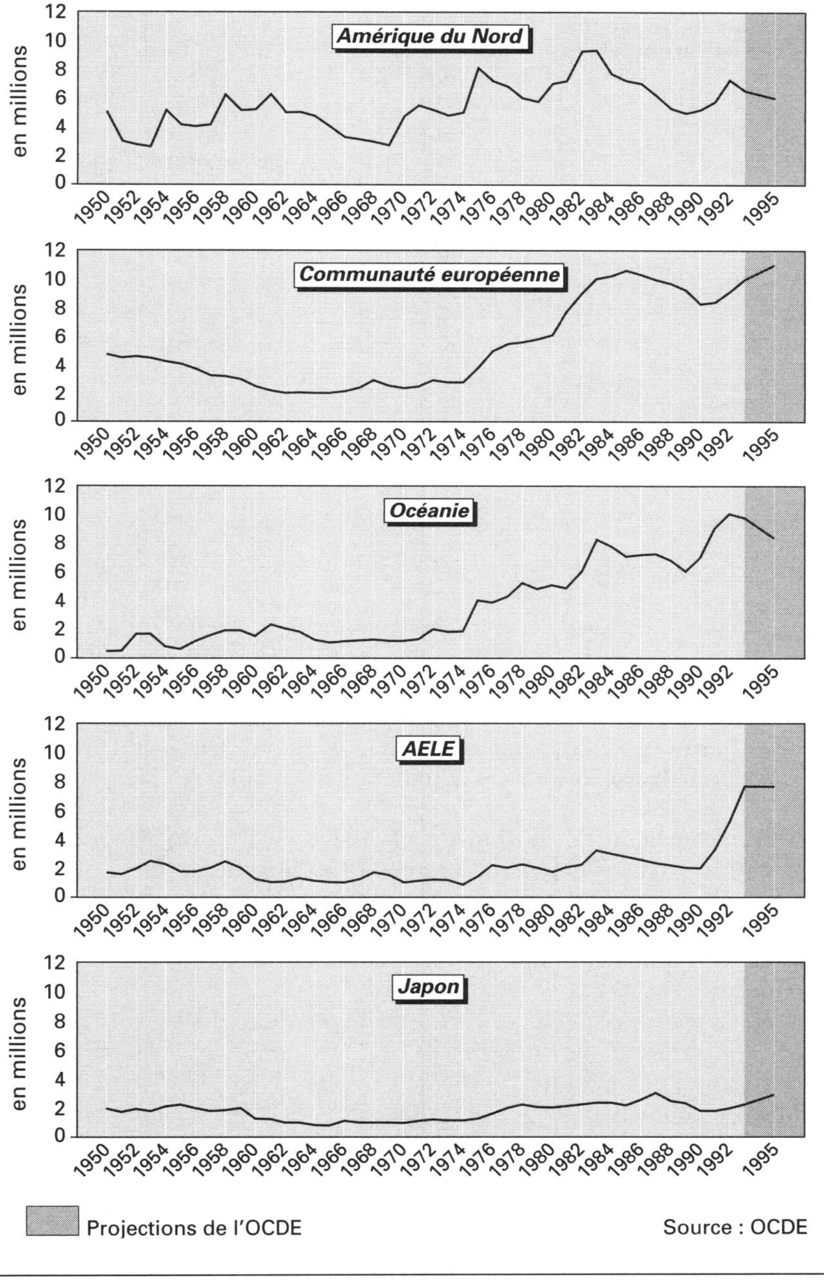

Source : OCDE

Graphique 4
L'évolution du chômage en France
(Unités : milliers et %)

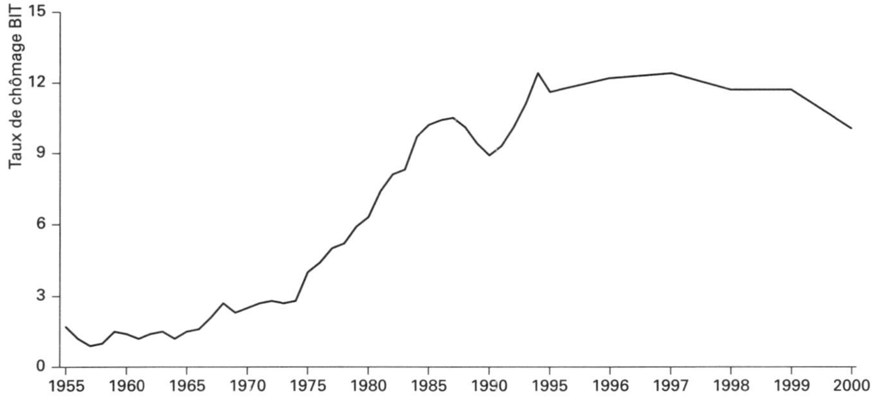

Source : INSEE.

Quatrièmement, la forte croissance du chômage au cours des années 1970 est beaucoup plus marquée en Europe qu'aux États-Unis et la baisse du taux de chômage n'intervient sur le Vieux Continent qu'à partir de 1986.

Enfin, les années 1990 voient l'augmentation du taux de chômage dans l'Union européenne (jusqu'en 1998), alors que les États-Unis ont connu de 1992 à 2000 une phase continue de baisse du chômage, qui se situait en 2000 aux alentours de 4,2 %.

▸ **Si l'on considère l'évolution du chômage en France, six grandes phases peuvent être identifiées depuis les années 1950** (graphique 4).

Une première période s'étend jusqu'au début des années 1960 : la population active augmente peu ainsi que le niveau de l'emploi. Le chômage se stabilise aux environs de 150 000 personnes et relève essentiellement du chômage frictionnel et structurel.

La fin de la guerre d'Algérie et l'arrivée à l'âge adulte des enfants du *baby-boom* marquent l'ouverture d'une nouvelle période, caractérisée par la forte croissance de la population active, supérieure à celle de l'emploi : il en résulte une augmentation du nombre de chômeurs, qui passent à plus de 400 000 personnes en 1974.

Le déclenchement de la crise de 1974 inaugure une seconde inflexion dans l'évolution du chômage : la population active continue de croître sur son *trend* antérieur, alors que le niveau de l'emploi stagne ; le nombre de chômeurs augmente fortement pour atteindre 1 000 000 en 1976, 1 500 000 en 1981, 2 000 000 en 1983 et 2 500 000 en 1987.

Tableau 1
Taux de chômage des jeunes et des femmes (2009, en %)

Pays	*Taux de chômage total*	*Femmes*	*Jeunes (15-24 ans)*
États-Unis	9,3	8,1	12,8
Japon	5,1	4,8	7,2
France	9,5	9,8	23,7
Allemagne	7,5	6,9	10,4
Espagne	18	18,4	24,6
Royaume-Uni	7,6	6,4	14,1
Italie	7,8	9,3	21,3
Union européenne	9,1	9	14,9

Sous l'effet de la reprise économique, le chômage diminue entre 1988 et 1990 : avec un taux de croissance de la production de près de 4 %, c'est plus de 900 000 emplois qui sont créés en trois ans, permettant une décrue du chômage de 360 000 personnes selon l'INSEE.

Mais cette amélioration de la situation sur le front du chômage ne dure pas : le chômage repart à la hausse après 1991 pour atteindre en 1995 11,6 % de la population active. En octobre 1996, le nombre de chômeurs en France atteint 3,2 millions.

À partir de 1997 le chômage amorce une décrue sensible en France, le taux de chômage passant en effet de 11,8 % en 1997 à 8,6 % en 2001. Entre 2002 et 2004, le taux de chômage est reparti à la hausse pour atteindre 9,9 % en 2004. De 2005 à 2007, la tendance est à la diminution du taux de chômage, qui s'établit en 2008 à 7,8 % de la population active. Depuis 2008, le chômage repart à la hausse pour atteindre en octobre 2010 9,8 % de la population active.

2. Depuis la crise des années 1970, le chômage apparaît comme un phénomène très hétérogène

▶ **Dans la zone OCDE, le taux de chômage des jeunes (15-24 ans) atteint 12,4 %, alors même que le taux de chômage global est de 8,6 % en 2009.** Dans le cas de la France, le taux de chômage des jeunes est en 2009 de 23,7 %, pour un taux de chômage global de 9,5 %.

Le taux de chômage des jeunes est toutefois différent selon les pays de l'OCDE : il dépasse les 20 % en Italie et en Espagne tandis que l'Allemagne et l'Autriche, deux pays dotés depuis longtemps d'un solide système d'apprentissage, affichent un taux plus faible (tableau 1).

▶ **Le chômage affecte plus fortement les femmes que les hommes dans les pays de l'Union européenne, alors que le phénomène inverse s'observe dans les autres pays de l'OCDE.** Dans le cas de la France, le taux de chômage des femmes est de 9,4 % en 2008 contre 8,9 % pour les hommes.

▶ **Le chômage apparaît différencié selon les niveaux d'études** (tableau 2). Quelle que soit la période retenue, il existe une relation décroissante entre le taux de chômage et le niveau d'instruction. Si l'on raisonne en dynamique, la progression du chômage est beaucoup plus marquée pour les personnes peu diplômées : dans le cas de la France, le taux de chômage des personnes disposant du CAP a doublé en l'espace de dix ans. Ce constat n'est en rien spécifique à la France : les mêmes tendances se retrouvent dans les études effectuées sur les États-Unis et sur le Royaume-Uni.

Tableau 2
Taux de chômage de 1 à 4 ans après la fin des études par diplôme et sexe depuis 1978

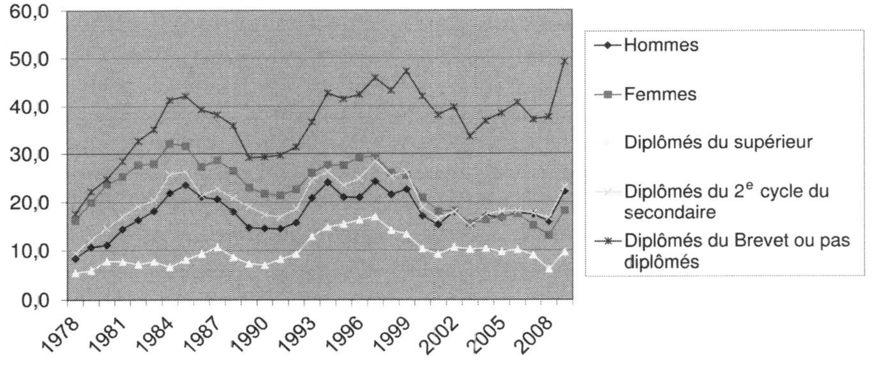

Plusieurs arguments ont été avancés pour rendre compte du fort taux de chômage affectant les personnes peu qualifiées :

— dans la mesure où ces personnes disposent d'une faible productivité, l'existence d'un salaire minimum trop élevé constituerait une entrave à leur embauche ;
— ces personnes seraient victimes de la concurrence des travailleurs non qualifiés des pays émergents, dont les taux de salaire horaire sont beaucoup plus faibles ;
— il existerait une tendance à la diminution de la demande de travail non qualifié, sous l'influence du progrès technique plutôt favorable aux emplois qualifiés.

► **Le chômage crée des disparités spatiales entre les régions d'un même pays, particulièrement en Europe.** L'exemple de l'Allemagne, peu après la réunification, est à cet égard frappant : alors que le taux de chômage global était de 6 % en 1993, il atteignait dans l'ex-RDA près de 15 %. Dans le cas de la France, le chômage touche plus fortement la région du Nord et la façade méditerranéenne.

► **Le chômage est aussi hétérogène quant à sa durée.**
Les pays de l'UE se caractérisent par l'importance du chômage de longue durée dans le chômage total (tableau 3) : en 2008, plus de 38 % des chômeurs en Europe étaient sans emploi depuis au moins douze mois, contre 33 % au Japon, et 10,6 % seulement aux États-Unis.

Tableau 3
Part du chômage de longue durée dans le chômage total (2008 ; en %)

Allemagne	53,4
Canada	7,1
Norvège	6
États-Unis	10,6
Suède	12,4
Japon	33,3
Royaume-Uni	25,5
France	37,9
Espagne	23,8
Italie	47,5
Union européenne	38,6
OCDE	25,9

Source : OCDE.

Dans son rapport sur l'emploi de 1994, l'OCDE tirait un constat particulièrement éclairant sur l'opposition entre l'Europe et l'Amérique du Nord en matière de chômage de longue durée :

> La fréquence élevée du chômage de longue durée dans la plupart des pays de la CEE s'associe à de faibles taux d'entrée au chômage. On observe le rapport inverse – faible fréquence du chômage de longue durée et taux élevés d'entrée au chômage – en Amérique du Nord. On peut en conclure que de nombreux pays de la CEE ont un problème d'embauche : si le risque de chômage y est faible par rapport à d'autres pays, un travailleur, une fois au chômage, a relativement peu de chances de retrouver rapidement un emploi. En revanche, aux États-Unis et au Canada, le risque de chômage est plus grand, mais les chômeurs ont de bien meilleures chances d'être rapidement embauchés.

Le chômage de longue durée risque d'entraîner, comme nous l'avons vu précédemment, un phénomène de « travailleur découragé » et donc un taux de flexion relativement faible. En particulier, dans le cas français, une étude de l'OFCE estimait qu'en 1995 la création de 200 000 emplois permettrait seulement une stabilisation du chômage, notamment à cause des nombreux « travailleurs découragés » qui, à la faveur de la reprise économique, se présenteraient de nouveau sur le marché du travail.

3. Depuis la crise des années 1970, la dynamique du marché du travail est le fait du secteur tertiaire et se caractérise par l'essor de nouvelles formes d'emploi

► **Au sein des pays de l'OCDE, l'évolution générale de l'emploi par secteur se caractérise par un déclin de l'emploi agricole et industriel et un essor de l'emploi tertiaire**, qui représente en 2001 en France 69,5 % de l'emploi total (tableau 4) : depuis le premier choc pétrolier, le secteur tertiaire est à l'origine de l'essentiel des créations d'emploi. Dans le cas français, les emplois dans les services non marchands occupent une place relativement importante, par rapport aux autres pays développés ; en revanche, les services marchands destinés aux entreprises et aux particuliers représentent 7 % de l'emploi total en France, contre 15 % aux États-Unis.

Tableau 4
Répartition sectorielle de l'emploi en Europe (2001 ; en %)

	Agriculture	*Industrie*	*Services*
Allemagne	2,6	33,5	63,9
Espagne	6,8	30,8	62,4
France	4,2	26,3	69,5
Grèce	17	22,5	60,5
Italie	5,2	31,8	63,0
Royaume-Uni	1,5	25,4	73,1
UE à 15	4,3	28,9	66,8

Source : INSEE.

► **Les mutations sectorielles de l'emploi s'accompagnent de changements dans la nature des emplois créés, à tel point que la notion d'emploi devient aujourd'hui un concept aux contours indéterminés.**

Tableau 5
L'essor des formes particulières d'emploi en France (en milliers)

	1985	*1992*	*1993*	*1994*	*1997*	*2005*
Intérimaires	113	211	171	210	330	548
Contrats à durée déterminée	315	576	624	614	849	1 713
Stagiaires	146	321	399	395	417	434
Apprentis	178	171	180	185	234	335
Total	**752**	**1 289**	**1 374**	**1 404**	**1 830**	**2 030**

Source : ministère du Travail et de l'Emploi

Ces nouvelles formes d'emploi, appelées parfois FPE (formes particulières d'emploi), se différencient nettement de ce que l'on avait coutume d'appeler en France après 1945 la « norme d'emploi » : dans ce dernier système, le salarié voit sa rémunération déterminée sur la base d'un barème conventionnel (défini dans l'entreprise ou dans la branche), sa durée hebdomadaire du travail est fixée (trente-neuf heures) ; la stabilité de l'emploi est garantie par un contrat à durée indéterminée ; le salarié travaille pour un employeur unique ; il a la possibilité de participer à une action syndicale ; il est protégé par des conventions collectives.

Depuis le début de la crise économique, on voit se développer les contrats à durée déterminée (CDD), le travail intérimaire, le travail à temps partiel involontaire, les stages, autant de **formes atypiques d'emploi** (tableau 5). Ces FPE présentent le plus souvent deux spécificités qui invitent parfois à parler d' « emplois précaires » :

— la discontinuité dans le temps de travail entraîne généralement une discontinuité de revenu ;
— les FPE sont souvent rémunérées à des niveaux faibles, parce qu'elles correspondent pour l'essentiel à des emplois peu qualifiés.

Le travail à temps partiel a tendance à augmenter depuis le début des années 1980, la part des effectifs salariés à temps partiel dans l'ensemble des salariés étant passée de 8,6 % en 1983 à plus de 13 % en 2004. Cette croissance du temps partiel n'affecte cependant pas tous les secteurs de manière uniforme : si un salarié sur cinq travaille à temps partiel dans le commerce et les services marchands, ils sont seulement 3 % dans le bâtiment, l'énergie, les industries des biens d'équipement et des biens intermédiaires. La croissance du travail à temps partiel n'est en rien spécifique à la France et se retrouve dans la plupart des pays européens : le travail à temps partiel atteignait aux Pays-Bas 36 % de l'emploi total en 2004 et 24 % au Royaume-Uni. Dès lors que le travail à temps partiel revêt un caractère subi (et non choisi), il constitue, selon le BIT, une forme de sous-emploi, aux côtés du travail à temps complet avec baisse involontaire du temps de travail (chômage technique).

III. *Les controverses théoriques sur le chômage et l'emploi*

Les développements théoriques sur le chômage et l'emploi sont souvent présentés au travers de l'opposition entre Keynes et les néoclassiques, à l'occasion de la Grande Crise. Il est vrai que Keynes rompt en son temps avec l'orthodoxie néoclassique quant au diagnostic porté sur les causes du chômage : selon lui, l'origine du chômage de masse ne réside pas dans la rigidité des salaires mais dans l'insuffisance de la demande globale. Les solutions préconisées par Keynes diffèrent également de celles proposées par Pigou : alors que ce dernier préconise une flexibilisation du marché du travail, Keynes en appelle à une politique de relance de l'activité.

Mais les controverses sur le chômage et l'emploi ne se résument pas à cet « épisode » historique et les termes du débat entre keynésiens et néoclassiques se sont largement modifiés depuis les années 1930 :

— un premier débat porte sur la **nature conjoncturelle du chômage** : selon Friedman, le chômage se résume au « chômage naturel » (chômage structurel + chômage frictionnel), indépendant à long terme de la conjoncture ; les keynésiens montrent au contraire que le chômage ne se réduit pas à un chômage structurel et frictionnel, mais qu'il dépend en partie du niveau de l'activité ;

— un deuxième débat porte sur la **nature volontaire du chômage** : alors que la théorie du *Job Search* appréhende le chômage comme un phénomène exclusivement volontaire, les nouveaux keynésiens insistent sur la nature involontaire du chômage ;

— un troisième débat porte sur les fondements de la **rigidité des salaires** : alors que l'orthodoxie néoclassique appréhende la rigidité des salaires comme un obstacle au fonctionnement du marché du travail, les nouveaux keynésiens fondent microéconomiquement la rigidité des salaires : cette dernière est rationnelle, du point de vue du salarié ou de l'employeur ;

— un quatrième débat porte sur les caractéristiques du **taux de chômage naturel** : Friedman estime que le taux de chômage naturel est unique et que le taux de chômage effectif gravite autour du taux naturel. Les nouveaux keynésiens, s'appuyant sur la notion d'hystérésis, montrent que le taux de chômage naturel est variable et instable : lorsque le taux de chômage naturel augmente, il n'a que peu tendance à revenir à sa valeur antérieure.

1. Dans une perspective néoclassique, le chômage est un phénomène essentiellement volontaire et exogène

► **Avant la crise des années 1930, la théorie libérale n'envisage pas l'existence d'un chômage massif et durable comme une situation durable en économie de marché.**

Si les économistes classiques anglais et français s'interrogent sur l'origine de la pauvreté, le chômage ne constitue pas pour autant un thème central de leur pensée. L'attention se focalise plutôt sur les effets du progrès technique sur le volume de l'emploi, avec la célèbre **thèse de la compensation** développée par Ricardo, reprise par Say et Malthus [1]. Ricardo montre en effet que, si le progrès technique (entendu comme un gain de productivité) peut supprimer directement des emplois dans l'activité concernée, globalement il en crée, et ce pour trois raisons :

— il faut des travailleurs pour produire les machines : on a donc un essor de l'emploi dans les stades amont de la structure de production ; il faut aussi entretenir les machines, ce qui peut entraîner des créations d'emplois complémentaires [2] ;
— les gains de productivité permettent de baisser le prix du produit considéré, ce qui accroît la demande finale ; il se peut alors que le progrès technique soit « neutre » (Sauvy), c'est-à-dire entraîne une hausse de la demande du bien telle que le niveau d'emploi reste constant ;
— les gains de productivité se traduisent par une hausse du pouvoir d'achat (via la baisse des prix), ce qui favorise l'émergence de nouveaux besoins ; on retrouve ici la loi des trois secteurs de Clark : les gains de productivité dans le secteur secondaire ont permis l'essor du secteur tertiaire. Le progrès technique dans l'industrie se traduit alors par la création d'emplois dans les services : c'est moins le niveau de l'emploi qui est affecté par le progrès technique que sa répartition sectorielle.

De leur côté, les pères fondateurs de l'école néoclassique n'envisagent pas la possibilité d'un chômage de masse en économie concurrentielle. Ainsi, dans sa théorie de l'équilibre général, Walras définit le marché du travail comme soumis à la flexibilité des prix (en l'occurrence ici le salaire réel). Les variations du salaire réel (noté w/p) permettent toujours d'assurer l'équilibre entre l'offre de travail et la demande de travail. Au niveau global, le chômage involontaire ne peut exister, dès lors que la condition de flexibilité des salaires est vérifiée : les chômeurs sont donc « volontaires », en ce sens qu'ils n'acceptent pas de travailler au taux de salaire qui prévaut en concurrence.

Un tel résultat peut être illustré en recourant à une analyse en équilibre partiel du marché du travail (graphique 6). Pour un taux de salaire $(w/p)_1$, l'offre de travail est supérieure à la demande de travail ; il faut donc que le salaire réel diminue jusqu'au niveau d'équilibre $(w/p)^*$ pour que tout chômage involontaire disparaisse.

► Face à l'évidence de la crise de 1929 et de son cortège de chômeurs, les néoclassiques anglais et français vont avancer une explication du chômage de masse.

1. Cette thèse sera popularisée par Alfred Sauvy dans *La machine et le chômage*. Il convient cependant d'ajouter que Ricardo nuance son propos optimiste dans le chapitre « Des machines », ajouté en 1821 à la troisième édition des *Principes*.
2. Cette idée a connu un regain d'intérêt dans les années 1970 avec la révolution informatique : ainsi, Olivier Pastré (*L'informatisation et l'emploi*, Paris, La Découverte, « Repères », 1983) montre que l'informatisation engendre non seulement un effet de substitution (l'ordinateur remplace le facteur travail), mais aussi un effet de complémentarité avec l'essor des services liés à l'informatique.

En effet, Pigou [1], Robbins [2] et Rueff [3] montrent que le chômage persistant, loin d'invalider le modèle néoclassique, est la preuve même de sa non-application : le chômage résulte d'institutions, telles que le syndicat (perçu comme un monopole) et la législation sur le salaire minimum, qui entravent la flexibilité des salaires à la baisse. J. Rueff n'hésite pas en effet à affirmer que « assurément, en immobilisant les salaires, on peut maintenir aux ouvriers qui travaillent une rémunération quelque peu supérieure à celle qu'ils recevraient en régime de libre concurrence ; mais on en condamne d'autres au chômage et on expose ceux-ci à des maux que l'assurance chômage n'atténue que bien faiblement ».

Dans cette perspective, l'existence d'un chômage en économie de marché concurrentielle relèverait donc de l'exogène ; comme le souligne F. Michon, « tout ce qui n'est pas de l'ordre d'une mécanique de prix et de quantités est traité en termes d'imperfections, c'est-à-dire d'obstacles au libre jeu du marché, aux mouvements des biens et de la main-d'œuvre ou aux flux d'informations constituant les "données" du calcul économique. Ces obstacles sont dans tous les cas l'externalité, l'exogène, le non-économique [4] ».

Le graphique 6 en fournit une illustration : comme le salaire observé $(w/p)1$ est supérieur au salaire concurrentiel $(w/p)^*$, un chômage apparaît, qui ne peut être résorbé que par le retour à la libre concurrence sur le marché du travail. La sortie de la crise doit donc se faire, non par l'intervention accrue de l'État, mais par une réaffirmation de la logique marchande fondée sur la flexibilité des prix et des salaires (ce que l'on nomme aujourd'hui la déréglementation du marché du travail).

Graphique 6
Le marché du travail dans la logique néoclassique

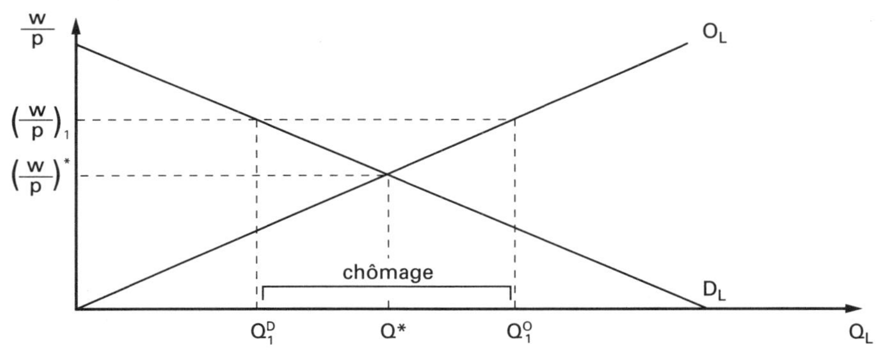

1. *Théorie du chômage* (1931).
2. *La grande dépression* (1934).
3. « L'assurance chômage, cause du chômage permanent », *Revue d'économie politique*, 1931.
4. « Les grands paradigmes de l'économie du travail », *in* M. Lallement (éd.), *Travail et emploi : le temps des métamorphoses,* Paris, L'Harmattan, 1994.

Le débat sur le salaire minimun : les arguments théoriques

L'existence d'un salaire minimum unique ne fait pas l'unanimité parmi la communauté des économistes et plusieurs arguments ont été développés à son encontre :

- le salaire minimum serait facteur de chômage ; cette affirmation repose sur l'hypothèse selon laquelle le salaire minimum est supérieur au salaire d'équilibre, c'est-à-dire au salaire qui devrait prévaloir en situation de concurrence ;
- le salaire minimum accroît paradoxalement les disparités de revenus ; cet argument, initié par Stigler dans les années 1950, repose sur une vision duale du marché du travail : un marché concurrentiel et un marché protégé par un salaire minimum (supérieur au salaire d'équilibre). L'existence d'un salaire minimum se traduit par du chômage sur le marché protégé ; en conséquence, ces chômeurs se reportent sur le marché concurrentiel, ce qui a pour effet de diminuer le salaire d'équilibre ;
- le salaire minimum, conjugué avec la concurrence des pays à bas salaires, serait à l'origine du chômage des personnes non qualifiées. Cet argument contemporain s'appuie sur la théorie HOS du commerce international[1] : supposons que le pays développé A soit richement doté en travail qualifié (par rapport au travail non qualifié), tandis que le pays en voie de développement B est richement doté en travail non qualifié (par rapport au travail qualifié). Selon la théorie HOS, l'ouverture à l'échange doit logiquement se traduire par la spécialisation du pays A dans les biens qui utilisent intensément du travail qualifié. En conséquence, dans le pays À la demande de travail non qualifié va diminuer, ce qui devrait entraîner une baisse de sa rémunération (selon le théorème de Stolper-Samuelson) ; or l'existence d'un salaire minimum entrave ce mécanisme de rééquilibrage, ce qui crée un chômage chez les travailleurs non qualifiés ;
- le salaire minimum conjugué avec le progrès technique expliquerait le chômage des travailleurs non qualifiés dans les pays développés. Cet argument contemporain s'appuie sur l'hypothèse selon laquelle le progrès technique est plutôt favorable au travail qualifié. Il en résulte une baisse de la demande de travail non qualifié, dont le prix devrait baisser. En l'absence d'un tel mécanisme d'ajustement (à cause du salaire minimum), un chômage apparaît ;
- le salaire minimum constituerait un obstacle à l'embauche des jeunes, dans la mesure où ces derniers ont une faible productivité ; il conviendrait donc de créer un SMIC jeunes, comme cela s'est fait aux Pays-Bas.

L'argumentation à l'encontre du SMIC soulève néanmoins plusieurs critiques :

- les travaux économétriques (notamment ceux de l'OCDE) ne parviennent pas à mettre en évidence un effet marqué sur l'emploi des jeunes d'une baisse du salaire minimum : l'élasticité de l'emploi des jeunes au salaire minimum serait comprise entre – 0,1 et – 0,3. Un travail récent de Card et Krueger (1993) a particulièrement retenu l'attention : étudiant un panel de *fast-foods* au New Jersey (où le SM a été fortement revalorisé en 1992) et en Pennsylvanie (où il est resté stable sur la même période), les auteurs montrent que l'emploi a augmenté dans les *fast-foods* affectés par la hausse du SM. Ce phénomène a été désigné comme « le paradoxe des *fast-foods* ».
- l'instauration d'un SMIC jeunes peut avoir un effet négatif sur la productivité du travail, en démotivant la main-d'œuvre. Il s'agit d'un argument en termes de « salaire d'efficience ».

1. Sur ce point, nous renvoyons le lecteur au chapitre 8.

Le discours relatif aux rigidités salariales est repris aujourd'hui par certaines institutions internationales, au premier rang desquelles l'OCDE : selon cette dernière, le chômage de masse observé en Europe trouverait son origine – pour l'essentiel –

dans les nombreuses contraintes qui pèsent sur l'offre, en particulier en termes de rémunération salariale. Ainsi, dans son rapport sur l'emploi de 1994, l'OCDE estimait :

> Les structures institutionnelles du marché du travail les plus propices à la flexibilité des salaires sont celles qui permettent un certain degré de concurrence. Eu égard à la spécificité des transactions caractérisant le marché du travail, tous les pays membres ont établi des institutions qui restreignent la concurrence sur ce marché et ils y admettent plus de pratiques anticoncurrentielles que sur les autres marchés. Par conséquent, les salaires fixés par voie de négociation entre une coalition de travailleurs et leur employeur ou entre des syndicats agissant de concert et des fédérations patronales peuvent être trop élevés pour réaliser l'équilibre sur ce marché (p. 56-57).

▸ **Phénomène accidentel, dû à l'existence d'institutions qui font obstacle au libre jeu du marché, le chômage peut être également assimilé à une activité de prospection** : telle est la thèse défendue par les tenants de la théorie du *Job Search*, développée dans les années 1960 sous la plume de George Stigler.

Le cadre du raisonnement de la théorie du *Job Search* est celui de la concurrence pure et parfaite, dont a été ôtée l'hypothèse de perfection de l'information : il est supposé à présent que l'information est imparfaite sur le marché du travail. Cela signifie que le demandeur d'emploi ne connaît pas *a priori* la totalité des postes à pourvoir, tant en nombre qu'en qualité. Sur le marché du travail, l'acquisition d'information a un coût, assimilable au temps de recherche nécessaire pour « visiter » les différents postes offerts.

Ne connaissant pas la totalité des postes disponibles, le demandeur d'emploi reste volontairement au chômage un certain temps, afin de développer une activité de prospection. Dans une optique microéconomique, son comportement est rationnel puisqu'il demeure au chômage jusqu'à ce que le coût marginal d'un jour de recherche supplémentaire (équivalent à la perte journalière du salaire qu'il aurait perçu en occupant le premier emploi venu) soit égal au bénéfice marginal espéré d'un jour de recherche supplémentaire (probabilité de trouver un emploi mieux rémunéré). Comme le met en évidence le graphique 7, il est alors possible, en confrontant la fonction de coût marginal (C_m) et celle de bénéfice marginal, de déterminer la durée optimale du chômage volontaire.

Parmi les différents facteurs qui influent sur la durée du chômage volontaire, l'indemnisation joue un rôle primordial : si le chômeur est indemnisé, le coût marginal d'un jour de recherche supplémentaire diminue, ce qui accroît, toutes choses égales par ailleurs, sa durée de chômage (cf. graphique 7). On aboutit ici à une condamnation implicite de l'indemnisation, qui crée en quelque sorte les (faux) chômeurs qu'elle prétend aider.

L'intérêt essentiel de la théorie du *Job Search* réside dans son explication du chômage frictionnel, défini comme le chômage résultant des imperfections informationnelles sur le marché du travail : le laps de temps entre la démission d'un emploi et l'acceptation d'un nouveau poste correspond à une activité de prospection des différents postes. Le *Job Search* permet aussi de rendre compte du comportement de certaines populations fortement diplômées évoluant sur des marchés du travail très hétérogènes : tel était par exemple le cas au début des années 1980 du marché des services informatiques, alors en pénurie de main-d'œuvre et encore peu harmonisé en termes de profils de poste.

Graphique 7
Job Search **et durée optimale du chômage volontaire**

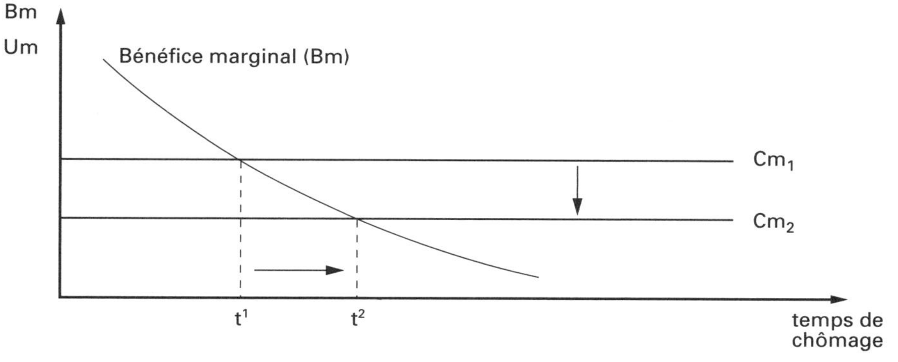

▸ **Plus généralement, les néoclassiques considèrent qu'il existe un taux de chômage d'équilibre, qualifié parfois de « taux de chômage naturel ».** Friedman le définit de la manière suivante :

> Le taux naturel de chômage est le taux qui découlerait des équations de l'équilibre général, si y étaient intégrées les caractéristiques structurelles effectives des marchés des biens et du travail, y compris les imperfections de marché, la variabilité aléatoire des offres et des demandes, le coût de collecte de l'information sur les emplois vacants, les coûts de mobilité [1].

Ce taux de chômage naturel rassemble tout à la fois le chômage de prospection (chômage frictionnel), et le chômage résultant de l'inadéquation entre les postes offerts et les qualifications offertes (chômage structurel).

Le chômage naturel est unique et stable : sur le long terme, le taux de chômage effectif gravite autour du taux de chômage naturel, même s'il peut à court terme s'en éloigner à la suite d'un choc exogène [2].

1. « The role of monetary policy », *American Economic Review*, 1968.
2. Cette idée de « taux de chômage naturel » se retrouve dans la courbe de Phillips : le taux de chômage naturel correspond alors au taux de chômage non inflationniste (NAIRU) ; sur ce point, nous renvoyons le lecteur au chapitre 4.

La courbe de Beveridge

L'existence d'un chômage frictionnel et structurel se traduit par des « vacances d'emploi » : certains postes ne sont pas momentanément pourvus, parce que la sélection d'un poste par un travailleur nécessite du temps et parce que l'employeur ne trouve pas immédiatement un travailleur correspondant au profil recherché.

Précisément, la courbe de Beveridge montre qu'il existe une relation entre le taux de chômage (en abscisse) et le taux d'emplois vacants (en ordonnée). Le nombre d'emplois vacants augmente en période de forte conjoncture, tandis que le nombre de chômeurs diminue, et inversement en période de faible conjoncture.

Lorsque le nombre d'emplois vacants et le nombre de chômeurs sont égaux (point A), le marché du travail est globalement équilibré, bien que subsistent des déséquilibres locaux.

La courbe de Beveridge peut se déplacer vers la droite : dans ce cas, le chômage d'équilibre augmente (point B), à la suite d'un accroissement des frictions sur le marché du travail.

2. La thèse du chômage involontaire, développée initialement par Keynes, est aujourd'hui reconsidérée

► **À la différence des néoclassiques, Keynes considère que l'offre de travail ne dépend pas du salaire réel mais du salaire nominal, fixé de manière institutionnelle et non en fonction du niveau de l'emploi** : le salaire nominal (noté *w0* sur le graphique 8) est rigide, tant que le plein-emploi (noté N*) n'est pas atteint, puis flexible à la hausse, au-delà de N*. De son côté, la demande de travail est une fonction décroissante du salaire réel. Dans ces conditions, la réalisation du plein-emploi dépend du niveau de la demande de travail, elle-même fixée sur la base de la demande anticipée par les entrepreneurs. Le chômage, qui est ici par nature involontaire, ne s'explique plus par le caractère trop élevé des salaires mais par l'insuffisance de la demande effective.

Il revient alors à l'État de relancer l'activité économique, pour accroître le niveau de l'emploi et diminuer le chômage. La sortie de la dépression ne passe pas par la diminution des salaires nominaux : ces derniers étant aussi une demande, cela reviendrait à diminuer la demande de produits et donc à aggraver la crise, puisque la demande de travail baisserait à son tour (correspondant sur le graphique 8 à un déplacement vers la gauche de la courbe de demande de travail). À la différence de l'optique néoclassique, l'issue de la crise ne passe pas chez Keynes par un retour aux forces du marché mais par l'intervention d'une « main visible », perçue comme un substitut aux défaillances de la main invisible. Le problème du chômage se situe au niveau du marché des biens (insuffisance de la demande effective) et non au niveau du marché du travail.

L'intuition keynésienne selon laquelle les salaires sont rigides à la baisse et le chômage involontaire a connu un regain d'intérêt, au cours des années 1970. Plus précisément, deux courants, à la confluence du keynésianisme et de la pensée néo-

Graphique 8
Le chômage selon Keynes

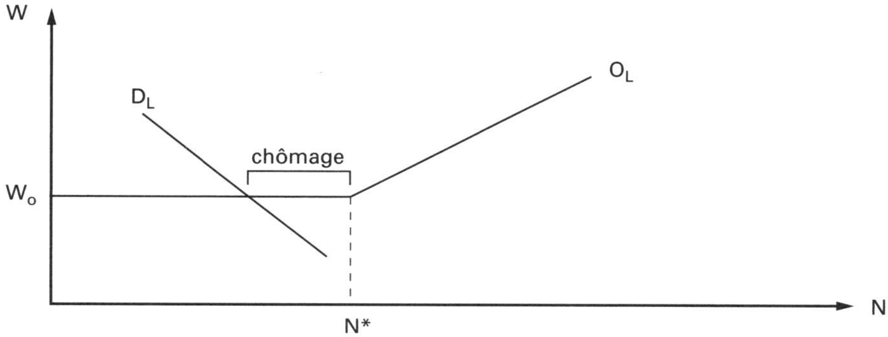

classique, ont renouvelé et prolongé les intuitions de Keynes : il s'agit respectivement de la nouvelle microéconomie du marché du travail et de la théorie du déséquilibre.

► **La nouvelle microéconomie du travail tente d'expliquer la rationalité qui fonde la rigidité des salaires.**

• **La théorie du salaire d'efficience repose sur l'idée selon laquelle la productivité est une fonction croissante du salaire réel**[1]. De manière schématique, une augmentation de salaire devrait se traduire par un effort accru du salarié au sein de l'entreprise. Dès lors qu'il y a du chômage, il n'est plus nécessairement dans l'intérêt de l'entrepreneur de baisser les salaires : cela risquerait en effet d'entraîner une diminution de la productivité. « Avec la théorie du salaire d'efficience apparaît une nouvelle dimension du facteur travail : mesuré jusque-là par son volume, il est maintenant caractérisé par son intensité et sa qualité. Au regard des concepts de l'économie néoclassique, bien pauvres dans ce domaine, il s'agit d'une idée particulièrement neuve [2]. » La théorie du salaire d'efficience a connu de nombreux développements, en particulier sous l'influence de la théorie de l'agence.

Une situation de **risque moral** est inhérente à la relation d'emploi : en effet, l'employeur ne peut connaître *a priori* la motivation dont fera preuve sa nouvelle recrue au sein de l'entreprise, puisque la productivité de la main-d'œuvre est difficilement observable. Le problème qui se pose à l'employeur est donc d'inciter l'employé à fournir un certain niveau d'effort. Une solution

1. L'article fondateur de cette approche est celui de R. Solow, « Another possible source of wage stickiness », *Journal of Macroeconomics*, 1979.
2. A. Perrot, *Les nouvelles théories du marché du travail*, Paris, La Découverte, « Repères », 1992.

pour l'employeur consiste à augmenter le salaire au-dessus du niveau concurrentiel : dans ce cas l'employé fournit un effort, car il sait qu'en cas de licenciement il ne retrouvera pas un niveau de salaire aussi élevé dans les autres firmes. Mais chaque firme faisant de même, on aboutit au niveau global à un taux de salaire supérieur au taux de salaire concurrentiel : un chômage involontaire apparaît alors qui incite l'employé à fournir un effort, par crainte du chômage.

De même, la relation d'embauche se caractérise par une situation de **sélection adverse** : lorsqu'il recrute un nouveau travailleur, l'employeur ne connaît pas *a priori* ses caractéristiques (par exemple en termes d'adéquation au poste, de qualité du diplôme). Une solution pour l'employeur peut consister à augmenter les salaires proposés pour attirer les individus les plus compétents (et qui ont donc un salaire de réservation élevé) : en augmentant le salaire offert, l'entreprise accroît la qualité moyenne de sa main-d'œuvre, et donc la productivité qu'elle peut en attendre. À l'équilibre, le salaire offert est supérieur au salaire qui assure le plein-emploi : un chômage involontaire apparaît.

• **La théorie des contrats implicites constitue le deuxième axe de recherche de cette nouvelle microéconomie du travail** [1]. Elle part du constat empirique selon lequel, au cours du cycle d'activité, les salaires ont tendance à moins fluctuer que l'emploi.

Cet ajustement par l'emploi et non par les salaires résulterait d'un contrat implicite passé entre l'employeur et l'employé : comme le salarié a une forte aversion pour le risque, l'entrepreneur lui garantit un salaire fixe et se réserve le droit d'ajuster le niveau de l'emploi en fonction de la conjoncture. Cette fixité des salaires signifie implicitement que l'entrepreneur joue le rôle d'une entreprise d'assurances : si, en période de haute conjoncture, la fixité de la rémunération fait que le salaire est inférieur à la productivité (les salariés paient en quelque sorte une prime d'assurance), il n'y a pas de baisse des salaires en période de basse conjoncture, pour ceux qui conservent leur emploi (les employés perçoivent implicitement une indemnité).

La théorie des contrats implicites explique assez bien les pratiques de certaines grandes entreprises américaines : les salaires sont rigides et l'ajustement se fait par l'emploi, selon le principe du « *layoff recall* ».

• **La théorie insiders/outsiders fournit une troisième explication à l'existence de salaires non concurrentiels.** Selon Linbeck et Snower, il existe des coûts de rotation de la main-d'œuvre, liés aux dépenses de formation des nouveaux arrivants ou aux indemnités de licenciement des travailleurs en place. Ces coûts (notés C) permettent aux salariés dans l'entreprise (les « insiders ») d'exiger un salaire (noté W_i) supérieur au salaire d'équilibre du marché (W^*), sans craindre d'être licenciés. En effet, tant que $W_i < W^* + C$, il n'est pas dans l'intérêt de l'employeur de licencier un insider et d'embaucher à la place

1. M.N. Baily, « Wages and unemployment under uncertain demand », *Review of Economic Studies*, 1974 ; C. Azariadis, « Implicit contracts and underemployment equilibria », *Journal of Economic Theory*, 1975.

un chômeur qui accepterait pourtant de travailler au salaire concurrentiel W*. Les coûts de rotation limitent la substitution entre insiders et outsiders.

« Ces coûts sont en partie endogènes : on peut en effet supposer que les insiders ont les moyens de réduire la productivité d'un éventuel outsider qui serait embauché à coût réduit (refus de coopération, harcèlement...). Un tel cas de figure est particulièrement intéressant pour essayer de prévoir ce qui pourrait se passer, par exemple, dans l'hypothèse d'une baisse du salaire minimum, qui rendrait les jeunes plus compétitifs par rapport aux adultes. Par crainte de substitution, ces derniers ne sauraient manquer de réagir. Cette réaction peut prendre deux aspects. On peut d'abord imaginer que les adultes arrivent à réduire la productivité des jeunes – par la non-coopération, le harcèlement, l'idéal étant pour eux de retrouver une situation d'équilibre où le coût unitaire du travail jeune rejoigne le leur ; il n'y aurait alors plus de substitution rentable pour l'entreprise. Mais on peut imaginer aussi un ajustement par le haut, les adultes s'efforçant d'augmenter leur productivité, cherchant là aussi à rétablir l'égalité [1]. »

► **De son côté, la théorie du déséquilibre [2] tente d'opérer une conciliation entre les analyses néoclassique et keynésienne du chômage.** La théorie du déséquilibre a connu ses développements les plus célèbres dans les années 1970 en France, sous la plume de Malinvaud [3] et Benassy.

La théorie du déséquilibre repose sur deux hypothèses principales.

En premier lieu, à l'encontre de l'hypothèse néoclassique d'ajustement par les prix, la théorie du déséquilibre raisonne à **prix fixes** [4]. Comme les prix sont rigides, les transactions s'effectuent alors même que le prix observé ne correspond pas au prix d'équilibre (c'est-à-dire tel que l'offre soit égale à la demande) : la théorie du déséquilibre supprime en fait le commissaire-priseur de Walras. L'ajustement se faisant par les quantités, il y a toujours une catégorie d'agent qui est rationnée : lorsque le prix est supérieur au prix d'équilibre, ce sont les offreurs ; lorsque le prix est inférieur au prix d'équilibre, ce sont les demandeurs, comme le met en évidence le graphique 9.

En second lieu, la théorie du déséquilibre repose sur une analyse en termes d'équilibre général, comme chez Walras : l'équilibre (ou le déséquilibre) sur un marché n'est pas indépendant de celui obtenu sur les autres marchés et réciproquement. La notion d'**effet de report** témoigne de cette interdépendance : un agent rationné sur un marché reporte son rationnement sur les autres marchés. Par exemple, un chômeur (c'est-à-dire un agent rationné sur le marché du travail) reporte sa contrainte sur le marché des biens, en diminuant sa consommation.

1. J. Gautié, *Coût du travail et emploi*, Paris, La Découverte, « Repères », 1998.
2. Appelée aussi « théorie des équilibres à prix fixes », ou « théorie des équilibres non walrasiens ».
3. *Un réexamen de la théorie du chômage*, Paris, Calmann-Lévy, 1980 ; *Essai sur la théorie du chômage*, Paris, Calmann-Lévy, 1983.
4. Plusieurs arguments sont invoqués pour justifier l'adoption de cette hypothèse keynésienne : l'imperfection de l'information, la structure oligopolistique des marchés (courbe de demande coudée).

Graphique 9
Ajustement par les quantités et rationnement

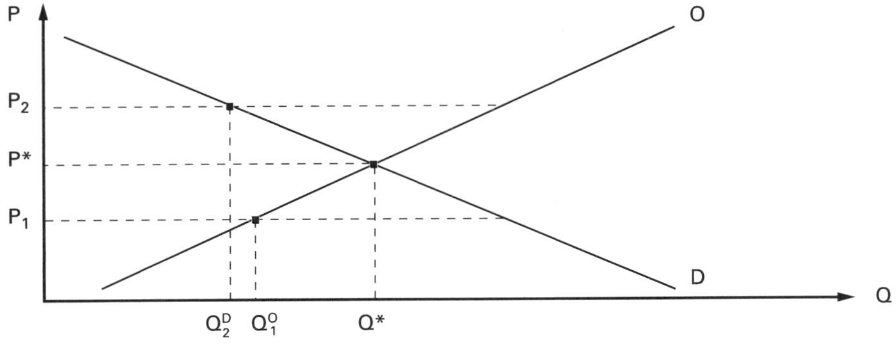

On voit que les agents qui se situent du côté court ne sont jamais rationnés, alors que les agents situés du côté long le sont toujours. Ce principe est connu sous le nom de « règle du côté court ».

Sur la base de ces hypothèses, il est alors possible de mettre en évidence une typologie des déséquilibres, dans le cadre de deux marchés : le marché du travail et le marché des biens (schéma 2). Quatre cas sont envisageables, dont deux retiennent plus particulièrement l'attention : lorsque l'offre de biens est insuffisante par rapport à la demande de biens, une situation de **chômage classique** peut survenir ; lorsque la demande est inférieure à l'offre, on se trouve dans une situation de **chômage keynésien**.

Schéma 2
Théorie du déséquilibre et typologie des chômages

		Marché de biens	
		O>D	D>O
Marché du travail	O>D	chômage keynésien	chômage classique
	D>O	/	inflation contenue

Ces deux types de chômage, de nature pourtant très différente, peuvent coexister à un moment donné dans un pays : certains secteurs de l'économie, en excès d'offre, souffrent d'un chômage keynésien, tandis que d'autres secteurs génèrent un chômage lié aux contraintes qui pèsent sur l'offre. On parle alors de **chômage mixte**.

En dynamique, la théorie du déséquilibre montre que l'on peut évoluer d'un type de chômage à l'autre. Un chômage au départ keynésien peut se transformer en chômage classique : si la demande globale est stagnante, les entreprises sont peu incitées à investir ; dès lors, lorsque l'activité repart, la reprise risque d'être limitée par la faiblesse des capacités de production. À l'inverse, un chômage classique peut évoluer vers une situation de chômage keynésien : si l'on mène une politique de rigueur pour résoudre le chômage classique, la stagnation des dépenses de consommation risque de créer un chômage keynésien. C'est pourquoi la théorie du déséquilibre milite pour des politiques mixtes, axées à la fois sur l'offre et la demande, et différenciées selon les secteurs d'activité.

► Selon les nouveaux keynésiens, le taux de chômage naturel n'est pas unique, contrairement à la thèse développée par Friedman.

En effet, selon la théorie de l'effet d'hystérèse, développée par Blanchard et Summers [1], le taux de chômage naturel n'est pas invariant et peut augmenter durablement. Précisons ce concept d'**hystérésis**, qui appartient au domaine de la physique : on dit d'une variable *x* qu'elle provoque un effet d'hystérésis (ou d'hystérèse) sur la variable *y* lorsque, à la suite d'une variation de *y* causée par *x*, le retour de *x* à son état initial n'entraîne pas un retour de *y* à son état originel. Appliqué au chômage, ce concept exprime le fait que la valeur du taux de chômage naturel dépend de la valeur des taux de chômage observés dans le passé : il existe un phénomène d'irréversibilité au niveau du taux de chômage naturel.

Plusieurs explications de l'effet d'hystérèse ont été avancées :

— un niveau élevé de chômage fait perdre à une partie de la main-d'œuvre son capital humain ou la « stigmatise ». Dans ces conditions, les employeurs potentiels considéreront les chômeurs – et tout particulièrement les chômeurs de longue durée – comme inemployables ;

— comme nous l'avons vu, les « insiders » disposent d'un pouvoir de négociation dans la fixation des salaires par rapport aux « outsiders » (les chômeurs). Les insiders vont donc négocier des niveaux de salaire qui ne prennent pas en compte la situation des chômeurs : on peut montrer alors que l'évolution des salaires ne dépend plus du niveau de chômage mais uniquement de sa variation ;

— en cas de récession, les firmes investissent moins. La progression du stock de capital est donc ralentie. Lorsque la reprise se fait jour, l'insuffisance de capital

1. « Hysteresis and the European unemployment », *in* R. Cross, *Unemployment, hysteresis and the natural rate hypothesis*, 1988.

peut empêcher le retour au plein-emploi, même en cas de baisse significative des coûts salariaux.

3. La tradition hétérodoxe met l'accent sur la nature endogène du chômage et sur les inégalités qui structurent le marché du travail

▸ **Dans la perspective de Marx, le chômage présente une nature ambivalente.**

En effet, le développement du chômage apparaît comme une composante nécessaire du mode de production capitaliste puisqu'il résulte des lois d'accumulation du capital : si la reproduction élargie se traduit par un accroissement de la demande de force de travail, le processus de capitalisation de la plus-value en capital constant la diminue. À court terme, le chômage constitue également un moyen de limiter la baisse tendancielle du taux de profit : le développement du surnuméraire permet d'exercer une pression à la baisse sur les salaires. Cette vision du chômage est aujourd'hui reprise aux États-Unis par des auteurs radicaux tels que Gordon et Reich.

Conséquence du capitalisme, le chômage de masse apparaît aussi comme une condition de son effondrement puisqu'il est à l'origine d'une crise générale de débouchés.

Parallèlement à cette réflexion sur le chômage, Marx est à l'origine de l'idée selon laquelle le progrès technique – et en particulier la division manufacturière du travail – vise à fragmenter le travail afin de le rendre interchangeable.

Cette thèse – baptisée **thèse de la déqualification du travail** – a connu une certaine postérité en économie, notamment sous la plume de Marglin [1] et de Braverman [2], qui proposent une lecture marxiste du **taylorisme** [3]. Selon ces auteurs, l'organisation scientifique du travail permettrait au capitaliste de renforcer son pouvoir de contrôle sur le processus de production, en substituant à l'ouvrier de métier, détenteur d'un savoir spécifique (et donc disposant d'un certain pouvoir de négociation), un ouvrier non qualifié.

Le passage à partir des années 1980 d'un système de production fondé sur l'OST à un sytème de production flexible (parfois qualifié de post-taylorisme ou de toyotisme) souligne les limites évidentes de la thèse marxiste, trop univoque. En effet, l'entreprise flexible repose sur une organisation transversale du travail (et non plus sur la coupure exécutant/donneurs d'ordre) et sur une polyvalence des salariés, facteurs qui militent plutôt en faveur d'une requalification du travail.

1. « Origines et fonctions de la parcellisation des tâches », *in* A. Gorz, *Critique de la division du travail*, Paris, Seuil, 1988.
2. *Travail et capitalisme monopoliste*, Paris, Maspero, 1986.
3. Rappelons les trois principes qui structurent la démarche de Taylor : la division du travail (chaque ouvrier se voit confier une tâche élémentaire) ; la recomposition des tâches (les différentes tâches sont agencées de manière à limiter les pertes de temps) ; la rémunération à la tâche.

► **Les institutionnalistes remettent en cause l'idée d'unicité du marché du travail.**

En 1971, Doeringer et Piore [1] montraient que le marché du travail n'est pas, comme le suppose le modèle néoclassique, un espace homogène, régi par des règles uniformes, mais au contraire un espace différencié : deux marchés du travail, fonctionnant selon des logiques différentes, coexistent.

Le premier marché, qualifié de **marché secondaire**, correspond au marché du travail tel qu'il est envisagé par les néoclassiques : le salaire y est fixé par confrontation de l'offre et de la demande de travail, tandis qu'aucune institution telle que le syndicat ne vient altérer la logique concurrentielle. Doeringer et Piore observent – ce que ne font pas les néoclassiques – que ce marché accueille pour l'essentiel des travailleurs peu diplômés, sans réelles perspectives de carrière et appartenant à des groupes socialement stigmatisés (immigrés récents, femmes, jeunes).

Sur le second marché du travail, qualifié de **marché primaire**, le salaire ne constitue pas la principale modalité d'ajustement de la main-d'œuvre : des règles de promotion et de gestion de la main-d'œuvre gouvernent l'évolution du facteur travail, que l'employeur conçoit comme un investissement et non comme une simple marchandise. Les travailleurs évoluant sur le marché primaire disposent généralement d'une formation, d'une perspective de carrière, et de signes socialement valorisés.

Bien entendu, ces deux marchés sont relativement hermétiques l'un par rapport à l'autre : il est difficile de passer du marché secondaire au marché primaire. Un cercle vicieux tend à enfermer les employés sur le marché secondaire : en acceptant un emploi sur ce marché, ils ne peuvent investir ou conserver leur capital humain et ont donc toutes chances d'y rester.

Comment expliquer la coexistence de ces deux marchés du travail ? Selon les institutionnalistes, le marché primaire, où règne la stabilité de l'emploi, ne peut exister que par la présence d'un marché secondaire, destiné à supporter les contre-coups de la conjoncture économique. En segmentant le marché du travail, les entrepreneurs font peser le poids des ajustements conjoncturels sur une catégorie précise de la population active, qui ne constitue pas pour eux un investissement. L'existence d'un marché secondaire concurrentiel n'empêche cependant pas le maintien d'un volant de chômage : certaines personnes préfèrent rester au chômage plutôt que d'accepter un emploi sur le marché secondaire, qui les stigmatiserait.

Après avoir été appliquée aux États-Unis au début des années 1970, cette théorie de la segmentation (appelée aussi théorie du **dualisme**) a connu un regain d'intérêt en Europe au cours des années 1980. Piore a proposé une application de sa théorie à la France [2] : il montre que la partition marché primaire/marché secondaire existe

1. *Internal labor markets and manpower analysis*, Heath Lexington Books.
2. « Dualism in the labor market. The case of France », *Revue économique*, 1978.

au niveau des branches et des firmes, mais que l'on ne peut véritablement distinguer deux marchés du travail au niveau national.

Cet « engouement français » pour le dualisme est lié en partie à l'explosion des FPE (formes particulières d'emploi) ou bien encore des emplois atypiques : les CDD (contrats à durée déterminée), le travail à temps partiel, le travail intérimaire seraient les principaux constituants d'un marché secondaire, permettant aux employeurs de bénéficier d'une flexibilité de l'emploi.

La théorie de la segmentation fournit aussi un éclairage intéressant sur l'organisation du marché du travail au Japon. Les grandes firmes nippones protègent leurs salariés au travers du système de l'emploi à vie et du salaire à l'ancienneté ; la promotion sur ce marché primaire est favorisée par la mise à la retraite d'office pour tous les salariés à un âge très précoce (entre cinquante-cinq et soixante ans) : des postes qualifiés se libèrent donc régulièrement, ce qui permet une mobilité ascendante dans l'entreprise. À ce marché primaire vient se joindre un marché secondaire, qui supporte les aléas de la conjoncture : certains salariés, au sein même des grands groupes, ne bénéficient pas de l'emploi à vie (en particulier les femmes), tandis que les PME japonaises (qui font souvent office de sous-traitants pour les grands groupes) n'hésitent pas à licencier lors des crises.

4. Les effets du progrès technique et du commerce international sur le marché du travail font l'objet de vifs débats

Depuis le début des années 1980, les marchés du travail des pays de l'OCDE ont été caractérisés par un accroissement des disparités entre travailleurs qualifiées et non qualifiés, qui a revêtu deux formes :

- une accentuation des inégalités salariales : ainsi, dans le cas des États-Unis, l'écart de revenu entre les 9e et 1er déciles de la distribution s'est accru de 17 % entre 1980 et 1990 ;
- une augmentation du taux de chômage des non-qualifiés : dans le cas de la France, ce taux atteint en 2009 14 % pour les personnes sans diplômes, pour une moyenne nationale de 9,8 %.

Durant les années 1990, une controverse s'est développée aux États-Unis et en Europe sur les origines de ces inégalités croissantes [1]. De manière schématique, deux types d'argumentation concurrents ont été développés : en premier lieu, la diminution de la demande de travail non qualifié s'expliquerait d'abord par l'ouverture croissante des économies développées aux importations en provenance des pays à bas salaires ; telle est par exemple la thèse soutenue par Wood (*North-South trade employment and inequality*). En second lieu, la diminution de la demande de travail non qualifié renverrait pour l'essentiel à des facteurs internes, au premier rang

1. Pour une présentation exhaustive de la controverse, nous renvoyons le lecteur au numéro spécial du *Journal of Economic Perspectives* (1995), et tout particulièrement à la contribution de R. Freeman, « Are your wages set in ? ».

desquels le progrès technique ; telle est la thèse défendue par des auteurs comme Krugman.

► **L'ouverture au commerce international avec les pays à bas salaires serait à l'origine de l'accroissement des inégalités sur le marché du travail.**

Cette thèse peut être appréhendée dans le cadre de la théorie HOS, en prenant comme facteurs de production le travail qualifié et le travail non qualifié [1]. Supposons qu'un pays développé, abondamment doté en main-d'œuvre qualifiée, s'ouvre à l'échange avec un pays en voie de développement, abondamment doté en travail non qualifié. Pour le pays développé, l'ouverture se traduit par une hausse du prix relatif du bien employant intensivement du travail qualifié (par exemple les avions). D'après le théorème d'Heckscher-Ohlin, cela se traduit par une spécialisation dans la production de ce bien. Le corollaire en est une diminution de la production et du prix relatif du bien intensif en travail non qualifié (par exemple le textile), qui est en partie importé. Ces évolutions des niveaux de production entraînent logiquement un excès d'offre de travail non qualifié dans le pays développé. Si l'on veut que le plein-emploi soit maintenu, l'ajustement doit se faire par la diminution du salaire relatif du travail non qualifié : on retrouve là le théorème de Stolper-Samuelson. Il s'ensuit une substitution au profit du facteur de production devenu relativement moins cher : le ratio travail non qualifié/travail qualifié doit augmenter dans la production de chacun des deux biens.

On voit donc que la théorie HOS prédit que l'ouverture au commerce international avec les pays à bas salaires a deux conséquences : un accroissement des inégalités salariales dans le pays riche, à la suite de la baisse du salaire relatif des non-qualifiés ; une hausse, dans les deux secteurs, de la part relative des travailleurs non qualifiés (en réponse à la baisse de leur salaire relatif).

La théorie HOS permet également de rendre compte de la croissance du chômage relatif chez les non-qualifiés, si l'on suppose que :

— la main-d'œuvre non qualifiée n'est pas mobile d'un secteur à l'autre (car certaines compétences sont spécifiques) ;
— la baisse du salaire relatif des non-qualifiés est entravée par l'existence d'un salaire minimum.

La relation entre commerce international et inégalités sur le marché du travail a suscité de nombreuses études empiriques, qui empruntent des méthodologies différentes. L'une d'entre elles consiste à calculer le **contenu en emplois** des échanges. Il s'agit, au niveau d'un pays, de faire le solde des emplois supplémentaires créés par les ventes à l'exportation et des emplois perdus lors de l'achat de biens d'importation. La plupart des études indiquent que les échanges ont un impact négatif mais faible sur l'emploi et que le solde négatif se concentre sur les emplois

1. Pour un exposé complet du modèle HOS, voir le chapitre 9.

les moins qualifiés. Ainsi, une étude de l'INSEE [1] sur les échanges industriels de la France avec les PED aboutissait à un déficit (plafond) de 330 000 emplois, ce qui est relativement faible par rapport à l'ampleur des problèmes de l'emploi et du chômage dans notre pays.

Mais cette méthode de calcul est elle-même très controversée : en particulier, Wood estime qu'elle conduit à minorer l'impact véritable du commerce international. Selon cet auteur, l'estimation de l'impact des échanges Nord-Sud donne une perte de 9 millions d'emplois pour les pays du Nord et un gain de 22 millions pour les pays du Sud. Ces résultats sont respectivement dix et six fois plus élevés qu'avec la méthode traditionnelle de calcul de contenu en emploi. Pour le Nord, l'impact sur le travail qualifié est faible. En revanche, l'impact sur le travail non qualifié est important : cela représenterait 6 % de l'emploi total non qualifié. Pour le Sud, cela représente un gain de 3 % sur l'ensemble de l'emploi non qualifié.

► **Une seconde thèse attribue l'essentiel de la baisse relative de la demande de travail non qualifié au progrès technique.**

Ce dernier défavoriserait par nature les travailleurs non qualifiés : les nouvelles technologies de l'information seraient complémentaires du travail qualifié et substituables au travail non qualifié [2]. Ceci résulte du fait que les travailleurs qualifiés sont les plus aptes à mettre en place les technologies de l'information au sein de l'entreprise ; de même, ces nouvelles technologies suppriment des postes non qualifiés, via la robotisation et l'automatisation des chaînes de montage.

Plusieurs constatations empiriques, effectuées sur le cas des États-Unis, viennent étayer la thèse du « biais technologique » :

— la diminution de la part relative des travailleurs peu qualifiés dans l'emploi total est vérifiée dans tous les secteurs. Elle n'est donc pas consécutive à un recul des seuls secteurs employant une main-d'œuvre peu qualifiée, comme le suppose la thèse du commerce international ;
— on observe une hausse de la part relative des travailleurs qualifiés dans chaque secteur, alors que le théorème de Stolper-Samuelson aboutit à la conclusion inverse. Les entreprises n'ont donc pas été incitées à substituer des travailleurs peu qualifiés aux travailleurs qualifiés ;
— l'accroissement de la part de l'emploi qualifié dans chaque secteur est positivement corrélé à des indicateurs de changement technique.

L'argument du progrès technique suscite néanmoins plusieurs réserves :

— il repose sur une vision univoque des effets des nouvelles technologies sur la demande de qualification. Or le sens du biais peut varier en fonction des

1. « Le contenu en emplois des échanges industriels de la France avec les pays en développement », *Économie et Statistique*, 1994, n° 279-280.

2. On peut noter que cette thèse du « progrès technique biaisé » est relativement neuve : comme nous l'avons vu, l'image traditionnelle du progrès technique est plutôt celle d'un progrès technique déqualifiant.

formes de progrès technique, « certaines de ses modalités contribuent à accentuer le rythme des substitutions d'emplois de cadres aux emplois d'ouvriers et, pourtant, contribuent à renforcer la demande de travail s'adressant aux personnes les plus diplômées et les plus expérimentées. C'est le cas notamment de la micro-informatique ou de la bureautique. D'autres nouvelles technologies auraient plutôt l'effet inverse : dans l'industrie, l'introduction des robots ou des machines à commandes numériques semble paradoxalement économiser le travail d'encadrement davantage encore que le travail des ouvriers et employés chargés de surveiller les nouveaux équipements [1] » ;

— il n'est pas nécessairement dissociable de la thèse du commerce international : en effet, il se peut que l'introduction de nouvelles technologies dans les pays du Nord soit en partie dictée par la concurrence internationale des pays du Sud.

IV. Les politiques d'emploi

L'étude des politiques d'emploi se révèle particulièrement ardue, dans la mesure où existe une multiplicité d'instruments et d'objectifs, témoignant de la complexité et de l'hétérogénéité du chômage. Plusieurs critères ont été déjà proposés pour classer les instruments des politiques d'emploi : mentionnons les distinctions entre instruments généraux/spécifiques, instruments statiques/dynamiques, instruments quantitatifs/qualitatifs, instruments conjoncturels/structurels, instruments autoritaires/incitatifs, instruments directs/indirects, instruments affectant l'offre/la demande. En particulier, nombre d'auteurs reprennent la distinction entre politiques actives et politiques passives : alors que ces dernières se proposent de gérer l'excédent de main-d'œuvre, les politiques actives visent à agir directement sur le niveau de l'emploi.

Pour notre part, nous classifierons les différentes politiques d'emploi en fonction de leur objectif principal : certaines visent à indemniser le chômage ; d'autres se proposent de relancer la croissance, afin de créer des emplois et de faire diminuer le chômage ; un troisième type de politique économique, d'inspiration malthusienne, tente de réduire la population active et de partager le travail ; quant aux politiques de flexibilité, elles cherchent à supprimer les rigidités qui affectent le marché du travail.

1. Les politiques d'indemnisation visent à garantir un minimum de ressources aux chômeurs

▸ **L'idée d'indemniser les chômeurs apparaît relativement récente : au cours des années 1930, la majorité des pays développés ne disposaient pas encore**

1. J.-Ph. Cotis, J.-M. Germain et A. Quinet, « Les effets du progrès technique sur le travail peu qualifié sont indirects et limités », *Économie et Statistique,* 1997, n° 301-302.

d'un système généralisé de protection contre le chômage ; c'est pour l'essentiel après 1945 que se mettent en place les structures d'indemnisation qui ont toujours cours aujourd'hui (en France, la création de l'UNEDIC date de 1958). Loin de réaliser l'unanimité, l'instauration d'un tel système fait depuis ses débuts l'objet de débats.

▸ **L'indemnisation du chômage doit-elle relever d'une logique d'assurance ou d'une logique d'assistance ?** D'un point de vue théorique, ces deux logiques s'inscrivent dans des perspectives relativement différentes :

— alors que le système d'assurance est financé par des cotisations assises sur les salaires, l'assistance est prise en charge par la voie fiscale ;
— alors qu'il est nécessaire dans le système de l'assurance d'avoir cotisé pendant une certaine durée pour pouvoir bénéficier d'une allocation, la logique d'assistance retient comme critère premier le besoin de l'individu ;
— la durée d'indemnisation dépend dans une logique d'assurance de la durée de cotisation, alors que l'assistance prend en considération la situation financière de l'individu.

Sur la base de cette distinction, il est possible de classer les pays développés en trois groupes :

— certains pays, tels que les États-Unis, le Japon ou le Canada, disposent d'un régime d'indemnisation fondé sur l'assurance ;
— d'autres pays – en particulier l'Australie et la Nouvelle-Zélande – ont mis en place un système d'indemnisation fondé sur l'assistance ;
— une troisième catégorie de pays dispose d'un système dual, reposant sur la combinaison d'un régime d'assurance et d'un régime d'assistance complémentaire. Ainsi en est-il des Pays-Bas, de l'Allemagne, du Royaume-Uni ou de la France. Dans le cas français, il est vrai cependant que la part des indemnisations relevant de l'assistance a tendance à augmenter, compte tenu de l'accroissement de la durée du chômage (les chômeurs de longue durée ont épuisé leurs droits dans le régime de l'assurance) et du développement du chômage répétitif associé à des emplois précaires (la durée d'emploi est trop brève pour assurer des droits dans une logique d'assurance).

▸ **À ce débat sur la logique de l'indemnisation vient s'en joindre un second, axé sur le niveau de l'indemnisation** : comme le soulignent certains auteurs néoclassiques, des niveaux élevés d'allocation chômage ne favorisent-ils pas paradoxalement le chômage ? Nous avons vu en effet, dans le cadre de la théorie du *Job Search*, que la durée du chômage dépendait du niveau de l'indemnité chômage : une augmentation des indemnités, en diminuant le coût marginal d'un jour de recherche supplémentaire, se traduit par une augmentation de la durée de chômage, lequel est assimilé à une activité de prospection. Plus encore, l'existence d'une indemnisation réduit le coût d'opportunité du travail (par rapport au loisir), ce qui peut inciter certains agents à choisir de ne pas travailler en dessous d'un certain salaire de réservation : nous retrouvons ici le débat – récurrent en période de fort chômage – sur l'existence de « faux chômeurs ».

2. Les politiques malthusiennes consistent à réduire la population active et à partager le travail existant

► **La réduction de la population active, souvent pratiquée en France, peut emprunter des voies très diverses.**

Le contrôle de l'immigration en constitue la première modalité ; dans le cas de la France, cette politique n'a pas pris un tour radical (tel que le renvoi hors des frontières des immigrés en situation régulière) mais s'est appuyée sur un principe d'aide au retour (instauré en 1977, supprimé en 1981 puis partiellement restauré en 1984), resté, dans les faits, marginal. En revanche, cet instrument a été utilisé de manière plus systématique dans certains pays de l'OCDE tels que la RFA, la Suisse et l'Autriche.

La diminution de la population active peut également passer par des mesures visant à réduire l'âge d'activité : en France, il s'agit en particulier du mécanisme des **préretraites**, largement utilisé après 1983 ; il s'agit également de l'abaissement de l'âge de la retraite : à la suite de l'ordonnance de mars 1982 sur la retraite facultative à soixante ans, près de 60 000 personnes se sont ainsi retirées du marché du travail.

Retarder l'entrée des jeunes sur le marché du travail permet aussi, à court terme, d'éviter une progression trop rapide de la population active : dans le cas français, certains économistes n'ont pas hésité à analyser les emplois aidés comme une forme de traitement statistique du chômage.

► **Le partage du travail repose sur l'hypothèse selon laquelle, à niveau de production et de productivité donné, la baisse de la durée du travail doit être compensée par une augmentation de la quantité de travail utilisée.** On a donc la relation macroéconomique suivante :

$$Y = P \; x \; d \; x \; N \qquad (1)$$

avec Y, la production ; *d*, la durée moyenne du travail ; N, le nombre d'actifs occupés, P la productivité apparente du travail.

En raisonnant sur des taux de croissance, la relation (1) se réécrit :

$$\dot{Y} = \dot{P} + \dot{d} + \dot{N}$$

ou bien encore :

$$\dot{N} = \dot{Y} - \dot{d} - \dot{P}.$$

Il apparaît aussitôt que, à $\dot{Y}$ et $\dot{P}$ donnés, la création d'emploi nécessite une diminution de la croissance de la durée du travail. Il est supposé ici que les variables sont indépendantes les unes des autres.

▸ **La réduction du temps de travail a fait en France l'objet de débats à partir des années 1980**, en particulier à la suite du rapport Taddei et de la loi sur les trente-neuf heures, avant de connaître un regain d'intérêt à l'occasion de l'élection présidentielle de 1995.

L'actualité du débat ne doit cependant pas faire oublier que la réduction du temps de travail s'inscrit dans une longue tradition historique. Jusqu'en 1981, la réduction du temps de travail revêtait d'abord une dimension sociale : dès 1841, le législateur promulgue une loi sur la durée maximale de travail pour les enfants ; en 1906 est instauré le principe du repos hebdomadaire obligatoire ; en 1919 est adoptée la loi de huit heures, puis en 1936 les quarante heures et les congés annuels de deux semaines [1].

C'est en 1981 qu'est adoptée la loi sur les trente-neuf heures : on estimait alors, sur la base des simulations du modèle DMS, que la réduction d'une heure de la durée hebdomadaire du travail aurait un fort impact sur la création d'emplois, estimée à 430 000. Pourtant, les résultats obtenus ont été très décevants, dans la mesure où l'effet net sur l'emploi a été d'environ 40 000.

Plusieurs raisons sont invoquées pour rendre compte de cet échec :

— le passage aux trente-neuf heures ne s'est pas accompagné d'un ajustement de salaires, ce qui a entraîné une augmentation du coût salarial ;

— la baisse de la durée du temps de travail a engendré des gains de productivité induits : nous voyons ici que la variable $\dot{P}$ n'est pas indépendante de la variable $\dot{d}$. Un tel effet n'est en rien spécifique à la France : dans les années 1950, Denison estimait déjà dans ses travaux sur la croissance qu'une réduction du travail d'une heure, sur la base de quarante heures hebdomadaires, était compensée pour moitié par une hausse de la productivité ;

— en 1982, la France entre dans une période de récession, caractérisée par une faible croissance mondiale ;

— la baisse de la durée du temps de travail ne s'est pas accompagnée d'une réorganisation du travail, par le développement du travail en équipes et l'augmentation de la durée d'utilisation des équipements ; il n'y a pas eu une politique d'aménagement du temps de travail, pour reprendre les termes mêmes du rapport Taddei ;

— certaines branches, déjà dans une situation de pénurie de main-d'œuvre, se trouvèrent ainsi dans l'obligation de diminuer leur production.

Ce n'est qu'au milieu des années 1990 que la réduction du temps de travail a de nouveau été envisagée en France comme instrument de lutte contre le chômage. En 1996, la loi Robien prévoyait des réductions de cotisations patronales importantes pour les entreprises s'engageant soit à maintenir leurs

1. Cette loi de juin 1936 a été analysée par J.-C. Asselain (« Une erreur de politique économique : la loi de quarante heures de 1936 », *Revue économique*, 1974) : la baisse de la durée du travail s'est accompagnée d'une diminution de la production, dans la mesure où il n'y a pas eu de véritable concertation syndicats-patronat sur la question de l'ajustement des salaires.

effectifs (accords défensifs), soit à les augmenter (accords offensifs), en contrepartie d'une réduction de 10 % de la durée de travail. En 1998, la loi Aubry généralise à toutes les entreprises la négociation sur l'organisation du temps de travail. L'article premier de la loi fixe à trente-cinq heures hebdomadaires la durée légale du travail, et ce à compter du 1er janvier 2002.

3. Les politiques macroéconomiques de relance et d'offre se proposent de restaurer la croissance pour réduire le chômage

► **La politique budgétaire et la politique monétaire sont utilisées comme instruments macroéconomiques de lutte contre le chômage** [1].

Dans le cas d'une relance keynésienne, l'État peut mener une politique monétaire expansive, dans le but de diminuer les taux d'intérêt ; la baisse des taux d'intérêt permet une reprise de l'investissement et donc de la demande, qui entraîne à son tour une reprise de l'emploi et une diminution du chômage. L'État peut aussi procéder à une politique budgétaire expansive, en augmentant les dépenses publiques, ce qui se traduit par une reprise de la demande, laquelle entraîne à son tour une reprise de l'emploi et une baisse du chômage.

La lutte contre le chômage par la relance de la demande a été privilégiée durant les années 1970, sans toujours aboutir aux résultats espérés. C'est ainsi qu'une politique expansive est menée entre 1976 et 1978 aux États-Unis sous Ford puis Carter, en RFA de 1978 à 1981, au Royaume-Uni en 1974-1975 (relance budgétaire), au Japon entre 1975 et 1978 (relance budgétaire), en France en 1975 (relance Chirac) puis en 1981 (relance Mauroy).

Dans le cas d'une politique d'offre, la baisse du chômage passe au contraire par une politique monétaire restrictive, destinée à casser les anticipations inflationnistes et à restaurer la compétitivité-prix, et par une réduction du déficit budgétaire, qui est à l'origine d'un effet d'éviction [2]. Ainsi en a-t-il été en France du plan Barre de 1976, de la politique dite « de rigueur » initiée à partir de 1983 par Delors, de la politique monétaire de Volker aux États-Unis entre 1980 et 1982, de la politique lancée par Thatcher au Royaume-Uni après 1979.

► **La politique macroéconomique peut également consister à accorder des aides, exonérations et subventions à l'embauche**, comme le préconisait Kaldor dès 1936. Cette mesure a été en particulier appliquée sous Carter, qui lance en 1977 le plus gros programme mondial de subventions pour l'emploi, baptisé NJTC (*New Job Tax Credit*) : ce programme prévoyait notamment une réduction d'impôts de 20 à 25 % de la charge salariale pour des nouvelles embauches.

L'efficacité de la politique de subvention pose problème :

— a-t-elle véritablement un effet net sur l'emploi ou n'aboutit-elle pas simplement à un phénomène de substitution ? Dans ce dernier cas, les entreprises emploient

1. Pour une analyse plus détaillée, nous renvoyons le lecteur au chapitre 5.
2. Cette notion est définie au chapitre 5.

une personne subventionnée à la place d'une personne dont l'emploi n'est pas subventionné ;
— les emplois créés sont-ils dus à la subvention en tant que telle ou cette dernière n'a-t-elle eu qu'un « effet d'aubaine » ?
— dans quelle mesure les emplois créés par la subvention ne viennent-ils pas détruire des emplois dans d'autres secteurs (« effet d'éviction ») ?

Toujours est-il que l'argument de la subvention a connu en France un regain d'intérêt à la fin des années 1990, en particulier comme outil de lutte contre le chômage des personnes peu qualifiées. L'OFCE, dans son rapport intitulé *Chômage et cohésion sociale* publié en 1994, proposait comme solution alternative à la baisse du salaire minimum l'instauration de subventions à l'emploi :

> Trois raisons majeures plaident en faveur de telles subventions. La première relève de la notion d'équité : la plupart des gens sont prêts à admettre que les personnels les plus favorisés devraient consentir à céder une partie de leur rémunération nette (après impôt) aux plus défavorisés, en renonçant, au profit de ces derniers, à une fraction au moins de ce qui, dans leurs propres gains, est imputable au fait que les salariés les plus défavorisés participent à la production ; mais cela n'est acceptable que si les incitations à l'effort ne s'en trouvent pas amoindries au point que les deux catégories de salariés s'en trouvent moins bien loties. La deuxième raison relève de considérations d'efficacité économique : le peu d'attachement au travail – compréhensible – des salariés les moins favorisés incite les employeurs à leur proposer des rémunérations plus élevées pour les motiver, réduisant, par là même, l'intérêt de les employer ; cette situation engendre ainsi un chômage involontaire élevé et une perte sèche de revenu pour le pays. Enfin, la troisième raison a trait aux impératifs de la vie en société : la sécurité des personnes, qu'elles soient parmi les plus favorisées ou défavorisées, la propension des jeunes à entrer dans la vie active, leurs possibilités d'épanouissement personnel sont menacées par la présence dans le corps social d'une population qui n'est pas incitée à attacher au travail une valeur suffisante.

4. Des politiques de flexibilité sont préconisées, mais la notion de flexibilité demeure incertaine

► **Le concept de flexibilité du marché du travail se révèle particulièrement ambigu dans la mesure où il existe plusieurs formes de flexibilité.**

La **flexibilité salariale** repose sur l'idée selon laquelle la variation des salaires doit permettre de résorber les déséquilibres qui affectent le marché du travail. Dans cette perspective, toute institution qui entrave ce mouvement d'ajustement par les prix est appréhendée comme une rigidité (syndicat, réglementations diverses, indemnisation). En France, les défenseurs de la flexibilité salariale centrent aujourd'hui leur critique sur le niveau du salaire minimum (SMIC), qui constituerait un obstacle à la résorption du chômage : le SMIC empêcherait l'embauche des personnes à faible productivité (tels que les jeunes non diplômés).

La **flexibilité de l'emploi**, appelée aussi « flexibilité externe », repose sur un ajustement par les quantités et non par les salaires : elle consiste à faciliter, pour l'employeur, les conditions d'embauche et de licenciement, notamment en assouplissant les contraintes juridiques qui régissent le contrat de travail.

La **flexibilité fonctionnelle** consiste à développer au sein de l'entreprise la polyvalence des salariés, en investissant dans la formation des salariés. Cette forme de flexibilité s'inscrit dans le long terme, alors que la flexibilité salariale et de l'emploi a des effets plus immédiats.

Il apparaît donc que le débat sur la flexibilité ne se résume pas à la seule flexibilité des salaires. Plus encore, de nombreuses études économétriques montrent que l'effet d'une baisse du coût salarial sur l'emploi reste relativement modéré : en France, l'élasticité du niveau de l'emploi par rapport au coût salarial serait comprise entre – 0,1 et – 0,6 ; aux États-Unis, cette élasticité serait proche de 0 pour les jeunes de vingt à vingt-quatre ans [1].

Approfondir

LECTURES

- J. Gautié, *Le chômage*, Paris, La Découverte, « Repères », 2009.
- P. Cahuc, A. Zylberberg, *Microéconomie du marché du travail*, Paris, La Découverte, « Repères », 2003.

THÈMES DE RÉFLEXION

- Le chômage dans les modèles classique et keynésien.
- Progrès technique et emploi.
- Les causes du chômage contemporain.
- Le chômage constitue-t-il un concept économique clair ?
- Chômage et croissance.
- Quel jugement porter sur les politiques de lutte contre le chômage ?
- Analyse comparative du chômage contemporain dans les pays de l'OCDE.

1. A.J. Wellington, « Effects of the minimum wage on the employment status of youths », *Journal of Human Resources*, janvier 1990.

Retenir

Le halo du chômage ; le taux de chômage ; le taux de chômage relatif ; la loi d'Okun ; le taux de flexion ; le chômage frictionnel ; le chômage structurel ; les politiques actives/passives ; la flexibilité du travail ; la théorie du *Job Search* ; la théorie du salaire d'efficience ; la théorie des contrats implicites ; la théorie de la segmentation (dualisme) ; la théorie du déséquilibre (chômage classique/keynésien) ; les DEFM (demandeurs d'emploi en fin de mois) ; la PSRE (population sans emploi à la recherche d'un emploi) ; l'employabilité ; la vulnérabilité ; le chômage répétitif ; le chômage d'exclusion ; le chômage de reconversion ; le chômage volontaire/involontaire ; l'indemnisation du chômage : logique d'assurance/d'assistance ; les FPE (formes particulières d'emploi) ; les CDD (contrats à durée déterminée) ; l'intérim ; le travail à temps partiel ; la cessation anticipée d'activité ; le chômage de longue durée ; la théorie du déversement d'emploi ; la thèse de la déqualification ; l'armée de réserve industrielle et le surnuméraire (Marx) ; l'effet du travailleur découragé ; l'effet du travailleur additionnel ; l'effet d'hystérésis du chômage ; la courbe de Beveridge ; le risque moral ; la sélection adverse ; le chômage mixte ; la flexibilité.

Utiliser

Chômage et croissance

La relation entre chômage et croissance apparaît pour le moins ambivalente : si la faiblesse de la croissance est de toute évidence, à l'heure actuelle, la source principale d'un taux de chômage élevé, ce dernier ne saurait cependant se réduire à une insuffisance de croissance. Le maintien d'un « volant » de chômage durant les années 1960 en France l'atteste : alors que notre pays connaissait une croissance soutenue – avec un taux annuel moyen de 5,2 % – et souffrait même d'une pénurie de main-d'œuvre, plus de 200 000 chômeurs étaient recensés par l'INSEE au cours de cette période.

Il est vrai que, sur le long terme, la reprise de l'activité économique – et plus précisement d'une « croissance soutenue » (pour reprendre les termes de l'OCDE) – apparaît comme une condition nécessaire à la résorption du chômage de masse, même si à court terme la relation entre les deux phénomènes semble incertaine, comme en témoigne le problème du taux de flexion.

Mais les causes du chômage doivent aussi être recherchées dans les caractéristiques de fonctionnement du marché du travail : l'imperfection de l'information, l'inadéquation des formations aux postes offerts, l'incertitude sur l'exécution du contrat de travail peuvent générer un chômage permanent, qui n'est pas directement lié au taux de croissance.

Le chômage n'est-il pas ainsi la conjugaison d'une croissance économique faible – ce qui justifie des politiques macroéconomiques – et d'un marché du travail au fonctionnement défectueux, qui devrait inciter au développement de politiques spécifiques ?

I. La reprise d'une croissance soutenue apparaît comme une condition nécessaire à la reprise de l'emploi, qui permettra à son tour la diminution du chômage

Le lien entre chômage et croissance n'est pas direct mais passe par la médiation de la variable « emploi » : la croissance se traduit par la création d'emplois qui permettent à leur tour de faire baisser le taux de chômage. Il faut donc étudier dans un premier temps le lien croissance-emploi, qui relève du long terme, puis le lien entre croissance de l'emploi et baisse du chômage, qui relève du court terme.

1. À long terme, seule une croissance soutenue permet une baisse du chômage par la création d'emplois qu'elle suscite...

Si les périodes de forte croissance sont aussi des périodes de faible chômage (cf. les Trente Glorieuses en France) via les créations d'emploi, cela ne signifie pas pour autant que l'impact de la croissance sur l'emploi soit univoque et linéaire : il existe des conditions à une croissance riche en emplois et différentes trajectoires nationales peuvent à cet égard être identifiées.

▸ **Une croissance créatrice d'emplois, qui permette à terme de diminuer le chômage, nécessite des gains de productivité limités.** La croissance de l'emploi peut s'appréhender approximativement comme la différence entre la croissance de la production et la croissance de la productivité du travail (à durée du travail donnée). En d'autres termes, deux pays ayant le même taux de croissance de la production peuvent connaître des évolutions divergentes en termes d'emploi – et *in fine* de chômage – si l'évolution des gains de productivité n'est pas similaire.

Il faut s'interroger alors sur les déterminants d'une croissance riche en emplois. La Commission européenne, dans son rapport *L'emploi en Europe* (1989), apportait des éléments de réponses – au demeurant bien connus – en identifiant trois facteurs principaux :

— la nature sectorielle de la croissance : on retrouve ici la loi de Baumol. Une croissance tertiaire tend à favoriser la création d'emplois, dans la mesure où le tertiaire est source de faibles gains de productivité ;
— la nature des emplois créés : le développement du travail à temps partiel permet d'obtenir une croissance plus riche en emplois ;

— la nature capitalistique de la croissance : on retrouve le débat bien connu sur le progrès technique comme destructeur d'emplois (Ricardo, Sauvy). Une croissance intense en investissement de rationalisation limite les créations d'emplois.

▸ **La diversité des trajectoires nationales illustre le rôle des gains de productivité dans la création d'emplois.** Il existe une diversité de situations possibles en ce qui concerne le lien emploi-croissance et donc indirectement en ce qui concerne l'impact de la croissance sur le chômage. En effet, alors que la crise des années 1970 a touché l'ensemble des pays industrialisés, comment expliquer que le chômage n'ait pas évolué de manière relativement uniforme parmi les pays de l'OCDE ? Sans doute parce que ces derniers n'ont pas connu une évolution similaire de l'emploi.

— le cas américain : entre 1974 et 1988, faible croissance de la production (2,7 % par an en moyenne) mais avec des gains de productivité très faibles (0,7 % en moyenne) ⇒ forte création d'emplois ; comment expliquer ces faibles gains de productivité ? rôle prépondérant de l'effet de structure (le tertiaire occupe plus de 70 % des actifs) : entre 1970 et 1986, les États-Unis ont créé 28 millions d'emplois dont 27 dans le seul secteur tertiaire ;
— le cas français : entre 1974 et 1988, faible croissance de la production (2,1 % en moyenne) et gains de productivité équivalents à 2,1 % sous l'impact des investissements de rationalisation, c'est-à-dire du progrès technique ; le progrès technique en France se fait généralement au détriment de l'emploi. En revanche, on s'aperçoit que la période 1988-1990 est fortement créatrice en emplois (Freyssinet, « Trois années de croissance forte de l'emploi en France : quels enseignements ? », *Revue de l'IRES*, 1992) : cela s'explique précisément par un effet de ralentissement des gains de productivité apparente du travail (1,7 % en 1990 contre 2,7 % en 1989 et 3,4 % en 1988). Ce ralentissement pourrait être dû à un effet de structure (réallocation vers le secteur tertiaire) ou à un effet de substitution travail/capital, bien que les résultats soient contradictoires quant à l'importance quantitative de ces deux effets.

▸ **Mais cette vision doit être cependant nuancée dans la mesure où les gains de productivité peuvent générer indirectement des emplois.** La vision développée précédemment semble en effet un peu réductrice puisqu'elle insiste uniquement sur les effets négatifs directs des gains de productivité sur l'emploi. Il faut prendre aussi en compte les effets indirects (effets de rétroaction) : les gains de productivité peuvent stimuler dans un second temps la croissance et donc l'emploi, par exemple par le biais d'un effet compétitivité-prix. En d'autres termes, la croissance de la production n'est pas indépendante de la croissance de la productivité.

2. ...même si, à court terme, la reprise de la croissance de l'emploi n'affecte pas sensiblement le taux de chômage

La reprise de l'emploi ne se traduit pas nécessairement par une diminution équivalente du taux du chômage : de nouveau, on trouve une grande hétérogénéité dans les trajectoires nationales sur le lien emploi-chômage.

► **À court terme, toute hausse de l'emploi risque d'entraîner un afflux de main-d'œuvre supplémentaire.** On retrouve ici la logique du taux de flexion : le chômage ne se définit pas comme un résidu statistique entre offre de travail et demande de travail, dans la mesure où les deux variables sont liées. Toute reprise de la demande de travail affecte l'offre de travail, car il existe un halo de chômeurs. Ce sont des personnes classées comme inactives et qui se présentent de nouveau sur le marché du travail dès que la situation s'améliore (cas des « travailleurs découragés » ou des femmes au foyer).

► **Cet afflux de main-d'œuvre supplémentaire est d'autant plus important que le chômage est de longue durée.** En effet, l' « effet travailleur découragé » est fonction de la durée du chômage : les personnes qui constituent le halo sont souvent d'anciens chômeurs de longue durée, qui ne « pointent plus » et ne sont donc plus catégorisés comme tels.

En conséquence, dans un pays comme la France, cet effet de flexion risque d'être assez important car la part du chômage de longue durée dans le chômage total avoisine les 33 %. Une étude de l'INSEE, effectuée sur les pays de la Loire dans les années 1990, mettait en évidence deux résultats :

— tout d'abord, la création d'emplois ne génère pas une diminution équivalente du nombre de chômeurs ;
— d'autre part, l'efficacité de la création d'emplois sur la baisse du chômage est plus marquée dans le secteur industriel que dans le secteur des services. En effet, dans ce dernier secteur, le taux de flexion touche non seulement les travailleurs découragés mais aussi les femmes au foyer.

Ce phénomène de taux de flexion n'est cependant pas spécifique à la France. On le retrouve sous une autre forme au Japon : le taux d'activité féminin apparaît très sensible à la conjoncture économique, tandis que le phénomène des travailleurs découragés est présent.

II. Mais le chômage n'est pas réductible à la seule insuffisance de croissance : le rôle des dysfonctionnements spécifiques au marché du travail

1. Le maintien d'un volant de chômage s'expliquerait par l'imperfection de l'information sur le marché du travail

► **Aux origines du chômage frictionnel** : reprendre les analyses sur l'imperfection de l'information et la « parabole des îles » de Phelps.

► **Les conséquences du chômage frictionnel** : reprendre les enseignements de la théorie du *Job Search*.

2. Le maintien d'un volant de chômage s'expliquerait par l'inadéquation des qualifications offertes aux qualifications exigées

▶ **Aux origines du chômage structurel** : reprendre les analyses sur l'impact des mutations technologiques sur la structure de l'emploi ; ajouter que, en France, l'indicateur de l'ANPE « offre d'emplois non satisfaite en fin de mois » constitue une mesure de ce type de chômage : or on observe que cet indicateur augmente tendanciellement en France depuis la fin des années 1970.

▶ **Les conséquences du chômage structurel** :

— pour la firme, il s'agit du problème des goulots d'étranglement : si un poste n'est pas pourvu, les postes attenant ne peuvent l'être et donc l'effet sur le chômage s'en trouve renforcé ; comme le souligne Freyssinet, « le niveau de l'emploi se trouve réduit non seulement pour les postes de travail directement touchés par les pénuries de main-d'œuvre mais aussi pour les postes complémentaires » ;

— dans une perspective macroéconomique, l'inadéquation des postes offerts aux qualifications limite les gains de productivité, ce qui a indirectement un effet négatif sur l'emploi (par le biais de la compétitivité par exemple) et donc sur le taux de chômage.

3. Le maintien d'un volant de chômage s'expliquerait par l'incomplétude du contrat de travail

▶ **L'incertitude sur l'exécution du contrat de travail crée un chômage involontaire** : reprendre la théorie du salaire d'efficience.

▶ **L'incertitude sur la stabilité du salaire crée un chômage involontaire** : reprendre la théorie des contrats implicites.

4

L'inflation : mal, symptôme ou remède ?

INFLATION ET DÉSINFLATION

Connaître

En 2008, l'inflation a été de :
— 1,3 % dans l'OCDE
— 0 % aux États-Unis ;
— 0 % au Japon ;
— 0,9 % en Allemagne ;
— 0,7 % en France ;
— 1,1 % dans la zone euro.

Sur la période 1991-1996, l'inflation a été (en moyenne annuelle) de :
— 2,9 % aux États-Unis ;
— 0,9 % au Japon ;
— 3,1 % en Allemagne ;
— 2,0 % en France ;
— 3,3 % dans l'Union européenne.

Sur la période 1981-1986, l'inflation a été (en moyenne annuelle) de :
— 3,8 % aux États-Unis ;
— 1,9 % au Japon ;
— 2,6 % en Allemagne ;
— 7,5 % en France ;
— 7,1 % dans l'Union européenne.

« L'inflation est l'œuvre du diable parce qu'elle respecte les apparences et détruit les réalités » : à l'image de cet aphorisme d'André Maurois, il est usuel d'appréhender l'inflation comme un mal absolu et les exemples célèbres d'hyperinflation – telle celle que connut la République de Weimar en 1923 – viennent conforter ce jugement, rendant particulièrement délicate toute analyse du phénomène.

Il est vrai que l'inflation affecte négativement les principales variables économiques : en particulier, le pays qui connaît un taux d'inflation supérieur à celui de ses principaux partenaires commerciaux voit ses parts de marché à l'exportation diminuer, à la suite d'une dégradation de la compétitivité-prix de ses produits.

Pourtant, si l'inflation est un mal, elle ne l'est pas également pour tous : l'inflation opère une redistribution des revenus, c'est-à-dire améliore la situation de certains groupes d'agents. En outre, les effets de l'inflation n'ont pas toujours été considérés comme néfastes : n'oublions pas, pour ne prendre que cet exemple, qu'au XIXe siècle l'inflation marquait une période d'essor, tandis que la déflation accompagnait la dépression !

Notre propos vise justement à mettre en évidence les effets complexes et ambigus de l'inflation, par-delà les jugements tranchés dont elle fait parfois l'objet.

Le plan du présent chapitre s'agence en quatre parties. Nous commencerons par un panorama des fluctuations des prix depuis le XIXe siècle, afin de prendre la mesure de l'inflation par rapport à d'autres phénomènes tels que la déflation et la désinflation.

Nous tenterons ensuite de cerner ses origines, qui sont multiples, avant d'envisager ses différents effets sur les principales variables économiques, tels que le chômage et la croissance.

Nous poursuivrons par une analyse de la désinflation et nous terminerons en étudiant les principaux outils dont dispose la politique économique pour la mener à bien.

I. Définition, mesure et évolution de l'inflation

1. L'inflation constitue un cas particulier d'évolution du niveau général des prix

► **L'inflation peut se définir comme la hausse durable du niveau général des prix à l'intérieur d'un espace donné** (généralement le pays). Cette première définition souligne le caractère prolongé et généralisé du phénomène : une hausse ponctuelle et localisée des prix ne peut être considérée comme de l'inflation que si elle se propage à toute l'économie et se reproduit sur la période suivante.

L'inflation peut aussi être appréhendée par ses conséquences sur le consommateur : elle constitue alors une perte de pouvoir d'achat de la valeur de la monnaie.

• **L'inflation doit être distinguée d'autres processus, qui affectent également le niveau général des prix** :

— la **désinflation** : elle manifeste une décélération de la hausse des prix (l'inflation est de plus en plus faible) ; par exemple, à partir de 1983, la France s'est engagée dans un processus de désinflation, puisque le taux d'inflation, égal à 9,3 % en 1983, a progressivement diminué pour atteindre en 1993 2,1 % ;

— la **déflation** : au sens strict, elle exprime la diminution du niveau général des prix ; ainsi, à l'occasion de la Grande Crise, le niveau général des prix à la consommation baisse entre 1929 et 1932 de 17 % au Japon, de 18,5 % aux États-Unis, de 12 % en France, de 21 % en Allemagne et en Italie. Plus récemment, entre 1999 et 2005, le Japon a connu également une situation de diminution du niveau général des prix. Plus généralement, la déflation désigne une situation économique caractérisée par la baisse du niveau général des prix et par une dépression économique, c'est-à-dire une diminution du PIB en volume ;

— l'**hyperinflation** : elle constitue une forme exacerbée de hausse du niveau général des prix. L'économiste Cagan a défini la limite entre l'inflation et l'hyperinflation par un taux d'inflation de 50 % par mois, soit un taux d'inflation annuel de... 12875 % par an [1] ! Tel a été le cas de l'Allemagne de Weimar en 1923 : il fallait, en mars 1922, 401 marks pour un dollar ; en janvier 1923, 7 260 marks ; en septembre 1923, 13 millions de marks et fin novembre 4 200 milliards ! Plus récemment, un pays comme le Zimbabwe a connu un épisode d'hyperinflation extrême, au cours de la décennie 2000, avec un taux d'inflation journalier proche de 100 %, ce qui signifie que le niveau général des prix doublait... tous les jours ;

— la **stagflation** : ce concept – introduit à l'occasion de la crise des années 1970 – désigne une accélération de l'inflation conjuguée à une augmentation simultanée du taux de chômage.

▸ **Pour mesurer l'évolution du niveau général des prix, il est nécessaire de disposer d'un indice des prix.**

Lorsque l'on étudie l'évolution de l'inflation, on se rattache généralement à un indice des prix à la consommation, indicateur qui mesure la variation du prix d'un panier de marchandises. La qualité de l'observation dépend donc du soin apporté à la construction de l'indice. L'enjeu statistique est important dans la mesure où cet indice sert également de référence pour l'indexation des salaires ou le relèvement du SMIC. On comprend alors qu'en période d'inflation élevée les contestations – notamment de la part des syndicats – surgissent quant à l'exactitude et l'objectivité de l'indice de référence.

1. P. Cagan, « The monetary dynamics of hyperinflation », *in* M. Friedman, *Studies in the quantity theory of money*, University of Chicago Press, 1956.

• **La qualité d'un indice des prix dépend de l'étendue des produits recensés, du choix des pondérations et de la prise en compte des changements de consommation.**

L'indice des prix à la consommation en France comprend 266 « postes » correspondant à différentes rubriques de consommation, elles-mêmes subdivisées en un millier de variétés, avant d'aboutir au relevé d'une marque précise dans un lieu donné. Au total, ce sont plus de 200 000 prix qui sont relevés mensuellement. Les biens et services suivis par l'INSEE couvrent 95 % des dépenses de consommation : les 5 % manquants correspondent principalement aux frais hospitaliers, qui ne sont pas comptabilisés pour des raisons techniques, aux services d'assurance, ou bien encore au paiement partiel de services non marchands (crèche, etc.).

Outre la définition des produits entrant dans la composition de l'indice, il est nécessaire de déterminer les quantités consommées (en pourcentage), c'est-à-dire d'établir la pondération de chaque produit dans la dépense totale. Pour cela, le statisticien doit construire un budget type : l'INSEE a choisi depuis 1971 comme population de référence les ménages urbains dont le chef est employé ou ouvrier (soit 25 % de la population totale en 1991).

Pour tenir compte des changements structurels dans les comportements de consommation, les instituts statistiques actualisent les coefficients de pondération régulièrement. Quant aux produits nouveaux, le statisticien les intègre généralement dans l'indice, en calculant le prix fictif qu'ils auraient eu à la période de base, en référence aux produits qu'ils remplacent.

• **Dans le cas de la France, l'indice des prix à la consommation est établi par l'INSEE** [1]. Le nouvel indice des prix de 1993, qui se substitue à l'indice des 296 postes, défini en 1971, comprend 266 postes et constitue la sixième génération d'indices des prix (tableau 1). Par rapport à l'indice des prix de 1971, le nouvel indice présente plusieurs spécificités.

Tout d'abord, en plus de l'indice fondé sur les ménages urbains dont le chef est ouvrier ou employé, un second indice est désormais publié, qui prend en compte la totalité des ménages français : cet indice complémentaire sert de base pour les comparaisons internationales, alors que l'indice légal est utilisé comme référence dans la revalorisation du SMIC.

Ensuite, la couverture des services est améliorée, avec l'introduction de prestations telles que les services vétérinaires, les services funéraires, les transports aériens et maritimes, les locations de voiture, les transports par ambulance. En revanche, les services d'assurance ne sont pas pris en compte dans l'indice des prix.

▶ **Outre un indice des prix, la mesure de l'inflation suppose une année de référence.**

En effet, pour mesurer l'évolution d'une variable, il est nécessaire de partir d'une année qui constitue la base 100 : en France, le taux d'inflation en 2006 est mesuré à partir de l'année 1998, qui constitue la base 100.

1. Il est vrai qu'il existe d'autres indices des prix, calculés notamment par les organisations syndicales.

Tableau 1
Les cinq générations précédentes d'indices des prix à la consommation

Indice	*Période de fonctionnement*	*Population de référence*	*Panier de consommation*
34 articles	1914-1949	Familles ouvrières de 4 personnes	29 denrées alimentaires + 4 articles de chauffage et d'éclairage + 1 produit d'entretien
213 articles	1950-1956	Familles ouvrières ou employées de 4 personnes	Alimentation (hors alcool et produits frais) + produits manufacturés (sauf biens durables, essence, médicaments) + quelques services
250 articles	1957-1962	Ménages ouvriers ou employés de plus de 2 personnes	Alimentation (hors alcool) + produits manufacturés (sauf biens durables) + 50 % des services
259 articles	1963-19 70	Idem	Alimentation (hors alcool) + tous produits manufacturés + 60 % des services
296 postes	1971-1992	Ménages dont le chef est ouvrier ou employé	Toute alimentation + tous produits manufacturés + 80 % des services

Source : *Les Notes bleues*, 1992.

Par rapport à cette année de référence, les résultats de l'inflation d'une année sont donnés soit en glissement, soit en moyenne. Le **calcul en glissement** consiste à comparer les niveaux atteints par l'indice au mois de décembre de deux années consécutives : par exemple, avec un indice à 160,3 en décembre 1985 (base 100 en 1980) et à 163,7 en décembre 1986, les prix ont été multipliés par 1,021 (163,7/160,3) entre ces deux dates (soit une augmentation de 2,1 %). De son côté, le **calcul en moyenne** compare la moyenne annuelle de l'indice (moyenne arithmétique simple des douze indices mensuels) avec celle de 1985 ; pour reprendre notre exemple précédent, le taux de variation des prix se définit de la manière suivante : (moyenne de 1986 – moyenne de 1985)/moyenne de 1985.

Lorsque le calcul en moyenne diverge du calcul en glissement, cela indique une rupture de tendance dans l'évolution de l'inflation. On constate une décélération de l'inflation lorsque le résultat en glissement est inférieur à l'évolution de la moyenne. À l'inverse, l'inflation tend à s'accélérer lorsque le résultat en glissement est supérieur au résultat en moyenne.

► Compte tenu des imperfections de mesure, l'indice des prix à la consommation tend à surestimer l'inflation.

La question de la surestimation de l'inflation a été publiquement soulevée aux États-Unis en 1995, à l'occasion de la publication du rapport Boskin sur la mesure de l'inflation : selon ce rapport, l'inflation réelle serait surestimée de 1,1 % en 1996 et, sur dix ans, de 11,5 %. Quatre facteurs principaux rendent compte de cette surestimation :

— l'indice des prix à la consommation est calculé en prenant comme pondération du panier de référence celle de la période initiale (et non celle de la période finale). Les modifications de la composition du panier ne sont donc prises en compte qu'avec retard. Or les changements dans la structure du panier s'expliquent en partie par la substitution entre produits consommés résultant d'une hausse de prix : si le prix du bien X augmente, les agents réduisent leur consommation du bien X et augmentent celle du bien Y, substituable au bien X. La proportion du bien Y dans le panier de référence augmente, sans que cette variation ne soit prise en compte dans la pondération du panier de référence ;
— les ménages recourent de plus en plus aux nouveaux circuits de distribution à bas prix (hypermarchés, etc.), au détriment des lieux de vente plus traditionnels. La baisse de prix ne correspond pas en général à une baisse de la qualité du service et devrait donc être prise en compte dans l'indice des prix ;
— l'indice des prix intègre avec retard l'introduction de nouveaux produits (pour lesquels, par définition, il n'existe pas d'équivalent dans le passé). Ainsi, aux États-Unis, les services de téléphones cellulaires n'ont été intégrés dans l'indice des prix à la consommation qu'en 1998 alors qu'ils ont été commercialisés à partir de 1989 : ce délai conduit à surestimer l'inflation dans la mesure où l'essentiel de la baisse de leurs prix est intervenu avant qu'ils ne soient introduits dans l'IPC. De manière générale, plus ce délai est long, plus l'IPC a tendance à sous-pondérer les nouveaux produits, dont les prix baissent rapidement, et à surpondérer les produits à maturité dont les prix ne baissent plus ;
— une hausse du prix d'un bien peut masquer une hausse plus que proportionnelle de la qualité de ce produit. Dans ce cas, le supplément de prix sous-estime le supplément de qualité du produit, ce qui conduit à surestimer l'inflation.

2. Jusqu'en 1945, les périodes d'inflation alternent avec les périodes de déflation

Lorsque l'on offre un panorama du processus inflationniste, il est usuel – en particulier en sciences économiques – de commencer l'histoire de l'inflation avec la Première Guerre mondiale. Deux raisons peuvent justifier ce choix [1]. Tout d'abord, avant la Grande Guerre, le terme « inflation » n'a pas véritablement de signification économique : il est surtout usité... par les médecins, qui désignent ainsi l'enflure d'un membre dont souffrent certains malades. Ensuite, durant le XIXe siècle, il n'y a apparemment pas d'inflation tendancielle, dans la mesure où le niveau général des prix ne connaît pas de hausse en longue période. En ce sens, on peut dire de l'inflation qu'elle est « une inven-

1. Nous reprenons ici les arguments de J. Marseille et A. Plessis dans leur ouvrage *Vive la crise et l'inflation !* (Paris, Hachette, 1983).

tion du XXe siècle » (J. Bouvier). Il nous semble néanmoins intéressant de repartir du XIXe siècle pour mieux cerner la spécificité de l'inflation après 1914.

▶ **Le XIXe siècle**[1] **constitue une période de stabilité des prix sur le long terme** : en 1913, le niveau général des prix à la consommation n'est guère plus élevé qu'au début du XIXe ; dans le cas de la France, on estime que le taux d'inflation a été de 0,25 % par an en moyenne sur l'ensemble du siècle.

Mais cette stabilité de longue période masque en réalité des fluctuations du niveau général des prix sur la moyenne période : ainsi, après une phase d'inflation entre 1848 et 1873, s'ouvre de 1874 à 1896 une phase de déflation, avant que la tendance inflationniste ne reprenne après 1896. Comme l'a mis en évidence N. Kondratieff dans son analyse des mouvements longs[2], cette alternance de phases d'inflation et de désinflation correspond à des cycles de production : l'inflation est liée à une période d'essor de la production, tandis que la déflation accompagne une période de dépression (baisse du niveau absolu de la production).

Plus encore, aux côtés de ces fluctuations de moyenne période on peut observer des fluctuations sur la courte période : il s'agit de tensions inflationnistes liées aux mauvaises récoltes, à l'image de la crise agricole de 1847-1848 qui génère une situation de pénurie.

▶ **Durant l'entre-deux-guerres, l'alternance de phases d'inflation et de déflation subsiste mais la déflation ne compense plus les périodes d'inflation.**

Dans le cas de la France, cinq périodes peuvent être identifiées dans les mouvements de prix. Une phase inflationniste s'étend de 1914 à 1920, liée à la guerre puis à la reconstruction : le taux annuel d'inflation atteint 20 % en 1917, 30 % en 1918, 25 % en 1919 et 37 % en 1920. Puis la déflation s'installe en 1921-1922, à l'occasion d'une récession économique sévère. L'inflation repart ensuite, en particulier sous le Cartel des gauches, avant que Poincaré ne la combatte par un plan de stabilisation. La déflation revient entre 1930 et 1934, alors que la France est touchée par la Grande Crise. On assiste à un retour de l'inflation à partir de 1937, à la suite des mesures du Front populaire (accords de Matignon qui entraînent une brusque hausse des salaires), sous l'Occupation et à la Libération : le taux d'inflation, qui avoisine les 48 % en 1945, atteint son maximum en 1948 avec 58 %.

3. Depuis 1945, l'inflation ne provoque plus en réaction la déflation, mais la désinflation

▶ **La période qui s'ouvre après 1945 est exceptionnelle tant vis-à-vis du XIXe siècle que vis-à-vis de l'entre-deux-guerres** : on n'observe plus cette alternance de phases d'inflation et de phases de déflation qui avait été à l'origine de nombreuses

1. Au sens historique du terme, c'est-à-dire jusqu'en 1914.
2. « The long waves in economic life », traduction (partielle) dans *Review of Economic Statistics*, 1935 ; pour une analyse des mouvements longs, voir le chapitre 6.

théories du cycle et de la crise, cette dernière étant assimilée à une phase déflationniste [1]. On assiste seulement, sur l'ensemble de la période, à une alternance de phases d'inflation (ou de stagflation) et de désinflation.

Les principaux pays de l'OCDE ne connaissent cependant pas d'évolution similaire de leur taux d'inflation sur la période 1953-1983, comme le met en évidence le tableau 2. Les États-Unis, la RFA se caractérisent par un taux d'inflation généralement inférieur à celui des autres pays de l'OCDE. Le Japon, après avoir connu des taux d'inflation plus élevés que la moyenne jusqu'en 1979, affiche un faible taux d'inflation entre 1979 et 1983. La France, le Royaume-Uni et l'Italie présentent en moyenne un taux d'inflation supérieur à celui des autres pays de l'OCDE, en particulier au cours de la décennie 1973-1983.

Tableau 2
L'inflation dans les principaux pays de l'OCDE (1963-1983) (en %)

	1953/ 1959	*1960/ 1968*	*1968/ 1973*	*1973/ 1979*	*1979/ 1983*
États-Unis	2,1	2,4	5,1	7,6	7,5
Japon	3,4	5,2	6,9	7,8	1,9
RFA	1,8	3,1	6,3	4,7	4,1
France	4,8	4	6,4	10,5	11,6
Royaume-Uni	3,4	3,7	7,5	16	10,8
Italie	2,4	4,3	7,2	17,1	18
Canada	1,6	2,6	5,3	10,1	9,4
Moyenne	2,7	3,1	5,9	8,6	7,6

Source : OCDE.

▶ **Dans le cas de la France, six grands chocs inflationnistes peuvent être identifiés depuis la Seconde Guerre mondiale** (graphique 1). La guerre de Corée entraîne une inflation en 1950, supérieure à 10 %, puis l'on assiste à une rapide désinflation, avec le premier plan de stabilisation Pinay. Une deuxième poussée inflationniste survient en 1958 (à la suite notamment de la dévaluation Gaillard), qui est combattue par le second plan de stabilisation Pinay. L'inflation repart en 1963, à l'occasion du retour des Français d'Algérie (inflation par la demande). Une nouvelle poussée inflationniste se fait jour en 1969, après les accords de Grenelle et la dévaluation de 1969 (inflation par les coûts et inflation importée). L'inflation s'accélère avec le choc pétrolier de 1973 et la modification de la répartition de la valeur ajoutée en faveur du facteur travail (inflation par les coûts) : le maximum d'inflation est atteint en France en 1975 avec 13,4 %. À cette poussée inflationniste succède une phase de désinflation, qui apparaît moins marquée en France que dans des pays comme l'Allemagne ou le Japon. L'inflation redémarre

1. Pour des développements sur le lien entre mouvement des prix et croissance, nous renvoyons le lecteur au chapitre 6.

Graphique 1
L'évolution de l'inflation en France de 1950 à 1995 (en %)

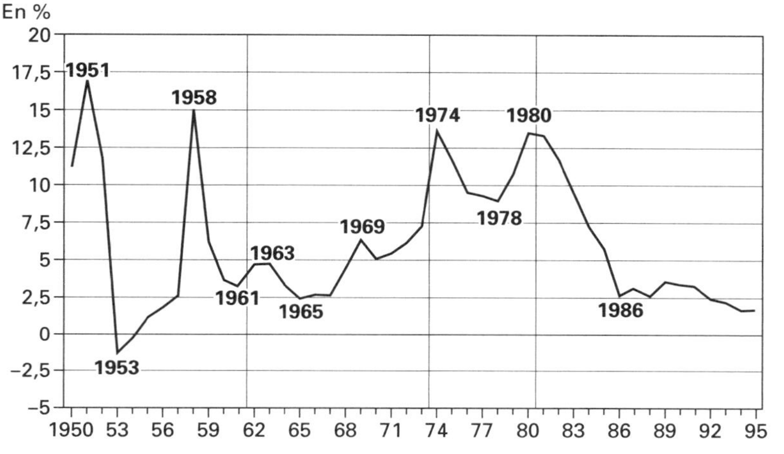

Source : INSEE.

à l'occasion du choc de 1979-1980, en particulier en raison de la hausse du prix du pétrole et de l'envolée du cours du dollar.

• **Sur la période 1950-1983, la France se singularise en matière d'inflation.** Tout d'abord, aux côtés des chocs inflationnistes qui affectent l'ensemble des pays (tels que la guerre de Corée ou les deux chocs pétroliers), on observe en France une **inflation structurelle** (c'est-à-dire une inflation minimale en dessous de laquelle on ne descend pas) qui a même tendance à s'accélérer jusqu'aux années 1970. Cela explique qu'entre 1965 et 1985 les prix aient été multipliés en France par 4,6 contre 2,3 en RFA. Deux raisons sont généralement invoquées pour rendre compte de ce *trend* inflationniste : les rigidités du marché du travail français (en particulier dans la détermination des salaires), qui provoquent une inflation par les coûts salariaux ; le développement d'une économie d'endettement (politique de faible taux d'intérêt et de recours à la création monétaire), qui donne naissance à une inflation monétaire.

Ensuite, la désinflation entre les chocs inflationnistes apparaît moins rapide et moins marquée en France que dans des pays comme le Japon ou les États-Unis.

▶ **Au cours des années 1980, les pays de l'OCDE se sont engagés dans un processus de désinflation.**

• Ce processus de désinflation résulte de la conjugaison de plusieurs facteurs :

— les pays de l'OCDE ont mis en œuvre au début des années 1980 des politiques monétaires restrictives, suivant en cela la stratégie mise en place à partir d'octobre 1979 par le Conseil de la réserve fédérale des États-Unis. Cette rigueur monétaire a permis de casser l'inflation monétaire et a entraîné une forte augmentation des taux d'intérêt réels, les taux à court terme s'établissant aux États-Unis à un niveau sans précédent de 20 % au premier trimestre de 1980 ;

— la faible croissance de la production entre 1979 et 1983 a permis de limiter les tensions inflationnistes : n'oublions pas que la croissance a été négative en 1982 et que la croissance annuelle de la production en termes réels n'a pas excédé 0,75 % entre 1979 et 1982, période la plus longue de faible croissance depuis la fin de la Seconde Guerre mondiale. Cette faiblesse de la croissance a pesé à son tour sur le chômage, dont le niveau a augmenté : l'accroissement du chômage a permis de limiter les hausses de salaires nominaux ;

— les produits de base et le pétrole ont connu une chute de leur prix au cours des années 1980 : ainsi, après avoir atteint un cours record de 36 $ le baril en 1981, le prix du pétrole a diminué dans la zone OCDE à la suite du contre-choc pétrolier pour atteindre 11 $ en 1986 ;

— parallèlement à une politique monétaire restrictive, les réformes structurelles (selon la terminologie de l'OCDE), « en éliminant les distorsions fiscales, en favorisant la déréglementation et en intensifiant la concurrence, ont contribué au processus de désinflation. Dans un grand nombre de pays, certaines mutations structurelles sont venues remodeler au cours des années 1980 le marché du travail : les syndicats ont perdu des adhérents et ont vu leur pouvoir de négociation diminuer ; les règles d'indexation ont été modifiées pour contrecarrer la dynamique prix-salaires, bien que la décélération de la croissance ait pu s'en trouver retardée en période de désinflation rapide ; on a maintenu constants les salaires minimums en termes nominaux et/ou on les a laissés diminuer en termes réels ou par rapport au salaire moyen ; enfin, les taux de compensation de l'assurance-chômage ont baissé. La déréglementation de certains secteurs, comme ceux des activités financières et des transports, s'est accompagnée d'une intensification de la concurrence, tant sur le marché du travail que sur le marché des biens [1] ».

• Ce processus de désinflation marque le pas à la fin des années 1980, avant de reprendre son cours à partir de 1990.

L'inflation repart entre 1987/1988 et 1990 dans la plupart des pays de l'OCDE sous l'effet d'une forte reprise de la croissance. Ainsi, dans le cas de la France, le taux d'inflation, de 2,8 % en 1987, passe à 3 % en 1988 et à 3,4 % en 1989. Depuis le début des années 1990, le taux d'inflation dans les pays de l'OCDE s'établit à un niveau faible, se situant aux alentours de 2,5 %.

1. D.P. Coe, M. Durand, U. Stiehler, « La désinflation des années 1980 », *Revue économique de l'OCDE*, 1988.

II. Les sources de l'inflation

De nombreuses analyses ont été développées quant aux origines de l'inflation : mentionnons le rôle de la création monétaire, les tensions sur les capacités de production, l'augmentation du coût des facteurs, les modifications dans la répartition des revenus, la structure oligopolistique des marchés. Mais au-delà de ce foisonnement des explications, il semble que l'on puisse mettre en évidence deux grandes approches : une approche fondée sur les chocs d'offre, quelle qu'en soit la nature particulière ; une approche fondée sur la demande, notamment par le biais de la création monétaire.

1. L'inflation par les coûts fait suite à un choc d'offre

En équilibre partiel, l'inflation par les coûts correspond à une translation de la droite d'offre vers la gauche (schéma 1) : pour un même prix p^*, la quantité offerte diminue, pour passer de Q1 à Q2. Cette inflation par les coûts regroupe plusieurs cas de figure.

Schéma 1
L'inflation par les coûts : une représentation graphique

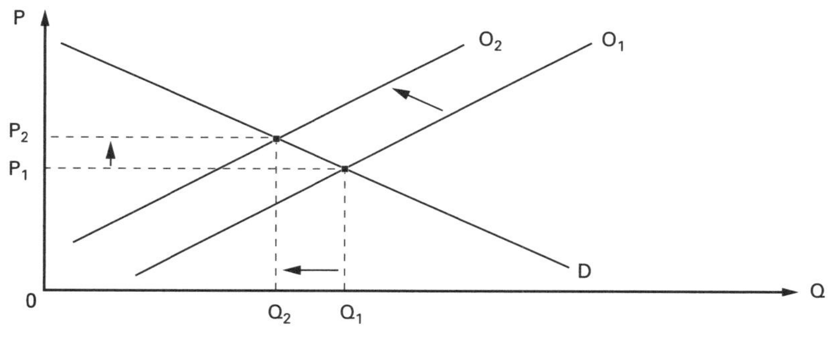

▸ **Une augmentation trop forte des salaires peut engendrer une inflation par les coûts.**
En effet, dans une optique microéconomique, le facteur travail est rémunéré à sa productivité marginale ; en conséquence, si les hausses de salaires sont supérieures aux gains de productivité, la répartition du revenu se modifie en faveur des salaires et au détriment des profits, ce qui peut inciter les entrepreneurs à réagir en augmentant le prix de leurs produits.

Cette inflation par les coûts salariaux a été privilégiée par les auteurs néocambridgiens (Kaldor, Pasinetti, Kalecki) au travers de la **boucle prix/salaires**. L'idée de ces auteurs est que les salariés et les capitalistes sont en lutte pour le partage de la valeur ajoutée ; l'inflation apparaît alors comme l'expression de cette lutte : « Le moteur de la variation de l'ensemble des prix c'est la volonté d'un ou plusieurs groupes d'imposer une augmentation de leur part dans le revenu national et le refus des autres groupes d'accepter la détérioration de leur part [1]. »

Cette forme d'inflation peut déboucher sur un mécanisme auto-entretenu, d'où l'idée de boucle : les salariés, par le biais de leurs syndicats, parviennent à obtenir des hausses des salaires ; les entrepreneurs réagissent en augmentant le prix de vente de leurs produits, ce qui incite de nouveau les salariés à se mobiliser pour obtenir de nouvelles augmentations de salaires.

Cette analyse de l'inflation semble particulièrement adaptée à la compréhension de l'inflation en France après 1945, dans la mesure où la fixation des salaires a été régie jusqu'au début des années 1980 par des modalités institutionnelles, très éloignées du simple critère de gains de productivité. En particulier, après 1973, les salaires ont continué de progresser sur leur *trend* antérieur, alors même que les gains de productivité ralentissaient : il en a résulté une modification de la répartition en faveur des salariés, ce qui a dégradé les taux de marge (excédent brut d'exploitation/valeur ajoutée) des entrepreneurs. Ces derniers ont réagi à la détérioration de leurs marges en augmentant le prix de leurs produits.

▸ L'inflation par les coûts salariaux peut également résulter d'une augmentation de la fiscalité.

Cette inflation fiscale peut être appliquée à la fiscalité pesant sur les ménages (tel l'IRPP). Si le taux d'imposition augmente, deux effets microéconomiques peuvent jouer en sens contraire :

— selon l'**effet revenu**, l'individu voit son revenu disponible diminuer, ce qui peut l'inciter à travailler plus (sous la forme, par exemple, d'heures supplémentaires) pour retrouver son niveau de revenu antérieur ;
— selon l'**effet substitution**, l'individu peut être incité à travailler moins, c'est-à-dire à substituer du loisir au travail.

Si l'effet substitution l'emporte sur l'effet revenu, l'offre de travail diminue, ce qui conduit au niveau global à une augmentation du coût du travail ; face au renchérissement de l'offre de travail, l'entrepreneur peut être tenté d'augmenter le prix de ses produits : l'augmentation de la fiscalité entraîne indirectement une inflation par les coûts.

1. « Répartition et inflation », in *Encyclopédie économique*, sous la dir. de X. Greffe, J.-L. Reiffers et J. Mairesse, Paris, Economica, 1990.

▸ **L'inflation par les coûts peut prendre la forme d'une inflation importée.** L'inflation importée apparaît ici comme la conséquence d'un choc d'offre venant de l'extérieur et qui affecte le pays par le biais de ses importations. Le cas d'école de ce type d'inflation est représenté par le choc pétrolier de 1973-1974, qui voit le prix du baril de pétrole multiplié par cinq entre septembre 1973 et décembre 1974 : face à cette envolée du cours d'une consommation intermédiaire, les entrepreneurs réagissent en augmentant le prix de leurs produits. L'impact inflationniste des deux chocs pétroliers sur les économies nationales est économétriquement démontré, même s'il apparaît différencié selon les pays : on estime ainsi que l'impact inflationniste du choc pétrolier de 1974 a été de 0,5 point d'inflation supplémentaire aux États-Unis, de 4,5 points dans le cas de la Belgique et de 3,5 points dans le cas de la France.

Au cours de la période 2000-2008, le débat sur l'inflation importée a resurgi dans les pays développés : comment expliquer en effet que l'inflation reste à un niveau relativement faible, alors même que l'on assiste à l'envolée du prix des matières premières et du cours du pétrole, sous l'influence de la forte croissance économique dans les pays émergents (Chine, Inde notamment) ? Selon une étude de l'OCDE (2006) [1], la pression inflationniste exercée par l'augmentation des prix réels du pétrole et des métaux a été plus que compensée par un effet contraire : la globalisation commerciale. En effet, les pays riches importent de plus en plus en provenance des pays à bas coût de production (même si ce commerce reste limité en niveau), ce qui accroît la concurrence sur le marché domestique et limite la dérive inflationniste. Dans le cas de l'Union européenne, la forte hausse de l'euro par rapport au dollar depuis 2002 – le cours du pétrole et des matières premières étant libellé en dollars – a également joué dans le sens d'une modération de l'inflation importée.

Cette inflation importée peut également surgir à la suite d'une dévaluation : en dévaluant, un pays se voit confronté au renchérissement du prix de ses importations, ce qui peut inciter les entrepreneurs nationaux à relever le prix de leurs produits. Il est paradoxal de souligner que la dévaluation, qui résulte généralement d'une inflation trop élevée par rapport à celle des partenaires, alimente à son tour l'inflation : la cause se transforme également en effet et le pays peut être pris dans un véritable **cercle vicieux de la dévaluation**.

▸ **L'inflation de productivité constitue une autre forme d'inflation par les coûts.**

La théorie de l'inflation de productivité part du constat selon lequel il existe une contradiction entre l'hétérogénéité sectorielle des gains de productivité et la logique uniforme des hausses de salaires [2]. En effet, les gains de productivité sont très hétérogènes selon les secteurs : des secteurs à forts gains de productivité côtoient des secteurs à faibles gains de productivité. Cela ne poserait pas problème si l'évolution des rémunérations

1. Globalisation and inflation in the OECd economies.
2. « L'inflation de productivité », *Revue économique*, 1970.

était fixée selon les performances de chaque secteur. Le problème est que les secteurs leaders en matière de gains de productivité sont généralement pris comme secteurs de référence lors des négociations salariales de branches. Cela signifie que dans les secteurs à faibles gains de productivité, les hausses de salaires risquent d'être supérieures aux gains de productivité : les entrepreneurs de ces secteurs sont tentés de rétablir leurs marges en augmentant leurs prix.

• **La théorie de l'inflation de productivité a donné lieu à deux extensions.**

Le **modèle de Baumol** (1967) établit une partition de l'économie en deux secteurs : le secteur industriel où les gains de productivité sont forts et le secteur des services où les gains de productivité sont nuls. Il est supposé que les hausses de rémunérations sont équivalentes dans les deux secteurs et que le secteur industriel constitue le secteur de référence lors des négociations salariales. En conséquence, une inflation de productivité doit surgir dans le secteur des services : le modèle de Baumol est à l'origine de la thèse selon laquelle le secteur tertiaire serait un secteur inflationniste [1].

Le **modèle économique scandinave** repose sur la distinction entre un secteur exposé (soumis à la concurrence internationale tant à l'exportation qu'à l'importation) et un secteur abrité. En raison de la pression concurrentielle, le secteur exposé se caractérise par de forts gains de productivité, tandis que le secteur abrité ne génère que de faibles gains. Si l'évolution des rémunérations du secteur abrité est déterminée sur la base de celle du secteur exposé, une inflation de productivité risque de surgir dans le secteur abrité. Cette idée a été reprise en France au cours des années 1960 : il y aurait dans l'économie française des secteurs exposés à la concurrence internationale, côtoyant des secteurs abrités. Afin d'éviter un dérapage inflationniste, Courbis préconisait une politique de contrôle des prix dans les secteurs abrités.

2. L'inflation peut également résulter d'un accroissement de la demande globale

► **L'inflation peut résulter d'une augmentation de la demande, l'offre étant à court terme inélastique** (schéma 2).

• **Dans la théorie keynésienne, l'inflation par la demande surgit lorsque l'économie se trouve en situation de plein-emploi**, comme le soulignait Keynes dans un ouvrage de 1940 intitulé *Comment financer la guerre ?* Les keynésiens reprennent à leur compte cette intuition, en introduisant la notion de **gap inflationniste** : tant que l'économie n'a pas atteint le plein-emploi, l'offre est parfaitement élastique et tout accroissement de la demande entraîne un accroissement de la production (ajustement par les quantités) ; en revanche, dès lors que les facteurs

1. Dans une contribution ultérieure, Baumol complexifie son analyse de la productivité, en distinguant trois secteurs :
— le secteur dynamique (industrie et agriculture mais aussi télécommunications et services aux entreprises) marqué par de forts gains de productivité ;
— le secteur stagnant (services aux particuliers, BTP, entreprises et administrations publiques), où la productivité est constante ;
— le secteur à stagnation asymptotique, où les gains de productivité se ralentissent (cas de l'informatique).

Schéma 2
L'inflation par la demande : une représentation graphique

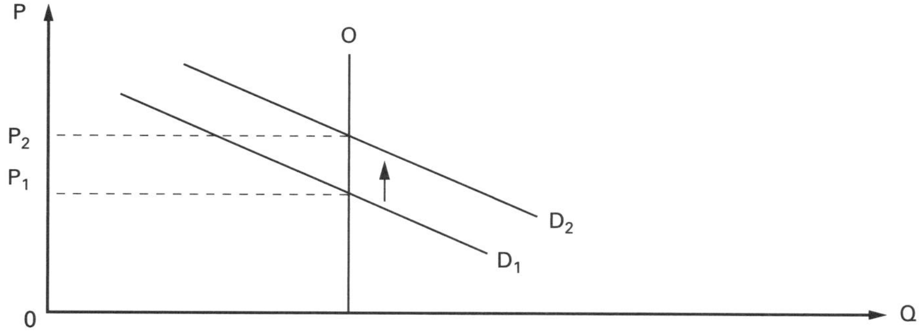

de production sont pleinement utilisés, toute augmentation de la demande se traduit par une hausse du niveau général des prix, dans la mesure où l'offre est rigide.

• **Selon la théorie quantitative, l'inflation par la demande s'explique par une création monétaire excessive.**

La théorie de l'inflation monétaire s'inscrit dans la longue tradition de la théorie quantitative [1] : entrevue dès le XVIe siècle avec Bodin, elle sera développée par les classiques anglais Ricardo et Mill, puis les néoclassiques Fisher et Pigou.

La théorie quantitative considère que l'inflation est le résultat d'une croissance de la masse monétaire supérieure à la croissance de la production, comme le souligne l'**équation de Fisher** [2] :

$$MV = PT$$

avec M, la masse monétaire ;
avec V, la vitesse de circulation de la monnaie, supposée constante ;
avec T, le volume des transactions, qui ne dépend que de variables réelles (telles que le stock de capital et la quantité de travail) ;
avec P, le niveau général des prix.

Il apparaît aussitôt que si M augmente, alors que T n'a pas varié, l'ajustement se fait exclusivement par le niveau général des prix P, qui augmente dans les mêmes proportions que l'accroissement de la masse monétaire.

À la fin des années 1960, Milton Friedman, parfois qualifié de **néoquantitativiste**, n'hésite pas à affirmer que « l'inflation est partout et toujours un phénomène monétaire ». Friedman développe une analyse de l'inflation monétaire assez proche de celle des quantitativistes. Dans son ouvrage *Inflation et système monétaire* (1968), il montre qu'à long terme une croissance de la masse monétaire supérieure à la croissance du PIB

1. Pour des développements plus précis sur cette tradition, nous renvoyons le lecteur au chapitre 7.
2. *The purchasing power of money*, 1922.

se traduit uniquement par de l'inflation, même si à court terme la monnaie peut avoir un effet transitoire sur la sphère réelle. Friedman s'appuie sur plusieurs exemples historiques pour étayer sa démonstration : en particulier, la forte inflation qui sévit durant la guerre de Sécession s'expliquerait par le recours des Sudistes à la création monétaire.

Tableau 3
Croissance de l'offre de monnaie et inflation

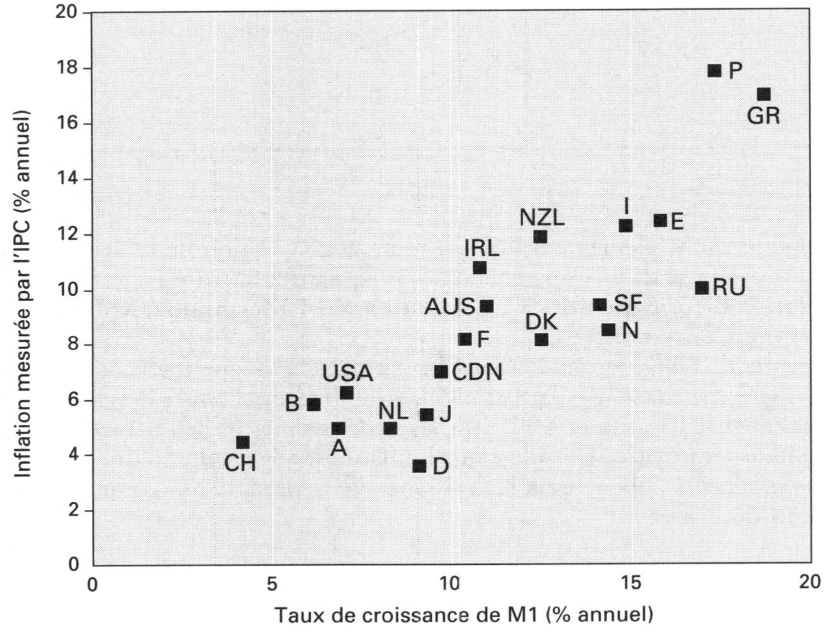

Source : OCDE.

Il est vrai que l'on peut observer une relation positive entre croissance de la masse monétaire et taux d'inflation, pour les sept principaux pays industrialisés, au cours de la période 1973-1988 (tableau 3). Cette relation positive ne signifie pas pour autant qu'il y ait stricte proportionnalité entre les deux variations, comme le met en évidence la dispersion des observations par rapport à la première bissectrice. De surcroît, l'existence d'une telle relation ne préjuge en rien des liens de causalité : la création monétaire est-elle à l'origine de l'inflation, ou l'accroissement de l'offre de monnaie ne fait-il qu'entériner la hausse des prix ?

Cette inflation monétaire résulte elle-même de causes diverses, et en particulier de la monétisation du déficit budgétaire. En effet, pour financer son déficit budgétaire, l'État dispose de trois solutions : il emprunte sur les marchés financiers en émettant des titres, il augmente le taux de pression fiscal, ou bien encore recourt au financement monétaire du déficit. Le privilège qu'a l'État de monétiser le déficit public est appelé « seigneuriage ». En faisant « tourner la planche à billets », l'État alimente l'inflation et déprécie les encaisses détenues par les agents, prélevant ainsi une « taxe inflationniste ».

• **L'inflation par la demande peut être accentuée par les comportements d'anticipation des agents.**

En effet, si une majorité d'agents estime en t que l'inflation va s'accélérer en $t+1$, ils auront alors tendance à dépenser plus aujourd'hui pour se prémunir contre la dépréciation de la monnaie (ou pour spéculer). Ce faisant, ils créent une tension sur le marché des biens, qui produit une inflation par la demande en $t+1$: la croyance en l'accélération de l'inflation conduit effectivement à l'accélération de l'inflation !

Cet étrange phénomène, dénommé **prophétie autoréalisatrice**, peut expliquer la nature auto-entretenue de l'inflation : comme la croyance en l'inflation se traduit effectivement par de l'inflation en $t+1$, les agents n'ont aucune raison de réviser leurs croyances en $t+1$: l'inflation se poursuit en $t+2$.

La prophétie autoréalisatrice

La prophétie autoréalisatrice a été mise en évidence par le sociologue américain Merton dans les années 1930, mais on en trouve déjà l'intuition dès la fin du XIXe siècle chez l'économiste anglais S. Jevons, avec son exemple des « taches solaires ».

Supposons qu'une majorité d'individus estime – pour on ne sait quelle raison – que les éruptions solaires exercent une influence sur le niveau général des prix, qui doit augmenter. Peu importe que cette croyance soit « farfelue » : il suffit qu'un nombre suffisant d'agents y adhèrent pour qu'une inflation surgisse à cette occasion. En effet, à l'annonce d'une prochaine éruption, les agents vont se mettre à acheter, afin de se prémunir contre l'inflation ; ce faisant, ils vont produire, du fait de l'accroissement soudain de la demande, une inflation !

Plus généralement, la notion de prophétie autoréalisatrice revêt un triple intérêt pour les économistes :

— elle montre que l'équilibre peut ne pas être unique : il existe une multiplicité de solutions, selon les croyances des agents (en effet, on aurait assisté à la déflation si les agents avaient estimé que l'éruption solaire doit se traduire par une déflation) ;
— elle met l'accent sur le fait qu'un événement X peut se produire, sans pour autant qu'il y ait de raisons objectives (c'est-à-dire correspondant à des « fondamentaux » de l'économie) à sa survenance ;
— il est difficile de sortir d'une situation de prophétie autoréalisatrice, dans la mesure où l'événement X valide *ex post* la croyance initiale des agents : comment persuader les agents qu'il n'y a pas de lien entre les taches solaires et l'inflation, alors même que – du fait de cette croyance – les prix augmentent à chaque éruption solaire ?

La notion de prophétie autoréalisatrice est aujourd'hui reprise dans de nombreux domaines de l'analyse économique, en particulier pour rendre compte de crises ou d'anomalies :

— une monnaie peut se déprécier, simplement parce qu'une majorité de spéculateurs croit à sa dépréciation et se met en position de vendeur ;
— une chute de l'investissement peut survenir, simplement parce qu'une majorité d'entrepreneurs estiment que la conjoncture sera demain morose.

III. Les effets de l'inflation ou l'inflation ambiguë

Le débat sur les effets de l'inflation apparaît particulièrement délicat, dans la mesure où il est sous-tendu par un jugement de valeur : en effet, il est coutume de débattre des effets de l'inflation pour mettre en évidence ses vertus ou ses « coûts ». Cette position normative soulève plusieurs difficultés :

— dans la mesure où les agents économiques soumis à l'inflation n'occupent pas les mêmes positions, les effets de l'inflation ne sont pas uniformes ;
— les effets de l'inflation étant multiples, il est toujours tentant d'isoler un aspect du phénomène pour mieux étayer une thèse ;
— les coûts de l'inflation dépendent en partie de son niveau : les coûts d'une inflation modérée sont qualitativement différents de ceux générés par une hyperinflation, laquelle désorganise complètement l'activité économique (comportement de fuite devant la monnaie, résurgence d'une économie de troc, dollarisation de l'économie) ;
— les coûts de l'inflation pour un individu dépendent de sa capacité à l'anticiper : s'il anticipe parfaitement l'inflation, l'individu ne subit pas de perte de pouvoir d'achat puisque son revenu nominal augmente au même rythme que l'inflation ;
— l'inflation peut constituer un mal à retardement : les coûts de l'inflation apparaissent en période de... désinflation. Par exemple, si les taux d'intérêt nominaux sont élevés en période d'inflation, la désinflation ne va pas se traduire immédiatement par une détente des taux : pendant un certain temps, les taux d'intérêt nominaux vont rester à leur niveau antérieur, ce qui va se traduire par une montée des taux réels, peu propice à l'investissement.

1. L'inflation affecte les principales variables économiques

► **L'inflation, lorsqu'elle est forte, peut entraver l'activité économique, dans la mesure où elle crée de l'incertitude sur l'évolution future des prix.**

Ce phénomène présente deux aspects : l'effet d'une forte inflation sur la prévisibilité du niveau général des prix et son effet sur la variabilité des prix relatifs.

Le premier effet a été mis en évidence par la plupart des études empiriques : les pays qui connaissent une forte inflation sur une longue période tendent en général à être ceux dont les taux d'inflation sont les plus variables. Cette variabilité peut être à l'origine de plusieurs effets négatifs sur l'économie, en réduisant le contenu informatif du système des prix, en engendrant des coûts de réétiquetage, et surtout en entravant la conclusion de contrats nominaux à long terme (en particulier des contrats de dette). L'accroissement du risque lié aux contrats non indexés se traduit par une prime de risque, qui vient renchérir le coût du capital.

Le second effet signifie que les prix ne vont pas augmenter tous dans les mêmes proportions. De nouveau, ceci peut entraîner des distorsions dans la mesure où la variabilité fausse l'interprétation des signaux donnés par les prix relatifs : les agents ne sont plus en mesure de distinguer entre changements relatifs et absolus des prix.

► **L'inflation accroît les coûts de transaction, en incitant les agents à limiter le niveau de leurs encaisses.**

En période d'inflation, le coût d'opportunité de la détention d'encaisses monétaires augmente, dans la mesure où la monnaie n'est pas rémunérée. Les agents économiques vont donc détenir, à chaque instant, le moins de liquidités possible, au prix de voyages plus fréquents à la banque. Ce coût de transaction généré par l'inflation est souvent désigné par l'expression « coût d'usure des semelles » (*shoe-leather*). Bien entendu, ce coût de transaction n'est véritablement significatif qu'en période de forte inflation, marquée par la dépréciation rapide de la valeur de la monnaie.

► **Dans un contexte d'ouverture sur l'extérieur et de changes fixes, l'inflation est souvent condamnée au nom de la compétitivité.**

En effet, en situation de changes fixes, s'il existe un différentiel d'inflation avec les partenaires, le pays voit sa compétitivité se dégrader. Ce principe peut être illustré par un exemple : un entrepreneur vend un bien (standard) 10 € ; la parité de l'euro par rapport au dollar est de 1 $ = 2 € ; notre entrepreneur vend donc son bien 5 $ aux États-Unis ; supposons que l'Europe connaisse un taux d'inflation de 10 % et les États-Unis de 0 % : un an plus tard, l'entrepreneur va vendre son bien 5,5 $ (soit 11/2) et non plus 5 $: il risque de voir sa part de marché diminuer aux États-Unis, au profit de concurrents à moins qu'il ne décide de comprimer sa marge pour maintenir un prix de 5 $.

Cet argument de la compétitivité-prix a été décisif dans la réorientation de la politique française après 1983 : l'existence d'un différentiel d'inflation avec les partenaires européens altérait la compétitivité-prix des exportations françaises, sans que les dévaluations successives ne parviennent à renverser la tendance. C'est pourquoi la politique de rigueur pratiquée après 1983 a consisté à restaurer la compétitivité en limitant l'inflation.

► **D'un point de vue théorique, les effets de l'inflation sur la consommation et l'épargne apparaissent ambivalents.**

Pour ce qui est de la consommation en volume [1], l'inflation peut avoir soit un effet expansif, soit un effet dépressif.

L'effet dépressif de l'inflation est appréhendé au travers de l'**effet Pigou**, dénommé aussi **effet d'encaisses réelles**. Pigou part de l'idée selon laquelle tout agent souhaite détenir un montant d'encaisses constant en valeur réelle. Au niveau macroéconomique, l'encaisse réelle correspond au rapport M/P, avec M la masse monétaire et P le niveau général des prix ; si les prix augmentent, M/P diminue et donc l'agent, pour reconstituer son encaisse, restreint sa consommation.

1. Et donc de l'épargne en volume, puisque S = Y – C.

Mais l'inflation peut aussi stimuler la consommation, par un effet d'anticipation : si les prix augmentent et que l'agent anticipe une accélération de l'inflation, il va avoir tendance à consommer plus, accroissant du même coup le taux d'inflation.

L'inflation influe également sur la forme de l'épargne.

L'inflation a un effet sur l'arbitrage entre détention d'encaisses et placements : l'agent a tendance à réduire son volet d'encaisses pour éviter une perte de pouvoir d'achat ; la thésaurisation cède le pas à l'épargne placée et la vitesse de circulation du revenu augmente.

Ensuite, l'inflation a un effet sur l'arbitrage entre placements financiers et placements en actifs réels : l'agent a tendance à modifier la répartition de son placement en faveur d'actifs réels.

▶ **L'inflation entraîne des modifications dans la répartition des revenus** : certaines catégories d'agents sont pénalisées par l'inflation, d'autres au contraire y gagnent ou ne sont pas affectées par la hausse des prix [1], comme le soulignait Keynes en 1923.

> Une modification des prix et des rétributions dans leur expression monétaire affecte généralement les différentes classes sociales de manière inégale ; elle fait changer la richesse de mains, répand l'abondance ici et ailleurs la gêne, et fait tant et si bien en redistribuant les faveurs de la Fortune que les calculs sont déjoués et les espérances déçues [2].

• **Les agents pénalisés sont ceux dont les rémunérations réelles sont érodées par l'inflation.**

Il s'agit tout d'abord des détenteurs de revenus fixes. Ainsi au milieu du XVIe siècle assiste-t-on à une forte inflation, baptisée « Révolution des prix », qui ruine les officiers à gages, les titulaires de rentes sur l'État, les seigneurs qui faisaient payer la redevance féodale en monnaie fixe.

Il s'agit ensuite des agents dont les revenus sont indexés imparfaitement et avec retard : tel est le cas des retraités dont les pensions vieillesse sont réajustées par périodes ; tel est aussi le cas des salariés, si leurs contrats de travail sont indexés avec retard : Keynes n'hésite d'ailleurs pas à mentionner : « c'est devenu un lieu commun des manuels d'économie politique, que d'affirmer la tendance des salaires à se laisser distancer par les prix, la conséquence étant que les revenus réels des salariés s'amenuisent en période de hausse des prix [3] ».

Il s'agit enfin des agents qui ont placé leur épargne. On constate en effet qu'en période de forte inflation les taux d'intérêt réels sont faibles, voire négatifs, ce qui est pour le moins paradoxal car le taux d'intérêt nominal devrait suivre le taux

1. Cette différenciation des effets de l'inflation sur les agents rend problématique tout jugement sur le caractère « néfaste » ou « bénéfique » de l'inflation : si l'inflation est un mal (le mal étant défini comme une perte de revenu réel), elle ne l'est pas pour tout le monde ; réciproquement, la stabilité des prix présente des avantages pour certaines catégories d'agents.

2. « Les effets sociaux des fluctuations de la valeur de la monnaie », texte repris dans *Essais sur la monnaie et l'économie*, Paris, Payot, 1971.

3. *Ibid.*, 1923.

d'inflation pour maintenir un taux d'intérêt réel constant, si l'on en croit la **relation de Fisher**.

La relation de Fisher

Selon Irving Fisher, le taux d'intérêt nominal (noté r) se compose de deux éléments : le taux d'inflation anticipé par les agents (noté π_a) et le taux d'intérêt réel (noté r_e). On a donc la relation suivante :

$$r = r_e + \pi_a.$$

Lorsque les anticipations ne sont pas parfaites, le taux d'intérêt réel peut différer de sa valeur d'équilibre de long terme. Par exemple, si le taux d'intérêt réel est de 2 % et que les agents anticipent un taux d'inflation de 4 %, le taux nominal s'établira à 6 %. S'il se révèle en fait que le taux d'inflation observé est supérieur au taux anticipé (inflation de 8 %), le taux réel sera négatif, égal à 6 % – 8 %, soit – 2 %.

Plusieurs études empiriques ont tenté de vérifier la robustesse de la relation de Fisher. En particulier, Eckstein et Feldstein ont mis en évidence – dans le cas des États-Unis de 1954 à 1969 – deux résultats :

— un accroissement permanent du taux d'inflation de 1 % se traduit par une augmentation du taux d'intérêt nominal de 0,92 % ;
— la répercussion intégrale des variations de l'inflation n'est pas immédiate.

Dans le cas de la France, on peut dire que la relation de Fisher se vérifie lorsque l'inflation ne connaît pas de brusque accélération ou décélération. En revanche, au cours des années 1970 – et en particulier à l'occasion du premier choc pétrolier –, la hausse de l'inflation a conduit à des taux d'intérêt réels négatifs. Durant les années 1980, la désinflation s'est traduite par une augmentation marquée des taux d'intérêt réels, les taux nominaux ne diminuant pas dans les mêmes proportions que l'inflation. Cette inertie des taux nominaux en période de désinflation peut s'expliquer par l'inertie des anticipations des agents : compte tenu de l'inflation passée, les agents n'ont pas considéré immédiatement les politiques de désinflation comme crédibles.

• **Les agents endettés, et dont les dettes ne sont pas indexées parfaitement et immédiatement, tirent parti de l'inflation** : cette dernière opère un transfert de revenu des créanciers vers les débiteurs.

L'inflation favorise les agents qui sont structurellement emprunteurs, tels les entrepreneurs ou l'État, comme le soulignait Keynes.

> La faculté de taxer les gens en dépréciant la monnaie a toujours été inhérente à la souveraineté de l'État depuis que Rome en fit la découverte [...]. En outre, les bénéfices d'une dépréciation de la monnaie ne sont pas limités au gouvernement. Les fermiers et les débiteurs, ainsi que les personnes obligées de payer des sommes fixes à terme, profitent ensemble de cette évolution [...]. De tels mouvements séculaires qui ont toujours déprécié la monnaie dans le passé ont donc aidé les « hommes nouveaux » à s'affranchir de la mainmorte ; ils profitèrent aux fortunes de fraîche date aux dépens des anciennes et donnèrent à l'esprit d'entreprise des armes contre l'accumulation des privilèges acquis [1].

1. *Ibid.*, 1923.

Ainsi en a-t-il été en 1923 à l'occasion de l'hyperinflation allemande : au lendemain de la Première Guerre mondiale, l'État allemand est lourdement endetté (avec des titres non indexés sur l'inflation), de même que les industriels de la Ruhr et les grands propriétaires terriens (les *Junkers* de Poméranie) ; pour ces agents endettés, l'hyperinflation a permis de liquider leurs dettes... en ruinant les rentiers.

Plus récemment, au cours des Trente Glorieuses, l'inflation en France a permis à de nombreux ménages d'accéder à la propriété par l'emprunt et l'inflation.

> Les emprunts étaient lourds mais l'inflation allégeait chaque année un peu de ce poids. Le calcul est facile à faire : les prêts immobiliers « aidés » (à taux réduits grâce à une prise en charge partielle par l'État) coûtaient environ 5 % alors que la hausse du coût de la vie était de 4 %. Le taux réel, c'est-à-dire le coût de l'emprunt en termes de pouvoir d'achat, était donc de l'ordre de 1 % (voire moins, dans certains cas, lorsque l'inflation s'accélérait sans que les taux puissent être révisés à la hausse) [1].

• **L'État peut aussi tirer parti de l'inflation dans la mesure où la hausse des prix constitue un impôt non voté** (appelé aussi « impôt indolore »).

Ce dernier principe peut être explicité à l'aide d'un exemple. Supposons que les tranches d'imposition d'un pays (fictif) soient les suivantes :

— pour un revenu compris entre 0 et 49 €, le taux d'imposition est nul ;
— pour un revenu compris entre 50 et 99 €, le taux d'imposition est de 5 % ;
— pour un revenu compris entre 100 et 149 €, le taux d'imposition est de 10 %.

Si l'individu A gagne 100 € et que l'inflation est nulle, il paie 10 € d'impôt en valeur réelle ; si l'inflation passe à 100 %, l'individu A paie toujours 10 € (soit 5 € en valeur réelle), alors même que son revenu réel est passé à 50 € : l'inflation conduit à un alourdissement de la charge fiscale, dans la mesure où l'imposition pèse sur le revenu nominal et non sur le revenu réel.

▸ **Il n'existe pas de relation univoque entre l'inflation et la croissance économique.**

Une première position consiste à appréhender l'inflation comme un facteur de croissance : en réduisant les taux d'intérêt réels, l'inflation favorise le recours à l'endettement des entreprises (effet de levier) et des ménages pour financer la consommation et l'investissement. Ainsi, l'inflation rampante qui a prévalu durant la reconstruction et la croissance des « Trente Glorieuses » aurait stimulé la croissance, en favorisant l'essor d'une économie d'endettement.

Une deuxième position considère que l'inflation est le symptôme d'une forte croissance : elle apparaît lorsque les capacités de production tournent à plein et que le facteur travail est entièrement mobilisé.

Une troisième approche montre que l'inflation et la croissance ne sont pas nécessairement liées : la croissance peut être non inflationniste et, à l'inverse, l'inflation peut s'accélérer sans pour autant influer sur le taux de croissance.

1. D. Clerc, « Inflation : qui gagne, qui perd ? », *Alternatives économiques*, mars 1993.

Une quatrième position analyse l'inflation comme un frein à la croissance : en dégradant la compétitivité, l'inflation obère les exportations, qui constituent une partie de la demande globale ; l'inflation, surtout lorsqu'elle est élevée et erratique, crée un climat d'incertitude, qui n'est pas propice à l'investissement ; l'inflation peut entraîner une diminution du taux d'épargne et restreindre en conséquence les possibilités d'investissement, lorsque l'on est en situation d'économie de marchés financiers.

Barro [1] a mené une étude empirique sur la relation entre taux d'inflation et taux de croissance économique, à l'aide de données portant sur plus de cent pays et trois périodes (1965-1975, 1975-1985, 1985-1990) : si, pour l'ensemble de l'échantillon, l'inflation tend à ralentir la croissance économique, on constate que les résultats concernant les pays ayant une inflation inférieure à 20 % ne sont pas significatifs. Cette étude laisse donc à penser que l'influence négative de l'inflation sur la croissance s'exerce surtout dans les cas de fortes inflations.

2. Quant aux effets de l'inflation sur le chômage, ils sont au centre d'une controverse entre keynésiens et monétaristes

► **Pour Keynes, l'inflation ne peut apparaître qu'une fois le plein-emploi atteint** ; inflation et chômage ne peuvent coexister.

> Tant qu'il existe du chômage, l'emploi varie proportionnellement à la quantité de monnaie ; mais, lorsque le plein-emploi est réalisé, les prix varient proportionnellement à la quantité de monnaie.

Cette intuition de Keynes peut être exposée sous la forme d'une **relation en L renversé** (schéma 3, p. 184) : l'axe des abscisses représente le niveau de l'emploi, avec N* la situation de plein-emploi ; l'axe des ordonnées représente le taux d'inflation. Lorsque l'on se situe en deçà de N*, l'ajustement se fait exclusivement par les quantités ; au-delà de N*, la théorie néoclassique reprend ses droits puisque l'ajustement ne se fait plus que par les prix.

► **Au cours des années 1950, les keynésiens de la synthèse se sont appuyés sur les travaux de Phillips pour mettre en évidence une relation inverse entre inflation et chômage.**

Phillips publie en 1958 une étude sur la relation entre le taux de chômage et la variation du salaire nominal en Grande-Bretagne de 1861 à 1957 [2]. Il obtient une relation qui présente quatre caractéristiques essentielles (schéma 4) :

— il s'agit d'une relation décroissante : économiquement, cela signifie que lorsque le taux de chômage est faible, les hausses de salaires sont importantes ; à l'inverse, lorsque le taux de chômage est élevé, les hausses de salaires sont faibles, voire négatives. Cette relation décroissante peut s'expliquer

1. « Inflation and growth », *Review of Federal Reserve Bank of Saint Louis*, mai-juin 1996.
2. « The relation between unemployment and the rate of change of money wage rates in the United Kingdom 1861-1957 », *Econometrica*, 1958.

Schéma 3
Le diagramme en « L renversé »

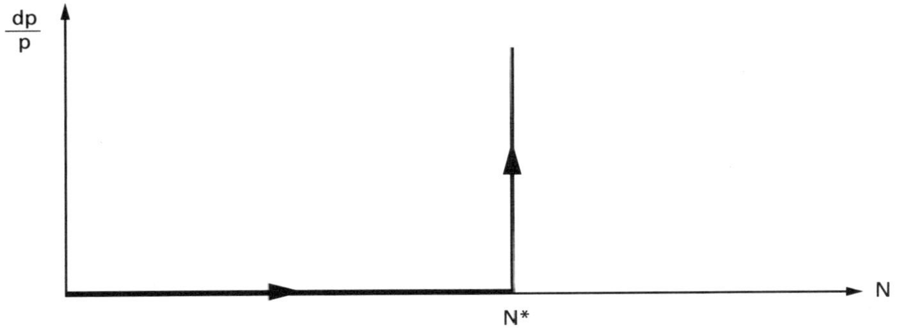

Schéma 4
La relation de Phillips

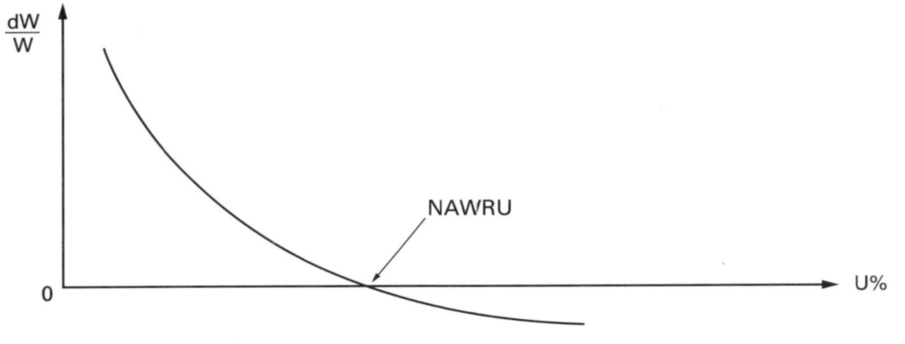

par le pouvoir de négociation des syndicats : lorsque le chômage est élevé, les syndicats ne peuvent obtenir d'augmentations substantielles des salaires ;

— la relation n'est pas linéaire : économiquement, cela signifie que la variation des salaires n'est pas constante selon les niveaux de chômage. Lorsque le taux de chômage est élevé, les salaires sont relativement rigides à la baisse (par exemple parce qu'il existe un salaire minimum) ; en revanche, lorsque le taux de chômage est faible, les salaires sont fortement flexibles à la hausse ;

— la relation entre taux de chômage et variation des salaires est stable : il s'agit d'une relation continue ; à un taux de chômage donné ne correspond qu'une seule variation du salaire nominal ;

— la courbe coupe l'axe des abscisses en un point, correspondant à un taux de chômage de 5,5 % : cela signifie que la stabilité des salaires nominaux au Royaume-Uni au cours de la période considérée nécessite 5,5 % de chômage. Ce point est dénommé **NAWRU** (Non Accelerating Wage Rate of Unemployment).

• **Prolongeant Phillips, les keynésiens Samuelson et Solow [1] postulent l'existence d'une relation d'arbitrage entre inflation et chômage, mettant ainsi la politique économique face à un « cruel dilemme ».**

Samuelson et Solow transforment la relation initiale de Phillips en une relation entre taux de chômage et taux d'inflation. Afin d'opérer le changement d'ordonnée, il est nécessaire d'expliciter la relation qui unit variation des salaires nominaux et variation des prix : dans une logique microéconomique, les hausses de salaires ne génèrent pas d'inflation si elles correspondent à des gains de productivité. En conséquence, les hausses de salaires sont inflationnistes si elles sont supérieures aux gains de productivité. Samuelson et Solow estiment que les gains de productivité au Royaume-Uni au cours de la période 1861-1957 sont de l'ordre de 3 % : pour une hausse des salaires de 3 %, l'inflation doit être nulle (schéma 5).

Schéma 5
La courbe de Phillips revue par Samuelson et Solow

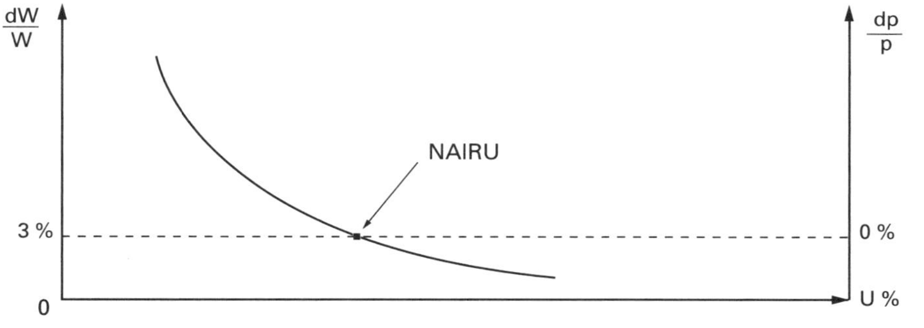

Une fois le changement d'ordonnée effectué, on obtient une relation – souvent baptisée **courbe de Phillips** – qui met en évidence une relation inverse entre chômage et inflation : si le chômage diminue, l'inflation s'accélère ; à l'inverse, si le chômage augmente, l'inflation se ralentit. Un conflit entre stabilité des prix et plein-emploi apparaît, que Samuelson qualifiera de « cruel dilemme ».

La société est mise en demeure de choisir entre un niveau d'emploi raisonnablement élevé, associé à une croissance maximale et à une hausse modérée mais conti-

1. « Analytical aspects of anti-inflation policy », *American Economic Review*, 1960.

nue des prix d'une part, et d'autre part une stabilité raisonnable des prix, mais associée à un degré de chômage élevé.

La courbe de Phillips coupe l'axe des abscisses en un point, baptisé **NAIRU** (Non Accelerating Inflation Rate of Unemployment) : il s'agit du taux de chômage garantissant la stabilité des prix.

Le prolongement de Phillips par Samuelson et Solow constitue l'un des fondements des politiques de relance pratiquées durant les années 1960, à l'image des politiques de *stop and go* mises en œuvre au Royaume-Uni : lorsque le chômage se développe, les pouvoirs publics relancent l'activité, au risque d'un dérapage de l'inflation ; lorsque l'inflation s'accélère, une politique restrictive est menée pour casser l'inflation, ce qui se traduit par une augmentation du chômage.

► Au fondement des politiques keynésiennes, la courbe de Phillips est remise en cause par les monétaristes.

Les monétaristes – au premier rang desquels Friedman [1] – ne pouvaient s'accommoder d'une relation qui justifiait les politiques de relance ; c'est pourquoi ils vont s'attacher à démontrer, en s'appuyant sur le concept d'**anticipations adaptatives**, que l'arbitrage entre inflation et chômage existe à court terme mais disparaît sur le long terme.

Avant d'expliciter le raisonnement des deux auteurs sur le lien qui unit inflation et chômage, il convient de définir préalablement le concept d'anticipations adaptatives : un agent effectue une anticipation adaptative, en contexte d'information imparfaite, lorsqu'il adapte ses prévisions en tenant compte de l'information dont il dispose sur les grandeurs observées dans le passé ainsi que des erreurs d'anticipations commises sur ces valeurs passées.

La formation des anticipations

Keynes est considéré comme le premier auteur ayant mis l'accent sur le rôle des anticipations des agents, dans un contexte d'« incertitude radicale » : songeons à l'analyse keynésienne des décisions d'investissement, fondée sur les anticipations des « esprits animaux ». Mais Keynes n'explicite pas en tant que telle la formation des anticipations, qui sont considérées comme exogènes.

Les économistes postérieurs à Keynes ont explicité les anticipations des agents par une loi de comportement et trois formes principales d'anticipations peuvent être distinguées.

— Les anticipations extrapolatives : selon Metzler, la valeur anticipée d'une variable à la période t dépend de sa valeur en $t-1$ et de la tendance d'évolution de la variable ; dans le cas des prix, le prix anticipé en t (noté) est égal à :

$$P_t^a = P_{t-1} + \alpha(P_{t-1} - P_{t-2}).$$

Le coefficient α correspond à un coefficient d'anticipation : si α est positif, cela signifie que l'on estime que la tendance va se prolonger ; à l'inverse, si α est négatif, on anticipe un renversement de tendance ; si α est nul, l'agent estime que l'évolution de la variable est identique à celle observée aujourd'hui.

1. « The role of monetary policy », *American Economic Review*, 1968.

— Les anticipations adaptatives : selon Cagan (repris ensuite par Friedman), l'évolution anticipée d'une variable à la période t dépend des anticipations formées dans le passé et des erreurs commises sur ces anticipations. Dans le cas de l'inflation anticipée, l'agent effectue une moyenne pondérée des taux d'inflation passés (avec des coefficients de pondération décroissants dans le temps), en tenant compte des écarts entre ces taux d'inflation passés et les prévisions qu'il avait effectuées ; en raisonnant sur deux périodes, le taux d'inflation anticipé en t () est égal au taux d'inflation anticipé en $t-1$ () corrigé de l'erreur de prévision constatée en $t-1$:

$$P_t^a = P_{t-1}^a - \beta(P_{t-1} - P_{t-1}^a).$$

Le coefficient β est appelé coefficient d'adaptation. Si β est nul, cela signifie que l'argent effectue la même anticipation à chaque période : l'agent est donc totalement myope puisqu'il ne corrige pas ses erreurs.

— Les anticipations rationnelles : les agents forment des anticipations rationnelles, dès lors qu'ils tirent parti de toute l'information disponible (et non plus seulement des informations passées) pour établir leurs prévisions ; en conséquence, les agents ne font pas d'erreurs systématiques de prévision, comme dans les cas d'anticipations adaptatives. Pour tirer parti de toute l'information disponible, les agents doivent disposer d'un même schéma interprétatif ; la nouvelle école classique suppose qu'ils connaissent le « bon » modèle de l'économie, en l'occurrence le modèle néoclassique (économie à l'équilibre, prix flexible, etc.) : ils savent par exemple qu'un accroissement de la masse monétaire doit – toutes choses égales par ailleurs – se traduire par une hausse équivalente du niveau général des prix. Soulignons ici le caractère autoréalisateur des anticipations rationnelles : si les agents croient à la théorie quantitative... cette dernière est validée par le comportement.

Formellement, l'hypothèse d'anticipations rationnelles s'écrit, dans le cas des anticipations de prix :

$$P_t^a = E(P_t / A_{t-1})$$

La valeur anticipée des prix en t () est égale à l'espérance mathématique E des prix qui se réaliseront en t, compte tenu de l'ensemble d'information A dont disposent les agents en t-1 ; comme l'espérance d'erreur entre P et P_t est nulle, les agents ne se trompent pas systématiquement.

Friedman suppose en outre que le NAIRU correspond à un « taux de chômage naturel », défini comme « le taux qui découlerait du système walrasien d'équilibre général si les caractéristiques structurelles effectives des marchés des biens et du travail y étaient intégrées, notamment les imperfections du marché, la variabilité aléatoire des offres et des demandes, le coût de collecte de l'information sur les emplois vacants, les coûts de mobilité, etc. ». Ce taux de chômage naturel est supposé stable et unique pour un pays donné : le taux de chômage effectif « gravite » autour du taux de chômage naturel. Friedman envisage le chômage naturel comme un phénomène essentiellement structurel (inadéquations entre offres et demandes d'emploi) et frictionnel (comportement de recherche d'emploi) ; cette hypothèse s'inscrit en rupture avec la vision keynésienne, fondée sur la possibilité d'un chômage conjoncturel.

Partant de ces hypothèses, l'instabilité de la relation de Phillips peut être explicitée à l'aide d'un exemple (schéma 6). Supposons que le gouvernement s'engage dans une relance monétaire (baisse du taux d'intérêt) ; en vertu de la théorie quantitative, la relance monétaire se traduit par une accélération de l'inflation, qui entraîne elle-même une baisse du salaire réel (*w*/*p*). À court terme cependant, les agents sont victimes de l'illusion monétaire : ils ne s'aperçoivent pas immédiatement que leur salaire réel a baissé ; compte tenu de cette diminution du salaire réel, les entrepreneurs augmentent leur demande de travail et le taux de chômage baisse en dessous de son niveau naturel. À court terme, on obtient bien une relation décroissante entre chômage et inflation (sur le graphique, nous passons du point A au point B). Mais cet arbitrage n'est pas durable : dans un second temps, les agents anticipent la hausse des prix et réclament un réajustement salarial ; le salaire réel retrouve son niveau de départ et l'on revient au taux de chômage naturel mais avec un taux d'inflation plus élevé (sur le graphique, nous passons du point B au point C).

Schéma 6
L'instabilité de la courbe de Phillips selon les monétaristes

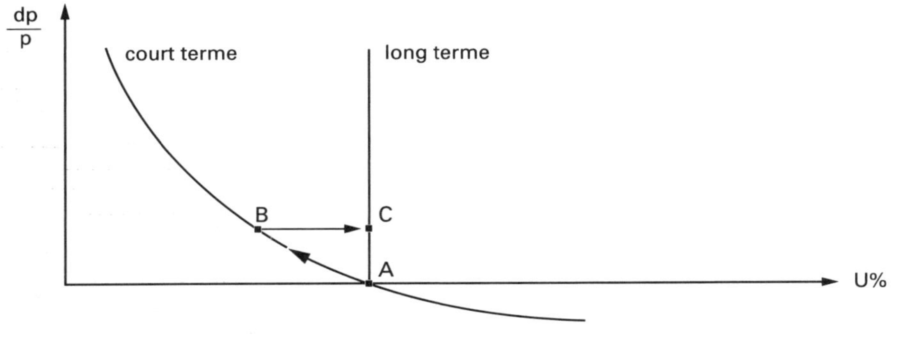

Il apparaît donc que la relance est efficace à court terme mais n'a aucun effet réel à long terme sur le taux de chômage : à long terme, la courbe de Phillips est représentée par une droite verticale. Si un gouvernement souhaite faire baisser durablement le chômage en dessous du taux naturel, il ne peut le faire qu'au prix d'une accélération de l'inflation.

• **Prolongeant les monétaristes, les nouveaux classiques vont procéder à la critique radicale de la relation de Phillips : il n'existe pas d'arbitrage entre inflation et chômage, que ce soit à court terme ou à long terme.**

Le courant des nouveaux classiques (Lucas, Muth, Sargent, Wallace, Barro) constitue une radicalisation de l'analyse friedmanienne de la courbe de Phillips. Ces auteurs partent de l'hypothèse selon laquelle les agents procèdent par **anticipations rationnelles**, c'est-à-dire anticipent parfaitement les conséquences d'une décision (en l'occurrence ici une relance monétaire) : les agents ne sont donc jamais victimes de l'illusion monétaire.

Dans ces conditions, si l'État mène une politique monétaire expansive, les agents anticipent immédiatement l'augmentation du taux d'inflation et réclament aussitôt des hausses de salaires : la relance n'a aucun effet sur le chômage, que ce soit à court terme ou à long terme, et se traduit uniquement par une accélération de l'inflation. La courbe de Phillips est une droite verticale, à court terme et à long terme (sur le schéma 6, on passe directement du point A au point C). Le seul moyen de « tromper » les agents (et donc de rendre la relance efficace à court terme) consisterait à les « prendre par surprise », en annoncant par exemple une politique de stabilité monétaire tout en procédant à une relance !

• **Les thèses monétaristes ont retenu l'attention, à l'occasion de la crise des années 1970, marquée précisément par l'instabilité de la relation de Phillips.**

En effet, comme le met en évidence le schéma 7, l'arbitrage entre inflation et chômage est invalidé dans les pays de l'OCDE à partir de la fin des années 1960 : entre 1969 et 1974, chômage et inflation augmentent simultanément (phénomène dénommé **stagflation**) ; entre 1983 et 1986, chômage et inflation diminuent de concert ; entre 1986 et 1991, on retrouve une relation inverse entre les deux variables... mais à un niveau très différent de celui observé entre 1960 et 1969 : la courbe de Phillips a ainsi opéré une translation vers la droite[1].

Schéma 7
La courbe de Phillips dans les pays de l'OCDE

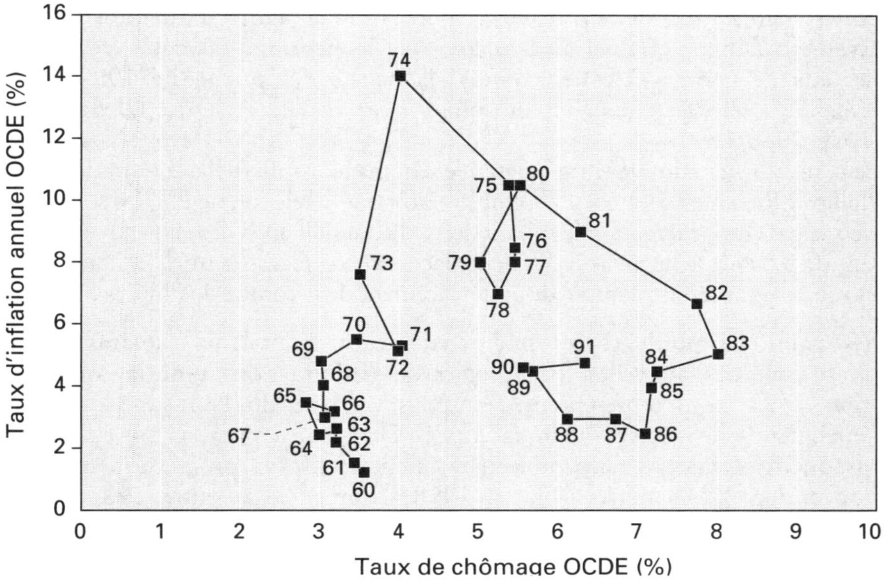

1. Cela signifie donc que le NAIRU a augmenté : il faut aujourd'hui un taux de chômage plus élevé pour assurer la stabilité des prix.

• **Face à ces remises en cause théoriques et empiriques, les keynésiens contemporains ont avancé plusieurs arguments pour rendre compte de l'instabilité de la relation de Phillips.**

En premier lieu, la stagflation observée au niveau macroéconomique dans les années 1970 résulte de l'agrégation de logiques sectorielles différenciées en matière d'inflation et de chômage : certains secteurs de l'économie se trouvent en situation d'excès d'offre, ce qui provoque du chômage, tandis que d'autres secteurs sont confrontés à une situation d'excès de demande, ce qui crée des tensions inflationnistes. Par effet d'agrégation, on aboutit au niveau global à une accélération de l'inflation et du chômage.

Une seconde thèse keynésienne [1] attribue la stagflation aux chocs pétroliers de 1974 et 1979. La hausse du prix du pétrole engendre une inflation importée et déprime l'activité économique, selon un mécanisme de multiplicateur d'importation : l'augmentation du prix du pétrole équivaut à un transfert de revenu de pays à forte propension à consommer vers des pays à faible propension à consommer (en l'occurrence les pays de l'OPEP).

► **La conjugaison d'un faible chômage et d'une faible inflation aux États-Unis durant les années 1990 a relancé le débat sur la relation de Phillips.**

En effet, les États-Unis ont connu au cours de la décennie 1990 une croissance économique forte et continue accompagnée d'un taux de chômage historiquement faible (4,2 % en 1999) ; pourtant, le taux d'inflation est resté relativement faible et stable, alors même que les tensions salariales (résultant du faible taux de chômage) étaient vives : la hausse des prix entre 1992 et 2000 s'est établie à 2,6 % par an en moyenne, alors qu'elle était de 3,9 % au cours du cycle 1983-1990.

Cette relation paradoxale entre inflation et chômage signifie-t-elle la mort de la courbe de Phillips ? Rien n'est moins sûr. Il semble plutôt que la relation de Phillips se soit déplacée vers la gauche (schéma 8) : le niveau du NAIRU aurait ainsi diminué aux États-Unis, passant de 5,5 % à 4 % environ. Plusieurs facteurs, à la fois structurels et conjoncturels, sont avancés pour rendre compte de ce déplacement de la courbe de Phillips :

— les gains de productivité sont repartis aux États-Unis, notamment sous l'influence des nouvelles technologies de l'information et de la communication (NTIC) qui représentent désormais un tiers du PNB américain et qui « irriguent » le secteur manufacturier. On peut constater en effet que la productivité horaire dans le secteur manufacturier a progressé à un rythme moyen de 3,4 % entre 1992 et 1998, contre 2,6 % entre 1983 et 1990. Qui plus est, la croissance de la productivité apparaît relativement régulière dans les années 1990, alors qu'elle présente en général un profil cyclique (au début d'une phase ascendante, les gains de productivité sont forts puis se réduisent). Ces gains de productivité permettent des hausses de salaires

1. A. Fonteneau, P.-A. Muet, *La gauche face à la crise*, Paris, Presses de la FNSP, 1987.

(liés aux tensions sur le marché du travail) qui ne débouchent pas sur des hausses de prix ;
- à court terme, sur les marchés oligopolistiques (où les firmes disposent d'un pouvoir de marché), les firmes ne répercutent pas les hausses de salaires sur les prix mais ajustent leurs marges à la baisse ;
- les tensions salariales sont amoindries par le sentiment de précarité qui règne sur le marché du travail, notamment pour la main-d'œuvre non qualifiée ;
- la hausse des prix est limitée par la pression de la concurrence étrangère ;
- pour les firmes, le salaire n'est pas l'unique coût de production : en effet, la forte valorisation de la bourse et le faible niveau des taux d'intérêt par rapport à la rentabilité de l'investissement impliquent une forte réduction du coût du capital. De surcroît, en 1997 et 1998, le prix des consommations intermédiaires (matières premières) a fortement diminué ;
- la réduction très sensible du coût de la protection sociale à la charge des employeurs a permis de contenir la montée des coûts salariaux ;
- aux États-Unis se développent au cours des années 1990 de nouvelles formes de rémunération, particulièrement pour les travailleurs très qualifiés : la distribution de stock-options (près d'un tiers des salariés américains en disposent) a nettement diminué les revendications salariales aux États-Unis, en dépit d'un faible chômage.

Schéma 8

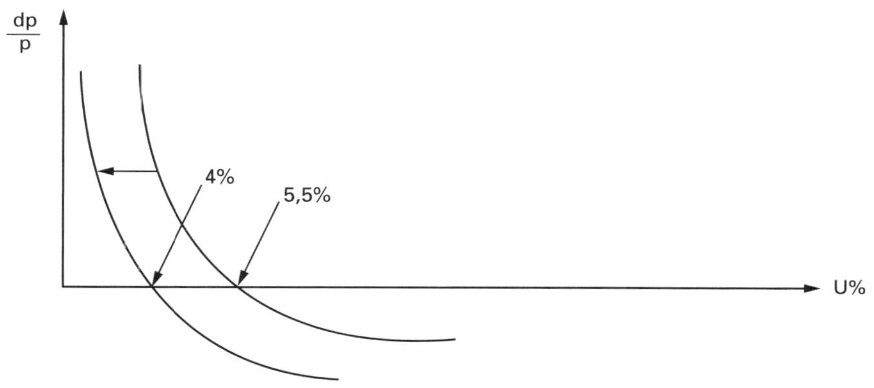

Ces différentes causes amènent certains économistes à conclure que la relation inflation-chômage s'est distendue aux États-Unis durant les années 1990 mais qu'elle reste bien présente : selon Krugman, l'économie américaine n'aurait pu croître indéfiniment à un taux de 4 % par an avec un taux de chômage inférieur à 5 % sans que l'inflation ne reparte un jour.

IV. La désinflation et les politiques de lutte contre l'inflation

Les pays de l'OCDE – et la France tout particulièrement – se sont engagés durant les années 1980-1990 dans des politiques qualifiées de « désinflation compétitive » : selon ses défenseurs, la désinflation constituerait la condition nécessaire (et suffisante ?) à la reprise de la croissance et de l'emploi. Nous nous interrogerons sur les fondements théoriques de cette stratégie, avant d'en mettre en évidence les limites.

1. Objet d'un consensus durant les années 1980, la désinflation compétitive a vu son efficacité remise en question

► **La désinflation compétitive a été présentée comme la condition de long terme de reprise de la croissance et de l'emploi.**

S'inscrivant dans une perspective néoclassique mais aussi guidée par les contraintes de l'ouverture sur l'extérieur, la désinflation devait permettre tout à la fois de restaurer la profitabilité et la compétitivité des entreprises, de limiter le développement d'une économie d'endettement et d'encourager les comportements d'épargne, perçus comme un préalable à l'investissement.

• **La désinflation, en restaurant la compétitivité, devait permettre une reprise de la croissance tirée par les exportations.**

Comme nous l'avons vu précédemment, tout différentiel d'inflation positif avec un partenaire dégrade la compétitivité-prix en situation de changes quasi fixes. Il est vrai que le pays qui fait plus d'inflations que son partenaire peut toujours choisir la solution de la dévaluation [1] ; mais cette mesure, largement utilisée en France jusqu'en 1987, présente trois effets pervers : elle crée de l'inflation importée ; elle entraîne une sortie de capitaux ; elle pose un problème de crédibilité à la monnaie nationale, ce qui oblige à augmenter les taux d'intérêt et à offrir aux investisseurs une prime de risque.

• **La désinflation devait entraîner une reprise de l'investissement, par la restauration des profits et par l'augmentation du taux d'épargne [2].**

Au cours des années 1970, l'inflation s'est accompagnée en France d'une modification de la répartition de la valeur ajoutée en faveur des salariés : on assiste en effet à une baisse du taux de marge des sociétés (défini comme le rapport de l'excédent brut d'exploitation sur la valeur ajoutée), qui passe de 30 % en 1970 à 24 % en 1982. Cette altération des marges est présentée comme l'une des causes de la faiblesse de l'investissement : selon la formule du chancelier Schmidt, « les profits d'aujourd'hui sont les investissements de demain, qui sont les emplois d'après-demain ». Précisément, la désinflation, par la désindexation des salaires et la politique de rigueur salariale, a permis après 1983 de restaurer les taux de marge.

1. Pour une analyse de la dévaluation, nous renvoyons le lecteur au chapitre 7.
2. Pour une analyse des déterminants de l'épargne et de l'investissement, nous renvoyons le lecteur au chapitre 1.

Pourtant, l'investissement ne repart pas immédiatement et il faut attendre 1987 pour voir de nouveau le taux d'investissement (défini comme le rapport de la FBCF sur la valeur ajoutée) augmenter : la restauration des taux de marge apparaît comme une condition nécessaire mais non suffisante à la reprise de l'investissement.

De même, les années 1980 sont marquées par la diminution du taux d'épargne des ménages, qui passe de 19 % en 1970 à 12 % en 1988 ; la désinflation, en augmentant les taux d'intérêt réels, devait favoriser la substitution consommation/épargne (volume de l'épargne) et monnaie/actifs financiers (forme de l'épargne). Dans les faits, on assiste bien en France à la hausse des taux d'intérêt réels dès le milieu des années 1980, mais cette augmentation n'a pas entraîné une remontée sensible du taux d'épargne des ménages avant 1988 [1].

► **Durant les années 1990, le maintien d'un taux de chômage élevé, notamment en France, et la faiblesse de la croissance soulignent les limites de la désinflation.**

Face aux résultats mitigés de la désinflation compétitive, plusieurs positions ont été adoptées.

Une première approche considère que la désinflation n'a pas atteint pleinement ses objectifs, dans la mesure où elle n'a pas été accompagnée par des réformes structurelles de l'économie, en particulier au niveau du marché du travail. Telle est la thèse développée par l'OCDE, selon laquelle le maintien de rigidités salariales en Europe ne permet pas de faire reculer le chômage de masse.

Une seconde attitude, plus critique, a consisté à montrer que les effets vertueux de la désinflation sont limités et nécessitent du temps : telle est la thèse développée par plusieurs économistes du groupe de politique internationale de l'OFCE, au rang desquels Solow, Fitoussi, Blanchard. Selon ces économistes [2], la désinflation compétitive repose sur un enchaînement macroéconomique qui pose problème : la politique de rigueur (politique monétaire et budgétaire restrictive) doit entraîner à court terme un accroissement du chômage, lequel permettra de modérer les hausses de salaires ; la modération salariale devrait se traduire par une faible inflation, permettant des gains de compétitivité-prix ; la restauration de la compétitivité se traduira à long terme par une reprise des exportations, laquelle influe positivement sur l'emploi (schéma 9).

• **La stratégie de désinflation suppose que l'augmentation du chômage conduise rapidement à la modération salariale et que cette dernière se répercute sur les prix** – cf. relations (1) et (2) du schéma 10. Le problème est que cet enchaînement risque de prendre du temps si le chômage est déjà à un niveau élevé ; en effet, conformément à l'hypothèse d'effet d'hystérésis, l'existence d'un fort taux de chômage s'accompagne d'une proportion importante de chômeurs de longue durée, qui influent peu sur les négociations salariales :

1. Sur l'évolution du taux d'épargne des ménages, voir le chapitre 1.
2. *La désinflation, le mark et l'Europe*, Paris, Presses de la FNSP, 1992.

Schéma 9
L'enchaînement de la désinflation compétitive

politique restrictive ⟶ hausse du chômage à court terme —(1)⟶
modération salariale —(2)⟶ inflation modérée —(3)⟶
gains de compétitivité ⟶ reprise des exportations ⟶
hausse de la production ⟶ reprise de l'emploi ⟶ baisse du chômage (à long terme)

Si une fraction importante de ceux qui se retrouvent sans emploi sont, en pratique, exclus du marché du travail, la pression qu'exerce le chômage sur ceux qui ont conservé le leur – et participent donc aux négociations salariales – sera bien moindre que ne le suggère le haut niveau du taux de chômage mesuré. Dès lors, il se peut que le chômage exerce une pression de moins en moins forte sur les salaires, ce qui produirait un « grippage » progressif du processus d'ajustement.

La stratégie de désinflation compétitive implique de surcroît que la modération salariale soit répercutée sur le prix des produits. Or les entrepreneurs peuvent adopter des comportements de marge, c'est-à-dire ne pas réviser leurs prix à la baisse pour réaliser un profit supérieur par unité vendue.

• **La stratégie de désinflation compétitive suppose que les gains de part de marché soient uniquement déterminés par les prix.**

En effet, la compétitivité dont il est question ici ressort de la compétitivité-prix, ce qui rend les performances à l'exportation très dépendantes des évolutions de change ; de surcroît, la capacité à exporter peut aussi résulter d'une spécialisation hors prix, fondée sur la qualité des produits, l'orientation géographique et sectorielle des exportations.

Qui plus est, la stratégie de désinflation n'a de sens que si les autres pays ne font pas de même, puisqu'elle repose sur un différentiel d'inflation : on voit donc que les gains de cette politique pour un pays sont conditionnés par les choix de politique économique des pays partenaires.

• **Les effets de la désinflation sur l'investissement sont ambivalents.**

La restauration des taux de marge, si elle est une condition nécessaire, ne constitue cependant pas une condition suffisante à la reprise de l'investissement. L'investissement est aussi fonction des taux d'intérêt réels et de la demande anticipée (effet d'accélération) ; or la désinflation se traduit à court terme par une augmentation des taux d'intérêt réels et nécessite une politique de rigueur salariale qui limite la consommation.

▶ **Dans un contexte de faible inflation, la véritable question aujourd'hui est de savoir si les pays développés doivent rechercher l'inflation zéro.**

Cette question a suscité aux États-Unis de vifs débats, en particulier à la suite des travaux d'Akerlof, Dickens et Perry (1996) [1]. Selon ces auteurs, les coûts réels pour aboutir à une inflation proche de zéro risquent d'être importants, compte tenu de la rigidité des salaires nominaux. En situation d'inflation modérée et de gains de productivité, les firmes en difficulté peuvent toujours réduire les charges salariales en accordant des augmentations de salaire inférieures à la moyenne. Mais lorsque l'inflation et la croissance de la productivité sont proches de zéro, la seule manière de réduire le poids relatif des salaires est de diminuer le montant des rémunérations. Or les études empiriques montrent que les employeurs ne réduisent presque jamais les rémunérations : il existe une rigidité à la baisse des salaires nominaux. La seule solution est alors pour l'entrepreneur en difficulté de licencier de la main-d'œuvre. Le coût d'une faible inflation, en présence de faibles gains de productivité, serait alors un accroissement du chômage.

De plus, une faible inflation permet de redonner de l'efficacité à une politique d'expansion monétaire. En effet, en période de récession, les gouvernements peuvent tenter de relancer l'activité économique en diminuant les taux d'intérêt à court terme. Cette politique se heurte toutefois au fait que les taux d'intérêt nominaux ne peuvent, par définition, être négatifs. Lorsque les taux d'intérêt nominaux sont proches de leur plancher, le seul moyen de stimuler la création monétaire consiste à jouer sur le taux d'intérêt réel, grâce à la présence d'une faible inflation.

• **Dans un contexte de faible croissance, la crainte d'une déflation a même ressurgi dans plusieurs pays développés durant les années 2000.**

En effet, le Japon a connu un processus de « déflation de crise » : la récession économique, entamée depuis le début des années 1990, s'est accompagnée après 1999 d'une baisse du niveau général des prix. De même, durant les années 2001-2003, des pays comme l'Allemagne et les États-Unis ont craint d'entrer dans la déflation. La déflation de crise suit un scénario relativement simple : au départ, on assiste à la formation d'une **bulle mobilière et immobilière**, entretenue par un endettement massif et un certain laxisme des autorités monétaires. Lorsque la bulle explose, les agents endettés voient la valeur de leurs actifs se déprécier et se lancent dans une « course à la liquidité » : les ventes massives d'actifs entraînent une chute de leur prix, ce qui conduit à augmenter l'endettement des agents en valeur réelle. Un processus de contraction de la demande s'enclenche alors :

— les agents endettés n'ont plus les capacités financières d'investir et doivent faire face au **rationnement du crédit** de la part de leurs créanciers. En effet, les banques se retrouvent confrontées à la multiplication des créances douteuses, adoptent une politique restrictive en matière d'octroi de nouveaux crédits et exigent parfois le remboursement anticipé des dettes ;
— pour ce qui est des agents non endettés, ils anticipent une baisse future des prix et reportent de ce fait leurs décisions d'investissement et de consommation. De plus, dans un contexte de déflation, ceux qui peuvent encore emprunter doivent faire face à des taux d'intérêt élevés en valeur réelle.

1. « The macro-economics of low inflation », *Brookings Papers on Economic Activity*, vol. 1.

Cet enchaînement récessioniste présente un caractère auto-entretenu, comme le soulignait déjà Irving Fisher dans les années 1930 avec sa thèse de « la déflation par la dette » : la contraction de la production et des prix limite la demande globale, ce qui accroît en retour la récession ; après la chute du prix des actifs financiers et immobiliers, la baisse des prix se diffuse pour toucher l'ensemble des secteurs de l'économie (industrie, services).

Face à la déflation, la plupart des économistes s'accordent à penser que les politiques curatives se révèlent peu efficaces et qu'il faut en réalité intervenir en amont du processus de déflation, au moyen de politiques préventives [1]. Par exemple, une fois qu'un pays est entré dans la déflation, la politique monétaire expansive risque d'être impuissante à relancer l'activité économique, compte tenu des anticipations négatives des agents. Dans le cas du Japon, la Banque centrale japonaise n'a diminué ses taux d'intérêt qu'à partir de 1995, alors même que l'entrée en récession et l'explosion de la bulle immobilière dataient du début des années 1990.

Afin de prévenir la déflation, un pays peut mener une politique monétaire accommodante. Tel a été par exemple le choix de la Réserve fédérale américaine qui n'a pas hésité, après l'explosion de la bulle boursière en 2001, à baisser les taux d'intérêt à plusieurs reprises : le taux principal de refinancement est passé de 6 % en 2001 à 1 % en juin 2003, ce qui correspond à son plus bas niveau depuis 1958. Cette fonction préventive de la politique monétaire suppose toutefois que les objectifs finaux et intermédiaires des banques centrales soient élargis :

- l'objectif final de stabilité des prix doit être symétrique : il s'agit non seulement de prévenir l'inflation mais également le risque de déflation ;
- dans l'analyse de l'évolution du taux d'inflation, la Banque centrale doit tenir compte de la déformation des prix relatifs, notamment entre l'industrie et les services. Un taux d'inflation positif peut en réalité masquer un processus de déflation sectorielle ;
- les Banques centrales pourraient tenir compte de l'évolution du prix des actifs financiers (voire immobiliers) dans la détermination de leur politique monétaire, afin d'éviter la formation de bulles spéculatives.

La prévention de la déflation passe également par une politique budgétaire fortement contra-cyclique : de nouveau, les États-Unis n'ont pas hésité à mener une politique de forts déficits publics après 2001, pour tenter de relancer l'activité économique. Ce type de politique se heurte toutefois au comportement des agents privés, et notamment des ménages, qui peuvent réagir à l'endettement public en augmentant leur taux d'épargne (effet dit « Ricardo-Barro »).

2. Pour mener à bien la désinflation, les pouvoirs publics disposent d'instruments génériques et spécifiques

Deux catégories d'instruments peuvent être mobilisées pour lutter contre la dérive inflationniste : les pouvoirs publics peuvent recourir tout d'abord aux instru-

1. Voir en particulier : Cercle des économistes [2003], *Déflation : quel danger ? quelles protections ?*, Cahier n° 1.

ments macroéconomiques de régulation de l'activité que constituent la politique monétaire et la politique budgétaire ; mais la lutte contre l'inflation peut aussi nécessiter le recours à des instruments spécifiques, tels que la politique des revenus ou la politique de contrôle des prix.

Avant d'étudier plus en détail ces différents instruments, précisons que la désinflation n'est souvent pas le seul fait de la politique économique mais résulte aussi d'un environnement international favorable. Ainsi, le contrechoc pétrolier, entamé dès 1982, puis la baisse du cours du dollar après 1985 ont facilité la tâche des gouvernements européens en matière de lutte contre l'inflation.

► Une politique monétaire restrictive peut permettre de combattre l'inflation par la demande et les anticipations d'inflation [1].

Dans les phases d'emballement de l'activité économique, les autorités monétaires peuvent limiter la création monétaire, soit en augmentant le taux d'escompte, le taux de réserves obligatoires ou les taux directeurs, soit en encadrant le crédit.

Dans le cas de la France, la politique monétaire restrictive a été utilisée à plusieurs reprises comme instrument de lutte contre l'inflation. Par exemple, le plan de stabilisation de Giscard d'Estaing de septembre 1963 prévoyait une hausse du taux d'escompte ainsi qu'un renforcement de l'encadrement du crédit (voir encadré). De même, le plan Barre de 1976 fixait des normes de croissance de la masse monétaire, en jouant sur l'encadrement du crédit.

Un exemple de plan de stabilisation : le plan de 1963

L'année 1963 est marquée par un regain de l'inflation, en particulier à la suite du rapatriement d'un million de personnes d'Algérie, qui crée une augmentation de la demande intérieure.

Pour lutter contre la dérive inflationniste, le ministre des Finances V. Giscard d'Estaing présente le 12 septembre 1963 son « plan de stabilisation », qui combine des mesures très diverses :

- une première série de mesures relève de la politique des prix : à compter du 13 septembre les prix à la production de tous les produits manufacturés ne peuvent dépasser les prix effectivement pratiqués le 31 août 1963 ;
- en matière bancaire, le taux limite d'accroissement annuel des crédits est ramené de 12i % à 10i % et les sanctions applicables en cas de dépassement sont renforcées ; de plus, le taux d'escompte de la Banque est relevé le 11 novembre 1963 de 3,5 à 4i % ;
- en matière de finances publiques, il est décidé de réduire le découvert de l'exercice de 7 milliards à 6 milliards de francsi ; de plus, l'accroissement des dépenses publiques d'une année sur l'autre est limité à un chiffre inférieur à 7i %, ce qui correspond à l'accroissement en valeur du PNB prévu pour l'année à venir.

De même, après le tournant de la rigueur de 1983, la politique monétaire restrictive a constitué l'un des instruments de la « désinflation compétitive ».

De manière plus théorique, la politique monétaire restrictive permet de lutter contre l'inflation lorsqu'elle est perçue par les agents comme crédible. Pour renfor-

1. Pour une analyse des instruments de la politique monétaire, nous renvoyons le lecteur au chapitre 7.

cer la crédibilité de la politique monétaire, les gouvernements ont eu recours à partir des années 1980 à des solutions telles que l'indépendance des banques centrales : une banque centrale juridiquement indépendante du pouvoir politique n'est plus soumise à la « tentation » de l'inflation à l'approche des élections afin de faire baisser transitoirement le chômage [1].

▸ **De son côté, une politique budgétaire axée sur la réduction des dépenses et le financement non monétaire du déficit peut participer à la lutte contre l'inflation par la demande.**

À l'occasion du plan de stabilisation de Giscard d'Estaing en septembre 1963, des mesures de réduction du déficit public par réduction des dépenses étaient prévues ; de même, le plan Barre de 1976 fixait une limite au déficit public (1 % du PIB contre 2,5 en 1975) et prévoyait un financement du déficit par l'emprunt à long terme : de 1977 à 1980, 93 % des besoins de financement résultant du déficit budgétaire étaient couverts par des voies non monétaires.

▸ **Parallèlement à ces instruments génériques, les économistes ont préconisé le recours à des outils spécifiques pour combattre l'inflation.**

• **La politique de contrôle des prix a été longtemps pratiquée en France après 1945, avec plus ou moins de fermeté (taxation, liberté surveillée, blocage partiel ou total des prix)** [2].

Sous la IVe République, les prix ont été continuellement réglementés, à la suite des ordonnances de juin 1945, que ce soit sous les gouvernements Pleven, Pinay ou Mollet. De même, sous la Ve République, le contrôle des prix a été instauré en 1976 par R. Barre, à l'occasion d'un plan de lutte contre l'inflation ; en 1982, le gouvernement Mauroy instaure à son tour le blocage des prix, à la suite de la dévaluation de juin 1982.

Cet instrument réglementaire présente l'avantage de stopper sur le moment la flambée des prix de manière efficace, mais il engendre à son tour des effets pervers :

— la sortie du contrôle des prix (voire du blocage) est toujours une période périlleuse dans la mesure où les effets de rattrapage risquent de jouer, en particulier dans les secteurs où la concurrence est peu intense (secteur abrité) ; ainsi, sous la présidence de Richard Nixon, le contrôle des prix a été établi pour la première fois : si l'inflation a été ralentie momentanément, elle est repartie lorsque les mesures ont été supprimées ;

1. Le thème de la crédibilité de la politique économique est développé dans le chapitre 5 et son application à la politique monétaire est présentée au chapitre 7.

2. Comme le souligne M. Pébereau : « Le domaine des interventions publiques en matière de prix est l'un de ceux dans lesquels la France a fait preuve de la plus grande imagination. Cela s'explique sans doute par la quasi-permanence des tensions inflationnistes dans notre pays, et la tentation constante de la combattre en combinant des politiques macroéconomiques, analogues à celles que pratiquent les autres grands pays industrialisés, et des actions microéconomiques, à vrai dire peu compatibles avec une économie de marché » (*La politique économique de la France*, Paris, Armand Colin, 1985).

— l'annonce d'un blocage des prix peut inciter les agents à opérer des hausses de prix préventives ;
— la politique de contrôle des prix (ou de blocage) s'applique difficilement au secteur des services, dans la mesure où les prix pratiqués dans le tertaire sont très disparates et difficiles à connaître avec précision.

• **La politique des revenus a constitué la deuxième composante des instruments spécifiques dont dispose l'État pour lutter contre l'inflation.**

Née en France au cours des années 1960 sous l'impulsion de Pierre Massé, cette politique visait à obtenir une progression des revenus compatible avec la stabilité des prix et s'appuie sur :

— la définition de règles en matière de hausse de salaires : en particulier, les augmentations de salaires doivent être fonction des gains de productivité ;
— l'évolution du salaire minimum (le SMIC) : en limitant la revalorisation du SMIC, les pouvoirs publics « donnent le ton » sur ce que doivent être les évolutions de salaires dans le secteur privé ;
— le blocage des salaires : cette politique a été utilisée en France en juin 1982 sous le gouvernement Mauroy, avec – pour la première fois depuis 1958 – le blocage de tous les salaires des secteurs public et privé, suivi d'une désindexation des salaires dans le secteur public.

• **La politique de concurrence permet également de lutter contre les tensions inflationnistes, en limitant les distorsions de prix induites par l'imperfection des marchés (oligopole, monopole).**

Très usitée aux États-Unis, la politique de concurrence est apparue assez tardivement en France. Jusqu'en 1986, la législation française est restée très limitée en ce domaine (décrets Laniel en 1953, ordonnance de 1967 et loi Royer de 1973).

Toutefois, à la suite de l'abrogation de la réglementation des prix en 1986, la politique de concurrence a connu un nouvel élan avec l'ordonnance du 1er décembre 1986, qui comprend plusieurs dispositions de nature à éviter toute distorsion des prix défavorable au consommateur :

— la pratique des prix imposés par les producteurs aux distributeurs est interdite, dans la mesure où elle remet en cause le principe de libre fixation des prix ;
— les pratiques discriminatoires entre fournisseurs et distributeurs sont prohibées, en particulier en matière de prix ;
— les ententes – notamment en matière de prix – sont condamnées « lorsqu'elles ont pour objet ou peuvent avoir pour effet d'empêcher, de restreindre ou de fausser le jeu de la concurrence sur un marché » ;
— les abus de position dominante sont prohibés, notamment lorsqu'ils ont pour effet de conduire à des prix excessifs.

Approfondir

LECTURES

- P. Bezbakh, *Inflation et désinflation*, Paris, La Découverte, « Repères », 2005.
- J.-F. Goux, *Inflation, désinflation, déflation*, Paris, Dunod, « Topos », 1998.

THÈMES DE RÉFLEXION

- L'inflation est-elle un mal ?
- Existe-t-il un arbitrage entre inflation et chômage ?
- Que penser de la désinflation contemporaine ?
- Inflation et répartition.
- Inflation et croissance.
- L'inflation est-elle d'origine monétaire ?

Retenir

désinflation compétitive ; déflation ; dollarisation ; hyperinflation ; effet d'hystérésis ; effet de Fisher ; relation de Phillips ; inflation monétaire ; inflation importée ; inflation fiscale ; inflation de productivité (ou inflation structurelle) ; boucle prix/salaires ; déflation ; taux d'intérêt réels ; blocage des prix et des salaires ; illusion monétaire ; anticipations adaptatives ; anticipations rationnelles ; le « cruel dilemme » de Samuelson ; NAIRU ; NAWRU ; taux de chômage naturel ; plan de stabilisation ; l'inflation comme impôt indolore ; effet d'encaisses réelles ; effet d'anticipation ; indice des prix ; modèle de Baumol ; modèle scandinave ; prophétie autoréalisatrice ; contrôle des prix ; politique des revenus ; comportements de marge ; taxe d'inflation ; seigneuriage.

Utiliser

Que penser de la désinflation des années 1980-1990 ?

Conjugaison de contrechocs externes et de politiques nationales restrictives, la désinflation contemporaine a longtemps fait l'objet d'un large consensus : elle a permis en l'espace d'une décennie de passer d'un taux d'inflation à deux chiffres à une inflation proche de 2 % en 1993.

La désinflation, et plus particulièrement la désinflation compétitive, est présentée comme la condition de long terme de reprise de la croissance et de l'emploi. Elle permettrait tout à la fois de restaurer la profitabilité et la compétitivité des entreprises, de limiter le développement d'une économie d'endettement et d'encourager les comportements d'épargne.

Mais le maintien d'un taux de chômage élevé, notamment en France, et la faiblesse de la croissance actuelle invitent à s'interroger sur les limites de cette stratégie.

► **Comment expliquer le décalage entre les effets espérés sur le long terme de la désinflation et les résultats obtenus jusqu'alors ?**

I. La désinflation était perçue comme la condition de long terme de reprise de la croissance économique (les effets espérés de la désinflation)

1. Les vertus de la désinflation compétitive

► **La désinflation devrait stimuler les exportations.** En changes fixes, le différentiel d'inflation avec les partenaires dégrade la compétitivité-prix : la désinflation doit permettre de la rétablir.

► **La désinflation éviterait les effets pervers des dévaluations.** Jusqu'en 1987, la dévaluation est choisie lorsque le différentiel d'inflation est durable. Mais cette mesure présente trois effets pervers : elle crée de l'inflation importée, elle entraîne une sortie de capitaux, elle pose un problème de crédibilité à la monnaie nationale.

La désinflation a bien eu lieu mais la reprise attendue des exportations est restée timide, ce qui suscite une interrogation : est-ce une question de délais ou existe-t-il des effets pervers à cette logique ?

2. Les vertus de la désinflation sur l'offre

► **La désinflation permettrait de restaurer la rentabilité des entreprises.** L'inflation s'accompagne d'une modification de la répartition en faveur des salariés (cas des années 1970) : on assiste en effet à une baisse du taux de rentabilité des sociétés ; la désinflation, par la désindexation des salaires, doit permettre de rétablir la rentabilité (ce qui a été fait en France après 1983).

► **Cette amélioration de la rentabilité devrait entraîner une reprise de l'investissement.** Nous retrouvons ici la logique de la formule du chancelier Schmidt (« les profits d'aujourd'hui sont les investissements de demain qui sont les emplois d'après-demain »).

Dans les faits, la restauration de la rentabilité a eu lieu mais n'a pas provoqué une reprise immédiate de l'investissement : est-ce une question de délais ou bien la logique de désinflation compétitive est-elle incomplète ?

3. Les vertus de la désinflation sur l'épargne

► **La désinflation permettrait de limiter le développement d'une économie d'endettement.** En période de forte inflation, on a des taux d'intérêt réels négatifs, ce qui peut favoriser le recours à l'endettement ; à l'inverse, la désinflation contraint les possibilités d'endettement, car les taux d'intérêt réels sont élevés.

► **La désinflation encouragerait les comportements d'épargne.** Une hausse des taux d'intérêt réels devrait accroître le volume de l'épargne et inciter à détenir des actifs financiers plutôt que des liquidités.

Dans les faits, on a bien une hausse des taux d'intérêt réels mais cette dernière n'a pas entraîné une remontée sensible du taux d'épargne des ménages.

II. Mais la réalisation du cercle vertueux désinflation/croissance est soumise à conditions (les effets observés de la désinflation)

1. Les effets de la désinflation compétitive sont limités

► **Les effets de la désinflation sur les exportations ne peuvent être immédiats.** Reprendre ici l'argumentation développée par l'OFCE, et notamment la distinction opérée entre les effets à court terme et les effets à long terme de la désinflation.

► **La compétitivité n'est pas uniquement fonction du prix.** Les performances commerciales dépendent aussi des avantages hors prix, de la capacité à exporter vers les zones à forte croissance et sur des produits à forte élasticité-revenu.

► **Il existe un risque de dilemme du prisonnier au niveau international.** La désinflation compétitive n'est efficace que si les partenaires ne font pas de même ; dans le cas contraire, l'effet est nul puisque le différentiel d'inflation ne varie pas !

2. Les effets de la désinflation sur l'offre ne sont pas suffisants

► **L'investissement est aussi une fonction décroissante des taux d'intérêt réels.** La désinflation se traduit par une hausse des taux d'intérêt réels, laquelle limite l'investissement, surtout pour les entreprises à faible capacité d'autofinancement.

► **L'investissement est aussi fonction croissante de la demande anticipée.** La désinflation s'est faite par une baisse de la part des salaires dans la valeur ajoutée : le salaire étant aussi une demande, cela a exercé un effet dépressif sur la consommation ; nous retrouvons ici le principe de l'accélérateur.

3. Les effets de la désinflation sur l'épargne sont ambivalents

▸ **La désinflation engendre des effets redistributifs, propices au développement d'une économie de rentiers.** La désinflation favorise les prêteurs, c'est-à-dire ceux qui disposent de revenus élevés : d'un certain point de vue, cela renforce les inégalités tant au niveau national qu'au niveau international (problème de la dette des PVD).

▸ **L'épargne n'est pas seulement fonction des taux d'intérêt réels.** La désinflation permet d'augmenter les taux d'intérêt réels ; mais l'épargne est aussi fonction de facteurs subjectifs (crainte du chômage), institutionnels (protection sociale), démographiques (théorie du cycle de vie) ou tout simplement fonction de revenu courant.

5

La « main visible » de l'État

ÉTAT ET POLITIQUE ÉCONOMIQUE

Connaître

Les politiques économiques : quelques points de repère...

1890	Les États-Unis adoptent le Sherman Act (antitrust)
1914	Mise en place de l'impôt sur le revenu des personnes physiques en France
1933	Début du New Deal aux États-Unis
1942	Publication du rapport Beveridge
1950	Création en France du SMIC
1952	Premier plan de stabilisation Pinay
1962	Politique de relance fiscale aux États-Unis
1978	Début du mouvement de déréglementation aux États-Unis
1981	Réforme fiscale aux États-Unis (ERTA)
1981	Relance Mauroy en France
1983	Tournant de la « politique de rigueur » en France
1990	Réforme du Clean Air Act aux États-Unis
1993	La Banque de France devient indépendante
1999	L'Eurosystème, comprenant la BCE et les banques centrales des pays membres de l'Union, a désormais la charge de conduire la politique monétaire en Europe
2003	Plan de relance budgétaire aux États-Unis
2005	Entrée en vigueur du protocole de Kyoto en Europe
2008	G. Bush lance un plan de relance de l'économie américaine de 140 milliards de dollars
2009	Sous l'effet de la crise mondiale et des politiques de relance, le déficit public de la France atteint 7,5 % du PIB
Février 2009	B. Obama signe un plan de relance de 787 milliards de dollars

Le débat sur l'intervention étatique occupe une place centrale dans l'histoire de l'analyse économique : alors que les monétaristes et les « nouveaux classiques », confiants dans l'efficacité de la main invisible, prônent le retour à un État minimal au service du marché, les disciples de Keynes se font les défenseurs de l'État-providence et d'un interventionnisme plus poussé.

Cette permanence du conflit entre les deux principales écoles de pensée ne doit cependant pas masquer le renouvellement des analyses qui a prévalu au sein des deux « camps » depuis les années 1970 : les keynésiens contemporains préconisent aujourd'hui de nouvelles formes de relance, telle la relance coordonnée, tandis que les économistes néoclassiques, au travers de la croissance endogène, affirment la nécessité de dépenses qualifiées de structurelles, notamment en matière d'éducation et de recherche.

Nous nous proposons ici de rendre compte des débats sur les fondements et les limites de l'intervention étatique, en mobilisant à la fois les arguments traditionnels et les avancées récentes de la science économique.

Nous commencerons par présenter les justifications invoquées par les néoclassiques en faveur d'une intervention étatique.

Nous exposerons ensuite les arguments développés par les mercantilistes, les marxistes et les keynésiens, lesquels recommandent une politique économique qui va au-delà des fonctions minimales.

Nous terminerons en mettant l'accent sur les critiques – essentiellement néoclassiques – de la politique économique conjoncturelle et de l'État comme institution.

I. Les justifications de l'État minimal : des classiques aux néoclassiques

Depuis Smith, la pensée classique et néoclassique sur l'État se trouve confrontée à un paradoxe : en effet, les libéraux envisagent l'État comme un agent nécessaire à l'existence et au bon fonctionnement de l'économie de marché tout en rappelant la nature circonscrite de ses fonctions. Ainsi, comme nous l'avons déjà vu, Adam Smith se fait le défenseur d'un **État-gendarme**, qui a pour mission de fixer les règles de droit et de les faire respecter, mais ne reconnaît aucune prérogative spécifique à l'État au-delà de ces fonctions minimales.

De son côté, la pensée néoclassique justifie l'intervention de l'État en mobilisant deux arguments principaux :

— l'État doit remédier aux situations d'imperfection de marché que sont les biens collectifs et les effets externes ; cet argument fait aujourd'hui l'objet d'un vif intérêt chez les tenants de la croissance endogène [1] ;
— l'État doit assurer la pérennité du processus concurrentiel, par le biais de la politique antitrust, de la déréglementation, de la régulation des monopoles ;

1. Il revient à l'État de remédier aux *market failures*

► **Dans le cas d'effets externes, l'État doit intervenir pour internaliser les externalités.**

La notion d'effet externe a été développée dans les années 1920 sous la plume de Marshall, Pigou, Young, avant d'être systématisée par Meade dans les années 1950.

Rappelons qu'un **effet externe** (ou **externalité**) désigne une situation dans laquelle l'acte de consommation ou de production d'un agent influe positivement ou négativement sur l'utilité d'un autre agent, sans que cette interaction ne transite par le marché, c'est-à-dire par le mécanisme des prix [2].

Par exemple, si je « consomme » de la musique la nuit « à pleins tubes », je gêne mes voisins, qui voient leur utilité diminuer (à cause du bruit), alors même que je ne les dédommage pas pour cette nuisance : il s'agit d'une externalité négative. De même, une firme qui produit des médicaments et pollue la rivière avoisinante avec ses rejets chimiques nuit aux riverains, alors même que ces derniers ne sont pas dédommagés pour cette pollution : il s'agit d'une situation d'externalité négative.

Dans le cas d'un effet externe positif, Meade mobilise l'exemple célèbre du producteur de pommes qui habite à côté d'un apiculteur. Lorsque le pomiculteur plante de nouveaux arbres, il fournit une floraison plus importante aux abeilles de l'apiculteur, si bien que l'augmentation de la production de pommes bénéficie directement et gratuitement à la production de l'apiculteur. De même, une firme qui invente un nouveau produit risque de se voir copiée par un imitateur : il s'agit d'un effet externe positif, puisque le copieur ne paie pas pour accéder à la technologie.

• **Il apparaît, au travers de ces différents exemples, que l'origine des externalités réside dans l'imperfection des droits de propriété.** Or l'efficacité du marché est fondée sur le principe de propriété privée et d'exclusion par les prix : celui qui n'a pas payé n'a pas accès au bien ; le choix de consommation de A ne doit pas affecter l'utilité de B, si ce n'est par le biais des prix.

1. Sur ce point, nous renvoyons le lecteur au chapitre 6.

2. « Il y a économie ou déséconomie externe lorsque l'entrepreneur de la première industrie ne tient compte que de l'effet de ses actes sur ce qui arrive à l'intérieur de la première industrie et non des effets de ses actes sur la seconde industrie qui sera susceptible d'augmenter sa production (économie externe) ou de la diminuer (déséconomie externe) » (Meade).

Dans le cas d'une externalité négative, le coût marginal privé est inférieur au coût marginal social : cela signifie que le coût que supporte celui qui produit est inférieur au coût qu'il engendre pour la société. Prenons un exemple simple : supposons que des entreprises fabriquent des voitures et entraînent de ce fait une pollution de la rivière environnante lorsqu'elles produisent. Le coût marginal de production d'une voiture supplémentaire est représenté sur le schéma 1 par la droite C_m. La production d'une voiture supplémentaire entraîne également une pollution, c'est-à-dire une externalité négative pour la collectivité, mesurée par la différence entre le coût marginal social C'_m et le coût marginal privé C_m. En l'absence de réglementation, les entreprises ne tiendront compte que de leur coût marginal privé et la production totale sera égale à 500 unités (schéma 1). Si elles intégraient dans leur calcul de coût l'externalité négative qu'elles occasionnent, les entreprises diminueraient leur production à 400 unités. On peut donc considérer qu'en l'absence de réglementation de la pollution, les entreprises produisent « trop » par rapport à ce qui serait optimal pour la société.

Schéma 1
L'équilibre d'un marché avec effet externe (négatif)

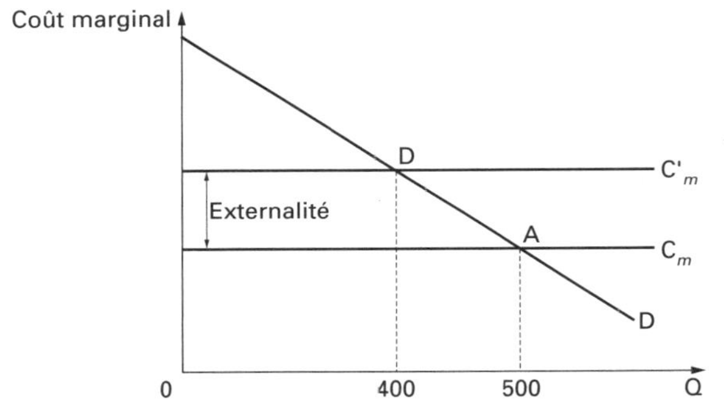

Dans le cas d'une externalité positive, le raisonnement est bien entendu symétrique. Prenons le cas d'une entreprise qui fait de la recherche médicale. La découverte d'un nouveau vaccin lui permettra de faire un profit, c'est-à-dire un bénéfice privé. Mais cette découverte a aussi des effets positifs sur l'ensemble de la société puisqu'elle évite des dépenses maladie, permet à des personnes de ne pas tomber malade : le bénéfice social que retire la collectivité de la mise sur le marché du vaccin dépasse le bénéfice privé (c'est-à-dire le profit) que réalise l'entreprise. Le problème vient du fait que l'entreprise, lorsqu'elle va décider d'engager des dépenses de recherche-développement, ne va pas intégrer dans son calcul coût/bénéfice le gain social que la découverte du vaccin va occasionner ; elle risque donc d'investir moins que ce qui serait souhaitable pour la collectivité.

• **Dans le cas d'effets externes négatifs, une première solution, envisagée par Pigou, consiste à taxer celui qui en est à l'origine.**

Il existe en l'occurrence une « taxe optimale », dont le montant est égal à la différence entre le coût marginal social et le coût marginal privé. Dans l'exemple du schéma 1, le montant de la taxe correspond à la différence entre les droites C'_m et C_m (voir schéma 2) : les producteurs de voitures supportent désormais un coût marginal de C'_m et vont donc réduire leur production au niveau de 400 voitures. En donnant un prix à la pollution, au moyen d'une taxe, les pouvoirs publics ont modifié le comportement des entreprises, qui intègrent désormais dans leur calcul le coût de la pollution : l'externalité a été « internalisée » au travers d'un prix (en l'occurrence une taxe).

Schéma 2
L'internalisation des externalités négatives par la taxe pigouvienne

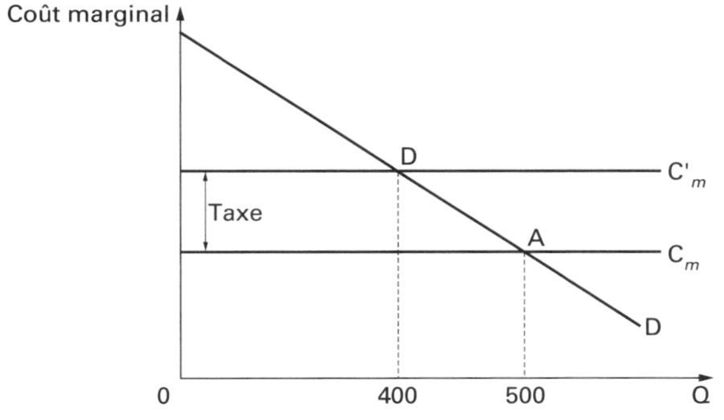

La solution envisagée par Pigou pose cependant plusieurs problèmes d'application : elle suppose que l'on puisse évaluer le montant de l'effet externe pour pouvoir taxer en conséquence ; il s'agit d'une solution relativement dirigiste : l'État, unilatéralement, décide de taxer une firme.

• **Une solution plus libérale a été proposée par Coase [1] mais demeure difficilement applicable.**

Selon Coase, il suffit que l'État attribue la ressource qui est à l'origine des externalités (par exemple une rivière polluée) à l'une des deux parties en présence, soit

1. « The problem of social cost », *Journal of Law and Economics*, 1960.

le riverain, soit la firme qui pollue. Ensuite, le mécanisme de marché va se mettre en marche et permettre d'internaliser les effets externes.

L'État peut tout d'abord attribuer la rivière à la firme, qui peut donc polluer autant qu'elle le souhaite puisque cette ressource lui appartient désormais : cette première solution est qualifiée de **laissez-faire**. Si le riverain considère qu'il y a trop de pollution, il sera prêt à dédommager la firme qui lui vend une partie de son droit d'usage ; les deux parties vont donc négocier une réduction de la pollution, jusqu'à ce que le coût marginal de baisse de la pollution soit égal au bénéfice marginal résultant du dédommagement.

L'État peut aussi attribuer la ressource au riverain, qui en devient le propriétaire et peut interdire de ce fait toute nouvelle pollution. Si la firme souhaite polluer, elle devra dédommager le riverain, c'est-à-dire lui acheter un droit d'usage sur la rivière. Cette seconde solution constitue la règle du **pollueur payeur**.

La solution de Coase présente un triple avantage, d'un point de vue économique :

— elle permet, non pas d'éliminer toute pollution, mais de déterminer le niveau de pollution optimal ;
— il est équivalent, en termes de résultats, de donner la ressource au riverain ou à la firme (théorème d'invariance). Le choix de l'attribution relève de la décision politique ;
— l'intervention de l'État ne se substitue pas au marché : l'État se contente d'attribuer la ressource et laisse ensuite le mécanisme du marché fonctionner.

En dépit de son intérêt, la solution de Coase reste difficilement applicable, en particulier parce qu'elle suppose que tous les agents concernés puissent participer à la négociation et qu'il n'y ait pas de coûts de transaction.

• **Une nouvelle solution repose sur le principe du marché des droits à polluer.**

L'État fixe une quantité maximale de pollution et attribue aux firmes des permis de polluer sur la quantité de pollution résiduelle. Ces permis sont négociables : chaque firme peut vendre ses droits à polluer à une autre firme.

Cette solution, qui a le mérite de réintroduire le principe du marché dans la lutte contre la pollution, peut être explicitée au travers d'un exemple. Soit les firmes A et B, qui émettent chacune 2 tonnes de pollution par an. L'État décide de réduire la quantité maximale de pollution totale autorisée à deux tonnes ; ce faisant, il attribue sur la pollution résiduelle (4 t – 2 t) un droit à polluer d'une tonne à chaque firme. Pour la firme A, qui dispose d'une technologie ancienne, la réduction de ses émissions de pollution lui coûte 2 000 $ par tonne ; pour la firme B, très moderne, la réduction de ses émissions de pollution lui revient à 1 000 $ par tonne. En l'absence de marché de droits à polluer, chaque firme doit diminuer sa pollution d'une tonne : le coût total est donc de 3 000 $. En revanche, l'attribution de droit à polluer offre une opportunité d'échange entre les deux firmes : si la firme A achète le droit à polluer (égal à 1 t) de la firme B pour un prix de 1 200 $, le coût total de diminution de la pollution est de 2 000 $ (soit 1 200 $ pour A et 800 $ pour B).

Ce système de droits à polluer a été appliqué aux États-Unis dans la lutte contre la pollution de l'air : depuis 1990, la loi sur l'air de 1970 (Clean Air Act) comprend un **système de permis négociables** : par exemple, dans une région où la pollution de l'air atteint le taux maximal, une nouvelle firme peut toujours s'installer dès lors qu'elle parvient à acheter aux autres firmes de la région une partie de leurs droits à polluer. De même, le programme américain de réduction de la teneur en plomb dans l'essence, mis en place en 1982, autorisait les raffineries (souvent anciennes) produisant de l'essence avec une quantité de plomb supérieure à la limite requise à acheter des droits à polluer aux raffineries (souvent récentes) produisant de l'essence à teneur plus faible que la limite officielle.

Protection de l'environnement et réglementation

Parallèlement aux instruments économiques tels que les taxes ou les droits à polluer, la politique de l'environnement s'appuie sur des instruments de type réglementaire, comme des interdictions ou des autorisations préalables. Le recours à des instruments de nature juridique présente au moins deux avantages :

- les mesures réglementaires sont utilisées depuis longtemps dans la plupart des pays de l'OCDE : elles bénéficient donc d'un avantage d'antériorité et d'expérience (connaissance précise de leurs effets), ce qui n'est pas le cas pour des instruments tels que les droits à polluer ;
- elles permettent d'aboutir assez efficacement au résultat recherché (en matière par exemple de niveau de pollution), dès lors que le non-respect des normes peut être sanctionné.

Toutefois, ces instruments réglementaires souffrent de nombreuses limites, ce qui explique pour une part le développement contemporain des instruments économiques :

- la réglementation engendre des coûts bureaucratiques : il faut créer des inspections, pour s'assurer que les normes sont bien respectées ;
- la réglementation peut être le fruit de marchandages politiques, notamment entre le législateur et les groupes de pression ;
- la réglementation revêt un caractère statique dans la mesure où la révision de textes prend du temps (à l'inverse, le niveau des taxes ou le nombre de permis distribués peuvent être facilement modulés, en fonction des objectifs) ;
- la réglementation n'incite pas à aller au-delà de la norme prescrite (alors que dans le cas de droits à polluer, celui qui ne pollue pas peut revendre son permis) ;
- les réglementations, mêmes les mieux définies, ne sont pas efficaces économiquement. Elles ne minimisent pas le coût total pour atteindre un objectif de qualité de l'environnement. Pour cela, il faudrait que le coût d'un effort supplémentaire de dépollution soit le même pour tous les agents : entreprises, ménages, collectivités locales, etc. Or, non seulement le coût de la norme (coût que représente, pour l'agent, le fait de s'aligner sur la norme par la mise en œuvre de procédés de dépollution) diffère d'un agent à l'autre, mais souvent une norme uniforme ne se justifie pas (les avantages d'une norme diffèrent). C'est notamment le cas pour des milieux pollués à un degré fortement variable d'un endroit à l'autre.

Plus récemment, dans le cadre du protocole de Kyoto visant à réduire les émissions de CO_2 à l'horizon de 2012, un système de marché de droits à polluer a été mis en place dans l'Union européenne en 2005 (date d'entrée en application du protocole). En effet, chaque pays de l'Union se voit assigner chaque année un quota d'émission maximal, qu'il répartit entre les firmes présentes sur son territoire. Ces dernières peuvent ensuite acheter ou revendre leurs crédits d'émission sur un marché européen du carbone, dont le prix apparaît particulièrement volatile (schéma 3).

Schéma 3
Évolution du prix du CO_2 (E/t)

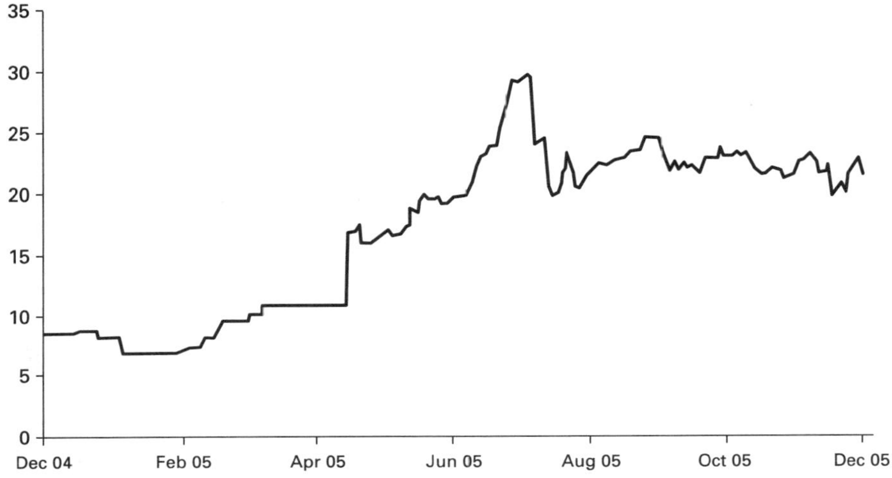

Source : Bloomberg.

• **Dans le cas d'externalités positives, l'État peut renforcer les droits de propriété et subventionner l'activité économique.**

Ainsi, la technologie présente, à des degrés variables, un problème d'appropriabilité dans la mesure où l'effort de R&D d'une firme profite aux firmes concurrentes. Les caractéristiques de l'innovation sont transmises, sans que le marché ne sanctionne ce transfert par un prix, soit aux firmes de la même industrie (effets externes intra-industriels), soit aux firmes d'une autre industrie (effets externes interindustriels). Ces externalités technologiques aboutissent en situation de marché à un sous-investissement en R&D : chaque firme se comporte de manière opportuniste, l'effort de R&D des autres firmes lui étant favorable. Une intervention publique est alors justifiée, qui peut revêtir plusieurs formes, au demeurant non exclusives l'une de l'autre.

Il s'agit tout d'abord de renforcer la législation sur les droits de propriété intellectuelle, notamment en matière de brevet et de secret commercial. Tel a été précisément l'objectif de la convention de Munich de 1973, créant un brevet européen : en étendant géographiquement la reconnaissance d'un **monopole temporaire** à l'innovateur, en limitant les coûts de transaction, la Communauté européenne renforce l'incitation à l'investissement en R&D.

Parallèlement au renforcement du système de brevets, la coopération entre firmes en matière de R&D peut être favorisée par l'assouplissement de la législation antitrust. C'est ainsi qu'en Europe l'article 101 du TFUE, interdisant les ententes entre firmes « qui ont pour objet ou pour effet d'empêcher, de restreindre ou de fausser le jeu de la concurrence à l'intérieur du Marché commun », prévoit une exception, dans son paragraphe 3 : les accords sont tolérés, sous certaines conditions, dès lors qu'ils contribuent à « promouvoir le progrès économique ».

Les pouvoirs publics peuvent également subventionner de grands programmes de R&D. Toutefois, les politiques de subvention se heurtent au problème classique du contrôle de l'usage des fonds, dans un contexte d'imperfection de l'information : comment les pouvoirs publics peuvent-ils s'assurer que les firmes, une fois qu'elles ont perçu la subvention, fourniront bien le niveau d'effort adéquat ?

Les externalités positives ne concernent pas seulement la technologie mais affectent aussi de nombreux investissements en infrastructure : un investissement qui n'apparaît pas rentable, si l'on se limite aux seules recettes directes, peut le devenir si l'on prend en compte les effets externes positifs qu'il génère. L'investisseur privé risque donc de sous-investir ; il revient alors à l'État de financer ces investissements à forts effets externes. Cette justification de l'intervention étatique se trouve aujourd'hui au cœur de la théorie de la croissance endogène [1].

▶ Dans le cas des biens collectifs, l'État peut prélever un impôt pour les financer.

Cette idée, développée dans les années 1920 par Pigou [2] et reprise par Samuelson [3], se trouve déjà exposée par Smith dans le livre 5 de *La richesse des nations* :

> Le troisième et dernier des devoirs du souverain ou de la République est celui d'élever et d'entretenir ces ouvrages et ces établissements publics dont une grande société retire d'immenses avantages, mais qui sont néanmoins de nature à ne pouvoir être entrepris par un ou par quelques particuliers, attendu que pour ceux-ci, le profit ne saurait jamais leur en rembourser la dépense.

Biens privatifs et biens collectifs

Un bien (ou service) privatif – tel qu'un stylo, une pomme, etc. – possède deux propriétés :

— il s'agit d'un bien rival (ou « divisible ») : son utilisation par un agent exclut toute consommation par un autre agent ; ce qui revient à dire que le coût marginal d'un consommateur supplémentaire est supérieur à zéro ;

1. Sur ce point, nous renvoyons le lecteur au chapitre 6.
2. *Économie du bien-être.*
3. « The pure theory of public expenditure », *Review of Economic Studies*, 1954.

– il s'agit d'un bien exclusif : le détenteur d'un bien peut empêcher d'autres agents (qui ne veulent pas payer) de l'utiliser.

Un bien collectif pur est donc :

– non rival : une fois qu'il est produit, le bien peut être utilisé par un grand nombre de personnes, sans coût de production supplémentaire (le coût marginal engendré par un consommateur supplémentaire est égal à zéro). Tel est le cas d'un pont : le fait qu'une personne ou dix personnes l'utilisent ne change rien au coût de production ;
– non exclusif : son détenteur est dans l'impossibilité de limiter l'utilisation du bien à ceux qui ont payé ; dans ce cas, le rationnement par les prix est impossible.

En combinant les deux caractéristiques d'un bien, on obtient quatre cas possibles :

	exclusion (rationnement possible)	non-exclusion (rationnement impossible)
rivalité (rationnement désirable)	biens privatifs (cas 1)	biens collectifs mixtes (cas 2)
non-rivalité (rationnement non désirable)	biens collectifs mixtes (cas 3)	biens collectifs purs (cas 4)

On voit apparaître deux situations intermédiaires :

– un bien peut être rival mais non exclusif (cas 2) : par exemple, dans le cas des ressources marines, leur exploitation est sans aucun doute rivale, mais les premiers exploitants ne peuvent se réserver ces richesses pour eux seuls car ils n'ont pas de moyens légaux d'empêcher la venue de nouveaux arrivants ;
– un bien peut être non rival mais exclusif (cas 3) : par exemple, dans le cas d'une autoroute, il est toujours possible d'exclure ceux qui ne souhaitent pas payer, en instaurant un système de péage.

Rappelons qu'un bien collectif pur se définit comme un bien dont l'usage par un agent n'exclut pas l'usage simultané par d'autres agents. Par exemple, lorsque j'écoute une émission de radio, je n'empêche pas d'autres auditeurs de l'écouter simultanément : il y a **indivisibilité d'usage**.

• **Dès lors qu'existent des indivisibilités, le libre jeu du marché conduit à une situation sous-optimale** : par exemple, tout le monde souhaite bénéficier d'une route mais personne n'est disposé à payer. Pour reprendre les termes mêmes de Samuelson, chaque individu tente de se comporter en **passager clandestin** : il n'y a pas de demande exprimée pour ce bien et donc pas d'offre. En réalité, nous retrouvons une situation bien connue de « dilemme du prisonnier ». Prenons le cas de deux individus A et B qui habitent dans la même rue et à qui l'on demande s'ils souhaitent bénéficier d'un éclairage public la nuit, en contrepartie du paiement d'une contribution volontaire (schéma 4).

La meilleure solution pour les deux individus serait qu'il y ait de l'éclairage nocturne, ce qui procure à chacun une utilité de 10. La pire solution pour les deux individus est qu'il n'y ait pas d'éclairage nocturne : bien qu'ils économisent le paiement de la contribution volontaire, leur utilité individuelle diminue à 5 car il n'y aura aucun éclairage public. Mais chaque individu préfère bénéficier de l'éclairage public sans avoir à le payer et en laissant à son voisin le soin de payer la totalité de la contribution volontaire : dans ce cas, celui qui « triche » obtient une utilité de 15, tandis que celui qui paie pour les deux voit son utilité réduite à 2. Dans une telle configuration, il est probable que chacun refuse de payer la contribution volontaire : il n'y aura pas d'éclairage public et chaque individu aura une utilité de 5.

Schéma 4
Bien collectif et dilemme du prisonnier

		Individu B	
		Payer	ne pas payer
Individu A	Payer	(10, 10)	(2, 15)
	Ne pas payer	(15, 2)	(5, 5)

Les pouvoirs publics disposent de plusieurs solutions pour fournir les biens collectifs :

— ils peuvent les offrir par le biais de monopoles publics, mais cette solution est souvent critiquée par les libéraux : l'efficacité de la firme publique serait altérée par la dérive bureaucratique et l'absence d'incitation à l'effort ;
— ils peuvent choisir la solution de la concession : dans ce cas, les pouvoirs publics délèguent à un organisme (généralement privé) la charge d'offrir un bien collectif. Lorsque la concession touche à la fois la gestion et le financement du bien collectif, il revient au concessionnaire de faire payer directement l'usager en rendant le bien privatif, à l'image des autoroutes en France avec le système du péage. La concession est accordée à une firme pour une durée déterminée et comporte un cahier des charges.

2. Il revient à l'État de veiller au fonctionnement concurrentiel des marchés

► **L'État se doit d'assurer, lorsque cela est possible, la pérennité du processus concurrentiel, par une politique antitrust.**

Sur un plan microéconomique, la concurrence constitue la situation la plus favorable au consommateur, dans la mesure où elle élimine les rentes non justifiées. Cet enseignement fondamental peut être explicité, en comparant la situation de monopole à la situation de concurrence pure et parfaite (schéma 5) : il apparaît que le prix de concurrence, noté P_c, est égal au coût marginal de production et inférieur au prix P_m pratiqué par le monopole ; de plus, la quantité offerte en concurrence, notée Q_c, est supérieure à celle offerte en monopole, notée Q_m. Le monopole acquiert donc un profit, au détriment du consommateur, mesuré par la surface du rectangle ABCD : on dit aussi que la structure de monopole entraîne un transfert de surplus du consommateur vers le producteur. Ce transfert de surplus (dénommé « rente de monopole ») est neutre du point de vue de l'efficacité et ne permet pas en tant que tel de condamner le monopole. En effet, ce que le consommateur paie en plus est intégralement récupéré par le monopole. La véritable distorsion du monopole par rapport à la concurrence pure et parfaite est représentée par le triangle ABE, dénommé **triangle de Haberger** : cette surface représente une perte de surplus pour la collectivité. Cette perte de surplus provient du fait que certains consommateurs renoncent à acheter le bien, compte tenu de la hausse de son prix. En effet, en situation de concurrence, le surplus des consommateurs est représenté par la surface comprise entre la droite de demande et le prix pratiqué en concurrence P_C : il équivaut au triangle aED. En situation de monopole, le surplus des consommateurs est représenté par la surface comprise entre la droite de demande et le prix pratiqué en monopole P_m : il équivaut au triangle aBC. Les consommateurs ont donc perdu le trapèze CBED. Une partie de cette perte est récupérée par le monopole mais il reste une perte sèche, mesurée par le triangle ABE. Afin d'éviter une telle perte de surplus, les pouvoirs publics, par le biais de la politique de concurrence, ont pour mission de surveiller la concentration des marchés et au besoin de démanteler les monopoles, dès lors qu'ils ne sont pas le produit efficient du marché [1].

Les règles encadrant le jeu concurrentiel sont toutefois difficiles à mettre en œuvre, sans doute parce que la notion de concurrence repose elle-même sur un paradoxe. En effet, on peut considérer que la concurrence constitue un processus de sélection pouvant conduire, le cas échéant, à l'élimination de concurrents, au profit des firmes les plus efficaces : les règles de concurrence ne visent alors pas tant à empêcher la disparition de concurrents qu'à contrôler les moyens utilisés par les firmes pour parvenir à leurs fins. Il s'agit dans ce cas de déterminer à partir de quel moment un comportement ne résulte plus du jeu « normal » de la concurrence et les controverses sur le comportement de Microsoft condamné pour abus de position dominante en Europe illustrent la difficulté d'un tel exercice.

Dans la pratique, la politique antitrust se compose de trois volets principaux : le contrôle des concentrations, les abus de position dominante et les ententes anticoncurrentielles (tableau 1).

1. En effet, comme nous le verrons ci-après, le monopole n'est pas nécessairement condamnable.

Schéma 5
L'équilibre du monopole

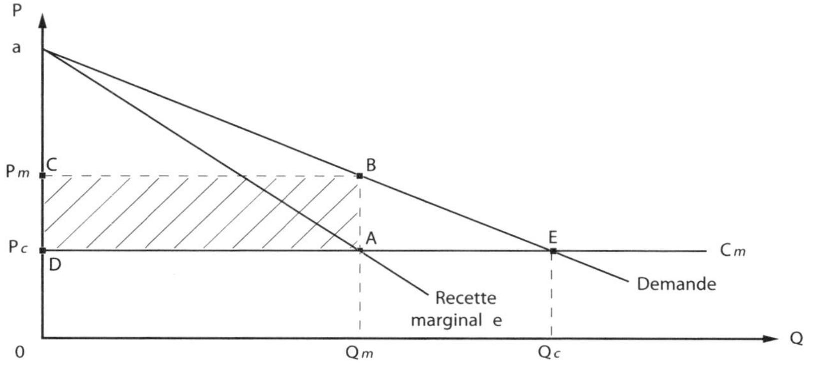

Explication : la firme (ici le monopole) maximise son profit lorsque la recette marginale notée R_m est égale au coût marginal (noté C_m) ; sur notre graphique, il s'agit du point A ; au point A, la firme produit Q_m et vend au prix P_m (le prix correspondant à la droite de demande).

Tableau 1
Les principaux domaines d'application de la politique concurrence

Objet	*États-Unis*	*Union européenne*	*France*
Accords entre firmes	Section 1 du Sherman Act Section 3 du Clayton Act	Article 101 du TFUE	Article L-420-1
Abus de position dominante	Section 2 du Sherman Act	Article 102 du TFUE	Article L-420-2
Contrôle des concentrations	Section 7 du Clayton Act Celler-Kefauver Act Hart-Scott-Rodino Act	Règlement n° 139 du 20 janvier 2004	Articles L-430-1 à L 430-10

Pour ce qui concerne le **contrôle des concentrations**, il s'agit pour les autorités antitrust d'évaluer *a priori* l'impact sur la concurrence d'une modification de la structure de marché consécutive à une opération de fusion-acquisition. Ce contrôle repose sur le principe de la « notification préalable » des parties : avant de finaliser l'opération, les firmes doivent en informer les autorités de la concurrence lesquelles leur permettront, après examen du dossier et le cas échéant, de mener leur projet à son terme. Le contrôle des concentrations est un exercice difficile, reposant sur une démarche prospective : il s'agit de déceler *a priori* et dans des délais souvent très courts les risques de domination induits par une opération de concentration.

En Europe, au cours de l'année 2008, pas moins de 347 projets de concentration (fusions-acquisitions, alliances) ont été notifiés à la Commission européenne.

Les législations antitrust contiennent également des dispositions relatives à l'**abus de position dominante**, dénommée également « monopolisation d'un marché ». Si la concurrence peut logiquement conduire à l'élimination de concurrents, il reste à savoir comment ce processus de « sélection » s'est opéré : résulte-t-il de la supériorité de certaines firmes en matière d'innovation ou exprime-t-il une volonté délibérer d'exclure les concurrents ? La tâche des autorités antitrust consiste justement à identifier dans l'exercice d'une position dominante ce qui relève d'un éventuel « abus » et ce qui résulte du jeu de la concurrence. La monopolisation du marché suppose une intention d'obtenir un monopole par des moyens anticoncurrentiels : ce n'est donc pas le fait d'être en monopole qui est condamné en tant que tel, mais les conditions et le processus qui ont permis à une firme de s'établir comme monopole. En particulier, les comportements de **prix prédateurs**, consistant pour une firme dominante à fixer temporairement un prix faible dans le but de forcer un concurrent à sortir du marché pour réaliser ensuite des profits de monopole, sont prohibés. La détection de la prédation est un exercice difficile puisqu'il s'agit de distinguer une baisse de prix motivée par la volonté d'exclure un concurrent d'une baisse de prix résultant du jeu normal de la concurrence (baisse des coûts de production, prix promotionnels, courbe d'apprentissage, etc.).

Le coût social du monopole

Quatre arguments principaux ont été mobilisés à l'encontre du monopole ;

- le premier relève de l'inefficience allocative : comme nous l'avons vu, le monopole vend plus cher et en quantité moindre par rapport à la situation concurrentielle. Cet aspect a été mis en évidence par Haberger en 1954 ;
- la deuxième critique formulée à l'encontre du monopole a été développée par Tullock en 1965 et s'inscrit dans la perspective du *Public Choice* : l'acquisition d'une situation de monopole – et en particulier de monopole légal – génère un gaspillage lié aux dépenses de recherche de rente. Le transfert de surplus se transforme en perte de surplus (on parle du « trapèze de Tullock ») ;
- en 1966, Leibenstein montre que le monopole génère une inefficience productive, dénommée « inefficience X » : en l'absence de pression concurrentielle, les coûts moyens et marginaux de production augmentent ;
- plus récemment, les économistes ont mis l'accent sur l'inefficience du monopole dans une perspective dynamique : les entreprises en situation de monopole fournissaient un faible effort de R&D. Cette idée a donné lieu à de nombreux travaux empiriques : ainsi, dans le cas des États-Unis, plusieurs études font apparaître une relation positive entre des indicateurs de l'innovation (tels que les dépenses de R&D ou le nombre de brevets déposés) et l'intensité de la concurrence.

La politique antitrust concerne également les **ententes entre firmes**. La coordination des comportements entre firmes peut être bénéfique pour les consommateurs, par exemple lorsqu'elle permet aux différentes parties de partager les risques liés à un investissement, de réaliser des économies de coûts ou de lancer plus rapidement une innovation sur le marché. Toutefois, les accords – notamment entre firmes concurrentes – peuvent poser problème, lorsque leur objet et/ou leur effet principal est de fixer un prix supérieur à celui résultant du libre jeu concurrentiel : ce type de coopération entre concurrents est souvent qualifié d'entente restrictive ou de **cartel**. Le cartel s'explique par un résultat simple mais fondamental en microéconomie : lorsque plusieurs firmes évoluent sur un même marché (situation qualifiée d'« oligopole »), le prix de vente s'établit en dessous du prix de monopole, bien qu'il soit souvent (mais pas nécessairement) supérieur au prix de concurrence pure et parfaite. L'objectif d'un cartel est alors d'obtenir un profit total plus élevé, le cas limite étant le profit de monopole. Différentes formes de cartel peuvent être distinguées, telles que la fixation en commun du prix de vente, la répartition des marchés sur une base géographique ou la définition de quotas de production. La détection des cartels constitue un exercice difficile, compte tenu du caractère secret de ces pratiques. Afin de renforcer l'efficacité de leur action, les autorités antitrust développent aujourd'hui des programmes dits de « clémence ». Le premier membre d'un cartel qui dénonce les autres participants à l'entente se voit proposer une immunité totale de sanction, en échange d'une collaboration totale. Ce système se révèle très incitatif à la délation, dans la mesure où chaque entreprise craint d'être dénoncée par les autres. Ce type de programme, qui existe aux États-Unis depuis 1978, est mis en œuvre dans l'Union européenne depuis 1996 et a même été renforcé après 2002.

La politique antitrust américaine

La politique antitrust américaine émerge à la fin du XIXe siècle avec l'adoption en juillet 1890 du Sherman Act, sous la pression d'une opinion publique inquiète de l'émergence de grands trusts (notamment dans le pétrole, la sidérurgie, l'industrie électrique).

Le Sherman Act, dans son article premier, stipule que « tout contrat, toute association sous forme d'un trust ou sous toute autre forme, toute entente destinée à restreindre les échanges ou le commerce entre les différents États de l'Union ou avec les pays étrangers sont illégaux ».

Ce texte fut au début appliqué avec beaucoup de souplesse, comme en témoigne la distinction établie par le président Th. Roosevelt entre les « bons » trusts et les « mauvais » trusts. Il a permis la condamnation en 1911 de la Standard Oil et d'American Tobacco.

Un deuxième texte est adopté en 1914, le Clayton Act, qui porte notamment sur le contrôle des concentrations. Ce texte resta peu appliqué avant les années 1950, date à laquelle il fut renforcé par le Celler-Kefauver Act. Il donna lieu en 1962 à une condamnation célèbre, celle de Brown Shoe, qui avait voulu racheter une entreprise de commerce appartenant au même secteur. Entre 1950 et 1985, sous l'impulsion de la FTC (Federal Trade Commission), plus de 500 opérations de fusion furent contestées. La plus célèbre d'entre elles fut le démantèlement de la firme ATT en janvier 1984 : ATT, qui bénéficiait d'une situation de monopole sur les communications longue distance, a pratiqué une discrimination par les prix à l'encontre des consommateurs américains : les communications à longue distance, à prix élevé, ont servi à subventionner les appels locaux, dont les recettes ne couvraient pas les coûts.

À partir des années 1980, et en partie sous l'impulsion des thèses libérales, la législation américaine a connu un assouplissement : de plus en plus, les autorités antitrust développent une approche fondée sur la *rule of reason*, consistant à comparer les effets positifs et négatifs d'une pratique au cas par cas.

▶ **L'école de Chicago préconise la déréglementation des marchés plutôt que la politique antitrust pour assurer le maintien du processus concurrentiel.**

Les années 1980 voient l'avènement aux États-Unis d'un courant théorique baptisé « école de Chicago » (Posner, Stigler, Baumol) – qui conteste la pertinence des politiques antitrust. L'analyse de cette école fait reposer son analyse sur deux hypothèses fondamentales. Tout d'abord, « la concurrence ne tue pas la concurrence » : comme l'avait déjà souligné Schumpeter en son temps, le monopole constitue par définition une situation transitoire, dans la mesure où les forces du marché parviendront tôt ou tard à restaurer la concurrence. Ensuite, la concentration industrielle n'est pas, *a priori*, inquiétante : les firmes jouissant d'une position dominante sont tout simplement les firmes les plus efficientes (au nom de quoi faudrait-il condamner une firme qui réussit mieux que les autres ?).

Les économistes de Chicago se font les défenseurs, en matière de politique économique, de la déréglementation : il s'agit de supprimer les divers obstacles à l'entrée sur un marché, afin d'éliminer les rentes de situation ; il s'agit également d'ouvrir les monopoles publics à la concurrence, notamment en recourant à la privatisation.

• **Au sein de cette école de Chicago, la théorie des marchés contestables a connu une grande audience** [1]. Cette théorie considère qu'une firme seule sur un marché ne dispose pas nécessairement du pouvoir de monopole : l'intensité concurrentielle d'un marché ne serait donc pas forcément liée au nombre de firmes présentes sur ce marché.

Cette affirmation – assez paradoxale et déroutante – peut être explicitée au travers d'un exemple. Soit le marché du produit A sur lequel évolue une seule firme X ; pour que cette firme puisse tirer parti de sa position de monopole, elle ne doit pas être menacée par l'entrée de nouvelles firmes qui viendraient contester sa position. Ce qui revient à considérer qu'il existe des barrières à l'entrée de nouvelles firmes ainsi que des **barrières à la sortie** (liées à la présence de **coûts irrécupérables** [2], dénommés aussi *sunk costs*). Dans le cas contraire, la firme X serait obligée de se comporter comme en concurrence pure et parfaite, car si elle vendait plus cher rien n'empêcherait de nouvelles firmes d'entrer sur le marché. On voit donc que le caractère concurrentiel d'un marché est moins déterminé par le nombre de concurrents effectifs (c'est-à-dire ceux qui sont effectivement présents sur le marché du produit A) que par le nombre de concurrents potentiels (les firmes qui pourraient pénétrer le marché du produit A, si un profit apparaissait). L'objectif de la politique économique consiste donc ici à déréglementer le marché du produit A, c'est-à-dire à s'assurer qu'aucune barrière ne vienne entraver la **concurrence poten-**

1. W.J. Baumol, J.C. Panzar, R.D. Willig, *Contestable markets and the theory of industry structure*, Harcourt Brace Jovanovich, 1982.

2. Notons ici qu'un coût fixe ne constitue pas nécessairement un coût irrécupérable. Par exemple, le transport aérien suppose l'acquisition d'avions (coût fixe) ; néanmoins, ces derniers peuvent être revendus sur le marché de l'occasion ou loués.

tielle : telle est la politique mise en œuvre aux États-Unis et au Royaume-Uni au cours des années 1980 et puis en Europe, que ce soit dans le domaine bancaire ou dans le domaine du trafic aérien.

La déréglementation : l'exemple du transport aérien aux États-Unis

Les États-Unis se sont engagés à la fin des années 1970 dans un processus de déréglementation dans le domaine des transports aériens, des chemins de fer et du camionnage. Rétrospectivement et de manière globale, les économistes s'accordent pour considérer que la déréglementation a permis une baisse importante des prix (ce qui est profitable pour le consommateur), une meilleure utilisation des capacités et une fréquence accrue des services offerts. Néanmoins, on a pu constater une certaine dégradation dans la qualité des prestations offertes.

Dans le cas particulier des transports aériens, la déréglementation a permis des gains de bien-être assez importants : la baisse des coûts unitaires a été répercutée dans le prix du billet. La libéralisation du transport aérien a conduit dans un premier temps à une augmentation sensible du nombre de compagnies : de 33 avant la déréglementation à une centaine dans les années 1980, avec un taux élevé d'entrées et de sorties. Le phénomène le plus spectaculaire a sans doute été le développement des vols avec correspondance, permettant d'accroître les fréquences et d'utiliser des avions gros-porteurs. Pour les tenants de la théorie des marchés contestables, cette baisse du prix du billet a créé un effet de contestabilité, en obligeant les grandes compagnies en place à offrir les meilleurs prix. Certains auteurs nuancent toutefois cette vision optimiste de la déréglementation et invoquent l'inégalité d'accès aux installations communes : par exemple, l'attribution des créneaux d'atterrissage après la déréglementation a été faite sur la base de la situation antérieure, ce qui avantageait les firmes installées ; de même, le fait que les services de réservation et billetterie appartiennent à des firmes en place constitue un obstacle à l'entrée de nouveaux opérateurs.

► **Lorsque le monopole est justifié, l'État doit cependant en surveiller le fonctionnement au moyen d'une politique de régulation.**

L'existence de monopoles n'est pas nécessairement condamnable. Le monopole peut résulter d'une innovation, comme l'a montré Schumpeter. En effet, une firme qui invente un nouveau produit ou procédé a beaucoup investi en recherche-développement et il semble normal qu'elle bénéficie en contrepartie d'une rente temporaire d'innovation. Pour inciter les firmes à innover, l'État peut garantir juridiquement le monopole sur l'exploitation des résultats de la recherche, en octroyant aux firmes innovatrices un brevet. De même, lorsqu'il existe de fortes économies d'échelle, il est plus efficient qu'une seule firme desserve le marché : on se trouve alors dans une situation qualifiée de **monopole naturel**. En effet, s'il existe plusieurs firmes, chacune doit supporter le coût fixe (par exemple le coût de construction d'une voie de chemin de fer) et le coût unitaire de production est d'autant plus élevé qu'elles doivent se partager la demande totale.

Dès lors que le monopole naturel n'est pas contestable il revient à l'État de le réguler, afin d'éviter que le monopoleur n'utilise son pouvoir de marché pour fixer des prix élévés. Notons cependant que la réglementation du monopole se révèle très difficile, dans la mesure où il existe une asymétrie d'information entre le régulateur (en l'occurrence les pouvoirs publics) et l'entreprise réglementée : cette dernière connaît en effet mieux que le régulateur sa fonction de coût. Le risque est donc que le monopole naturel surestime ses coûts afin d'obtenir des tarifs plus élevés.

De manière schématique, la réglementation du monopole naturel peut s'effectuer de trois manières différentes.

L'État peut tout d'abord réguler le monopole en le taxant : plus la firme pratique un prix qui se rapproche du prix de monopole, plus la taxe est forte. L'objectif est donc d'inciter le monopole à diminuer son prix et à augmenter sa production. Certaines mesures de taxation des surprofits, réalisées en temps de guerre ou de crise, s'inscrivent dans cette logique : ainsi en a-t-il été au cours des années 1970 à l'égard des compagnies pétrolières.

L'État peut aussi réguler le monopole, à partir de son coût de production. Si l'État oblige le monopole à tarifer au coût marginal, une difficulté surgit : le monopole naturel fait des pertes puisque son coût moyen est supérieur au prix de vente et l'État doit le subventionner ; les pouvoirs publics peuvent obliger le monopole à tarifer au coût moyen (schéma 6) ou appliquer la règle du **taux de rendement** : cette règle consiste à fixer les tarifs de l'entreprise d'une façon qui reflète l'évolution de ses coûts, augmentée d'une marge. Une telle solution n'incite cependant pas la firme régulée à réduire ses coûts de production.

Le régulateur peut enfin fixer un **plafond de prix** (*price-cap*), ce qui a l'avantage d'inciter l'entreprise à réaliser des gains de productivité pour acquérir une rente. Telle est la solution adoptée au Royaume-Uni, lors de la déréglementation du gaz et des télécoms au début des années 1980.

II. Les justifications de l'interventionnisme étatique : l'analyse keynésienne

1. Les politiques de relance reposent sur le multiplicateur keynésien

Selon Keynes, la possibilité d'un équilibre de sous-emploi nécessite l'intervention de la « main visible » de l'État, qui se substitue à une main invisible défaillante. Pour cela, l'État relance la demande en menant une politique expansive : l'impact de la relance sur la production est mesuré au travers du multiplicateur.

► **Le principe de multiplication constitue le fondement des politiques de relance.**

Schéma 6
La tarification du monopole naturel

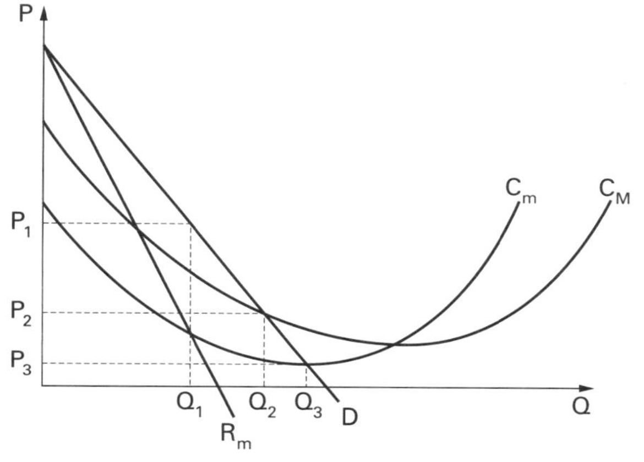

Commentaires : si le monopole naturel n'est pas régulé, il égalise la recette marginale et le coût marginal et produit Q_1 qu'il vend au prix P_1. La combinaison prix-quantités socialement optimale est P_3 et Q_3. Mais, dans ce cas, le monopole fait des pertes et l'État doit le subventionner. Une autre solution consiste à obliger le monopole à tarifer au coût moyen ; dans ce cas, il offre Q_2 qu'il vend au prix P_2. C_m représente le coût marginal et C_M le coût moyen.

• **Le multiplicateur keynésien repose sur plusieurs hypothèses.** Il s'agit tout d'abord d'un raisonnement en courte période : les capacités de production étant fixes, il est nécessaire qu'elles soient en partie inutilisées, sinon la relance part en inflation. On suppose ensuite que les prix sont rigides et qu'il existe un sous-emploi de type « chômage keynésien » (c'est-à-dire résultant d'une insuffisance de la demande). Le taux d'intérêt est supposé constant : il n'y a pas d'effet d'éviction.

Le multiplicateur – noté k – se définit comme un coefficient mesurant l'ampleur de la variation de la production à la suite d'une variation soit des dépenses publiques (multiplicateur de dépenses publiques), soit des impôts (multiplicateur fiscal), soit de l'investissement (multiplicateur d'investissement). Algébriquement, nous avons donc :

— le **multiplicateur d'investissement** : $dY = k\, dI$ avec Y la production et I l'investissement ;
— le **multiplicateur de dépenses publiques** : $dY = k\, dG$ avec G les dépenses publiques ;
— le **multiplicateur fiscal** : $dY = k\, dT$ avec T les impôts.

• **En économie fermée, le multiplicateur d'investissement** se calcule à partir de l'équation keynésienne de base :

$Y = C + I$ avec $C = cY$ (c représente la propension marginale à consommer, c'est-à-dire la part du revenu qui est dépensée. Par hypothèse : $0 < c < 1$)

$$Y = cY + I$$
$$\Leftrightarrow Y(1 - c) = I$$
$$\Leftrightarrow Y = I/(1 - c) \qquad (1)$$

Le multiplicateur d'investissement, représentant la variation de la production Y à la suite d'une variation de l'investissement I, est obtenu en dérivant l'équation (1) :

$$k = dY/dI = 1/(1 - c) \qquad (2)$$

Il apparaît aussitôt que la valeur de k dépend de celle de c : plus la propension marginale à consommer tend vers 1, plus le multiplicateur est élevé. Ce résultat s'explique aisément dans une perspective keynésienne : la relance est d'autant plus efficace que la consommation est forte, c'est-à-dire que l'épargne est faible. Il en résulte qu'il vaut mieux relancer l'investissement à destination des catégories d'agents à faible niveau de revenu, qui ont de ce fait une forte propension à consommer.

• **En économie fermée, le multiplicateur de dépenses publiques est équivalent au multiplicateur d'investissement.** En effet, on a :

$$Y = C + I + G \text{ avec } C = cY$$
$$\Leftrightarrow Y = cY + I + G$$
$$\Leftrightarrow Y(1 - c) = I + G$$
$$\Leftrightarrow Y = (I + G)/(1 - c) \qquad (3)$$

Le multiplicateur de dépenses publiques représentant la variation de la production Y à la suite d'une variation des dépenses publiques G, il est obtenu en dérivant l'équation (3) par rapport à G :

$$k = dY/dG = 1/(1 - c) \qquad (4)$$

• **En revanche, le multiplicateur fiscal n'est pas équivalent au multiplicateur d'investissement et de dépenses publiques.** En effet, on a :

$$Y = c(Y - T) + I \text{ avec T les impôts}$$
$$\Leftrightarrow Y(1 - c) = -cT + I$$
$$\Leftrightarrow Y = (-cT + I)/(1 - c) \qquad (5)$$

Le multiplicateur fiscal représentant la variation de la production Y à la suite d'une variation des impôts T, il est obtenu en dérivant l'équation (5) par rapport à T :

$$k = dY/dT = -c/(1 - c) \qquad (6)$$

Le signe négatif de l'équation (6) s'explique par le fait qu'il s'agit d'une relation inverse : c'est en baissant les impôts que la production augmente. Il convient donc, pour effectuer une comparaison entre multiplicateurs, de raisonner en valeur absolue. Il apparaît aussitôt que $c/(1 - c) < 1/(1 - c)$: le multiplicateur fiscal est moins élevé que le multiplicateur d'investissement (ou de dépenses publiques) ; **il est moins efficace de relancer l'activité en baissant les impôts que d'augmenter les dépenses publiques.**

Ceci s'explique par le fait qu'une baisse des impôts se traduit par une augmentation du revenu disponible ; cette augmentation du revenu disponible n'est pas intégralement dépensée : l'agent accroît sa consommation dans une proportion égale à *c*. Il existe donc dès le départ une fuite de revenu liée à l'épargne.

• **Sur la base du multiplicateur fiscal et du multiplicateur de dépenses publiques, on peut calculer un multiplicateur de budget équilibré.** L'État relance l'activité en augmentant les dépenses publiques d'un côté et accroît les impôts de l'autre, de telle sorte qu'il n'y ait pas de déficit budgétaire ($dG = dT$). Algébriquement, on a :

$$dY = -c/(1-c)\,dT + 1/(1-c)\,dG$$
$$\Leftrightarrow dY = -c/(1-c)\,dG + 1/(1-c)\,dG$$
$$\Leftrightarrow dY = dG\,(1-c)/(1-c)$$
$$\Leftrightarrow k = dY/dG = 1 \qquad (7)$$

On voit au travers de l'équation (7) que la relance est efficace puisque la production augmente dans les mêmes proportions que la dépense publique, sans qu'il y ait déficit budgétaire : l'équilibre budgétaire n'assure pas la neutralité de la relance. Cette idée, connue sous le nom de **théorème d'Haavelmo**, s'explique par le fait que la relance budgétaire entraîne une augmentation de la production et donc mécaniquement des recettes fiscales ; dès lors, l'augmentation du taux d'imposition, justifiée par le maintien de l'équilibre budgétaire, est plus faible que l'augmentation des dépenses publiques.

• **Le multiplicateur d'investissement en économie ouverte prend en considération l'ouverture du pays à l'importation.** On a alors l'équation :

$$Y + M = C + I \text{ avec M les importations} \qquad (8)$$

Par hypothèse $M = mY$ (les importations sont fonction du revenu avec m la propension marginale à importer, avec $0m1$), l'équation (8) se réécrit :

$$Y + mY = cY + I$$
$$\Leftrightarrow Y\,(1 + m - c) = I$$
$$\Leftrightarrow Y = I/\,(1 - c + m) \qquad (9)$$

Le multiplicateur d'investissement en économie ouverte est obtenu en dérivant l'équation (9) :

$$k = 1/(1 - c + m) \qquad (10)$$

Il apparaît qu'en économie ouverte l'efficacité du multiplicateur dépend non seulement de c mais aussi de m : plus m tend vers 1, plus la relance est inefficace. Ce résultat se comprend aisément dans une perspective keynésienne : à court terme, les importations sont une fuite de revenu, une non-dépense pour les producteurs nationaux. La variable m peut être interprétée comme une mesure de la **contrainte**

extérieure. Bien entendu, le multiplicateur de dépenses publiques en économie ouverte est aussi égal à (10).

• **Le multiplicateur d'exportation équivaut au multiplicateur d'investissement en économie ouverte.** On a en effet :

$$Y + M = C + I + X \text{ avec X les exportations}$$
$$\Leftrightarrow Y + mY = cY + I + X$$
$$\Leftrightarrow Y = (I + X)/(1 - c + m) \quad (11)$$

Le multiplicateur d'exportation est obtenu en dérivant l'équation (11) par rapport aux exportations :

$$k = 1/(1 - c + m)$$

• **Le multiplicateur d'investissement en économie ouverte avec impôts est plus complet, puisqu'il dépend de trois variables.** Soit l'équation de base :

$$Y + M = C + I \quad (12)$$

Comme T = tY (les impôts sont fonction du revenu avec t le taux d'imposition), l'équation (12) se réécrit :

$$Y + mY = c(Y - tY) + I$$
$$\Leftrightarrow Y = Y(c(1 - t) + m) + I$$
$$\Leftrightarrow Y (1 - c(1 - t) + m) = I$$
$$\Leftrightarrow Y = I/ (1 - c(1 - t) + m) \quad (13)$$

Le multiplicateur d'investissement en économie ouverte avec impôts est obtenu en dérivant l'équation (13) par rapport à I :

$$k = 1/(1 - c(1 - t) + m) \quad (14)$$

Le multiplicateur (14) dépend de la valeur de c, de t et de m : plus c est fort, plus k est fort : plus m est élevé, plus k est faible ; plus t est fort, plus k est faible.

Tableau 2
Les différents multiplicateurs

Multiplicateur d'investissement en économie fermée	$k = 1/(1 - c)$
Multiplicateur de dépenses publiques en économie fermée	$k = 1/(1 - c)$
Multiplicateur fiscal en économie fermée	$k = - c/(1 - c)$
Multiplicateur de budget équilibré en économie fermée	$k = 1$
Multiplicateur d'investissement en économie ouverte	$k = 1/(1 - c + m)$
Multiplicateur de dépenses publiques en économie ouverte	$k = 1/(1 - c + m)$
Multiplicateur d'investissement en économie ouverte avec impôts	$k = 1 /(1 - c(1 - t) + m)$
Multiplicateur de dépenses publiques en économie ouverte avec impôts	$k = 1/(1 - c(1 - t) + m)$
Multiplicateur d'exportation	$k = 1/(1 - c + m)$

2. L'efficacité de la relance est soumise à conditions

► **La relance de l'activité peut s'effectuer par une augmentation des dépenses publiques : on parle alors de relance budgétaire**[1]**.**

• **La politique budgétaire a longtemps constitué l'outil de relance privilégié des keynésiens.**

En matière budgétaire, Keynes reprend l'idée développée dans les années 1930 par l'École suédoise des finances publiques (Myrdal en particulier), celle de politique budgétaire contra-cyclique : il faut relancer le budget en période de sous-emploi et réduire les dépenses en période inflationniste.

Les descendants de Keynes mettront l'accent sur les vertus contra-cycliques de la seule existence d'un budget, au travers de la notion de **stabilisateurs automatiques**. Cette notion peut être explicitée par l'exemple de la fiscalité : si la croissance s'accélère, les impôts augmentent mécaniquement par le biais de la progressivité du taux de pression fiscal, ce qui contribue à ralentir la consommation ; à l'inverse, si l'on entre en période de récession, les revenus ont en moyenne tendance à diminuer : par le biais de la progressivité du taux de pression fiscal, les impôts diminuent, ce qui relance la consommation des ménages[2].

• **La relance budgétaire en économie fermée peut être appréhendée dans le cadre du modèle IS-LM**[3] (schéma 7).

Schéma 7
La relance budgétaire dans le cadre du modèle IS-LM

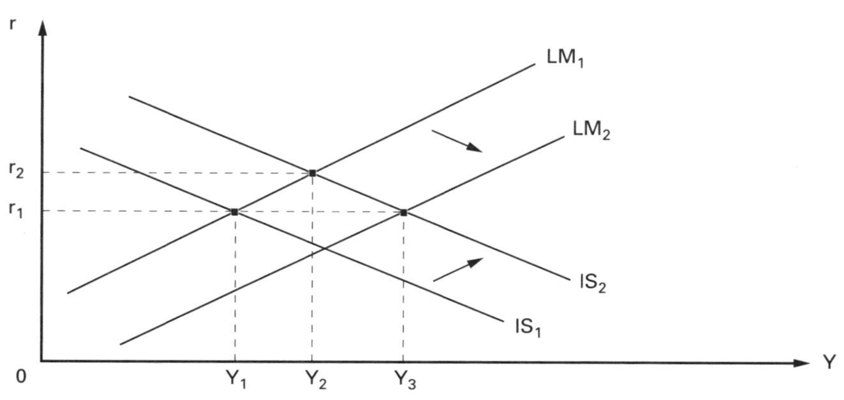

1. Le cas de la relance monétaire est étudié au chapitre 7.
2. Pour une étude empirique sur les stabilisateurs automatiques, voir OCDE, *Perspectives économiques*, « Les stabilisateurs automatiques : leur ampleur et leur rôle », 1993.
3. Les bases du modèle IS-LM sont exposées dans l'annexe 1.

La relance budgétaire correspond à une translation vers la droite de la relation IS. Il apparaît qu'une augmentation des dépenses publiques accroît le niveau de production de Y_1 à Y_2 ; mais elle se traduit aussi par l'augmentation du taux d'intérêt, qui passe de r_1 à r_2. Cette hausse du taux d'intérêt s'explique par le fait que la croissance de la production entraîne une augmentation de la demande de monnaie de transaction (destinée à financer ce supplément de production) : comme l'offre de monnaie n'a pas varié, le taux d'intérêt augmente.

Cette augmentation du taux d'intérêt exerce un effet négatif sur la relance puisqu'elle déprime l'investissement : on parle alors d'un effet d'éviction partiel. L'augmentation des dépenses publiques évince partiellement l'investissement privé. Cet **effet d'éviction** se mesure graphiquement par la différence entre le niveau de production Y3 qui aurait été atteint si le taux d'intérêt était resté constant et le niveau Y2 effectivement obtenu. Mais cet effet d'éviction ne constitue en rien, selon les keynésiens, une fatalité.

Il peut être combattu par une **politique monétaire d'accompagnement** (*policy mix*), consistant à accroître l'offre de monnaie. Sur le schéma 7, cela revient à déplacer la relation LM de LM_1 à LM_2.

En outre, si la relation LM est proche de la situation de trappe à liquidité (LM horizontale), l'effet d'éviction est limité : la politique budgétaire est donc très efficace lorsque le taux d'intérêt est très faible.

• **En Europe, la politique budgétaire de relance a vu son efficacité remise en cause par la présence d'un système de changes fixes.**

Le modèle de Mundell et Flemming permet d'appréhender l'efficacité de la relance budgétaire, en introduisant la contrainte du taux de change et l'existence de capitaux, qui peuvent être soit mobiles, soit immobiles internationalement.

Dans le cas où les capitaux sont peu mobiles, une politique budgétaire de relance se révèle complètement inefficace. En effet, si le pays A augmente ses dépenses publiques, une partie de la relance part en importations ; un déficit commercial apparaît, qui déprécie le taux de change du pays A. La Banque centrale du pays A doit alors intervenir pour soutenir la monnaie nationale, en vendant des devises : cela a pour effet de contracter la masse monétaire, donc d'augmenter le taux d'intérêt, créant un effet d'éviction total.

En revanche, lorsque les capitaux sont internationalement mobiles, la politique budgétaire de relance se révèle très efficace : la relance budgétaire entraîne une augmentation du taux d'intérêt, ce qui provoque une entrée de capitaux et une hausse du taux de change. La Banque centrale intervient alors pour limiter cette appréciation du change en achetant des devises, ce qui accroît la masse monétaire : l'effet d'éviction est annulé.

• **De même, la contrainte extérieure, représentée par la variable *m*, constitue un obstacle à l'efficacité de la relance budgétaire.**

Dans le cas de la France, le multiplicateur de dépenses publiques est passé de 1,6 au début des années 1960 à près de 1 au début des années 1980, sous l'effet de l'augmentation de la propension marginale à importer (résultant elle-même de l'ouverture de la France sur l'Europe). Cet argument de la contrainte extérieure a souvent mobilisé pour stigmatiser l'inefficacité de la relance en France.

La relance française de 1981 face à la contrainte extérieure

L'arrivée au pouvoir en mai 1981 d'un gouvernement socialiste est marquée, au niveau économique, par la mise en œuvre d'une politique de relance par le déficit budgétaire.

Il est vrai qu'au début de 1981 la France dispose en matière budgétaire d'une certaine marge de manœuvre, dans la mesure où le déficit des finances publiques est relativement modéré, comparé à celui des partenaires ; de plus, les instituts de prévision nationaux et internationaux prévoient une reprise de l'activité mondiale à la fin de 1981.

Compte tenu de ce contexte, le gouvernement Mauroy estime qu'une relance budgétaire permettrait en 1982 une croissance du PIB de 3,3 %, une croissance des exportations de 4,9 % avec un déficit de la balance commerciale de 61 milliards de francs.

La relance de 1981 comprend une panoplie de mesures très différentes : revalorisation du SMIC ; augmentation des prestations sociales ; reprise de l'investissement des administrations ; augmentation des aides au logement et à l'industrie ; création d'emplois publics ; aides à la création d'emploi et au recrutement de jeunes.

Cette politique de relance s'est soldée par un échec : en 1982, la croissance française est de 2 %, les exportations ont diminué de 2,2 % et le déficit de la balance commerciale atteint 96 milliards de francs. La relance a en partie buté sur la contrainte extérieure : elle s'est traduite par une forte augmentation des importations (en particulier en provenance de RFA), alors même que les exportations sont déprimées par la mauvaise conjoncture mondiale (le commerce international, pour la première fois depuis 1945, baisse de 3 % en 1982).

• **La persistance de déficits budgétaires peut conduire à un effet « boule de neige » de la dette publique.**

Comme tout agent, lorsque l'État emprunte à l'année t pour financer son déficit budgétaire, il lui faut ensuite payer des intérêts ; s'il ne dispose pas en $t + 1$ d'excédents primaires, il doit de nouveau emprunter pour... payer les intérêts de la dette ! Un mécanisme cumulatif (d'où l'image de la boule de neige) d'augmentation de la charge de la dette peut s'enclencher, qui n'est pas soutenable à long terme.

On peut montrer que le poids de la dette dans le PIB ne se stabilise que si les taux d'intérêt ne sont pas supérieurs au taux de croissance de l'économie. En effet, le budget de l'État peut s'écrire :

recettes + déficit = dépenses courantes + charges d'intérêt

⇔ charges d'intérêt – déficits = (recettes – dépenses courantes) (1)

Le solde primaire, noté S, correspond à la différence entre les recettes et les dépenses courantes. Les charges d'intérêt à payer sont équivalentes au taux d'intérêt (noté r), multiplié par le stock de dettes (noté D). Le déficit est désigné par d. L'équation (1) se réécrit :

$$rD - d = S$$
$$\Leftrightarrow r - d/D = S/D$$
$$\Leftrightarrow d/D = r - S/D$$

avec d/D, l'accroissement de la dette.

Si l'on veut que le poids de la dette dans le PIB reste constant, il faut que l'augmentation de la dette (d/D) soit égale au taux de croissance de l'économie (noté g), soit :

$$r - S/D = g$$
$$\Leftrightarrow r - g = S/D$$

On voit que si les taux d'intérêt sont supérieurs au taux de croissance, la stabilité de la dette exige un solde primaire positif, c'est-à-dire un excédent des recettes sur les dépenses courantes. Or, en raison du caractère incompressible de plusieurs catégories de dépenses publiques et des limites à la hausse de la pression fiscale, il est difficile de dégager de tels excédents primaires. Ce qui revient à dire que **la stabilité de la dette implique l'égalité entre le taux de croissance de l'économie et les taux d'intérêt**.

Dans le cas de la France, les taux d'intérêt ont été constamment supérieurs au taux de croissance de 1979 à 1998, sans qu'il soit possible (si ce n'est entre 1989 et 1991) de dégager un solde primaire positif (tableau 3) : il en résulte que le poids de la dette brute de l'État est passé de 15 % du PIB en 1980 à 35 % à la fin de 1993, pour atteindre 59 % en 1997.

• **Face à ces remises en cause de l'efficacité de la politique budgétaire comme instrument de relance, les keynésiens ont apporté plusieurs réponses.**

La contrainte extérieure n'affecte pas également tous les pays. Il est nécessaire d'introduire la distinction entre **effet grand pays** et **effet petit pays** : un grand pays, tel que les États-Unis, dispose de suffisamment de ressources pour se suffire à lui-même ; en conséquence, il s'agit d'un pays qui importe peu, en comparaison de ce qu'il produit ; les États-Unis ont en effet un taux d'ouverture à l'importation (M/PIB) relativement faible. Dans ce cas, une relance au niveau national reste encore efficace, comme l'a mis en évidence la politique budgétaire menée par Reagan à partir de 1983. Certains keynésiens [1] n'hésitent d'ailleurs pas à voir dans l'expérience Reagan de déficit budgétaire l'application des préceptes keynésiens :

> L'accroissement du déficit a, conformément aux schémas keynésiens, stimulé l'activité. Les réductions d'impôts ont accru la consommation et l'investissement en logement des ménages aidés par un certain relâchement de la politique monétaire à partir d'août 1982. L'augmentation de la demande des ménages conjuguée à l'accroissement des dépenses militaires et aux détaxes fiscales pour l'investissement ont permis une forte reprise de l'investissement productif à partir du milieu de 1983. [...] L'enchaînement de la reprise aux États-Unis ne s'explique donc pas par les vertus imaginaires de l'économie de l'offre mais, plus simplement, par les mécanismes keynésiens traditionnels.

1. A. Fonteneau, P.-A. Muet, *La gauche face à la crise*, Paris, Presses de la FNSP, 1987.

Tableau 3
La dynamique de la dette de l'État (France ; 1984-1994)

Années	*Taux de croissance nominal du PIB*	*Taux d'intérêt à long terme des emprunts d'État*	*Solde primaire (en milliards)*
1984	8,9	13,3	– 61
1985	7,8	10,5	– 63
1986	7,9	8,9	– 48
1987	5,3	10	– 26
1988	7,5	8,5	– 15
1989	7,4	9,3	+ 16
1990	5,6	10	+ 44
1991	3,7	9,1	+ 19
1992	3,6	8,6	– 51
1993	1,5	6,8	– 127
1994	3,7	7,5	– 93

Source : J.-M. Daniel, art. cité.

Dans leur réhabilitation de la relance, les keynésiens contemporains montrent cependant que la contrainte extérieure ne constitue pas une fatalité pour les petits pays. Il faudrait mettre en œuvre une nouvelle forme de relance budgétaire : la relance coordonnée. En effet, si un pays A relance avec un partenaire B, la fuite liée aux importations est compensée dans chaque pays par l'augmentation des exportations [1].

► **La politique fiscale constitue un instrument de relance de l'activité.**

La relance fiscale consiste à diminuer les taux d'imposition, afin de stimuler la consommation des ménages ou l'investissement des entreprises. Cet instrument a souvent suscité la réserve des keynésiens, et ce pour deux raisons. Tout d'abord, comme nous l'avons vu précédemment, le multiplicateur fiscal, égal (en valeur absolue) à $c/(1 - c)$, est inférieur au multiplicateur budgétaire, égal à $1/(1 - c)$: mieux vaut relancer en augmentant les dépenses publiques plutôt qu'en diminuant les impôts. Ensuite, la relance fiscale se heurte au problème de l'**effet de cliquet** : autant il est aisé de diminuer les impôts pour relancer l'activité (qui peut être opposé à une baisse de la pression fiscale ?), autant il est ardu de les augmenter, lorsque l'on souhaite éviter une surchauffe de l'économie.

1. La limite de cet argument est que la relance coordonnée relève d'une situation de dilemme du prisonnier : les deux pays ont collectivement intérêt à la relance mais chaque pays a individuellement intérêt à attendre une initiative de son partenaire. On aboutit à un équilibre de Nash, caractérisé par l'absence de relance de part et d'autre.

III. De la critique de l'intervention étatique à la critique de l'État comme institution

La conception keynésienne de la politique économique n'a pas manqué de suscité la critique des monétaristes, des « nouveaux classiques » et des libéraux de l'école du *Public Choice.* De manière schématique, la critique de l'interventionnisme étatique a emprunté deux voies principales :

— les monétaristes et les nouveaux classiques ont mis en évidence l'inefficacité des politiques de régulation conjoncturelle : en particulier, la politique budgétaire de relance n'a aucun effet durable sur le niveau de l'activité, dans la mesure où elle bute sur les anticipations (adaptatives ou rationnelles) des agents [1] et sur l'ajustement continu des marchés ;
— l'école des choix publics procède à l'analyse critique des motivations qui guident l'action étatique : l'interventionnisme étatique n'exprime-t-il pas simplement la défense d'intérêts particuliers ?

1. Selon les libéraux, au-delà des fonctions minimales, l'intervention de l'État serait inutile, voire contre-productive

► **La politique économique d'inspiration keynésienne serait inefficace dans la mesure où elle n'est pas crédible aux yeux des agents : elle repose en effet sur un principe discrétionnaire et non réglementaire.**

Cette thèse de la **crédibilité**, inaugurée en 1977 par Kydland et Prescott [2], s'est aujourd'hui imposée comme un argument essentiel des nouveaux classiques à l'encontre des politiques keynésiennes.

Le point de départ de l'analyse de Kydland et Prescott consiste à étudier le comportement des gouvernements lors des prises d'otage : la doctrine officielle de tout gouvernement, qui fait l'objet d'effets d'annonce, est de ne pas négocier avec les terroristes. Pourtant, cela ne suffit pas à dissuader les prises d'otage. Les terroristes estiment donc que, une fois la prise d'otage opérée, ils pourront négocier avec le gouvernement : leur intuition (juste) est de considérer qu'un effet d'annonce n'engage en rien et que le gouvernement peut revenir à tout moment sur sa décision. En d'autres termes, la politique d'annonce n'est pas crédible, car elle n'entraîne pas un engagement irréversible. Le seul moyen de décourager les terroristes consisterait à exclure, par le biais d'une loi, toute possibilité de négociation : s'il veut prendre l'engagement irrévocable de ne pas négocier, le gouvernement doit « brûler ses vaisseaux ». Nous retrouvons ici un enseignement majeur de la théorie du

1. Pour un exposé des différentes formes d'anticipation, nous renvoyons le lecteur au chapitre 4.
2. « Rules rather than discretion : the inconsistency of optimal plans », *Journal of Political Economy,* 1977.

conflit, développée par Schelling : « Pour contraindre l'autre, il faut se contraindre soi-même. »

Sur la base de cet exemple, une politique est qualifiée de discrétionnaire lorsque les engagements sont révocables ; à l'inverse, une politique est qualifiée de « réglementaire » lorsque les engagements sont irrévocables.

• **Les applications de ce principe de crédibilité sont aujourd'hui très nombreuses** ; nous prendrons l'exemple de la lutte contre l'inflation par une politique monétaire restrictive.

Dans une perspective keynésienne, si un gouvernement veut casser l'inflation, il lui faut mener une politique restrictive, en annonçant par exemple un relèvement des taux d'intérêt nominaux. Cette mesure discrétionnaire risque cependant de ne pas suffire à persuader les agents de la fermeté de l'engagement du gouvernement à casser l'inflation. Pour que les agents croient à la désinflation et modifient en conséquence leurs anticipations, il faut que la décision gouvernementale soit irréversible, c'est-à-dire que le gouvernement ne puisse pas revenir à une politique expansive. Or l'État peut avoir intérêt à renier ses engagements dans la mesure où l'inflation, comme nous l'avons vu au chapitre 4, a aussi ses avantages de son point de vue, notamment en matière de fiscalité. Compte tenu de ce défaut de crédibilité, la lutte contre l'inflation risque d'être peu efficace, car les agents modifieront peu leurs anticipations d'inflation.

Le modèle de Barro et Gordon (1983) illustre précisément les effets d'une politique monétaire discrétionnaire. Il est supposé que les ménages déterminent le niveau du salaire nominal, avant que la Banque centrale ne fixe son offre de monnaie ; le problème qui se pose alors aux ménages est d'anticiper la décision de la Banque centrale, puisque celle-ci va déterminer le salaire réel. Une erreur d'anticipation entraînerait soit du chômage (si le salaire réel est trop élevé), soit une perte de pouvoir d'achat (si le salaire réel se révèle trop faible). La Banque centrale souhaite une inflation aussi faible que possible mais supérieure à celle anticipée par les agents privés, ce qui permet de stimuler temporairement l'activité. Partant de ces hypothèses, Barro et Gordon montrent alors que, en l'absence d'accord crédible sur une inflation nulle, le jeu des anticipations conduit à un biais inflationniste.

Les effets de la crédibilité de la politique monétaire peuvent être illustrés au travers d'un exemple, adapté de Taylor (1985). Supposons que la Banque centrale annonce une faible croissance de la masse monétaire. Les agents privés peuvent réagir de deux manières à cette annonce : soit ils considèrent qu'elle n'est pas crédible ; soit ils considèrent que la Banque centrale a vraiment l'intention de tenirses engagements. Dans un second temps, la Banque centrale agit : elle peut effectivement pratiquer une politique monétaire restrictive, ou « tricher » par rapport à son annonce et mener une politique de forte croissance de la masse monétaire. Selon les anticipations des agents privés et le comportement de la Banque centrale, on obtient quatre configurations en matière de chômage et d'inflation (schéma 8) :

— cas O : la Banque centrale est crédible aux yeux des agents et tient ses engagements ; il en résulte une faible inflation et un taux de chômage naturel ;

— cas A : la Banque centrale est crédible et utilise cette crédibilité pour tromper les agents ; comme ces derniers n'ont pas anticipé une forte inflation, ils ont exigé une hausse modérée des salaires. Compte tenu de la forte inflation, les salaires réels diminuent, ce qui permet de faire baisser temporairement le chômage ;
— cas B : l'annonce de la Banque centrale n'est pas prise au sérieux par les agents, qui anticipent une forte inflation ; comme la croissance de la masse monétaire est faible, l'inflation effective est modérée et les salaires réels sont trop élevés : il en résulte une hausse du chômage au-dessus de son niveau naturel ;
— cas C : comme la banque n'est pas crédible aux yeux des agents, elle ne tient pas ses engagements : on obtient une forte inflation, pleinement anticipée par les agents ; le taux de chômage naturel n'est donc pas affecté.

Schéma 8
Le jeu entre la Banque centrale et les salariés

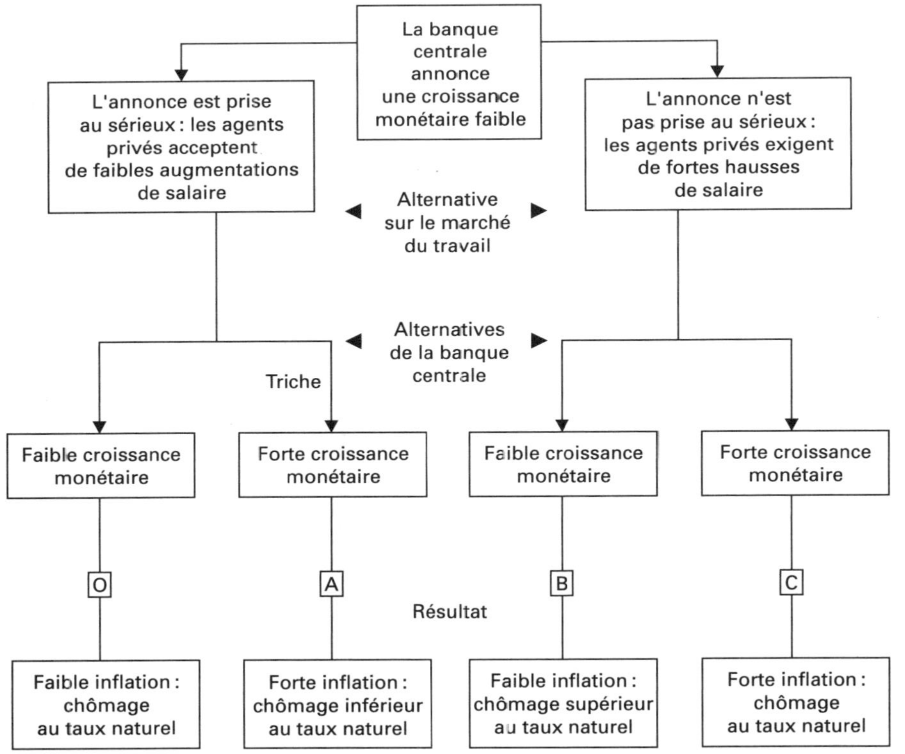

► **La politique économique d'inspiration keynésienne est inefficace, car les agents tiennent compte des expériences passées pour invalider les politiques de relance.**

Nous retrouvons ici un autre apport libéral, reposant sur les concepts de **cohérence des choix** et de **politique optimale**. On dit d'une politique économique qu'elle est optimale lorsqu'elle apparaît comme la meilleure au moment où elle est choisie. Cela suppose que le choix de la politique soit indépendant des événements et des politiques économiques passées : on admet la myopie des agents puisque tout se passe comme si les expériences passées n'influaient pas sur les réactions des agents face aux nouvelles mesures de politique économique annoncées. Mais si les agents tiennent compte des informations passées, une politique économique qui était optimale à l'origine ne l'est plus pour les périodes suivantes, donc elle n'est pas cohérente.

Cette idée est souvent illustrée au travers de l'exemple célèbre de l'examen. Pour un enseignant peu scrupuleux, une politique optimale à la date t consisterait à annoncer la tenue d'un examen, obligeant ainsi les étudiants à réviser, puis à l'annuler au dernier moment : l'enseignant s'épargnerait la lecture de copies et les étudiants auraient appris leurs cours. Mais cette politique ne peut valoir qu'une fois : les étudiants de la période $t + 1$ étant informés d'une telle pratique, aucun ne révisera !

Pour rendre cohérente une politique économique, il ne faut jamais réviser ses choix. Par exemple, si les autorités monétaires révisent à la période t leur objectif de stabilité des prix dans le but de lutter contre le chômage, les agents vont ensuite suspecter le gouvernement d'être toujours prêt à relâcher la vigilance en matière monétaire ; ils vont donc anticiper une hausse des prix supérieure à celle qui aurait prévalu : l'inflation va s'accélérer durablement.

Les politiques discrétionnaires étant prises en défaut de crédibilité, quelle politique économique faut-il mener ? Le message des nouveaux classiques est à cet égard très clair : les gouvernements doivent asseoir leur politique économique sur des règles et renoncer à toute velléité de relance. Deux types de règles sont généralement distingués :

— les règles de comportement : il s'agit d'acquérir auprès des agents une « bonne réputation », par exemple en matière de lutte contre l'inflation. Pour ce faire, un gouvernement peut importer la crédibilité, en s'arrimant à une zone de changes fixes menée par une monnaie forte. Un gouvernement peut également crédibiliser son comportement, en fondant sa réputation sur une personnalité « conservatrice » : Rogoff (1985) estime ainsi qu'il faut nommer à la tête de la Banque centrale un conservateur, ayant une préférence pour l'inflation inférieure à la moyenne ;
— les règles de droit : pour rendre crédible son action, le gouvernement doit se « lier les mains » juridiquement. Certains préconisent de rendre... inconstitutionnel le déficit budgétaire ; en matière monétaire, il s'agit de rendre indépen-

dantes les banques centrales du pouvoir politique, afin d'éviter notamment le financement monétaire du déficit budgétaire.

▶ **Dans une optique néoclassique, la politique budgétaire de relance est inefficace dans la mesure où elle génère un effet d'éviction total.**

• **Cet effet d'éviction total signifie qu'une augmentation des dépenses publiques est compensée par une diminution d'un même montant des dépenses privées** : les dépenses publiques évincent les dépenses privées. Il existe dans l'analyse néoclassique deux catégories d'effet d'éviction.

Tout d'abord, un **effet d'éviction par la fiscalité** : lorsque l'État augmente le taux d'imposition, les ménages diminuent leurs dépenses privées d'un montant équivalent car ils supposent qu'il y a une parfaite substituabilité entre dépenses privées et dépenses publiques.

Ensuite, un **effet d'éviction par l'emprunt public**, qui se subdivise lui-même en deux cas. Dans le cas de l'effet d'éviction indirect, développé par Friedman, l'État relance l'activité en augmentant les dépenses budgétaires, lesquelles sont financées par l'emprunt ; ce faisant, il fait augmenter le taux d'intérêt sur les marchés financiers, ce qui tend à déprimer l'investissement privé d'un montant équivalent à la relance. Cette situation correspond, dans le modèle IS-LM, à une droite LM verticale : la relance budgétaire (déplacement de IS_1 à IS_2) entraîne une hausse du taux d'intérêt de *r*1 à *r*2, qui déprime l'investissement privé ; l'effet net est nul puisque Y1 est confondu avec Y2 (schéma 9).

Schéma 9
L'effet d'éviction indirect par l'emprunt dans le modèle IS-LM

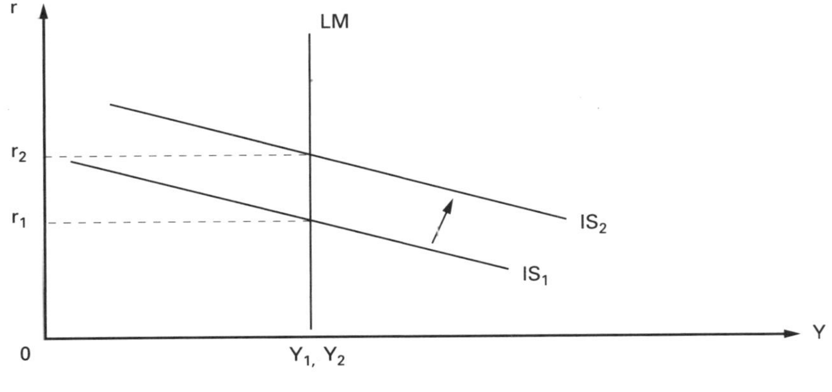

Dans le cas de l'effet d'éviction direct, développé par Barro[1], l'État emprunte pour financer sa relance mais les agents savent qu'à terme le taux

1. « Are governments bonds net wealth ? », *Journal of Political Economy*, 1974.

d'imposition augmentera pour rembourser cet emprunt : en prévision de ces impôts futurs, les agents augmentent aujourd'hui leur épargne. On voit ici que l'efficacité de la relance est contrecarrée par les anticipations rationnelles des agents, lesquels raisonnent de manière intertemporelle et même intergénérationnelle : les agents savent que le recours à l'emprunt est synonyme d'une imposition différée dans le temps, qui pèsera… sur les générations futures ; en conséquence de quoi ils épargnent plus aujourd'hui, pour léguer un héritage inchangé. Barro suppose donc que les agents ont un comportement dynastique, c'est-à-dire se préoccupent du sort (fiscal) de leurs descendants ! Cet effet d'éviction par l'emprunt public, dénommé également, **théorème Ricardo-Barro, théorème de l'équivalence entre emprunt et impôt** ou bien encore thèse de la **neutralité de la dette publique**, a suscité de nombreuses critiques :

— l'hypothèse d'altruisme intergénérationnel est discutable : pourquoi écarter *a priori* la possibilité d'une attitude non solidaire vis-à-vis des générations futures ? Comme le souligne Samuelson, « comme nous ne sommes pas immortels, nous tendons en tant qu'individus à considérer la dette publique comme un élément de nos fortunes nettes… Cette impression d'une fortune accrue peut nous inciter à consommer un peu plus et à épargner un peu moins ». Qui plus est, certains ménages (ceux qui n'ont pas d'enfants) ne peuvent développer ce type de comportement ;
— au niveau empirique, plusieurs tests du théorème d'équivalence ont été effectués, aboutissant à la conclusion selon laquelle les contribuables n'anticipent pas pleinement les prélèvements fiscaux futurs liés aux déficits budgétaires : ils profiteraient donc de la relance pour consommer davantage, selon un principe d'illusion fiscale, et non pour épargner plus ;
— si le taux de croissance de l'économie est supérieur au taux d'intérêt, l'État n'a pas besoin de lever des impôts demain pour financer le service de la dette. Dans ces conditions, les agents considèrent la dépense publique comme un effet de richesse et ne diminuent pas leur consommation aujourd'hui ;
— le comportement ricardien peut dépendre du niveau de la dette : pour de faibles ratios dette/PIB, les agents se comporteraient plutôt en keynésiens ; en revanche, pour de forts ratios dette/PIB, ils anticiperaient des prélèvements futurs et seraient « quasi ricardiens ».

• **Parallèlement à cette analyse en termes d'effet d'éviction total, les néoclassiques mobilisent deux autres arguments à l'encontre de la politique budgétaire expansive.**

Il s'agit tout d'abord de la thèse inflationniste : si l'État augmente ses dépenses publiques en finançant le déficit budgétaire par la création monétaire, l'ajustement se fait par les prix (inflation) et non par les quantités (hausse de la production) : nous retrouvons ici la théorie quantitative de la monnaie, selon laquelle tout accroissement de la masse monétaire provoque un accroissement du niveau général des prix à long terme.

Il s'agit ensuite de la **thèse du revenu permanent**[1] : selon Friedman, les agents dépensent en fonction du revenu permanent qu'ils sont assurés de percevoir à chaque période, et non en fonction du revenu transitoire. Comme la politique de relance relève par définition du transitoire, elle n'affecte pas le comportement de consommation des agents.

► **Toute politique fiscale visant à augmenter les taux d'imposition pour financer la relance budgétaire risque d'entraîner une baisse des recettes totales** : il s'agit là de la célèbre critique développée par Laffer et qui porte aujourd'hui le nom de **courbe de Laffer**.

Rappelons que Laffer s'inscrit dans un courant baptisé « école de l'offre », très en vogue à la fin des années 1970 aux États-Unis. L'idée de Laffer est de montrer que, au-delà d'un certain seuil, tout alourdissement du taux d'imposition (noté t) provoque paradoxalement une baisse du montant total des recettes fiscales (schéma 10) : « trop d'impôts tue l'impôt ». Les recettes fiscales sont d'abord une fonction croissante du taux d'imposition, jusqu'à atteindre un seuil maximal M (sommet de la courbe) ; au-delà de M, les recettes fiscales sont une fonction décroissante du taux d'imposition. Cela signifie qu'un même niveau de recettes fiscales (par B) peut renvoyer à deux taux d'imposition différents (respectivement t_1 et t_2). La zone comprise entre 0 et t^* est qualifiée par Laffer de « zone admissible », tandis qu'au-delà de t^* il s'agit d'une « zone inadmissible ».

Schéma 10
La courbe de Laffer

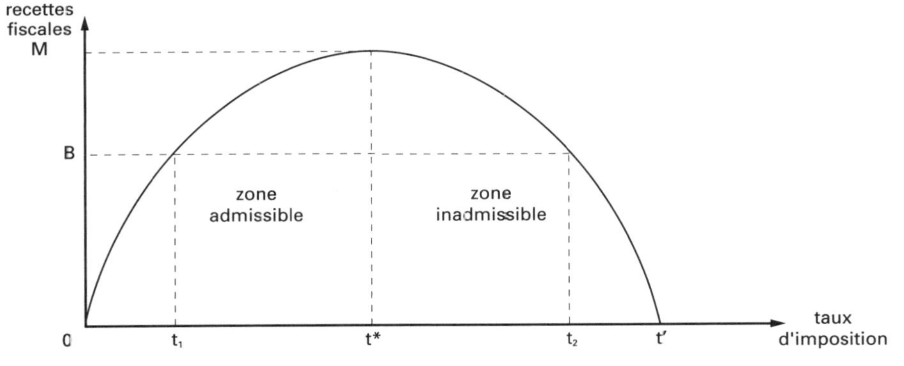

1. Pour une analyse sur ce point, voir les développements sur la fonction de consommation dans le chapitre 1.

Comment expliquer que les recettes totales diminuent, au-delà de t^*, lorsque l'on augmente le taux d'imposition ? Il faut ici faire appel à la microéconomie avec les notions d'effet revenu et d'effet substitution. L'augmentation de t a deux effets sur l'arbitrage d'un agent entre temps de travail et temps de loisir :

— un effet substitution : si t augmente, le revenu disponible diminue ; le travail est en quelque sorte pénalisé, ce qui incite l'agent à diminuer son temps de travail et à augmenter son temps de loisir ;
— un effet revenu : si t augmente, le revenu disponible diminue, ce qui peut inciter l'agent à travailler plus pour retrouver son revenu de départ.

L'impact final d'une hausse du taux d'imposition sur l'offre de travail va donc dépendre de l'ampleur de ces deux effets. Selon Laffer, pour des taux élevés, l'effet substitution l'emporterait sur l'effet revenu, ce qui conduirait à une réduction de l'assiette fiscale ; la courbe de Laffer montre justement que, au-delà de t^*, la base fiscale se contracte plus rapidement que la hausse du taux de pression fiscale.

L'effet substitution peut être étendu à l'arbitrage entre travail déclaré/travail au noir : lorsque le taux d'imposition augmente, l'agent a tendance à recourir de plus en plus à l'économie souterraine. De même, l'effet substitution peut porter sur l'arbitrage entre économie marchande et économie domestique : de manière imagée, une hausse du taux d'imposition incite à cultiver son potager plutôt qu'à travailler pour s'acheter des légumes au marché !

Ce qui vaut pour l'offre de travail vaut également pour l'offre de capital : si l'épargne est fortement taxée, les individus sont incités à consommer aujourd'hui, au détriment de l'accumulation de capital, laquelle conditionne les recettes fiscales futures.

Soulignons ici que Laffer ne fait que reprendre une idée ancienne, déjà exposée par Smith en 1776 : « Des impôts lourds, parfois en diminuant la consommation des produits taxés, parfois en encourageant la fraude, engendrent souvent des recettes fiscales plus faibles que celles qui auraient pu être obtenues avec des taux plus modestes. » De même, l'économiste français Dupuit avait mis en évidence en 1844 le fait que, « si l'on augmente graduellement un impôt jusqu'au chiffre qui équivaut à une prohibition, son produit commence par être nul, puis croît sensiblement, atteint un maximum, décroît ensuite successivement puis devient nul ».

La courbe de Laffer a pour elle l'avantage de la simplicité et repose sur une axiomatique qui est vraie par nature : un taux d'imposition de 0 % ne produit aucune recette fiscale, et il existe un taux d'imposition prohibitif. Qui plus est, l'analyse de Laffer débouche sur un programme de réforme fiscale qui apparaît très consensuel : en baissant les taux d'imposition – et en particulier les taux marginaux – on incite les ménages à accroître leur offre de travail et leur épargne, ce qui génère à long terme plus de recettes fiscales.

- **Néanmoins, la courbe de Laffer a fait l'objet de critiques** :

— l'existence d'une courbe d'offre de travail « coudée » reste controversée : à court terme, compte tenu des contraintes auxquelles doit faire face l'agent (loyer, emprunts à rembourser, etc.), une baisse du taux de salaire risque plutôt de conduire à une hausse de l'offre de travail ;

— il apparaît difficile de connaître *ex ante* la forme de la courbe pour un pays et le taux d'imposition t^* qui maximise les recettes fiscales. Le tracé de la courbe de Laffer est d'une extrême imprécision. En particulier, rien dans les articles qui développent les thèses de l'offre ne permet de déterminer le taux d'imposition auquel correspond le niveau de recettes fiscales maximal. En d'autres termes, il est impossible de disposer d'un critère permettant de savoir si, pour un taux d'imposition donné, on se trouve à droite ou à gauche de ce maximum, donc s'il faut diminuer les taux d'imposition ou au contraire les augmenter. Face à cette critique, les défenseurs de l'école de l'offre font valoir l'existence d'un « effet Laffer » : à défaut de connaître la forme de la courbe, il est toujours possible d'estimer la valeur de sa pente, à la suite d'une variation du taux marginal d'imposition ;

— la courbe de Laffer est un raisonnement partiel puisqu'elle ne perçoit l'impôt, au niveau microéconomique, que comme une ponction ; or, au niveau macroéconomique, l'impôt est aussi à l'origine d'une dépense publique.

En dépit de ses incertitudes méthodologiques, la courbe de Laffer a inspiré de nombreuses réformes de la fiscalité, en particulier dans les pays anglo-saxons. Ainsi, Ronald Reagan a mené une politique de réduction du taux marginal d'imposition (Economic Recovery Tax Act), qui passe en 1981 de 70 % à 50 % ; une seconde diminution est votée en 1986, qui ramène le taux marginal à 28 %. Les effets de cette réforme fiscale font l'objet de jugements contrastés : si certains auteurs libéraux soulignent l'existence d'un « effet Laffer », d'autres estiment que la réforme menée par Reagan s'est traduite par une relance fiscale conformément aux enseignements de la... théorie keynésienne.

2. Selon l'école du *Public Choice*, l'État serait le lieu d'expression des intérêts particuliers

▸ **À l'heure des politiques keynésiennes triomphantes se développe aux États-Unis un courant libéral, baptisé « école des choix publics », qui réfute la vision de l'État comme agent « neutre » au service de l'intérêt général.**

L'analyse du *Public Choice* va beaucoup plus loin que la critique néoclassique traditionnelle de la politique économique, dans la mesure où elle s'attaque à l'existence même de l'institution étatique et non plus seulement à l'efficacité de son action. Plus généralement, le *Public Choice* rompt avec les principaux courants économiques, étant donné que ces derniers ne procèdent pas à une étude de l'institution étatique en tant que telle : que ce soit dans l'optique néoclassique usuelle ou dans l'optique keynésienne, l'État est supposé être toujours au service de l'intérêt général, postulat au demeurant jamais démontré par les auteurs.

Ce faisant, l'école des choix publics renoue paradoxalement avec la vision hétérodoxe des marxistes, qui appréhendent l'État comme un instrument de classe : l'action du *Public Choice* contribue à réhabiliter une tradition critique de l'État, jusqu'alors tenue en suspicion ! Cela étant, si l'école du *Public Choice* adhère à cette remise en cause de l'État comme incarnation de l'intérêt général, elle ne s'inscrit absolument pas dans la même perspective idéologique que la tradition marxiste : la critique de l'État ne débouche pas sur une remise en cause du capitalisme mais au contraire sur une réaffirmation des forces du marché et de l'initiative privée.

L'école du *Public Choice* s'organise autour de quatre grandes voies de recherche : la théorie du cycle politico-économique ; la théorie de la bureaucratie ; la théorie du marché politique ; la théorie de la recherche de rente (*rent seeking*).

► **Selon l'école du cycle politico-économique, l'État est constitué dans ses instances dirigeantes d'agents soumis à la contrainte de réélection : la politique économique va donc suivre le calendrier électoral** ; elle est dictée par l'intérêt particulier des hommes politiques et ne répond en rien à des considérations d'intérêt général.

Le modèle de Nordhaus [1] systématise cette idée, en partant de l'hypothèse selon laquelle le gouvernement en place cherche à maximiser le nombre de voix afin d'être reconduit dans ses fonctions. Pour cela, une fois arrivé aux commandes, il mène une politique déflationniste (ce qui entraîne une hausse du chômage), puis, à l'approche des élections, il prend des mesures expansionnistes afin de faire diminuer le chômage.

Répétées sur plusieurs périodes électorales, ces décisions de politique économique génèrent un véritable cycle : expansion de l'activité avec déficit public, baisse du chômage et hausse de l'inflation avant les élections ; récession, accompagnée d'une réduction du déficit, d'une hausse du chômage et d'une désinflation après les élections (schéma 11).

Nordhaus teste son modèle sur neuf pays, au cours de la période 1947-1972, et obtient des résultats significatifs pour deux pays : les États-Unis et la RFA.

En dépit de son intérêt, le modèle de Nordhaus repose sur des hypothèses très restrictives :

— les hommes politiques n'ont pas de motivations partisanes ; ils cherchent uniquement à maximiser leur popularité, c'est-à-dire la probabilité d'être (ré)élu ;
— les électeurs forment des anticipations adaptatives : il existe à court terme un arbitrage entre inflation et chômage, qui disparaît à long terme ;
— les électeurs sont politiquement myopes : ils ignorent les motivations véritables des hommes politiques ; leur vote ne dépend que de la situation économique au moment des élections.

1. « The political business cycle », *Review of Economic Studies*, 1975.

Schéma 11
Le cycle politico-économique

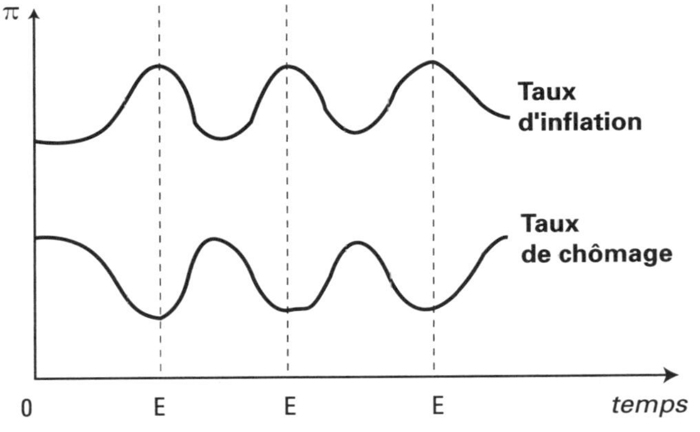

Un second travail de référence, plus élaboré, est celui de Frey et Schneider [1]. L'hypothèse centrale de leur modèle est de considérer que le gouvernement en place maximise son utilité, qui est de mettre en œuvre son programme, mais en tenant compte de la contrainte de réélection. Deux cas de figure se présentent alors : s'il craint de n'être pas réélu (en consultant par exemple les sondages), le gouvernement relance l'activité, même si cela va à l'encontre de ses principes idéologiques ; s'il est assuré de sa réélection, il poursuit son programme. On voit donc que le modèle de Frey et Schneider est plus complexe que celui de Nordhaus, puisqu'il prend en compte la variable idéologique. Il apparaît que, dans le cas du Royaume-Uni, les dépenses publiques ont tendance à augmenter avant chaque élection que le gouvernement n'est pas certain de gagner, et ce quelle que soit l'idéologie du pouvoir en place.

• La théorie du cycle politico-économique rend compte des fluctuations de court terme de la dépense publique mais ne peut expliquer la **tendance de long terme au déficit budgétaire**, telle qu'elle s'observe dans les années 1980 au niveau des pays de l'OCDE. L'économie politique du déficit budgétaire invoque trois facteurs pour justifier la persistance de déficits budgétaires :

— la dette publique permet de contraindre les choix politiques des successeurs : « On suppose le cas d'un système politique à deux partis ayant des préférences différentes quant à la nature des dépenses publiques à engager. L'un de ces deux partis privilégie les dépenses militaires, l'autre les dépenses sociales [...]. Supposons que le parti qui privilégie la défense nationale soit au pouvoir aujourd'hui et que le résultat des prochaines élections soit incertain en raison

1. « A political economic model of the United Kingdom », *Economic Journal*, 1978.

de chocs qui ont affecté les préférences des électeurs : une fraction de l'électorat oscille entre le "parti de la défense" et le "parti social". Le premier, s'il est au pouvoir, fera des dépenses militaires et émettra des emprunts pour les financer, de sorte que, si le "parti social" arrive au pouvoir demain, ce dernier devra assurer le service de cette dette et ne pourra donc pas effectuer beaucoup de dépenses sociales [1]. » Ce type d'analyse prédit que le volume de dette sera d'autant plus élevé que les conflits idéologiques entre partis sont forts et que la probabilité de reconduction au pouvoir de l'équipe en place est faible ;

— l'existence d'une dette publique persistante s'explique par la formation de gouvernements de coalition : ces derniers repoussent les mesures d'ajustement pour ne pas mécontenter un membre de la coalition, ce qui accroît le déficit budgétaire ;

— le niveau de la dette publique dépend également de la dispersion géographique des intérêts électoraux : comme le soulignent Alesina et Perotti, « les représentants dont la base électorale est territoriale surestiment les avantages pour leur circonscription des projets publics, comparés au coût de leur financement qui, lui, est supporté par la nation tout entière [...]. La taille du budget sera d'autant plus grande avec N législateurs élus dans N circonscriptions qu'avec un seul législateur pour tout le pays ; la taille du budget s'accroît en fonction de N, le nombre de circonscriptions ».

► **Selon la théorie du marché politique, les mesures de politique économique visent à satisfaire les agents qui ont permis l'accession au pouvoir de l'équipe en place et ne sont en aucun cas destinées à l'ensemble de la population.**

L'hypothèse de départ consiste à assimiler l'activité politique à un marché, avec une offre (les programmes des hommes politiques, qui différencient leurs « produits »), une demande (les électeurs) et un prix (le bulletin de vote). Ce marché politique n'est cependant pas symétrique entre offreurs et demandeurs, qui sont à la fois électeurs et contribuables. En effet, une fois élus, les hommes politiques vont privilégier les catégories d'agents qui ont voté pour eux – ce qui peut sembler normal si l'on raisonne en termes marchands –, mais en en faisant supporter le coût à l'ensemble de la population par le biais des impôts.

On peut toutefois se demander pourquoi les électeurs lésés ne protestent pas, d'autant qu'ils représentent généralement près de la moitié des électeurs ; comme l'a mis en évidence le célèbre **paradoxe d'Olson** [2] : plus un groupe est nombreux, plus la probabilité qu'il passe à l'acte est faible car la contribution d'un membre à la réussite du groupe est marginale.

> Comme les groupes relativement petits sont fréquemment capables de s'organiser sur la base du volontariat et d'agir en conformité avec leurs intérêts communs et que

1. A. Alesina, R. Perotti, « L'économie politique de déficits budgétaires », *Problèmes économiques*, 17 mai 1996.
2. *Logique de l'action collective*, Paris, PUF, 1978.

les grands groupes ne sont pas dans l'ensemble en mesure d'y parvenir, l'issue du combat politique qui oppose les groupes rivaux n'est pas symétrique... Les groupes les plus petits réussissent souvent à battre les plus grands qui, dans une démocratie, seraient naturellement censés l'emporter.

▶ **Thème de prédilection des sociologues** [1]**, l'étude de la bureaucratie a été longtemps délaissée par les économistes**, la bureaucratie étant assimilée à une activité non marchande et échappant de ce fait au critère marchand de maximisation du profit.

La révolution du *Public Choice* consiste à affirmer que la bureaucratie n'est pas au service de l'intérêt général mais maximise une fonction d'utilité qui lui est propre, même si elle n'est pas directement pécuniaire comme dans le cas de l'entrepreneur privé : la bureaucratie maximise son prestige et son pouvoir, mesurés par exemple par le nombre de subordonnés.

La bureaucratie est organisée sur le mode hiérarchique : des coûts d'agence vont donc apparaître entre l'autorité de tutelle (le politique) et le chef de bureau, puis entre le chef de bureau et les subordonnés. Cela signifie concrètement que le donneur d'ordres ne connaît qu'imparfaitement les besoins de l'exécutant, par exemple en termes de budget : il existe une asymétrie d'information, dont l'exécutant va tirer profit. Ce dernier dispose d'une marge de manœuvre dans l'évaluation de ses dépenses, ce que l'on qualifie de **budget discrétionnaire** [2].

Le modèle de Niskanen [3] constitue le modèle de référence en la matière. Soit deux agents : une autorité de tutelle (qui donne les instructions) et un bureau (qui est censé exécuter les instructions). Il est supposé que le bureau n'est qu'imparfaitement contrôlé par l'autorité de tutelle, qui le finance. En conséquence, le bureau dispose d'une marge de manœuvre dans l'évaluation de sa dépense : il va donc avoir tendance à demander un budget de fonctionnement supérieur à ce qui aurait été nécessaire pour accomplir la mission qui lui incombe.

▶ **La théorie de la recherche de rente (*rent seeking*) montre que les restrictions à la concurrence accordées par l'État sont destinées à satisfaire les *lobbies*, qui acquièrent par ce biais une rente** [4]**.**

L'État dispose du privilège d'accorder à des agents (généralement des firmes) une situation de monopole sur une activité économique, en instaurant des mesures protectionnistes, en édictant une législation qui interdit l'entrée de nouveaux producteurs, ou bien encore en favorisant certaines firmes à l'occasion

1. Selon Weber (*Économie et société*, 1922), la bureaucratie est l'« instrument de la domination rationnelle légale » ; selon Crozier (*Le phénomène bureaucratique*, 1964), le bureaucrate a un comportement stratégique car il joue avec la règle (il y a des règles du jeu et un jeu sur la règle).

2. On serait tenté de rétorquer à cette analyse que l'administration de tutelle dispose d'un système d'inspection pour remédier à cette dérive des dépenses. Mais ce serait oublier que l'inspection a elle-même un coût de fonctionnement !

3. *Bureaucracy and representative government*, 1971.

4. L'ouvrage de référence reste : *Toward a theory of the rent seeking society*, sous la dir. de J.M. Buchanan, R.D. Tollison et G. Tullock, Texas A & M University Press, 1980.

de contrats publics. Ces différentes restrictions, présentées généralement comme autant de mesures destinées à protéger le consommateur-citoyen, ont en commun d'aboutir à créer une rente : la firme, qui n'est plus soumise à la pression de la concurrence, peut vendre à un prix supérieur au coût moyen de production.

Dès lors, le fait que l'État puisse accorder de telles restrictions incite les firmes à se livrer à une activité de recherche de rente, ce que l'on désigne par le terme de *lobbing*. La recherche de rente peut prendre de multiples formes, légales ou illégales, telles que le versement de pots-de-vin ou les subventions à un parti politique. Cette activité est condamnable non parce qu'elle opère une redistribution de richesse mais parce qu'elle implique des dépenses par nature improductives. Tullock n'hésite d'ailleurs pas à assimiler la recherche de rente au vol.

> Le vol en lui-même est un pur transfert et n'a pas de coût de bien-être, mais l'existence du vol comme activité potentielle provoque un détournement de ressources très important [...]. Le problème avec les transferts de revenu n'est pas qu'ils infligent directement des pertes sociales mais qu'ils amènent les individus à employer des ressources pour essayer d'obtenir ou de contrecarrer ces transferts.

Cette recherche de rente peut être appréhendée dans le cas d'un monopole : en effet, comme nous l'avons vu précédemment, le monopole est condamné au nom de la perte de surplus représentée par le triangle CDE. Or il convient d'ajouter à cette surface le rectangle ABCD, dans la mesure où il ne s'agit pas d'un transfert de surplus mais d'une perte de surplus : pour acquérir cette rente, les firmes dépensent une somme équivalente à la surface ABCD ! Cette surface est alors dénommée **coûts de Tullock** (schéma 12). Initiés dans les années 1970, les premiers travaux empiriques sur le *rent seeking* portent sur les pays en voie de développement et aboutissent à des résultats très significatifs : le gaspillage dû aux comportements de recherche de rente s'élève annuellement à plus de 7 % du PNB en Inde, à 15 % dans le cas de la Turquie [1].

De nombreux auteurs ont également essayé de mesurer l'importance de la recherche de rente dans le cas des États-Unis : une relation positive semble exister entre le vote d'un membre du Congrès en faveur d'un *lobby* et les subventions qu'il a reçues de ce groupe de pression pour sa campagne électorale [2] !

L'analyse en termes de *rent seeking* est souvent mobilisée en économie internationale pour expliquer la mise en place de mesures protectionnistes : pourquoi les pays recourent-ils au protectionnisme, alors même que ce dernier entraîne en général une perte de bien-être pour le pays ? L'économie politique du protectionnisme fournit une réponse originale : la protection se traduit par une modification de la répartition, en

1. A.O. Krueger, « The political economy of the rent-seeking society », *American Economic Review*, 1974.
2. S.C. Tosini, E. Tower, « The textile bill of 1985 : the determinants of congressional voting patterns », *Public Choice*, 1987.

Schéma 12
Monopole et recherche de rente

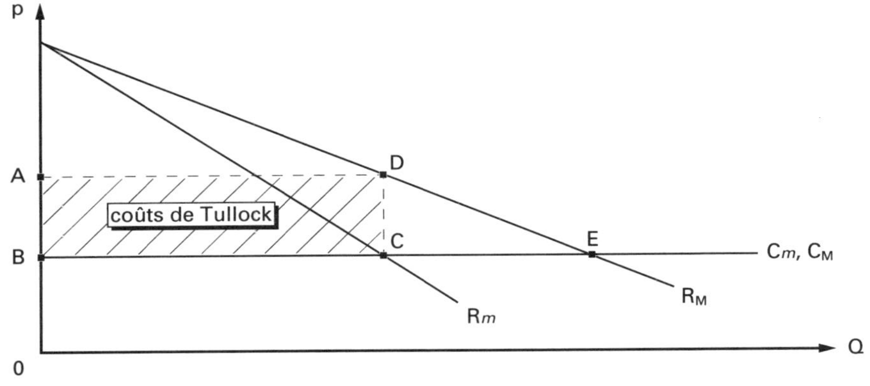

défaveur des consommateurs (qui paient plus cher et consomment moins le bien protégé) et en faveur des producteurs. Ces derniers, généralement peu nombreux, vont se regrouper en *lobbies* et faire pression sur les pouvoirs publics pour que soient instaurées des mesures protectionnistes. De leur côté, les consommateurs, qui ne constituent pas un groupe organisé et qui subissent individuellement un léger dommage, ne sont pas en mesure de réagir aux pressions protectionnistes. Un véritable **marché de la protection** peut se mettre en place : le choix d'une politique commerciale (en termes d'instruments et de niveau de protection) résulte alors de la confrontation de l'offre de protection et de la demande de protection.

Approfondir

LECTURES

- A. Benassy-Quéré *et al.*, *Politique économique*, Paris, De Boeck, 2009.
- E. Combe, *La politique de la concurrence*, Paris, La Découverte, « Repères », 2008.
- J.-M. Daniel, *La politique économique*, Paris, PUF, « Que sais-je ? », 2010.

THÈMES DE RÉFLEXION

- Les politiques de relance sont-elles dépassées ?
- Peut-on parler aujourd'hui d'une crise de l'État-providence ?

- L'efficacité de la politique budgétaire.
- Politique économique et ouverture sur l'extérieur.
- Faut-il diminuer les prélèvements obligatoires ?
- Faut-il réduire les déficits publics ?
- Portée et limites de l'intervention étatique en économie de marché.
- Faut-il une politique de la concurrence ?

Retenir

La crédibilité de la politique économique (Kydland et Prescott) ; politique discrétionnaire/réglementaire ; la politique commerciale stratégique ; le multiplicateur budgétaire ; le multiplicateur d'investissement ; le multiplicateur fiscal ; le théorème d'Haavelmo ; la coordination des politiques économiques ; la politique monétaire d'accompagnement ; l'État-gendarme selon Smith ; les biens collectifs ; l'internalisation des externalités ; les services de tutelle ; l'école de l'impôt négatif ; l'effet d'éviction de Friedman ; le théorème d'équivalence Ricardo/Barro ; la théorie de la bureaucratie ; la théorie du marché politique ; la théorie du *rent seeking* ; la théorie du cycle politico-économique ; la courbe de Laffer ; la théorie des marchés contestables ; la politique antitrust ; la déréglementation ; la tarification au coût marginal ; la nationalisation ; le modèle IS-LM ; le modèle Mundell- Flemming ; l'effet boule de neige de la dette ; la contrainte extérieure ; les stabilisateurs automatiques ; la taxe pigouvienne ; le marché des droits de propriété ; le RMI ; l'indépendance de la Banque centrale ; le monopole naturel.

Utiliser

Les politiques de relance durant les années 1970-1980

La crise des années 1970 est souvent présentée comme une remise en cause objective et radicale des principes keynésiens de la relance. Ainsi, les monétaristes et les nouveaux classiques n'hésitent pas à proclamer la mort des politiques contra-cycliques, jugées responsables des difficultés du moment.

Il est vrai que la stagflation des années 1970, conjuguée à l'ouverture des économies, peut apparaître en contradiction avec les préceptes keynésiens traditionnels. La politique de relance suppose en effet un arbitrage entre inflation et chômage, tandis que l'efficacité du multiplicateur est conditionnée par la propension à importer. Plus encore, comme l'affirment les économistes de l'école de Chicago, la crise des années 1970 serait la conséquence directe des effets déstabilisants des politiques de relance.

Face à ces remises en cause radicales, de nouveaux arguments ont été avancés en faveur d'un renouvellement des politiques d'inspiration keynésienne. Ainsi, la coordination des politiques économiques serait un moyen de surmonter la contrainte externe et les effets pervers d'une relance isolée.

I. La crise des années 1970-1980 a mis en évidence les limites des politiques de relance traditionnelles

1. Les politiques de relance seraient à l'origine de la stagflation des années 1970

▸ **Au fondement de la relance : l'arbitrage inflation/chômage.** En effet, les politiques de relance trouvent leur fondement dans l'existence d'un arbitrage entre inflation et chômage, dont les politiques de *stop and go* pratiquées au Royaume-Uni dans les années 1960 sont l'illustration même. Une politique expansionniste permet de lutter contre le chômage au prix d'une accélération de l'inflation, tandis qu'une politique restrictive stabilise l'inflation mais entraîne un accroissement du chômage.

Il revient à Samuelson et Solow, dans le prolongement de Phillips (1958) sur la relation entre salaire et chômage, d'avoir justifié sur un plan théorique l'existence d'un tel arbitrage : toute diminution du chômage entraîne une pression à la hausse sur les salaires nominaux, qui peut induire une inflation par les coûts si l'augmentation des salaires est supérieure aux gains de productivité. Une relation décroissante et non linéaire est ainsi obtenue et la courbe de Phillips revisitée devient l'outil essentiel des politiques de relance.

▸ **La remise en cause de l'arbitrage.** Cependant, les années 1970 voient simultanément le développement du chômage et l'accélération de l'inflation : les politiques de relance seraient-elles dépassées ou – plus grave encore – seraient-elles à l'origine même de la stagflation ?

La réponse ne fait aucun doute, à en croire l'école monétariste. En effet, selon Friedman, il n'existe pas d'arbitrage sur le long terme entre les deux phénomènes. Les politiques de relance sont inefficaces et même nuisibles dans la mesure où elles n'ont d'autres effets que d'accélérer à long terme l'inflation, sans diminuer un chômage supposé d'équilibre, et elles engendrent un effet d'éviction total. Il est vrai que Friedman reconnaît une certaine efficacité de la politique économique à court terme, les agents étant victimes transitoirement de l'illusion monétaire liée aux anticipations adaptatives.

Prolongeant les travaux de Friedman, les nouveaux classiques (Lucas, Muth) procèdent à la critique radicale de la relation de Phillips et des politiques keynésiennes : même à court terme, il n'existe pas d'arbitrage dans la mesure où les agents anticipent immédiatement les effets inflationnistes des politiques de relance (hypothèse d'anticipations rationnelles). L 'effet d'éviction, qui est partiel chez les keynésiens, devient ici total : la dépense publique financée par l'emprunt évince totalement la dépense privée, par le biais de la hausse du taux d'intérêt (éviction par l'emprunt) ou par la hausse anticipée du taux d'imposition qui provoque un accroissement de l'épargne (éviction par l'impôt, appelée aussi théorème Ricardo-Barro).

2. Les politiques de relance isolée butent sur l'internationalisation des économies

► **L'ouverture croissante à l'importation limite l'efficacité de la relance isolée.** L'efficacité des politiques expansives repose en partie sur la propension marginale à importer (notée *m*). Le multiplicateur keynésien est d'autant plus élevé que *m* est faible, dans la mesure où la propension marginale à importer constitue à court terme une fuite de revenu (au même titre que l'épargne), c'est-à-dire une non-dépense.

Dans les années 1950 et 1960, la faible ouverture des économies, mesurée par le ratio M/PIB, permettait de négliger cette contrainte externe. Ainsi, en France, le multiplicateur de dépenses atteignait 1,6 à la fin des années 1950, la propension marginale à importer étant relativement limitée.

Mais l'ouverture des économies, en partie sous l'effet des intégrations régionales (CEE en particulier) et du GÂTÉ, a contribué à diminuer l'efficacité des politiques de relance en augmentant la propension à importer. Ainsi la relance française de 1981 a-t-elle buté sur la contrainte extérieure et le syndrome de l'effet petit pays semble atteindre aujourd'hui l'ensemble des pays européens.

► **L'instauration d'un change fixe limite l'efficacité de la relance.** L'instauration d'un système de changes fixes au sein du SME obère l'efficacité des politiques de relance. Comme le met en évidence le modèle de Mundell-Flemming, la politique monétaire expansive reste sans effets, quel que soit le degré de mobilité des capitaux, tandis que la politique de relance budgétaire ne retrouve son efficacité que dans l'hypothèse d'une forte mobilité des capitaux. Or, selon Artus, la situation française de la fin des années 1970 se caractérisait précisément par l'appartenance à un système de changes fixes (le SME) et par une relative faiblesse de la mobilité des capitaux, les spéculateurs arbitrant plus volontiers entre les monnaies américaines et allemandes.

3. Les politiques de relance ne résolvent pas les déséquilibres d'offre

► **La relance repose sur une dynamisation de la demande.** Centrées sur le soutien de la demande, les politiques de relance ne prennent pas en compte les problèmes d'offre, qui peuvent à terme contraindre la croissance.

En effet, les politiques de relance reposent sur la vision keynésienne d'une insuffisance de la demande effective : les politiques expansionnistes visent à résorber un chômage de type keynésien, au sens de la théorie du déséquilibre (Malinvaud, Benassy). L'enchaînement type consiste alors à relancer l'investissement (qui, à court terme, est une demande) pour accroître la production, dans un contexte de sous-utilisation des capacités de production et de prix fixes.

► **La relance ne résout pas les problèmes d'offre.** L'enchaînement précédent est partiel, dans la mesure où il ne prend pas en compte les contraintes qui pèsent, en courte période, sur l'offre. En d'autres termes, le sous-emploi n'est pas réductible à une insuffisance de la demande : une insuffisance de l'offre peut également créer une situation de chômage classique, au sens de la théorie du déséquilibre. Or les années 1970 ont mis en évidence, comme le soulignent les travaux économétriques de P. Artus, une situation de chômage classique, liée à une hausse des coûts salariaux et en particulier des cotisations sociales, supérieures aux gains de productivité. La modification de la répartition en faveur des salariés a entraîné une diminution de la part des profits dans la valeur ajoutée : à terme, une telle situation a limité l'investissement et contribué au développement du chômage.

Dans la même lignée, les travaux de l'école de l'offre (Laffer, Gilder) ont souligné le rôle négatif de taux d'imposition trop élevés, eux-mêmes induits par des politiques expansives. La courbe de Laffer met en évidence les effets de substitution loisir/travail qui en découlent. Ainsi, certaines études économétriques (en particulier celle de Stromberg sur la Suède) menées sur les pays du nord de l'Europe, dont les taux de pression fiscale sont très élevés (supérieurs à 50 %), révèlent des pertes de croissance, liées à une évasion fiscale et à une substitution du loisir au travail.

Ainsi, la crise des années 1970 semble souligner les limites et les effets pervers des politiques de relance pratiquées durant les Trente Glorieuses. Faut-il pour autant en conclure que ces politiques sont dépassées ?

II. Mais, à en croire les keynésiens, une place existait encore pour de nouvelles politiques de relance

1. La stagflation des années 1970 ne constitue pas nécessairement une remise en cause des politiques de relance

► **La critique monétariste de la relance repose sur des bases fragiles.** La remise en cause de la relation de Phillips et des politiques de relance qui en résultent est elle-même critiquable d'un double point de vue.

En premier lieu, l'approche monétariste repose sur des hypothèses qui prêtent à discussion. Ainsi, les anticipations adaptatives et rationnelles constituent des hypothèses comportementales *ad hoc*, non vérifiables en tant que telles : comment prouver que les agents anticipent pleinement les effets à long terme d'une politique économique (lorsque celle-ci est annoncée), sinon par le réalisme des conclusions obtenues ? Mais, sur le plan méthodologique, le réalisme des conclusions – une situation de stagflation effectivement observée dans les années 1970 – ne permet pas de conclure directement au réalisme des hypothèses.

Plus encore, la critique monétariste des politiques de relance repose sur l'hypothèse d'un chômage naturel, c'est-à-dire d'un chômage volontaire d'équilibre, à l'opposé du raisonnement keynésien qui postule l'existence d'un chômage involontaire. En ce sens, le raisonnement monétariste relève presque de la tautologie : si tout chômage est volontaire et si l'économie est en équilibre de plein-emploi, il est certain que la relance n'aura d'autres effets que d'accroître le niveau général des prix. Est-il cependant raisonnable de supposer que les années 1970 se caractérisent par un chômage d'équilibre ?

▸ **La stagflation n'est pas nécessairement en contradiction avec les préceptes keynésiens.** Comme le soulignent les travaux de l'OFCE, la stagflation n'invalide pas nécessairement la relation de Phillips et l'efficacité de la relance.

En effet, à la suite des chocs d'offre de 1974 et 1979, l'arbitrage entre inflation et chômage s'est dégradé : les déficits des balances courantes et le transfert de revenu en direction des pays de l'OPEP ont entraîné une inflation importée et un effet contractionniste sur l'activité (« multiplicateur d'importation »). La courbe de Phillips s'est déplacée vers le haut : il en résulte, à taux d'inflation plus élevé, un taux de chômage plus fort, qui n'invalide en rien l'existence d'un arbitrage entre les deux phénomènes.

En d'autres termes, la relation de Phillips doit être intégrée dans un schéma macroéconomique global, incluant les chocs exogènes. Les politiques de relance en tant que telles ne seraient alors pas à l'origine de la stagflation des années 1970.

2. L'internationalisation des économies ne condamnait pas toute politique de relance

▸ **L'ouverture à l'importation ne touche pas uniformément les pays.** La contrainte externe (mesurée par m) ne pèse pas également sur les différentes économies : la distinction entre effet petit pays et effet grand pays retrouve ici toute sa pertinence. Les grands pays, dont l'autosuffisance est forte, présentent un faible taux d'ouverture à l'importation, qui limite les fuites de revenu lors d'une relance.

Le cas américain est à cet égard exemplaire : la politique de réduction des impôts menée par Reagan en 1981 dans une optique d'offre (courbe de Laffer) a paradoxalement conduit, selon Muet et Fonteneau (*La gauche face à la crise*), à une relance fiscale keynésienne, dont la réussite tient en partie à la faiblesse de m. Le taux d'ouverture à l'importation (M/PIB) est aux États-Unis de 12 %, contre 30 % pour les « petits pays » du Benelux.

Il est vrai que dans le cas américain l'efficacité de la relance a été renforcée par une politique monétaire restrictive, ayant permis l'entrée de capitaux, l'appréciation du change et une désinflation importée, conformément aux enseignements de la *policy mix* préconisée par Mundell dès 1971.

▶ **L'ouverture incite à mettre en œuvre une nouvelle forme de relance, la relance coordonnée.** Même pour les petits pays, les politiques de relance ne sont pas dépassées et la contrainte extérieure n'est pas, selon les keynésiens, une fatalité.

En effet, la coordination des politiques économiques et les politiques de relance concertées doivent permettre d'atténuer les effets pervers des relances isolées, en créant des flux réciproques d'exportations et d'importations. L'efficacité de telles politiques semblait confirmée par les simulations économétriques réalisées par l'OCDE à la fin des années 1970 : les effets d'une relance budgétaire coordonnée au niveau européen se révélaient très supérieurs à ceux d'une relance isolée. Dans le cas de la France, l'OCDE estimait le multiplicateur de dépenses publiques à 1,1 la première année dans le cas d'une relance isolée et à 1,8 la première année dans le cas d'une relance concertée.

3. La logique d'offre n'était pas suffisante pour lutter contre le « chômage keynésien »

▶ **Le poids du « chômage keynésien » invite à la relance.** En effet, les années 1980 sont marquées par le passage d'une situation de chômage classique à une situation de chômage keynésien (au sens de la théorie du déséquilibre) : la désindexation des salaires a certes permis le rétablissement des profits mais a aussi entraîné une baisse de la demande globale, selon une logique keynésienne. L'étude des évolutions de l'investissement depuis 1980 est à cet égard significative : bien que le taux d'épargne des entreprises augmente à partir de 1982 pour retrouver en 1986 son niveau antérieur, l'investissement stagne jusqu'en 1987 : selon Sterdyniak et Muet (*Revue de l'OFCE*), l'effet dépressif de la demande anticipée sur l'investissement a joué par un mécanisme d'accélération à la baisse.

▶ **Selon les keynésiens, la crise est due à l'insuffisance des politiques de relance.** Les simulations effectuées par l'OCDE à partir du modèle Interlink montrent que les politiques restrictives menées en Europe à la fin des années 1970, loin d'être « stabilisatrices », auraient aggravé la crise : les politiques budgétaires d'austérité auraient en 1980 coûté 1,5 point de croissance et les politiques monétaires restrictives 0,7.

Faut-il cependant opposer aux limites des politiques d'offre les vertus supposées des politiques de relance ? La théorie du déséquilibre apporte une réponse plus nuancée, qui a le mérite de dépasser les clivages traditionnels : dans la mesure où « chômage classique » et « chômage keynésien » coexistent, les politiques d'offre (respectivement de relance keynésienne) sont nécessaires mais non suffisantes. Il convient de mener simultanément une politique de court terme de soutien de la demande et une politique d'offre à moyen terme.

Annexe

Le modèle IS-LM

Le modèle IS-LM, développé par Hicks dès 1937, explicite les conditions d'efficacité de la politique monétaire et budgétaire de relance. Il repose sur l'idée keynésienne d'une interaction entre la sphère réelle et la sphère monétaire : c'est pourquoi le modèle IS-LM comporte deux relations, l'une relative au marché des biens et services (notée IS), l'autre relative au marché monétaire (notée LM).

▶ **La relation IS peut se définir comme l'ensemble des points d'équilibre sur le marché des biens et services, correspondant à différents niveaux de production (noté Y) et de taux d'intérêt (noté *r*).**

L'équation d'équilibre sur le marché des biens et services s'écrit :

$$Y = C + I \qquad (1)$$

avec C, la consommation, et I, l'investissement.

On sait d'autre part que l'investissement est une fonction décroissante du taux d'intérêt : plus le taux d'intérêt est élevé, plus l'investissement est faible.

La relation (1) se réécrit :

$$Y = C + I(r)$$

On voit aussitôt que si le taux d'intérêt (variable exogène) augmente, l'investissement diminue – toutes choses égales par ailleurs –, ce qui se traduit par une diminution du revenu : il existe donc, sur le marché des biens et services, une relation inverse entre le taux d'intérêt et la production.

La relation IS se représente donc de la manière suivante :

La pente (en valeur absolue) de la relation IS dépend de la sensibilité de l'investissement au taux d'intérêt : une pente faible signifie que l'investissement est très sensible à une baisse du taux d'intérêt ; à l'inverse, une forte pente exprime le fait

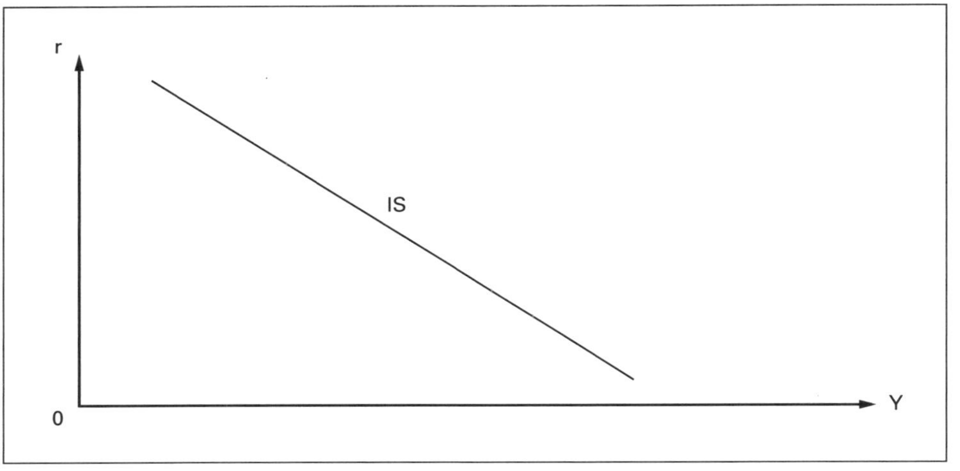

que l'investissement réagit peu à une diminution du taux d'intérêt (un cas limite – dénommé « accélérateur pur » – correspond à une relation IS verticale).

► **Quant à la relation LM, elle se définit comme l'ensemble des points d'équilibre sur le marché monétaire, correspondant à différents niveaux de taux d'intérêt (*r*) et de revenu (Y).**

L'équation d'équilibre sur le marché monétaire s'écrit :

$$M_0 = L_1\ (Y) + L_2\ (r)$$

avec M0, l'offre de monnaie (supposée exogène), L1, la demande de monnaie de transaction, L2, la demande de monnaie de spéculation.

On sait par ailleurs que L1 est une fonction croissante de Y et que L2 est une fonction décroissante du taux d'intérêt *r* [1].

Que se passe-t-il si Y (qui est ici la variable exogène) augmente ? Les agents demandent plus de monnaie de transaction L1 ; comme l'offre de monnaie n'a pas augmenté, cette demande de monnaie supplémentaire fait augmenter le taux d'intérêt. Il existe donc une relation croissante entre le taux d'intérêt et le revenu sur le marché monétaire :

La pente de la relation LM dépend de l'élasticité de la demande de monnaie par rapport au taux d'intérêt : une forte pente signifie que les agents sont peu sensibles aux variations du taux d'intérêt.

La combinaison des relations IS et LM permet de déterminer l'équilibre simultané sur les deux marchés : cet équilibre correspond à l'intersection de IS et LM, soit le point A :

On peut alors étudier l'effet d'une relance budgétaire sur l'activité et sur le taux d'intérêt, en opérant une translation de la relation IS vers la droite. De même, les

1. Le lecteur qui aurait un doute sur ce point peut se reporter au chapitre 7 sur la monnaie et la politique monétaire.

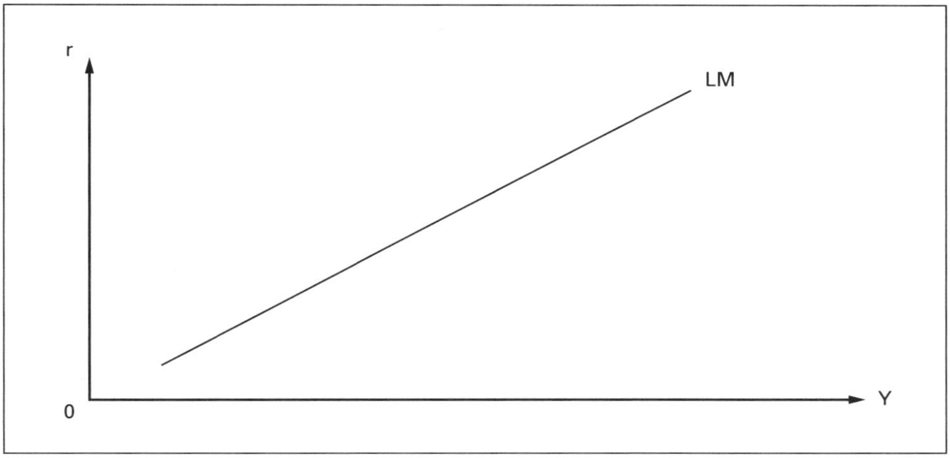

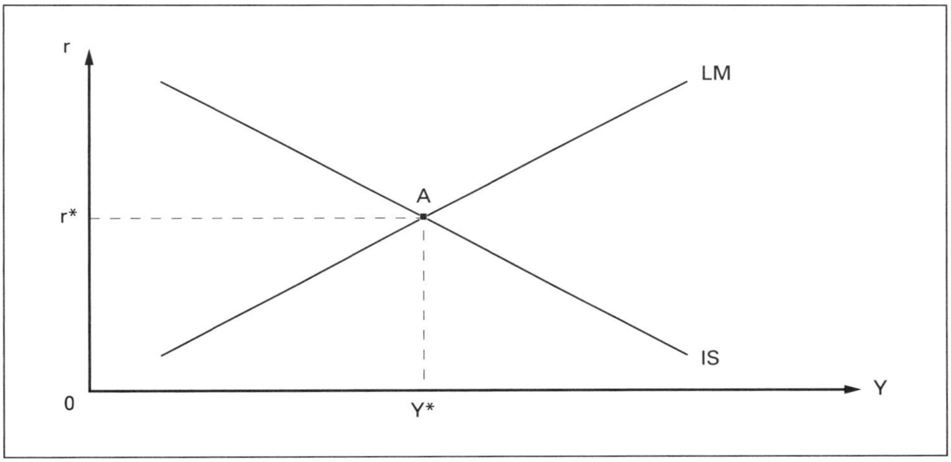

conditions d'efficacité d'une politique monétaire de relance sont appréhendées en déplaçant la relation LM vers la droite.

Bien entendu, l'efficacité d'une relance dépend de la pente de IS et de la pente de LM. Sur ces différents points, nous invitons le lecteur à se référer aux chapitres 5 (pour la relance budgétaire) et 7 (pour la relance monétaire).

6

La croissance perdue ?

CROISSANCE, CYCLE ET CRISE

Connaître

— 2009 : le taux de croissance du PIB réel s'établit à :

– 2,6 % aux États-Unis ;
– 2,5 % en France ;
– 4,7 % en Allemagne ;
– 5 2 % au Japon ;
– 4,9 au Royaume-Uni ;
– 5 en Italie ;

— Classement des pays selon leur PIB par habitant (tenant compte de la parité des pouvoirs d'achat) en 2009 :

1er : Luxembourg 78 409 $;
2e : Qatar 78 260 $;
3e : Norvège 51 985 $;
6e : États-Unis 45 934 $;
20e : Allemagne 34 388 $;
22e : France 33 434 $;
23e : Japon 32 554 $;
76e : Brésil 10 499 $;
97e : Chine 6 778 $;
127e : Inde 3 015 $.

Au sortir de la Seconde Guerre mondiale s'ouvre une période de forte croissance économique au sein des pays de l'OCDE, d'autant plus exemplaire qu'elle succède à la crise des années 1930 et qu'elle affecte l'ensemble des pays développés (quoique de façon différenciée). Ainsi, dans le cas de la France, la période des « Trente Glorieuses » (selon l'expression de Fourastié) est marquée par une croissance annuelle du PIB de 5 % en moyenne. Mais cette période de prospérité prend fin à partir des années 1970 pour céder la place à une longue phase de ralentissement de la croissance, entrecoupée il est vrai d'une brève reprise à la fin des années 1980. Durant les années 1990, les États-Unis se caractérisent par une période continue de forte expansion – avec un taux de croissance annuel du PIB de l'ordre de 4 % –, tandis que les pays d'Europe continentale affrontent une sévère récession en 1993 avant de connaître à leur tour une croissance marquée entre 1997 et 2000. Après un retour de la croissance entre 2005 et 2008, le monde est de nouveau entré en récession en 2009, avec une croissance mondiale négative (– 0,6 %), particulièrement marquée dans la zone euro (– 4,1 %) et en Russie (– 7,9 %), tandis que les pays émergents et en développement connaissaient un ralentissement de leur croissance économique, qui est restée toutefois positive : 9,1 % en 2009 pour la Chine, 5,7 % pour l'Inde, 2,6 % en Afrique subsaharienne.

Cette évolution contrastée de l'activité économique n'a pas manqué de susciter l'intérêt des économistes et leurs réflexions théoriques ont emprunté sur ce sujet des voies très diverses : comment expliquer la longue période d'expansion économique qui a caractérisé l'après-guerre ? Une croissance équilibrée est-elle possible ? La croissance ne constitue-t-elle pas un moment du cycle long ? La crise relève-t-elle de facteurs exogènes ou renvoie-t-elle au contraire à une régularité du système économique ?

Sur toutes ces questions, les grands paradigmes économiques développent – comme au cours des années 1930 – des points de vue divergents : ainsi, alors que les lectures marxistes et néoschumpetériennes mettent l'accent sur la dimension structurelle de la crise des années 1970, les auteurs néoclassiques et keynésiens soulignent le rôle joué par les facteurs conjoncturels dans le déclenchement d'une crise.

Nous commencerons par mettre en évidence les caractéristiques des cycles économiques ainsi que les explications qui en ont été proposées.

Nous poursuivrons en étudiant la place qu'occupe la notion de « crise » dans la théorie économique et les débats qu'elle suscite.

Nous terminerons en analysant le processus de croissance économique, en insistant tout particulièrement sur les renouvellements théoriques et empiriques récents.

I. L'analyse économique des fluctuations cycliques

L'intérêt que portent les économistes aux fluctuations de l'activité apparaît très différencié, à la fois selon les régions et selon les périodes.

L'étude des cycles a longtemps constitué un thème de prédilection des auteurs anglo-saxons (songeons aux travaux du célèbre National Bureau of Economic Research aux États-Unis avec Mitchell, Burns ou Kuznets), sans doute parce que l'économie américaine est une économie fortement cyclique.

De surcroît, l'intérêt des économistes pour les théories du cycle se révèle être lui-même... cyclique : après un foisonnement de travaux durant les années 1920, le thème du cycle est délaissé après 1945, pour connaître un renouveau depuis les années 1970, avec notamment la théorie des cycles réels (*Real Business Cycles*) ou bien encore les travaux sur le cycle Kondratieff.

1. Le cycle économique peut revêtir des formes très diverses

De prime abord, la nature du cycle économique peut être appréhendée par analogie avec d'autres types de cycles, tel celui qui affecte les saisons : on dira alors qu'une économie est soumise à des cycles lorsqu'elle se caractérise périodiquement par l'alternance de phases d'activités, dont l'amplitude est chaque fois identique (ou proche). « Un cycle est composé par un ensemble d'années séparées par des maximums (ou date de la crise) et des minimums (ou moment de la reprise) [1]. » Cette définition générique n'épuise cependant pas la totalité du phénomène des cycles, lesquels se caractérisent par une très grande diversité.

Schéma 1
L'évolution de la notion de cycle

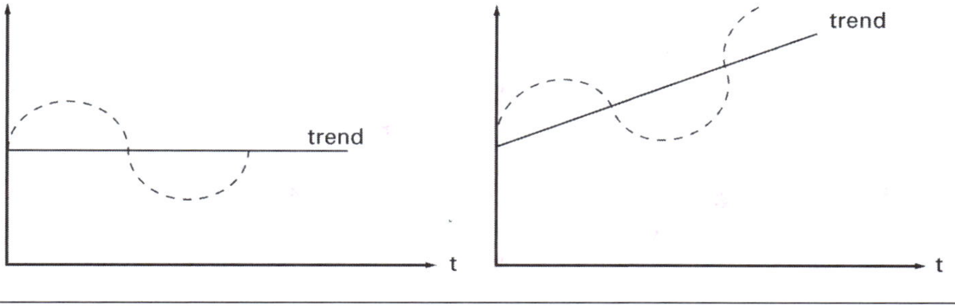

1. H. Guitton, *Les mouvements conjoncturels*, Paris, Dalloz, 1971.

▸ **La notion de cycle a fortement évolué au cours du temps** (schéma 1).

En effet, jusqu'à la Seconde Guerre mondiale, le cycle désignait l'alternance de périodes d'expansion (c'est-à-dire de croissance de la production en volume) et de dépression (c'est-à-dire de contraction en niveau absolu de la production) autour d'un *trend* horizontal. Cette alternance de phases de croissance et de dépression se faisait par le passage à un sommet, correspondant à la crise : la crise se définissait alors comme le point de retournement de la conjoncture [1]. Qui plus est, les variations de prix, de la production et de l'emploi s'effectuaient dans le même sens : négatives en phase de dépression, positives en phase d'expansion.

Après 1945, la notion de cycle revêt une acception très différente, dans la mesure où il n'y a plus à proprement parler d'alternance de phases d'expansion et de dépression mais seulement des fluctuations autour d'un *trend* croissant. Certains auteurs en sont d'ailleurs venus à se demander si la notion de cycle n'était pas devenue obsolète, c'est-à-dire ne correspondait pas à un moment particulier de l'histoire du capitalisme. En fait, plutôt que de l'abandonner, les économistes ont redéfini cette notion : le cycle désigne aujourd'hui l'alternance de phases d'expansion et de récession (c'est-à-dire de ralentissement du taux de croissance tendanciel, qui reste cependant positif), la crise désignant le point d'inflexion du rythme de croissance ou la période de récession elle-même.

▸ **Plusieurs catégories de cycles peuvent être distinguées, en fonction de leur durée : le cycle long de Kondratieff, le cycle des affaires de Juglar, le cycle court de Kitchin [2].**

• **Kondratieff, économiste russe, a mis en évidence une succession de mouvements longs d'environ cinquante à soixante ans, à partir d'une étude des séries statistiques de quatre pays (France, États-Unis, Royaume-Uni, Allemagne) sur la période 1770-1920.**

Kondratieff distingue à l'intérieur de chaque cycle trois phases : la période d'expansion – dénommée ensuite phase A par F. Simiand –, qui dure une vingtaine d'années ; la phase de récession primaire et du « plateau », laquelle dure une dizaine d'années ; la phase de dépression enfin – dénommée phase B –, qui dure une vingtaine d'années.

Selon Kondratieff, ces mouvements longs de l'activité économique présentent plusieurs caractéristiques :

— ils ne sont pas spécifiques à un pays ;
— ils affectent l'ensemble des secteurs d'activité ;
— l'indicateur principal de retournement de la conjoncture est l'évolution des prix : la phase A est marquée par la hausse des prix, tandis que la phase B est une période de déflation ; durant la phase A, les taux d'intérêt réels sont faibles (voire négatifs), alors qu'en phase B ils deviennent très élevés.

1. Nous retrouvons ici l'acception médicale de la notion de « crise » : la crise marque le point de passage entre la bonne santé et la maladie, mais ne constitue pas un état durable.
2. C'est à Schumpeter, dans son ouvrage *Business Cycles* (1939), que l'on doit cette classification des cycles par auteur.

Kondratieff identifie trois cycles longs, depuis la fin du XVIIIe siècle. Le premier s'étend de 1790 à 1849 : de 1790 à 1814, on assiste à un essor de l'activité économique et à une reprise de l'inflation ; puis, entre 1814 et 1849, la dépression s'installe, marquée par l'augmentation des taux d'intérêt réels.

Le deuxième cycle long couvre la période 1849-1896 : de 1849 à 1873 la production croît, accompagnée par l'inflation et de faibles taux d'intérêt réels, avant que la dépression et la déflation ne s'installent entre 1873 et 1896.

En 1896 s'ouvre un troisième cycle long dont Kondratieff, écrivant en 1920, ne date pas la fin : rétrospectivement, on peut dire que la phase A couvre la période 1896 à 1920, à laquelle succède le plateau et la phase B de 1921 à la Seconde Guerre mondiale.

Il est tentant de prolonger l'analyse de K[illegible] la période 1945-1973 (les Trente Gl[illegible]ndis que la crise ouverte depuis le[illegible]el prolongement ne va pas cepend[illegible]

— les mouveme[illegible]etournement de la conjonctur[illegible]lation mais au contraire à la [illegible]ndant il est vrai que si l'on pr[illegible]nte Glorieuses sont bien une [illegible] crise contemporaine est ma[illegible]

— il n'existe pas [illegible]plutôt un plateau, dans la m[illegible]solue, comme ce fut le cas lo[illegible]de dépression durable mais se[illegible]nent du taux de croissance.

• Selon Juglar[1], [illegible]es d'affaires (dénommés égalem[illegible] de dix ans.

Un cycle d'affaires [illegible] phases (schéma 2) : une phase d'expansion, marquée par la hausse de la production en volume, l'inflation et le développement du crédit ; une phase de crise (correspondant à un maximum), qui dure quelques semaines et se manifeste par une crise boursière et des faillites retentissantes[2] ; une phase de dépression, caractérisée par la déflation et la contraction de la production ; une phase de reprise, correspondant au minimum du cycle.

À partir de l'étude de la conjoncture française, anglaise et américaine, Juglar montre que le cycle des affaires est lié à l'essor de l'industrie, affecte toute l'économie du pays et se transmet aux partenaires par le biais des relations économiques extérieures (importations et exportations).

1. *Des crises commerciales et de leur retour périodique en France, en Grande-Bretagne et aux États-Unis*, 1860.
2. Songeons aux retentissantes faillites de la seconde moitié du XIXe siècle : en mai 1866, faillite de la banque Overend and Gurney à Londres ; en septembre 1873, faillite de Jay Cooke & Co. à New York ; en février 1882, faillite de l'Union générale à Lyon.

Schéma 2
Les différentes phases du cycle d'affaires

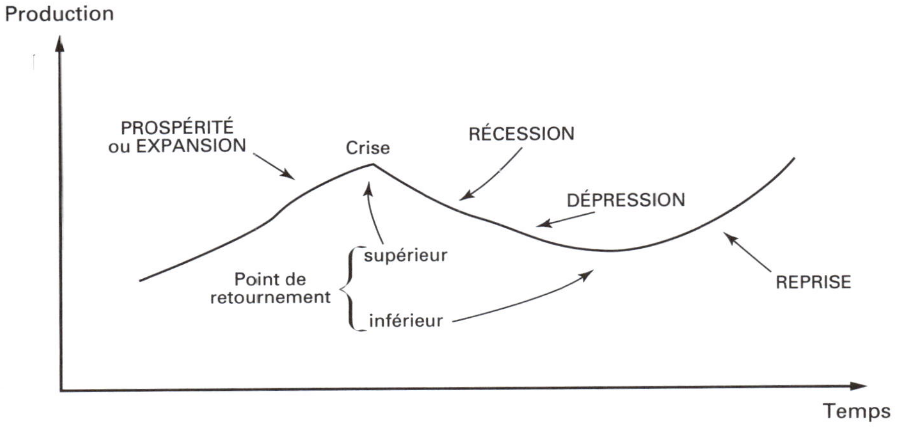

• **Selon Kitchin, il existerait des cycles courts (dénommés aussi « cycles mineurs ») d'une durée d'environ quarante-deux mois, liés aux variations des stocks.**

En effet, en période de croissance économique, les entreprises tendent à constituer des stocks (pour parer à toute pénurie), ce qui a un impact positif sur l'activité. En phase de récession, les entreprises réduisent non seulement leur production mais procèdent également au déstockage, ce qui accentue le ralentissement de l'activité.

• **D'un point de vue empirique, les trois catégories de cycles peuvent se combiner entre elles** (schéma 3).

Selon Schumpeter, un cycle Kondratieff englobe six cycles Juglar, lesquels comprennent chacun trois cycles Kitchin.

Cela étant, sur un plan théorique, l'ancrage de ces trois cycles apparaît très différencié : les cycles Kondratieff constituent le domaine de prédilection des schumpetériens, des marxistes ou des régulationnistes, alors que le cycle des affaires et le cycle Kitchin intéressent plutôt les théories néoclassique et keynésienne.

2. Les cycles constitueraient des régularités du système économique

Le thème des fluctuations cycliques a donné lieu à un foisonnement de travaux et Haberler [1] distingue cinq catégories d'explication : les théories monétaires pures (Cassel, Hawtrey), les théories du surinvestissement (avec Marx, Hayek, Aftalion),

1. *Prospérité et dépression*, 1937.

Schéma 3
La combinaison des cycles Kondratieff et Juglar

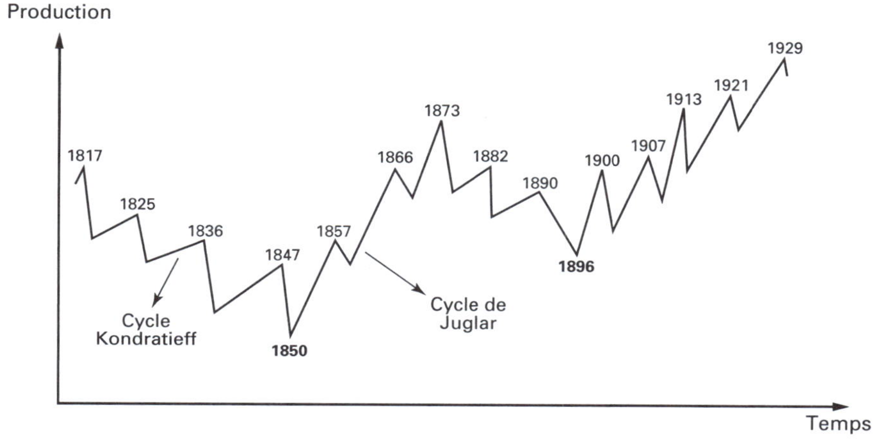

les théories de la sous-consommation (Malthus, Sismondi), les théories psychologiques (Keynes avant la *Théorie générale*), les théories des cycles agricoles (Jevons).

► **Une première vision appréhende les mouvements longs comme un phénomène intrinsèque au système capitaliste.** Comme l'écrit non sans humour Schumpeter, « les cycles ne sont pas, comme les amygdales, des choses isolables que l'on pourrait traiter séparément mais, comme les battements du cœur, relèvent de l'essence de l'organisme qui les manifeste ».

• **La tradition marxiste réactualise la thèse de la baisse tendancielle du taux de profit (BTTP), en montrant que l'évolution de ce dernier obéit à des cycles longs.**

En particulier, les travaux de Boccara montrent que les cycles Kondratieff correspondent à un processus d'**accumulation/dévalorisation du capital** (schéma 4). Au cours de la phase A du cycle, l'augmentation du taux de plus-value l'emporte sur l'augmentation de la composition organique du capital : en conséquence, on assiste à l'accroissement du taux de profit. Mais l'accroissement de la composition organique du capital doit entraîner à un moment donné une baisse du taux de plus-value : l'économie entre alors dans une phase B de dévalorisation du capital, marquée par la baisse du taux de profit. Cette « purge » du capital excédentaire, qui se traduit par une diminution de la composition organique du capital, est la condition de la reprise économique.

• **Selon les tenants de l'école néotechnologique, les cycles longs correspondent à des cycles d'innovation, comme l'avait déjà mis en évidence Schumpeter dans les années 1920.**

Schéma 4
Cycles longs, accumulation/dévalorisation du capital

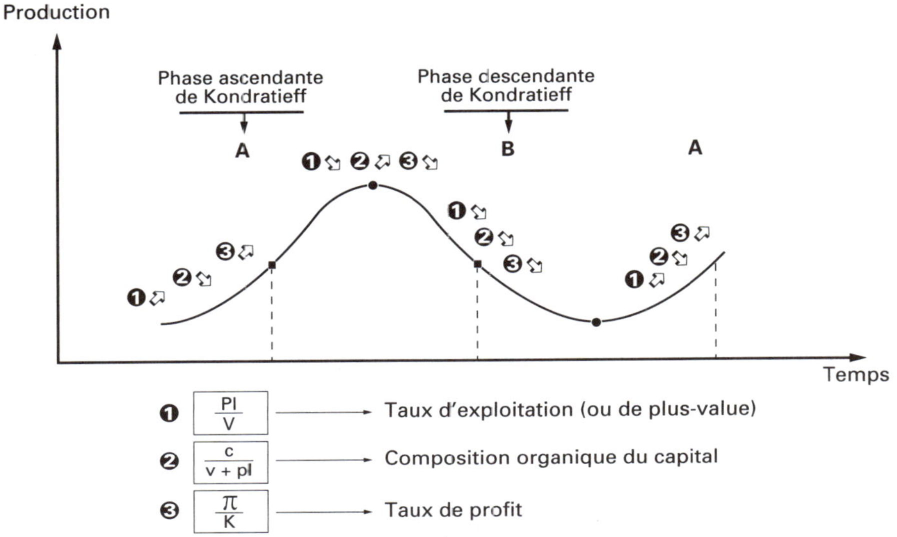

Source : Bosserelle, *Croissance et fluctuations.*

À la différence de Schumpeter, les néoschumpetériens estiment que l'innovation ne consiste pas seulement en l'introduction d'une nouvelle technologie mais affecte également l'ensemble de la sphère économique et sociale. Pour reprendre l'expression de Freeman, un cycle long correspond à un **système technologique** : le terme « système » renvoie à l'idée d'interdépendance et de cohérence entre la technologie et son environnement économique et social. L'informatique constitue par exemple aujourd'hui un système technologique : cette industrie repose non seulement sur plusieurs innovations (le microprocesseur, les mémoires) mais aussi sur des agents disposés à utiliser les potentialités de ce matériel (car ils y sont formés), sur une nouvelle organisation du travail à l'intérieur de la firme et entre les firmes, sur des fournisseurs de produits complémentaires (tels que des logiciels).

Chaque système technologique est fondé sur un facteur de production, lequel remplit trois conditions : son coût est peu élevé (à l'image du silicium pour les circuits intégrés) ; il est disponible en longue période ; il peut être utilisé dans différentes productions (exemple du pétrole). Pour Freeman, les facteurs de production à l'origine des cycles longs ont été successivement le travail et le coton (au début du XIXe siècle), puis le charbon et les transports à vapeur (au milieu du XIXe), l'acier (au début du XXe), enfin le pétrole et ses dérivés chimiques (après 1945).

► **L'analyse keynésienne appréhende les fluctuations à court terme comme le résultat de la dynamique de l'investissement, de la répartition, ou bien encore de l'offre de crédit.**

• **Selon le modèle de l'oscillateur [1], le cycle résulte de l'interaction entre le principe de multiplication et le principe d'accélération [2] de l'investissement.**

Supposons que la consommation en *t* dépende du niveau de revenu perçu en $t - 1$; on a donc :

$$C_t = c\,Y_t - 1.$$

Rappelons que la relation d'accélération s'écrit :

$$I_t = \beta(C_t - C_{t-1}).$$

La condition d'équilibre $Y_t = C_t + I_t + A$ se réécrit (avec À la dépense autonome) :

$$Yt = c(1 + \beta)Y_{t-1} - \beta c Y_{t-2} + A.$$

On peut montrer alors que cette équation de récurrence du second ordre admet plusieurs solutions, selon les valeurs de *c* et de β. En particulier, trois cas particuliers retiennent l'attention (schéma 5) :

— le cas d'**oscillations amorties** (cas 1) : le revenu fluctue autour du niveau d'équilibre mais les oscillations sont de plus en plus faibles et le système est stable ;
— le cas d'**oscillations explosives** (cas 2) : le revenu fluctue autour du niveau d'équilibre mais les oscillations sont de plus en plus fortes et le système est instable ;
— le cas d'**oscillations auto-entretenues** (cas 3) : le revenu fluctue autour du niveau d'équilibre avec des oscillations d'amplitude constante.

Schéma 5
L'oscillateur de Samuelson

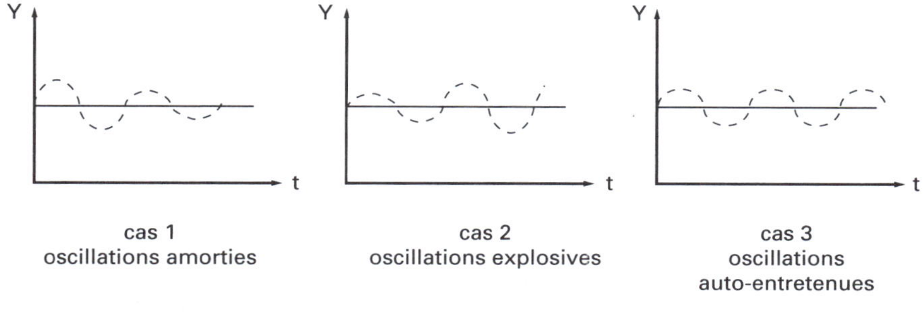

1. « Interactions between the multiplier analysis and the principle of acceleration », *Review of Economics and Statistics*, 1939.
2. Le principe du multiplicateur est développé dans le chapitre 5 ; celui de l'accélérateur, dans le chapitre 1.

• **Selon le postkeynésien Goodwin** [1], **les fluctuations cycliques s'expliquent par la dynamique de la répartition des revenus. Le modèle de Goodwin repose sur deux hypothèses centrales** :

— la variation du salaire réel est une fonction décroissante du taux de chômage, selon un principe de courbe de Phillips ; il existe en particulier un taux de chômage *u**, tel que la variation du salaire réel soit nulle ;
— les profits sont épargnés et donc investis, tandis que les salaires sont intégralement consommés.

Partant de ces hypothèses, supposons que l'économie soit au départ au point A (schéma 6) ; en ce point, la part des profits est élevée, ce qui se traduit par un fort investissement : la croissance économique s'accélère, ce qui crée des emplois et fait diminuer le taux de chômage. Tant que le chômage reste supérieur à *u**, ce processus se poursuit (zone 1) ; mais la diminution du taux de chômage débouche à un moment donné sur un taux de chômage inférieur à *u** : les salaires réels se mettent à augmenter, ce qui se traduit par une baisse de la part des profits (zone 2). Lorsque la part des profits devient inférieure à P*, la croissance de l'économie devient plus faible que la croissance de l'emploi : le chômage augmente de nouveau (zone 3). Lorsque le taux de chômage dépasse *u**, les salaires réels diminuent, ce qui rétablit la part des profits et permet une reprise de l'investissement (zone 4).

• **Selon Minsky, les fluctuations de l'activité économique résulteraient des variations du crédit.**

Initiée par un auteur d'inspiration néoclassique, Irving Fisher [2], cette explication financière du cycle est aujourd'hui reprise par les keynésiens. Le principe général en est relativement simple : en phase de croissance, les agents font des anticipations optimistes et n'hésitent pas à s'endetter, jusqu'au moment où le taux d'endettement devient supérieur à leurs possibilités de remboursement. L'impossibilité d'honorer les dettes déclenche alors un mouvement de dépression économique, marquée par la chute de l'investissement productif ; c'est seulement lorsque sont restaurées les perspectives de rentabilité que s'amorce une nouvelle phase d'expansion. Si la croissance se fait par endettement, la moindre annonce d'un événement perçu comme défavorable risque d'entraîner une course à la liquidité : les agents vendent leurs actifs financiers, ce qui fait chuter leur valeur.

Ainsi, selon Minsky [3], le niveau de l'investissement dépend des estimations des prêteurs et des emprunteurs sur les risques encourus par un financement externe de l'investissement ; une phase de croissance économique se traduit par une sous-estimation des risques et un développement du financement externe. L'hypothèse de l'entrepreneur-emprunteur est que la croissance économique

1. « A growth cycle », *in* C.H. Feinstein (éd.), *Capitalism and economic growth*, Cambridge University Press, 1967.
2. « Théorie des grandes dépressions par la dette et la déflation », 1933 ; traduit en 1988 dans la *Revue française d'économie*.
3. *Can « it » happen again ? Errays on instability and finance*, Sharpe, 1982.

Schéma 6
Cycle et répartition : le modèle de Goodwin

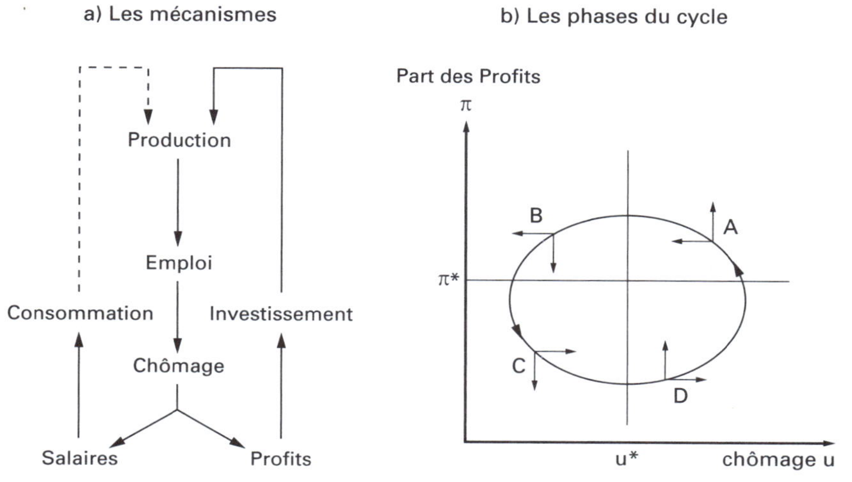

Source : P.-A. Muet, *Croissance et cycles.*

future permettra de dégager des profits suffisants pour payer les intérêts de la dette. Il n'empêche que le rapport entre les charges de la dette et les profits bruts escomptés tend à augmenter : les prêteurs deviennent de plus en plus circonspects et conditionnent alors leurs nouveaux engagements à une hausse des taux d'intérêt. Cette augmentation des taux d'intérêt incite les entreprises les plus endettées à stopper leurs programmes d'investissement et à se désendetter. Elles vont vendre une partie de leurs actifs (tels que leurs stocks de marchandises, des placements immobiliers) ; or bon nombre d'actifs ne sont liquides que dans la mesure où il n'y a pas prépondérance des vendeurs : lorsque le besoin de liquidités s'accroît, le prix des actifs s'effondre et l'économie entre dans une spirale déflationniste. Une fois que la situation financière est assainie (désendettement des firmes), la reprise de l'investissement se fait jour, financée d'abord sur fonds propres puis en recourant de nouveau au financement externe.

3. Mais les fluctuations peuvent également résulter de chocs exogènes

► **Les auteurs d'inspiration néoclassique appréhendent le cycle comme la conséquence de perturbations exogènes au fonctionnement d'une économie de marché.**

Ainsi, comme il a été vu précédemment, la présence régulière d'élections nationales (présidentielles et législatives) peut être à l'origine de fluctuations de l'activité, selon les tenants de la théorie du cycle politico-économique [1].

De même, pour Friedman, les politiques monétaires discrétionnaires de relance peuvent expliquer les mouvements à court terme de l'activité économique [2].

Au sein de ce courant libéral, les tenants de la nouvelle économie classique (NEC) ont développé au cours des années 1980 une approche en termes de « cycles d'équilibre ». Ces travaux visent à rendre compte des fluctuations de l'activité et de l'emploi, sans faire appel à la notion de chômage involontaire, c'est-à-dire sans renoncer à l'idée que l'économie et le marché du travail sont toujours à l'équilibre ! Ce qui revient à affirmer que les fluctuations de l'offre de travail sont pleinement volontaires, c'est-à-dire sont la réponse optimale des agents (en l'occurrence des travailleurs) à des chocs exogènes. Les études en termes de cycles d'équilibre empruntent deux directions de recherche.

- **Selon Lucas, les fluctuations de l'activité constituent la réaction optimale des agents à un choc monétaire, dès lors que l'information est imparfaite [3].**

Cette approche peut être explicitée au travers d'un exemple simple. Supposons une économie à l'équilibre, qui subit un choc monétaire, lequel se traduit par une hausse du niveau général des prix, conformément aux enseignements de la théorie quantitative. Comme l'information est imparfaite, le producteur perçoit simplement l'augmentation du prix de vente de son produit, c'est-à-dire estime qu'il y a eu variation du prix relatif. En conséquence de quoi le producteur a intérêt à accroître son offre et à travailler plus aujourd'hui, en vertu du principe de substitution intertemporelle entre travail et loisir. À l'inverse, si le producteur perçoit une diminution du prix relatif de son produit, il décidera de travailler moins : les périodes de crise correspondraient finalement à des périodes où les travailleurs décident de prendre plus de loisir ! On voit ici que la monnaie n'est pas neutre, compte tenu de l'imperfection de l'information : on peut même considérer d'un certain point de vue que « la NEC des années 1970 est d'une certaine façon en rupture avec l'analyse néoclassique. Du fait de l'hypothèse d'information imparfaite, un choc monétaire a pour la NEC des conséquences réelles du fait de la confusion sur l'évolution des prix, de l'impossibilité de distinguer précisément entre variation du niveau absolu des prix et modification des prix relatifs [4] ».

- **Selon l'école des cycles réels (Real Business Cycle ou RBC) [5], des chocs de nature réelle – tels qu'une innovation – sur une économie à l'équilibre suffisent**

1. Voir sur ce point le chapitre 5.
2. Voir le chapitre 4, avec la critique de la courbe de Phillips par Friedman et le chapitre 7 avec la critique monétariste de la politique monétaire keynésienne.
3. L'information imparfaite est ici considérée au sens de Phelps et de sa « parabole des îles » : les marchés sont séparés les uns des autres par une certaine distance géographique ; afin de connaître le salaire payé sur une île voisine, un travailleur doit passer une journée à se rendre sur cette île. Au niveau de l'offre de biens, l'information imparfaite signifie donc que l'on est toujours mieux informé des modifications du prix du produit que l'on offre que du niveau général des prix.
4. G. Abraham-Frois, *Dynamique économique*, Paris, Dalloz-Sirey, 1995.
5. C.I. Plosser, « Understanding real business cycles », *Journal of Economic Perspectives*, 1989.

à produire des cycles : la monnaie n'est pas nécessaire à l'explication des fluctuations.

Illustrons notre propos en reprenant l'exemple de Robinson Crusoé, développé par Plosser en 1989. Sur son île, Robinson se comporte comme un agent rationnel, c'est-à-dire cherche à répartir son temps de loisir et de travail de façon optimale sur l'ensemble de sa vie. Supposons qu'un choc temporaire et positif de productivité affecte l'île de Robinson : par un miracle de la nature, les noix de coco deviennent aujourd'hui plus abondantes. Si Robinson considère que cette augmentation de la productivité est temporaire, il a le choix entre deux comportements :

— consommer intégralement aujourd'hui ce surcroît de production ;
— utiliser cette hausse temporaire de la production pour accroître sa consommation future de noix de coco, en investissant aujourd'hui les noix de coco supplémentaires (c'est-à-dire en les plantant) : Robinson va donc travailler plus aujourd'hui et réduire son temps de loisir [1].

On constate, par cet exemple, que les fluctuations de l'activité sont la réponse optimale des agents à un choc temporaire de productivité ; si l'on suppose que le choc de productivité est négatif, les agents vont choisir de travailler moins : l'augmentation du chômage – qui est ici volontaire – résulte d'un arbitrage intertemporel entre travail et loisir.

II. L'analyse économique des crises

1. La notion de crise économique a évolué au cours du temps

Dans une perspective historique, la crise économique revêt de multiples formes et sa définition varie selon les époques. Cela explique peut-être pourquoi les théories économiques des crises paraissent souvent datées : nées dans un contexte particulier (tel que la crise de 1929), elles ont du mal à atteindre une certaine universalité qui pourrait les rendre toujours d'actualité.

▸ **Une première catégorie de crise, dénommée « crise d'Ancien Régime », a été caractérisée par les historiens de l'école des Annales**. Rappelons tout d'abord qu'une économie d'Ancien Régime se caractérise par la prédominance du secteur agricole (en termes de contribution à la production nationale), par l'insuffisance des transports – ce qui rend difficiles les échanges agricoles entre régions excédentaires et régions déficitaires – et par la prédominance dans l'industrie de la

1. Notons que ce résultat ne vaut que si le choc de productivité est temporaire ; s'il était permanent, en effet, « la réponse de Robinson serait différente. Puisque les noix de coco sont plus abondantes dans le futur, il serait incité à travailler moins et à investir moins, puisque chaque fois qu'il secoue un cocotier il obtient avec le même effort une quantité plus grande de noix » (P.-A. Muet, *Croissance et cycles*, Paris, Economica, 1993).

production de biens de consommation. Deux formes de crises d'Ancien Régime sont distinguées : la crise agricole pure et la crise mixte.

La **crise agricole pure** (dénommée aussi « crise frumentaire ») trouve son point de départ dans une mauvaise récolte, généralement à la suite de difficultés climatiques. L'insuffisance de l'offre de produits agricoles se traduit par des pénuries, lesquelles sont accentuées par les comportements de stockage et de spéculation. Il en résulte une forte hausse du prix du blé, qui se traduit par une baisse du pouvoir d'achat ; les consommateurs se détournent des produits artisanaux et industriels (en particulier des produits textiles). La crise agricole d'Ancien Régime peut donc se caractériser comme une crise due à une sous-production agricole, dont l'origine est exogène (généralement un mauvais climat), cumulative dans ses effets et inflationniste. Il est généralement considéré qu'en France la dernière crise agricole pure se produit à la veille de la Révolution française, en 1788.

La **crise mixte**, qui se développe au XIXe siècle, trouve également son origine dans une mauvaise récolte mais le mécanisme de transmission de la crise se complexifie : l'augmentation des prix agricoles ne se traduit pas seulement par une baisse du pouvoir d'achat et de la demande adressée à l'industrie des biens de consommation ; une dimension financière se fait jour : les agents qui détiennent des titres en Bourse les vendent précipitamment, ce qui provoque un effondrement des cours ; la crise agricole et industrielle s'accompagne à présent d'une crise boursière.

► La Grande Crise, qui a inspiré nombre d'économistes (au premier rang desquels Keynes et Hayek), présente des caractéristiques très spécifiques.

Il s'agit tout d'abord d'une dépression, puisqu'elle se traduit par une contraction généralisée de la production en volume entre 1929 et 1933 (à l'exception du Japon et de l'URSS), très marquée dans les biens d'investissement. Si l'on raisonne en volume et en prenant 1929 comme base 100, on obtient pour 1932 : 54 aux États-Unis ; 57 en Allemagne ; 77 en France (touchée plus tardivement par la crise) ; 183 en URSS (engagée dans un processus d'industrialisation lourde). Il est vrai que la production repart dans la majorité des pays après 1933 – en particulier aux États-Unis sous l'impulsion du New Deal – avec un palier en 1937-1938, puis une forte croissance liée au réarmement et aux préparatifs de l'économie de guerre.

La crise de 1929 est ensuite une crise déflationniste, c'est-à-dire marquée par la baisse généralisée des prix (amorcée il est vrai dès 1927). Ainsi, entre 1929 et 1932, la chute du niveau général des prix est en moyenne de 20 % aux États-Unis, de 12 % en France, de 21 % en Allemagne, de 15 % au Royaume-Uni. La déflation affecte tout particulièrement les prix de gros par rapport aux prix de détail.

La crise des années 1930 se traduit également par une contraction généralisée du commerce international : on assiste à une véritable « spirale contractionniste » des échanges, avec une diminution de 70 % du commerce mondial en valeur entre 1929 et 1933. Qui plus est, la reprise économique après 1932 ne se traduit pas en Europe par un essor des échanges extérieurs, compte tenu des politiques d'autarcie mises en œuvre.

La Grande Crise s'accompagne enfin de la montée d'un chômage massif : si l'évaluation exacte du nombre de chômeurs reste difficile, on estime aujourd'hui que le taux de chômage oscillait en moyenne entre 15 et 20 %. Qui plus est, ce taux moyen masque de fortes disparités selon les pays : il y a en 1932 une véritable « géographie du chômage » avec des pays très touchés tels que les États-Unis, le Royaume-Uni ou l'Allemagne.

► **De même la crise des années 1970, marquée par le phénomène de la stagflation, offre des traits spécifiques.**

Elle ouvre en premier lieu une période de récession, c'est-à-dire de ralentissement durable de la croissance économique : bien que les taux de croissance aient différé selon les pays au cours des Trente Glorieuses, force est de constater que tous les pays de l'OCDE voient à partir du milieu des années 1970 leur taux de croissance annuel divisé par deux. Ainsi, dans le cas de la France, on passe d'un taux annuel moyen de 5,5 % sur la période 1961-1973 à un taux proche de 2,8 % sur la période 1974-1980. La récession ne débouche cependant pas sur la dépression : on n'assiste pas à une contraction absolue de la production, si ce n'est en 1974-1975, et en 1993.

De ce point de vue, il peut sembler étonnant de parler de « crise contemporaine », si ce n'est par référence à la croissance exceptionnelle des Trente Glorieuses. « Au cours du siècle qui s'achève, la croissance moyenne aura été, en France, de 2,1 % l'an. Au regard de ce chiffre, ce qui apparaît exceptionnel n'est donc pas le ralentissement des années 1980 mais l'extraordinaire flambée des années 1950 et 1960 [...]. Aux erreurs de mesure près, on peut dire que la France est devenue, au milieu des années 1970, aussi riche que les États-Unis. Il était donc inéluctable qu'elle retrouvât des rythmes de croissance plus lents, ceux qui correspondent à sa propre moyenne séculaire (2,1 % l'an) ou ceux que les États-Unis eux-mêmes ont connus pendant les "Trente Glorieuses" (2,5 % l'an). Extrapoler aujourd'hui pour la France la croissance d'après guerre, ce serait commettre la même erreur que celle qui consisterait à penser que la Chine pourrait continuer de croître indéfiniment à son rythme actuel de 10 % l'an, même après qu'elle eut rattrapé les pays les plus riches [1]. »

L'inflexion des taux de croissance s'accompagne d'un ralentissement des gains de productivité (tableau 1), qui n'a pas manqué d'intriguer les économistes : on parle d'ailleurs d'un véritable « paradoxe de la productivité » (voir encadré). Dans le cas de la France, au cours de la période 1963-1973, les gains de productivité annuels moyens ont été de 4,4 % pour passer de 1973 à 1979 à 2,4 % puis de 1979 à 1984 à 1,8 % [2].

1. Cohen, *Le Monde des débats*, octobre 1994.

2. La question qui se pose alors est de savoir si ce ralentissement des gains de productivité est une cause ou une conséquence du ralentissement de la croissance économique. Selon P. Dubois (« Rupture de croissance et progrès technique », *Économie et statistique*, 1985), c'est le ralentissement de la croissance économique qui est à l'origine du ralentissement des gains de productivité. Cette thèse contredit celle développée par les auteurs de *La crise du système productif* (1974), selon laquelle le ralentissement des gains de productivité serait à l'origine du ralentissement de la croissance.

En troisième lieu, la crise des années 1970 est une crise inflationniste : on assiste à une forte poussée d'inflation, liée pour une part au quadruplement du prix du baril de pétrole entre septembre 1973 et décembre 1974 (premier choc pétrolier), puis à son triplement entre 1979 et 1981 (deuxième choc pétrolier). Si elle est générale, l'accélération de l'inflation n'affecte cependant pas de manière uniforme tous les pays : elle touche plus fortement et plus durablement des pays comme la France et le Royaume-Uni.

Enfin, l'inflation des années 1970 se conjugue avec le développement d'un chômage massif, situation dénommée **stagflation**.

Le paradoxe de la productivité

Plusieurs raisons ont été avancées pour rendre compte du ralentissement des gains de productivité durant les années 1970-1980 dans de nombreux pays de l'OCDE :

- la thèse de l'effet de structure : l'inflexion des gains de productivité s'explique par le ralentissement de l'exode agricole, conjugué au développement du secteur tertiaire et aux mutations de la population active (rajeunissement ; féminisation) ;
- la thèse du sous-investissement en infrastructures (routes, ponts, etc.) : selon le modèle de croissance endogène de Barro, les infrastructures publiques exerceraient un impact positif sur la productivité des facteurs du secteur privé (il suffit d'imaginer par exemple une économie avec des camions mais sans routes). Selon Aschauer, dans le cas des États-Unis, le ralentissement des gains de productivité s'expliquerait par l'insuffisance de l'investissement public en infrastructures au cours des années 1970. Cette argumentation a donné lieu à de nombreuses critiques : ce ne serait pas le manque d'infrastructures qui expliquerait l'inflexion de la productivité, mais l'inverse (quand la croissance se ralentit, on a tendance à moins investir dans des infrastructures car ce sont des biens supérieurs) ; de plus, si la croissance des infrastructures s'est ralentie durant les années 1970 dans tous les grands pays industriels, ce phénomène ne s'est accompagné d'une inflexion de la productivité que dans la moitié d'entre eux ;
- la thèse du changement de système technologique : selon les néoschumpetériens, les années 1970 marquent la fin d'une révolution industrielle fondée sur le pétrole, l'automobile et la chimie. Une nouvelle révolution technologique serait en gestation, dont les effets ne se feraient pas sentir immédiatement. Il faut en effet un certain temps pour que de nouvelles technologies se traduisent par des gains de productivité. Comme le souligne l'OCDE, « un puissant ordinateur ne contribue pas à améliorer la productivité par sa seule présence. Il faut en outre disposer des technologies annexes (logiciels, par exemple), assurer la formation de travailleurs et parfois aussi des clients et des fournisseurs, et adapter l'organisation de l'entreprise [...]. Il faut du temps pour maîtriser une technologie radicalement nouvelle, comme en témoigne l'exemple de la dynamo à la fin du XIXe siècle. Un grand délai s'est en effet écoulé avant que les technologies complémentaires, notamment le moteur électrique, deviennent suffisamment efficaces pour que puissent être exploitées les potentialités de l'électricité pour la productivité » ;
- la thèse procyclique : plusieurs théoriciens (Okun, Kaldor) ont depuis longtemps montré que le ralentissement de la croissance doit également entraîner un ralentissement des gains de productivité ;
- la thèse de la réglementation : selon certains libéraux, le ralentissement des gains de productivité résulterait directement d'un excès de réglementation, qui décourage l'effort productif ;
- la thèse de l'effet de rattrapage : conformément au modèle de Solow, les pays suiveurs connaissent une période de rattrapage puis les gains de productivité se ralentissent.

Tableau 1
L'inflexion des gains de productivité durant les années 1970 (en %)

	1950-1973	*1973-1984*
États-Unis	2,6	1
France	5,1	3,4
Italie	5,8	2,5
Japon	8	3,2
RFA	6	3
Royaume-Uni	3,1	2,4

Source : OCDE.

• **La comparaison de la crise des années 1930 avec celle des années 1970 permet de mettre en évidence de nombreuses similitudes** :

— la crise est annoncée par un événement d'ordre économique : le krach boursier du 24 octobre 1929 (le « Jeudi noir », qui se traduit par une chute des cours boursiers de 30 %) et le premier choc pétrolier de décembre 1973 (qui se traduit par le quadruplement du prix du pétrole) ;

— on assiste dans les deux cas à l'essor d'un chômage massif, avec un taux de chômage supérieur en Europe à 10 %, durant les années 1980 ;

— la crise se traduit par une diminution du taux d'investissement (défini comme le rapport entre la FBCF et le PIB) : ce taux s'effondre durant la Grande Crise, tandis qu'il diminue après 1973 ;

— les deux crises sont marquées par des désordres – au sens de « fin d'un ordre » – monétaires au niveau international : 1933 correspond à l'abandon de l'étalon change-or, tandis que la période 1971-1973 se caractérise par l'abandon de l'étalon dollar sur lequel était fondé le système de Bretton Woods ;

— on n'assiste pas à une sortie généralisée de la crise mais seulement à des sorties particulières : les États-Unis et le Japon renouent rapidement avec la croissance dans les années 1970, tandis que les pays européens connaissent durablement la récession.

• **Mais les divergences entre les deux périodes ne manquent pas** :

— à la dépression des années 1930 s'oppose la récession des années 1970 : n'oublions pas qu'entre 1973 et 1987 la production en valeur réelle a augmenté de 40 % [1] ;

— à la grande déflation s'opposent l'inflation des années 1970 et la désinflation des années 1980 ;

— alors que la Grande Crise se traduit par la fermeture des économies au commerce international, les années 1970 entraînent seulement un ralentissement de la croissance du commerce international, qui repart même vigoureusement après 1983 ;

1. Il est vrai cependant que le taux de croissance des pays de l'OCDE a été négatif à trois reprises depuis les années 1970 : en 1975, en 1982 et en 1993. Dans le cas de la France, le taux de croissance a été négatif seulement en 1993, avec un recul de la croissance d'environ 1 %.

— alors que les années 1930 constituent une période de faibles innovations (les grandes innovations ont eu lieu à la fin du XIXe siècle), les années 1970 sont marquées par l'émergence de nouvelles technologies (telles que la révolution de l'informatique avec l'introduction du microprocesseur par Intel en 1973) ;
— au cours de la crise de 1929, la logique de l'État minimal reste prédominante (avant l'expérience du New Deal), tandis qu'au cours des années 1970 l'État peut intervenir pour réguler la conjoncture et dispose de stabilisateurs automatiques ;
— la persistance de la crise débouche dans les années 1930 sur une remise en cause de l'État minimal et ouvre la voie aux thérapeutiques keynésiennes ; au contraire, dans les années 1970-1980 on assiste à un retour en force des idées libérales, visant à limiter le rôle de l'État.

2. Une première vision appréhende la crise comme un phénomène possible

Les crises économiques, dont les formes varient au cours du temps, ont donné lieu à un foisonnement d'interprétations, souvent conflictuelles. Ainsi, lors de la Grande Crise, les néoclassiques, à l'image de Robbins et de Rueff, les keynésiens, les marxistes s'affrontent sur les origines, les remèdes et la signification de la dépression de 1929. Derrière cette hétérogénéité des thèses et cette marqueterie d'auteurs, ne peut-on cependant retrouver des lignes de force, faites de continuité et de ruptures, permettant d'ordonner et de classer ces différentes approches ?

Une première lecture – initiée tant par les néoclassiques que par les keynésiens – conçoit la crise comme un simple déséquilibre quantitatif entre l'offre globale et la demande globale. De plus la crise, si elle est du domaine du possible (voire du probable chez les keynésiens), n'a cependant rien d'inéluctable : on peut en sortir, en réhabilitant les forces équilibrantes du marché selon les néoclassiques, en relançant l'activité selon les keynésiens.

▸ **De Smith à Hayek la crise apparaît comme un phénomène transitoire et exogène, par rapport au fonctionnement d'une économie de marché.**

Rappelons que dans la perspective libérale, l'économie de marché exclut par hypothèse la crise généralisée, dès lors que la condition de flexibilité des prix est respectée. Il en résulte que la crise ne peut relever que de l'exogène, c'est-à-dire du non-respect des règles du marché : excès de réglementations, politiques économiques interventionnistes. Ce qui signifie également que la sortie de la crise passe par la réhabilitation des forces du marché et non par une intervention accrue de l'État.

Cette vision générale se retrouve à l'occasion de la crise de 1929 : selon Robbins [1], la cause principale de la Grande Crise est à rechercher dans les dysfonctionnements régissant le marché du travail et dans le rôle déstabilisant de l'intervention étatique. Dans son interprétation rétrospective de la crise de 1929, Friedman [2] développe une thèse qui s'inscrit dans la même veine que celle d'un Robbins, d'un

1. *La grande dépression, op. cit.*
2. *A monetary history of the United States, 1867-1960*, Princeton University Press (en coll. avec A.J. Schwartz).

Pigou ou d'un Rueff : la Grande Crise trouve son origine aux États-Unis dans une « erreur » prolongée de politique économique. Le FED (Federal Reserve System) aurait en effet procédé à une contraction de la masse monétaire entre 1929 et 1933, ce qui a eu pour double effet de provoquer une déflation et une contraction de l'activité [1].

La crise des années 1970 est également appréhendée par les néoclassiques comme une crise de nature exogène : l'accélération de l'inflation s'explique par le laxisme des autorités monétaires (cf. la remise en cause de la relation de Phillips par les monétaristes) ; cette inflation a été accentuée par les chocs pétroliers, qui ont généré de l'inflation importée. Quant au chômage de masse qui affecte les pays européens, il s'explique par le manque de flexibilité du marché du travail, soumis à trop de réglementations, et par les contraintes qui pèsent sur l'offre (notamment en matière fiscale).

• **Au sein de l'école néoclassique, Hayek [2] occupe une place paradoxale : s'il développe une vision de la crise comme phénomène exogène, il remet néanmoins en cause le postulat de neutralité de la monnaie.**

En effet, alors que la théorie quantitative affirme qu'une augmentation de la masse monétaire n'a d'influence que sur le niveau général des prix, Hayek montre qu'un accroissement de la masse monétaire modifie la structure des prix relatifs et entraîne donc une réallocation des ressources entre les différents secteurs de l'économie.

Le point de départ de l'analyse de Hayek consiste à établir une partition des biens en deux catégories : les biens de consommation et les biens de production (le travail, le capital, les biens intermédiaires). L'articulation des deux catégories de biens forme une « structure de production ».

Hayek envisage une première situation, dans laquelle il n'y a pas de création monétaire et où les consommateurs décident d'augmenter leur épargne (c'est-à-dire de renoncer à une consommation présente). Cette hausse de l'épargne se traduit par une baisse du taux d'intérêt et une hausse de l'investissement ; il en résulte une augmentation de la demande de biens de production, dont le prix augmente ; cette augmentation du prix des biens de production par rapport au prix des biens de consommation incite les entrepreneurs des stades finaux à réorienter leur production vers les stades amont : on a donc une déformation de la structure de production qui devient plus capitalistique. Cette modification est voulue par les consommateurs dans la mesure où le **détour de production** permet à terme d'avoir plus de biens de consommation.

Hayek envisage une seconde situation : les banques accordent des crédits aux producteurs pour qu'ils financent leurs investissements : la création monétaire

1. On peut toutefois se demander pourquoi le FED a pratiqué une telle politique monétaire. Sur ce point, « l'explication de Friedman et Schwartz est double : une certaine dilution des responsabilités monétaires, elle-même liée à la disparition en 1928 de Benjamin Strong, qui était gouverneur de la Banque fédérale de New York et exerçait une influence déterminante sur le Federal Reserve System. Petites causes, grands effets : la disparition d'un homme à l'origine de l'extension mondiale de la crise ! » (B. Gazier, *La crise de 1929*, Paris, PUF, 1989).

2. *Price and production*, Routledge & Sons, 1931.

permet donc que l'investissement soit supérieur à l'épargne ; les producteurs investissent, c'est-à-dire augmentent leur demande de biens de production : le prix des biens de production augmente par rapport à celui des biens de consommation ; afin de tirer parti de cette modification des prix relatifs, les producteurs de biens de consommation déplacent leurs capitaux vers les biens de production : il en résulte une diminution de la production des biens de consommation à court terme, alors même que la demande des consommateurs n'a pas diminué (pour cela il faudrait qu'ils aient au préalable augmenté leur épargne). Une inflation apparaît alors dans les biens de consommation, qui entraîne un retour des producteurs dans les stades finaux et s'accompagne d'un chômage dans les stades amont. L'origine de la crise réside dans ce hiatus fondamental entre la structure de production imposée par les producteurs et la structure désirée par les consommateurs.

Chez Hayek la crise est par nature inflationniste et même stagflationniste ; elle a pour origine une création monétaire qui remet en cause le principe selon lequel « tout accroissement de la consommation exige au préalable une épargne additionnelle ». Le remède à la crise passe par une politique monétaire de neutralité.

▸ **Dans la perspective keynésienne, la crise apparaît possible mais l'intervention de la « main visible » de l'État permet d'en sortir.**

Plusieurs lectures de la crise ressortent de l'analyse keynésienne ; nous avons choisi de mettre l'accent sur deux d'entre elles.

• **La crise résulterait des anticipations pessimistes des agents sur la conjoncture économique.**

En qualifiant en 1937 l'analyse de Keynes d'explication psychologique, Haberler insistait sur un aspect essentiel de la *Théorie générale* : les anticipations des agents jouent un rôle prépondérant dans le déclenchement et la persistance de la dépression. Rappelons en effet que dans un contexte d'incertitude radicale les agents forment des anticipations sur la conjoncture à venir : les entrepreneurs en particulier, qualifiés par Keynes d'« esprits animaux », prennent leurs décisions d'investissement sur la base des recettes anticipées, en comparant le taux d'intérêt et l'efficacité marginale du capital (notée EMK). Si l'entrepreneur est pessimiste sur l'état à venir de la conjoncture (c'est-à-dire si EMK est faible), il n'est pas incité à investir, ce qui exerce un effet dépressif sur l'activité économique et valide *ex post* les anticipations pessimistes. On entre alors dans un processus de prophétie autoréalisatrice [1], où la crise n'a finalement d'autre origine que... la croyance initiale en la crise. Plus encore, déclenchée par des anticipations pessimistes, la crise se propage aux différents acteurs de l'économie, selon un principe de **mimétisme** : si les principaux investisseurs privés se montrent pessimistes, les autres entrepreneurs vont les imiter et la crise deviendra cumulative. On

1. Voir sur ce point le chapitre 4.

comprend dans ces conditions que la sortie de la crise puisse difficilement se faire d'elle-même, comme le souligne Keynes.

> Il n'est pas facile de ranimer l'efficacité marginale du capital, telle que la détermine l'état d'esprit capricieux et déréglé des milieux d'affaires. C'est le retour de la confiance, pour user du langage courant, qu'il est difficile de provoquer, dans une économie fondée sur le capitalisme individuel.

Seule l'intervention d'un agent extérieur – à savoir l'État – est à même de relancer l'activité, par une politique contra-cyclique, et de restaurer la confiance des investisseurs.

Cette approche psychologique de la crise a été remise à l'honneur par des auteurs comme Azariadis et Guesnerie, dans une réflexion plus générale sur les cycles : ils montrent en effet que des fluctuations peuvent être engendrées par des facteurs aussi subjectifs que les vagues d'optimisme ou de pessimisme, les prévisions des gourous de la finance ou même les « taches solaires » (pour reprendre l'exemple célèbre de Jevons).

• **La crise peut aussi résulter de chocs exogènes, notamment dans un contexte d'économie ouverte.**

Certains keynésiens contemporains [1] analysent ainsi la crise des années 1970 en invoquant les chocs pétroliers de 1974 et 1979. Dans une perspective keynésienne, un choc pétrolier exerce un double impact sur l'activité économique :

— en termes de prix, il engendre une inflation importée ;
— en termes de quantités, il se traduit par une récession puisqu'il équivaut à une fuite de revenu à l'étranger. En effet, dans une logique keynésienne, les importations constituent – au même titre que l'épargne – une non-dépense, un transfert de revenu de pays à forte propension à consommer vers des pays à faible propension à consommer.

> Si les chocs pétroliers s'étaient limités à ce simple transfert de revenu, en d'autres termes si les pays exportateurs de pétrole avaient immédiatement redépensé ce revenu supplémentaire sous forme d'achats de biens et services, la perte de revenu aurait été suivie par un accroissement du volume du PIB des pays importateurs de pétrole d'un même montant, qui aurait compensé exactement la perte initiale de revenu. Or, par suite de la faible capacité d'absorption des pays exportateurs de pétrole et notamment de la zone du Moyen-Orient, ce transfert de revenu a alimenté une formidable augmentation de l'épargne mondiale qui a eu exactement les conséquences dépressives décrites par la théorie keynésienne [2].

Un choc pétrolier se traduit par un phénomène de **multiplicateur d'importation** (voir encadré) : les deux chocs pétroliers auraient opéré un transfert de revenu représentant pour les pays de l'OCDE 2 % de leur PIB.

1. A. Fonteneau, P.-A. Muet, *La gauche face à la crise*, *op. cit.*
2. *Ibid.*

Le multiplicateur d'importation

Soit la fonction d'importation $M = mY + M_0$ avec m la propension marginale à importer et M_0 les importations incompressibles.

En repartant de l'équation d'équilibre global $Y + M = C + I + X + G$, on obtient :

$$Y + mY + M_0 = cY + I + X + G$$

$$\Leftrightarrow Y = (I + X + G - M_0)/(1 - c + m).$$

Le multiplicateur d'importation équivaut à :

$$dY/dM_0 = - 1/(1 - c + m).$$

Il apparaît aussitôt qu'une augmentation des importations se traduit par une contraction de l'activité économique (signe négatif du multiplicateur), dont l'ampleur est donnée par la valeur absolue du multiplicateur, soit $1/(1 - c + m)$.

Cet effet stagflationniste des chocs pétroliers aurait été aggravé par les politiques d'austérité mises en œuvre dans les principaux pays développés : les gouvernements ont mené des politiques pro-cycliques, alors que la conjoncture imposait des mesures contra-cycliques, en particulier à l'occasion du deuxième choc pétrolier.

Plus généralement, les keynésiens se livrent à une critique des politiques d'offre, qui ne constitueraient pas une stratégie de sortie de crise. Afin d'étayer cette thèse, les auteurs mobilisent plusieurs arguments :

- le chômage dominant durant les années 1980 est un chômage de type keynésien ;
- la restauration des taux de marge des entrepreneurs au cours des années 1980 n'a pas entraîné une reprise de l'investissement, comme le prévoit le théorème de Schmidt (« les profits d'aujourd'hui sont les investissements de demain, qui sont les emplois d'après-demain ») : cet apparent paradoxe s'explique par le fait que l'investissement a été contraint par l'insuffisance de la demande ;
- les États-Unis ont mené, sous l'impulsion de Reagan, une politique budgétaire expansive qui a eu un impact marqué sur le taux de croissance.

Les keynésiens en concluent que la sortie de la crise passe par une réhabilitation des politiques de relance, sous la forme d'une relance coordonnée.

3. Dans l'optique schumpetérienne et marxiste, la crise apparaît inéluctable

► **Dans une perspective de cycle Kondratieff, la crise apparaît comme un moment du cycle long et constitue le point de passage obligé entre une phase d'expansion et une phase de dépression** : en ce sens, la crise est normale dans la mesure où elle correspond à une régularité du système économique.

• **Ainsi, les tenants de l'approche néotechnologique appréhendent la crise comme une transition entre deux « systèmes technologiques ».**

La crise exprime le fait que l'ancien système a atteint ses limites et que le nouveau n'a pu encore s'imposer. La crise des années 1970 marquerait justement l'épuisement d'une révolution industrielle fondée sur l'automobile et le pétrole, et annoncerait la gestation d'une nouvelle révolution industrielle reposant sur les technologies de l'information et les biotechnologies.

Mais ces nouvelles technologies ne s'imposent pas d'elles-mêmes, dans la mesure où existent des résistances et des inerties dans la sphère sociale. La crise provient alors de la discordance entre le potentiel d'un système technologique en cours d'apparition et un cadre socioculturel qui est lié à l'ancien système. Dès lors, la crise constitue le moment privilégié d'un **processus de destruction créatrice** non seulement dans la sphère productive, mais aussi dans la sphère sociale. La crise sera d'autant plus longue que les résistances sociales seront fortes : les agents victimes des nouvelles technologies vont tenter de rechercher de nouvelles solutions pour prolonger l'ancien système. Les résistances sociales à la diffusion d'un nouveau système s'exercent à la fois du côté des consommateurs et du côté des producteurs.

• **Dans la perspective marxiste, la crise apparaît comme l'expression des contradictions internes de l'accumulation capitaliste.**

Rappelons que la théorie marxiste distingue deux types de crise, de nature très différente : il y a tout d'abord les crises dans le système, qui sont des crises périodiques et qui donnent naissance aux cycles ; il y a ensuite la crise du système lui-même, qui est par définition unique. La crise du capitalisme doit survenir, prophétise Marx, lorsque les crises dans le système ne parviennent plus à contenir les contradictions du système.

L'origine de la crise chez Marx provient d'une discordance croissante entre les **forces productives** et les **rapports de production.** Les forces productives sont représentées par le prolétariat (qui vend sa force de travail comme une marchandise) dont les rangs ne cessent d'augmenter avec le développement du capitalisme et qui sont à l'origine de la création de valeur. Les rapports de production désignent l'ensemble des liens qu'entretiennent les classes entre elles : il s'agit en l'occurrence de rapports d'exploitation – au sens marxiste du terme –, puisque le capitaliste extorque indûment une partie de la plus-value.

Comme nous l'avons vu au chapitre 2, la crise s'exprime par la baisse du taux de profit, dans la mesure où l'augmentation de la composition organique du capital (noté c/v) tend à l'emporter sur l'augmentation du taux de plus-value (noté pl/v). Ajoutons ici que cette loi de baisse du taux de profit se veut selon Marx « tendancielle », dans la mesure où existent des forces qui peuvent momentanément la contrecarrer. Marx en retient cinq principales : l'allongement de la durée du travail, la baisse des salaires, la baisse des prix du capital constant, le développement de l'industrie du luxe (laquelle nécessite beaucoup de travail et peu de capital) et le commerce extérieur. Mais ces contreforces ne font que retarder l'échéance finale, comme le rappelle Marx.

> La production capitaliste tend constamment à surmonter ces limites inhérentes ; elle n'y réussit que par des moyens qui dressent de nouveau ces barrières devant elles, mais sur une échelle encore plus formidable. La véritable barrière de la production capitaliste, c'est le capital lui-même.

C'est ainsi qu'en 1929 l'économiste soviétique Varga [1], analyse la Grande Crise comme la conjugaison d'une crise cyclique et d'une crise du capitalisme lui-même : il montre que l'on assiste à une baisse marquée du taux de profit, au développement de la monopolisation et à l'intervention de l'État, qui tente de retarder l'échéance par sa politique de soutien de la demande.

▶ Aux confins du keynésianisme et du marxisme, l'école de la régulation propose une lecture originale des crises économiques, qui s'appuie sur une analyse de l'évolution du capitalisme depuis le milieu du XIXᵉ siècle [2].

L'école de la régulation identifie depuis la fin du XIXe siècle deux modes de régulation : le mode de régulation concurrentiel et le mode de régulation monopoliste.

• Le mode de régulation concurrentiel (1850-1930) se subdivise lui-même en deux sous-périodes.

Du milieu du XIXe au début du XXe siècle, prédomine un mode d'**accumulation à dominante extensive** ; il se caractérise, au niveau du régime d'accumulation, par de faibles gains de productivité (et donc une production de plus-value absolue) et par une production industrielle d'abord tournée vers les biens d'équipement ; en ce qui concerne les formes institutionnelles, la concurrence règne sur le marché du travail (flexibilité des salaires), tandis que l'intervention de l'État reste limitée.

Du début du XXe siècle aux années 1930 se met en place un mode d'**accumulation intensive sans consommation de masse**. En ce qui concerne le régime d'accumulation, on assiste à de forts gains de productivité, à la suite du développement de l'organisation taylorienne du travail (production de plus-value relative) ; la production industrielle se réoriente à destination des biens de consommation. Quant aux formes institutionnelles, elles ne changent pas par rapport à la période antérieure : le salaire est appréhendé uniquement comme un coût, non comme un vecteur de la demande, et l'intervention de l'État reste circonscrite aux fonctions essentielles.

La notion de régulation

Selon Boyer, la régulation désigne « la conjonction de mécanismes concourant à la reproduction d'ensemble, compte tenu des structures économiques et des formes sociales en vigueur ». Cette définition met l'accent à la fois sur l'interdépendance des fonctions et sur le caractère historique de toute régulation.

Chaque période de croissance économique est associée à un « mode de régulation », qui combine deux dimensions :

1. *La crise économique, sociale et politique*, 1934.
2. Parmi les nombreux auteurs et travaux de l'école de la régulation, citons R. Boyer, Y. Saillard (dir.), *La théorie de la régulation : une analyse critique*, Paris, La Découverte, « Repères », 1986 ; J.H. Lorenzi, O. Pastré, J. Toledano, *La crise du XXe siècle*, Paris, Economica, 1982.

– le régime d'accumulation désigne « l'ensemble des régularités assurant une progression générale et relativement cohérente de l'accumulation du capital, c'est-à-dire permettant de résorber et d'étaler dans le temps les distorsions et les déséquilibres qui naissent en permanence du processus d'accumulation lui-même ». Le régime d'accumulation touche donc à la sphère productive : organisation de la production de la firme, nature sectorielle de la production, mode d'extraction de la plus-value (production de plus-value absolue par allongement de la durée du travail ou production de plus-value relative par amélioration de la productivité du travail) ;
– les formes institutionnelles désignent, selon Boyer, « toute codification des rapports sociaux ». Cinq formes institutionnelles sont généralement distinguées : les formes de la concurrence ; le rapport salarial ; le rôle de l'État ; le mode d'insertion international ; le rôle de la monnaie.

• **Le mode de régulation monopoliste couvre une période exceptionnelle de croissance**, celle des Trente Glorieuses pour la France, et correspond à une phase d'**accumulation intensive avec consommation de masse**. Au niveau du régime d'accumulation, on a – comme à la période précédente – de forts gains de productivité et une production orientée vers les biens de consommation : c'est l'époque de la **norme de consommation de masse**, caractérisée par la standardisation des produits. En ce qui concerne les formes institutionnelles, le **fordisme** est mis en place : il s'agit d'un système qui consiste à augmenter régulièrement les salaires, en fonction des gains de productivité (schéma 7) : le salaire n'est plus perçu seulement comme un coût mais comme une demande de biens. Qui plus est, l'intervention de l'État apparaît marquée, par le biais de la protection sociale, du salaire minimum et des politiques contra-cycliques. On aboutit alors à une dynamique auto-entretenue de la consommation de masse et de la production standardisée, ce que Lipietz dénomme le « compromis fordien » : l'augmentation des salaires se traduit par un accroissement de la demande, laquelle entraîne des gains de productivité (par les économies d'échelle) ; les gains de productivité se traduisent par de nouvelles hausses de salaires, etc.

• **Dans ce contexte, deux catégories de crise peuvent être distinguées** : les crises cycliques et les crises structurelles. Les crises cycliques se développent à l'intérieur d'un mode de régulation, tandis que la crise structurelle correspond à une crise du mode de régulation lui-même. La crise structurelle provient du fait que le mode de régulation en place ne peut plus contenir les contradictions entre les formes institutionnelles et le régime d'accumulation. La crise structurelle présente donc une nature dialectique : elle exprime les contradictions du système en place et annonce son dépassement, par la gestation d'un nouveau mode de régulation.

Ainsi, la crise de 1929 correspond à une crise du mode de régulation concurrentiel. En effet, l'évolution du régime d'accumulation, marquée par de forts gains de productivité, se heurte à la pérennité des formes institutionnelles concurrentielles, qui ne permettent pas une extension des débouchés.

De même, la crise des années 1970 est appréhendée comme une crise du mode de régulation monopoliste et plusieurs raisons sont invoquées pour en rendre compte. En premier lieu, le ralentissement des gains de productivité après 1973 remet en cause la logique même du fordisme ; de plus, alors que les gains de productivité s'épuisent, les salaires continuent à croître sur leur *trend* antérieur : la modification de la répartition en faveur des salariés incite

Schéma 7
Le fordisme

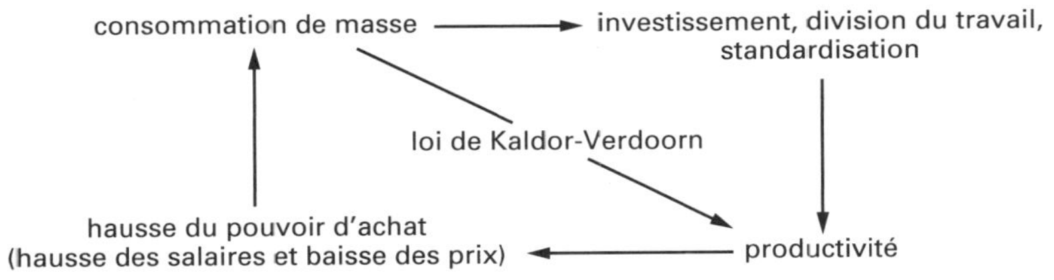

les entrepreneurs à augmenter le prix de leurs produits ; on aboutit alors à un phénomène de boucle prix-salaires [1]. En deuxième lieu, la norme de consommation de masse atteint dans les années 1970 une limite, dans la mesure où la demande de biens de consommation durable (voitures, électroménager, électronique grand public) se cantonne à une demande de renouvellement ; il y a saturation de la demande de biens standardisés. En troisième lieu, l'essor du secteur tertiaire, qui est pourtant le produit de la croissance industrielle, contribue à ralentir les gains de productivité.

La tertiarisation : remise en cause ou approfondissement du fordisme ?

Depuis l'entre-deux-guerres, on assiste au développement continu du secteur tertiaire, mesuré en termes d'emplois, de contribution au PIB, de structure de consommation des ménages. Certains auteurs (Clark, Fisher, Fourastié) en ont tiré une « loi d'évolution », selon laquelle plus un pays est « développé » (le niveau de développement étant mesuré par le PIB/ tête), plus le secteur tertiaire est important. Pour reprendre les termes mêmes de Kaldor, le tertiaire serait l'expression de la « maturité d'une économie ». Cette loi d'évolution s'appuie sur deux arguments théoriques :

- du côté de l'offre, le progrès technique dans l'industrie libère une partie de la main-d'œuvre qui se « déverse » dans le secteur tertiaire, lequel connaît justement de faibles gains de productivité ;
- du côté de la demande, l'augmentation du revenu des ménages les conduit à se tourner vers l'achat de biens supérieurs (élasticité de la demande par rapport au revenu supérieur à l'unité), tels que les services.

Cette approche en termes de lois d'évolution repose sur une vision quelque peu déterministe : on a ainsi assisté à un retour du secteur secondaire aux États-Unis après 1980 (en nombre d'emplois), tandis que certains pays en voie de développement se caractérisent aujourd'hui par un important secteur tertiaire (souvent dénommé « secteur informel »). Elle repose également sur l'idée d'une substitution entre secteurs et non d'une complémentarité : or l'essor du tertiaire ne signifie pas pour autant l'avènement de la « société post-industrielle » (Bell) !

La révolution tertiaire est l'objet de jugements très contrastés de la part des économistes.

La tertiarisation apparaît à certains, et en particulier aux tenants de l'école de la régulation, comme une remise en cause du modèle de croissance fordiste, qui fut à l'origine des Trente Glorieuses :

- le tertiaire se caractérise par de faibles gains de productivité, alors que le fordisme repose sur la croissance de la productivité ;

1. Voir sur ce point le chapitre 4.

— si le fordisme entraîne une baisse continue des prix (via les gains de productivité), les services sont au contraire un facteur d'inflation : on retrouve ici la logique de Baumol fondée sur « l'inflation de productivité » (voir chap. 4).

Mais une vision alternative peut être explorée, qui consiste à appréhender les services dans une optique fonctionnelle et non plus sectorielle. Loin d'être un substitut à la croissance fordiste, la tertiarisation apparaît alors comme un approfondissement du fordisme :

— la tertiarisation permet de prolonger la division du travail : le tertiaire est en grande partie une consommation intermédiaire pour l'industrie (cf. le mouvement d'« extériorisation » vers des sociétés de services) ;
— la tertiarisation permet de renforcer la compétitivité industrielle : le service est couplé à un bien (ex. le service après-vente), ce qui permet de développer une compétitivité « hors-coût » ;
— les services qui appartiennent au « tertiaire structuré » (banques, assurances) connaissent des gains de productivité très marqués ;
— les services créent des gains de productivité indirects : par exemple, l'éducation influe sur la croissance, même si l'on ne peut en mesurer exactement l'impact.

III. L'analyse économique de la croissance

1. La croissance économique est mesurée au travers d'indicateurs qui prêtent à discussion

Selon la célèbre définition de F. Perroux [1], la croissance économique correspond à « l'augmentation soutenue pendant une ou plusieurs périodes longues d'un indicateur de dimension, pour une nation, le produit global net en termes réels ». Avant de développer plus en avant cette définition, ajoutons que Perroux prend soin de distinguer la notion de croissance de celle de développement : le développement constitue un concept plus large englobant une dimension sociale, en particulier en termes de répartition de la richesse nationale. S'il est difficile de concevoir un développement sans croissance économique, cette dernière n'engendre pas nécessairement le développement : le développement introduit une dimension qualitative alors que la croissance constitue un processus uniquement quantitatif. Comme le note Perroux, « le développement est la combinaison des changements mentaux et sociaux d'une population qui la rendent apte à faire croître son produit réel global ».

▸ **La mesure de la croissance suppose l'adoption d'une période de référence.** La période de référence généralement retenue est l'année : le taux de croissance (noté g) de la variable (notée x) correspond donc à son augmentation annuelle. On a :

$$gt = (x_t - x_t - 1)/x_t - 1$$

1. *L'économie du XXe siècle*, Paris, PUF, 1961.

avec x_t, la valeur de la variable à la fin de l'année t, et x_{t-1}, la valeur de la variable au début de l'année t. À partir de cette période de référence, deux notions connexes peuvent être définies :

— la **période de doublement** : il s'agit du nombre d'années nécessaires pour que la variable double. Avec un taux de croissance de 7 % par an, la période de doublement est de dix ans [1] ; avec un taux de 5 % (correspondant à celui observé en France durant les Trentes Glorieuses), il faut quinze ans pour que la variable double (tableau 2) ;

Tableau 2
Croissance économique et période de doublement

Taux de croissance	*Période de doublement*
1 %	70 ans
2 %	35 ans
3 %	23 ans
4 %	17 ans
5 %	15 ans
7 %	10 ans
10 %	7 ans

— la notion de **taux annuel moyen de croissance** : il s'agit du taux de croissance qu'il faudrait avoir pour que la variable étudiée connaisse la même croissance sur l'ensemble de la période. Supposons par exemple qu'une économie connaisse un taux de croissance de 10 % l'année 1, de 5 % l'année 2, de 0 % l'année 3, de 20 % l'année 4 et de 5 % l'année 5. Son taux de croissance annuel moyen est égal à 7,8. En effet, on a :

$$(1,1).\ (1,05).\ (1).\ (1,2).\ (1,05) = 1,455$$

soit :

$$(1 + r)^5 = 1,455$$
$$r = 7,8\ \%$$

► La mesure de la croissance repose sur le choix d'indicateurs.

L'indicateur de dimension généralement retenu est le Produit intérieur brut (PIB) ou le Produit national brut (PNB), et son dérivé, le PIB et le PNB par tête, qui constituent une mesure du bien-être. Le choix du PIB comme indicateur de dimension ne va pas sans poser problème :

1. En effet, si le taux de croissance annuel est de 7 %, la production de l'année 1 est égale à 107, en prenant 100 comme base de départ ; l'année 2, elle est égale à 107 (1 + 0,07), etc. On a donc :

$$100\ (1 + 0,07)^n = 200$$
$$\Leftrightarrow n = \ln 2/(\ln 1,07)$$
$$\Leftrightarrow n = 10.$$

— le PIB ne comptabilise pas les services rendus à l'intérieur des ménages ; or cette activité est elle-même le résultat d'un arbitrage économique. Selon certaines estimations, le travail domestique représenterait plus de 50 % du PIB en valeur ! Comme le souligne de manière humoristique Sauvy, « il suffit alors, pour reprendre un exemple célèbre, d'épouser sa cuisinière pour faire baisser le PNB » ;

— l'**économie souterraine** (travail au noir, fraude fiscale, activités criminelles) n'est pas prise en compte dans le PIB ; or son importance est estimée à 10 % du PIB dans le cas des États-Unis et à 20 % dans le cas de l'Italie !

— il est difficile de procéder à des comparaisons internationales dans la mesure où les pays ne disposent pas des mêmes conventions sur la comptabilisation des biens et services ; de surcroît, la qualité de l'appareillage statistique prête à discussion, en particulier dans les pays en voie de développement ; comme le souligne la Banque mondiale, dans de nombreux pays du tiers-monde « les estimations de la production agricole ne sont pas fondées sur des évaluations fiables des superficies cultivées et des rendements. Celles de la production industrielle ne couvrent qu'une partie des entreprises et tiennent rarement compte des petites unités de production. Il est impossible d'arriver à des estimations du PNB par habitant parfaitement comparables entre pays [1] » ;

— lorsque des comparaisons internationales sont effectuées, il est nécessaire de convertir les différentes valeurs du PIB en une même unité monétaire, en l'occurrence le dollar ; or le cours du dollar fluctue fortement depuis 1973 : quel cours de référence faut-il prendre ?

— le PIB constitue un indicateur purement quantitatif et non qualitatif, ce qui rend difficiles les comparaisons dans le temps : « un discours radical peut être tenu : le développement économique est un phénomène qualitatif dont la recherche d'une mesure est vaine. Ainsi, vouloir comparer le niveau de la consommation en 1800 et en 1994 est illusoire. Il est déjà difficile de mesurer l'évolution des quantités consommées des biens dont les caractéristiques ont relativement peu changé en deux siècles. Mais comment mesurer les différences de qualité entre un produit de 1800 et un produit actuel ? Quant à comparer les niveaux de vie, c'est encore plus problématique. L'espérance de vie s'est accrue ; des ressources naturelles non reproductibles ont été détruites ; l'organisation sociale et politique a été bouleversée. Quel est l'impact quantitatif de ces évolutions sur le bien-être [2] ? »

Pour ce qui est du PIB par tête, il représente une moyenne qui peut masquer de fortes disparités à l'intérieur d'un pays, en particulier dans le cas des pays en voie de développement. C'est pourquoi l'ONU corrige aujourd'hui les statistiques de PIB par habitant, en prenant en compte les inégalités de répartition des revenus à l'aide du coefficient de Gini [3].

En outre, le PIB par tête est un indicateur qui ne prend pas en considération les externalités négatives telles que la pollution, le bruit..., bref, les coûts sociaux de la croissance. Il est d'ailleurs paradoxal de noter que ces nuisances, non seulement ne

1. *Rapport sur le développement dans le monde*, 1991.
2. D. Guellec, R. Ralle, *Les nouvelles théories de la croissance*, Paris, La Découverte, « Repères », 1995.
3. Le coefficient de Gini mesure l'écart entre la répartition effective et la répartition égalitaire des richesses : il varie entre 0 (répartition parfaitement égalitaire) et 1 (répartition très inégalitaire).

sont pas déduites du PIB mais sont même comptabilisées positivement : lutte contre la pollution, lutte contre le trafic de drogue, etc.

Plus fondamentalement, peut-on réduire la richesse d'un pays à un indicateur monétaire ? La richesse d'un pays ne se mesure-t-elle pas aussi par le niveau d'éducation, les conditions d'hygiène et de santé, etc. ? Conscients de ces difficultés, les économistes ont élaborés de nouveaux indicateurs, complémentaires du PIB par tête : en particulier, dans le cas des PVD, des indicateurs multidimensionnels sont utilisés, tels l'Indicateur de développement humain (IDH) développé par la CNUCED en 1990.

L'Indicateur de développement humain (IDH)

L'indicateur de développement humain repose sur trois variables :

- l'espérance de vie à la naissance, qui est une approximation des conditions alimentaires et sanitaires du pays ;
- le taux d'alphabétisation des adultes, qui constitue une approximation du niveau d'éducation d'un pays ;
- le niveau de vie, mesuré par le PIB réel par habitant.

Chaque variable est évaluée sur la base d'une échelle allant de 0 à 1 ; en faisant la moyenne arithmétique de ces trois valeurs, on obtient un « indice de dénuement ». La valeur de l'IDH se définit de la manière suivante :

IDH = 1 – (indice de dénuement).

L'IDH est donc compris entre 0 (faible développement humain) et 1 (fort développement humain).

À titre illustratif, voici quelques pays classés selon le PNB par habitant et selon l'IDH pour l'année 2007 :

Pays	*Rang d'IDH*	*Rang PIB/habitants*
Norvège	1	3
France	8	26
États-Unis	13	7
Émirats arabes unis	35	5
Côte-d'Ivoire	163	159
Brésil	75	95

2. Les analyses de la croissance connaissent aujourd'hui un renouveau

Si les théories de la croissance sont aujourd'hui très développées, la réflexion économique sur ce thème est cependant relativement ancienne, datant de la première révolution industrielle (tableau 3). Dès le début du XIXe siècle en effet, Ricardo puis Malthus annoncent la fin de la croissance et l'avènement de « l'état stationnaire [1] » : chez Ricardo, la croissance se heurte à l'avarice de la nature

1. Nous renvoyons sur ce point le lecteur au chapitre 2.

(rendement décroissant des terres), tandis que chez Malthus la croissance bute sur la loi de population. Smith développe pour sa part une vision plus optimiste de la croissance, qui prend sa source dans la division du travail.

Tableau 3
Les théories de la croissance

Théories de la croissance	*Origine de la croissance*	*Traits caractéristiques*
A. Smith (1776)	Division du travail	Croissance illimitée
D. Ricardo (1817)	Réinvestissement productif du surplus	Croissance limitée en raison du rendement décroissant des terres
R. Malthus (1799)	Réinvestissement productif du surplus	Croissance limitée en raison de la loi de population
K. Marx (1867)	Accumulation du capital	Croissance limitée dans le monde de production capitaliste en raison de la baisse tendancielle du taux de profit
J. A. Schumpeter (1911, 1939)	Grappes d'innovations	Instabilité de la croissance, théorie explicative du cycle long type Kondratiev
Modèle post-keynésien R. Harrod (1939), E. Domar (1946)	Le taux de croissance est fonction du rapport entre le taux d'épargne et le taux d'investissement	Instabilité de la croissance
Modèle néoclassique R. Solow (1956)	Population et progrès technique « exogène »	Caractère transitoire de la croissance en l'absence de progrès technique
Modèles du Club de Rome Meadows (1972)	Ressources naturelles	Croissance finie en raison de l'explosion démographique, de la pollution et de la consommation énergétique
Théorie de la régulation M. Aglietta (1976), R. Boyer (1986)	Articulation entre régime de productivité et régime de demande	Diversité dans le temps et dans l'espace des types de croissance
Théories de la croissance endogène P. Romer (1986), R. Barro (1990), R. Lucas (1988), J. Greenwood et B. Jovanovic (1990)	Capital physique ; technologie ; capital humain ; capital public ; intermédiaires financiers	Caractère « endogène » de la croissance ; réhabilitation de l'État ; prise en compte de l'Histoire

Source : *Problèmes économiques*, 1997.

Alors que l'entre-deux-guerres est marqué par un foisonnement de théories du cycle et de la crise, les Trente Glorieuses et la période contemporaine se caractérisent par une importante réflexion sur la croissance économique, qui emprunte deux directions principales :

— à la suite du **modèle d'Harrod et Domar**, les économistes se sont interrogés sur la possibilité d'une croissance équilibrée, telle que la croissance de l'offre soit égale à la croissance de la demande sur le marché des biens et sur le marché du travail ;

— à la suite du **modèle de Solow**, qui conclut à la nature exogène des facteurs de la croissance à long terme, les auteurs contemporains tentent d'expliquer l'origine de la croissance de manière endogène en faisant appel au comportement des agents.

▶ **Alors qu'Harrod et Domar mettent en évidence l'instabilité de la croissance équilibrée, Solow et Kaldor insistent au contraire sur l'existence de mécanismes qui assurent la stabilité de la croissance.**

• **Marqués par la dépression de 1929, les keynésiens Harrod et Domar** [1] **se montrent pessimistes quant à la possibilité d'une croissance équilibrée.**

Le point de départ de l'analyse de Domar consiste à prolonger en longue période l'analyse de Keynes sur l'instabilité des économies de marché ; alors qu'en courte période l'investissement est seulement une demande (effet multiplicateur), il constitue également une offre en longue période, c'est-à-dire une capacité de production supplémentaire. Le problème qui se pose alors à Domar est de savoir à quelles conditions l'augmentation de la demande (résultant de l'investissement) est compatible avec l'accroissement de la capacité de production (résultant également de l'investissement). Du côté de la demande, l'investissement provoque un effet multiplicateur, égal à $dI/(1 - c)$ ou bien encore dI/s (puisque $c + s = 1$ par définition). Du côté de l'offre, l'investissement accroît les capacités de production dans une proportion I/v, avec v le coefficient de capital (schéma 8). On voit aussitôt que l'investissement ne joue pas de la même façon sur l'offre et sur la demande : c'est son montant absolu (I) qui détermine l'effet capacité alors que c'est seulement son accroissement (dI) qui intervient sur l'effet multiplicateur.

La croissance équilibrée (c'est-à-dire telle que l'on ait offre = demande sur le marché des biens) nécessite que l'investissement augmente à un taux constant égal au rapport entre le taux d'épargne (s) et le coefficient de capital ($v = K/Y$).

Schéma 8
La condition de croissance équilibrée selon Domar

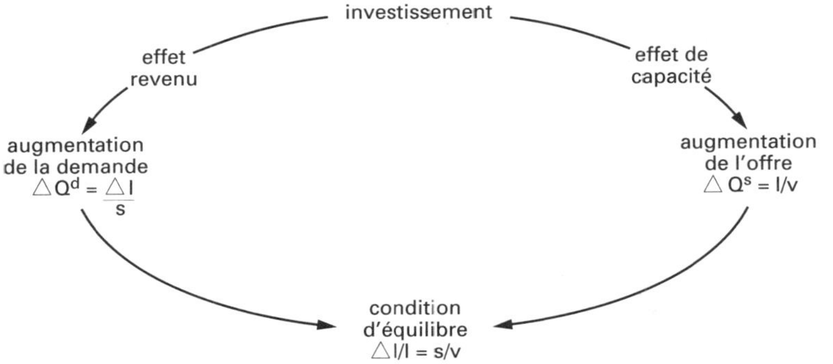

1. R.F. Harrod, *Towards a dynamic economics,* Macmillan, 1948 ; E. Domar, « Expansion and employment », *American Economic Review,* 1947.

Repartant de l'analyse de Domar, Harrod dénomme **taux de croissance garanti** (noté g_w) le taux de croissance qui assure l'équilibre sur le marché des biens : on a donc $g_w = s/v$. Il montre alors que la croissance effective (notée g) a peu de chances de correspondre au taux de croissance équilibré, dans la mesure où les variables s, v et I sont indépendantes : les décisions d'investissement sont prises par les entrepreneurs, le taux d'épargne est déterminé par le revenu des agents, tandis que le coefficient de capital est fixe [1]. En d'autres termes, il est probable que la croissance de l'offre ne soit pas égale à la croissance de la demande. Qui plus est, le déséquilibre entre l'offre et la demande est cumulatif :

— si $g > gw$, l'économie connaît une expansion cumulative ;
— si $g < gw$, l'économie entre dans un processus de dépression cumulative.

On voit donc que lorsque l'on s'éloigne de la croissance équilibrée, il n'existe aucune force de rappel qui y ramène : la croissance se fait – pour reprendre l'expression d'Harrod – sur le **fil du rasoir**.

Harrod s'interroge dans un second temps sur la relation qui unit croissance équilibrée sur le marché des biens et croissance de l'offre de travail : à supposer que l'équilibre dynamique soit réalisé sur le marché des biens, la croissance équilibrée de plein-emploi est-elle possible ? Afin de répondre à cette question, Harrod introduit, aux côtés du taux de croissance garanti, le **taux de croissance naturel** (noté gn), qui correspond au taux de croissance de la population active. Pour que la croissance soit équilibrée et sans chômage, il faut que l'on ait $gn = gw$, soit :

$$gn = s/v \qquad (1)$$

Or il n'y a de nouveau aucune raison pour que l'égalité (1) soit vérifiée, dans la mesure où les trois variables s, v et gn sont indépendantes : selon Harrod, la croissance est foncièrement instable et peut s'accompagner d'un chômage de masse.

• **Les néocambridgiens atténuent le pessimisme du modèle Harrod-Domar en faisant de l'épargne une variable d'ajustement.**

Tel est en particulier l'objet du modèle développé par Kaldor en 1956 : la croissance économique est stable, dans la mesure où la propension à épargner s varie en fonction de la répartition des revenus. Le raisonnement de Kaldor peut être explicité par une formalisation simple.

Soit sw, la propension à épargner des salariés ; $s\pi$, la propension à épargner des capitalistes ; on a $s\pi > sw$: les capitalistes sont plus riches que les salariés et ont donc une propension à l'épargne plus élevée. On note W, la masse des salaires, et π, la masse des profits. L'épargne totale du pays est donc égale à :

$$\begin{aligned} & S = sw\,W + s_\pi\,\pi \\ \Leftrightarrow\ & S = sw(Y - \pi) + s_\pi\,\pi \\ \Leftrightarrow\ & S = sw\,Y + (s_\pi - sw)\,\pi \qquad (1) \end{aligned}$$

1. En effet, Harrod raisonne sur une fonction de production à facteurs complémentaires : il faut une proportion donnée de capital par unité de production et aucune substitution n'est possible entre le capital et le travail.

En divisant l'équation (1) par Y, on obtient une expression de la propension moyenne à épargner du pays :

$$S/Y = sw + (s_\pi - sw)\ \pi/Y \qquad (2)$$

Il apparaît aussitôt que le taux d'épargne (s = S/Y) d'un pays est une fonction croissante de la part des profits dans le produit national (notée π/Y) : il varie donc selon la répartition du revenu entre salaires et profits. Cette modification de la propension à épargner assure justement la stabilité de l'égalité fondamentale ($s/v = n$) du modèle Harrod- Domar.

En effet, si $s/v > n$, c'est-à-dire si le taux de croissance garanti est supérieur au taux de croissance naturel, l'économie se trouvera confrontée à une situation de pénurie de main-d'œuvre ; en conséquence de quoi le salaire va augmenter, ce qui se traduit par une diminution de la part des profits ; cette modification de la répartition au détriment des profits entraîne une baisse de la propension à épargner s, qui freine à son tour le taux de croissance garanti : la stabilité de la croissance est assurée.

De même, si $s/v < n$, c'est-à-dire si le taux de croissance garanti est inférieur au taux de croissance naturel, le chômage se développe, ce qui pèse sur les salaires ; la part des profits augmente et débouche sur une augmentation de la propension à épargner, qui accélère le taux de croissance garanti : la stabilité de la croissance est assurée.

• **De même, les néoclassiques montrent que la croissance est stable, dans la mesure où le coefficient de capital est variable.**

Tel est l'objet du modèle de Solow (1956), qui repose sur plusieurs hypothèses :

— la fonction de production comprend deux facteurs : le capital (K) et le travail (L) ; on a donc $Y = f(K, L)$;
— l'intensité capitalistique, définie comme le rapport capital/travail (K/L), est variable. Cela signifie que la fonction de production est à facteurs substituables : pour réaliser un niveau de production Y0, on peut utiliser différentes combinaisons de capital et de travail. Par exemple, pour produire 10 voitures, on peut soit recourir à 2 machines et 2 travailleurs, soit utiliser 1 machine et 4 travailleurs ;
— les rendements d'échelle sont supposés constants : par exemple, si l'on double le stock de travail et de capital, la production double également. Algébriquement, on a donc : $dY/Y = dK/K = dL/L$;
— la productivité marginale du capital est décroissante : lorsque l'on augmente le stock de capital, la quantité de travail restant fixe, l'augmentation de la production est de plus en plus faible ;
— le facteur travail augmente au taux $n = dL/L$;
— toute épargne est investie (I = S) ; l'épargne dépend du revenu : $S = sY$ avec s, la propension moyenne à épargner.

Partant de ces hypothèses, on peut en déduire que la croissance équilibrée ($s/v = n$) est stable, dans la mesure où le coefficient de capital est variable.

Supposons en effet que $s/v > n$: dans ce cas, la croissance économique est plus rapide que la croissance démographique ; il en résulte une pénurie de main-d'œuvre, qui se traduit par une augmentation des salaires. Compte tenu de la hausse relative des salaires (par rapport au taux d'intérêt, qui constitue la rémunération du capital), les entrepreneurs substituent du capital au travail : le coefficient de capital v augmente, ce qui diminue le rapport s/v, lequel tend vers n. Réciproquement, si l'on a $s/v < n$, le chômage se développe, ce qui se traduit par une diminution relative des salaires par rapport au taux d'intérêt : les entrepreneurs substituent du travail au capital et le coefficient de capital v diminue. On voit donc que, conformément à la logique néoclassique, la flexibilité des prix assure la stabilité de la croissance équilibrée.

► **Alors que le modèle de Solow repose sur une vision exogène de la croissance, les nouvelles théories montrent que la croissance résulte de facteurs endogènes.**

• **Dans le modèle de Solow, les facteurs de la croissance à long terme sont exogènes.**

Cette propriété du modèle de Solow résulte de l'hypothèse de rendements décroissants du capital : à population donnée, lorsque l'on accumule du capital, la productivité marginale du capital décroît progressivement pour s'annuler. On aboutit alors à une situation de blocage de la croissance, que seule l'intervention de facteurs exogènes permet de surmonter : le progrès technique, sorte de « manne tombée du ciel », et la croissance de la population. Le modèle de Solow exhibe donc un résultat relativement paradoxal : les comportements économiques des agents n'influent pas à long terme sur le taux de croissance de l'économie.

Ajoutons que dans le modèle de Solow, si deux pays ont le même taux d'épargne et diffèrent seulement par leur capital par tête, le pays pauvre en capital va connaître une croissance plus rapide que le pays riche, puisque la productivité marginale de son capital est plus forte : en conséquence, les deux pays vont progressivement tendre vers le même niveau de capital par tête et de production par tête. Cette propriété de convergence des économies signifie donc que les pays pauvres doivent rattraper à long terme les pays riches (s'ils ont le même taux d'épargne).

• **Les théories de la croissance remettent en question l'idée d'un progrès technique exogène.**

La théorie dite de la croissance endogène naît aux États-Unis au milieu des années 1980, à la suite des travaux de Romer (1986) et de Lucas (1988). Cette nouvelle perspective de recherche prend son point de départ dans une critique du modèle de Solow :

— la conception du progrès technique inhérente au modèle de Solow est relativement pauvre : en effet, la nature de ce progrès technique n'est pas spécifiée, son rythme est déterminé hors de la sphère économique. Pour les tenants de la croissance endogène, le progrès technique ne « tombe pas du ciel », il est le fruit d'investissements effectués par des agents (motivés par un gain). En ce sens, le progrès technique (et donc la croissance) n'a rien de naturel, son rythme dépend du comportement économique des agents ;

— alors que le modèle de Solow accrédite la thèse de la convergence entre pays, la théorie de la croissance endogène met l'accent sur l'hétérogénéité des taux de croissance entre pays, ce qui semble conforme à l'observation : on n'assiste pas en effet à une convergence des niveaux de revenu par tête entre pays riches et pays pauvres ;

— dans le modèle de Solow, l'État ne peut jouer aucun rôle particulier dans le processus de croissance, puisque ce dernier relève de facteurs exogènes ; les tenants de la croissance endogène vont montrer au contraire qu'une intervention appropriée de l'État peut stimuler la croissance en incitant les agents à investir davantage dans le progrès technique ;

— si le progrès technique est exogène, il n'y a aucune raison pour que son taux de croissance ne soit pas constant au cours du temps. Or, depuis le milieu des années 1970, on a pu observer un ralentissement durable des gains de productivité, ce qui laisse supposer que le progrès technique dépend bien de variables économiques ;

— chez Solow, la croissance s'arrête en l'absence de progrès technique et d'augmentation de la population, du fait de l'hypothèse de décroissance de la productivité marginale du capital. L'hypothèse centrale de la théorie de la croissance endogène est au contraire que la productivité marginale du capital ne décroît pas lorsque le stock de capital augmente.

• **La théorie de la croissance endogène met en évidence quatre facteurs principaux, qui influent sur le taux de croissance d'une économie** :

— les synergies dans l'**accumulation de capital physique** (Romer) : l'investissement en capital physique d'une firme X a non seulement pour effet d'accroître sa propre production, mais aussi d'accroître la productivité des autres firmes par un phénomène d'apprentissage par la pratique ;

— la **recherche-développement** (Romer) : la croissance économique résulte d'une activité d'innovation, engagée par des agents qui espèrent en tirer un profit ;

— l'**accumulation de capital humain** (Lucas), lequel est défini comme le stock de connaissances valorisables économiquement et incorporées aux individus (qualifications, état de santé, hygiène, etc.) ;

— l'effet bénéfique des **infrastructures publiques** (routes, ponts, etc.) sur le capital privé (Barro) : les investissements publics influent positivement sur la productivité du secteur privé. Par exemple, « une route principale bien construite permet à un chauffeur d'éviter les détours par les routes secondaires et d'amener plus vite ses produits au marché. Ce gain de temps permet au producteur de payer moins cher le chauffeur et une usure moindre du camion. Ainsi, l'investissement public dans une route principale permet aux entreprises privées de produire à moindres frais. Bien sûr, l'état de la route est aussi important que son existence. C'est la même chose pour les transports en commun, l'eau potable, les égouts et les autres éléments du capital public [1] ».

Ces quatre facteurs de croissance présentent une caractéristique commune : ils engendrent des **externalités positives** [2]. Par exemple, le bénéfice privé d'une innovation est inférieur à son bénéfice social : l'engagement d'une firme X dans une activité de recherche-développement profite « gratuitement » aux autres firmes, ce qui décourage X d'investir. Nous avons constaté au chapitre 5 qu'en présence d'externalités positives le libre jeu du marché conduit à une situation sous-optimale : le rythme du progrès technique risque d'être insuffisant.

1. A.H. Munnell, « Infrastructure investment and economic growth », *Journal of Economic Perspectives*, 1992.
2. Sur la notion d'externalité, nous renvoyons le lecteur au chapitre 5.

Compte tenu de ces défaillances de marché, n'y a-t-il pas place pour une intervention appropriée de l'État ? À cet égard, deux types d'intervention peuvent être envisagées : l'une est relative aux biens collectifs, l'autre touche aux externalités.

Dans le cas des biens collectifs, il revient à l'État d'investir dans des infrastructures, qui amélioreront l'efficacité de la production des entreprises privées. L'impôt (destiné à financer ces investissements) joue ici un rôle positif sur la croissance économique, et non plus seulement un effet de désincitation sur le secteur privé. Plusieurs travaux empiriques ont ainsi mesuré l'impact de la dépense publique sur la productivité du secteur privé. En particulier, Aschauer [1] obtient des résultats significatifs dans le cas des États-Unis sur la période 1949-1985 : il montre qu'une augmentation de 1 % du capital public améliore de 0,4 % la productivité du secteur privé.

Dans le cas d'externalités positives, l'État peut favoriser l'internalisation des externalités mais les modalités précises de son intervention dépendent de la nature de l'externalité. S'il s'agit de recherche appliquée, l'État peut inciter les innovateurs à accroître leur effort, en renforçant la législation sur les brevets ou en encourageant la coopération entre firmes. S'il s'agit plutôt de la recherche générique (qui par définition n'est pas brevetable), l'État peut la financer sur des fonds publics. Pour inciter à investir en capital humain, l'État peut favoriser l'accès à l'éducation, notamment pour les plus démunis, au moyen d'incitations financières (bourses, etc.).

On assiste ainsi à une réhabilitation des dépenses publiques, non pas dans une perspective de régulation conjoncturelle mais dans une perspective structurelle de croissance à long terme.

3. Les travaux empiriques mettent en évidence la diversité des facteurs de la croissance économique

► **Selon Maddison [2], la croissance économique constitue un phénomène récent dans l'histoire de l'humanité** (tableau 4).

Tableau 4
Les grandes phases de la croissance économique

Taux de croissance annuel moyen	*Population*	*PIB par tête*	*PIB total*
Période agraire 500-1500	0	0	0
Période agraire progressive 1500-1700	0,2	0,1	0,3
Capitalisme commercial 1700-1820	0,4	0,2	0,6
Capitalisme 1820-1980	0,9	1,6	2,5

Source : Maddison, *Les phases de développement capitaliste*.

1. D. Aschauer, « Is public expenditure productive ? », *Journal of Monetary Economics*, 1989.
2. Mentionnons, entre autres, son dernier ouvrage : *Dynamic forces in capitalist development*, 1991.

Maddison estime en effet qu'au cours de la période dite « agraire », qui s'étend de 500 à 1500, la croissance économique est quasi inexistante : comme la population reste également constante, il n'y a pas d'élévation sensible du niveau de vie. Certes, une légère inflexion dans le taux de croissance se produit aux XVIe et XVIIe siècles, durant la « période agraire progressive », marquée par des progrès dans la technologie agricole : comme la croissance de la population se révèle plus faible que la croissance économique, la production par tête s'élève. Une nouvelle inflexion dans le rythme de croissance survient au cours de la période du « capitalisme commercial » : les pays européens tirent parti de leur perfectionnement en matière de navigation et de construction navale pour développer le commerce international ; cette extension des débouchés a permis à des pays comme les Pays-Bas et le Royaume-Uni de réaliser des économies d'echelle et de s'engager dans un processus de spécialisation internationale. La période qui s'ouvre à partir du XIXe siècle – celle du « capitalisme » – se caractérise par une forte croissance du PIB et une élevation du niveau de vie.

• **Depuis la fin du XIXe siècle, la croissance économique n'a pas connu une évolution régulière.**

En effet, si l'on considère l'évolution économique des principaux pays développés, plusieurs phases peuvent être identifiées (tableau 5). Alors qu'entre 1870 et 1913 le taux de croissance annuel moyen avoisine les 2,7 %, l'activité économique connaît dans la plupart des pays développés un net ralentissement au cours de l'entre-deux-guerres : le taux de croissance annuel moyen passe à 1,9 sur la période 1913-1950. Au lendemain de la Seconde Guerre mondiale, les pays développés entrent dans une phase d'expansion soutenue (le taux de croissance annuel moyen dépasse les 4 % au cours de la période 1950-1973), avant d'entrer dans une phase de croissance ralentie après 1973.

Tableau 5
La croissance économique depuis la fin du XIXe siècle (taux de croissance annuel moyen du PIB réel en %)

	France	*Allemagne*	*Japon*	*Pays-Bas*	*Royaume-Uni*	*États-Unis*
1870-1913	1,6	2,9		2,2	2,2	4,3
1913-1950	0,7	1,2	2,2	2,1	1,7	2,9
1950-1973	5,1	6,0	9,7	4,7	3,0	3,7
1973-1979	3,0	2,4	4,1	2,4	1,3	2,7
1979-1990	2,1	2,0	4,1	1,7	2,1	2,6

Source : OCDE.

Depuis la fin du XIXe siècle, la croissance économique apparaît également différenciée selon les régions : d'un côté, les États-Unis se caractérisent par une croissance plus forte que la moyenne des pays développés durant l'entre-deux-guerres mais moins accentuée après 1945 ; de l'autre, les pays européens – et en particulier la France, l'Allemagne et l'Italie – obtiennent une faible croissance durant l'entre-deux-guerres mais connaissent une expansion soutenue après 1945.

Plus généralement, on peut constater que les pays qui ont le taux de croissance le plus élevé à partir de 1950 sont également ceux qui ont connu une période de faible croissance durant l'entre-deux-guerres. Pour des pays comme le Canada, la Suède, le Danemark (pays qui n'ont pas pris part directement à la guerre), les taux de croissance après 1945 ne sont guère plus élevés que ceux qui prévalaient à la fin du XIXe siècle. On peut se demander si l'on n'observe pas ici un phénomène de rattrapage, lequel est, comme nous l'avons vu, au cœur du modèle de Solow : les pays en retard doivent se caractériser par une période de forte croissance et l'on aboutit à une convergence des économies. Aujourd'hui, certains auteurs estiment que cet effet de rattrapage joue dans le cas des pays d'Asie du Sud-Est, qui ont des taux de croissance plus élevés que les pays développés depuis la crise de 1973.

► **L'évaluation des sources de la croissance a mis en évidence le rôle joué par le résidu, c'est-à-dire par la productivité globale des facteurs.**

Initiés par Solow en 1957 [1], les travaux économétriques sur les facteurs de la croissance économique s'appuient sur une fonction de type Cobb-Douglas :

$$Yt = H\ (t) \qquad (1)$$

avec Y, le produit national ;
K, le capital ;
L, le travail ;
H, un progrès technique autonome ;
α, la part du capital dans le produit national ;
β, la part du travail dans le produit national.

On considère que $\alpha + \beta = 1$, ce qui signifie que les rendements d'échelle sont constants : par exemple, lorsque l'on multiplie par 2 les quantités de travail et de capital, la production est également multipliée par 2.

Pour l'étude du processus de croissance, la fonction de Cobb-Douglas se réécrit sous la forme :

$$\frac{\dot{Y}}{Y} = \dot{H}/H + \alpha \dot{K}/K + (1-\alpha)\dot{L}/L. \qquad (2)$$

L'équation (2) signifie que le taux de croissance de l'économie (Y./Y) est égal à la somme du taux de croissance du capital (/K), pondéré par sa part dans le produit (soit α), et du taux de croissance du facteur travail (L./L), pondéré par sa part dans le produit (soit $1 - _{\alpha}$). Le progrès technique, représenté en taux de croissance par H./H, correspond au résidu, c'est-à-dire à la part de la croissance qui n'est pas

1. « Technical change and the aggregate production function », *The Review of Economics and Statistics*, 1957.

expliquée par la croissance des facteurs travail et capital : il représente en quelque sorte, et pour reprendre les termes mêmes d'Abramovitz, « la mesure de notre ignorance ».

• **Dans son analyse des facteurs de la croissance aux États-Unis et en Europe (1950-1962), Denison [1] obtient un fort résidu** (tableau 6).

Tableau 6
Les sources de la croissance selon Denison (période 1950-1962)

	États-Unis	*Europe*	*France*	*RFA*	*Royaume-Uni*
Revenu national (R)	2,15	3,80	4,80	5,15	3,65
Total des inputs (I)	0,79	0,73	1,13	0,72	0,86
Residu (*r*)	1,36	3,07	3,67	4,43	2,79

Calculs de Denison, période de 1950 à 1962, en %. Nous avons R = I + *r*.

Notons d'emblée que ces pays n'ont pas connu le même taux de croissance : alors que la croissance a été faible aux États-Unis, elle avoisine en France les 5 % par an et les dépasse même dans le cas de la RFA.

Denison évalue la part du facteur capital et du facteur travail dans le processus de croissance de chacun de ces pays. En plus de l'accroissement quantitatif de la main-d'œuvre, il prend également en compte sa qualité en introduisant des variables telles que l'âge, le sexe ou bien encore le niveau d'instruction. Le résultat obtenu est pour le moins étonnant : pour tous les pays étudiés, la croissance du facteur capital et celle du facteur travail n'expliquent qu'une faible partie de la croissance économique. Ainsi, dans le cas de la RFA, sur 5,15 points de croissance par an, seulement 0,72 point est expliqué, soit moins de 15 %.

• **Dans leur étude sur les facteurs de la croissance française (1951-1969), Carré, Dubois et Malinvaud [2] mettent en lumière l'importance de la productivité globale des facteurs.**

Au cours de cette période, le taux de croissance annuel moyen de l'économie française a été égal à 5 % (soit $dY/Y = 5\ \%$) ; de son côté, le facteur travail a progressé annuellement de 0,9 % en moyenne (soit $dL/L = 0{,}9\ \%$) ; le facteur capital a augmenté au rythme de 6,7 % chaque année (soit $\frac{dK}{K} = 6{,}7\ \%$). Les auteurs calculent la contribution du facteur travail à la croissance du produit et trouvent un coefficient égal à 0,7. Ils obtiennent donc le résultat suivant :

1. *Why growth rates differ ?*, Brookings Institution, 1967.
2. *La croissance française*, Paris, Seuil, 1972.

(0,9 x 0,7) + (6,7 x 0,3) = 2,6 %.

Seule la moitié des 5 % de croissance est expliquée par l'augmentation des facteurs travail et capital : en d'autres termes, le résidu avoisine ici les 2,4 %, soit près de la moitié du taux de croissance total.

En dépit de ce résultat décevant, l'étude de Carré, Dubois et Malinvaud a le mérite de procéder à une analyse détaillée de la contribution des facteurs travail et capital, en prenant chaque fois en compte le progrès technique incorporé (tableau 7). Reprenons avec eux la décomposition des facteurs de la croissance française.

Pour ce qui est de la croissance du facteur travail, les auteurs soulignent d'emblée qu'elle n'a pu jouer dans le cas de la France : en effet, jusqu'en 1962 il n'y a pas eu d'augmentation sensible de la population active et « le facteur travail a constitué un élément rigide dans l'économie française. Celle-ci a dû opérer sa reconstruction et son développement avec un volume global de main-d'œuvre pratiquement inchangé ». Il est vrai qu'après 1962 la population active augmente, mais cette hausse est contrebalancée par la baisse de la durée du temps de travail (quarante-six heures en 1962, quarante-deux heures en 1970), par l'allongement de la scolarité et par l'abaissement de l'âge de la retraite. On peut donc dire que, sur l'ensemble de la période considérée, la croissance française ne s'est pas faite par une augmentation quantitative du facteur travail.

Tableau 7
Les facteurs de la croissance française (en %)

	Période 1951-1969
Production intérieure brute	5,0
Emploi dans les branches (nombre d'hommes-années)	
Durée du travail	– 0,1
Qualité du travail (âge, instruction)	0,4
Migrations professionnelles	0,6
Volume du capital net	1,1
Rajeunissement du capital	0,4
Intensité de la demande	0,1
Résidu	2,5

Source : Carré, Dubois, Malinvaud, *Abrégé de la croissance française*.

Pour ce qui concerne la productivité du travail, les auteurs l'appréhendent au travers de trois variables :

— l'âge de la population active : il est supposé que la productivité augmente avec l'âge (ce qui explique les hausses de salaires). Or les auteurs constatent qu'après 1945 deux phénomènes inverses se sont produits : une baisse du taux d'activité

chez les quinze–vingt-quatre ans et une baisse d'activité aux âges élevés. L'effet d'âge expliquerait seulement 0,1 % des 5 % de croissance par an ;
— le niveau d'éducation : il est supposé que la productivité augmente avec le niveau moyen de scolarisation ; les auteurs évaluent la contribution de ce facteur à 0,3 % des 5 % par an ;
— le secteur d'affectation de la main-d'œuvre : les migrations agricoles doivent se traduire par des gains de productivité ; ces migrations, relativement importantes en France après 1945, sont à l'origine de 0,6 % des 5 % de croissance.

L'augmentation en volume du stock de capital explique 1,1 % des 5 % de croissance.

Quant à la productivité du facteur capital, les auteurs l'évaluent au travers de l'effet de rajeunissement du capital : les nouvelles machines sont plus performantes que celles qu'elles remplacent. On retrouve ici une conception du progrès technique comme facteur incorporé au capital. On s'attend à ce que ce phénomène joue un rôle non négligeable, dans la mesure où le parc français de machines était relativement vétuste en 1945, du fait du faible investissement dans les années 1930 : l'effet apparaît pourtant limité, évalué à 0,4 % des 5 % de croissance.

L'existence d'un fort résidu n'est en rien spécifique aux travaux de Denison, de Carré, Dubois et Malinvaud : il se retrouve déjà dans l'étude de Kendrick sur les États-Unis au cours de la période 1900-1966, dans celle de Solow sur la croissance américaine de 1909 à 1949 (avec un résidu de 83 %), dans celle d'Aukrust [1] sur les pays européens (résidu de 73,3 % pour la France).

Plusieurs explications ont été avancées pour rendre compte de l'existence d'un fort résidu :

— en choisissant une fonction homogène de degré 1, les auteurs de ces travaux excluent la présence d'économies d'échelle, ce qui semble peu réaliste : pour un pays comme les États-Unis, la taille du marché génère de toute évidence des économies d'échelle. Dans une étude sur la croissance américaine entre 1929 et 1957, Denison [2] obtient un résidu de 32 %, qu'il attribue pour moitié aux économies d'échelle ;
— ces travaux mesurent le capital à partir de la FBCF, c'est-à-dire ne prennent pas en compte l'investissement immatériel, et en particulier les dépenses de recherche-développement. Plus généralement, la mesure du capital et du travail pose problème : Jorgenson et Griliches [3] ont ainsi pu montrer qu'une évaluation plus précise de ces deux facteurs permettait d'expliquer 96 % de la croissance américaine sur la période 1945-1965 ;
— la place de l'État dans le processus de croissance n'est pas prise en compte, alors même que la planification indicative a joué un rôle déterminant en France durant les Trente Glorieuses ;

1. « Factors of economic development », *Productivity Measurement*, 1965.
2. « United States Economic Growth », *Journal of Business*, 1962.
3. « The explanation of productivity change », *Review of Economic Studies*, 1967.

— en se limitant à un traitement économique et statistique, les auteurs développent une analyse moniste des facteurs de la croissance, que d'aucuns qualifieraient d'économisme.

► **L'existence d'un fort résidu invite à se tourner vers des approches de la croissance qui prennent en compte les facteurs institutionnels.**

Soulignons d'emblée que l'idée selon laquelle la croissance est un processus culturel n'est pas nouvelle : elle est développée dès la fin du XIXe siècle par des auteurs comme Sombart ou Weber, puis se retrouve chez Schumpeter.

• **Dans ses travaux sur les étapes de la croissance, Rostow [1] met en relief le rôle joué par les facteurs politiques et sociaux dans le décollage d'un pays.**

À la lumière des enseignements de l'histoire économique des grands pays industrialisés, **Rostow parvient à identifier cinq étapes dans l'évolution économique de tout pays**. Remarquons d'emblée le caractère normatif d'une telle démarche, qui repose sur une vision unilinéaire de l'Histoire et qui réduit le sous-développement à un simple retard de développement. En dépit de ce biais normatif, l'analyse de Rostow présente un grand intérêt, dans la mesure où elle fournit une explication globale des facteurs de la croissance : cette dernière ne se résume pas à des variables quantitatives mais repose également sur des facteurs qualitatifs, tels que les changements dans les mentalités.

La première étape – celle de la **société traditionnelle** – se caractérise par la primauté de l'agriculture, sur un plan économique mais également politique : la hiérarchie sociale est déterminée par la structure de la propriété foncière. La société traditionnelle est une société sans progrès technique : la croissance de la production agricole se fait de manière extensive, par mise en culture de nouvelles terres. À l'image du circuit stationnaire de Schumpeter, la société traditionnelle repose sur la routine et l'exaltation de la tradition, érigées en norme de conduite.

L'étape de **préparation au décollage** survient à la suite de gains de productivité dans l'agriculture, qui libèrent une partie de la main-d'œuvre, laquelle se dirige vers l'industrie. Durant cette phase de transition, l'agriculture finance la naissance de l'industrie et la construction des infrastructures, en particulier par le biais d'une fiscalité foncière. Ces mutations sectorielles s'accompagnent de changements dans les mentalités : on assiste à l'apparition d'hommes nouveaux, qui n'hésitent pas à rompre avec la tradition et à prendre des risques (nous retrouvons là une analyse très proche de celle développée par Schumpeter). Sur le plan politique, une nouvelle élite apparaît, qui s'appuie sur l'État et tente de déposséder les propriétaires fonciers de leur pouvoir. Selon Rostow, cette phase de transition a eu lieu tout d'abord au Royaume-Uni, à la suite de gains de productivité dans l'agriculture à la fin du XVIIIe siècle.

Lors de la **phase de *take-off*** (décollage), les résistances de la société traditionnelle sont complètement surmontées et la croissance économique devient auto-

1. *Les étapes de la croissance économique*, Paris, Seuil, 1962.

entretenue. Le secteur secondaire devient prépondérant, sous la forme d'industries motrices, tandis que la part de l'agriculture dans le PIB décline. Au cours de cette troisième phase, le taux d'investissement [1] devient supérieur à 10 %. Rostow estime que le Royaume-Uni est le premier pays à connaître le décollage économique, dès la fin du XVIIIe siècle ; il ajoute qu'en 1960 – date de la parution de son ouvrage – certains pays n'ont pas encore entamé la phase de *take-off* (cas de l'Éthiopie), tandis que d'autres l'amorcent (cas de la Corée du Sud) ; dans le cas de la France, Rostow situe le décollage économique entre les années 1830-1860 [2].

Au cours de la quatrième phase – qualifiée de **marche vers la maturité** –, le taux d'investissement continue d'être soutenu (supérieur à 10 %), tandis que de nouvelles industries apparaissent qui se substituent à celles ayant permis le décollage. Rostow estime ainsi que le Royaume-Uni entame cette quatrième phase dès 1830, avec l'essor du chemin de fer qui se substitue progressivement à l'industrie textile. Dans le cas du Japon, cette phase est entamée au début du XXe siècle, avec l'essor de la sidérurgie et le déclin de la production textile.

L'**ère de la consommation de masse** s'appuie sur une industrie tournée vers les biens de consommation et sur l'essor du secteur tertiaire. Quant aux missions de l'État, elles s'élargissent avec le développement de la fonction de redistribution.

• **Les tenants de la nouvelle histoire économique insistent sur le rôle des institutions dans le processus de croissance économique.**

Rappelons l'ambition initiale de cette nouvelle histoire économique (dénommée aussi « cliométrie »), lancée aux États-Unis dans les années 1960 : il s'agit d'introduire au sein de la recherche historique les concepts néoclassiques (tels que la maximisation sous contrainte) ainsi que les méthodes statistiques utilisées en science économique.

Le prix Nobel Fogel [3] a revisité la thèse traditionnelle selon laquelle les chemins de fer avaient été un facteur déterminant dans la croissance américaine du XIXe siècle. Pour mesurer cette influence, Fogel use d'une **méthode contre-factuelle** ; elle consiste à mesurer l'influence d'un facteur (en l'occurrence ici le chemin de fer) sur l'évolution d'une variable (en l'occurrence la croissance américaine) en faisant la différence entre l'évolution observée de la variable et celle, hypothétique, à laquelle on aurait assisté si le facteur n'avait pas existé : si le chemin de fer ne s'était pas développé, la croissance américaine aurait-elle été aussi soutenue ? Fogel établit un résultat surprenant, puisqu'il contredit la vision traditionnelle : il estime que la part de la croissance américaine imputable aux chemins de fer est négligeable, inférieure à 3 %. Mais alors quels facteurs peuvent rendre compte de la croissance américaine ? Fogel se tourne du côté des **institutions**, c'est-à-dire vers des variables qui ne relèvent pas nécessairement de la sphère économique mais qui ont une

1. Rappelons ici que le taux d'investissement se définit comme le rapport entre la FBCF (Formation brute de capital fixe) et le PIB (Produit intérieur brut).

2. Cette approche de la croissance française a été vivement critiquée, dès 1961, par des historiens comme J. Marczewski : la France n'aurait pas connu au XIXe siècle une phase de *take-off* mais plutôt une succession de phases de ralentissement et d'accélération.

3. *Railroads and American economic growth : essays in econometric history*, 1964.

influence sur le niveau de l'activité économique ; en particulier, la croissance résulte de l'instauration d'un système de droit de propriété, qui incite à innover, ainsi que du développement d'un « esprit pionnier ».

Dans la même veine, North estime que les institutions ont joué un rôle plus important que les inventions techniques dans le développement du commerce transocéanique entre 1600 et 1850 ; plus précisément, l'innovation, l'investissement en capital physique et en capital humain ne sont que les manifestations de la croissance : les causes doivent en être recherchées dans les institutions telles que les droits de propriété.

• Les institutions politiques semblent jouer un rôle dans le processus de croissance : telle est la thèse avancée par l'**économie politique de la croissance**[1].

De ce point de vue, la démocratie et la croissance économique entretiennent des relations complexes. Si l'on définit la démocratie comme un système fondé sur la tenue d'élections libres et la compétition entre les partis, les recherches empiriques montrent que la démocratie ne semble pas exercer d'influence, ni positive ni négative, sur la croissance de l'économie. En revanche, si l'on définit la démocratie par le degré de liberté civique et économique dont jouit la population, une relation positive apparaît entre démocratie et croissance, la liberté économique favorisant l'esprit d'entreprise. Comme le soulignent Alesina et Perotti, « rien en moyenne ne montre qu'une démocratie dont les citoyens jouissent de tous leurs droits civiques soit défavorable au développement économique. Si un jugement est possible, il serait plutôt en sens opposé : une démocratie assortie de libertés civiques favorise le développement économique. Cette conclusion est encourageante au regard du processus de démocratisation en Europe de l'Est et dans une grande partie des pays en développement. Cependant, l'établissement d'institutions démocratiques n'est pas le *Deus ex machina* qui résout tous les problèmes du développement ».

Mesurée par le renouvellement des dirigeants politiques (changements à l'occasion d'élections, coups d'État), l'instabilité politique s'accompagne généralement d'une faible croissance économique. Toutefois, la relation entre stabilité politique et croissance apparaît ambiguë : est-ce la stabilité politique qui favorise la croissance ou cette dernière est-elle une source de stabilité politique ? On peut même supposer qu'il existe une causalité circulaire entre les deux variables : « les pays pauvres sont socio-politiquement instables ; comme l'instabilité politique réduit l'incitation à l'épargne et à l'investissement et par conséquent le taux de croissance, les pays pauvres peuvent être victimes d'un cercle vicieux. Ils sont instables parce que la gestion de leur économie ne les conduit pas à la prospérité, et ils ne sont pas prospères parce qu'ils sont politiquement instables[2] ».

1. Voir en particulier : A. Alesina, R. Perotti, « The political economy of growth : a critical survey of the recent literature », *World Bank Economic Review*, 1994.
2. *Ibid.*

Approfondir

LECTURES

- G. Abraham-Frois, *Dynamique économique*, Paris, Dalloz, « Précis », 2001.
- D. Guellec, Ph. Ralle, *Les nouvelles théories de la croissance*, Paris, La Découverte, « Repères », 2003.
- P. Gilles, *Histoire des crises et des cycles économiques*, Paris, Armand Colin, « U », 2009.

THÈMES DE RÉFLEXION

- La croissance est-elle un phénomène naturel ?
- Chômage et croissance.
- Productivité et croissance.
- Tertiarisation et croissance.
- Taux d'intérêt et croissance.
- Inflation et croissance.
- Politique économique et croissance.
- Les lectures de la crise.
- Les théories du cycle sont-elles dépassées ?
- Comparer la crise de 1929 et la crise des années 1970.

Retenir

Les étapes de la croissance de Rostow ; les crises d'Ancien Régime ; la crise de 1929 ; la crise de 1974 ; le modèle de Solow ; le modèle Harrod-Domar ; la croissance endogène ; le cycle Kondratieff ; le cycle Juglar ; le cycle Kitchin ; l'école de la régulation ; le cycle politico-économique ; l'oscillateur de Samuelson ; le modèle de Kaldor ; le fordisme ; la cliométrie ; le progrès technique incorporé ; le coefficient de capital ; la prophétie autoréalisatrice ; le résidu ; la récession économique ; la dépression économique ; le progrès technique neutre au sens de Solow ; l'école néotechnologique ; la loi de baisse tendancielle du taux de profit (BTTP) ; l'école des cycles réels (RBC) ; le modèle de Goodwin ; les crises mixtes ; la loi de Kaldor-Verdoorn ; la phase A du cycle ; la phase B du cycle ; le cycle financier selon Minsky ; la stagflation ; la crise selon Hayek ; le multiplicateur d'importation ; le régime d'accumulation ; les formes institutionnelles ; le mode de régulation ; la croissance selon Perroux ; la période de doublement ; le taux de croissance annuel moyen ; l'économie souterraine ; l'indicateur de développement humain (IDH) ; la convergence ; la fonction Cobb-Douglas ; la neutralité du progrès technique ; le *take-off* ; la nouvelle histoire économique (NHE).

Utiliser

La croissance est-elle un phénomène naturel ?

I. La croissance économique peut être qualifiée de « naturelle » dès lors qu'elle est considérée comme exogène ou comme soumise à l'avarice de la nature

1. La croissance est limitée par la disponibilité en ressources naturelles

► **Une idée ancienne.** Elle se trouve développée pour la première fois chez les classiques anglais, pour lesquels la terre constitue un facteur limitatif de la croissance ; l'importance accordée à ce facteur de production s'explique à l'époque par la place qu'occupe l'agriculture dans le PIB.

Rappelons la thèse de Ricardo sur la loi des rendements décroissants dans l'agriculture : la population augmente, ce qui nécessite l'extension des terres cultivées ; comme les terres marginales sont moins fertiles que les précédentes, le prix des produits agricoles augmente ; le salaire étant fixé au niveau de subsistance augmente à son tour, ce qui se traduit par une baisse du profit et l'arrêt de l'accumulation de capital : l'économie débouche alors sur l'état stationnaire. On voit dans cette approche que le blocage de la croissance s'explique par une contrainte naturelle, celle de la décroissance de la fertilité des terres.

► **Une idée dépassée ?** À partir du milieu du XIXe siècle, avec l'essor de l'industrie, le facteur terre est progressivement évacué de l'analyse de la croissance, qui se centre sur le travail et le capital, lesquels sont des facteurs reproductibles. On pourrait alors penser que la contrainte imposée par les ressources naturelles ne constitue plus un obstacle à la croissance économique.

Ce serait oublier que « la croissance industrielle, en exigeant des consommations sans cesse accrues de matières premières, a remis au premier plan des préoccupations le facteur de production initial, les ressources naturelles. Leur gaspillage a fait apparaître le danger de pénurie de ressources minérales, de métaux [...]. Des doutes quant au caractère surabondant des ressources du sol et du sous-sol se sont ainsi développés et se sont étendus à des éléments considérés jusque-là comme des biens libres et d'usage gratuit : l'eau et l'air » (Flouzat).

► **Le retour de la contrainte en ressources naturelles : le rapport Meadows.** La thèse selon laquelle la croissance butte sur la disponibilité en ressources naturelles a été remise à l'honneur en 1970 avec le célèbre rapport du club de Rome (rapport

Meadows) *Halte à la croissance*, qui met en évidence trois obstacles à la poursuite de la croissance :

— la tendance à l'épuisement des ressources naturelles : « si l'on admet que les réserves de ressources naturelles connues aujourd'hui continuent à être exploitées à la cadence actuelle, leur consommation doit évoluer de façon exponentielle à un rythme d'autant plus rapide qu'augmentent parallèlement le chiffre de la population et la consommation individuelle moyenne. Ainsi, on risque à terme de voir s'effondrer la croissance industrielle par manque de matières premières et diminuer la population » (Flouzat) ;
— la diminution de la fertilité des sols, en vertu de la loi des rendements décroissants ;
— l'accroissement de la pollution, qui limite ensuite les possibilités de croissance industrielle.

Compte tenu de ces éléments, les auteurs du rapport Meadows prévoient le blocage de la croissance économique, à l'horizon 2010.

2. La croissance est naturelle, dans la mesure où elle ne dépend pas du comportement des agents, mais constitue un phénomène exogène

(L'adjectif « naturel » revêt ici une acception très différente de celle retenue précédemment : la croissance est naturelle car elle est un phénomène normal, qui s'explique par des facteurs exogènes ; aucune variable culturelle ne peut modifier le rythme de la croissance.)

▸ **La croissance résulte du progrès technique et de la démographie, facteurs supposés exogènes.** Cette conception de la croissance se trouve développée de manière exemplaire dans le modèle de Solow (1956).

Solow montre en effet que le taux de croissance de long terme est égal au taux de croissance de la population auquel s'ajoute un taux de progrès technique : la croissance dépend des évolutions démographiques et technologiques, supposées exogènes. Le progrès technique n'est pas ici le fruit du comportement maximisateur des agents.

Ce résultat est très important, car sur le long terme le comportement économique des agents n'a aucune influence sur le taux de croissance : en particulier, une fois le sentier de croissance équilibrée atteint, le taux de croissance ne dépend plus des comportements d'épargne. En particulier, dans le prolongement du modèle de Solow, il apparaît que la « préférence pour le présent » des agents, qui est une variable subjective, ne change en rien le taux de croissance.

▸ **L'exogénéité de la croissance ôte toute légitimité à l'intervention de l'État.** Comme le progrès technique est indépendant du comportement des agents (il est une « manne tombée du ciel »), comme le taux de croissance de la population

($n = d$L/L) est donné (il est d'ailleurs appelé, comme chez Harrod et Domar, le « taux de croissance naturel »), l'État ne peut agir pour accélérer le taux de croissance.

De plus, dans le modèle de Solow, la croissance est par nature équilibrée, ce qui enlève à l'intervention étatique toute légitimité :

— si $n > s/v$: comme le coefficient de capital v est variable, la fonction de production devient plus intense en travail et donc v diminue, jusqu'à ce que l'égalité $n = s/v$ soit rétablie ;
— si $n < s/v$: la fonction de production devient plus intense en capital et donc v augmente jusqu'à ce que l'égalité $n = s/v$ soit rétablie.

Dans les deux cas, la stabilité de la croissance est assurée par le biais de la flexibilité des prix.

II. Mais une vision alternative appréhende la croissance comme un facteur culturel, c'est-à-dire comme le résultat d'un choix des agents

1. La technologie permet de surmonter l'avarice de la nature et de lever l'hypothèse d'une fin de la croissance

La technologie permet de déplacer la contrainte naturelle, qui ne constitue en rien un donné : précisément, dans *L'anti-Malthus* (1974), les détracteurs du rapport Meadows ont montré que le fait d'introduire le progrès technique dans le modèle du MIT avait pour effet de retarder indéfiniment la contrainte en ressources naturelles. Pour étayer cette thèse, deux arguments principaux peuvent être avancés.

► **La technologie permet d'améliorer le rendement des ressources naturelles.** Ricardo l'avait déjà pressenti, en montrant que la productivité des terres pouvait être accrue par le progrès technique (engrais, etc.). De même, le raisonnement qui consiste à diviser le stock de réserves pétrolières par la consommation annuelle mondiale de pétrole (afin de déterminer la date butoir dans le processus de croissance) est erroné : en effet, c'est sans compter sur le fait que la rareté même de la ressource incite à améliorer les biens, de telle sorte qu'ils utilisent de moins en moins le pétrole (cf. pour l'automobile, la diminution du nombre de litres d'essence aux 100 km).

► **La technologie permet d'opérer une substitution entre ressources naturelles.** Les ressources naturelles qui deviennent rares incitent au développement de solutions alternatives (cf. le développement des centrales nucléaires, dû au renchérissement du prix du pétrole).

2. En l'absence de contraintes pesant sur les ressources naturelles, la croissance dépend de la disposition des agents à s'investir dans l'activité économique

▶ **La croissance économique serait le résultat de facteurs religieux, psychologiques ou sociologiques : l'analyse de la croissance relève-t-elle encore de la science économique ?**

L'hypothèse du facteur religieux a été soulevée dès la fin du XIXe siècle par l'école historiciste allemande : la croissance serait déterminée par une vision du monde, qui privilégie la réussite temporelle. C'est ainsi que M. Weber, dans *L'éthique protestante et l'esprit du capitalisme*, montre que l'essor du capitalisme est lié à la logique calviniste de la prédestination, qui valorise la réussite économique comme signe d'élection.

Le rôle des facteurs psychologiques dans le processus de croissance est souligné par Schumpeter : les entrepreneurs qui sont à l'origine des phases de croissance sont motivés par un « désir de puissance ».

Les facteurs sociologiques sont mis en évidence dans la fresque historique de Rostow sur les étapes de la croissance économique : la phase du *take-off* s'accompagne de l'arrivée d'une nouvelle élite, qui s'appuie sur l'État et évince progressivement celle fondée sur la structure foncière. Plus récemment, Fogel et North, dans leur étude sur la croissance américaine au XIXe siècle, concluent à l'importance des facteurs qualifiés d'institutionnels, et en particulier insistent sur le rôle de l'esprit pionnier.

▶ **La croissance économique serait le résultat de l'investissement des agents dans le progrès technique.** Reprendre les analyses fondées sur la croissance endogène.

▶ **La croissance endogène ouvre la voie à une intervention étatique, visant à stimuler le progrès technique.** On retrouve ce discours aujourd'hui chez les théoriciens de la croissance endogène : le capital technologique, le capital humain, le capital d'infrastructure se caractérisent par la présence d'externalités positives ; dans ces conditions, le marché laissé à lui-même ne permet pas d'atteindre le taux de croissance optimal et il y a place pour une intervention de l'État :

— comme le taux de croissance dépend de l'investissement des agents en recherche-développement, il revient à l'État d'internaliser les externalités de R&D en renforçant la législation sur les droits de propriété (brevet, etc.) ou en finançant la recherche générique ;
— comme le taux de croissance dépend de l'investissement en capital humain, il revient à l'État de favoriser l'accès des agents à l'éducation ;
— comme le taux de croissance dépend des dépenses d'infrastuctures, il revient à l'État de les financer.

7

La monnaie dévoilée

MONNAIE ET POLITIQUE MONÉTAIRE

Connaître

1993	Les statuts de la Banque de France sont modifiés dans le sens d'une plus grande indépendance
Janvier 1999	Lancement de l'euro
Septembre 2000	L'Équateur renonce à sa monnaie nationale (le sucre) et adopte comme monnaie officielle le dollar américain
2001-2004	Politique américaine de diminution des taux directeurs
Janvier 2002	Les pièces et billets en euros sont mis en circulation dans la zone euro
Juin 2003	Les taux directeurs américains atteignent leur plus bas niveau depuis 1958 et sont fixés à 1 %
Juin 2004 – juin 2006	La FED a remonté ses taux directeurs à dix-sept reprises
Juillet 2006	Pour la première fois depuis 2001, la Banque centrale du Japon augmente ses taux directeurs au-dessus de zéro
Décembre 2006	Les taux directeurs de la BCE se situent à 3,5 % (après avoir été relevés à six reprises au cours de l'année 2006), tandis que ceux de la Réserve fédérale américaine atteignent 5,25 % (la dernière hausse ayant eu lieu en juin 2006)
Décembre 2006	Aux États-Unis, la courbe des taux d'intérêt est « inversée » : les taux d'intérêt à dix ans sur les bons du Trésor américain (4,6 %) sont inférieurs aux taux d'intérêt à un an (4,9 %)
Août 2007	La crise des subprimes conduit la BCE et la FED à intervenir en urgence pour injecter des liquidités
Août 2010	Le principal taux directeur de la BCE est à 1 % et celui de la FED à 0,25 %

Pour celui qui s'initie aux sciences économiques, la monnaie est souvent perçue de prime abord comme un sujet ardu, pour ne pas dire obscur. Il est vrai que la nature de la monnaie, indépendamment des formes particulières qu'elle peut revêtir, ne s'impose pas comme une évidence : « Gladstone ne faisait-il pas remarquer que l'amour lui-même n'avait pas fait perdre la tête à plus de gens que les ruminations sur l'essence de la monnaie ? » (Marx, *Contribution à la critique de l'économie politique*). Qui plus est, le processus de création de monnaie, malencontreusement assimilé à l'image de la planche à billets, peut sembler également déroutant : comment expliquer que le banquier puisse créer de la monnaie par simple jeu d'écritures et « prêter ce qu'il n'a pas sans se faire traiter d'escroc [1] » ?

Nous tenterons précisément au cours de ce chapitre de « lever le voile » sur les (supposés) mystères de la monnaie. Nous nous centrerons tout d'abord sur les définitions de la monnaie et sur le processus de création monétaire. Nous poursuivrons en exposant les deux principaux débats qui parcourent les théories monétaires : pourquoi les agents demandent-ils de la monnaie ? quels sont les effets de la monnaie sur l'activité économique ?

Enfin nous aborderons l'étude des objectifs et des instruments de la politique monétaire avant d'envisager son efficacité, en particulier dans un contexte européen de mobilité des capitaux et de taux de changes fixes.

I. Monnaie et création monétaire

1. Qu'est-ce que la monnaie ?

La monnaie est souvent définie comme l'ensemble des moyens de paiement directement utilisables par des agents pour régler des transactions sur le marché des biens et services et pour éteindre des dettes, à l'intérieur d'un espace donné (généralement le pays). Cette définition n'épuise cependant pas la totalité et l'originalité du phénomène. C'est pourquoi nous présenterons successivement trois manières d'appréhender la monnaie : nous commencerons par une définition fondée sur les fonctions de la monnaie ; nous poursuivrons par l'étude des formes qu'elle peut revêtir ; nous terminerons par la définition statistique des agrégats monétaires.

1. J.-M. Albertini, *Des sous et des hommes*, Paris, Seuil, 1985

▶ **Depuis Aristote, il est usuel d'attribuer à la monnaie trois fonctions.**

• **La monnaie remplit une fonction d'unité de compte** [1].

Elle permet en effet d'exprimer en une seule et même unité tous les biens et services échangés : ainsi, en France, les prix des différents biens et services offerts sont aujourd'hui exprimés en une unité de compte, en l'occurrence le franc. Par rapport à une situation de troc, l'existence d'une unité de compte facilite les échanges entre individus, en limitant les coûts d'information.

Ce gain informationnel peut être mis en évidence au travers d'un exemple. Supposons qu'une économie, dans laquelle existent quatre biens échangeables (respectivement A, B, C, D), ne possède pas au départ d'unité de compte ; si les individus veulent procéder à des échanges, ils doivent calculer les prix relatifs des quatre biens, soit au total six prix [2]. Plus généralement, dans une économie à n biens échangeables et dépourvue de toute unité de compte, le nombre de prix relatifs à calculer est égal à $n(n-1)/2$. Supposons à présent que l'un des quatre biens (par exemple le bien A) soit choisi comme unité de compte : dans ce cas, il suffit simplement de calculer trois prix relatifs. Plus généralement, dans une économie à n biens échangeables disposant d'une unité de compte, le nombre de prix relatifs à calculer est égal à $(n-1)$.

• **La monnaie constitue également un intermédiaire des échanges.**

Dans une économie de troc, chaque bien échangé constitue en même temps l'intermédiaire des échanges ; le troc nécessite donc une **double coïncidence des désirs** : si l'individu X souhaite acheter un mouton en vendant ses poules, il lui faut trouver un individu Y possédant des moutons et désireux d'acquérir en contrepartie des poules ! On voit aussitôt qu'un tel système génère des coûts de recherche de partenaire relativement élevés ainsi que des coûts de stockage [3]. À la différence du troc, l'économie monétaire n'impose pas de contre-prestation immédiate en marchandises : dans notre exemple, l'agent X achète le mouton à l'individu Y, qui acquiert en contrepartie de la monnaie, laquelle lui permettra d'acheter des biens. Comme le souligne Clower, en économie monétaire les biens achètent la monnaie, laquelle achète les biens, mais les biens n'achètent pas les biens.

• **La monnaie exerce une fonction de réserve de valeur.**

La monnaie permet en effet de reporter à plus tard des décisions d'achats ou d'investissement. Certes, un individu a toujours le choix de conserver sa richesse sous d'autres formes que la monnaie : il peut acheter des actifs réels (par exemple des tableaux de maître ou des appartements), ou acquérir des actifs financiers (par exemple des obligations). Mais la détention de monnaie présente deux avantages par rapport à la détention d'actifs réels et financiers :

1. Cette fonction d'unité de compte est aussi dénommée « numéraire » par Walras, et « équivalent général » par Marx.

2. En effet, il faut successivement calculer le prix de A par rapport à B, à C et à D ; le prix de B par rapport à C et à D ; le prix de C par rapport à D.

3. Jevons expose ces coûts de stockage au travers d'un exemple humoristique : « Voici quelques années, Mlle Zélie, chanteuse de son état [...] donna un récital aux îles de la Société [...] son cachet devait consister en une partie des recettes. Les comptes une fois faits, on lui attribua sa part : 3 cochons, 23 dindes, 44 poulets, 5 000 noix de coco, plus une quantité considérable de bananes, de citrons et d'oranges... Comme Mlle Zélie ne pouvait consommer immédiatement qu'une infime partie de tout cela, il fallut, en attendant, nourrir les cochons et la volaille avec des fruits » ! (*Money and the mechanism of exchange*, 1898).

— la monnaie est immédiatement disponible pour effectuer un achat : elle est parfaitement liquide et dispose d'un **pouvoir libératoire absolu** (selon l'expression de Hicks). Il n'en est pas de même si l'individu détient sa richesse sous forme de tableaux : il lui faut vendre ses tableaux pour acquérir en contrepartie de la monnaie ; la vente de tableaux entraîne des coûts de liquidation : il faut par exemple payer un intermédiaire qui va se charger de trouver un acheteur ;

— la monnaie est un **actif sans risques** (selon l'expression de Tobin) : si l'inflation est très faible, l'individu qui détient en monnaie 10 millions à la période t dispose toujours de 10 millions en $t+1$; en revanche, en investissant ses 10 millions en tableaux ou en titres financiers à la période t, l'individu n'est pas certain de revendre ses actifs 10 millions en $t+1$: si le marché de l'art est déprimé, la valeur de son tableau peut s'effondrer (il en est de même pour les titres financiers) !

▸ **La monnaie peut revêtir plusieurs formes**, lesquelles ont évolué au cours de l'Histoire : on est progressivement passé d'une conception matérialiste, fondée sur la valeur intrinsèque de la monnaie (pièces d'or et d'argent), à une conception nominaliste, fondée sur la valeur fiduciaire de la monnaie.

Aujourd'hui, les agents non financiers (ménages, entreprises, administration) disposent de deux instruments de paiement pour effectuer leurs transactions : la monnaie fiduciaire et la monnaie scripturale.

• **La monnaie fiduciaire se compose des pièces et billets.**

Le billet, défini comme une créance anonyme sur la Banque centrale, repose sur la confiance (*fiducia*) puisque sa valeur intrinsèque (en l'occurrence du papier) est très inférieure à sa valeur faciale. Il dispose du cours légal dans la mesure où il ne peut être refusé comme moyen de paiement, à l'intérieur d'une communauté donnée (généralement le pays). Depuis 1914, la nature fiduciaire du billet s'est accentuée, ce dernier n'étant plus convertible en monnaie métallique or ou argent.

De même, les pièces (**monnaie divisionnaire**) constituent aujourd'hui une monnaie fiduciaire puisqu'elles disposent d'une faible valeur intrinsèque, très inférieure à leur valeur d'échange.

• **La monnaie scripturale est constituée par l'ensemble des dépôts à vue auprès des intermédiaires financiers et se définit comme une créance sur le système bancaire.**

À la différence de la monnaie fiduciaire, la monnaie scripturale revêt un caractère privé dans ses modalités d'émission, ce qui nécessite un contrôle indirect par la Banque centrale. Cette monnaie scripturale (dénommée également **monnaie de banque**) est représentée par les dépôts à vue auprès des banques de second rang et des CCP. Elle circule entre agents au moyen de chèques, de cartes bancaires, de virements et représente aujourd'hui dans les pays développés près de 80 % de la masse monétaire.

► **Statistiquement, la masse monétaire est appréhendée au travers des agrégats monétaires.**

Les autorités monétaires souhaitent disposer à tout moment d'une évaluation de la quantité totale de monnaie disponible dans le pays, afin d'en contrôler l'évolution, en fonction des objectifs de la politique économique (par exemple lutter contre l'inflation). Cette quantité totale de monnaie est dénommée masse monétaire : elle correspond à l'ensemble des moyens de paiements mis à la disposition des agents non financiers pour effectuer des transactions sur biens et services.

Il est cependant difficile aujourd'hui d'identifier les composantes de la masse monétaire, dans la mesure où la distinction entre monnaie et actifs financiers tend à s'estomper : comment établir une frontière nette entre ce qui est de la monnaie et ce qui n'en est pas [1] ? Cette question ne se posait pas véritablement par le passé : les actifs financiers étaient assez peu nombreux, bien identifiés et les coûts de transaction supportés pour les transformer en monnaie restaient relativement élevés. Mais les actifs financiers se sont multipliés et diversifiés, phénomène souvent résumé au travers de l'expression « **innovations financières** » : ces nouveaux produits financiers remettent en cause la partition entre monnaie et placements financiers, dans la mesure où ils peuvent être facilement convertis en moyens de paiement. L'exemple des SICAV monétaires gérées par les OPCVM (Organisme de placement collectif en valeurs mobilières) est significatif : il s'agit de titres à court terme, très liquides et pour lesquels le risque de capital est faible.

Toute mesure de la masse monétaire doit donc prendre en compte, aux côtés des actifs monétaires (les billets, les pièces, les dépôts à vue), les actifs qualifiés de liquides, c'est-à-dire qui peuvent être transformés en moyen de paiement sans délais et sans risque de perte en capital (schéma 1).

Précisément, le statisticien distingue plusieurs agrégats monétaires, en fonction du degré de liquidité : il s'agit respectivement de M1, M2 et M3. Ces agrégats s'emboîtent les uns dans les autres, à l'image d'un jeu de poupées russes : M1 correspond à la définition la plus restrictive de la masse monétaire ; M2 inclut M1, M3 inclut M2. On a donc :

$$M2 = M1 + (M2 - M1)$$
$$M3 = M2 + (M3 - M2).$$

L'agrégat M1 regroupe ce que l'on appelle les **disponibilités monétaires** : il s'agit des billets, de la monnaie divisionnaire (les pièces) et des dépôts à vue, qui sont mobilisables par chèques. Les dépôts en devises sont en revanche exclus de M1, car leur conversion en euros comporte un risque de taux de change.

L'agrégat M2 est composé de l'agrégat M1 auquel sont ajoutés les **placements à vue en euros**. Par rapport à un dépôt à vue, un placement à vue rapporte un taux d'intérêt, bien que l'agent puisse à tout moment retirer les sommes placées. Il s'agit donc d'un actif relativement liquide et n'impliquant aucun risque de perte en capi-

1. Notons que la réponse à cette question se révèle cruciale, dans la mesure où elle conditionne la viabilité d'une politique monétaire axée sur le contrôle des agrégats.

Schéma 1
Actifs monétaires et actifs liquides

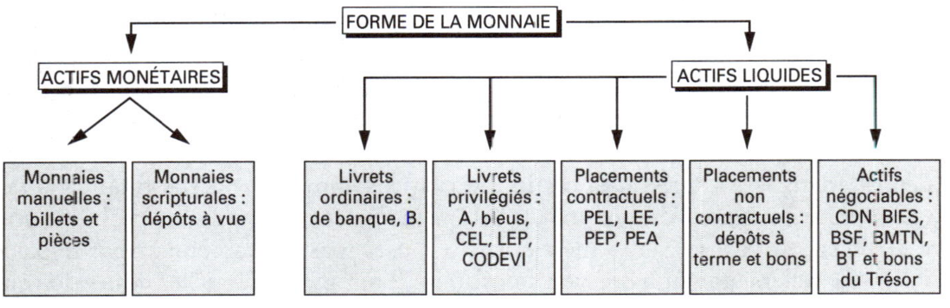

Source : C. Ottavj, *Monnaie et financement de l'écoute.*

tal : c'est pourquoi on parle d'actifs quasi monétaires ou de **quasi-monnaie**. Les placements à vue les plus connus en France sont le livret A de la Caisse d'épargne, le livret bleu du Crédit Mutuel, le CODEVI (COmpte pour le DEVeloppement industriel), les comptes épargne-logement.

L'agrégat M3 inclut l'agrégat M2, auquel sont ajoutés les placements à terme [1], les dépôts en devises détenus par les agents non financiers résidents, les titres de créance négociables gérés par les établissement de crédit, les OPCVM de court terme.

À partir des agrégats monétaires, deux indicateurs sont généralement calculés : le taux de liquidité et la vitesse de circulation de la monnaie.

Le **taux de liquidité**, qui permet d'évaluer la propension des agents à conserver des actifs liquides, se définit comme le rapport d'un agrégat monétaire (M1, M2 ou M3) à l'ensemble des transactions effectuées, soit :

$$\frac{M_1 \text{, ou } M_2 \text{, ou } M_3}{\text{PIB}}$$

Quant à la **vitesse de circulation de la monnaie**, elle se définit comme l'inverse du taux de liquidité, soit :

$$V = \frac{\text{PIB}}{M_1 \text{, ou } M_2 \text{, ou } M_3}$$

En 2004, l'agrégat monétaire M3 représente en France plus de 1 300 milliards d'euros (tableau 1).

1. À la différence d'un placement à vue, un placement à terme suppose que l'agent s'engage à ne pas retirer les sommes placées avant une certaine date.

Tableau 1
Les agrégats monétaires en France (2003-2004)

	2003	*2004*	
Billets et pièces en circulation	78,1	91,4	Liquidités (moyens de paiement)
+ Dépôts à vue	380,9	402,3	
= M1	459,0	493,7	
+ Dépôts à terme ≤ 2 ans	49,6	45,5	Placements à vue
+ Dépôts avec préavis ≤ 3 mois	351,8	402,3	
= M2	860,4	941,5	
+ Pensions	30,7	43,2	Placements à terme sans risque
+ Titres d'OPCVM monétaires	255,0	275,8	
+ Instruments du marché monétaire et titres de créance ≤ 2 ans	41,2	46,4	
= M3	1 187,3	1 306,9	
Placements non monétaires			
Dépôts à terme > 2 ans	299,5	351,5	
Titres de créance émis > 2 ans	325,4	351,5	

La vitesse de circulation de la monnaie constitue un indicateur de la fréquence avec laquelle une unité monétaire change de détenteur au cours d'une période donnée. Par exemple, si V est égal à 3,5 cela signifie qu'il a fallu utiliser 3,5 fois le stock de monnaie disponible pour financer le montant global des transactions. Cette notion suggère donc qu'un même stock de monnaie peut contribuer à financer des montants différents de transaction. Plusieurs facteurs influent sur la vitesse de circulation de la monnaie :

— V a tendance à augmenter en période d'expansion ;
— la vitesse de circulation de M1 tend à croître avec le taux d'intérêt ; en effet, en détenant des encaisses (M1), les agents renoncent au taux d'intérêt d'un placement financier : dès lors, si le taux d'intérêt augmente, les agents vont tenter d'assurer un même volume de transaction avec moins de disponibilités monétaires.

2. La création monétaire consiste à monétiser des actifs auprès d'agents non financiers

▸ Lorsqu'une banque accorde un crédit, elle crée par là même de la monnaie.

La création monétaire consiste en la transformation de créances sur les agents non bancaires (créances sur l'étranger, créances sur l'économie, créances sur le Trésor public) en moyens de paiement immédiatement utilisables pour effectuer des règlements. « La banque crée de la monnaie en monétisant des actifs qui ne sont pas de la monnaie [1]. »

Illustrons notre propos par un exemple simple. Supposons que la banque A dispose au départ du bilan suivant (l'actif représentant les créances, le passif les dettes) :

Actif		*Passif*	
Réserves	30	Dépôt à vue	100
Titres	70		
	100		100

La banque A consent un crédit de 20 à un client X : ce dernier dispose désormais d'un dépôt à vue de 20, lequel vient s'ajouter aux 100 existant. En contrepartie de ce crédit, la banque A acquiert une créance de 20 sur X. Le nouveau bilan de la banque A s'écrit :

Actif		*Passif*	
Réserves	30	Dépôt à vue	120
Titres	90		
	120		120

On voit bien qu'il y a création monétaire puisque le crédit accordé à X ne s'est pas traduit par une ponction sur les dépôts existants mais par la création d'une capacité supplémentaire de paiement. La banque A n'a utilisé aucune ressource préalable pour effectuer cette opération : elle a créé de la monnaie [2]. Bien entendu, lorsque l'agent X rembourse le crédit qui lui a été octroyé, il y a destruction de monnaie. La création nette de monnaie suppose donc que les nouveaux crédits accordés au cours d'une période l'emportent sur les crédits remboursés.

▶ **La création monétaire est le fait de la Banque centrale et des banques de second rang.**

Rappelons tout d'abord que le système bancaire est structuré en trois niveaux hiérarchiques. Au premier rang, nous trouvons une Banque centrale (dénommée parfois **banque de premier rang**) qui constitue en quelque sorte la banque des banques et l'institut d'émission de la monnaie fiduciaire ; au second rang se

1. A. Chaîneau, *Mécanisme et politique monétaire,* Paris, Armand Colin.

2. Cette fonction de création monétaire des banques permet un financement monétaire de l'économie ; elle doit être distinguée de la fonction d'intermédiation, qui correspond à un financement non monétaire de l'économie : les banques collectent des ressources pour les prêter à d'autres agents.

trouvent les banques commerciales (telles que le Crédit lyonnais, la BNP, la Société générale, le Crédit agricole en France, pour ne citer que les plus connues), qui créent chacune de la monnaie scripturale ; quant aux agents non financiers (ménages, entreprises), ils apparaissent au troisième rang et n'entretiennent de relations directes qu'avec la banque de second rang de leur choix. Parmi ces trois catégories d'agents, seules les banques disposent du pouvoir de créer de la monnaie, c'est-à-dire de transformer des créances en moyen de paiement : création de monnaie scripturale pour les banques commerciales, création de monnaie scripturale centrale et de billets pour la Banque centrale.

• **Les banques de second rang créent de la monnaie scripturale, à l'occasion de trois types d'opération.**

— Lorsqu'elles octroient des crédits aux agents non financiers, tels que les ménages et les entreprises. Elles acquièrent en contrepartie des titres de **créance sur l'économie**. Supposons par exemple qu'une entreprise X accorde un délai de paiement de trois mois à son client Y ; elle détient en conséquence une reconnaissance de dette (sous la forme d'un effet de commerce). Si l'entreprise X souhaite disposer immédiatement de la somme due, elle peut faire escompter l'effet de commerce auprès de sa banque. Cette dernière acquiert l'effet de commerce (moyennant le paiement d'un intérêt) et crédite le compte de l'entreprise X : la banque met donc en circulation des moyens de paiement supplémentaires et dispose à présent d'une créance sur l'agent Y. Bien entendu, à l'échéance du titre, le paiement de la dette par l'agent Y se traduit *ipso facto* par la destruction de la monnaie scripturale préalablement créée ;

— lorsqu'elles accordent un crédit au Trésor public (qui gère les finances de l'État). Les banques de second rang acquièrent en contrepartie des **créances sur le Trésor**, en souscrivant à des bons du Trésor ;

— lorsqu'elles créditent le compte d'un agent, en échange de devises. Elles acquièrent alors une **créance sur l'extérieur**. Illustrons cette troisième source de création monétaire par un exemple : soit un producteur français X, qui exporte aux États-Unis et qui reçoit des dollars. Dans la mesure où le dollar n'a pas cours légal en France, le producteur X demande à sa banque de convertir les dollars en euros, au taux de change en vigueur : la banque crée de la monnaie scripturale, en créditant son compte en euros, et acquiert en contrepartie une créance sur les États-Unis.

En résumé, le bilan simplifié d'une banque de second rang peut s'écrire de la manière suivante :

Actif	*Passif*
Réserves obligatoires (auprès de la Banque centrale)	Dépôts à vue
Réserves excédentaires	Actifs liquides
Créances sur l'extérieur	
Créances sur le Trésor	
Créances sur l'économie	

• **De même la Banque centrale crée de la monnaie, à l'occasion de trois types d'opération** :

— lorsque le Trésor éprouve des difficultés de trésorerie, la Banque centrale lui vient en aide, en créditant son compte courant ; elle acquiert en contrepartie un titre de créance dénommé **concours au Trésor public** ;

— les banques de second rang ont besoin de monnaie Banque centrale (billets, monnaie centrale scripturale) pour faire face aux retraits de leurs clients sous forme de billets et pour reconstituer leurs réserves. Pour ce faire, elles cèdent des titres (titres privés ou publics) à la Banque centrale, laquelle crédite leur compte en monnaie centrale scripturale et leur procure des billets ;

— lorsqu'elle acquiert des devises, la Banque centrale procède également à de la création monétaire. Ainsi, un excédent de la balance commerciale, qui entraîne une entrée nette de devises, se traduit par une création monétaire. À l'inverse, un déficit commercial doit se traduire par une sortie de devises, c'est-à-dire une destruction nette de monnaie.

Le bilan simplifié d'une Banque centrale peut s'écrire de la manière suivante :

Actif	*Passif*
Créances sur l'extérieur (or, devises)	Billets
Créances sur le Trésor	Réserves des banques de second rang
Créances sur les banques de second rang	Compte créditeur du Trésor

► **Le processus de création de monnaie scripturale n'est cependant pas illimité.** Le pouvoir de création monétaire se voit en effet contraint par plusieurs variables.

En premier lieu, l'octroi d'un crédit ne constitue que la réponse à une demande de crédit de la part des agents non financiers : si l'activité économique entre dans une phase de récession, les besoins de crédits – et donc la création monétaire – seront limités.

En deuxième lieu, le système bancaire se compose de plusieurs banques de second rang, disposant chacune de leur propre monnaie scripturale. Comme la monnaie scripturale d'une banque n'est pas directement convertible en celle d'une autre, les règlements entre banques commerciales s'effectuent au moyen de la monnaie Banque centrale. Chaque banque de second rang doit donc disposer d'un compte auprès de la Banque centrale, afin d'effectuer ces opérations de compensation entre monnaies scripturales.

Une troisième limite à la création monétaire réside dans l'existence d'un **coefficient de réserves obligatoires** (cf. *infra*) : chaque fois qu'une banque de second rang accorde un crédit, elle doit constituer des réserves en monnaie centrale auprès de la Banque centrale ; le coefficient de réserves obligatoires est variable : s'il est égal à 100 %, cela signifie que les banques commerciales sont contraintes de mettre en réserve un montant équivalent aux crédits qu'elles ont octroyés. En modulant le taux de réserve, la Banque centrale peut contrôler indirectement la création monétaire : une augmentation du coefficient de réserves obligatoires incite les banques de second rang à restreindre l'octroi de nouveaux crédits.

Une dernière limite à la création monétaire tient au fait que les banques commerciales sont soumises aux habitudes de paiements des agents non financiers, lesquels souhaitent détenir une partie de leurs avoirs en billets. Dans ces conditions, lorsqu'elle crée de la monnaie scripturale, une banque de second rang s'attend à ce que les agents retirent une partie de cette monnaie créée sous forme fiduciaire. Supposons par exemple que la banque A accorde un crédit de 10 000 € à l'agent X, lequel souhaite détenir 10 % de la somme en billets. La banque A, si elle peut créer de la monnaie scripturale, ne dispose cependant pas du pouvoir d'émettre la monnaie fiduciaire, dont le monopole d'émission revient à la Banque centrale. La banque A doit donc se procurer les billets réclamés (en l'occurrence, dans notre exemple, 1 000 €), soit en procédant à un retrait sur son compte auprès de la Banque centrale, soit en se refinançant sur le marché monétaire par la vente de titres.

Plus généralement, il apparaît que le système bancaire ne peut créer de la monnaie scripturale que s'il est assuré de pouvoir se procurer également de la monnaie Banque centrale : cette monnaie Banque centrale constitue la base nécessaire à la création monétaire. La **base monétaire** (appelée aussi liquidité bancaire) se définit justement comme l'ensemble des avoirs des banques commerciales en monnaie centrale et des billets en circulation : plus cette base monétaire est importante, plus la création monétaire peut se développer.

• **Le multiplicateur de crédit met en évidence la relation qui unit base monétaire et masse monétaire.**

Le multiplicateur de crédit, noté *k*, mesure le rapport qui existe entre le montant maximal de crédit qu'une banque peut accorder et les réserves excédentaires (notées R) dont elle dispose.

Si l'on note *d*M la création monétaire, le multiplicateur de crédit s'écrit :

$$dM = kR$$

On peut montrer que le multiplicateur de crédit *k* équivaut à :

$$k = 1/(b + r - br)$$

avec *b*, le taux de retrait sous forme de billets (compris entre 0 et 100 %) ;
avec *r*, le taux de réserves obligatoires.

Illustrons le principe du multiplicateur de crédit par un exemple : supposons que la banque A dispose de ressources excédentaires pour un montant de 100. La banque A estime que le coefficient de retrait en billet équivaut à 20 % des crédits octroyés. Le coefficient de réserves obligatoires, qui est déterminé par la Banque centrale, est fixé à 10 %. Dans ces conditions, le montant maximal de crédits que la banque A peut accorder est égal à :

$$100 \text{ x } (1/0{,}1 + 0{,}2 - (0{,}2 \text{ x } 0{,}1)) = 312{,}5.$$

L'analyse du multiplicateur permet de tirer deux conclusions principales : la création monétaire est d'autant plus aisée que les agents économiques utilisent de la monnaie scripturale et que la Banque centrale maintient un faible taux de réserves obligatoires. Le principe du multiplicateur de crédit fait néanmoins l'objet de vifs débats entre économistes :

— il est implicitement supposé qu'il existe une relation stable entre base monétaire et masse monétaire. Or il semble qu'à court terme cette stabilité ne soit pas toujours assurée : en particulier, une augmentation du coefficient de réserves obligatoires peut être compensée par une réduction du coefficient de retrait en billets ;

— le multiplicateur de crédit laisse supposer que la banque commerciale accorde des crédits dès lors qu'elle dispose *ex ante* de réserves supplémentaires : c'est la base monétaire qui détermine la masse monétaire. Or il n'est pas nécessaire que la banque de second rang possède des réserves initiales : elle peut accorder un crédit puis réescompter des effets de commerce ; la Banque centrale est alors contrainte de créer de la monnaie, sous peine de déstabiliser le système bancaire. La causalité entre la base monétaire et la masse monétaire est inversée : ce sont les variations de la masse monétaire qui provoquent des variations de la base monétaire ; on parle alors d'un mécanisme de **diviseur de crédit** [1] ;

— Le multiplicateur indique seulement les possibilités maximales de création monétaire : le montant maximal n'est pas nécessairement atteint d'une part si les agents non financiers ne demandent pas de crédits bancaires, d'autre part si les banques préfèrent utiliser leur excédent de monnaie centrale pour se désendetter vis-à-vis de la Banque centrale plutôt que pour octroyer de nouveaux crédits.

II. Les théories monétaires

À l'image de la plupart des concepts économiques, la monnaie n'a cessé d'alimenter la controverse entre courants, tout en suscitant un intérêt très différencié des auteurs : alors que pour Stuart Mill « il n'est pas dans une société quelque chose de plus insignifiant en elle-même que la monnaie », Jevons place les questions monétaires au rang des problèmes insolubles, n'hésitant pas à affirmer que « la monnaie représente pour la science économique ce qu'est la quadrature du cercle en géométrie ou le mouvement perpétuel en mécanique ».

Parmi les nombreux débats sur la monnaie – débats souvent passionnés, à l'image de celui qui opposa au début du XIXe siècle la Currency School à la Banking School –, nous avons choisi de mettre l'accent sur trois d'entre eux : pourquoi les agents souhaitent-ils détenir de la monnaie ? La monnaie influe-t-elle sur les variables réelles ? Quelle politique monétaire faut-il mener ? Compte tenu de son impor-

1. L. et V. Lévy-Garboua, « Le comportement bancaire, le diviseur de crédit et l'efficacité du contrôle monétaire », *Revue économique*, 1972.

tance, la réponse à cette dernière question fera à elle seule l'objet de notre troisième partie.

1. Pourquoi les agents expriment-ils une demande de monnaie ?

► **Dans l'optique néoclassique, les agents demandent de la monnaie afin d'effectuer des transactions.**

L'idée selon laquelle la monnaie constitue seulement un intermédiaire des échanges se trouve déjà exprimée chez les auteurs classiques. Ainsi, J.-B. Say n'hésite pas à affirmer que « le voile monétaire ne fait que masquer la réalité des échanges et les produits s'échangent contre les produits puisqu'ils se servent mutuellement de débouchés [1] ». De même, selon D. Ricardo, « on n'achète des produits qu'avec des produits ou des services et le numéraire n'est que l'argent au moyen duquel l'échange s'effectue » : la demande de monnaie n'exprime qu'une demande dérivée de marchandises. La monnaie remplit les fonctions d'unité de compte et d'intermédiaire des échanges, mais elle ne constitue pas en tant que telle une réserve de valeur.

Chez les fondateurs de l'école néoclassique, nous retrouvons l'idée d'une monnaie purement transactionnelle : ainsi, Walras va jusqu'à affirmer que « le besoin que l'on a de monnaie n'est autre chose que le besoin de marchandises que l'on achètera avec cette monnaie [2] ».

• **L'approche transactionnelle de la demande de monnaie est exprimée dans l'équation de Cambridge** (dénommée aussi équation des encaisses), développée par Marshall :

$$M_d = k\,P\,Y \qquad (1)$$

avec Md, la demande de monnaie ;
k, l'inverse de la vitesse de la circulation de la monnaie (soit $1/V$) ;
P, le niveau général des prix ;
Y, le revenu réel.

Au travers de l'équation (1), il apparaît que la demande de monnaie dépend de trois facteurs [3] :

- elle est une fonction croissante du revenu réel : lorsque l'activité économique réelle augmente, le volume des transactions s'accroît ; les agents ont donc besoin de monnaie supplémentaire pour effectuer ces nouvelles transactions ;
- elle est une fonction croissante du niveau général des prix : si les prix augmentent, les agents ont besoin d'une plus grande quantité de monnaie pour échanger un même volume de biens et services ;

1. Notons d'ailleurs que la loi de Say, selon laquelle toute offre génère sa propre demande, repose sur la théorie quantitative : affirmer que toute épargne est investie revient à rejeter l'idée selon laquelle l'agent peut détenir de la monnaie pour elle-même.

2. *Théorie de la monnaie*, 1883.

3. Notons que l'équation (1) peut également se réécrire : $Md/P = 1/VY$. Nous retrouvons alors la notion d'encaisses réelles (définies par le rapport Md/P) développée par Pigou.

— elle est une fonction décroissante de la vitesse de circulation de la monnaie : plus la monnaie circule vite, c'est-à-dire permet de financer un nombre important de transactions, plus les encaisses nécessaires au financement des échanges sont faibles.

Dans la logique néoclassique, la demande de monnaie ne dépend pas de variables telles que le taux d'intérêt : elle est supposée peu sensible, voire inélastique au taux d'intérêt. En effet, comme les encaisses sont entièrement affectées à la dépense, les agents ne peuvent en réduire le volume, même si le taux d'intérêt augmente. Le taux d'intérêt n'influe pas sur l'arbitrage entre détention de monnaie et placements financiers.

On voit donc qu'il n'existe pas à proprement parler de préférence pour la liquidité : comme il n'y a pas d'incertitude, détenir des actifs réels (par exemple acheter des tableaux) ou des actifs financiers (par exemple des actions et des obligations) n'est pas plus risqué que détenir de la monnaie, laquelle ne rapporte aucun intérêt. La monnaie demandée correspond donc exclusivement au financement des transactions.

▸ **Selon Keynes, les agents peuvent souhaiter détenir de la monnaie pour elle-même, en plus de la monnaie de transaction.**

• **La demande de monnaie dépend tout d'abord du niveau de revenu courant.**

Comme dans l'optique classique, les agents économiques conservent des encaisses pour effectuer des transactions. Pour rendre compte de cette demande de monnaie, Keynes distingue trois motifs de demande de monnaie de transaction :

— le **motif de revenu** : dans le cas des ménages, il existe toujours un décalage entre la perception du revenu et la dépense, ce qui justifie la conservation d'une encaisse ;
— le **motif d'entreprise** : comme pour les ménages, les entreprises détiennent des encaisses, car il existe un décalage entre les dépenses et les recettes ;
— le **motif de précaution** : dans un univers incertain, les agents économiques souhaitent détenir de la monnaie pour faire face à des dépenses imprévues (maladies, chômage, etc.).

La demande de monnaie de transaction, notée L1, est une fonction croissante du revenu courant, soit :

L_1 (Y) avec > 0.

Keynes s'inscrit ici dans la lignée des classiques : plus le niveau de revenu est élevé, plus la demande de monnaie de transaction est importante.

• **La demande de monnaie dépend également du taux d'intérêt, au travers du motif de spéculation.**

Cette demande de monnaie de spéculation, notée L_2, est une fonction décroissante du taux d'intérêt (noté *r*) : plus le taux d'intérêt est élevé, plus cette demande de monnaie est faible ; à l'inverse, une baisse du taux d'intérêt accroît la demande de monnaie de spéculation. On a donc : $L_2(r)$ avec < 0.

Pourquoi les agents peuvent-ils souhaiter détenir de la monnaie lorsque le taux d'intérêt diminue ? Afin de répondre à cette question, il est nécessaire d'opérer un détour par le mécanisme boursier ; il existe en effet une relation inverse entre le cours d'un titre (Keynes prend le cas des obligations) et le taux d'intérêt : lorsque le taux d'intérêt baisse, le cours des titres augmente ; à l'inverse, une hausse du taux d'intérêt se traduit par une baisse du cours des titres.

La relation entre taux d'intérêt et cours des titres

Une relation inverse existe entre taux d'intérêt et cours des titres, qui peut être explicitée par l'exemple des obligations.

Une obligation se définit comme un titre de créance remis par une société ou une administration publique à ceux qui lui apportent des capitaux ; l'émission d'obligation s'inscrit dans une perspective d'emprunt à long terme (généralement de sept à quinze ans). L'obligation procure à son détenteur un revenu fixe chaque année. Supposons qu'une obligation de 100 € soit émise à la période *t0* avec un taux d'intérêt annuel de 10 % : le détenteur d'un tel titre va donc recevoir annuellement 10 €. Si les taux d'intérêt s'élèvent à la période *t1* à 15 %, les nouvelles obligations de 100 € rapportent désormais 15 €. Comme ces nouvelles obligations sont plus attractives que les précédentes, les agents vendent leurs anciennes obligations, ce qui entraîne une baisse de leur cours.

Le cours des anciennes obligations va diminuer jusqu'à ce que leur taux de rendement soit égal à celui des nouvelles obligations, soit :

$$\frac{10\text{ €}}{\text{nouveau cours}} = 0{,}15$$

$\Leftrightarrow$ nouveau cours = 10/0,15 = 66,6 €.

Le nouveau cours des anciennes obligations est de 66,6 € : on voit bien que lorsque le taux d'intérêt augmente, le cours des obligations diminue.

L'agent doit donc choisir entre détenir des encaisses de spéculation ou placer en achetant des obligations. Son choix est déterminé par la comparaison entre le taux d'intérêt observé (noté r) à la période 1 et le taux d'intérêt anticipé (noté r^*) à la période 2.

Si l'agent anticipe une hausse du taux d'intérêt ($r^* > r$), il ne place pas son épargne et thésaurise : en effet, l'augmentation du taux d'intérêt se traduira par une baisse des cours, synonyme de moins-value.

En revanche, si l'agent anticipe une baisse du taux d'intérêt ($r^* < r$), il place totalement son épargne et la demande de monnaie de spéculation devient nulle : l'agent espère réaliser une plus-value, en revendant son titre à la période 2 plus cher qu'il ne l'a acquis à la période 1.

La fonction de demande individuelle de monnaie de spéculation revêt donc un caractère binaire : pour tout niveau du taux d'intérêt, l'agent ne détient que des titres ou que de la monnaie de spéculation (schéma 2).

Si l'on raisonne à présent au niveau global, en supposant que les agents ne font pas les mêmes anticipations sur l'évolution des taux d'intérêt, la fonction de demande de monnaie de spéculation devient décroissante par rapport au taux d'intérêt. En effet, si le taux d'intérêt effectif est proche du taux d'intérêt maximum

Schéma 2
La fonction individuelle de demande de monnaie de spéculation

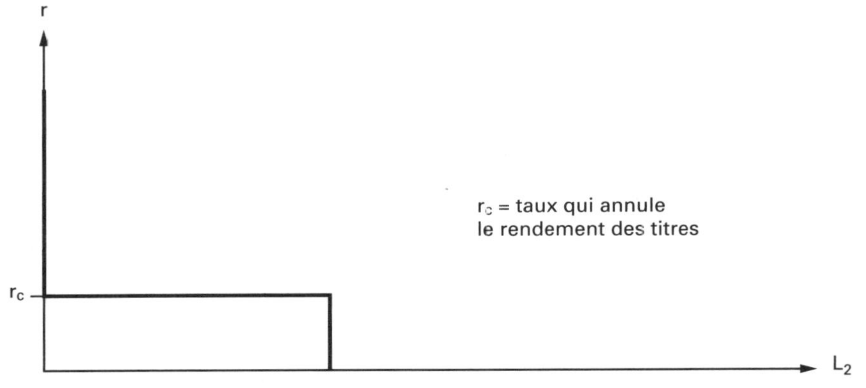

(noté r), les prévisions sont majoritairement à la réduction des taux d'intérêt : même si certains attendent encore une hausse des taux, les agents ont plutôt tendance à acheter des titres (en prévision d'une baisse des cours) et se départissent de leur monnaie de spéculation. À l'inverse, lorsque le taux d'intérêt effectif s'approche du taux d'intérêt minimal (noté r_{min}), l'économie se trouve en situation de **trappe à liquidité** (Robertson) [1] : comme le taux d'intérêt ne peut plus baisser, le cours des titres est maximal (il ne peut donc que baisser) et les agents ont majoritairement tendance à vendre (pour ceux qui possèdent des titres) ou du moins à ne pas acheter d'obligations : la demande d'encaisses de spéculation augmente (schéma 3).

Il existe donc un arbitrage entre monnaie et titres (actifs financiers) en fonction des anticipations d'évolution des taux d'intérêt [2]. Les agents effectuent un choix entre la détention de monnaie (qui ne rapporte rien) et la détention de titres qui rapportent un intérêt mais avec le risque d'une moins-value si le taux d'intérêt augmente.

La fonction globale de demande de monnaie correspond à la somme de la demande de monnaie de transaction et de la demande de monnaie de spéculation (schéma 4). Elle s'écrit donc :

$$M_d = L_1\ (Y) + L_2\ (r) \text{ avec } > 0 \text{ et } < 0$$

• Il apparaît que la fonction keynésienne de demande de monnaie présente plusieurs spécificités :

— alors que la demande de monnaie pour elle-même n'existe pas dans l'optique classique, Keynes envisage la possibilité d'une thésaurisation, c'est-à-dire d'une

1. Keynes estimait en son temps que le taux d'intérêt minimum se situait autour de 2 %.
2. La spéculation se définit ici comme une activité d'arbitrage entre monnaie et titres, en fonction du taux d'intérêt.

Schéma 3
La fonction globale de demande de monnaie de spéculation

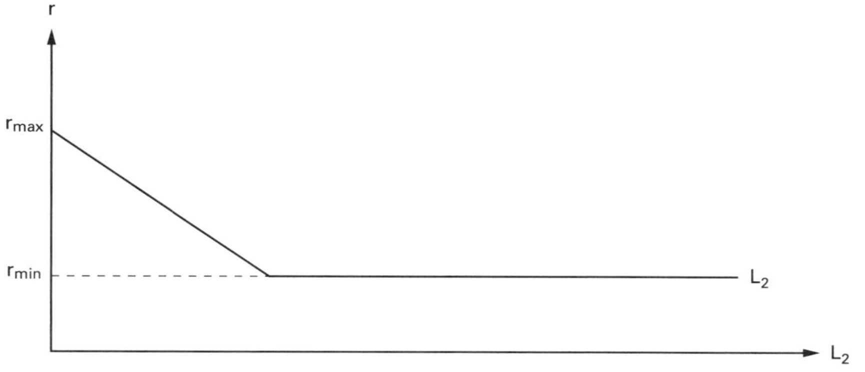

Schéma 4
La fonction de demande globale de monnaie selon Keynes

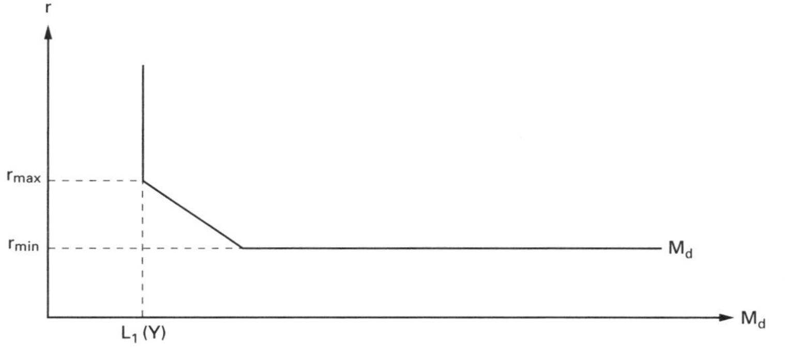

demande d'encaisses oisives (par opposition aux encaisses actives utilisées pour effectuer les transactions) ;

— alors que dans l'optique classique le taux d'intérêt constitue la récompense de la renonciation à la consommation, Keynes définit le taux d'intérêt comme le **prix de la renonciation à la liquidité** : le taux d'intérêt détermine le partage de l'épargne entre placements financiers et thésaurisation, et non plus le partage entre consommation et épargne. En d'autres termes, chez Keynes, le taux d'intérêt influe sur la forme de l'épargne, alors que dans l'optique classique il influe sur le volume de l'épargne ;

— alors que dans l'optique classique il n'existe pas d'arbitrage entre monnaie et actifs financiers, Keynes introduit la théorie des choix : pour tout taux d'intérêt, l'agent a le choix entre détenir de la monnaie de spéculation ou effectuer des placements financiers.

• **L'analyse keynésienne de la demande de monnaie a été prolongée par les modèles de Baumol [1] et Tobin [2].**

Baumol reformule la fonction de demande de monnaie de transaction, en introduisant le taux d'intérêt et l'arbitrage entre monnaie et titres. La détention d'encaisses monétaires génère un manque à gagner par rapport à la détention de titres, puisqu'elle ne rapporte aucun intérêt. De son côté, la détention de titres permet de toucher un taux d'intérêt (noté r) mais la transformation d'un titre en monnaie implique des frais de courtage (notés b). Il s'agit donc de déterminer la quantité optimale d'encaisses de transaction que l'agent doit détenir au cours d'une période pour minimiser le coût de leur détention ; ce stock optimal d'encaisses (noté E) est égal à :

$$E = \sqrt{(2bY/r)}$$

avec Y, montant de transactions.

Il apparaît que le niveau optimal de l'encaisse dépend de trois variables :

— le taux d'intérêt : si le taux d'intérêt augmente, l'individu a tendance à diminuer son encaisse pour effectuer des placements financiers ;
— le montant des transactions : si le niveau des transactions à effectuer augmente, l'individu doit détenir à chaque période plus d'encaisses ;
— les frais de courtage : si ces derniers s'élèvent, l'individu a tendance à augmenter son volume d'encaisses par période pour limiter les opérations de conversion de titres en monnaie.

Comme nous l'avons vu, l'arbitrage individuel entre monnaie et titres s'effectue chez Keynes de manière binaire : pour un taux d'intérêt donné, l'agent détient soit des titres (en l'occurrence chez Keynes des obligations), soit des encaisses de spéculation. Tobin va montrer que lorsque le rendement des titres est incertain, l'agent peut détenir à la fois des titres et des encaisses, c'est-à-dire adopter un comportement de **diversification de portefeuille**. Tobin part de l'idée selon laquelle le rendement attendu des obligations est une variable aléatoire : détenir des titres est risqué, le risque étant mesuré par l'écart type du rendement. Afin de minimiser ce risque, l'agent a intérêt à détenir à la fois des titres et de la monnaie : la détention de monnaie fait certes baisser le rendement du portefeuille, mais elle permet également de réduire le risque qui lui est attaché.

1. « The transaction demand for cash : an inventory theoric approach », *Quarterly Journal of Economics*, 1952.
2. « Liquidity preference as behavior towards risk », *Review of Economic Studies*, 1958.

▶ **Dans ce débat entre keynésiens et classiques sur la demande de monnaie, Friedman occupe une place paradoxale** : il reprend l'idée d'arbitrage entre actifs chère à Keynes... pour l'élargir et renouer paradoxalement avec la théorie quantitative. Selon Friedman, la demande de monnaie dépend de trois variables principales :

— le **revenu permanent** dont dispose l'agent : ce revenu permanent (noté Y*p*) correspond au flux de revenu procuré par la richesse de l'individu (actifs mobiliers, actifs immobiliers, capital humain). Par exemple, si un agent perçoit un salaire et dispose d'un appartement qu'il loue, son revenu permanent est composé de son salaire et du loyer qu'il reçoit. Le revenu permanent est défini empiriquement comme la moyenne pondérée des revenus courants perçus dans le passé. Friedman suppose que la demande de monnaie est une fonction croissante du revenu permanent (et donc de la richesse) ;
— le rendement des actifs financiers, mesuré par le taux d'intérêt : si le taux d'intérêt est élevé, les agents préfèrent détenir des titres plutôt que de la monnaie, à l'image du motif de spéculation de Keynes ;
— le niveau général des prix : plus le niveau général des prix augmente, plus les agents ont tendance à se départir de leurs encaisses monétaires, pour acheter des biens et services.

On obtient donc une fonction de demande de monnaie qui comprend trois déterminants :

$$M_d = f(Y_p, r, P) \text{ avec } > 0,\ r' < 0,\ P' < 0$$

Mais Friedman ajoute aussitôt, sur la base de travaux empiriques, que le taux d'intérêt et le niveau général des prix jouent un rôle secondaire dans la détermination de la demande de monnaie : en fin de compte, la demande de monnaie dépend pour l'essentiel du revenu permanent.

2. Quelle est l'influence de la monnaie sur l'activité économique ?

▶ **La thèse de l'inflation monétaire s'inscrit dans une longue tradition, qui va de Bodin à la Nouvelle macroéconomie classique.**

En effet, dès le XVIe siècle, le mercantiliste français Bodin [1] développe l'idée selon laquelle la hausse du niveau général des prix s'explique par un gonflement de la masse monétaire : selon lui, la grande inflation du XVIe siècle (dénommée la Révolution des prix), qui affecte la péninsule Ibérique puis l'ensemble de l'Europe, s'expliquerait par l'afflux de métaux précieux en provenance du Nouveau Monde. Aux XVIIe et XVIIIe siècles, Locke, Hume et Cantillon prolongent (ou nuancent) l'intuition de Bodin, sans pour autant procéder à une analyse détaillée des liens qui unissent monnaie et prix.

1. *Réponse aux paradoxes de M. de Malestroit touchant l'enchérissement de toutes choses*, 1568.

• Il revient aux classiques anglais Ricardo et Mill d'avoir jeté les bases de la théorie quantitative de la monnaie [1].

Séparant nettement l'analyse réelle de l'analyse monétaire, Ricardo [2] commence par déterminer la valeur réelle des biens : cette valeur est égale au coût de production, lui-même fonction de la quantité de travail. En conséquence, les coûts relatifs sont déterminés par le rapport des quantités de travail : s'il faut deux unités de travail pour produire une chaise et trois unités de travail pour produire une table, le coût d'une table en termes de chaise est de 1,5. Ricardo introduit alors la monnaie dans son analyse : la quantité de monnaie en circulation détermine le niveau général des prix mais ne modifie en rien le niveau des prix relatifs. Pour reprendre notre exemple, si la quantité de monnaie double, le prix de la chaise et de la table double, sans que cela n'affecte le rapport table/chaise, toujours égal à 1,5 : la monnaie n'influe pas sur la production réelle. L'inflation est donc d'origine monétaire : elle résulte d'une croissance de la masse monétaire supérieure à la croissance de la production ; en particulier, Ricardo estime qu'une inflation monétaire risque de se produire dès lors qu'existe une monnaie fiduciaire qui ne soit pas intégralement couverte par l'or.

Plus de trente ans après les développements de Ricardo, Stuart Mill [3] prolonge et nuance le raisonnement quantitativiste. Il montre tout d'abord que l'inflation n'est pas nécessairement proportionnelle à la croissance de la masse monétaire à court terme : en effet, le montant de monnaie supplémentaire n'est pas nécessairement dépensé dans son intégralité car il peut être épargné. Mill adopte ensuite une conception plus large de la monnaie que celle retenue par Ricardo (à savoir la monnaie métallique et fiduciaire), puisqu'il prend aussi en compte la monnaie scripturale. Mill introduit enfin la vitesse de circulation de la monnaie, définie comme le nombre de fois qu'elle « change de main pour effectuer une quantité d'échanges donnée ».

• La théorie quantitative de la monnaie est reprise par les néoclassiques Fisher et Pigou.

C'est en 1911 que Fisher [4] énonce l'équation des échanges :

$$MV = PT$$

avec M la masse monétaire, supposée exogène (c'est-à-dire contrôlée par les autorités monétaires) ;

V, la vitesse de circulation de la monnaie, supposée constante à court terme (V dépend de facteurs structurels, tels que les habitudes et les goûts des agents) ;

P, le niveau général des prix ;

T, le volume global des transactions (qui dépend de facteurs réels).

1. Cette théorie est aussi dénommée « théorie de la monnaie voile », « théorie dichotomique » (car la sphère réelle est indépendante de la sphère monétaire), ou bien encore « théorie de la monnaie neutre ». La notion de « neutralité » signifie que la monnaie n'affecte pas les grandeurs réelles (niveau de production, niveau de l'emploi) ; ce terme a été introduit en économie à la fin du XIXe siècle par K. Wicksell.

2. *Principes de l'économie politique et de l'impôt*, 1817.

3. *Principes d'économie politique*, 1848.

4. *Le pouvoir d'achat de la monnaie.*

Cette équation signifie simplement que la masse monétaire multipliée par sa vitesse de circulation est nécessairement égale au niveau général des prix multiplié par la somme des transactions. Mais Fisher transforme cette relation comptable en relation causale : comme V est fixe et comme T ne dépend pas de facteurs monétaires, si la masse monétaire augmente, le niveau général des prix croît également, et dans des proportions identiques.

Prenant en compte l'existence d'une monnaie scripturale, Fisher affine dans un second temps l'équation des échanges :

$$MV + M'V' = PT$$

avec M′, la somme des dépôts ;
V′, la vitesse de circulation des dépôts.

Fisher suppose qu'il existe un lien de proportionnalité entre M et M′, les banques conservant un rapport stable entre les espèces qu'elles détiennent et les dépôts. L'introduction de la monnaie scripturale ne modifie pas le résultat final : si M augmente de *x* %, M′ augmente dans les mêmes proportions, et le niveau général des prix P augmente de 2*x* %.

De son côté, Pigou explique l'inflation monétaire par le comportement des individus, qui souhaitent en permanence détenir une certaine encaisse réelle, notée M/P [1]. Si la masse monétaire M augmente, les individus se trouvent en présence d'une encaisse effective supérieure à l'encaisse désirée ; ils dépensent cette encaisse supplémentaire, ce qui se traduit par une augmentation proportionnelle du niveau général des prix P : l'agent retrouve alors le niveau d'encaisse réelle désiré.

• **Aujourd'hui, les tenants de la Nouvelle macroéconomie classique renouent avec le message des classiques : que ce soit à court ou à long terme, la monnaie n'influe que sur le niveau général des prix.**

Face à la position de Friedman, qui reconnaît une influence de la monnaie sur les variables réelles à court terme, les nouveaux classiques opèrent une « révolution » – entendue comme un retour aux sources de la théorie quantitative – en s'appuyant sur le concept d'anticipations rationnelles [2]. Comme les agents anticipent pleinement les effets inflationnistes d'une politique monétaire expansive, tout accroissement de l'offre de monnaie se traduit immédiatement et uniquement par une accélération de l'inflation.

Comme nous l'avons vu précédemment, la courbe de Phillips est représentée par une droite verticale : aucun arbitrage n'est possible entre inflation et chômage.

▸ **Dans l'optique keynésienne, la croissance de la masse monétaire influe à la fois sur les prix et sur les quantités.**

Comme il a été vu précédemment [3], Keynes considère que l'inflation ne peut survenir en situation de sous-emploi. Dans ces conditions, toute croissance de la

1. L'effet Pigou est développé dans le chapitre 2.
2. Sur le concept d'anticipations rationnelles et sur la critique de la relation de Phillips par les monétaristes 2, voir le chapitre 4 sur l'inflation.
3. Voir le chapitre 4 sur l'inflation.

masse monétaire se traduit uniquement par un accroissement des quantités : tel est l'enseignement développé au travers du diagramme « en L renversé».

Les keynésiens de la synthèse – au premier rang desquels Samuelson et Solow – nuanceront l'affirmation de Keynes, en s'appuyant sur les enseignements de la courbe de Phillips. En effet, la courbe de Phillips nous montre qu'une relance monétaire se partage en effet prix (inflation) et en effet quantité (hausse de la production). L'importance de l'effet prix par rapport à l'effet quantité dépend du taux de chômage de départ : si le taux de chômage de départ est très élevé, la relance monétaire se traduit essentiellement par une augmentation des quantités ; à l'inverse, si le taux de chômage de départ est faible, la relance monétaire part pour l'essentiel en inflation.

Tableau 2
La monnaie dans les modèles classique et keynésien

	Classiques	*Keynésiens*
Demande de monnaie	Motif de transaction	Motif de transaction Motif de précaution Motif de spéculation
Existence d'un arbitrage entre monnaie et actifs	Aucun arbitrage	Arbitrage monnaie/titre
Effet d'une variation de la masse monétaire sur l'activité	Effet nominal uniquement	Effet réel et effet nominal
Taux d'intérêt	Prix de la renonciation à la consommation	Prix de la renonciation à la liquidité
Objectif de la politique monétaire	Stabilité des prix	Arbitrage inflation/chômage

► **Sur le problème de l'inflation monétaire, Friedman occupe de nouveau une position paradoxale** : il réaffirme la validité à long terme de la théorie quantitative, tout en la nuançant à court terme.

En effet, comme nous l'avons vu précédemment [1], Friedman montre, en procédant à la critique de la relation de Phillips, que :

— il existe à court terme une relation entre la variation de la masse monétaire et la variation de l'activité économique ; mais il s'agit d'une relation instable et par essence transitoire. En effet, les agents, qui procèdent par anticipations adaptatives, sont victimes à court terme de l'illusion monétaire : c'est pourquoi il existe un arbitrage à court terme entre inflation et chômage ;
— une relation stable apparaît sur le long terme entre monnaie et prix : tout accroissement de la masse monétaire non justifié par un accroissement préalable de la production se traduit par une hausse proportionnelle du niveau général des prix.

1. Voir le chapitre 4 sur l'inflation.

Friedman, s'appuyant sur plusieurs travaux statistiques, vient étayer sa thèse de l'inflation monétaire. En particulier, dans une imposante étude sur la relation entre monnaie et activité économique aux États-Unis depuis la guerre civile, Friedman et Schwartz [1] aboutissent à une triple conclusion :

— les fluctuations de la masse monétaire précèdent bien à court terme les fluctuations de l'activité économique ;
— le décalage temporel entre les deux évolutions est instable ;
— il existe une relation stable entre la masse monétaire et les prix sur le long terme.

De même, Andersen et Jordan ont effectué des régressions sur les variations du PNB américain et les variations de la masse monétaire, durant la période 1951-1968 : il apparaît que les variations de masse monétaire précèdent de six mois environ celles du produit national brut exprimé en prix courants.

Les postkeynésiens – et en particulier Davidson et Weintraub [2] – n'hésiteront pas à qualifier ces résultats d'empirisme : les monétaristes confondraient relation d'antériorité et relation de causalité. Cette critique peut être illustrée par un exemple : supposons qu'un gouvernement décide de mener à la période *t0* une politique monétaire active (relance monétaire en période de fort chômage et politique restrictive en période de surchauffe) afin de lisser les fluctuations cycliques. S'il atteint son objectif, on doit donc observer aux périodes postérieures à *t0* une évolution très régulière du revenu national et des fluctuations assez marquées de la masse monétaire. Pour un monétariste, ce constat sera la preuve même qu'il n'existe pas de relation entre la masse monétaire et l'activité économique, alors que c'est précisément le contraire !

III. *Objectifs et instruments de la politique monétaire*

1. La politique monétaire poursuit des objectifs finaux au travers d'objectifs intermédiaires

► **La politique monétaire s'inscrit dans la poursuite des objectif finaux du carré magique** : croissance économique, plein-emploi, stabilité des prix, équilibre de la balance des paiements.

La politique monétaire conjoncturelle a longtemps été utilisée comme un instrument de stimulation de la croissance économique et d'arbitrage entre inflation et chômage : lorsque la conjoncture s'annonçait morose, la politique monétaire expansive devait permettre une reprise de l'activité, au risque d'une accélération de l'inflation ; à l'inverse, lorsque l'économie se trouvait en situation de surchauffe, une politique monétaire restrictive permettait de limiter la dérive inflationniste, au

1. *A Monetary History of the United States*, *op. cit.*, 1963.
2. « Money as cause and effect », *Economic Journal*, 1973.

risque d'un ralentissement de l'activité. Mais depuis le milieu des années 1980, les pays de l'OCDE se sont ralliés à l'objectif final de lutte contre l'inflation [1].

Cette évolution des objectifs se retrouve dans la politique monétaire française. Durant les Trente Glorieuses, les autorités monétaires ont cherché à maintenir les taux d'intérêt à des niveaux peu élevés afin de stimuler l'investissement et de soutenir la croissance. Mais à partir des annés 1980, l'objectif final de la politique monétaire s'est résumé à la stabilité des prix, laquelle devait permettre de casser les anticipations inflationnistes (dans un pays qui a connu un taux d'inflation à deux chiffres) et d'éviter une détérioration du taux de change du franc au sein du Système monétaire européen.

► **Afin d'atteindre les objectifs finaux, les autorités monétaires se fixent des objectifs intermédiaires** : ces derniers constituent des variables sur lesquelles les instruments de la politique monétaire agissent directement.

Plusieurs objectifs intermédiaires peuvent être retenus, qui ne s'inscrivent pas dans la même optique théorique.

La **croissance de la masse monétaire** constitue l'objectif intermédiaire privilégié par les monétaristes : l'idée est qu'une croissance de la masse monétaire égale au taux de croissance de l'économie réelle doit permettre d'éliminer toute inflation (objectif final). Les autorités monétaires des pays de l'OCDE se sont progressivement assigné cet objectif intermédiaire de croissance contrôlée des agrégats monétaires : le Système fédéral de réserve américain dès 1972, la Banque fédérale d'Allemagne dès 1974, la Banque d'Angleterre et la Banque de France à partir de 1976. Comme nous le verrons, les difficultés de mesure de la masse monétaire rendent problématique la poursuite d'un tel objectif intermédiaire.

Le **niveau des taux d'intérêt nominaux** représente l'objectif intermédiaire privilégié des keynésiens : l'idée est qu'une détente des taux d'intérêt doit permettre une reprise de l'activité économique (objectif final). Aujourd'hui, bien que les autorités se soient ralliées à une politique d'inspiration monétariste, elles suivent néanmoins avec attention l'évolution du taux d'intérêt nominal, dans la mesure où celui-ci a deux effets : au niveau interne, il influe sur le niveau des investissements des entreprises et sur l'investissement en logement ; sur le plan externe, il conditionne fortement les mouvements de capitaux à court terme.

Dans un contexte d'ouverture sur l'extérieur (importations et mobilité des capitaux), la **stabilité du taux de change** constitue le troisième objectif intermédiaire de la politique monétaire : la Banque centrale définit un taux de change qu'elle juge d'équilibre et s'efforce de défendre cette parité. Le choix d'un taux de change d'équilibre apparaît extrêmement délicat, dans la mesure où :

— un taux de change faible favorise les exportations mais encourage les tensions inflationnistes et n'incite pas à l'amélioration des gains de productivité des entreprises nationales, qui sont en quelque sorte protégées de la concurrence internationale ;

1. Mentionnons d'ailleurs que le traité de Maastricht relatif à l'UEM prévoit dans son article 105 que le système européen de banques centrales (SEBC) a pour mission première de « maintenir la stabilité des prix ».

— un taux de change trop élevé renchérit les exportations et risque de provoquer la disparition des entreprises qui ne réalisent pas suffisamment de gains de productivité ; toutefois, comme le met en évidence l'expérience allemande, une relative surévaluation monétaire ralentit l'inflation (surtout s'il s'agit d'une inflation importée), oblige les entreprises à constamment investir pour réaliser des gains de productivité et à développer une compétitivité hors prix.

Tableau 3
Les instruments, les objectifs intermédiaires et finaux de la politique monétaire

Instruments	*Objectifs intermédiaires*	*Objectifs finaux*
Réserves obligatoires	Croissance de la masse monétaire	Plein-emploi
Encadrement du crédit (*)	Niveau des taux d'intérêt	Stabilité des prix
Intervention sur le marché monétaire	Stabilité du change	Équilibre de la BC
Réescompte (*)		Croissance économique

(*) Ces instruments ne sont plus utilisés dans les pays développés.

2. Pour atteindre ses objectifs, la politique monétaire dispose de plusieurs instruments

► **Les banques de second rang peuvent se refinancer directement auprès de la Banque centrale, par le biais du réescompte** : la Banque centrale fournit des liquidités aux banques de second rang et acquiert en échange des titres (effets de commerce, bons du Trésor).

En modulant le taux et le niveau de réescompte, la Banque centrale influe sur la création monétaire : ainsi, pour restreindre la création monétaire, la Banque centrale peut limiter le refinancement à certains effets de commerce (qualifiés de créances « éligibles » ou « mobilisables »), fixer un plafond de réescompte, ou bien encore augmenter le taux de réescompte. Le système du réescompte n'est plus en vigueur aujourd'hui dans les pays développés car il présente de nombreux inconvénients :

— il s'agit d'un système coûteux puisqu'il repose sur la circulation d'effets individuels nombreux dont le traitement matériel exige un personnel et des moyens importants ;
— il s'agit d'un instrument de régulation relativement passif : la Banque centrale fixe unilatéralement le taux et fournit en contrepartie toute la liquidité demandée à ce taux par les banques de second rang [1].

1. L'efficacité de cet instrument suppose en outre que les agents non bancaires soient sensibles aux variations du taux d'intérêt. Plusieurs études portant sur l'élasticité de la demande de crédit par rapport au taux d'intérêt montrent cependant que les ménages raisonnent davantage en termes d'annuités qu'en termes de taux d'intérêt.

▸ L'encadrement du crédit consiste à fixer – par voie réglementaire et pour une période donnée – des normes de progression en matière de crédits. Tout dépassement de la norme de crédit se traduit par des sanctions : l'établissement incriminé doit constituer des réserves supplémentaires, à un taux dissuasif. Le système d'encadrement du crédit est généralement modulé selon les secteurs économiques, selon la taille des agents et selon les catégories de banque. L'encadrement du crédit a fait l'objet de nombreuses critiques et n'est plus aujourd'hui utilisé dans les pays développés :

— il s'agit d'un système qui fige la concurrence entre banques ;
— il s'agit d'un système fondé sur un ajustement par les quantités et non par les prix ;
— face au rationnement, les banques ont tendance à privilégier les clients sûrs au détriment des investissements plus risqués.

▸ Le système des réserves obligatoires oblige les banques de second rang à déposer à la Banque centrale des réserves en monnaie centrale, en fonction des dépôts. Il s'agit donc de créer artificiellement une fuite en monnaie Banque centrale, qui limite les possibilités de création monétaire. En faisant varier le coefficient de réserves obligatoires ou l'assiette sur laquelle portent les réserves, la Banque centrale peut indirectement agir sur l'évolution du crédit : si la Banque centrale souhaite restreindre la création monétaire, elle augmente le taux de réserves obligatoires ou élargit l'assiette ; à l'inverse, un abaissement du taux de réserves obligatoires ou une réduction de l'assiette exerce un effet expansif sur l'octroi de nouveaux crédits.

Le système des réserves obligatoires a été inauguré aux États-Unis en 1913 puis adopté par la majorité des pays développés après la Seconde Guerre mondiale. Dans la zone euro par exemple, les banques de second rang doivent effectuer un dépôt obligatoire égal au minimum à 2 % des dépôts de leurs clients et rémunéré au taux de refinancement.

▸ Aujourd'hui, les Banques centrales interviennent principalement sur le marché monétaire par le biais des taux d'intérêt à court terme.

Le marché monétaire, sur lequel interviennent à la fois les banques centrales et les banques de second rang, peut se définir comme le lieu où s'échangent des titres de court terme contre de la monnaie Banque centrale. En intervenant sur le marché monétaire, la Banque centrale influe sur le taux d'intérêt à court terme et donc sur les conditions de refinancement des banques de second rang. En vendant des titres sur le marché monétaire, la Banque centrale limite la liquidité et provoque de ce fait une hausse du taux d'intérêt à court terme, ce qui accroît le coût du refinancement pour les banques de second rang. Sur le schéma 5, l'offre de monnaie (représentée par la droite O) est une fonction croissante du taux d'intérêt. La droite D_1 représente la demande de monnaie des seules banques de second rang tandis que D_2 exprime la demande de monnaie totale (y compris celle de la Banque centrale). En l'absence d'intervention de la Banque centrale, l'équilibre se situe au point A : le taux d'intérêt s'établit au niveau r_1 et le montant de liquidités échangées équivaut à H_1. Si la Banque centrale propose d'acheter des liquidités à ce taux pour un montant égal au segment AB, l'ajustement va se faire par une augmentation du

Schéma 5
Intervention sur le marché monétaire et hausse du taux d'intérêt

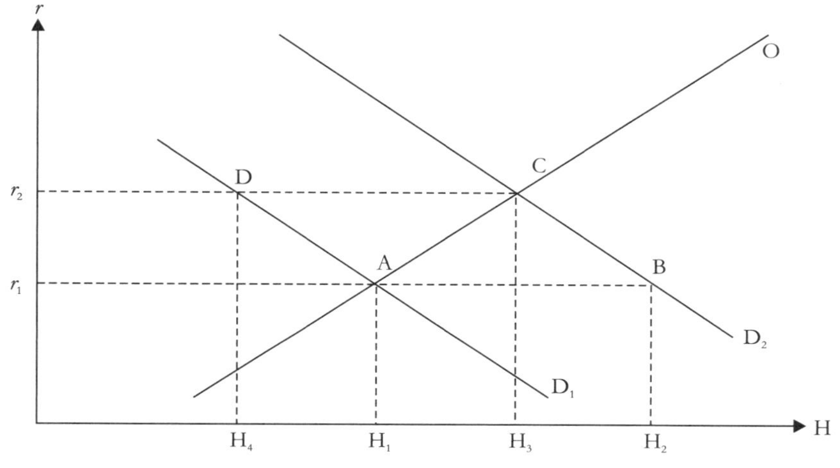

Repris de C. Ottavj, 1999.

taux d'intérêt (à offre de monnaie inchangée). L'équilibre s'établit désormais au taux d'intérêt r_2 et la demande des banques de second rang diminue de H_1 à H_4. Par son intervention, la Banque centrale a repris un volume de liquidités égal à ($H_3 - H_4$).

À l'inverse, une injection de liquidités par la Banque centrale doit conduire à une baisse du taux d'intérêt à court terme, ce qui limite le coût du refinancement pour les banques de second rang. Sur le schéma 6, la droite O_1 représente l'offre de liquidités des banques de second rang et la droite O_2 l'offre totale de liquidités (y compris celle de la Banque centrale). En l'absence d'intervention de la Banque centrale, l'équilibre s'établit au point A : la quantité H_1 de monnaie est échangée contre des titres au taux d'intérêt r_1. Pour ce niveau de taux d'intérêt, la Banque centrale peut proposer d'offrir un volume de liquidités égal à ($H_2 - H_1$). L'afflux de liquidités (échangées par la Banque centrale contre des titres) conduit à une baisse du taux d'intérêt qui s'établit désormais à r_2.

La politique d'intervention sur le marché monétaire peut être illustrée au travers de la pratique actuelle de la BCE et des banques centrales de la zone euro. Deux types d'opérations sont principalement utilisés par la BCE pour influer sur la liquidité du marché monétaire :

— les appels d'offre : les banques centrales de la zone euro procèdent régulièrement à des appels d'offre sous la forme de prises en pension. Ceci signifie que les banques de second rang vont échanger provisoirement (en général, deux semaines) des titres contre de la monnaie Banque centrale. Les appels d'offre s'effectuent sur la base d'un taux fixé par la BCE appelé « taux de refinancement » (ou « Refi ») ;

— les facilités permanentes : les banques de second rang peuvent obtenir de la monnaie Banque centrale au jour le jour, en dehors des procédures d'appel d'offres mais à un taux supérieur au taux de refinancement ; ce taux est appelé « taux de facilité de prêt marginal ». Réciproquement, les banques de second rang peuvent également déposer leurs liquidités au jour le jour à un taux fixe inférieur au taux de refinancement ; ce taux est appelé « taux de facilités de dépôt marginal ». En Europe, le taux de facilité de prêt marginal est situé 100 points au-dessus du taux de refinancement (le Refi), tandis que le taux de dépôt marginal est situé 100 points en dessous du Refi. Par exemple, si le taux de Refi est de 3,5 %, le taux de facilité de prêt marginal sera de 4,5 % et celui de facilité de dépôt marginal sera de 2,5 %.

Schéma 6
Intervention sur le marché monétaire et baisse du taux d'intérêt

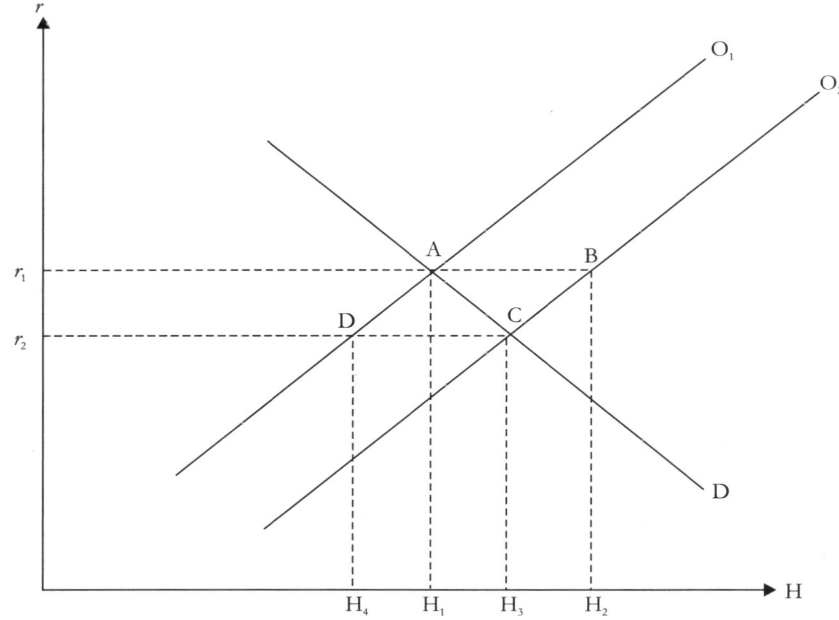

Repris de C. Ottavj, 1999.

Le taux de refinancement au jour le jour sur le marché monétaire (appelé EONIA) est logiquement compris entre les deux taux d'intérêt de facilité comme le met en évidence le graphique 1, qui représente l'évolution des taux de refinancement dans la zone euro au cours des années 2001-2002 : nous constatons effectivement que l'EONIA fluctue à l'intérieur d'un corridor dont la borne inférieure est représentée par le taux de facilité de dépôt et la borne supérieure par le taux de facilité de prêt marginal. De plus, l'EONIA, qui est une moyenne des taux du marché pratiqués entre banques pour une échéance de vingt-quatre heures, se situe en général juste au-dessus du taux de refinancement (Refi) de la BCE. Ainsi, à titre d'exemple, lorsque la BCE a remonté de 0,25 % son taux de refinancement à 3,5 % le 7 décembre 2006, l'EONIA s'est ajusté pour se fixer aux alentours de 3,6 %.

Comment cette politique des taux directeurs est-elle utilisée par la Banque centrale pour influer sur la conjoncture et réguler l'inflation ? Lorsque l'inflation menace, la Banque centrale remonte ses taux directeurs afin de renchérir le coût du refinancement pour les banques de second rang. À l'inverse, lorsque la croissance économique se ralentit et que les pressions inflationnistes se relâchent, la Banque centrale peut diminuer ses taux directeurs, afin de réduire le coût du refinancement pour les banques de second rang. À titre d'exemple, la politique monétaire de la FED américaine a connu deux phases distinctes entre 2001 et 2006 (graphique 2) :

— face à la menace d'une récession aux États-Unis après l'explosion de la « bulle Internet », la Banque centrale américaine a diminué à douze reprises son principal taux directeur (appelé le Fedfund) entre 2001 et 2004, lequel est passé de 6,5 % à 1 %, soit le taux de refinancement le plus bas depuis 1958 ;
— la forte croissance américaine entre 2004 et 2007 et les craintes d'un retour de l'inflation ont conduit la FED à relever son taux directeur à dix-sept reprises, lequel atteint en décembre 2006 5,25 %.

La politique des taux directeurs agit sur l'activité économique (consommation, investissement, dépenses publiques, exportations) par différents canaux de transmission :

— le coût du crédit : si les taux directeurs diminuent, les conditions de crédit bancaire s'améliorent, ce qui incite les agents à s'endetter ;
— l'effet de richesse : pour les agents endettés à taux variables, une baisse des taux directeurs implique une diminution de la charge de remboursement, ce qui crée un effet de richesse positif. De même, une baisse non anticipée des taux directeurs se traduit en général par une hausse du cours des titres sur le marché boursier : ceux qui détiennent par exemple des actions disposent désormais d'un patrimoine mobilier plus important, ce qui peut les inciter à consommer plus ;
— le canal du taux de change : en situation de changes flexibles, une diminution des taux d'intérêt peut entraîner des sorties de capitaux et une dépréciation du taux de change, ce qui va stimuler les exportations ;

Graphique 1
Taux d'intérêt de la BCE et taux du marché monétaire
(en pourcentage annuel ; données quotidiennes)

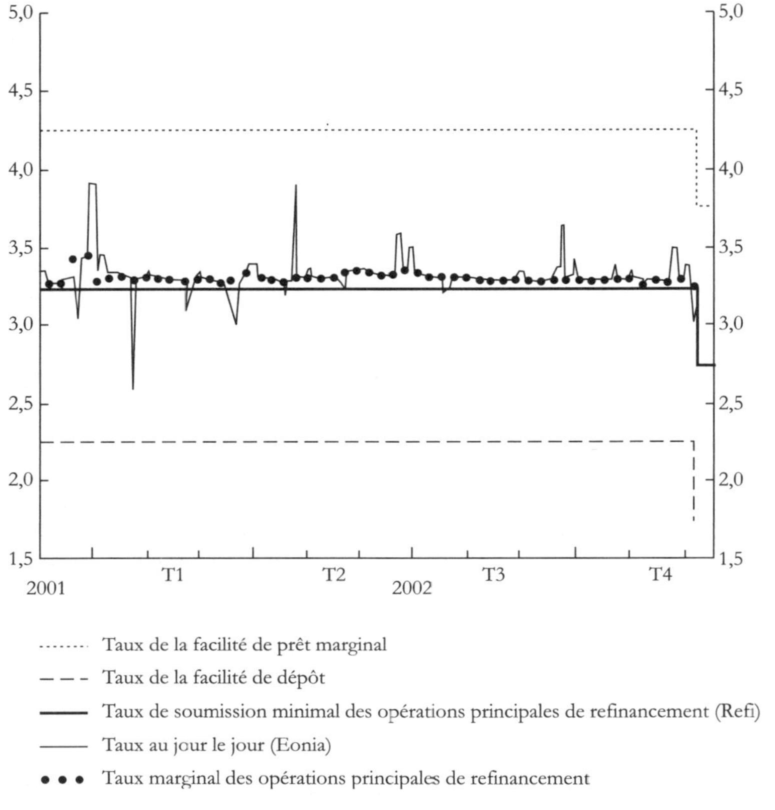

— le canal des contraintes de liquidités : lorsque les taux directeurs remontent, il est possible que les banques de second rang réagissent non seulement en augmentant leurs taux débiteurs mais aussi en procédant à un rationnement du crédit. En effet, les banques peuvent préférer ne pas prêter à certains agents plutôt que de leur prêter à des taux élevés, compte tenu du risque de défaut.

L'efficacité d'une politique de maniement des taux est toutefois soumise à plusieurs conditions :

— elle joue par définition sur les taux à court terme, alors même que la plupart des décisions d'investissement et d'épargne sont déterminées par l'évolution des taux d'intérêt à long terme. Il s'agit alors, pour la politique monétaire, d'influer d'intérêt sur la **courbe des taux**, c'est-à-dire sur l'ensemble de la gamme des taux selon l'échéance (du jour le jour au taux à trente ans). La courbe des taux présente en règle générale un profil ascendant : les taux longs sont plus élevés que les taux courts dans la mesure où ils incorporent une prime de risque (graphique 3). Une remontée des taux courts doit se traduire logiquement par une hausse des taux longs mais cette relation n'a rien de nécessaire. Ainsi, aux États-Unis, la remontée des taux directeurs par la FED après 2004 ne s'est pas accompagnée d'une remontée parallèle des taux d'intérêt à long terme. Il en résulte en 2005 une situation paradoxale d'inversion de la courbe des taux : par exemple, les taux d'intérêt à dix ans sur les bons du Trésor américain (4,6 %) se situent à un niveau inférieur aux taux d'intérêt à un an (4,9 %) ;

Graphique 2
La politique des taux directeurs (2001-2006)

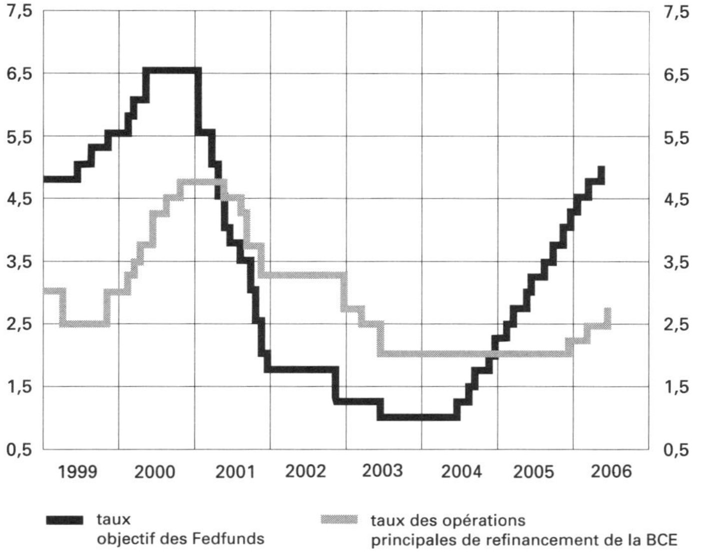

— l'impact d'une modification des taux n'est pas immédiat et parfait : il existe des délais de réaction et des inerties. En particulier, les intermédiaires financiers ne répercutent pas toujours intégralement la variation des taux directeurs sur leur taux de base bancaire ;

Graphique 3
La courbe des taux d'intérêt

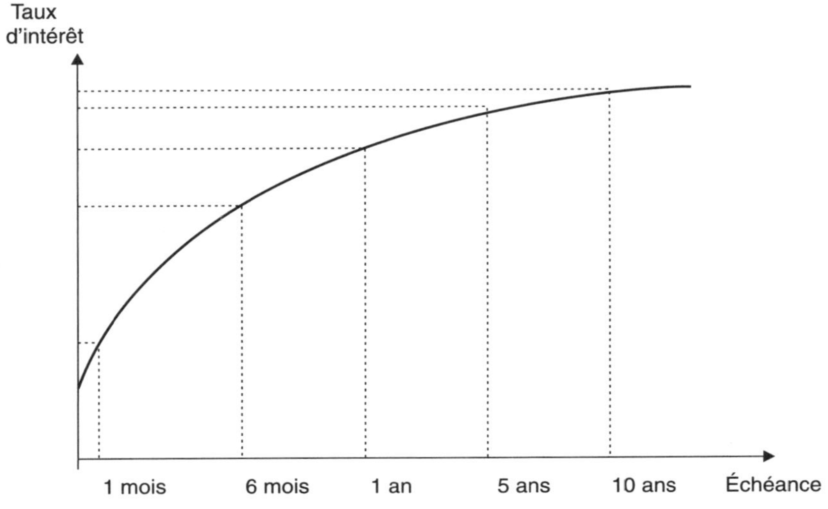

— la sensibilité des agents économiques au taux d'intérêt peut être faible, notamment dans un contexte de récession avancée : par exemple, une baisse des taux peut ne pas être suffisante pour stimuler l'investissement si les entrepreneurs sont pessimistes sur les perspectives de débouchés.

IV. L'efficacité de la politique monétaire

1. Dans l'optique keynésienne, l'efficacité de la politique monétaire conjoncturelle est soumise à conditions

▸ **Dans l'optique keynésienne traditionnelle, la politique monétaire constitue – au même titre que la politique budgétaire – un instrument de régulation conjoncturelle.**

• **La politique monétaire keynésienne se fixe comme objectif final l'arbitrage entre inflation et chômage et retient comme objectif intermédiaire le taux d'intérêt.** Il s'agit d'une politique monétaire orientée vers le réglage fin de la conjoncture : lorsque l'activité économique connaît une situation de surchauffe, une politique monétaire restrictive, en augmentant le taux d'intérêt, permet de combattre les tensions inflationnistes. À l'inverse, en période de hausse du chômage, une détente de la politique monétaire doit conduire à une diminution du taux d'intérêt, qui doit entraîner à son tour une reprise de l'investissement[1] : la politique monétaire joue ici sur l'effet prix de l'emprunt (dénommé **effet coût du capital**).

Schéma 7
L'enchaînement de la politique monétaire de relance

accroissement de l'offre de la monnaie ⇨ baisse du taux d'intérêt (r) ⇨ comparaison avec l'efficacité marginale du capital (e) : si r<e, reprise de l'investissement ⇨ hausse de la demande effective ⇨ hausse de la production ⇨ hausse de l'emploi ⇨ baisse du chômage

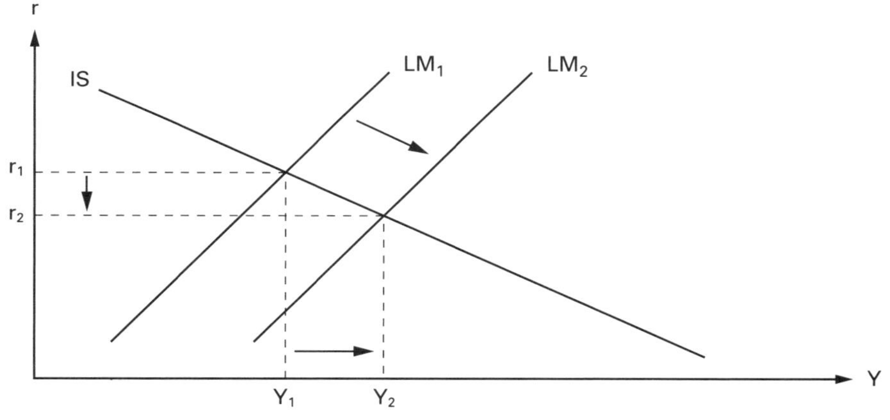

Le schéma 7 résume l'enchaînement qui conduit de la politique monétaire expansive à la reprise de l'activité ainsi que sa représentation graphique dans le cadre du modèle IS-LM : le passage de LM_1 à LM_2 entraîne une baisse du taux d'intérêt de *r*1 à *r*2, laquelle se traduit par une reprise de l'activité, qui passe de Y_1 à Y_2.

1. Rappelons ici que, dans l'optique keynésienne, l'entrepreneur qui souhaite investir compare le taux d'intérêt à l'efficacité marginale du capital (notée *e*) : si $i > e$, il n'investit pas ; à l'inverse, si $i < e$, il investit. Sur les déterminants de l'investissement, voir le chapitre 1.

• **Il apparaît que la politique monétaire – à la différence de la politique budgétaire – est un instrument qui n'agit pas directement sur l'activité** : l'efficacité de la politique monétaire expansive est soumise à la réalisation de deux conditions.

En premier lieu, l'accroissement de l'offre de monnaie doit conduire à une baisse du taux d'intérêt ; or une telle condition n'est pas nécessairement vérifiée : en particulier, lorsque l'économie se trouve au départ dans une situation de trappe à liquidité, un accroissement de l'offre de monnaie ne permet pas de faire diminuer le taux d'intérêt et la relance monétaire se révèle complètement inefficace. Une telle situation peut être appréhendée dans le cadre du modèle IS-LM, avec une LM horizontale (schéma 8) : le passage de LM_1 à LM_2 ne s'accompagne d'aucune baisse du taux d'intérêt et n'entraîne donc aucune reprise de l'activité (Y_1 confondu avec Y_2).

En second lieu, la baisse du taux d'intérêt doit se traduire par une reprise de l'investissement. Or l'investissement ne dépend pas seulement du taux d'intérêt mais de variables telles que la demande anticipée (effet d'accélération) : si l'entrepreneur est très pessimiste quant au niveau de la demande effective, la baisse du taux d'intérêt peut ne pas suffire pour relancer l'investissement. Une telle situation correspond dans le cadre du modèle IS-LM à une IS verticale (schéma 9) : dans ce cas (dénommé parfois **accélérateur pur** car l'investissement ne dépend que de la demande anticipée), une politique monétaire expansive (passage de LM_1 à LM_2) conduit à une baisse du taux d'intérêt (passage de *r*1 à *r*2), qui n'entraîne cependant aucune reprise de l'investissement et donc de l'activité (Y_1 confondu avec Y_2).

Schéma 8
La relance monétaire en situation de trappe à liquidité

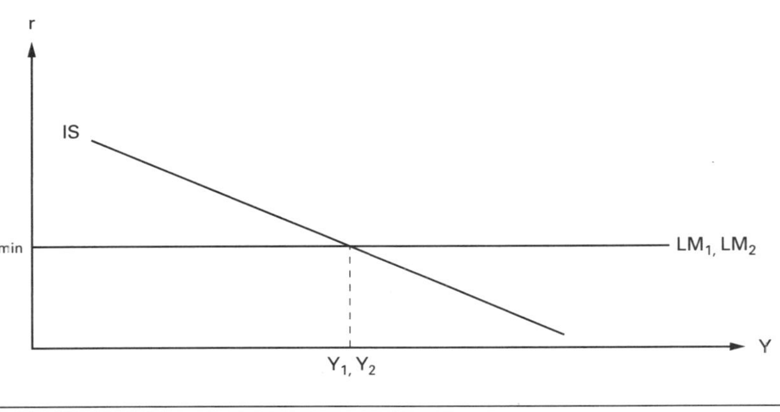

• **Comme l'efficacité de la politique monétaire est soumise à condition, les keynésiens appréhendent la politique monétaire comme un instrument d'accompagnement de la politique budgétaire** : c'est la politique monétaire d'accompagnement, dénommée aussi *policy mix*.

Schéma 9
La relance monétaire en situation d'accélérateur « pur »

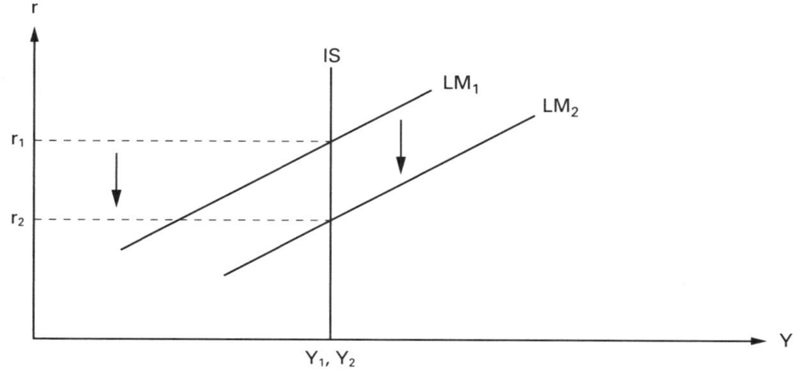

Sur le schéma 10, la relance budgétaire financée par l'emprunt (passage de IS1 à IS2) se traduit par une augmentation du taux d'intérêt de *r*1 à *r*2, qui déprime l'investissement. Afin de limiter cet effet d'éviction, une politique monétaire expansive est menée (passage de LM_1 à LM_2), qui permet de maintenir le taux d'intérêt à *r*1 : la relance budgétaire atteint son efficacité maximale, puisque le niveau de production passe de Y_1 à Y_3.

Schéma 10
La politique monétaire d'accompagnement

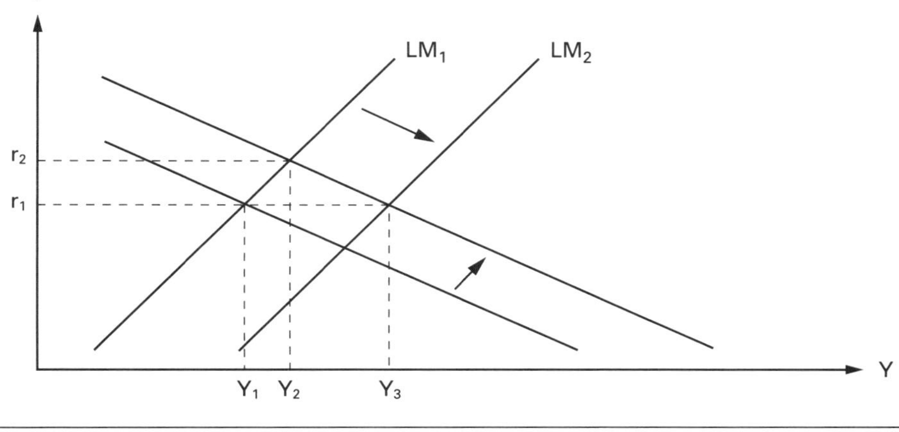

• **Dans l'optique keynésienne, la politique monétaire relève d'interventions discrétionnaires.** Il s'agit en effet de disposer d'un outil flexible, c'est-à-dire permettant de baisser ou d'augmenter les taux d'intérêt (ou d'agir sur les conditions d'encadrement du crédit), en fonction de la situation du moment et de manière contra-cyclique. Une illustration de cette flexibilité de la politique monétaire peut être trouvée dans le cas de la France, au cours de la période 1967 et 1975 : en 1968, la politique monétaire s'assouplit, ce qui conduit à une expansion des crédits ; dans un deuxième temps, face à la dérive inflationniste, une politique monétaire restrictive est mise en place en 1969. En 1970, les autorités monétaires assouplissent de nouveau puis suppriment même l'encadrement du crédit, ce qui se traduit par une forte progression des crédits entre 1970 et 1971 ; en décembre 1972, l'encadrement du crédit est encore rétabli. À la suite du plan de refroidissement de 1974, une politique de desserrement de l'encadrement du crédit est développée en 1975, avant que le plan Barre de 1976 ne marque le retour à la rigueur monétaire.

2. L'efficacité de la politique monétaire conjoncturelle est contestée par les monétaristes et les nouveaux classiques

► **Les monétaristes mettent l'accent sur trois critiques principales.**

• **La politique monétaire expansive se traduit par une accélération de l'inflation** : nous retrouvons ici les critiques de la relation de Phillips par Friedman et par les nouveaux classiques [1]. Rappelons que chez Friedman la politique monétaire expansive part sur le long terme en inflation, même si elle peut affecter à court terme l'activité par le biais de l'illusion monétaire. Les nouveaux classiques radicalisent la position friedmanienne : que ce soit à court ou à long terme, la relance monétaire n'aboutit qu'à une augmentation du niveau général des prix.

• **La politique monétaire conjoncturelle se heurte selon Friedman [2] au problème des délais** : si les cycles d'activité sont courts et si les délais d'efficacité de la politique monétaire sont longs, alors une politique monétaire contra-cyclique risque de se révéler pro-cyclique. Cela signifie que les fluctuations de l'activité seront accrues par la politique monétaire, qui se transforme en politique de déstabilisation.

Cette idée peut être illustrée par un exemple : supposons qu'une économie connaisse des fluctuations régulières de l'activité : à une période t de croissance inflationniste succède une période $t + 1$ de récession, avant que la croissance ne reparte en $t + 2$. Si une politique monétaire expansive est mise en œuvre en $t + 1$ pour lutter contre la récession et si le délai d'efficacité de la politique monétaire est d'une période, la politique monétaire expansive va agir en $t + 2$, c'est-à-dire lorsque l'activité repart : elle va accentuer les tensions inflationnistes et accroître ainsi les fluctuations.

1. Sur ce point, nous renvoyons le lecteur aux développements sur la courbe de Phillips, dans le chapitre 4 sur l'inflation. Ajoutons simplement que les monétaristes 2 Sargent et Wallace ont développé en 1975 un modèle célèbre dans lequel ils montrent que toute politique monétaire expansive reste sans effet sur la production, dès lorsqu'elle est anticipée par les agents.
2. « A monetary and fiscal framework for economic stability », *American Economic Review*, 1948.

Les délais d'efficacité de la politique monétaire sont de plusieurs ordres : il existe un laps de temps entre le moment où une économie entre en récession et le moment où l'on s'aperçoit du phénomène (« délai de reconnaissance ») ; il existe également un laps de temps entre le moment où la récession est identifiée et le moment où une action est décidée (« délai administratif ») ; il existe un laps de temps entre le moment où une mesure monétaire est prise et celui où elle commence à être répercutée par les banques de second rang (« délai intermédiaire ») ; enfin, le « délai externe » correspond au délai d'efficacité sur les objectifs finaux (stabilité des prix, etc.).

• **Les monétaristes critiquent le choix du taux d'intérêt nominal comme objectif intermédiaire de la politique monétaire**, dans la mesure où le taux d'intérêt nominal se compose de deux éléments : la rémunération d'un placement et l'inflation anticipée. Or lorsque le taux d'intérêt nominal varie, il est impossible de savoir *a priori* si c'est la rémunération ou l'inflation anticipée qui s'est modifiée.

Si le taux d'intérêt nominal augmente, les keynésiens préconiseront un accroissement de l'offre de monnaie. Selon les monétaristes, l'augmentation du taux d'intérêt nominal peut résulter d'une modification des anticipations d'inflation ; dès lors, en augmentant l'offre de monnaie, les autorités vont renforcer les anticipations inflationnistes, ce qui va se traduire par une nouvelle hausse du taux d'intérêt !

► **La politique monétaire doit poursuivre comme objectif intermédiaire la croissance des agrégats monétaires et comme objectif final la stabilité des prix.**

Selon Friedman, il s'agit de mener une politique de la base monétaire : en contrôlant la quantité de monnaie Banque centrale, les autorités doivent être en mesure de maîtriser l'évolution de la masse monétaire [1]. La politique monétaire doit se fixer comme objectif intermédiaire une croissance de la masse monétaire égale au taux de croissance anticipé de la production (**règle d'or de la croissance de la masse monétaire**) et laisser les taux d'intérêt fluctuer. Cette politique orthodoxe a été rarement appliquée, à l'exception de la FED entre octobre 1979 et octobre 1982 : au cours de cette période, en effet, la FED abandonne la manipulation des taux d'intérêt et s'en tient uniquement à l'action sur les réserves et le refinancement ; le problème est qu'ici les variations du taux d'intérêt risquent d'être très fortes.

► **La politique monétaire doit s'appuyer sur un principe réglementaire et non discrétionnaire** : nous retrouvons ici le débat inauguré en 1977 par Kydland et Prescott sur la crédibilité de la politique économique [2]. Si un gouvernement souhaite casser l'inflation, l'annonce d'un ralentissement de la croissance de la masse monétaire ne suffira pas à persuader les agents de la fermeté de ses engagements. Pour que les agents croient à la désinflation et modifient en conséquence leurs anticipations, il faut que la décision gouvernementale soit irréversible, c'est-à-dire

1. Notons aussitôt que les recommandations de Friedman constituent l'« orthodoxie » du monétarisme, qui ne correspond pas exactement au monétarisme pratiqué par les pays de l'OCDE dans les années 1980, lequel relève d'un monétarisme « pragmatique ».
2. Sur ce point, nous renvoyons le lecteur au chapitre 5 sur État et politique économique.

que le gouvernement ne puisse pas revenir à une politique expansive (qui a aussi ses avantages du point de vue de l'État, notamment en matière d'imposition). En effet, la révision par les autorités monétaires de leur objectif de stabilité des prix (dans le but de lutter contre le chômage) aura deux conséquences :

— le chômage ne baissera que momentanément : les agents sont victimes de l'**effet de surprise** (ils n'ont pu anticiper le revirement) à court terme mais cette illusion disparaît ensuite ;
— une perte de crédibilité pour le futur : les agents vont ensuite suspecter le gouvernement d'être toujours prêt à relâcher la vigilance en matière monétaire (notamment à l'approche des échéances électorales) ; en conséquence, ils anticiperont une hausse des prix supérieure à celle qui aurait prévalu sans relance monétaire : on aboutit à une accélération de l'inflation, c'est-à-dire à l'inverse de l'objectif recherché.

Une politique monétaire n'est crédible que si elle respecte la condition de **cohérence intertemporelle des choix**. Comment acquérir cette crédibilité ?

• Une première solution, souvent appliquée de nos jours, consiste à **rendre indépendante la Banque centrale du pouvoir politique**. Rappelons en effet que deux conceptions de la Banque centrale coexistent :

— si l'on considère que la politique monétaire est un instrument à la disposition des gouvernements, la Banque centrale doit rester dépendante du pouvoir politique. Cette conception a longtemps prévalu en France mais aussi au Royaume-Uni et au Japon. Dans le cas de la France et avant les réformes de 1993, la Banque centrale, nationalisée en 1945, était chargée d'exécuter les orientations monétaires décidées par les gouvernements. Cette dépendance se symbolisait d'ailleurs par le fait que le mandat des dirigeants de la Banque de France était à durée indéterminée et que leur révocation était possible à tout moment ;
— si l'on considère que la mission principale de la Banque centrale est la stabilité des prix, il faut que les autorités politiques n'aient aucune marge de manœuvre par rapport à la poursuite de cet objectif. Dans ce cas, il faut rendre juridiquement indépendante la Banque centrale du pouvoir politique, en modifiant ses statuts.

Plusieurs arguments militent en faveur de l'indépendance des banques centrales : les autorités politiques sont soumises périodiquement à la contrainte électorale : elles sont donc toujours tentées de procéder à une politique monétaire laxiste à l'approche des élections, afin de relancer transitoirement l'activité économique ;
— empiriquement, on observe une corrélation négative entre le degré d'indépendance des banques centrales et le taux d'inflation : l'inflation apparaît d'autant plus faible que la Banque centrale est indépendante [1] (graphique 4).

Le modèle de l'indépendance des banques centrales connaît aujourd'hui une audience grandissante : en Europe, l'indépendance des différentes banques centrales

1. Cette relation empirique est néanmoins soumise à un problème de causalité inverse : les pays les plus antiinflationnistes peuvent s'être dotés des institutions les plus indépendantes en matière monétaire.

Graphique 4
La relation entre inflation et degré d'indépendance des BC

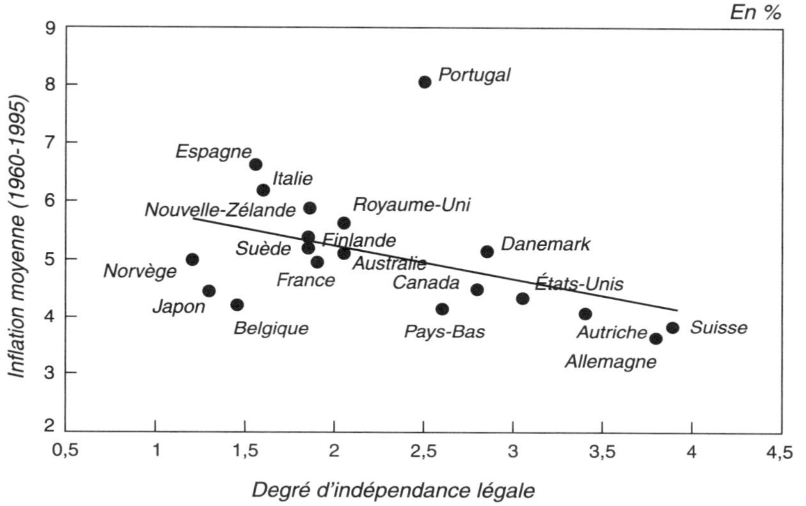

Source : Alesina & Summers, 1993.

est présentée comme une étape sur la voie de l'UEM et le traité de Maastricht prévoit, dans son article 107, l'indépendance de la SEBC. En France, par la loi du 4 août 1993, qui porte modification du statut de la Banque de France, a été créé le « conseil de la politique monétaire » ; un membre de ce conseil ne peut être révoqué qu'en cas d'incapacité ou de faute grave, et ce à la demande des autres membres du conseil : les membres du conseil n'ont pas à craindre qu'il soit mis fin à leurs fonctions dans le cas où ils suivraient une ligne différente de celle que le gouvernement souhaiterait voir adopter.

L'argument de l'indépendance des banques centrales a suscité toutefois plusieurs interrogations critiques. En particulier, Nordhaus (1989) montre que l'indépendance peut conduire à un « jeu destructeur » entre la Banque centrale et les autorités budgétaires : si la Banque centrale mène une politique monétaire trop restrictive, la récession qui s'ensuit conduit à un accroissement du déficit budgétaire, pour lutter contre le chômage. On aboutit alors à une situation caractérisée par des taux d'intérêt élevés et de forts déficits budgétaires. Pour éviter un tel scénario, Nordhaus préconise une coordination entre les autorités monétaires et budgétaires : une politique monétaire plus souple permettrait de profiter de la réduction des déficits publics, sans en subir le coût en termes de chômage. Le « jeu destructeur » envisagé par Nordhaus n'a rien d'irréaliste : « Que l'action indépendante et non coordonnée des autorités monétaire et budgétaire aboutisse à un équilibre de déficit public et de taux d'intérêt réel élevés ne saurait étonner au vu des expériences conflictuelles vécues aux États-Unis dans les années 1980 entre l'administration Reagan et la politique Volker, ou en Allemagne, au début des années 1990, où la Bundesbank a maintenu des taux d'intérêt élevés en réaction aux dépenses de transfert liées à la réunification [1]. »

• Une seconde solution consiste à fonder la crédibilité de la Banque centrale non pas sur des règles juridiques, mais sur des **règles de comportement** :

— selon Rogoff (1985), il convient de nommer à la tête de la Banque centrale une personnalité « conservatrice », ayant la réputation d'une forte aversion pour l'inflation ;

— en adhérant à un système de changes fixes, un pays peut importer la crédibilité de ses partenaires en matière de lutte contre l'inflation. En effet, lorsqu'un pays adhère à une zone de changes fixes, il est contraint de s'aligner en matière d'inflation sur le pays le plus « vertueux », sous peine de voir sa compétitivité se dégrader. Cette thèse de la réputation importée a été invoquée dans le cas du SME : les pays comme la France et l'Italie, en adhérant au SME, ont importé la crédibilité de la Bundesbank en matière de lutte contre l'inflation. En effet, comme l'Allemagne a une forte aversion pour l'inflation et comme le SME constitue de fait un système mark, les membres du SME sont contraints d'afficher le même taux d'inflation que l'Allemagne.

► **Les propositions des monétaristes ont suscité la critique des keynésiens.** Selon Nicholas Kaldor [2], la politique d'inspiration monétariste bute sur le problème de la définition de la masse monétaire.

> Il n'y a pas de démarcation claire au sein de l'ensemble de la liquidité entre ce qui est de la monnaie et ce qui ne l'est pas. Quelle que soit la définition que l'on choisisse pour la monnaie, elle sera entourée par une myriade d'instruments plus ou moins liquides qui peuvent lui servir de substituts.

L'analyse monétariste raisonne dans un cadre de prix parfaitement flexibles, oubliant ainsi qu'il existe un système d'indexation des salaires. Supposons par exemple que les contrats de travail soient conclus pour une durée de deux ans, la moitié des entreprises négociant les années paires (entreprises du groupe A), l'autre moitié les années impaires (entreprises du groupe B). À l'année 0, les entreprises du groupe A fixent les salaires nominaux en anticipant l'inflation pour les années 1 et 2 ; supposons que les autorités monétaires mènent une politique expansive au début de l'année 1 ; les entreprises du groupe B vont anticiper cette modification et fixer leurs salaires nominaux en conséquence (pour les années 2 et 3). Mais les entreprises du groupe A ne peuvent, par hypothèse, ajuster leurs salaires nominaux

1. A. Lavigne, P. Villieu, « La politique monétaire : nouveaux enjeux, nouveaux débats ? », *Revue d'économie politique*, 1996.
2. *Le fléau du monétarisme*, Paris, Economica, 1982.

durant l'année 1 : l'augmentation de l'inflation, résultant de la politique monétaire expansive, se traduit donc pour les entreprises du groupe A par une baisse des salaires réels, laquelle peut favoriser une reprise de l'activité.

3. L'ouverture sur l'extérieur rend plus complexe l'efficacité de la politique monétaire

► **En situation de changes fixes, la politique monétaire de relance ne permet pas d'atteindre l'équilibre interne.**

Une telle affirmation peut être mise en évidence à partir du modèle de Mundell et Flemming [1], qui constitue le prolongement du modèle IS-LM en économie ouverte (prise en compte d'un taux de change fixe ou flexible, de capitaux internationalement mobiles ou immobiles, des importations du pays).

Soit le pays X, qui appartient à un système de changes fixes et qui mène une politique monétaire expansive dans un contexte de capitaux peu mobiles [2] ; cette dernière conduit normalement à une diminution du taux d'intérêt, qui entraîne à son tour une reprise de l'activité économique. La reprise de l'activité se traduit par une hausse des importations (les importations étant fonction du niveau d'activité) : un déficit de la balance courante apparaît, qui génère une demande nette de devises (pour payer les importations) ; le taux de change de la monnaie du pays X tend à se déprécier sur le marché des changes. Afin d'éviter une telle dépréciation, la Banque centrale du pays X doit intervenir en vendant des devises : la masse monétaire diminue [3], ce qui entraîne une remontée du taux d'intérêt et une contraction de l'activité.

Supposons à présent que les capitaux soient internationalement mobiles ; la relance monétaire, en faisant baisser le taux d'intérêt, provoque alors une sortie massive de capitaux ; le taux de change de la monnaie du pays X tend à se déprécier sur le marché des changes et la Banque centrale du pays X doit intervenir pour limiter la dépréciation : elle vend des devises, ce qui conduit à une contraction de l'offre de monnaie.

On voit donc qu'il n'existe pas en changes fixes de marge de manœuvre pour une politique monétaire discrétionnaire : les mouvements de la masse monétaire induits par les variations des réserves de change compensent automatiquement les mouvements induits par les fluctuations du crédit interne. On peut considérer qu'en changes fixes l'offre de monnaie échappe au contrôle des autorités monétaires [4].

1. J.M. Fleming, « Domestic financial policies under fixed and under floating exchange rates », *IMF Staff Papers*, 1962 ; R.A. Mundell, *International Economics,* 1968.

2. L'imparfaite mobilité des capitaux peut résulter d'obstacles institutionnels, tels que le contrôle des changes. Ainsi, en France, jusqu'à une période récente, l'échange de francs contre des devises était soumis à une abondante réglementation : la convertibilité du franc, rétablie par étapes successives entre 1948 et 1958 pour les non-résidents, n'a jamais été absolue pour les résidents jusqu'au milieu des années 1980. Différentes mesures de libéralisation sont intervenues en France depuis avril 1986 pour mettre fin à ce système.

3. En effet, la contrepartie externe (or et devises) de la masse monétaire diminue.

4. Il est vrai cependant que, à court terme, le gouvernement peut mener une opération de « stérilisation » pour éviter l'effet dépressif au niveau interne de la contraction de la masse monétaire. La Banque centrale continue d'acheter la monnaie nationale contre des devises pour soutenir le cours de la monnaie et en même temps pratique une politique monétaire expansionniste. Une augmentation de la contrepartie « crédit interne » va alors compenser la réduction de la

Tel a été le cas du SME, où les capitaux étaient mobiles et relativement substituables entre pays ; on comprend pourquoi, dans ces conditions, la politique monétaire française ne disposait pas véritablement de marge de manœuvre, si ce n'est en alignant ses taux sur ceux de la Bundesbank.

• **En revanche, en situation de changes flexibles, la politique monétaire conjoncturelle conserve son efficacité, quel que soit le degré de mobilité des capitaux [1].**

Supposons que les capitaux soient immobiles ; la politique monétaire expansive se traduit par une baisse du taux d'intérêt, laquelle entraîne une reprise de l'activité et une hausse des importations ; un déficit extérieur apparaît qui déprécie le taux de change. La dépréciation du taux de change stimule les exportations et réduit les importations, ce qui constitue un second effet expansif.

En situation de mobilité des capitaux, la politique monétaire conjoncturelle est aussi très efficace : sortie de capitaux, puis dépréciation du change avec les exportations stimulées.

Il apparaît qu'en situation de changes flexibles la création monétaire interne devient indépendante du solde de la balance des paiements : le déficit ou l'excédent extérieur, au lieu de se traduire par des achats ou des ventes de devises contre monnaie nationale, conduit à une dépréciation ou à une appréciation du taux de change jusqu'à disparition du déséquilibre.

► **En situation de changes (quasi) fixes, la politique monétaire peut toujours s'affranchir de la contrainte de stabilité du change, par la dévaluation.**

La dévaluation consiste à diminuer institutionnellement la parité de la monnaie nationale dans le sens d'une diminution de son pouvoir d'achat en devises. La dévaluation devrait se traduire par deux effets (schéma 11) :

— un effet détérioration des termes de l'échange : en monnaie nationale, les prix à l'exportation ne changent pas, tandis que les prix à l'importation augmentent. Il en résulte une dégradation des termes de l'échange, mesurée par le ratio Px/Pm ;
— un effet volume : avec la dépréciation du change, le pays espère que les exportations augmenteront, tandis que les quantités importées diminueront ; il s'agit d'un effet de détournement (*switching*) de l'offre domestique vers le marché étranger et de la demande domestique vers les produits locaux.

Pour que la dévaluation améliore le solde de la balance courante, il faut que l'effet volume l'emporte sur l'effet de détérioration des termes de l'échange.

contrepartie « réserves de changes ». Mais cette stratégie de stérilisation ne peut être que temporaire, car la Banque centrale ne peut intervenir indéfiniment (les réserves de change du pays sont limitées ainsi que les possibilités d'emprunt de devises auprès des institutions monétaires internationales).

1. Le lecteur ne devra pas en conclure pour autant qu'il s'agit là d'un argument décisif en faveur des changes flexibles : l'expérience de flexibilité des changes a mis en évidence une forte variabilité des taux de change, source d'incertitude ; de plus, le choix d'un change fixe renvoie à des objectifs qui dépassent la seule politique conjoncturelle.

Schéma 11
Les effets espérés de la dévaluation

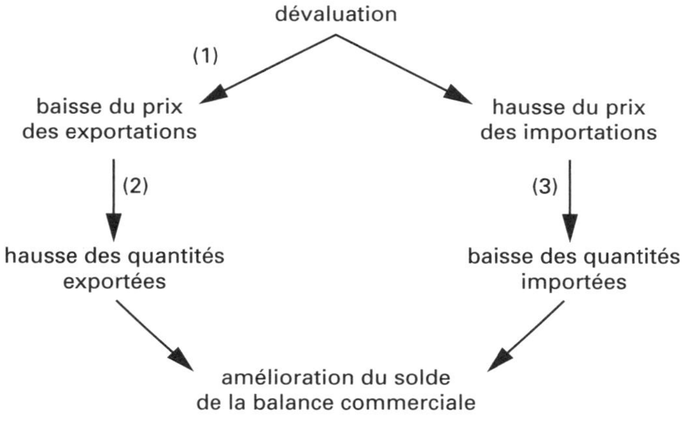

• **Mais l'enchaînement vertueux de la dévaluation est soumis à de nombreuses conditions, qui rendent son efficacité douteuse.**

La dévaluation ne se traduit pas nécessairement par une baisse du prix des exportations en devises (relation (1) sur le schéma 11) ; les exportateurs peuvent adopter des comportements de marge, c'est-à-dire ne pas diminuer le prix de leur produit en devises, à la suite de la dévaluation. Ce phénomène s'observe en France [1] : la majorité des exportateurs français facturant en devises conservent le même prix sur le marché étranger, lorsque la valeur du franc fluctue.

Confrontés à une dévaluation, les entrepreneurs nationaux ont donc le choix entre :

— répercuter la baisse du taux de change sur le prix en devises, afin de gagner des parts de marché (stratégie de compétitivité) ;
— utiliser la dévaluation pour augmenter leurs marges (stratégie de profitabilité).

Le choix de l'exportateur entre ces deux stratégies va dépendre de la nature des produits offerts sur le marché étranger :

— si les biens sont fortement différenciés, la demande est peu élastique au prix et l'exportateur a intérêt à privilégier une stratégie de profitabilité ;
— si les biens sont concurrencés sur le marché étranger par des produits substituts, l'exportateur adoptera un comportement de compétitivité et baissera ses prix en devises.

1. H. Bourguinat, M. Cazals, Ph. Ithurbide, *L'entreprise française face aux variations de change*, Paris, Economica, 1982.

Le renchérissement du prix des importations n'entraîne pas nécessairement une diminution des quantités importées (relation (3) sur le schéma 11) : tout dépend de l'élasticité prix des importations (noté *em*) :

$$e_m = (dQ_m / Q_m) / (dP_m / P_m)$$

avec Qm les quantités importées ;
avec Pm le prix des importations.

On voit aussitôt que si *em* tend vers zéro, cela signifie que l'augmentation du prix des importations affecte peu les quantités importées. La valeur de l'élasticité dépend elle-même de la nature des produits importés : s'il s'agit de produits indisponibles sur le territoire national (**importations incompressibles** liées à un commerce d'indisponibilité), le seul effet de la dévaluation est de renchérir le prix des importations car la substitution d'importation n'est pas possible.

Quant à la baisse du prix des exportations résultant de la dévaluation, elle n'engendre pas nécessairement une augmentation des quantités exportées : de nouveau, il convient de calculer l'élasticité prix des exportations (notée *ex*) :

$$ex = (dQx / Qx) / (dPx / Px)$$

avec Qx les quantités exportées ;
avec Px le prix des exportations.

Si *ex* tend vers zéro, cela signifie que la baisse du prix des exportations affecte peu les quantités exportées. La valeur de l'élasticité dépend ici de la nature de la spécialisation du pays : la dévaluation se traduit par une reprise des exportations, si la compétitivité est fondée sur les prix (cas de biens standardisés) et sur des biens fortement demandés au niveau mondial.

Le théorème des élasticités critiques

Les effets d'une dévaluation sur le solde commercial ont été synthétisés par Marshall-Lerner et Robinson, au travers du théorème des élasticités critiques. Une dévaluation génère deux effets :

- un effet prix (hausse du prix des importations, baisse du prix des exportations) qui aggrave le déficit commercial ;
- un effet quantité (hausse des quantités exportées ; baisse des quantités importées) qui est favorable au solde commercial.

Les auteurs montrent alors que, si la balance des transactions courantes est initialement à l'équilibre, la dévaluation est efficace lorsque les effets volume l'emportent sur les effets prix, soit : $| ex + em | > 1$.

Dans les années de l'immédiat après-guerre, les travaux économétriques ont montré des valeurs inférieures à l'unité : on a alors parlé de « pessimisme des élasticités critiques ». Puis, durant les années 1950-1960, on admet que la condition de Marshall-Lerner-Robinson est vérifiée. Depuis les années 1970, les travaux font état d'une révision à la baisse des élasticités, dont la somme demeure néanmoins supérieure à l'unité.

Alors que la dévaluation renchérit le prix des importations et diminue le prix des exportations immédiatement, l'effet quantité de la dévaluation nécessite du temps : la dévaluation risque donc d'aggraver à court terme le déficit commercial, phénomène dénommé **courbe en J** (schéma 12). Ainsi, Houthakker et Magee (1969) ont pu montrer que les élasticités sont supérieures à l'unité pour tous les pays de l'OCDE dans les années 1960, mais que les délais entre la dévaluation et l'amélioration du solde commercial sont de l'ordre de deux ans.

Schéma 12
La courbe en J

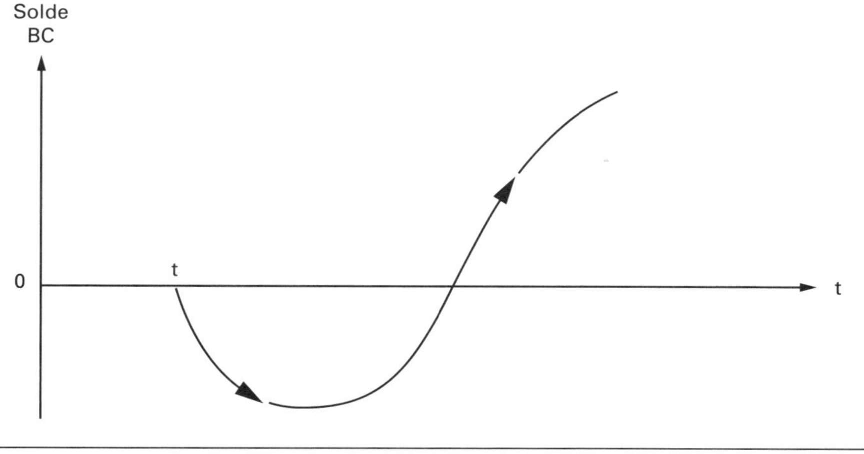

L'existence de délais peut même conduire à un **cercle vicieux de la dévaluation** : un pays dévalue en t pour résorber son déficit ; en $t + 1$, le déficit s'accroît, du fait de l'effet prix, ce qui l'oblige à dévaluer de nouveau (schéma 13).

• **La dévaluation entraîne des effets secondaires.**

La dévaluation peut être inflationniste[1] : en renchérissant le prix des importations, la dévaluation risque de créer de l'inflation importée ; de même, la reprise des exportations crée un effet multiplicateur au niveau interne qui peut générer une inflation par la demande, s'il existe des tensions sur les capacités de production.

1. Alors même que la dévaluation peut être la conséquence d'une inflation trop forte ! Le lecteur notera qu'en économie les causes se transforment parfois en conséquences.

La dévaluation s'inscrit dans une perspective de guerre commerciale ; or, confrontés à une dévaluation, les partenaires peuvent être tentés de riposter en dévaluant à leur tour. Cette situation s'est observée avec particulièrement d'acuité dans les années 1930, où l'on assista à de véritables dévaluations en chaîne.

La dévaluation peut entraîner un effet récessif dans le pays, en particulier parce qu'elle augmente le poids de la charge de la dette, lorsque celle-ci est libellée en devises ; cela vaut non seulement pour les PVD mais aussi pour des pays comme la France, dont 95 % de la dette extérieure était libellée en devises : ainsi, la dévaluation de 1983 a conduit à un alourdissement du prélèvement estimé à 4 milliards de francs.

Schéma 13
Le cercle vicieux de la courbe en J

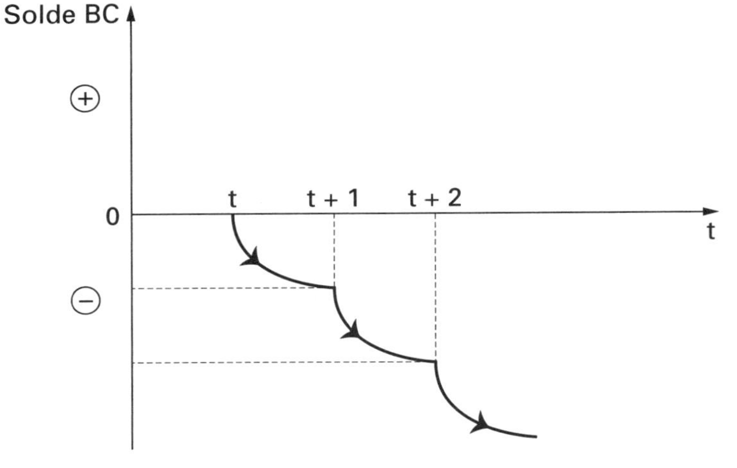

La dévaluation, si elle peut engendrer un gain à court terme, risque de remettre en cause la crédibilité de la monnaie nationale à long terme ; en effet, si un pays dévalue à la période *t*, les marchés financiers prendront en compte l'hypothèse d'une dévaluation possible aux périodes ultérieures ; dans la crainte d'une nouvelle dévaluation, ils exigeront une **prime de risque**, c'est-à-dire un taux d'intérêt plus élevé que le taux en vigueur sur les places financières internationales « sûres ». En conséquence, s'il veut attirer les capitaux en *t* + 1, le pays est contraint de relever ses taux d'intérêt, ce qui déprime l'investissement national.

Les dévaluations en France jusqu'en 1987

La France a une lourde tradition dévaluationniste : comme le souligne l'INSEE, « la variation du taux de change a constitué une modalité d'ajustement externe de l'économie française durant toute sa période de forte croissance et d'industrialisation intensive ». En trente ans (1957-1987), la France a connu huit fois la dévaluation. Rien que depuis 1979 (au sein du SME), cinq changements de parité ont eu lieu : octobre 1981, juin 1982, mars 1983, avril 1986, janvier 1987. Comment expliquer un tel phénomène ? Deux arguments sont généralement mobilisés pour rendre compte de cette faiblesse du franc : l'un conjoncturel, l'autre structurel.

Tout d'abord, il existait durant les années 1980 un différentiel d'inflation avec la RFA : le taux d'inflation en France était supérieur à celui de la RFA, ce qui imposait des réajustements de parité. Ce facteur conjoncturel joue peu depuis 1985, dans la mesure où le différentiel d'inflation est très faible entre les deux pays ; pourtant, le franc a continué de se déprécier vis-à-vis du mark jusqu'en 1987.

Ensuite, il y avait le problème de la structure de la spécialisation française : comme la France disposait d'une faible spécialisation zone/produits, elle avait un déficit structurel de sa balance commerciale qui entraînait une faiblesse du franc ; de plus, au niveau des importations, la France avait une part importante de produits incompressibles (35 % à peu près des importations totales dans les années 1980).

Catinat, Pisani-Ferry et Schubert (« Les incidences d'une dévaluation du franc ont-elles varié depuis vingt ans ? », *Économie et statistique*, 1985) montrent que le phénomène de la courbe en J se reproduit de manière identique en France lors des dévaluations de 1971, 1976 et 1983 : dans ces trois cas, il faut près de trois ans pour que le solde extérieur retrouve son niveau initial.

On dit d'ailleurs souvent de la France qu'elle a été victime d'un « cercle vicieux » de la dévaluation (par opposition au cas allemand) : la dévaluation crée de l'inflation importée, laquelle impose une nouvelle dévaluation. Cela étant, depuis 1987, la France n'a plus dévalué sa monnaie : c'est la politique du « franc fort » et de la « désinflation compétitive ».

► **En changes fixes, dès lors que le recours à la dévaluation est exclu, les autorités monétaires privilégient une politique monétaire restrictive ou coordonnée.**

• **Selon certains économistes, la politique monétaire restrictive constituerait la seule voie de rétablissement de l'équilibre interne et externe** : nous retrouvons ici l'enchaînement de la désinflation compétitive mis en œuvre en France au cours des années 1980-1990 et que nous avons analysé dans le chapitre 4. Rappelons que cette politique monétaire restrictive devait se traduire dans un premier temps par des taux d'intérêt réels élevés, qui compriment la demande intérieure et les importations. Mais dans un second temps, la politique de désinflation compétitive enclencherait un cercle vertueux de monnaie forte : faible inflation, gains de compétitivité-prix et reprise des exportations, lesquelles alimentent la croissance interne. Ajoutons à cela que la politique monétaire restrictive, dès lors qu'elle est poursuivie avec constance, peut provoquer une baisse progressive du différentiel de taux d'intérêt avec les principaux partenaires : la politique monétaire devenant crédible, le pays n'a plus besoin d'offrir une prime de risque pour attirer les capitaux étrangers.

• D'autres auteurs préconisent plutôt une politique de détente des taux d'intérêt, par la coordination des politiques monétaires.

Une baisse coordonnée des taux d'intérêt permet d'éviter la situation d'asymétrie qui prévaut lors d'une relance isolée : en effet, si un pays diminue unilatéralement ses taux d'intérêt, il prend le risque de voir ses importations augmenter, son inflation repartir et ses capitaux étrangers sortir du territoire, à la suite d'un différentiel de taux d'intérêt avec ses partenaires. En revanche, si les pays baissent simultanément leurs taux d'intérêt dans les mêmes proportions, ce risque d'asymétrie disparaît : l'effet d'une baisse des taux est alors la reprise de l'activité économique dans chacun des pays. Dans quelle mesure une telle politique est-elle possible ? Deux arguments peuvent être mobilisés qui mettent en doute la portée d'une politique monétaire coordonnée.

Tout d'abord, les pays ne subissent pas les mêmes contraintes au niveau interne (par exemple, en termes de taux de chômage) : l'hétérogénéité des situations rend difficile l'obtention d'un accord sur la baisse des taux d'intérêt.

Ensuite, à supposer que les pays aient collectivement avantage à une baisse coordonnée des taux d'intérêt, chaque pays pris individuellement est incité à laisser son partenaire prendre l'initiative. Supposons deux pays A et B, en proie à un fort taux de chômage (égal à 12 %) et qui envisagent de réduire leur taux d'intérêt pour relancer l'activité intérieure. Si les deux pays baissent en commun leur taux d'intérêt, chacun voit son taux de chômage diminuer à 10 %. Si les pays ne diminuent pas leurs taux d'intérêt (noté r), le taux de chômage reste à 12 %. Mais si le pays A baisse unilatéralement ses taux d'intérêt, cela aggrave son taux de chômage (qui passe à 13 %) : en effet, la baisse des taux se traduit par une fuite des capitaux et une reprise des importations, qui oblige à mettre en place une politique de rigueur ; en revanche, dans cette situation, le gain pour le pays B est supérieur à celui obtenu lorque les deux pays diminuent ensemble leurs taux d'intérêt : le chômage de B passe à 8 %. Le raisonnement inverse s'applique bien évidemment au cas où le pays B baisse unilatéralement ses taux d'intérêt. On voit ici que le défaut de coordination des politiques monétaires peut conduire au maintien du *statu quo* : aucun des deux pays ne prend l'initiative d'une détente de ses taux d'intérêt. Nous retrouvons ici une situation typique de « dilemme du prisonnier » (voir graphique 5).

Graphique 5
Relance monétaire et dilemme du prisonnier

		Pays B	
		Baisser	Ne pas baisser
Pays A	Baisser	(10, 10)	(5, 15)
	Ne pas baisser	(15, 5)	(3, 3)

Sur le graphique 5, nous voyons qu'une baisse coordonnée des taux d'intérêt permettrait aux deux pays de réaliser un gain collectif (en termes de croissance économique) de 20 ; si les deux pays adoptent le *statu quo* et ne baissent pas leurs taux, le gain collectif est seulement de 6. Si le pays A prend l'initiative de diminuer son taux d'intérêt, alors que le pays B maintient le sien inchangé, le gain total est également de 20 mais il est réparti de manière très dissymétrique : 5 seulement pour le pays A et 15 pour le pays B, qui s'est comporté en « *free rider* ». De même, si le pays B diminue son taux d'intérêt alors que le pays A le maintient, l'essentiel du gain revient au pays A. La seule issue possible de ce jeu est que chaque pays adopte le *statu quo*, conduisant ainsi un gain collectif de 6 au lieu de 20.

Approfondir

LECTURES

- C. Bordes, *La politique monétaire*, Paris, La Découverte, « Repères », 2007.
- F. Mishkin, *Monnaie, banques et marchés financiers*, Paris, Pearson, 2010.
- D. Plihon, *La monnaie et ses mécanismes*, Paris, La Découverte, « Repères », 2008.

THÈMES DE RÉFLEXION

- La monnaie est-elle neutre ?
- La monnaie dans les modèles classique et keynésien.
- L'inflation est-elle d'origine monétaire ?
- Monnaie et croissance.
- L'efficacité de la politique monétaire.
- Politique monétaire et ouverture sur l'extérieur.
- Politique monétaire et politique budgétaire.
- L'efficacité de la dévaluation.
- La création monétaire.

Retenir

La *policy mix* ; la crédibilité de la politique monétaire ; la politique monétaire discrétionnaire/réglementaire ; la cohérence intertemporelle des choix ; les objectifs finaux/intermédiaires de la politique monétaire ; le réescompte ; les réserves obligatoires ; l'intervention sur le marché interbancaire ; les prises en pension ; les appels d'offre ; la politique d'*open market* ; l'encadrement du crédit ; la dévaluation ; la courbe en J ; le théorème des élasticités critiques ; le contrôle des changes ; les fonctions de la monnaie ; la monnaie fiduciaire ; la monnaie métallique ; la monnaie scripturale ; la liquidité ; le taux de liquidité ; les agrégats monétaires ; la vitesse de circulation de la monnaie ; la Banque centrale ; la création monétaire ; les banques de second rang ; les contreparties de la masse monétaire ; la base monétaire ; le multiplicateur de crédit ; le diviseur de crédit ; l'équation de Cambridge ; l'équation de Fisher ; le motif de transaction ; le motif de précaution ; le motif de spéculation ; le modèle de Baumol ; le modèle de Tobin ; les innovations financières ; les agrégats de placement ; les obligations ; la trappe à liquidités ; le modèle de Mundell-Flemming ; le dilemme du prisonnier ; le taux d'intérêt ; les taux directeurs ; le taux au jour le jour.

Utiliser

L'efficacité de la politique monétaire durant les années 1970-1990

Les objectifs assignés à la politique monétaire ont connu une profonde mutation depuis les années 1960 : c'est dire que l'efficacité de l'outil monétaire doit être jugée à l'aune de ces changements.

En effet, durant les Trente Glorieuses, la politique monétaire française s'inscrivait dans la perspective keynésienne d'un arbitrage entre inflation et chômage : dans un contexte de sous-emploi, il revenait à la Banque centrale de relancer l'activité, en baissant par exemple le taux de réescompte ; à l'inverse, les tensions inflationnistes impliquaient la mise en place d'une politique monétaire plus restrictive. L'instrument monétaire était le plus souvent utilisé comme complément à la politique budgétaire, dans le but de limiter l'effet d'éviction.

Mais l'efficacité d'une telle politique a été remise en cause – tant d'un point de vue empirique que théorique – au cours des années 1970 : tandis que les monétaristes mettaient en évidence l'inefficacité des politiques monétaires expansives, l'ouverture croissante des économies et l'ancrage de l'Europe à un système de changes fixes invalidaient les thérapeutiques keynésiennes. C'est alors qu'un nouvel objectif – perçu comme la condition nécessaire et préalable au retour de la croissance – a été assigné à la politique monétaire : combattre l'inflation.

Ce changement d'objectif a-t-il permis pour autant à la politique monétaire de retrouver de son efficacité ?

I. L'efficacité des politiques monétaires conjoncturelles pratiquées durant les Trente Glorieuses a été remise en cause à partir des années 1970

1. L'objectif de la politique monétaire était de favoriser la croissance par la baisse administrée des taux d'intérêt, au prix d'une inflation minimale

▸ **La politique monétaire constituait un instrument direct de relance mais son efficacité était soumise à de nombreuses conditions.**

• **Rappeler ici l'enchaînement keynésien, résumé dans le modèle IS-LM** : la politique monétaire expansive permet de baisser le taux d'intérêt, ce qui a deux effets positifs sur l'activité :

— sur la consommation, en favorisant l'endettement des ménages (d'autant que l'inflation rampante diminue le coût réel du crédit) ;
— sur l'investissement, dans la mesure où le taux d'intérêt détermine en partie le coût d'usage du capital.

• **Cela étant, l'efficacité directe de la politique monétaire comme outil de relance est conditionnée par quatre facteurs** :

— le niveau de départ du taux d'intérêt (le cas extrême étant celui de la trappe à liquidités, c'est-à-dire lorsque LM est horizontale : toute offre de monnaie supplémentaire part en thésaurisation) ;
— la sensibilité de l'investissement au taux d'intérêt, mesurée par son élasticité (le cas extrême étant, dans IS-LM, le cas de l'accélérateur pur où IS est une droite verticale) ;
— l'existence de capacités de production inutilisées et les comportements d'anticipation des salariés : le risque est que la relance monétaire parte en inflation. C'est ce que l'on observait généralement : à la fois un dérapage inflationniste et une reprise de l'activité (relation de Phillips) ;
— le niveau de départ du taux de chômage (reprendre la relation de Phillips).

▸ **C'est pourquoi la politique monétaire a été surtout utilisée comme instrument d'accompagnement de la politique budgétaire expansive** :

— la politique budgétaire expansive se heurte à l 'effet d'éviction : lorsque l'État relance, on a une augmentation de l'activité, du revenu et donc de la demande de monnaie de transaction ; à offre de monnaie constante, les agents doivent vendre des titres, ce qui fait augmenter les taux d'intérêt ;

— le but de la politique monétaire : atténuer l'effet d'éviction (politique mixte) ; graphiquement, dans le schéma IS-LM, on effectue une translation de IS et de LM vers la droite.

2. Mais la politique monétaire conjoncturelle s'est heurtée à une remise en cause théorique et à une contrainte objective, qui en altèrent l'efficacité

► **La politique monétaire expansive est apparue comme la source de l'inflation, voire de la stagflation** :

— développer la critique des monétaristes à l'encontre des politiques monétaires expansives : il s'agit en fait de la critique de la relation de Phillips par les monétaristes et les nouveaux classiques ; insister sur les hypothèses de départ : l'économie est en équilibre (le taux de chômage est à son niveau naturel). La politique monétaire fait diminuer artificiellement le chômage à court terme, au prix d'une accélération de l'inflation ;
— développer la critique des monétaristes autrichiens, et plus particulièrement l'analyse de Hayek : insister sur le fait que l'approche s'inscrit en rupture avec l'approche néoquantitativiste. La politique monétaire expansive, en maintenant un taux d'intérêt qui n'est pas le taux d'équilibre du marché, incite à investir, de telle sorte que I. S ; on a alors une modification des prix relatifs entre les différents stades de production et donc allongement de la structure de production, qui devient plus capitalistique. Mais les consommateurs ne l'ont pas souhaité et leur demande de biens finaux ne s'est pas modifiée : une inflation se développe dans les stades finaux.

► **La politique monétaire expansive menée au niveau national est apparue inefficace dans un contexte de fixité des changes.**

• **Quel que soit le degré de mobilité des capitaux, la politique monétaire expansive est vouée à l'échec en changes fixes** (ce qui est le cas de l'Europe) ; reprendre les deux situations polaires en expliquant les canaux de transmission :

— capitaux immobiles : problème des importations qui entraînent la dépréciation du change et donc une intervention de la Banque centrale, qui vend des devises et contracte par là même l'offre de monnaie :
— capitaux mobiles : la fuite des capitaux vient déprécier le change.

• **Cette inefficacité de la politique monétaire est accentuée par la non-coordination des politiques économiques** : en effet, s'il y avait une baisse coordonnée des taux d'intérêt entre les principaux partenaires, la politique monétaire pourrait retrouver de son efficacité comme instrument de relance ; mais les intérêts des partenaires sont divergents.

II. En conséquence, de nouveaux objectifs ont été assignés à la politique monétaire, dont l'efficacité prête à discussion

1. À la politique monétaire expansive a succédé une politique restrictive orientée vers de nouveaux objectifs et fondée sur de nouveaux instruments

► **La politique monétaire poursuit comme objectif final la stabilité de la valeur de la monnaie et comme objectifs intermédiaires la croissance des agrégats monétaires et la stabilité du change.**

• **Le principal objectif de la politique monétaire actuelle est la stabilité de la valeur de la monnaie** ; aujourd'hui la politique monétaire est recentrée, on considère maintenant que sa seule finalité est la stabilité monétaire : réduction, voire disparition de l'inflation, préservation du pouvoir d'achat de la monnaie ; les arbitrages entre croissance et inflation ne sont pas de son ressort puisqu'ils sont source de désillusions et qu'il existe d'autres instruments plus adaptés à la stimulation de la croissance.

Souligner le changement radical du statut de la politique monétaire dans la panoplie de la politique économique : alors que dans les années 1950-1960 la politique monétaire était un instrument auxiliaire par rapport à la politique budgétaire, aujourd'hui c'est la politique monétaire qui contraint l'évolution de la politique budgétaire (pas de dérapage des dépenses publiques pour éviter une reprise de l'inflation).

• **La poursuite de cet objectif final passe par la médiation de deux objectifs intermédiaires** :

— la fixation d'une norme de croissance des agrégats monétaires ; le taux de croissance est fixé en fonction du taux de croissance anticipé de la production : ainsi la France a-t-elle adopté dès 1977 des normes de progression de la masse monétaire qui font l'objet d'effets d'annonce afin de crédibiliser la politique menée ;
— la stabilisation du taux de change pour éviter l'inflation importée et les effets inflationnistes de la dévaluation.

► **Cette politique restrictive s'appuie sur la mise en place de nouveaux instruments.**

• **La politique monétaire des années 1950 aux années 1980 (jusqu'en 1984) se fondait sur des instruments administrés.** Le but était de maintenir les taux d'intérêt à un niveau faible. En France en particulier, jusqu'en 1971, c'est le système du refinancement où l'unique possibilité pour une banque de second rang de se procurer de la monnaie Banque centrale est de s'adresser à la Banque centrale en refinançant des effets : ce système renvoie à une économie d'endettement où le principe du multiplicateur de crédit est remplacé par le principe de diviseur de crédit (les banques accordent des crédits puis se refinancent auprès de la Banque centrale). Puis de 1972 à 1984, l'encadrement du crédit a été l'instrument majeur de la politique monétaire française : il joue sur les quantités et ne laisse pas jouer les taux d'intérêt.

• **La politique monétaire récente prend le contre-pied de la politique précédente** :

— la politique d'action sur les taux d'intérêt par le biais du marché monétaire est devenue l'instrument privilégié : c'est le taux d'intérêt qui influe sur les conditions d'offre et de demande de monnaie ;

— la politique de la base monétaire avec l'instrument des réserves obligatoires (multiplicateur de crédit) s'est développée à partir des années 1980.

2. Mais l'efficacité de la politique monétaire n'est pas exempte d'ambiguïtés

▸ **Le choix des objectifs intermédiaires se heurte à de nombreuses limites.**

— La définition d'un agrégat monétaire apparaît de plus en plus incertaine : les innovations financières ainsi que l'instabilité de la vitesse de circulation de la monnaie pertubent la définition de la masse monétaire ;

— les objectifs intermédiaires sont potentiellement conflictuels : en effet, la norme de progression de la masse monétaire se heurte aux fluctuations du change ; par exemple, si le change s'apprécie, la Banque centrale doit acheter des devises, ce qui a un effet expansif sur la masse monétaire.

▸ **L'objectif final de la politique monétaire est-il encore un objectif soutenable ?**

L'objectif final de la politique monétaire repose sur une ambiguïté : si le seul et ultime objectif de la politique monétaire est la lutte contre l'inflation, force est de reconnaître que la politique monétaire a été efficace, dans la mesure où l'inflation a été combattue après le deuxième choc pétrolier grâce aux politiques restrictives ; mais on peut aussi considérer que l'objectif ultime de la désinflation par la politique monétaire est le retour de la croissance.

8

L'économie sans frontières ?

LES RELATIONS ÉCONOMIQUES INTERNATIONALES

Connaître

1992	Création de l'ALENA, zone de libre-échange entre les États-Unis, le Canada et le Mexique
1994	Clôture des négociations de l'Uruguay Round
1995	Création de l'OMC
2001	Lancement du cycle de négociations de Doha (Doha Round)
2001	Entrée de la Chine dans l'OMC
Mai 2004	Entrée de dix nouveaux membres dans l'Union européenne
2005	Les États-Unis, 1er pays d'accueil d'investissement direct étranger en termes de flux Le Royaume-Uni, 2e pays d'accueil La Chine, 3e pays d'accueil La France, 4e pays d'accueil
2007	Le commerce mondial de marchandises s'élève à environ 13 000 milliards de dollars, tandis que le commerce mondial de services représente environ 3 200 milliards de dollars L'Allemagne, 1er exportateur de marchandises et 3e de services La Chine, 2e exportateur de marchandises et 5e de services Les États-Unis, 3e exportateur de marchandises et 1er de services Le Japon, 4e exportateur de marchandises et 6e de services La France, 6e exportateur de marchandises et 4e de services Le Royaume-Uni, 10e exportateur de marchandises et 2e de services
2009	L'OMC comprend 153 membres
2010	Les négociations de Doha sont toujours dans l'impasse, butant notamment sur la question de la libéralisation agricole Selon l'OMC, le commerce mondial a reculé de 12 % en volume en 2009, ce qui représente la plus forte contraction depuis 1945 La Chine devient le premier exportateur mondial de marchandises

L'économie internationale, définie comme l'étude des échanges de produits et de facteurs entre entités géographiques différentes (pays ou régions), constitue un thème à la fois ancien et très développé de la science économique : présente déjà au XVIIe siècle chez les auteurs mercantilistes, elle a connu son essor avec les auteurs classiques puis néoclassiques pour constituer aujourd'hui une branche à part, avec ses auteurs attitrés et ses ouvrages de référence.

C'est dire que nous ne saurions rendre compte, dans l'espace d'un chapitre, de la multiplicité des approches et de la subtilité des analyses ; notre propos vise plutôt ici à présenter les principaux résultats – tant empiriques que théoriques – qui permettront au lecteur de se repérer dans le débat, jamais tranché car toujours renouvelé, sur les vertus et les limites de l'échange international.

Nous étudierons tout d'abord, de manière synthétique, l'évolution du commerce international depuis la fin du XIXe siècle, avant de passer en revue les principales théories explicatives des flux internationaux de marchandises.

Les flux internationaux de capitaux à long terme – sous la forme d'investissements directs – et leurs déterminants seront appréhendés dans une troisième section.

Nous terminerons ce chapitre par l'étude du protectionnisme et de la régionalisation des échanges.

I. Entre essor et reflux : l'évolution du commerce international

Depuis le XIXe siècle, le commerce international – que ce soit en volume ou en valeur – n'a pas connu une évolution linéaire mais une succession de périodes d'expansion et de contraction.

Il est usuel de distinguer – de manière schématique – quatre phases dans l'histoire du commerce international : la forte croissance du commerce international au XIXe siècle, atténuée par le retour au protectionnisme à la fin du siècle ; la faible croissance puis l'effondrement des flux commerciaux entre 1914 et 1945 ; l'essor très marqué des échanges entre 1945 et le début des années 1970 ; le ralentissement de la croissance du commerce international après 1973.

1. Le XIXe siècle constitue une période d'essor du commerce international

► **De 1830 à 1914, le taux de croissance annuel moyen du commerce international apparaît supérieur à celui de la production** : le commerce international représente 1,9 milliard de dollars en 1820 pour atteindre 38 milliards en 1913, soit une multiplication par vingt. Cette progression se traduit par une ouverture plus forte des économies : ainsi, le taux d'ouverture à l'exportation (défini comme le rapport exportation/PIB) passe pour la France de 7,5 % en 1850 à 15,3 % en 1913.

L'essor du commerce international ne s'effectue cependant pas de manière linéaire : les années 1880-1900 sont marquées par le ralentissement de la croissance du commerce international (1,8 % de croissance par an en moyenne), en particulier sous l'impact de la récession économique de 1873-1896 et du retour au protectionnisme (cf. *infra*). Une forte reprise s'observe à partir de 1900, avec un taux annuel moyen d'accroissement de 7 %.

Pour expliquer cette progression des échanges, plusieurs arguments sont généralement invoqués : la relative stabilité politique après 1815, la croissance économique liée à la deuxième révolution industrielle, la stabilité monétaire, les progrès dans les moyens de communications (chemin de fer, navires à vapeur), l'influence des idées libérales, favorables au libre-échange et mises en pratique par le Royaume-Uni dès 1846.

► **L'essor en volume et en valeur du commerce international s'accompagne d'une mutation dans la nature des produits échangés.**

En effet, jusqu'à la fin du XVIIIe siècle le commerce international se résumait pour l'essentiel au commerce des épices et des hommes (lié à l'esclavage) : bien que l'on ne dispose pas de statistiques précises sur cette période, on estime aujourd'hui que ces deux catégories de « produits » constituaient à elles seules plus de 60 % des échanges internationaux.

De ce point de vue, le XIXe siècle marque un tournant : en volume et en valeur, le commerce des épices cède rapidement la place aux échanges de produits primaires (agricoles et miniers). Ces derniers représentent à la veille de la Première Guerre mondiale 64 % des exportations totales, contre 36 % pour les produits manufacturés. Les exportations de produits primaires ont pour origine les pays d'Europe et les pays neufs. Quant aux exportations de produits manufacturés, elles sont d'abord le fait des pays européens (textile italien et anglais, machines et ouvrages en fer allemands) et de l'Amérique du Nord : ces pays exportent en moyenne plus d'articles manufacturés que de produits primaires et représentent à eux seuls 90 % des exportations totales de produits manufacturés. Parmi les produits manufacturés, la part des exportations de textile diminue progressivement au cours de la période, tandis que progressent les exportations de produits métallurgiques et chimiques.

► **La structure géographique du commerce international se caractérise par la prépondérance de l'Europe**, à la fois comme première zone d'exportation et d'importation : l'Europe (occidentale, centrale et orientale) continue à assurer, en 1913, 62 % des échanges mondiaux totaux. En particulier, le Royaume-Uni représente sur l'ensemble de la période le premier pays exportateur au monde, devant les États-Unis et l'Allemagne.

Une décomposition du commerce international par flux régionaux confirme cette suprématie européenne : le commerce entre pays européens apparaît comme le premier flux d'échange, représentant 36 % des exportations totales. Le deuxième flux d'échange est constitué par ceux entre les États-Unis et l'Europe, avec en 1913 plus de 13 % des exportations totales.

Il est vrai cependant que la part de l'Europe dans les échanges mondiaux tend à diminuer progressivement, et ce au profit des États-Unis : ces derniers, qui représentent 5,5 % du commerce international en 1850, en effectuent plus de 10 % à la veille de la Première Guerre mondiale. À l'intérieur de l'Europe, le Royaume-Uni, s'il demeure le premier exportateur mondial, voit décliner sa part dans les exportations totales, tandis que l'Allemagne devient le troisième exportateur en 1914.

2. Durant l'entre-deux-guerres, le commerce international entre dans une période de tourmente

► **Par rapport à la période précédente, le taux de croissance annuel moyen du commerce international marque un repli** : il devient inférieur à celui de la production et une relative fermeture des économies à l'échange international en résulte.

À l'intérieur de la période 1913-1939, plusieurs étapes peuvent être distinguées dans l'évolution du commerce international en valeur : entre 1914 et 1918, le commerce international stagne à 43 milliards de dollar-or, progresse entre 1918 et 1920 puis chute à l'occasion de la brève crise de 1921-1922. Un net redémarrage s'observe ensuite entre 1923 et la crise de 1929. Lors de la Grande Crise, le commerce international entre dans une véritable spirale contractionniste (schéma 1) : entre 1929 et 1933, le commerce international diminue de 25 % en volume et de 60 % en valeur, le point le plus bas étant atteint en 1933. Une reprise du commerce international s'opère après 1934, qui ne permet cependant pas de retrouver en 1939 le niveau en valeur de 1929.

► **Amorcé dès la fin du XIXe siècle, le déclin de l'Europe dans le commerce mondial se confirme durant l'entre-deux-guerres.**

Représentant 62 % du commerce total en 1913, l'Europe voit sa part diminuer à 55 % en 1938, au profit des États-Unis, des pays colonisés et du Japon. En 1938, les États-Unis sont devenus le premier exportateur mondial, avec 13,3 % des exportations totales, suivis par le Royaume-Uni (10,1 %), la France occupant la cinquième position (3,9 %), juste devant le Japon (3,3 %).

Le recul de l'Europe s'accompagne d'une forte baisse du commerce intra-européen, qui passe de 36 % du commerce total en 1913 à 29 % en 1938. En particulier, à la suite de 1929, les pays européens réorientent leur commerce à destination de leurs colonies, de leurs dominions ou de leur zone d'influence. Tel est le cas du Royaume-Uni après les accords d'Ottawa d'août 1932 :

Schéma 1
La spirale du commerce international 1929-1933
(en millions de dollars)

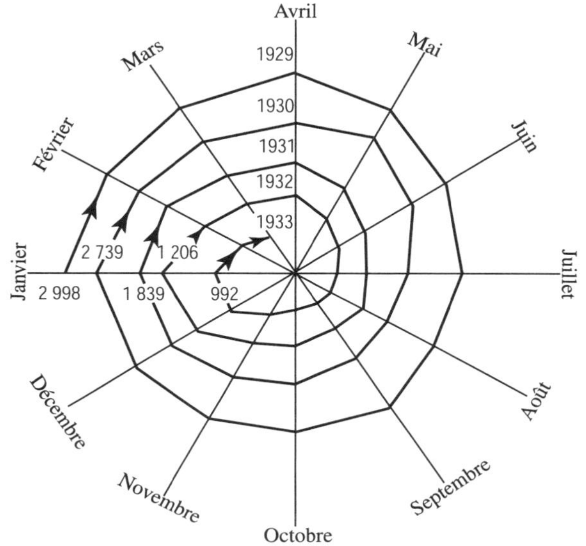

la part des importations du Royaume-Uni en provenance des colonies, des dominions et de l'Inde passe de 30 % en 1929 à 70 % en 1938. De même, les importations de la France en provenance de ses colonies passent de 12 % à 27 % et l'Algérie devient le plus gros fournisseur et le premier client de la France. L'Allemagne pour sa part accroît ses échanges avec les pays d'Europe centrale et orientale.

► En ce qui concerne les produits échangés, le commerce international évolue relativement peu au cours de l'entre-deux-guerres.

Les produits primaires représentent toujours en 1938 plus de 60 % du commerce total. Au sein des produits primaires, la part des produits agricoles recule, tandis que la part du pétrole brut et raffiné augmente. En revanche, une nette évolution géographique du commerce par produit peut être observée : la part des pays en voie de développement dans le commerce de produits primaires augmente, tandis que la part de l'Europe dans le commerce de produits manufacturés décline, au profit des États-Unis et du Japon. C'est ainsi que le Royaume-Uni, qui assurait à lui seul 30 % des exportations totales de produits manufacturés en 1913, n'en représente plus que 22 % en 1939 et se voit devancer par l'Allemagne, premier exportateur de tels produits.

Comme pendant la période précédente, les pays industriels (Europe de l'Ouest et États-Unis) importent surtout des produits de base et exportent principalement des articles manufacturés. À l'inverse, les pays d'Afrique, d'Asie et d'Amérique latine exportent essentiellement des produits de base et importent d'abord des produits manufacturés.

3. Les Trente Glorieuses marquent l'explosion du commerce international

► **Au cours de cette période, le taux de croissance annuel moyen du commerce international apparaît supérieur à celui de la production** : il est de 6,1 % durant les années 1953-1963 (contre 4,3 % pour le revenu mondial) et de 8,9 % au cours de la décennie 1963-1973 (contre 5,1 % pour le revenu mondial). On peut donc considérer que les Trente Glorieuses constituent une période exceptionnelle pour le commerce international, à la fois en terme de taux de croissance et en terme de durée.

Cette forte progression des échanges internationaux se traduit logiquement par une augmentation des taux d'ouverture à l'exportation pour l'ensemble des pays développés : dans le cas de la France, le taux d'ouverture à l'exportation passe de 11 % en 1960 à 15,5 % en 1975 [1]. Mais de nombreuses disparités subsistent entre pays, en ce qui concerne les taux d'ouverture : les États-Unis, qui jouissent de l'effet grand pays, restent relativement fermés avec, en 1975, un taux d'ouverture à l'exportation égal à 7 %.

• **Plusieurs raisons sont généralement invoquées pour rendre compte de cette croissance marquée du commerce international** :

— la croissance économique soutenue et assez régulière ;
— le démantèlement progressif des barrières tarifaires sous l'impulsion du GATT ;
— l'essor des moyens de transport (en particulier du transport aérien) ;
— l'instauration d'un système de taux de changes fixes, limitant la volatilité du taux de change ;
— la mise en place de zones d'intégration régionale.

Comme le souligne Bagwhati [2], si tous ces facteurs ont sans aucun doute joué un rôle dans l'essor du commerce international, il reste cependant difficile d'en quantifier l'impact exact. L'identification des déterminants de l'échange international est obscurcie par l'absence de relation univoque entre variables, les relations causales cédant souvent le pas en sciences économiques à des relations circulaires : ainsi, si la croissance économique a tiré le commerce international, ce dernier a pu à son tour stimuler la croissance, par l'approfondissement de la logique de spécialisation internationale.

1. Il est à noter que le taux d'ouverture de la France à cette date correspond à celui observé en 1913, avant la fermeture des économies durant l'entre-deux-guerres.
2. *Le protectionnisme*, Paris, Dunod, 1990.

• **Au sortir de la Seconde Guerre mondiale, les États-Unis apparaissent comme le pays phare du commerce international.**

Il est vrai cependant que cette suprématie américaine tend à s'atténuer à partir des années 1960 : alors qu'ils représentent 22 % des exportations mondiales en 1950, les États-Unis voient leur part tomber en 1970 à 15 % (tableau 1). Cette évolution à la baisse profite tout d'abord aux pays d'Europe occidentale, dopés par la création du Marché commun ; elle profite ensuite au Japon, lequel représentait 1,5 % des exportations mondiales en 1950 et 6,5 % en 1970.

Tableau 1
Évolution de la répartition des exportations mondiales par zone (1950-1994)

	1950	*1974*	*1994*
États-Unis	22	14	12,5
Royaume-Uni	11,5	6	5,2
RFA-Allemagne	3,5	13	10
France	2,2	6,6	5,8
Japon	1,5	7	9,5
4 Dragons asiatiques	1,5	3,3	10
Autres pays	57,8	50,1	47,0

Source : GATT.

Comme par le passé, le commerce international prend la tournure d'un commerce entre pays développés : à la fin des années 1960, plus des deux tiers des exportations mondiales sont le fait des pays industrialisés. Plus encore, on observe une croissance des échanges entre pays développés, qui représentent 38 % des exportations totales en 1955 et 50 % en 1968.

▸ **La forte croissance du commerce international s'accompagne d'une mutation profonde dans la nature des produits échangés** : la part des produits primaires dans le commerce mondial décline fortement – en particulier celle des produits agricoles. Ce recul profite aux produits manufacturés, et en particulier aux biens de production, aux biens d'équipement et à l'industrie chimique ; au sein des produits manufacturés, la part des produits sidérurgiques et du textile tend à diminuer.

4. Depuis les anées 1970, le commerce international connaît de profondes mutations

▸ **La crise économique des années 1970 se traduit par un ralentissement du taux de croissance des échanges commerciaux en valeur et en volume, qui reste cependant supérieur au taux de croissance de la production.**

On passe de 8,9 % (contre 5,1 % pour la production) sur la période 1963-1973 à 3 % sur la période 1973-1983 (contre 2,5 pour la production) et 4 % sur la période 1983-1993. À la différence de la crise de 1929, on n'assiste donc pas après 1974 à un effondrement en valeur et en volume du commerce international mais seulement à un ralentissement dans la progression des échanges. Cela explique que le taux d'ouverture ait augmenté tendanciellement depuis les années 1970, en dépit d'un bref repli au début des années 1980 : en 2004, il est de 21 % pour la France, 25 % pour l'Allemagne, 10 % pour les États-Unis, 11 % pour le Japon.

► **La période ouverte par la crise des années 1970 est marquée par plusieurs mutations géographiques**, qui peuvent se résumer à trois faits stylisés : la redistribution des rôles entre pays développés ; l'émergence de nouveaux acteurs dans le commerce international ; la consolidation des flux de commerce intra-régionaux.

• **Les échanges commerciaux entre pays demeurent, comme par le passé, le fait des pays développés** : ces derniers représentent encore aujourd'hui plus de 70 % des exportations mondiales de marchandises et services. Toutefois, cette prépondérance des pays développés s'accompagne d'une redistribution nette des rôles.

En particulier le recul relatif des États-Unis à l'exportation, entamé dès la fin des années 1950, se poursuit jusqu'en 2005, avec une part de marché égale aujourd'hui à 8,7 % pour les marchandises et 14 % pour les services. Quant à la part des États-Unis dans les importations totales, elle connaît une tendance à la hausse depuis les années 1980 et se situe aujourd'hui à 16 % pour les marchandises et 12 % pour les services. Ce décalage persistant entre exportations et importations de marchandises se traduit par un important déficit commercial, qui atteint en 2005 un record historique avec plus de 725 milliards de dollars (soit près de 6 % du PIB des États-Unis), notamment sous l'influence de la hausse du prix du pétrole et de la forte croissance des importations en provenance de Chine.

• **À partir des années 1970, de nouveaux acteurs du commerce international apparaissent**, dont l'entrée en scène relève de facteurs plus structurels que conjoncturels (à la différence des pays de l'OPEP). Il s'agit dans un premier temps de quatre pays d'Asie du Sud-Est : Hong Kong, Singapour, Taiwan et la Corée du Sud, dont la stratégie de développement a été axée sur l'exportation de produits manufacturés (tels que l'électronique grand public) et la réexportation. Par exemple, la Corée du Sud occupait en 1973 le 35ᵉ rang mondial des exportateurs (en valeur) pour atteindre aujourd'hui le 12ᵉ rang, en dépit de la crise de change qui affecte l'Asie du Sud-Est après 1997. La progression de ces nouveaux pays industrialisés s'est également accompagnée d'une forte croissance de leurs importations.

Tableau 2
Les « quatre Dragons » dans le commerce mondial
(en % des exportations totales de marchandises en valeur)

	1973	*1991*	*2001*	*2005*
Hong Kong	0,9	2,5	3,1	2,8
Taiwan	0,8	2,3	1,5	1,9
Corée du Sud	0,6	2,1	1,3	2,7
Singapour	0,9	1,5	2	2,2

Source : OMC.

Depuis le début des années 2000, on voit apparaître une seconde génération de pays émergents, en particulier avec l'irruption de la Chine dans le commerce de marchandises, notamment à la suite de son entrée en 2001 dans l'OMC et de l'Inde dans le commerce des services. Ainsi, la Chine, qui occupait en 1999 le 9e rang dans les exportations mondiales de marchandises représente aujourd'hui le 1er exportateur mondial. Pour ce qui est de la place de l'Inde dans les exportations mondiales de services, elle est passée de la 25e place en 1999 à la 9e place en 2009.

• **L'évolution récente du commerce international met en évidence l'importance du commerce intra-régional.** Si l'on divise le monde en trois régions « principales » (Amérique du Nord, Europe de l'Ouest, Asie), il apparaît que le commerce intrarégional représente dans le cas de l'Union européenne 70,9 % des exportations totales de ses pays membres en 2009 (tableau 3) ; de même, les exportations des pays de l'Alena s'orientent à 37,9 % vers l'un des trois membres de la zone de libre-échange (Mexique, Canada, États-Unis). Pour ce qui est du commerce interrégional, les flux de commerce de l'Amérique du Nord vers l'Asie sont plus importants que les flux de commerce à destination de l'Union européenne ; il en va de même pour les pays asiatiques qui commercent davantage avec l'Amérique du Nord qu'avec l'Europe : les échanges transpacifiques ont donc supplanté les échanges transatlantiques.

► **L'évolution du commerce international par catégories de produits peut être appréhendée en distinguant trois phases successives.**

• **De 1973 à 1980, la part des produits de base dans le commerce international augmente fortement en valeur**, en particulier celle des produits minéraux et combustibles : cette progression s'explique pour l'essentiel par l'augmentation du prix du pétrole, avec les deux chocs pétroliers de 1974 (quadruplement du prix du brut) et de 1979 (triplement du prix du brut). Alors que les produits minéraux et combustibles représentaient 17 % du commerce international en valeur en 1973, en 1980 ils atteignent 29 %. Cette évolution favorable ne concerne cependant pas les produits agricoles, dont la part dans les exportations mondiales décline, dans un contexte de détérioration des termes de l'échange.

Tableau 3
Part des courants d'échanges régionaux dans le commerce mondial de marchandises
(en pourcentage, année 2009).

Destination / Origine	Monde	Amérique du Nord	Amérique du Sud et centrale	Europe	CEI	Afrique	Moyen Orient	Asie
				Part				
Monde	100.0	100.0	100.0	100.0	100.0	100.0	100.0	100.0
Amérique du Nord	13.2	37.9	29.3	5.7	3.0	7.2	9.7	10.1
Amérique du Sud et centrale	3.8	5.7	27.4	1.8	1.9	3.3	2.2	3.0
Europe	41.2	18.1	17.1	70.9	47.1	41.5	30.1	13.3
CEI	3.7	1.2	1.2	4.7	27.9	1.8	2.8	2.0
Afrique	3.2	3.2	2.1	2.9	0.4	11.5	2.3	2.7
Moyen-Orient	5.7	3.0	1.1	1.5	1.2	8.6	20.9	11.2
Asie	29.4	31.0	21.8	12.5	18.5	26.0	32.0	57.8

Après 1980, la part des produits de base dans le commerce international tend à diminuer en valeur : en particulier, sous l'effet du contre-choc pétrolier, la part des minerais et combustibles tombe à 14 % en 1990. Les produits manufacturés progressent fortement mais de manière différenciée : la part du fer et de l'acier décline, tandis que celle des machines et du matériel de transport augmente.

Depuis le début des années 2000, sous l'effet de la forte croissance mondiale dans les pays émergents (Chine, Inde, etc.), on assiste à l'envolée du prix des matières premières et du pétrole, ce qui se traduit par une hausse de la part des combustibles et minerais dans le commerce mondial de marchandises (tableau 4).

• **L'essor du commerce de produits manufacturés entre pays développés entraîne le développement d'une forme particulière de commerce : l'intra-branche.** Ce dernier se définit comme un échange croisé, d'un montant équivalent, de produits appartenant à une même branche. Le commerce intrabranche peut revêtir deux formes principales : il peut être bilatéral (le pays A exporte le bien X vers le pays B et importe le bien X du pays B) ou multilatéral (le pays A exporte le bien X vers le pays B et importe le bien X du pays C).

L'indicateur le plus utilisé pour mesurer l'importance du commerce intrabranche dans le commerce total d'un pays est celui de Grubel et Lloyd, qui se définit de la manière suivante :

$$\frac{(X_i + M_i) - |X_i - M_i|}{X_i + M_i} \times 100$$

avec X, les exportations, M, les importations, *i* la branche. Le **coefficient de Grubel et Lloyd** est donc nécessairement compris entre 0 et 100 ; plus il tend vers 100, plus le commerce intrabranche est développé ; à l'inverse, un fort commerce interbranche (à l'exportation ou à l'importation) se traduit par un coefficient de Grubel et Lloyd proche de 0 [1].

Tableau 4
La répartition du commerce mondial par catégorie de produits (en % du commerce de marchandises)

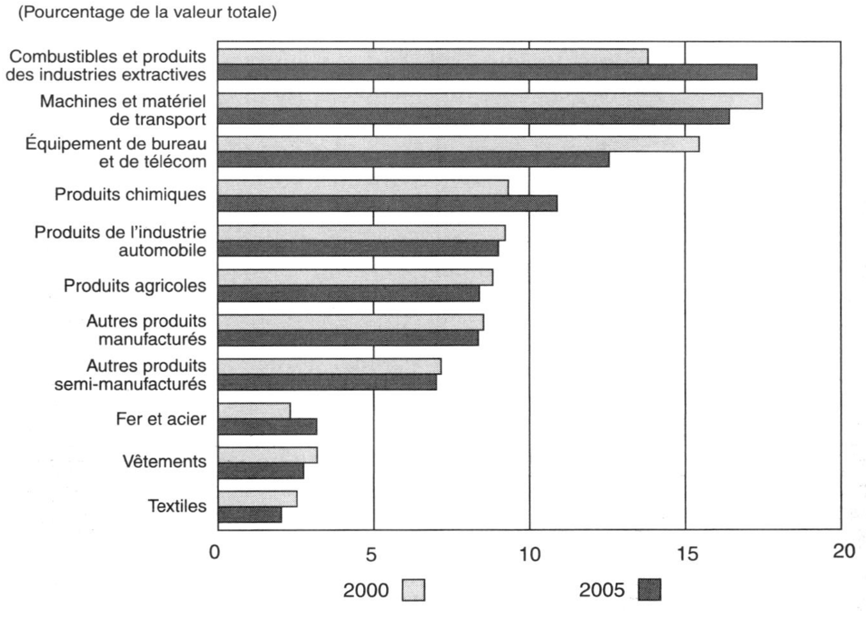

Les travaux empiriques sur ce thème ont permis de mettre en évidence la croissance du commerce intrabranche dans le commerce mondial total [2]. À l'exception

1. Par exemple, si un pays (imaginaire) exporte pour 90 F de blé et importe pour 80 F de blé, l'indice de Grubel et Lloyd est égal à :

$$\frac{(90+80)|90-80|}{90+80} \times 100 = 94.$$

2. Les résultats ci-après sont tirés de J.-L. Mucchielli, F. Mazerolle, « Commerce intrabranche et intraproduit dans la spécialisation internationale de la France : 1960-1985 », *Revue économique*, 1989.

du Japon, les principaux pays développés connaissent une augmentation du coefficient de Grubel et Lloyd depuis le début des années 1960 : par exemple, la RFA est passée entre 1961 et 1985 de 32 % d'intrabranche à 60 %. On estime aujourd'hui à près de 50 % la part de l'intrabranche dans le commerce total entre pays développés. L'essor général de l'intrabranche n'empêche cependant pas le maintien de fortes disparités entre pays : le Japon dispose du plus faible coefficient d'intrabranche (égal à 19 %, dans la décomposition la plus fine de la nomenclature) ; à l'opposé, la France et le Royaume-Uni se caractérisent par la présence d'un fort commerce intrabranche (égal à 71 % pour chaque pays). Entre ces cas polaires, nous trouvons la RFA (60 %), l'Italie (54 %) ou bien encore les États-Unis (48 %). Dans le cas français, l'intrabranche prend essentiellement la forme d'un commerce multilatéral, le commerce intrabranche bilatéral s'observant surtout dans les relations entre la France et ses partenaires de la CEE.

Plusieurs types de commerce intra-industriel peuvent être distingués :

— le commerce intra-industriel vertical : il s'agit d'échanges croisés entre des parties et pièces de produits qui ne se situent pas au même stade de fabrication. Par exemple, un pays exporte des moteurs de voiture et importe d'autres pièces détachées d'automobile ;
— le commerce intra-industriel horizontal de produits identiques : il s'agit dans ce cas d'échanges de produits finis relativement similaires ; par exemple, un pays exporte et importe des vélos de course. Ce commerce renvoie à une demande de variété de la part des consommateurs, qui n'ont pas tous les mêmes goûts quant à l'origine géographique des produits ;
— le commerce intra-industriel horizontal de produits différenciés : un pays exporte des voitures bas de gamme et importe des voitures de luxe. On parle dans ce cas d'un commerce croisé de gamme, qui renvoie à des différences de qualité des produits. Les travaux menés sur ce sujet mettent en évidence le rôle du commerce de gamme dans les échanges intrabranche européens, qui représente plus de 70 % du commerce intrabranche total.

II. Entre tradition et renouveau, les théories du commerce international

Pour différentes qu'elles soient dans leurs conclusions, les théories traditionnelles de la spécialisation partent d'hypothèses communes.

Tout d'abord, le pays constitue le cadre d'analyse retenu : les auteurs raisonnent au niveau macroéconomique, en termes d'avantage comparatif ou d'avantage absolu. Ensuite, ces théories traditionnelles expliquent le commerce international par l'existence de différences entre pays, différences qui se traduisent dans les prix relatifs des produits : « que ces différences soient de nature physique, technologique ou liées à l'abondance relative en facteurs, il en résulte que chaque pays a intérêt à se spécialiser dans les activités où il est relativement plus efficace que les autres et à participer le plus librement aux échanges internationaux [1] ».

En dernier lieu, les théories classiques du commerce international montrent que la spécialisation et l'ouverture à l'échange sont préférables à l'autarcie : les pays ne peuvent perdre à l'échange international, même si la répartition du gain de l'échange peut être inégale entre les pays.

Par rapport aux approches traditionnelles, les nouvelles théories du commerce international – initiées par des auteurs américains comme Krugman et Helpman – opèrent plusieurs ruptures :

— elles tendent à délaisser les caractéristiques des pays (en termes d'avantage comparatif) pour s'attacher à l'étude des structures de marché : les analyses microéconomiques fondées sur le monopole, l'oligopole et la concurrence monopolistique sont alors mobilisées pour rendre compte des flux internationaux de marchandises ;
— elles considèrent que les théories traditionnelles de la spécialisation, centrées sur l'échange interbranche, ne peuvent rendre compte de l'essor contemporain du commerce intrabranche entre pays développés ;
— elles estiment que l'existence de différences (de productivité ou de dotations factorielles) n'est pas une condition nécessaire à l'échange international : des pays similaires peuvent avoir mutuellement intérêt à commercer, par exemple pour exploiter les économies d'échelle ;
— elles introduisent généralement une dimension dynamique (comment évolue la spécialisation au cours du temps ?), alors que les théories traditionnelles s'inscrivent dans une perspective essentiellement statique (à l'exception de la théorie HOS avec le théorème de Rybczynski).
— elles montrent que le protectionnisme peut, dans certaines circonstances, améliorer le bien-être du pays qui se protège.

Face à ces remises en cause, les théories traditionnelles ne sont pas restées sans réponse et ont connu plusieurs prolongements contemporains, en particulier sous la plume d'auteurs français.

Face à ces remises en cause, les théories traditionnelles ne sont pas restées sans réponse et ont connu des prolongements contemporains, en particulier sous la plume d'auteurs français.

1. De Smith à HOS, l'échange international est fondé sur l'échange de différences

► Selon Smith, l'échange international provient de différences absolues de productivité.

1. D. Laussel, Ch. Montet, *Le commerce international en concurrence imparfaite*, Paris, Economica, 1989.

Smith raisonne dans le cas de deux pays ne produisant chacun que deux biens. Il suppose qu'il existe un seul facteur de production : le facteur travail, pleinement employé, mobile entre les deux productions mais immobile internationalement. Les coûts de production unitaire des deux biens sont mesurés en nombre de travailleurs. Un pays dispose d'un avantage absolu sur son partenaire dans un bien lorsqu'il peut le produire avec moins de travailleurs que son partenaire. Dans le cas du schéma 2, il apparaît que le Portugal dispose d'un avantage absolu sur le Royaume-Uni dans la production du drap, tandis que le Royaume-Uni dispose d'un avantage absolu sur le Portugal dans la production de vin. Les deux pays se différencient donc par des productivités du travail dissemblables dans les deux biens.

Schéma 2
Spécialisation internationale et avantages absolus (en %)

	Portugal	*Royaume-Uni*
Drap	80	20
Vin	40	60

Smith montre alors que **chaque pays a intérêt à se spécialiser dans le bien pour lequel il dispose d'un avantage absolu sur son partenaire.**

> On peut faire croître en Écosse de forts bons raisins, dont on peut faire aussi du fort bon vin avec trente fois peut-être de dépense qu'il en coûterait pour s'en procurer de tout aussi bon à l'étranger. [...]. Mais s'il y a une absurdité évidente à vouloir tourner vers un emploi trente fois plus de capital et de l'industrie du pays, qu'il ne faudrait en mettre pour acheter à l'étranger la même quantité de la marchandise que l'on veut avoir, nécessairement la même absurdité existe à vouloir tourner vers un emploi de la même sorte un trentième, ou, si l'on veut, un trois-centième de l'un et de l'autre, de plus qu'il n'en faut [1].

En effet, dans notre exemple, si le Portugal se spécialise dans la production de vin (c'est-à-dire transfère les travailleurs occupés à la production de drap vers la production de vin), il obtient deux unités de vin en plus pour une unité en moins de drap. De même, si le Royaume-Uni se spécialise dans la production de drap, il peut produire trois draps en plus pour une unité en moins de vin. À quantité de travailleurs donnée, il est donc possible d'obtenir par la spécialisation internationale une production mondiale de vin et de drap supérieure à celle obtenue en situation d'autarcie.

Smith affirme ici que les pays, dès lors qu'ils disposent d'un avantage absolu, ont mutuellement intérêt à se spécialiser et à s'ouvrir : l'échange international

1. *Recherches sur la nature et les causes de la richesse des nations* (1776).

est un jeu à somme positive et le protectionnisme n'a pas lieu d'être. Cette vision est tout à fait novatrice pour l'époque, dans la mesure où elle s'inscrit en rupture avec les thèses préclassiques sur le commerce international. Rappelons en effet que les auteurs mercantilistes – et notamment le courant français – appréhendaient le commerce international comme un jeu à somme nulle : Bodin et de Montchrestien estimaient que le gain d'un pays se faisait nécessairement au détriment des partenaires. Voilà pourquoi ils préconisaient la mise en place de mesures protectionnistes : selon Antoine de Montchrestien [1], il convient de limiter les importations par l'instauration de droits de douane afin « que le pays fournisse le pays [2] ».

Le modèle de Smith présente cependant deux limites principales. Tout d'abord, en ne s'attachant qu'aux conditions d'offre, Smith n'explicite pas les déterminants de la répartition du gain entre partenaires : si les deux pays gagnent à l'échange, cela ne signifie pas pour autant qu'ils retirent un gain identique. Ensuite, la spécialisation n'est possible que si un pays dispose d'un avantage absolu : dans le cas contraire, il ne peut prendre part au commerce international. C'est précisément pour lever ces limites que Ricardo a développé un modèle en termes d'avantages comparatifs.

▸ **Ricardo fonde l'origine de l'échange international sur des différences relatives de productivité** : à la différence du modèle smithien, tout pays peut désormais participer au commerce international (dès lors qu'il est différent), même s'il dispose d'un désavantage absolu dans les deux biens.

Ricardo, dans le chapitre VII des *Principes de l'économie politique et de l'impôt* (1817), part d'hypothèses semblables à celles de Smith : il existe deux pays et deux produits ; le facteur travail, seul facteur de production, est pleinement employé, mobile entre les deux produits et immobile internationalement ; les coûts de production unitaire de chaque bien sont mesurés en nombre de travailleurs.

• **Ricardo montre que chaque pays a intérêt à se spécialiser dans le bien pour lequel il dispose de la productivité la plus forte.**

Il reprend l'exemple du Portugal et du Royaume-Uni, en supposant que les coûts de production d'une unité de drap et d'une unité de vin sont moins élevés au Portugal qu'au Royaume-Uni (schéma 3). Il faut en effet 90 travailleurs au Portugal, contre 100 au Royaume-Uni, pour produire un drap et 80 travailleurs au Portugal, contre 120 au Royaume-Uni, pour produire un vin. Le Portugal dispose donc d'un avantage absolu sur son partenaire dans les deux biens : dans une logique smithienne, le Royaume-Uni ne peut participer à l'échange international.

1. *Traité d'économie politique* (1615).
2. Les mercantilistes français préconisent parallèlement une politique de promotion des exportations par la création de manufactures d'État, produisant des biens de qualité : il s'agit, avant la lettre, d'une véritable politique industrielle. Cette doctrine mercantiliste sera mise en œuvre, sous François Ier puis sous Colbert, avec la création de manufactures d'État, la mise en place de taxes à l'importation et d'une législation sur la qualité des produits.

Schéma 3
Spécialisation internationale et avantages comparatifs

	Portugal	*Royaume-Uni*
Drap	90	100
Vin	80	120
Drap/Vin	1,125	0,83
Vin/Drap	0,88	1,2

Par rapport à Smith, la nouveauté de Ricardo consiste à calculer, pour chaque pays, les rapports vin/drap et drap/vin. Le rapport vin/drap est égal à 0,88 au Portugal et à 1,2 au Royaume-Uni : cela signifie que pour produire une unité de vin en plus, le Portugal doit renoncer à 0,88 unité de drap et le Royaume-Uni à 1,2 unité de drap. Le rapport drap/vin est égal à 1,125 au Portugal et 0,83 au Royaume-Uni : cela signifie que, pour produire une unité de drap en plus, le Portugal doit renoncer à 1,125 vin et le Royaume-Uni 0,83 vin.

Il apparaît que le Portugal, s'il dispose d'un avantage absolu dans les deux biens, est plus efficient dans la production de vin comparativement à celle de drap ; inversement, le Royaume-Uni, s'il dispose d'un désavantage absolu dans les deux biens, est plus performant dans la production de drap, comparativement à celle de vin.

Le Portugal a alors intérêt à se spécialiser dans la production de vin et le Royaume-Uni dans la production de drap. En se spécialisant, le Portugal peut obtenir, contre une unité de vin, jusqu'à 1,2 drap, au lieu de 0,88 en autarcie. De même, le Royaume-Uni peut obtenir, contre une unité de drap, jusqu'à 1,125 vin, au lieu de 0,83 en autarcie.

À l'encontre de la tradition mercantiliste, qui conçoit l'échange international comme un jeu à somme nulle (ce qui est gagné par un pays est perdu par l'autre), la théorie ricardienne montre que le commerce international est toujours un jeu à somme positive : les deux parties réalisent un gain à l'ouverture, par rapport à la situation initiale d'autarcie.

• **Le modèle de Ricardo ne fournit cependant aucune indication quant à la répartition du gain né de la spécialisation** : si le Portugal et le Royaume-Uni gagnent à l'échange international, cela ne signifie pas pour autant qu'ils gagnent la même chose ! Il revient à Stuart Mill d'avoir prolongé la théorie des avantages comparatifs sur ce point, en introduisant le rôle de la demande mondiale.

Si le vin est faiblement demandé au niveau mondial, le prix du vin va tendre vers celui pratiqué en autarcie au Portugal ; à l'inverse, si le vin est fortement demandé, le prix du vin va tendre vers le prix d'autarcie du Royaume-Uni. Le rôle joué par la demande mondiale peut être appréhendé au travers d'une représentation graphique (schéma 4).

Si la demande mondiale de vin est très forte (courbe D_3), le prix d'échange international est égal au prix d'autarcie du Royaume-Uni : le Portugal s'accapare la totalité du gain. En revanche, si la demande de vin est très faible (courbe D_1), le prix du vin est égal au prix d'autarcie du Portugal et le gain de l'ouverture revient entièrement au Royaume-Uni. La courbe D_2 correspond à une situation intermédiaire, où le gain est plus équitablement réparti entre les deux pays (par exemple 1 unité de vin s'échange contre 1 unité de drap).

Schéma 4
Demande mondiale et répartition du gain de la spécialisation

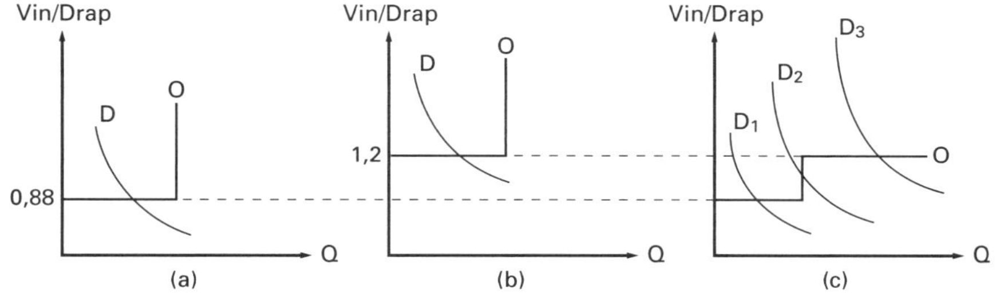

En abscisse se trouve la quantité de vin produite et en ordonnée le coût de production du vin en termes de drap. Le graphique (a) concerne l'offre et la demande de vin au Portugal ; le graphique (b) concerne l'offre et la demande de vin au Royaume-Uni ; le graphique (c) représente l'équilibre mondial sur ce marché : la demande mondiale est égale à la somme des demandes du Portugal et du Royaume-Uni ; l'offre mondiale est égale à la somme des offres du Portugal et du Royaume-Uni.

• **Le modèle de Ricardo a fait l'objet de plusieurs critiques.**

— La logique ricardienne fonde l'échange international sur l'échange de différences : elle ne peut donc expliquer l'existence d'une spécialisation internationale dans le cas où les deux pays sont identiques en termes de productivité ;

— le modèle de Ricardo revêt un caractère statique : à ce titre, il ne peut rendre compte des évolutions dans la spécialisation d'un pays. Pourquoi un pays comme le Japon est-il passé d'une spécialisation fondée sur le textile à une spécialisation fondée sur la sidérurgie, puis l'automobile et l'électronique ?

— Rien n'est dit quant à l'origine de l'avantage comparatif d'un pays : pourquoi le Royaume-Uni dispose-t-il d'un avantage dans la production de drap et le Portugal dans la production de vin ?

— L'approche ricardienne repose sur un commerce interbranche et ne peut à ce titre rendre compte de l'existence du commerce intrabranche et de son essor contemporain.

▶ **Le modèle HOS (Heckscher-Ohlin-Samuelson) fonde l'échange international sur des différences dans les dotations relatives de facteurs.**

Les hypothèses de base du modèle HOS peuvent être explicitées à l'aide d'un exemple. Soit deux pays (la France, notée F, et l'Argentine, notée A), deux facteurs de production (le capital, noté K, et le travail, noté L), deux biens (la voiture et le blé). Le travail et le capital sont mobiles à l'intérieur du pays mais immobiles internationalement : il n'y a donc ni migrations ni délocalisation du capital. Contrairement au modèle ricardien, il est supposé que les deux pays possèdent des technologies identiques. L'originalité du modèle HOS consiste à considérer que la France est relativement abondante en facteur capital, par rapport à l'Argentine : cela signifie que le rapport K_F/L_F est supérieur au rapport K_A/L_A. En vertu du principe néoclassique selon lequel le prix est fonction de la rareté, cette inégalité factorielle se traduit en termes monétaires : le prix du capital (c'est-à-dire le taux d'intérêt) comparativement au prix du travail (c'est-à-dire le taux de salaire) est moins élevé en France qu'en Argentine. On considère par ailleurs que la production de voitures est plus intensive en capital que la production de blé.

Partant de ces hypothèses, on peut en déduire que la France, relativement abondante en capital, dispose d'un avantage comparatif dans la production de voitures, bien intense en capital : le prix de la voiture étant relativement moins élevé en France qu'en Argentine, la France a donc intérêt à se spécialiser dans la production de voitures. Symétriquement, l'Argentine, qui est relativement abondante en travail, présente un avantage comparatif dans la production du bien qui est intense en travail, à savoir le blé : en effet, en autarcie, le prix relatif du blé par rapport à la voiture est moins élevé en Argentine qu'en France et l'Argentine a donc intérêt à se spécialiser dans la production de blé. Il s'agit là du **théorème d'Heckscher et Ohlin** : un pays a intérêt à exporter le bien dont la production est intensive dans le facteur relativement abondant (dans ce pays) et à importer le bien dont la production est intensive dans le facteur relativement rare (dans ce pays).

Ce faisant, grâce à l'ouverture à l'échange international, la France peut vendre les voitures à un prix relatif plus élevé qu'en autarcie, ce qui l'incite à accroître sa production. L'augmentation de la production de voitures se traduit en France par un accroissement de la demande du facteur relativement abondant (le capital), dont la rémunération réelle augmente ; réciproquement, dans le cas de la France, la rémunération réelle du facteur relativement rare diminue. Cela signifie très concrètement que les salaires vont augmenter en Argentine, tandis qu'en France c'est la rémunération du capital (le taux d'intérêt) qui va profiter de l'ouverture au commerce international. Ce résultat est connu sous la dénomination de **théorème de Stolper-Samuelson** : une hausse du prix d'un produit a pour effet d'augmenter la rémunération réelle du facteur productif dont l'emploi est le plus intensif dans cette production. Ce théorème met en évidence un effet du commerce international sur la répartition interne de revenus : les détenteurs du facteur rare perdent à l'échange international, tandis que les détenteurs du facteur abondant y gagnent. On comprend dans ces conditions que les détenteurs du facteur rare soient partisans de mesures protectionnistes.

À la suite de l'ouverture internationale, la rémunération des facteurs évolue en sens inverse en France et en Argentine : le prix du travail augmente relativement par rapport au prix du capital en Argentine, tandis qu'il diminue en France. On montre alors que le commerce international doit conduire à l'égalisation relative et absolue des prix des facteurs entre les deux pays : il s'agit du **théorème d'Heckscher-Ohlin-Samuelson**. Cela signifie très concrètement que le prix du travail et du capital sera le même à long terme dans les deux pays. Le schéma 5 illustre le mécanisme d'égalisation du prix des facteurs ; nous avons mis sur l'axe des abscisses le ratio (prix du travail/prix du capital). En autarcie, ce ratio est élevé en France et se situe au point A : en effet, comme le facteur travail est rare, son prix (le salaire) est élevé, tandis que le facteur capital, abondant en France, affiche un prix faible (le taux d'intérêt). À l'inverse, l'Argentine présente un ratio (prix du travail/prix du capital) très faible en autarcie, le facteur travail étant abondant : le ratio de l'Argentine se trouve au point A'. Sur l'axe des ordonnées, nous avons représenté le ratio (prix du blé/prix d'une voiture). En autarcie, ce ratio est élevé en France (point C), dans la mesure où le blé coûte relativement cher à produire par rapport à une voiture. Comparativement, ce ratio est faible en Argentine, où le prix de la voiture est élevé par rapport au prix du blé (point C'). Lorsque les deux pays décident de s'ouvrir mutuellement au commerce international, le ratio (prix du blé/prix de la voiture) va diminuer en France, puisque le prix de la voiture va augmenter. À l'inverse, en Argentine, le ratio (prix du blé/prix de la voiture) va augmenter, puisque l'Argentine va pouvoir exporter son blé à un prix plus élevé qu'en autarcie. Le prix relatif va donc converger jusqu'au point d'équilibre C", où il n'y a plus qu'un seul prix relatif mondial. Cette convergence des prix relatifs a une conséquence sur le prix relatif des facteurs de production, que nous pouvons lire sur l'axe des abcisses : le prix relatif du travail va baisser en France, tandis qu'il va augmenter en Argentine. Les deux prix relatifs des facteurs de production vont converger le point A" : en ce point, le prix relatif du travail par rapport au capital est le même dans les deux pays.

Schéma 5
L'égalisation du prix des facteurs de production

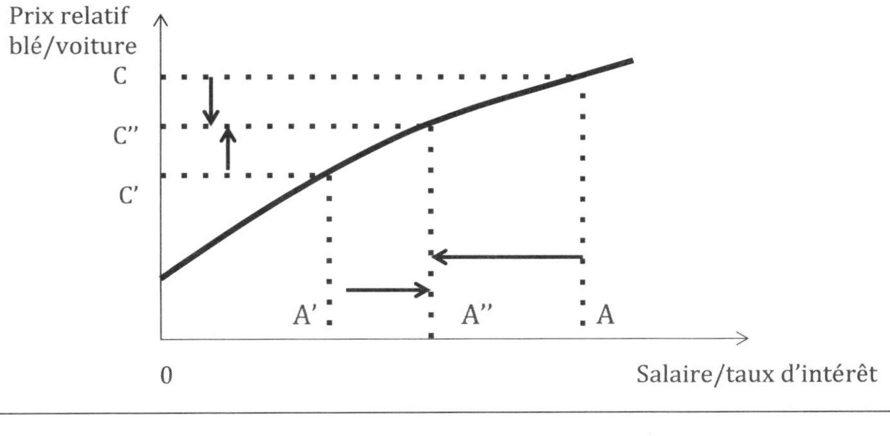

Lorsque la dotation factorielle d'un pays évolue (du fait d'un phénomène de croissance démographique ou d'une politique d'accumulation de capital), la spécialisation du pays se déformera en direction du bien intensif dans le facteur qui augmente. Connu sous la dénomination de **théorème de Rybczynski**, ce second résultat donne au modèle HOS une dimension dynamique que l'on ne trouve pas dans l'analyse ricardienne. Par exemple, si l'Argentine connaît une forte croissance de son stock de capital (à la suite d'une politique d'investissements massifs), son stock de capital va augmenter par rapport à son stock de travail. L'Argentine se mettra à produire plus du bien qui utilise intensément du capital c'est-à-dire des voitures : l'Argentine importera moins de voitures de France et augmentera sa production domestique. Un pays peut donc voir sa spécialisation évoluer au cours du temps, en fonction de la modification de sa dotation factorielle.

Le théorème de Rybczynski s'applique assez bien à des pays comme la Corée du Sud, pays qui était très intense en travail non qualifié durant les années 1960 et qui exportait essentiellement des produits intenses en travail. Mais suite à une politique volontariste d'investissement et de qualification de la main-d'œuvre (le travail qualifié pouvant être assimilé à du capital humain), la Corée du Sud a progressivement modifié sa spécialisation internationale, pour exporter de plus en plus de biens intenses en capital.

• **La théorie HOS a fait l'objet de nombreux tests empiriques, au premier rang desquels celui réalisé en 1951 par Léontieff** : il s'agit de montrer que les États-Unis, pays à l'époque relativement riche en capital par rapport aux autres pays développés, exporte des biens plus intenses en capital que les importations. Or Léontieff aboutit à un paradoxe resté célèbre : les exportations américaines se révèlent plus intenses en travail que les importations. Ce résultat a suscité une double réaction : certains économistes – et Léontieff lui-même – ont tenté d'apporter des explications sans renoncer aux hypothèses du modèle HOS ; à l'inverse, d'autres auteurs ont vu dans le test de Léontieff l'invalidation de l'approche en termes de dotations factorielles et se sont faits les défenseurs de nouvelles théories, fondées sur la concurrence imparfaite.

2. Aujourd'hui, de nouvelles théories expliquent l'échange international à partir de la structure de marché

► **Dans l'étude du lien entre commerce international et structure de marché plusieurs voies de recherche ont été explorées**, portant respectivement sur l'existence d'économies d'échelle, sur la structure de monopole, sur l'oligopole et sur la concurrence oligopolistique.

• **Le commerce international résulterait de l'existence d'économies d'échelle** : tel est le premier axe de recherche exploré dès les années 1930 par Ohlin (1933), Lerner (1932-1934) et Graham (1923).

Le paradoxe de Léontieff

Afin de tester le modèle HOS sur les États-Unis, Léontieff calcule l'intensité en capital et en travail d'un million de dollars d'exportations américaines, pour l'année 1947. Parallèlement, il calcule l'intensité en capital et en travail d'un million de dollars de substituts d'importation. Il obtient le résultat suivant : la production d'un million de dollars de substituts d'importation nécessite 170 hommes-années et 3,1 millions de capital ; en revanche, la production d'un million de dollars d'exportations exige 182,3 hommes-années et 2,55 millions de capital. On voit donc que les exportations américaines sont relativement plus intenses en travail que les importations, ce qui contredit l'intuition initiale de Léontieff.

	Exportations	*Substituts d'importation*	*Import./Export.*
Capital	2 550 780 $	3 091 339 $	1,30
Travail (hommes-années)	182	170	
Capital par homme-année	14 010 $	18 180 $	

Certains économistes – et Léontieff lui-même – ont tenté d'apporter des explications à ce paradoxe sans renoncer aux hypothèses du modèle HOS :

— selon Léontieff, les États-Unis seraient en réalité un pays relativement abondant en facteur travail, dans la mesure où il faut prendre en compte non seulement le nombre de travailleurs mais également leur efficacité : la productivité d'un travailleur américain serait trois fois supérieure à celle d'un travailleur étranger ;
— les États-Unis sont effectivement bien dotés en capital, mais le contenu en capital des exportations américaines a été sous-évalué, notamment du fait de la non-prise en compte du capital indirectement productif (les écoles, les infrastructures de transport, etc.) ;
— les exportations et les importations comprennent d'autres facteurs que le capital et le travail : les ressources naturelles doivent-elles être considérées comme intensives en facteur travail ou en facteur capital ? Léontieff, en 1956, a repris son test sur des données de 1951, en excluant les ressources naturelles de l'échantillon, et montre que dans ce cas le paradoxe disparaît ;
— les tenants de l'approche néofactorielle (Kravis, Kenen, Keesing) montrent que le capital ne se limite pas au capital physique mais inclut également le capital humain, mesuré par la qualification du travail. Si l'on inclut le capital humain dans la mesure du capital total, il apparaît que les États-Unis exportent des biens relativement intensifs en capital.

Rappelons que le terme « économie d'échelle » désigne le fait qu'une augmentation des facteurs de production (capital et travail) de x % entraîne une augmentation de la production supérieure à x %. Par exemple, si l'on multiplie le capital et le travail par deux dans une entreprise, la production sera multipliée par trois.

Soit les pays A et B, identiques en tous points (même technologie, même dotation factorielle) et disposant chacun de deux productions : celle du bien 1 et celle du bien 2. On suppose que ces deux biens connaissent des économies d'échelle identiques (schéma 5), que les consommateurs de chaque pays répartissent également leur consommation entre le bien 1 et le bien 2, que le facteur travail est limité à 10 unités dans chacun des pays.

En l'absence de commerce international, chaque pays produira une unité de bien 1 (avec 5 unités de travail) et une unité de bien 2 (avec 5 unités de travail).

Économies d'échelle dans les biens 1 et 2 dans les pays A et B

Bien 1 (unités)	*Unités de travail*	*Bien 2 (unités)*	*Unités de travail*
1	5	1	5
2	8	2	8
3	9,5	3	9,5
4	10	4	10

Envisageons maintenant les effets de l'ouverture au commerce international. Si le pays A se spécialise totalement dans le bien 1, la production maximale qu'il peut obtenir est de 4 unités ; il en est de même pour le pays B, s'il se spécialise totalement dans le bien 2. La production mondiale totale passe donc de 4 unités à 8 unités, grâce à l'exploitation des économies d'échelle. Le pays A échange alors 2 unités du bien 1 contre 2 unités du bien 2 (il en est de même pour le pays B) et consomme au total 4 unités, contre seulement 2 en autarcie.

L'existence d'économies d'échelle apparaît ici comme un déterminant suffisant de la spécialisation internationale : il n'est nul besoin que les pays soient différents en termes d'avantages comparatifs. De plus, le choix de se spécialiser dans le bien 1 ou le bien 2 est indifférent pour les pays : comme le souligne Ohlin lui-même, « le caractère de cet échange sera entièrement une question de hasard si l'équipement en facteurs est partout le même, de ce fait il n'est pas important de savoir si une région se spécialise dans un produit ou dans un autre... »

Dans l'exemple ci-dessus, nous avons supposé que la production des deux biens était soumise aux économies d'échelle. Si nous faisons à présent l'hypothèse que le bien 1 fait l'objet d'économies d'échelle alors que le bien 2 subit des déséconomies d'échelle, un des deux pays (celui qui se spécialise dans le bien 2) perdra à la spécialisation et refusera l'instauration du libre-échange.

• **Dans sa théorie du cycle de vie du produit, Vernon montre que le commerce international s'explique par la dynamique du monopole d'innovation.**

Rappelons brièvement les différentes phases du cycle de vie d'un produit identifiées par Vernon (1966). Une première phase, intense en recherche-développement, est représentée par l'introduction du produit sur le marché par la firme, qui est seule à produire le bien : durant cette phase, les séries de fabrication sont limitées, le prix du bien est élevé et la consommation est d'abord le fait de consommateurs riches. La croissance des ventes constitue la deuxième phase : la production, intense en capital, se fait à présent en grande série, le prix de vente du bien diminue, le spectre des consommateurs s'élargit et des firmes imitatrices apparaissent dans le pays d'origine du monopole. Durant la troisième phase, appelée phase de maturité, le produit se banalise, la production devient intense en facteur travail non qualifié, la consommation du bien devient courante, les firmes se livrent à une concurrence par les prix. Le produit entame son déclin à la phase 4 : de nouveaux produits substituts apparaissent sur le marché, l'intensité en travail non qualifié s'accentue, le marché se trouve en surcapacité.

À chaque phase du cycle de vie correspond une phase du commerce international (schéma 6).

Au cours de la phase 1, il n'existe pas d'échange international : le monopole vend et teste son produit sur son marché national.

Lors de la deuxième phase, le monopole produit à la fois pour son marché intérieur et pour l'exportation vers les pays développés. Le recours à l'exportation s'explique par deux motivations principales : tout d'abord la baisse du prix conjuguée à l'effet d'imitation entraîne l'apparition d'une demande dans les pays développés ; ensuite, le monopole commence à être concurrencé sur son propre territoire par des imitateurs et cherche, par l'exportation, à prolonger son avance. Au niveau macroéconomique, cette situation se traduit, pour le pays abritant la firme innovatrice, par une balance commerciale excédentaire.

Schéma 6
Cycle de vie et commerce international

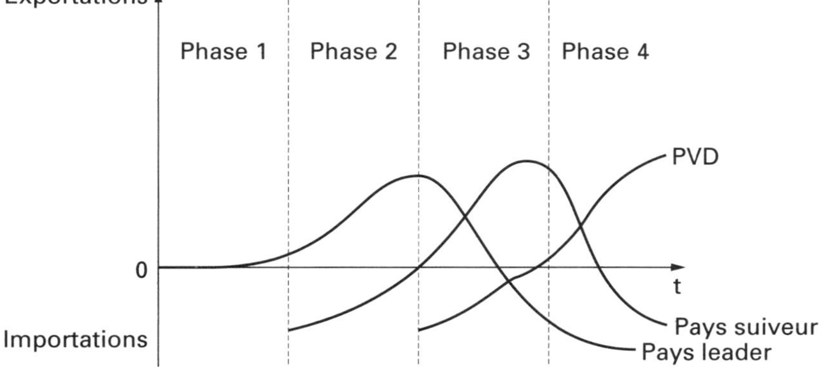

Une inversion des flux de commerce international survient au cours de la troisième phase : le pays innovateur, qui était auparavant exportateur du bien, l'importe à présent des pays développés, où des firmes imitatrices sont apparues qui produisent à moindre coût.

Durant la quatrième phase, la firme innovatrice et les firmes suiveuses délocalisent leur production dans les pays en voie de développement, afin de limiter les coûts de production ; le pays innovateur et les pays développés deviennent tous deux importateurs du bien.

• **Selon Krugman et Brander [1], l'existence du commerce international, et en particulier de l'échange intrabranche, peut s'expliquer par la structure oligopolistique des marchés.**

Un tel résultat peut être explicité au moyen d'un exemple simple. Soit deux pays A et B, qui sont au départ en économie fermée (pas d'exportations et d'importations) et identiques en tous points (dotation factorielle et technologie). Les deux pays produisent un bien X identique ; ce bien X est fabriqué dans chacun des pays par une firme en situation de monopole : la firme 1 dans le pays A et la firme 2 dans le pays B.

Lorsque les pays s'ouvrent à l'échange international, on passe à une situation de duopole et un comportement de réaction oligopolistique apparaît : chaque firme tente de déstabiliser sa rivale en acquérant des parts de marché dans le pays adverse ; à l'équilibre, il apparaît que chaque firme détient la moitié du marché de sa rivale. On aboutit à un commerce international qui présente la spécificité d'être un commerce intrabranche croisé de biens strictements identiques.

• **L'approche fondée sur la concurrence monopolistique rend compte de l'intrabranche, en mobilisant l'argument de la différenciation du produit et de la demande de variété.**

Rappelons ici les fondements de la concurrence monopolistique. Il s'agit d'une structure de marché caractérisée par la présence d'un grand nombre de firmes offrant des produits qui sont différenciés : par exemple, le marché de la chaussure comprend de nombreux producteurs, qui offrent un bien fonctionnellement identique mais fortement différencié en termes d'image de marque et de qualité intrinsèque.

La relation entre différenciation du produit et commerce international peut être expliquée de deux manières :

— dans l'optique de Chamberlin (1933), on suppose que chaque consommateur a une préférence pour la variété : pour un revenu et un niveau des prix donnés, son utilité est d'autant plus élevée qu'il consomme un grand nombre de variétés d'un bien (même si c'est en quantité plus limitée). Cette approche de la différenciation a été appliquée au commerce international par Krugman (1979) : supposons que les deux pays A et B soient identiques en tout point (aucun avantage comparatif). En autarcie, le nombre de variétés offertes dans chaque pays est limité, compte tenu de l'existence d'économies d'échelle dans la production des biens. En situation de libre-échange, le nombre total de variétés disponibles augmente : les consommateurs du pays A peuvent se procurer à la fois les variétés nationales et celles du pays B. De plus, en raison de l'existence d'économies d'échelle, le prix des produits diminue. Ces deux effets (variété et baisse des prix) contribuent à accroître le bien-être. On voit au travers de ce modèle que les pays ont avantage à s'ouvrir au commerce international, même en l'absence d'avantages comparatifs ;

— dans l'optique de Lancaster, il est supposé que chaque individu valorise une variété particulière d'un produit : il souhaite consommer son « produit idéal ». Au

1. « A reciprocal dumping model of international trade », *Journal of International Economics*, 1983.

niveau macroéconomique, comme les consommateurs n'ont pas les mêmes goûts, une demande de variété apparaît. En situation d'autarcie, le nombre de variétés offertes est limité par la présence d'économies d'échelle : par exemple, en matière automobile, le pays A n'offre que deux types de véhicule. Le premier est de faible qualité et le second appartient à la gamme moyenne. Dans ces conditions, les consommateurs du pays A qui ont un goût pour les voitures de luxe ne peuvent consommer leur variété idéale : au mieux, ils doivent se contenter d'un véhicule de gamme moyenne. En libre-échange, le nombre total de variétés augmente : le pays A importera des voitures de luxe, ce qui permettra aux consommateurs exigeant de se rapprocher de leur variété idéale. L'ouverture au commerce permet de nouveau d'accroître le bien-être et génère un commerce intrabranche (de produits différenciés verticalement).

► **Parallèlement à ces nouvelles théories, on a assisté à un renouvellement des approches traditionnelles du commerce international.**

• **La dynamique de l'avantage comparatif peut être appréhendée en introduisant plus de deux pays dans le modèle de Ricardo.**

Ce résultat peut être explicité à l'aide d'un exemple. Soit deux biens (le blé et la voiture) et cinq pays (le Japon, la RFA, la France, l'Argentine, l'Inde). En reprenant les hypothèses du modèle de Ricardo, il est possible de calculer le rapport (coût de production de la voiture/coût de production du blé) pour chaque pays : on obtient alors une chaîne d'avantages comparatifs (appelée aussi **échelle d'Edgeworth**), avec à une extrémité de la chaîne le pays disposant du plus fort avantage comparatif dans la voiture (le Japon dans notre exemple), à l'autre extrémité le pays disposant du plus faible avantage comparatif dans la voiture (l'Inde dans notre exemple). Entre ces deux extrémités se trouvent les **pays intermédiaires**.

La demande mondiale de voitures, en fixant le prix d'échange international entre les deux rapports extrêmes des coûts de production, va déterminer la spécialisation des pays intermédiaires. Si la demande de voiture est forte, le prix de la voiture (en terme de blé) sera proche du coût relatif de l'Inde et les pays intermédiaires se spécialiseront dans la voiture. En revanche, si la demande de voiture est faible, le prix de la voiture (en terme de blé) sera proche du coût relatif du Japon qui se spécialisera seul dans la voiture. On voit donc que la spécialisation des pays intermédiaires risque d'être très mouvante puisqu'elle dépend des évolutions de la demande mondiale : toute modification de la demande mondiale peut se traduire pour ces pays par des changements de spécialisation internationale.

• **Il est possible de donner une explication à l'échange intrabranche dans le cadre des théories traditionnelles, pour peu que l'on relâche certaines hypothèses restrictives.**

Tout d'abord, le modèle ricardien et l'approche HOS reposent sur une analyse à deux pays ; dès lors que l'on généralise ces modèles à plusieurs pays, on voit apparaître un phénomène de **hiérarchisation des avantages comparatifs** [1] : pour une production

1. B. Lassudrie-Duchêne, J.-L. Mucchielli, « Les échanges intrabranches et la hiérarchisation des avantages comparés dans le commerce international », *Revue économique*, 1979.

donnée, le pays A dispose d'un avantage comparatif sur le pays B, qui lui-même bénéficie d'un avantage comparatif sur le pays C. Par exemple, la France importera des États-Unis des biens à forte intensité en capital (par rapport à ses exportations vers ce pays) et exportera vers les pays en voie de développement des biens à forte intensité en capital (par rapport à ses importations en provenance des PVD) : le commerce extérieur de la France, pays intermédiaire dans la chaîne des avantages comparatifs, doit alors se caractériser par un fort commerce intrabranche multilatéral.

En deuxième lieu, le commerce intrabranche témoigne de la dynamique des avantages comparatifs d'un pays : si un pays s'engage dans la construction d'un nouvel avantage comparatif fondé sur le bien X, il va progressivement diminuer ses importations de X, tandis que ses exportations vont augmenter. Il arrivera un moment où les exportations et les importations de X seront d'un montant identique en valeur : l'intrabranche constitue ici une situation transitoire.

En troisième lieu, la logique des avantages comparatifs doit être conjuguée avec la logique de l'avantage compétitif des firmes pour rendre compte de l'échange intrabranche : un pays qui globalement dispose d'un désavantage comparatif dans le bien X peut néanmoins abriter quelques firmes très performantes, qui pourront exporter le bien X [1].

En dernier lieu, dans le cadre du modèle HOS, l'échange intrabranche peut s'expliquer par la différenciation des produits en termes d'inputs : les voitures allemandes et les voitures françaises, substituables en termes de fonction, ne nécessitent pas forcément la même combinaison productive (mesurée par le rapport stock de capital/stock de travail).

III. De la mobilité des produits à la mobilité des facteurs

Le commerce international de produits ne constitue pas la seule forme de relation économique réelle (par différenciation avec les relations monétaires) entre pays ; les facteurs de production – principalement le facteur travail et le facteur capital –, qui sont à l'origine même des flux de produits, peuvent aussi se déplacer internationalement : on observe alors des migrations de travailleurs et des délocalisations de firmes. Dans la présente section, nous nous centrerons spécifiquement sur la mobilité du facteur capital, au travers de l'étude de la multinationalisation des firmes.

1. Qu'est-ce qu'une firme multinationale ?

► Une firme multinationale peut se définir comme une entreprise qui fabrique la totalité ou une partie d'un produit à l'étranger par le biais d'une

1. On observera alors des flux d'exportations minoritaires par rapport aux flux d'importations.

filiale. La présente définition permet de mettre l'accent sur trois spécificités de la multinationalisation [1].

Tout d'abord, la multinationalisation d'une firme doit se traduire par l'implantation d'une unité de production à l'étranger ; la seule ouverture de succursales ou de points de vente ne constitue pas une véritable multinationalisation, dans la mesure où il s'agit simplement d'infrastructures destinées à faciliter la commercialisation et la distribution des exportations.

Ensuite, la production à l'étranger doit se faire sous le contrôle de la maison mère et non par des cessions de licence ou des prises de participation minoritaires. Le degré de contrôle de la filiale, défini par le pourcentage d'actifs détenus par l'investisseur, permet de différencier les investissements de portefeuilles, qui relèvent d'une logique financière, des investissements directs à l'étranger (IDE), qui s'inscrivent dans une logique productive. Ce degré de contrôle diffère selon les pays : dans le cas de la France, la détention d'un minimum de 20 % des actifs est nécessaire pour que l'opération soit enregistrée au titre des investissements directs ; aux États-Unis, depuis la réforme de 1974, le seuil minimal est fixé à 10 % du capital.

Enfin, la production à l'étranger peut porter soit sur un produit dans sa totalité, soit sur une partie seulement du produit : par exemple, une firme automobile européenne implantera en Asie du Sud-Est la production de ses boîtes de vitesse mais maintiendra en Europe celle des moteurs. La multinationalisation des composants d'un produit est connue sous la dénomination de **DIPP** (Décomposition internationale des processus productifs) [2].

► **La multinationalisation d'une firme donne naissance à des flux de commerce international, entre la maison mère et ses filiales, ou entre filiales (dans le cas d'une DIPP*).**

Un commerce intrafirme apparaît, qui échappe à une logique purement marchande : on parle alors de **commerce captif**. En particulier, les prix pratiqués entre filiales, dénommés **prix de transfert**, n'expriment pas des prix de marché mais sont déterminés en fonction d'objectifs comptables, notamment afin d'alléger les taxes payées à l'exportation : les filiales tendent à sous-évaluer le prix de leurs exportations et à surévaluer le prix de leurs importations.

Selon une estimation du Centre des Nations unies sur les sociétés transnationales, le commerce international intrafirme représenterait aujourd'hui près d'un tiers de la totalité des échanges mondiaux. Dans le cas des États-Unis, certains auteurs évaluent les importations liées au commerce intrafirme à 50 % des importations américaines totales !

Il convient aujourd'hui de distinguer deux types de firmes multinationales :

— la firme multidomestique : elle produit et vend un bien adapté aux caractéristiques de chaque marché national ; la totalité des stades de production est réalisée au sein de chaque filiale : dans ces conditions, le commerce entre filiales et

1. La délocalisation constitue un cas particulier de multinationalisation ; elle consiste à substituer une production dans une filiale à l'étranger à une production sur le territoire national.

2. Voir B. Lassudrie-Duchêne, « DIPP et autonomie de décision », *in* H. Bourguinat, *Internationalisation et autonomie de décision*, Paris, Economica, 1982.

la logique de DIPP sont limités. Chaque filiale, organisée en centre de profit, fonctionne de manière relativement autonome par rapport à la maison mère ;
— la firme globale : le produit est élaboré dans la perspective d'une diffusion standardisée sur l'ensemble des marchés étrangers ; chaque filiale se voit assigner la fabrication d'un produit de la gamme ou d'un élément du produit. Cette division internationale du travail entre filiales permet de réaliser des économies d'échelle et se traduit par d'importants flux de commerce de produits finis ou semi-finis entre filiales. La gestion de la firme globale est très centralisée et les filiales sont très dépendantes de la maison mère, qui définit la stratégie globale en matière de R&D, de production et de marketing.

2. La multinationalisation des firmes a fortement évolué depuis la fin du XIXe siècle

Nous avons choisi ici de rendre compte des étapes de la multinationalisation des firmes en prenant comme critère de référence l'origine géographique des pays investisseurs ; dans cette optique, trois périodes peuvent être identifiées depuis la fin du XIXe siècle, correspondant respectivement à la domination des pays européens (jusqu'en 1945), à la domination des États-Unis (1950-1980), à l'apparition de nouveaux acteurs tels que le Japon et les NPI (années 1980).

► **Jusqu'à la Seconde Guerre mondiale, la multinationalisation des firmes demeure un phénomène essentiellement européen**, même si les positions de l'Europe tendent à s'éroder après 1914.

Ainsi, à la veille du premier conflit mondial, le Royaume-Uni représente à lui seul 45 % du stock total d'IDE, suivi par les États-Unis (18,5 %), la France (12 %) et l'Allemagne (10,5 %) : les pays européens constituent à eux seuls 76 % du stock d'IDE. En 1939, la situation a nettement évolué : si le Royaume-Uni (40 %) et, plus généralement, les pays européens (63 %) restent les premiers investisseurs à l'étranger, les États-Unis progressent pour représenter 28 % du stock total d'IDE. L'érosion de l'Europe apparaît très différenciée selon les pays : alors que la part de la France diminue pour passer à 9,5 %, celle de l'Allemagne s'effondre pour atteindre 1,3 %.

• **Les firmes multinationales s'implantent alors essentiellement dans les pays colonisés ou semi-colonisés** : ces derniers représentent 63 % du stock total d'IDE en 1914 et 66 % en 1939. L'Amérique latine et l'Asie constituent les deux zones de prédilection des investisseurs, alors que l'Afrique occupe une place marginale. Les délocalisations dans les pays du Nord concernent essentiellement le Canada, les États-Unis et la Russie (jusqu'en 1917).

• **Les investissements directs s'effectuent essentiellement dans le secteur primaire** (matières premières et agriculture), qui représente plus de 50 % du stock d'IDE en 1914 : ce constat n'est pas pour surprendre, compte tenu du rôle des pays en voie de développement comme zones d'accueil. En termes de stock, les investissements directs dans les produits manufacturés occupent la troisième place (15 %), après les chemins de fer (20 %), et s'effectuent pour l'essentiel entre pays développés : c'est ainsi que Poulenc Frères et Renault s'implantent en 1927 à Londres pour produire respectivement des moteurs d'automobile et de la chimie fine.

► **Après la Seconde Guerre mondiale, les États-Unis prennent la place occupée précédemment par le Royaume-Uni** : ils deviennent en effet les premiers investisseurs à l'étranger, même si leur position tend progressivement à se dégrader au cours des années 1970.

Ainsi, en 1960, les États-Unis représentent à eux seuls 49 % du stock total d'IDE, tandis que la part du Royaume-Uni n'est plus que de 16 %. Il est vrai qu'au cours des années 1970 la suprématie américaine s'atténue, sous la poussée de l'investissement japonais et allemand : la part des investissements d'origine américaine dans le stock total d'IDE passe à 41 % en 1978.

• **Les flux d'investissements directs se dirigent essentiellement vers les pays développés** : les pays en voie de développement ne constituent plus la principale zone d'accueil.

En effet, au cours des années 1960-1970, les pays développés représentent plus de 65 % du stock total d'IDE ; les firmes multinationales s'implantent essentiellement en Europe de l'Ouest, au Canada, en Australie et en Afrique du Sud. Parmi les pays en voie de développement, la zone asiatique connaît un recul marqué (5 % du stock total d'IDE en 1970) par rapport à l'Amérique latine (18 % en 1970). Il est à noter que le Japon, qui accède au rang de pays développé à cette époque, reste très fermé aux investissements directs de l'étranger : il représente en 1978 moins de 2 % du stock total d'IDE.

L'existence de flux d'investissement direct entre pays développés ne signifie pas pour autant que ces investissements prennent la forme d'investissements croisés ; bien au contraire, les flux bilatéraux restent limités : les firmes américaines investissent fortement dans les pays de la CEE mais la réciproque n'est pas vraie.

• **Les firmes multinationales délaissent** – en particulier à la suite des expropriations et nationalisations effectuées par les pays en voie de développement – **les investissements directs dans le secteur primaire ; on assiste alors à l'essor des investissements dans le secteur manufacturier.**

En 1970, le secteur manufacturier représente plus de 50 % du stock total d'investissement direct, au lieu de 25 % en 1938. Les firmes américaines, allemandes et suédoises continuent à investir à l'étranger dans les industries de haute technologie, tandis que les firmes anglaises et japonaises délocalisent surtout la production de biens de consommation.

► **En termes de pays investisseurs, les années 1980 sont marquées par l'avènement des firmes multinationales japonaises**, dont les investissements directs connaissent une forte croissance à partir de 1981. En termes de stocks d'IDE, le Japon représente en 1990 le troisième pays investisseur (derrière les États-Unis et la Grande-Bretagne), alors même qu'il ne figurait pas en 1960 dans la liste des pays investisseurs.

L'essor de l'investissement japonais peut s'expliquer par la conjugaison de trois facteurs. Tout d'abord, sur un plan législatif, la libéralisation des IDE de ce pays, entamée dès le début des années 1970, est achevée en 1984 avec la suppression de l'autorisation préalable du MITI. Ensuite, sur un plan macroéconomique, le Japon connaît au cours des années 1980 une situation d'excédents de sa balance des paiements courants, ce qui incite aux sorties de capitaux. Enfin, à partir de 1985, le yen tend à s'apprécier durablement par rapport au dollar, ce qui facilite les acquisitions de firmes étrangères.

Cet essor de l'investissement direct japonais s'accompagne d'une évolution des pays d'accueil : alors que les Japonais investissaient majoritairement dans les PVD – et en particulier en Asie du Sud-Est –, les multinationales nippones se délocalisent aujourd'hui en direction des pays développés, en particulier aux États-Unis et dans la « forteresse Europe ».

Les firmes japonaises tendent à investir prioritairement dans les secteurs non manufacturiers, en particulier dans le secteur des services (activités bancaires et financières, assurances, immobilier). Lorsque les Japonais investissent dans le secteur manufacturier, il s'agit d'investissements ciblés sur des secteurs pour lesquels le Japon dispose d'un fort avantage comparatif : ainsi, Matsushita, firme d'électronique grand public dispose de cinq unités de production en RFA, tandis que les firmes automobiles Nissan, Toyota et Honda, se sont implantées au Royaume-Uni.

On notera également que la France, dans la seconde moitié des années 1980, constitue l'un des principaux acteurs de l'investissement direct à l'étranger. En effet, on assiste entre 1986 et 1991 à une forte internationalisation des firmes françaises, qui comblent leur retard en la matière : la France se situe, en termes de stock d'IDE à l'étranger, au quatrième rang mondial, derrière les États-Unis, le Japon et le Royaume-Uni. Les firmes françaises se sont implantées pour l'essentiel dans deux grandes régions :

— les États-Unis, premier pays d'implantation par les effectifs et le nombre de filiales : les firmes françaises ont pénétré le marché américain le plus souvent par acquisition de firmes locales ;

— l'Europe de l'Ouest, et en particulier le Royaume-Uni et l'Allemagne.

Les firmes françaises accusent un certain retard, par rapport à leurs concurrentes américaines, dans l'implantation en Asie : à cet égard, les investissements directs français en Chine restent relativement modestes, alors même que ce pays connaît aujourd'hui une forte croissance économique.

• **En termes de pays hôtes, la tendance à la multinationalisation des firmes dans les pays développés s'accentue durant les années 1980-1990** : ces derniers accueillent alors plus des trois quarts des flux annuels d'investissement direct.

En particulier, les États-Unis sont devenus au cours des années 1980 le premier pays développé destinataire des investissements directs : ils représentent en 1985 30 % du stock total d'investissement étranger. Il s'agit d'un renversement complet de la tendance observée sur la période précédente, où les États-Unis investissaient fortement et accueillaient relativement peu d'investissements de l'étranger (10 % dans les années 1960-1970). Après 1980, les flux annuels d'investissements directs américains sont constamment inférieurs à ceux entrants aux États-Unis, si bien qu'à partir de 1988 le stock d'IDE aux États-Unis devient supérieur à celui détenu par les Américains à l'étranger. Les pays européens, en particulier le Royaume-Uni, les Pays-Bas et le Japon constituent les principaux investisseurs sur le continent nord-américain.

Dans la seconde moitié des années 1980, rompant avec une période de relative fermeture, la France devient l'un des grands pays d'accueil de l'investissement direct étranger : notre pays se situe même en 1993 et 1994 juste derrière les deux premiers pays d'accueil, la Chine et les États-Unis. Parmi les facteurs qui expliquent cette soudaine attractivité du territoire, la politique de libéralisation et de promotion des investissements étrangers semble avoir joué un rôle déterminant. Les firmes étrangères qui s'implantent en France sont essentiellement européennes, en particulier hollandaises, britanniques et allemandes.

La multinationalisation des firmes entre pays développés se traduit par la présence d'investissements directs croisés : les flux d'investissements directs américains dans certains pays européens (la France, la RFA, le Royaume-Uni, la Suisse) s'accompagnent de flux d'investissements directs de ces pays sur le continent nord-américain, d'un montant sensiblement équivalent.

• **La multinationalisation des firmes se fait également de plus en plus dans le secteur tertiaire**, qui représente aujourd'hui 45 % du stock total d'IDE, contre 20 % dans les années 1960. Au sein du secteur des services, deux activités apparaissent prépondérantes : il s'agit des services financiers, tels que la banque et l'assurance, et des services liés à la commercialisation des produits, tels que le transport.

• **En ce qui concerne les formes de l'investissement direct, on assiste à partir des années 1980 à l'essor de nouvelles formes de multinationalisation entre pays développés, fondées sur la coopération avec des firmes locales.**

Après 1945, la stratégie des firmes a consisté à privilégier l'investissement direct dans les pays développés sous la forme d'une filiale à 100 %, que ce soit par une opération de rachat d'une firme locale ou par un investissement de type *greenfield*. L'exemple des firmes américaines sur le continent européen au cours des années 1950 est à cet égard exemplaire : des firmes comme IBM, Texas Instruments ou Motorola contrôlaient totalement leurs investissements directs et exigeaient le contrôle total de leurs filiales. Les *joint ventures* internationales constituaient généralement une forme de délocalisation imposée aux firmes multinationales par les PVD, les NPI ou les pays de l'Est.

Aujourd'hui, alors même que les législations nationales sur la propriété du capital n'imposent plus aucune restriction, les firmes multinationales des pays développés n'hésitent pas à s'implanter dans d'autres pays développés par le biais d'alliances portant sur l'ensemble de la chaîne de valeur : recherche-développement (accords de R&D), production (*joint ventures* de production ; accords de fonderie), commercialisation. De nombreux travaux mettent en effet en évidence une forte progression des alliances internationales depuis le début des années 1980. Certaines estimations effectuées sur le continent américain montrent que 38 % des implantations japonaises aux États-Unis entre 1982 et 1984 se sont faites sous la forme de *joint ventures* avec un partenaire américain, contre 29 % sur la période 1979-1981 : ainsi, les firmes japonaises Toyota et Mitsubishi ont noué des alliances de production avec General Motors et Chrysler.

► **Depuis le début des années 2000, on assiste à la montée en puissance des pays émergents, à la fois comme émetteurs et récepteurs d'IDE. En 2008, si les pays développés restent les premiers émetteurs d'investissements directs dans le monde, la Chine et la Russie occupent les 12e et 13e rangs** (schéma 7). **Les BRIC (Brésil, Russie, Inde, Chine) représentent désormais 8 % du stock d'IDE dans le monde.**

Mais c'est surtout du côté des flux entrants d'IDE que se manifeste l'avènement des pays émergents, la Chine étant aujourd'hui le deuxième pays d'accueil, derrière les États-Unis (schéma 8).

• **Le mouvement d'investissement direct à destination des nouveaux pays industrialisés sous la forme de délocalisations a suscité un débat sur la relation entre emploi et délocalisation.**

Schéma 7
Flux d'investissements directs étrangers sortants (2008) : les 15 premiers pays investisseurs dans le monde

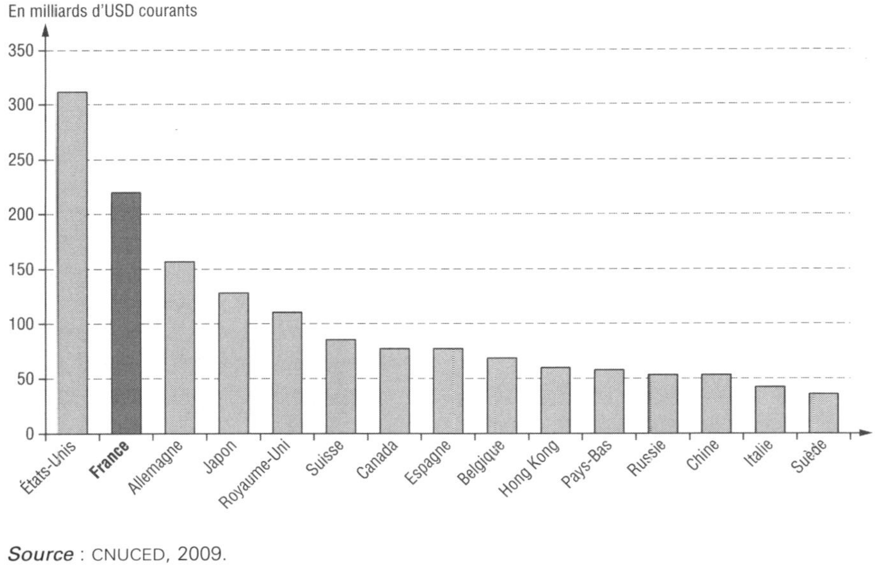

Source : CNUCED, 2009.

Ce débat a pris un tour très vif en France dès les années 1990, à l'occasion de la publication de plusieurs rapports parlementaires, qui développent des points de vue pour le moins contrastés sur ce sujet.

Ainsi, selon le rapport Arthuis, les délocalisations de firmes françaises vers les pays à bas salaires auraient coûté à notre pays plusieurs centaines de milliers d'emplois. Trois étapes sont distinguées dans ce mouvement de transfert d'activités :

Schéma 8
Flux d'investissements directs étrangers entrants (2009*) : les 15 premiers pays investisseurs dans le monde

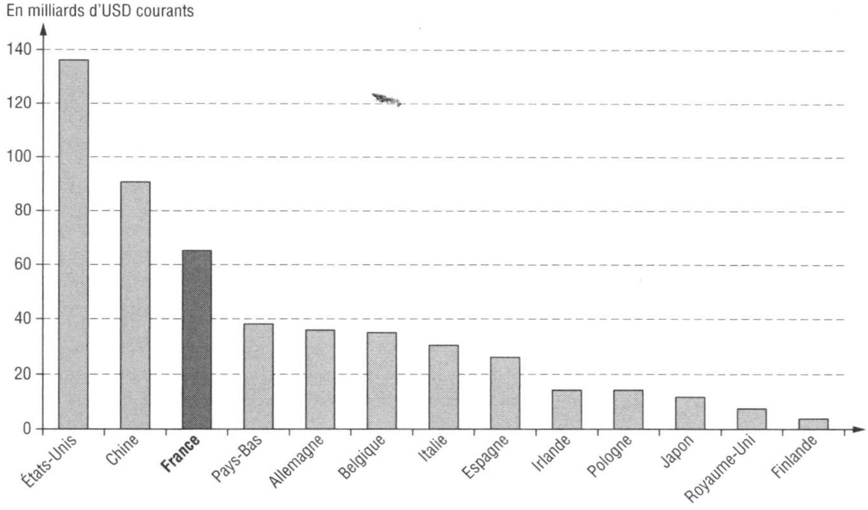

Source : CNUCED, 2010.

— durant les années 1970, les délocalisations portaient pour l'essentiel sur des produits de grande consommation, tels que le textile ;
— au cours des années 1980, un deuxième mouvement de délocalisation affecte des activités telles que l'informatique, les composants électroniques ;
— une troisième vague s'amorce aujourd'hui, qui se dirige vers les pays de l'Est et d'Asie (Inde, Chine) et concerne avant tout les services liés aux entreprises (centres d'appel...).

La majorité des économistes récuse l'ampleur du phénomène des délocalisations et remet en question leurs effets supposés négatifs sur l'emploi. « Dans de nombreux cas, tout d'abord, le choix est entre se délocaliser ou disparaître. L'implantation sur des sites étrangers à main-d'œuvre à bas prix de revient permet souvent, observe-t-on, de maintenir sur le plan domestique certaines activités qui, sans cela, disparaîtraient purement et simplement. Et puis, s'implanter à l'étranger est souvent une nécessité vitale pour pénétrer des marchés étrangers à fort potentiel (notamment en Asie) et ensuite s'y développer [...]. Pour emporter la conviction finale, faudrait-il encore rappeler que l'investissement direct à l'étranger est le meilleur moyen de limiter certains courants migratoires, jugés actuellement et potentiellement inopportuns, en donnant du travail dans les pays en développement eux-mêmes. Quant à l'effet net sur l'emploi, outre que les délocalisations ne fonctionnent pas à sens unique et qu'elles donnent aussi du travail en France à travers l'investissement direct de l'étranger, on doit, dit-on, ne jamais perdre de vue que le chômage tient à bien d'autres causes internes beaucoup plus profondes (rigidités, progrès technologique, traitement fiscal du travail, etc.) ; la preuve ultime en étant que les pays qui pratiquent le plus activement les délocalisations des activités (Japon, États-Unis) sont ceux qui réussissent le mieux à juguler de nos jours, le sous-emploi [1]. »

Les effets des délocalisations sur l'emploi dépendent largement du caractère complémentaire ou substituable de la production réalisée à l'étranger par rapport à la production locale de la firme. Quatre effets peuvent être distingués :

- la production délocalisée remplace purement et simplement la production nationale : il y a alors un effet direct de déplacement d'emplois ;
- la filiale étrangère s'approvisionne auprès de la maison mère ou de firmes du pays d'origine (pièces détachées, produits intermédiaires, etc.) : cet accroissement des exportations provoque un effet indirect de création d'emplois par stimulation des exportations ;
- la délocalisation s'effectue dans la production de biens banalisés, ce qui permet à la maison mère de se recentrer sur les activités intenses en emplois qualifiés (recherche-développement, marketing, etc.) : il y a alors un effet indirect de glissement d'emplois peu qualifiés vers des emplois plus qualifiés ;
- la délocalisation entraîne sur le territoire national de la firme un accroissement d'emplois d'accompagnement (services de consultants, avocats, etc.).

3. Plusieurs explications de la multinationalisation des firmes ont été avancées

Il est usuel de distinguer en économie trois niveaux d'explication du fait multinational : le niveau de la firme, avec la théorie des coûts de transaction ; le niveau de la structure de marché, avec l'étude des structures oligopolistiques ; le niveau du pays, au travers des barrières protectionnistes qui entravent la mobilité des produits [2].

1. H. Bourguinat, *La tyrannie des marchés : essai sur l'économie virtuelle*, Paris, Economica, 1995.

2. Pour une analyse détaillée de ces trois types d'analyses, nous renvoyons le lecteur à l'ouvrage de J.-L. Mucchielli, *Les firmes multinationales : mutations et nouvelles perspectives*, Paris, Economica, 1985.

► **La multinationalisation s'explique par la présence de coûts de transaction.**

Née sous la plume de Coase en 1937, reprise par Williamson, la théorie des coûts de transaction montre que **le recours au marché comme mode d'allocation des ressources peut engendrer un coût d'usage, dénommé coût de transaction**. Analytiquement, deux catégories de coûts de transaction sont distinguées : il existe tout d'abord des **coûts *ex ante***, liés à la connaissance et la sélection des partenaires, qui sont d'autant plus élevés que la transaction est complexe et potentiellement conflictuelle ; l'acte d'échange sur un marché peut ensuite occasionner des **coûts *ex post***, correspondant aux coûts de contrôle et aux éventuels coûts juridiques liés au non-respect du contrat.

Dès lors que le recours au marché se révèle trop coûteux, le « faire faire » (c'est-à-dire le recours à la transaction marchande) cède le pas au « faire soi-même », c'est-à-dire à l'intégration de la transaction au sein de la firme. L'intégration peut prendre la forme d'une intégration vers l'amont, l'incertitude sur le prix du produit intermédiaire étant par exemple jugée trop forte par la firme produisant le bien final, ou vers l'aval, le fabricant ne pouvant connaître par exemple avec précision le prix pratiqué par le détaillant, qui s'accapare ainsi une rente.

L'approche transactionnelle a reçu un accueil particulier auprès des théoriciens de la firme multinationale qui appréhendent le choix entre l'investissement direct (relevant du principe d'intégration) et l'exportation, en terme de minimisation des coûts de transaction. Deux situations sont généralement distinguées : la multinationalisation par intégration horizontale et la multinationalisation par intégration verticale, distinction que nous reprenons à notre tour.

• **La multinationalisation par intégration horizontale est choisie, plutôt que l'exportation, lorsque existe sur le marché concerné une asymétrie d'information et un risque d'opportunisme de la part de l'acheteur.**

Ainsi en est-il de la vente internationale d'une technologie : comment une firme peut-elle persuader le client étranger de la valeur de sa technologie sans lui en dévoiler le contenu ? Le risque d'opportunisme qui en découle incite la firme détentrice de la technologie à réaliser un investissement direct, le système de licence étant ici défectueux. De même, la cession d'une marque déposée sous la forme du franchisage se heurte à l'opportunisme du partenaire étranger : le franchisé risque d'offrir une qualité inférieure pour se créer une rente, les effets négatifs de son action (baisse des ventes totales) étant répartis sur l'ensemble des producteurs de la marque. Afin de réduire ce risque de comportement opportuniste, le franchiseur doit donc procéder à des spécifications contractuelles sur la qualité et mettre en place un système de surveillance du franchisé : le recours au marché présente un coût. Mais le franchiseur peut aussi transformer le franchisé en employé de sa filiale, limitant ainsi l'incitation à produire une qualité inférieure : l'investissement direct à l'étranger se substitue alors au principe de transaction marchande.

• **L'intégration verticale, qu'elle se situe en amont (approvisionnement en matières premières) ou en aval (distribution), répond à une situation de marché caractérisée par un petit nombre de contractants et une asymétrie d'information.**

Ainsi, dans l'industrie de l'aluminium, le petit nombre d'acteurs explique le recours systématique à la multinationalisation : les vendeurs de bauxite étant peu nombreux et les actifs des firmes de transformation très spécifiques (une unité de production fonctionne avec une certaine catégorie de bauxite), le risque de comportements opportunistes (tels qu'une augmentation soudaine du prix de vente de la bauxite) est élevé. Même les contrats d'approvisionnement à long terme ne peuvent être efficients, dans la mesure où l'environnement est incertain : il n'est pas possible de spécifier *ex ante* l'ensemble des situations possibles. L'investissement direct apparaît alors comme une solution alternative au marché, permettant de limiter des coûts de transaction élevés.

De même, dans le commerce de la banane, l'intégration verticale s'explique par une asymétrie d'information sur la qualité du produit. La qualité ne pouvant être contrôlée *ex ante* par les acheteurs (notamment le degré de mûrissement), la situation typique d'Akerlof du *market for lemons* [1] risque de se produire : la défiance mutuelle des contractants (l'acheteur offre un bas prix et le vendeur ne peut le persuader de la qualité de son produit) conduit à une offre de qualité inférieure. Pour éviter d'éventuels comportements opportunistes, l'acheteur recourt à un investissement direct à l'étranger.

▶ **L'existence d'oligopoles pousse à la multinationalisation des firmes.**

En microéconomie, un oligopole se définit comme une structure de marché caractérisée par le faible nombre d'offreurs : il s'agit d'une structure intermédiaire entre la concurrence pure et parfaite (grand nombre de firmes) et le marché de monopole. Dès lors que le nombre de firmes est réduit, les comportements de ces dernières deviennent interdépendants (ou stratégiques au sens de la théorie des jeux) : par exemple, dans le cas d'un duopole (cas particulier d'oligopole, constitué de deux firmes) les choix de la firme 1 en matière de production vont influer sur les choix de la firme 2, et réciproquement. Chaque firme réagit par rapport aux décisions de sa rivale : on parle de **comportements de réaction oligopolistique**.

• **L'approche en termes d'oligopole permet d'expliquer les délocalisations simultanées de firmes en direction d'un même pays.** Certains auteurs, et en particulier Knickerbocker [2], ont en effet mis en évidence un phénomène de **délocalisation en grappes** : une firme appartenant à un pays A se délocalise vers un pays B pour conquérir de nouvelles parts de marché et déstabiliser ses rivales nationales ; ces dernières réagissent aussitôt et investissent à leur tour dans le pays B, afin de rétablir leur part de marché initiale.

« Il s'ensuit une sorte de fuite en avant où chacun se délocalise à l'étranger parce que le concurrent le fait [...]. De nombreux exemples peuvent être cités : en s'implantant aux États-Unis, Bouygues imite son concurrent direct, Spie Bati-

1. En 1971, l'économiste américain G.A. Akerlof a développé une analyse restée célèbre des conséquences d'une asymétrie d'information sur l'équilibre d'un marché, en s'appuyant sur l'exemple du marché automobile d'occasion : les vendeurs d'automobiles ne pouvant persuader les éventuels acheteurs de la qualité de leur voiture, ces derniers ne sont disposés à payer qu'un faible prix ; en conséquence, seules les voitures de mauvaise qualité sont effectivement mises en vente : « Les mauvaises voitures chassent les bonnes. »

2. *Oligopolistic reaction and multinational enterprise*, Harvard University Press, 1973.

gnolles, tout comme Peugeot imite Volskwagen en s'implantant en Chine ; de même, le mouvement actuel de délocalisation accélérée de certaines multinationales dans les pays de l'Est peut faire penser aux mêmes déterminants [1]. »

• **L'approche en termes d'oligopole permet aussi de rendre compte des investissements directs croisés et intrabranches.** Cette perspective, développée par Hymer et Rowthorn, considère que la délocalisation d'une firme appartenant au pays A vers le pays B déstabilise les firmes du pays B appartenant au même secteur ; ces dernières réagissent en investissant à leur tour dans le pays A. L'hypothèse de base de ce modèle – au demeurant assez réaliste – consiste à considérer que les firmes effectuent la majorité de leur chiffre d'affaires sur leur marché national : toute entrée d'un nouveau concurrent sur ce marché est donc susceptible de réduire les profits des firmes installées.

C'est ainsi que certains auteurs ont analysé la délocalisation des firmes européennes aux États-Unis dans les années 1980 comme une riposte aux investissements américains en Europe dans les années 1960-1970.

► **La présence de barrières tarifaires peut inciter les exportateurs étrangers à délocaliser leur production.**

• **L'idée selon laquelle la mobilité des facteurs constitue un substitut à l'immobilité (partielle ou absolue) des produits** a été développée, dans le cadre du modèle HOS, par Mundell (1957) [2]. Soit le pays A relativement doté en facteur travail et le pays B relativement doté en facteur capital. Si le pays A recourt au protectionnisme, les firmes du pays B vont se délocaliser vers le pays A, où le capital est relativement rare : à la suite de ce mouvement de capital, les dotations relatives des deux pays vont se rapprocher, jusqu'à être identiques (dans ce cas limite, l'investissement direct se substitue intégralement au commerce international).

• **Le contournement des mesures protectionnistes par la multinationalisation peut s'effectuer soit de manière directe, soit de manière indirecte.**

Dans le premier cas, les firmes étrangères s'implantent directement sur le marché protégé. Ainsi, certains auteurs [3] estiment que la création du marché commun a provoqué dans les années 1960 une poussée des délocalisations de la part des firmes américaines ; ce mouvement s'est accompagné d'une diminution des exportations américaines vers les pays de la CEE, si bien que les investissements directs se sont substitués aux exportations vers cette zone. Aujourd'hui, le même phénomène peut être observé à propos du grand marché européen de 1993 et des États-Unis : les firmes japonaises, afin de surmonter les restrictions américaines aux importations et dans la crainte de la « forteresse Europe », ont eu recours à la délocalisation de leur production, en particulier dans les secteurs de l'automobile et de l'électronique. C'est ainsi que la firme automobile Nissan s'est implantée au Royaume-Uni (son principal marché à l'exportation) pour contourner les quotas mis en place par les Anglais ; de

1. J.-L. Mucchielli, *Les firmes multinationales*, *op. cit.*
2. « International trade and factor mobility », *American Economic Review*, 1957.
3. A. Schmitz, J. Bieri, « EEC tariffs and US direct investment », *European Economic Review*, 1972.

même, les firmes japonaises d'électronique grand public se sont délocalisées en Europe pour contourner les droits de douanes instaurés à partir de 1986.

Dans le second cas, les pays dont les exportations à destination du pays B sont limitées par un quota se délocalisent dans un pays tiers, à partir duquel ils exportent vers B.

La stratégie des firmes japonaises dans le domaine automobile constitue une illustration du principe de contournement direct du protectionnisme (schéma 9). Durant les années 1970, les exportations japonaises d'automobiles augmentent fortement, à destination principalement du marché nord-américain et européen : la crise du pétrole a eu pour effet de faire évoluer la demande vers des petites cylindrées, type de véhicules dans lesquels les constructeurs japonais excellent. Cette pénétration japonaise inquiète rapidement les pays développés et les premières tensions commerciales apparaissent au début des années 1980 : les États-Unis et l'Europe font pression sur le Japon pour qu'il adopte des mesures de « restriction volontaire d'exportations » (RVE). Ces obstacles à l'exportation ont été, avec l'appréciation du yen, l'un des facteurs essentiels de la délocalisation des firmes automobiles japonaises aux États-Unis et en Europe : en 1995, huit constructeurs japonais sont implantés aux États-Unis, avec une capacité de production de 2,5 millions de véhicules par an. On assiste même depuis le début des années 1990 à un véritable phénomène de substitution de l'investissement direct aux exportations : depuis 1994, la production japonaise délocalisée à l'étranger a dépassé les exportations japonaises, qui diminuent en volume depuis le milieu des années 1980.

Schéma 9
La stratégie japonaise dans l'automobile

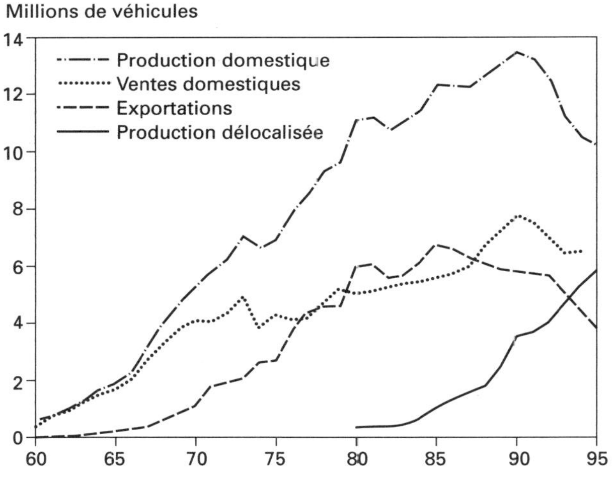

IV. La tentation protectionniste

1. Le protectionnisme apparaît comme un phénomène multiforme

Plusieurs instruments, au demeurant non exclusifs les uns des autres, peuvent être mobilisés par les pouvoirs publics afin de limiter les importations : tarif douanier, quota, subvention, restrictions volontaires d'exportation. Il est utile de les distinguer, dans la mesure où ils n'entraînent pas les mêmes effets sur l'économie nationale, portent sur des variables différentes (prix ou quantités) et n'ont pas connu la même postérité.

► **Le tarif douanier se définit comme un protectionnisme par les prix** : au moyen d'une taxe (générale ou sélective) sur les importations, le pays vise à augmenter le prix des produits étrangers sur le territoire national. Le tarif *ad valorem*, qui consiste à appliquer un certain pourcentage à la valeur déclarée du produit, représente la forme privilégiée du tarif douanier et se distingue du tarif spécifique, levé sous forme d'un montant fixe par unité du bien importé.

• **Défendu dès le XVIe siècle par les mercantilistes français, le tarif douanier a longtemps constitué la principale modalité de protectionnisme, et ce jusqu'à la Seconde Guerre mondiale.**

Le XIXe siècle – en dépit de l'adhésion du Royaume-Uni à partir de 1846 aux principes du libre-échange – se caractérise non seulement par le maintien de fortes barrières tarifaires mais aussi par leur renforcement lors de la dépression économique de 1873-1896. Ainsi, sous l'impulsion de la Prusse naît en 1834 le Zollverein qui instaure, outre le libre-échange entre régions allemandes, un tarif douanier vis-à-vis de tous les États extérieurs à l'union. Pour sa part, la France, après une période d'ouverture au libre-échange à la suite du traité franco-anglais de 1860, renoue avec le protectionnisme tarifaire par le biais d'une première loi douanière en 1881, l'instauration du tarif Méline en 1892 et la loi cadenas en 1897.

Au cours du XXe siècle, la crise économique de 1929 marque le retour généralisé au protectionnisme tarifaire : dès 1930, les États-Unis, par le Hawley Smoot Tariff, élèvent leurs taxes douanières à 40 % *ad valorem* ; le Royaume-Uni suit la même voie en 1931 avec l'Abnormal Importations Act et en 1932 avec l'Import Duties Act ; de son côté, la France relève les taux de son tarif douanier à trois reprises (juillet 1931, mars 1932, juillet 1933). Depuis 1945, le tarif douanier ne constitue plus un outil privilégié de protection : sa trop grande visibilité conjuguée aux efforts du GATT a conduit sinon à sa disparition, du moins à une diminution marquée des taux : les différents cycles de négociations multilatérales ont permis de faire passer en moyenne les barrières tarifaires de 40 % en 1947 à moins de 4 % aujourd'hui.

• **L'abaissement progressif des barrières tarifaires ne signifie pas pour autant leur totale disparition dans notre monde contemporain.**

Tout d'abord, pour de nombreux PED le tarif douanier reste encore aujourd'hui une modalité essentielle de protection.

Ensuite, les réductions des barrières tarifaires ne sont pas uniformes selon les produits : jusqu'au cycle de l'Uruguay Round (1986-1994), l'abaissement des tarifs douaniers concernait pour l'essentiel les produits industriels ; les produits agricoles, les services, le secteur textile ont en effet longtemps échappé aux négociations multilatérales.

Troisièmement, la formation récente d'unions économiques a entraîné la mise en place d'un tarif douanier vis-à-vis des pays n'appartenant pas à l'espace intégré : le **tarif extérieur commun**, instauré par la Communauté européenne, était de 12,1 % au début des années 1960, puis de 8 % en 1972 (après le Kennedy Round) et aujourd'hui de 6 % environ.

Quatrièmement, le tarif douanier reste un outil utilisé de manière ponctuelle par les pays développés, en guise de sanctions et de représailles. Ainsi, après l'entrée de l'Espagne et du Portugal dans la CEE en 1986, les États-Unis ont perdu un important débouché pour leur production de maïs et de sorgho : les Américains ont alors riposté par la mise en place d'une taxation de 200 % sur certains produits européens, avant que ne soit conclu un accord entre les deux parties en janvier 1987.

Enfin, un raisonnement sur les seuls taux de protection nominaux peut conduire à sous-évaluer la protection effective (voir encadré, p. 404).

De la protection nominale à la protection effective

La mise en place d'un tarif douanier de x % sur un produit ne signifie pas pour autant que les producteurs nationaux sont effectivement protégés de x % : il faut en effet distinguer la protection nominale, qui porte seulement sur les produits finis, de la protection effective, qui prend en compte les produits intermédiaires incorporés dans les produits finis.

Par exemple, pour produire un magnétoscope, il faut des produits intermédiaires tels que des composants électroniques ; on appelle « valeur ajoutée » d'un magnétoscope la différence entre le prix de vente du magnétoscope et le prix des produits intermédiaires utilisés pour le fabriquer.

Supposons qu'en libre-échange le prix du magnétoscope soit de 5 000 € et le prix des composants de 2 000 € : la valeur ajoutée est donc égale à 3 000 €.

Si la France taxe les importations de magnétoscopes et de composants de 20 %, le prix du magnétoscope en France passe à 6 000 € et le prix des composants à 2 400 € ; la nouvelle valeur ajoutée est de 3 600 €, soit + 20 % : la protection nominale est égale à la protection effective.

Mais si les importations de composants sont davantage taxées que les magnétoscopes (20 % de droits de douanes sur les composants ; 10 % sur les magnétoscopes), le prix du magnétoscope passe de 5 000 à 5 500 € et celui des composants de 2 000 à 2 400 €. La nouvelle valeur ajoutée est égale à 3 100, soit + 3 % : la protection effective est inférieure à la protection nominale, égale à 10 %.

À l'inverse, si les importations de magnétoscopes sont taxées à hauteur de 20 % et celles de composants à hauteur de 10 %, le prix du magnétoscope passe à 6 000 € et celui des composants à 2 200 € ; la nouvelle valeur ajoutée est de 3 800 €, soit une protection effective de 26 %. On voit donc que le taux de protection effective est plus élevé si les inputs sont moins fortement taxés que les produits finis (et réciproquement).

Dans le cas de plusieurs biens intermédiaires, on peut montrer que le taux de protection effectif (noté t_e) équivaut à :

$$t_e = \frac{t - \Sigma a_i t_i}{1 - \Sigma a_i}$$

avec :
t, le taux de protection nominal (sur le bien final importé) ;
a_i, le coût de l'input i, en pourcentage du prix du bien final en l'absence de tarif ;
t_i, le taux de protection nominal sur le bien intermédiaire importé i.

► **À la différence du tarif douanier, le quota représente un protectionnisme par les quantités** : il consiste à limiter, en volume ou en valeur, le montant des importations. Cette mesure est mise en œuvre au travers de cession de licences d'importation soit aux entreprises nationales, soit directement aux gouvernements des pays exportateurs. En règle générale, le quota porte sur certaines catégories de produits et non sur la totalité des biens importés.

Très utilisé durant la Première Guerre mondiale, le quota a constitué une modalité d'accompagnement du protectionnisme tarifaire au cours de la Grande Crise. L'instauration de quotas demeure aujourd'hui une réalité, notamment entre pays développés : par exemple, les pays de la CEE ont instauré en 1983 un quota sur les importations de tubes TV et de magnétoscopes en provenance du Japon.

• **Les restrictions volontaires d'exportations (RVE*), initiées en principe par le pays exportateur lui-même, constituent une variante du quota.**

Une restriction volontaire d'exportation (RVE en français, VER en anglais) se définit comme un accord bilatéral stipulant qu'un pays A limite volontairement ses exportations à destination d'un pays B. Le terme « volontaire » ne doit pas prêter à confusion : le pays exportateur accepte de limiter ses exportations, car le pays importateur menace d'imposer des mesures protectionnistes.

Cette forme de protection n'est pas à proprement parler nouvelle : elle était déjà utilisée dans les années 1930, notamment pour limiter les exportations de textiles japonais à destination des États-Unis. Mais il faut véritablement attendre le début des années 1980 pour assister à la multiplication de ce type d'accords : en 1986, pas moins de 130 accords de RVE étaient en vigueur, couvrant près de 10 % du commerce mondial. Les RVE sont ciblées sur quelques secteurs, comme le textile-vêtement, les chaussures, l'automobile, les produits électroniques, la sidérurgie ; ces restrictions concernent le plus souvent le Japon et les nouveaux pays industrialisés, et visent à limiter leurs exportations à destination des États-Unis et de l'Europe. L'exemple le plus connu de RVE concerne l'industrie automobile : à partir de 1981, les exportations de voitures japonaises à destination des États-Unis ont été soumises à une restriction volontaire, laquelle a été reconduite à plusieurs reprises.

Les RVE sont parfois considérées comme une simple variante du quota, initiée par le pays exportateur et non par l'importateur. Pourtant, la RVE présente des caractéristiques très spécifiques :

— la RVE vise à limiter l'offre d'exportations et non la demande d'importations ;

— il s'agit d'un instrument par nature discriminatoire, dans la mesure où la restriction est ciblée sur un partenaire ;
— la RVE étant ciblée sur un partenaire, les risques de représailles des autres partenaires sont évités ; l'imposition d'un droit de douane ou d'un quota, portant sur un bien quelle qu'en soit la provenance, conduirait à des représailles des différents pays exportateurs ;
— la RVE fait souvent l'objet de négociations informelles, ce qui évite les tractations législatives inhérentes à la mise en place d'un tarif douanier ou d'un quota ;
— la RVE permet de détourner l'esprit du GATT sans en violer explicitement les règles : dans la mesure où les restrictions à l'importation sont limitées (droits de douane) ou interdites (quotas), les pays s'engagent dans des restrictions à l'exportation qui échappent au GATT ;
— la RVE présente un avantage politique indéniable pour le pays importateur : ce dernier, en cas de difficulté, peut toujours faire porter la responsabilité de la restriction à l'exportateur, qui est chargé d'administrer l'accord. Du côté du pays exportateur, la RVE peut être profitable dès lors que la rente est importante ;
— les accords de RVE portent sur des catégories précises de produits et sont renouvelés régulièrement ;
— l'accord de RVE est accepté par le pays exportateur, dans la mesure où elle lui procure une rente.

► **De nos jours, le protectionnisme prend de plus en plus la forme d'obstacles *de facto* et peu visibles** : ces derniers, s'ils n'interdisent pas l'accès au marché en tant que tel, rendent cependant difficile sa pénétration par une firme étrangère. Le protectionnisme indirect recouvre une grande variété de situations et nous en donnons ici les principales formes.

Tout d'abord, **l'existence de marchés publics**, attribués par les pouvoirs publics, permet de favoriser les entreprises nationales au détriment des concurrents étrangers. Un exemple célèbre en est fourni par l'industrie des télécommunications en Europe : dans la mesure où les principaux acheteurs de matériel de télécommunication sont des entreprises publiques, ces dernières privilégient les offreurs nationaux, même lorsque les conditions des fournisseurs étrangers sont plus attractives. Il en résulte que le commerce international d'équipements de télécommunication reste peu développé en Europe.

Ensuite, **les barrières administratives** constituent un moyen d'entraver l'accès au marché, en créant des coûts d'information et d'adaptation pour les firmes étrangères. Par exemple, le gouvernement français a pris l'initiative en octobre 1982 d'un décret obligeant le passage des magnétoscopes importés par le poste de douane de Poitiers et la rédaction en français des notices d'utilisation du matériel : ces mesures visaient explicitement, dans un contexte de relance en économie ouverte, à limiter les importations de magnétoscopes en provenance d'Asie.

Troisièmement, **les subventions** sont très utilisées aujourd'hui comme moyen détourné de protectionnisme, comme en témoigne le conflit qui oppose les États-Unis à la CEE dans le domaine agricole ou le domaine aéronautique. Dans le cas de subventions à la production, les pouvoirs publics subventionnent les firmes dont les biens sont concurrencés par des importations. Dans le cas de subventions à l'exportation, seules les firmes qui exportent bénéficient d'une aide, le plus souvent sous la forme de prêts à taux préférentiels.

Quatrièmement, **les conditions d'exécution locale**, qui obligent les firmes multinationales étrangères à produire une partie du bien (mesurée généralement en pourcentage de composants) sur le territoire du pays importateur, constituent une forme de protectionnisme élargi [1] : si ces conditions d'exécution ne sont pas respectées, le bien est considéré comme une importation et soumis aux droits de douane en vigueur. Les normes de contenu local ont été instaurées dans les années 1980 par les États-Unis et la CEE dans le domaine automobile et sont à l'origine de controverses restées célèbres : ainsi, en 1988, Fiat a contesté le respect des conditions d'exécution locales par la filiale anglaise de la firme japonaise Nissan.

Cinquièmement, le ***dumping* de prédation** consiste pour un exportateur à vendre à perte sur le marché étranger, c'est-à-dire en dessous du coût variable moyen de production. Ce type de comportement présente une dimension intertemporelle : à la première période, l'exportateur réalise des pertes ; mais il espère que ce faible prix poussera les concurrents à sortir du marché (par exemple à la suite d'une faillite), ce qui lui assurera ensuite une rente de monopole. Le *dumping* de prédation pourrait se résumer en une formule simple : prix faibles aujourd'hui, profits élevés demain. Pour qu'elle soit efficace, cette stratégie suppose que plusieurs conditions soient réunies :

— la firme prédatrice ne doit pas être soumise à une contrainte financière à court terme : il s'agit soit d'une firme multiproduits, soit d'une firme disposant d'une relation étroite avec sa banque, lui permettant de financer les pertes transitoires liées à la période de prédation ;
— la firme visée ne peut supporter une guerre des prix : il s'agit plutôt d'une firme monoproduit, ne disposant pas de relations privilégiées avec une institution financière ;
— le secteur est caractérisé par la présence de fortes barrières à l'entrée : en effet, dans le cas contraire, de nouvelles firmes viendront s'installer sur le marché lorsque la firme qui pratique le *dumping* augmentera de nouveau ses prix ;
— le niveau du coût moyen de production de la firme prédatrice doit être difficile à connaître ; dans le cas contraire, la pratique de *dumping* est aisément identifiable et condamnée à ce titre par les autorités antitrust.

Le comportement des firmes japonaises dans l'industrie des semi-conducteurs au milieu des années 1980 est souvent pris comme exemple d'une stratégie internatio-

1. G. Balcet, « Politique de contenu local et stratégies des firmes multinationales », *in* F. Célimène, J.-L. Mucchielli, *Mondialisation et régionalisation : un défi pour l'Europe,* Paris, Economica, 1993.

nale de *dumping* prédateur. En 1985, alors que le marché des mémoires dynamiques (DRAM) est en situation de surcapacités, les producteurs japonais décident d'inonder le marché américain en vendant à un prix très faible. Ces firmes japonaises appartiennent à de grands groupes multiproduits, à l'image de NEC et Toshiba, tandis que les firmes américaines sont essentiellement des firmes monoproduits. Le *Pearl Harbor* des composants se traduit rapidement par la faillite de certains producteurs américains : le leader américain des DRAM (Mostek) est contraint de sortir du marché, suivi en 1986 par RCA et en 1987 par Fairchild. Les firmes plus puissantes comme Texas Instruments ou Motorola doivent procéder à de fortes réductions de leurs investissements en recherche-développement, compromettant ainsi leurs chances dans la course à l'innovation.

Enfin, **la dévaluation** [1] (ou la sous-évaluation, en régime de changes flottants) constitue une forme indirecte de protectionnisme, dans la mesure où elle renchérit le prix des importations et diminue le prix en devises des exportations. Par rapport aux autres instruments, la dévaluation présente un caractère nécessairement global, puisqu'elle affecte la totalité des importations. Certains auteurs [2] estiment ainsi que les autorités monétaires du Japon sont intervenues entre 1975 et 1978 puis entre 1979 et 1981 pour maintenir le yen sous-évalué, ce qui aurait favorisé les exportations nippones et limité la pénétration du marché japonais.

2. Le protectionnisme peut être justifié à la fois par des arguments internes et externes au pays

► Le protectionnisme a souvent été instauré au nom de l'intérêt national.

• Le protectionnisme temporaire permet de construire et de déconstruire les avantages comparatifs.

Comme il a été vu à la section 2, les spécialisations internationales ne sont pas figées et évoluent, en particulier à cause des mutations de la demande mondiale et des révolutions technologiques qui affectent l'offre. Dans ces conditions, les pays, s'ils veulent tirer le meilleur parti de la logique Ricardo/Mill, doivent modifier leurs avantages comparatifs en s'engageant dans de nouvelles productions qui seront ensuite exportées et en se désengageant de certains secteurs d'activité.

La dynamique des avantages comparatifs peut nécessiter la mise en place d'un protectionnisme temporaire puisque la construction d'une nouvelle spécialisation se trouve au départ handicapée par la concurrence des biens importés substituables existants, qui bénéficient déjà des économies d'apprentissage. Cet argument, connu sous les dénominations d'**industrie en enfance** et de **protectionnisme éducateur**, a été invoqué aux États-Unis dès la fin du XVIIIe siècle par Hamilton (qui fut le secrétaire au Trésor de Washington) dans son *Rapport sur les manufactures*, puis

1. L'efficacité de cet instrument est traitée de manière exhaustive dans le chapitre 7 sur la monnaie et la politique monétaire.

2. S. Rey, « La protection par le change, une analyse économétrique du cas japonais », *in* J.-L. Reiffers, B. Lassudrie-Duchêne, *Le protectionnisme*, Paris, Economica, 1985.

repris par Stuart Mill et l'économiste allemand Friedrich List. Ce dernier publie en effet en 1840 le *Système national d'économie politique*, dans lequel est défendu l'usage de droits de douane en Allemagne pour permettre, face à la concurrence britannique, de développer une industrie nationale. List ne conçoit donc pas le protectionnisme comme un état permanent, mais comme une condition à long terme de l'ouverture au libre-échange.

Schéma 10
L'argument de l'industrie naissante

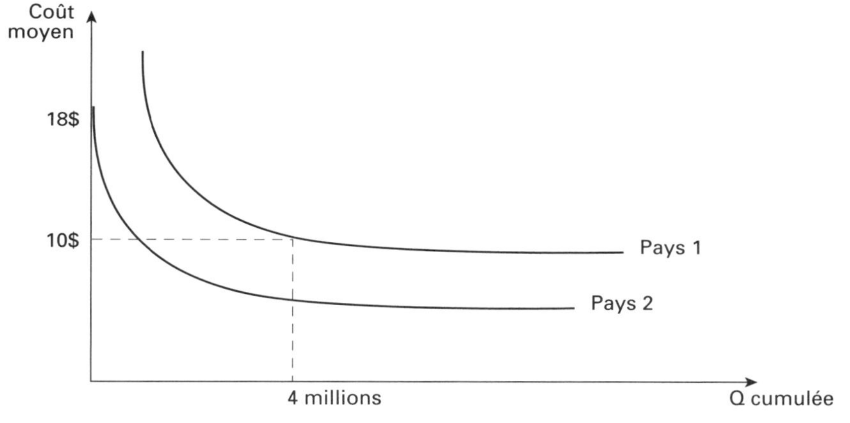

Souvent avancé dans le cas des pays en voie de développement, l'argument de l'industrie naissante s'applique aussi aux pays développés : l'accord conclu en juillet 1991 entre la Commission européenne et le Japon prévoit la mise en place d'une protection temporaire (jusqu'au 31 décembre 1999), destinée à donner le temps nécessaire aux grands groupes automobiles européens pour se moderniser et affronter ensuite la concurrence japonaise.

La thèse de l'industrie naissante peut être illustrée au travers d'un exemple (schéma 10). Supposons que le pays 2 souhaite se spécialiser dans la production de montres. Cette dernière se caractérise par la présence d'économies d'expérience : comme le met en évidence le schéma 8, le coût moyen décroît avec la quantité cumulée. Le pays 1 produit depuis longtemps des montres et se trouve au point C : le prix de la montre est de 10 $ et la quantité cumulée s'élève à 4 millions d'unités. On voit aussitôt que le pays 2, pourtant plus efficace que le pays 1, ne peut se spécialiser dans la production de montres, dans la mesure où le prix de vente des premières unités s'élève à 18 $. Le seul moyen pour le pays 2 d'entrer sur le marché est de subventionner temporairement son industrie de montres, pour qu'il puisse exploiter les économies d'expérience.

L'argument de l'industrie naissante peut être prolongé au cas de l'industrie sénescente : il s'agit, en protégeant temporairement le secteur pour lequel le pays a perdu son avantage comparatif, de permettre une sortie progressive d'activité. Ce motif a été invoqué par les pays occidentaux dans le cas de la sidérurgie et de la construction navale pour justifier les protections instaurées.

• **Le protectionnisme constitue un outil de relance de l'activité intérieure.**

En effet, dans une perspective keynésienne, l'ouverture d'un pays à l'importation est perçue à court terme comme une fuite de revenu, au même titre que l'épargne. Comme il a été vu au chapitre 5, cette perte de revenu se mesure par la propension marginale à importer, notée m : plus m tend vers 1, plus le multiplicateur d'investissement (égal à $1/(1 - c + m)$ avec c, la propension marginale à consommer) est faible. Le protectionnisme vise alors à améliorer l'efficacité d'une politique de relance, en limitant les importations et en favorisant une substitution d'importation.

Une telle mesure est envisagée par Keynes lui-même dans un texte circonstanciel, publié en 1931 et intitulé *Propositions en vue de l'établissement d'un nouveau tarif douanier* : Keynes n'hésite pas en effet à préconiser, dans un contexte extrême de dépression économique, le renforcement des tarifs douaniers au Royaume-Uni, car « en substituant à des marchandises importées des marchandises fabriquées chez nous, on accroîtra le volume de la main-d'œuvre dans notre pays ».

La relance par le protectionnisme a connu un regain d'intérêt au cours des années 1970, sous l'impulsion de la NEC (Nouvelle école de Cambridge) et de l'économiste Godley. Ce dernier estime en effet que le Royaume-Uni, confronté à un véritable dilemme entre chômage et balance commerciale, doit revenir au protectionnisme pour résoudre le problème endémique du chômage tout en maintenant équilibrée la balance commerciale.

• **Le protectionnisme génère, dans le cas d'un tarif douanier ou de taxes sur le commerce extérieur, des recettes fiscales.**

L'argument des recettes fiscales a constitué un élément important jusqu'à la fin du XIXe siècle : aux États-Unis, jusqu'à l'introduction de l'impôt sur le revenu, le gouvernement américain tirait la majorité de ses recettes des tarifs douaniers. S'il n'est plus de mise aujourd'hui dans le cas des pays développés, un tel motif reste toujours d'actualité dans le cas des pays en voie de développement : les recettes provenant des taxes sur le commerce extérieur représentent encore en moyenne 25 % des recettes publiques totales des PVD.

L'importance des taxes sur le commerce extérieur dans le cas des PVD s'explique en grande partie par les spécificités de leur système fiscal : les coûts de perception de l'impôt sur les personnes physiques sont très élevés et l'évaluation des revenus des agents est entravée par la fraude et la faible salarisation des économies. À l'inverse, les coûts de perception des taxes à l'exportation sont faibles, à la fois parce que les produits exportés sont plus homogènes que les produits importés et parce qu'il y a peu de producteurs importants. Dans ces conditions, la fiscalité optimale (c'est-à-dire la combinaison des différentes formes de fiscalité qui assurent le maximum de recettes) requiert d'utiliser les taxes sur le commerce extérieur.

• **Le protectionnisme permet de modifier la répartition du revenu à l'intérieur du pays, en faveur du facteur relativement rare.**

Un tel résultat peut être montré dans le cadre de la théorie HOS et du théorème de Stolper-Samuelson (cf. *supra*). L'ouverture à l'échange international modifie la répartition du revenu, en augmentant la rémunération du facteur de production intensif dans la production du bien exporté et en diminuant celle du facteur de production non intensif. Une demande de protection risque donc de se manifester de la part des détenteurs du facteur rare.

► **Le protectionnisme s'explique par la nature des relations qu'un pays peut entretenir avec le reste du monde.**

• **Le protectionnisme permet, dans le cas d'un grand pays, d'améliorer les termes de l'échange.**

Un grand pays, dans la mesure où il représente une part importante de la demande mondiale, peut influer sur le prix mondial d'un bien. Ainsi, en mettant en place des barrières douanières sur le bien X, le grand pays augmente sa production de X et donc réduit ses importations, ce qui déprime le prix mondial du bien X ; on peut alors montrer qu'il existe **un tarif optimal**, tel que la baisse du prix mondial de X (consécutive au tarif douanier) génère un gain (sous forme de recettes douanières supplémentaires) supérieur à la perte de surplus liée au tarif douanier [1]. Supposons par exemple que le prix mondial du bien X soit égal à 100 € en libre-échange et que le pays A en constitue un important consommateur (et importateur) ; le pays A décide de mettre en place un tarif douanier de 10 % sur le bien X : le prix d'importation passe donc de 100 € à 110 €. Si cette augmentation du prix se traduit par une forte baisse de la consommation nationale de X et par une augmentation de la production nationale de X, le prix mondial de ce bien diminue et passe à 90 €. On voit alors que le grand pays va importer le bien X pour un prix de 99 €... au lieu de 100 € en libre-échange !

Cet argument du tarif optimal milite en faveur de la création d'unions douanières, regroupant un ensemble de petits pays qui tentent de se comporter comme un grand pays.

• **Le protectionnisme est instauré en guise de représailles à l'encontre d'un partenaire protégeant son marché national.**

Ce déterminant du protectionnisme, qui relève d'une adhésion conditionnelle au libre-échange (et non unilatérale), a été mis en évidence la première fois par Adam Smith :

> Le cas dans lequel il peut y avoir quelquefois lieu à délibérer jusqu'à quel point il serait à propos de laisser subsister la liberté d'importation de certaines marchandises étrangères, c'est lorsqu'une nation étrangère gêne, par de forts droits ou par des prohibitions, l'importation de quelques-uns de nos produits manufacturés dans son pays. Dans ce cas, on est naturellement porté à user de représailles, et à imposer les mêmes droits et prohibitions à l'importation de quelques-unes ou de toutes leurs marchandises chez nous.

1. Ce tarif optimal est atteint lorsque le taux de protection (droit de douane rapporté au prix étranger) est égal à l'inverse de l'élasticité-prix de l'offre étrangère. Pour la démonstration de ce résultat, se reporter à Krugman et Obsfeld (1992), *op. cit.*, annexe du chapitre 9.

Dans un contexte contemporain de multinationalisation des firmes, l'argument des représailles risque toutefois de perdre de son poids : en effet, un pays A peut être réticent à la mise en place de mesures protectionnistes, si ses firmes possèdent des filiales dans un pays B à partir duquel elles exportent leur production vers A. Ainsi, en 1985, lorsque les fabricants américains de semi-conducteurs réclamèrent la mise en place de mesures protectionnistes à l'encontre du Japon, certaines firmes américaines (tels Motorola et Texas Instruments) refusèrent de s'associer aux demandes de représailles, dans la mesure où elles exportaient vers les États-Unis des semi-conducteurs produits par leurs filiales au Japon.

• **Le protectionnisme permet de tirer parti de l'imperfection des marchés internationaux.**

De nombreux marchés internationaux présentent un caractère imparfait [1], en particulier quant au nombre d'offreurs : la condition d'atomicité n'est souvent pas observée et l'oligopole apparaît comme la structure de marché dominante, spécialement dans les secteurs de haute technologie. L'existence d'un oligopole implique que les comportements des firmes deviennent interdépendants : les choix de la firme A (en matière de prix ou de quantité) influent sur les choix de la firme B, et réciproquement.

Dans ces conditions, une subvention à l'une des firmes peut lui permettre – sous certaines conditions – d'évincer sa rivale du marché : telle est l'idée défendue depuis le milieu des années 1980 aux États-Unis par le courant de la **politique commerciale stratégique** – au premier rang desquels figurent Brander et Spencer, Helpman, Krugman. Ces auteurs défendent la thèse selon laquelle une intervention adéquate de l'État peut modifier l'issue d'une compétition entre firmes à l'avantage de la firme nationale.

Une telle proposition, qui va à l'encontre du discours traditionnel en faveur d'un libre-échange inconditionnel, peut être illustrée par un exemple emprunté à Krugman (1985). Soit deux firmes – une firme nationale et une firme étrangère (l'exemple de Boeing et Airbus est souvent mentionné) – qui souhaitent entrer sur un marché (schéma 11). Si les deux firmes entrent simultanément, elles subissent des pertes ; le duopole n'est donc pas une situation viable et deux solutions symétriques apparaissent : soit la firme étrangère, soit la firme nationale entre sur le marché. Dans ce cas, une politique de subvention (égale à 25 dans notre matrice et attribuée à Airbus), prenant par exemple la forme d'une aide à l'investissement, permet de créer une stratégie dominante en faveur de la firme nationale, qui entre sur le marché et exclut la firme étrangère.

L'efficacité d'une politique commerciale stratégique repose sur une hypothèse très forte : l'État doit connaître précisément les gains et les pertes associés à chaque stratégie. Pour s'en convaincre, modifions les données initiales ; dans ce cas, nous supposons que Boeing dispose d'un avantage sur Airbus : même si la firme européenne se lance dans la production d'un long-courrier, Boeing a intérêt à rester sur le marché (gain de 5). En revanche, si Boeing entre, Airbus ne peut atteindre le seuil de rentabilité (perte de – 20) et préfère sortir du marché. En l'absence de subvention, le résultat du modèle est simple : Boeing produit et Airbus abandonne. Supposons à présent que les Européens subven-

1. L'imperfection d'un marché se définit par rapport au modèle de concurrence pure et parfaite, qui présente quatre caractéristiques : transparence de l'information ; atomicité de l'offre ; homogénéité du produit ; libre entrée sur le marché.

Schéma 11
Duopole et politique commerciale stratégique

		Airbus	
		Produire	Ne pas produire
Boeing	Produire	(5 ; –20) **(5 ; 5)**	(125 ; 00) **(125 ; 0)**
	Ne pas produire	(0 ; 100) **(0 ; 125)**	(0 ; 0) **(0 ; 0)**

tionnent Airbus à hauteur de 25 : les deux producteurs restent sur le marché et gagnent chacun 5. Une telle solution est sous-optimale pour l'Europe : le gain retiré d'une subvention n'en compense pas le coût (5 < 25).

3. Le bien-fondé et l'efficacité du protectionnisme sont souvent contestés

« Les économistes ont la réputation notoire, quoique en partie injustifiée, d'être en désaccord sur tout. Pourtant, il est un sujet sur lequel ils se sont presque tous toujours retrouvés : l'utilité du libre-échange » : tel est le constat que dresse Krugman dans un article de l'*American Economic Review*. La science économique a depuis longtemps en effet mis en évidence les vertus du libre-échange et les méfaits du protectionnisme. Cette vision s'appuie à la fois sur des arguments théoriques et sur les leçons de l'expérience.

La théorie économique montre que le libre-échange permet à chaque pays d'exploiter ses avantages comparatifs (Ricardo, théorie HOS), de tirer parti des économies d'échelle, d'accroître la variété des produits disponibles (concurrence monopolistique) et d'exercer un effet disciplinaire sur les producteurs domestiques (théorie des marchés contestables). À l'inverse, le protectionnisme se traduit généralement par des pertes de bien-être pour le pays protégé : ce que gagnent les uns est plus faible que ce que perdent les autres, soit au niveau interne, soit au niveau international. Même les arguments protectionnistes les mieux établis, tels que l'argument de l'industrie naissante, ont été vivement critiqués.

L'histoire économique récente semble également fournir des arguments en faveur du libre-échange. L'expérience de la crise de 1929, marquée par le retour au protectionnisme, a souvent retenu l'attention : il est probable que la fermeture au commerce international ait aggravé la dépression. Après 1945, la forte croissance économique des années 1950-1960 a été tirée par la libéralisation du commerce international, qui a également amorti le ralentissement de l'activité économique après 1974.

▸ Le protectionnisme se traduit généralement par une perte de bien-être.

• Dans le cas d'un petit pays, le tarif douanier entraîne, outre un transfert de surplus, une perte de surplus.

Un petit pays se définit comme un pays occupant une position marginale sur le marché mondial du bien qui fait l'objet d'un tarif douanier : le fait de mettre en place un droit de douane ne modifie donc pas le prix mondial du bien considéré.

Supposons un bien X dont le prix mondial est égal à p^*. Pour ce prix, l'offre nationale est représentée par la droite O*n* et la demande nationale par la droite D*n* (schéma 12) : il apparaît que, pour un prix p^*, la demande nationale est supérieure à l'offre nationale ; la différence est donc couverte par des importations, égales au segment AB. Le petit pays décide d'imposer un tarif *ad valorem* non prohibitif, égal à t % du prix mondial, sur ce bien : le nouveau prix sur le marché national devient $p' = p^* (1 + t)$. On voit aussitôt qu'une telle mesure entraîne, en équilibre partiel, quatre effets : le droit de douane permet d'augmenter la production nationale du bien considéré ; le tarif douanier diminue la demande nationale, puisque le prix du bien X a augmenté ; l'augmentation de l'offre nationale conjuguée à la réduction de la demande nationale se traduit par une réduction des importations (segment A′ B′) ; le tarif douanier génère des recettes fiscales, égales au droit de douane multiplié par le volume des importations (surface du rectangle hachuré).

Schéma 12
Les effets d'un droit de douane en équilibre partiel

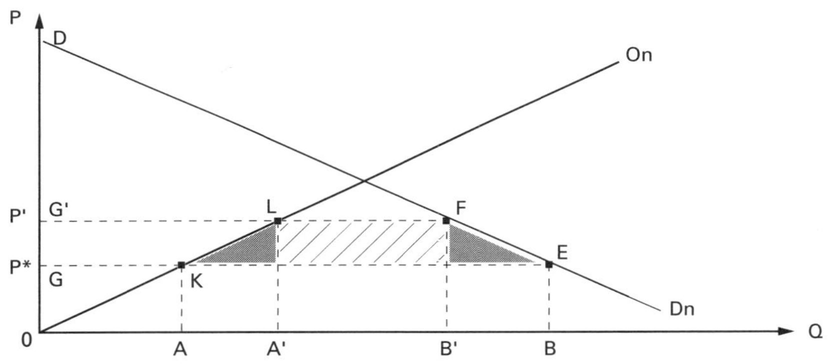

Les gagnants du tarif douanier sont donc l'État et les producteurs nationaux du bien protégé, les agents pénalisés étant les consommateurs [1] : par rapport à la situation de libre-échange, les consommateurs diminuent leur dépense en bien X et paient plus cher chaque unité consommée. Le tarif douanier opère ainsi une redistribution du revenu (appelée aussi transfert de surplus) des consommateurs vers les

1. Bien entendu, cette distorsion sur la consommation n'existe pas dans le cas d'une subvention à la production ; ceci explique que la subvention puisse être classée devant le tarif douanier.

producteurs et l'État : c'est pourquoi on parle souvent d'**équivalent subvention du tarif douanier** ou d'**équivalent taxe à la consommation**.

Mais cette modification de la répartition du revenu, qui n'a aucune incidence sur le niveau de bien-être, s'accompagne d'une perte de bien-être : cela signifie que ce qui est perdu par les consommateurs n'est pas compensé entièrement par le gain des producteurs et de l'État. En effet, en situation de libre-échange, le surplus du consommateur est égal au triangle DEG [1] ; en protectionnisme, le surplus du consommateur devient le triangle DFG′ : le consommateur perd donc la surface FG′GE. Quant au surplus du producteur, il est égal à GOK en libre-échange et s'accroît en situation de protectionnisme de GG′LK. Le gain de l'État est représenté par la surface hachurée. On voit qu'il y a perte nette, car l'augmentation du surplus du producteur et les recettes étatiques nées du droit de douane ne compensent pas la diminution du surplus du consommateur (surface des deux triangles noirs).

On pourrait objecter que cette perte supportée par les consommateurs est compensée par le fait que des emplois ont été maintenus dans le pays grâce précisément au droit de douane. Pour que cet argument soit recevable, encore faut-il savoir à quel coût ces emplois ont été « sauvés » : pour ce faire, on peut diviser le coût net supporté par les consommateurs par le nombre d'emplois sauvés. Les résultats fournis par la plupart des études sont sans appel : le **coût par emploi sauvé** est souvent très élevé, ce qui signifie qu'il existe sans doute des politiques moins coûteuses que le protectionnisme douanier pour préserver l'emploi. Ainsi, dans le cas des États-Unis, les estimations de la Commission au commerce international pour l'année 1989 font apparaître un coût annuel par emploi sauvé qui oscille, selon les secteurs (en dollars courants), entre 47 000 $ et plus de 225 000 $ (tableau 5).

Tableau 5
Droit de douane et coût par emploi sauvé

Produit et tarif douanier	*Coût net pour les consommateurs (en millions de dollars)*	*Coût par emploi sauvé (en dollars)*
Bicyclettes (11 %)	1,8	64 000
Chaussures pour femmes (10 %)	17,1	93 000
Tuiles céramiques (19,1 %)	2,5	225 000
Faïences (9,4 %)	0,3	174 000
Chaussures en caoutchouc (41,9 %)	37,9	113 000
Bagages (16,3 %)	10,2	104 000
Gants de cuir (15,3 %)	2,3	47 000
Bijoux fantaisie (9,9 %)	9,9	87 000
Articles en verre (12,9 %)	9,6	74 000
Porcelaine (14,2 %)	1,4	73 000
Sacs à main (12,5 %)	5,4	84 000

Source : US International Trade Commission, 1989.

1. La notion de surplus est expliquée au chapitre 2.

Dans le cas d'un grand pays, l'instauration d'un droit de douane ne se traduit pas nécessairement par une perte de bien-être, dans la mesure où le prix mondial diminue : les deux triangles de perte peuvent être compensés par des recettes fiscales supplémentaires.

• **La subvention à l'exportation génère également une perte de bien-être.**

Supposons qu'un pays décide de subventionner ses exportations, afin d'accroître les quantités vendues à l'étranger (schéma 13). Avant la subvention, le pays produit la quantité OB, consomme OA et exporte AB. L'État décide à présent d'accorder sur chaque unité vendue à l'exportation une subvention d'un montant *s* ; les producteurs vont accroître leur production (qui passe de OB à OB′) et appliquer sur le marché domestique un prix égal au prix national majoré de la subvention, soit PS. Dans ces conditions, la demande nationale diminue et passe de OA à OA′, tandis que les exportations augmentent de AB à A′B′.

La perte de surplus du consommateur est égale à la surface $P_S P^*GL$. L'augmentation du surplus des producteurs est égale à la surface $P_S P^*KH$. Le coût de la subvention pour l'État est représenté par la surface GHIJ. Il apparaît aussitôt que le gain des producteurs est inférieur à la perte des consommateurs et au coût de la subvention : comme dans le cas du droit de douane, la subvention à l'exportation se traduit par une perte de bien-être, représentée par les deux triangles noirs.

• **La perte de bien-être occasionnée par un quota peut être supérieure à celle d'un tarif douanier.**

En statique, le quota a les mêmes effets qu'un droit de douane (schéma 14) : réduction des importations (on passe de AB à A′B′) ; hausse du prix sur le marché domestique (qui passe de P* à P′) et baisse de la demande nationale (qui passe de OB à OB′) ; hausse de la production nationale, qui passe de OA à OA′ ; perte de bien-être, représentée par les deux triangles noirs. Mais, à la différence du tarif douanier, il n'y a pas de recettes fiscales : la surface hachurée est accaparée par les exportateurs étrangers (à moins que l'État ne vende des licences d'importation aux firmes) : il s'agit de la **rente de quota**.

Mais, lorsque l'on raisonne en dynamique, le principe d'équivalence entre quota et tarif douanier n'est plus respecté : si la demande nationale s'accroît, les importations augmentent à prix inchangé, dans le cas du tarif douanier ; dans le cas du quota, la quantité importée ne varie pas : une hausse du prix du bien contingenté en résulte. En régime de tarif douanier, lors d'un accroissement de la demande, l'ajustement se fait donc par les quantités alors qu'en régime de quota il se fait par les prix.

Si la firme nationale est un monopole, elle ne peut en tirer parti en situation de tarif douanier : en effet, le prix le plus élevé qu'elle puisse pratiquer est le prix des importations majoré du droit de douane. En revanche, dans le cas d'un quota, la firme peut – une fois le quota écoulé – pratiquer un prix de monopole sur la demande résiduelle.

Voilà pourquoi l'on estime généralement que la perte de bien-être infligée par un quota est plus grande que celle occasionnée par un droit de douane.

Schéma 13
Les effets d'une subvention à l'exportation

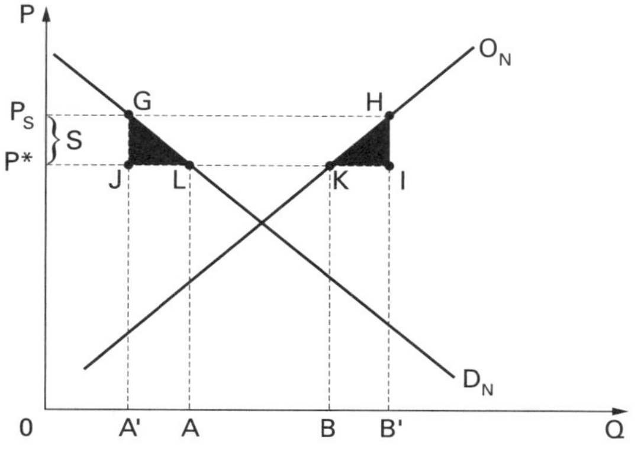

• **La perte de bien-être occasionnée par une RVE* est similaire à celle générée par un quota.** Dans ces conditions, comment expliquer que les pays développés préfèrent une RVE à un quota ? La restriction volontaire d'exportation présente plusieurs avantages :

— tout en violant l'esprit du GATT, elle évite une infraction aux règles du commerce international puisqu'il s'agit d'une restriction à l'exportation ;
— la RVE étant ciblée sur un partenaire, les risques de représailles sont limités au pays exportateur ;
— la RVE a de fortes chances d'être acceptée par le pays exportateur, dans la mesure où elle lui procure toujours une rente, due à la hausse des prix.

• **La perte de bien-être résultant d'une subvention à la production est plus faible que celle résultant d'un droit de douane.**

Supposons en effet que l'État subventionne les producteurs nationaux, en leur versant sur chaque unité vendue une subvention égale à *s* (schéma 15). Le prix qui s'impose au producteur est donc P_S (avec $P_S = P^* + s$). Dans ces conditions, la production nationale passe de OA à OA′ et l'augmentation du surplus des producteurs est égale à la surface P^*P_SLK ; quant à la subvention totale, elle est égale à P^*P_SLM. La perte de surplus est représentée par le triangle noir : on voit que la subvention à la production crée une seule distorsion par rapport au tarif douanier et au quota, dans la mesure où elle n'affecte pas le consommateur qui paie toujours P* et consomme la quantité OB.

► **De façon générale, le protectionnisme engendre des effets néfastes pour l'économie nationale.**

Schéma 14
Les effets d'un quota

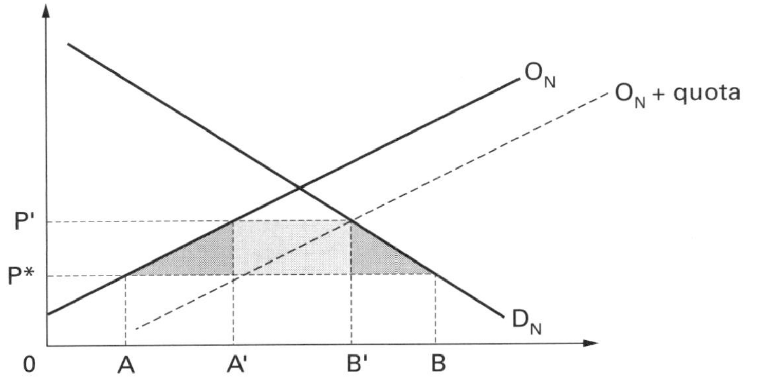

• **Dans la mesure où il profite aux producteurs nationaux, le protectionnisme risque d'entraîner le développement d'une économie de rente** : le protectionnisme se traduit par une modification de la répartition à l'intérieur du pays, en défaveur des consommateurs et au profit des producteurs. Ces derniers, regroupés en *lobbies*, vont faire pression sur les pouvoirs publics pour que soient instaurées des mesures protectionnistes. De leur côté, les consommateurs, qui ne constituent pas un groupe organisé, ne sont pas en mesure de réagir aux pressions protectionnistes, comme le notait déjà Vilfredo Pareto dans son *Manuel d'économie politique* en 1909 :

> Une mesure protectionniste procure de gros bénéfices à un petit nombre d'individus, et cause à un très grand nombre de consommateurs un léger dommage. Cette circonstance rend plus aisée la mise en pratique de cette mesure de protection [1].

De nos jours, la théorie du *rent seeking*, qui appartient à l'école du *Public Choice*, montre précisément que les producteurs, afin d'acquérir une rente de monopole liée au protectionnisme, vont se constituer en groupes de pression et tenter de rallier à leur cause les parlementaires, au besoin en usant de corruption.

L'influence d'un *lobby* va dépendre de plusieurs facteurs, tels que :

— le nombre de producteurs du secteur : si les firmes sont peu nombreuses, la coordination des actions est aisée, ce qui permet d'éviter les comportements opportunistes ;
— l'homogénéité des demandeurs de protection : les membres du *lobby* doivent avoir les mêmes intérêts, ce qui suppose une relative uniformité des firmes en termes de produits, de coût de production, etc. ;

1. Cette thèse a été ensuite développée par M. Olson, dans son célèbre ouvrage *Logique de l'action collective* : Olson y met en évidence un paradoxe qui veut que plus un groupe d'individus est important, moins il y a de chances qu'il revendique (alors même que sa puissance numérique lui donnerait une certaine crédibilité dans la négociation).

Schéma 15
Les effets d'une subvention à la production

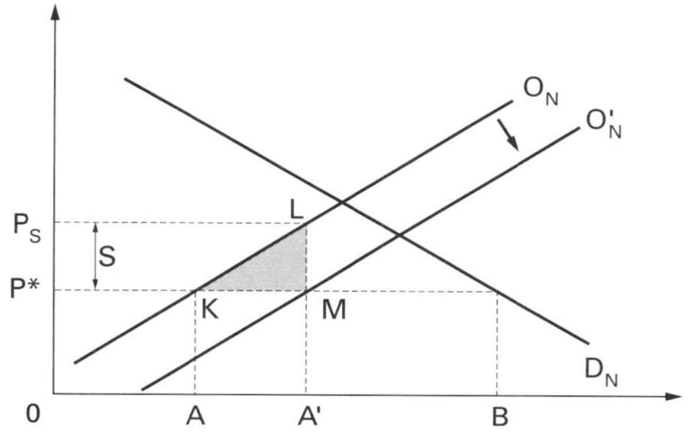

— l'existence de groupes antiprotectionnistes : si les perdants aux mesures tarifaires sont dispersés et inorganisés – ce qui est généralement le cas des consommateurs –, le *lobby* a plus de chances de parvenir à ses fins.

Le schéma 16 met en évidence le comportement rationnel d'un *lobby*, qui milite en faveur d'une protection tarifaire. L'axe horizontal mesure le niveau du tarif douanier, tandis que l'axe vertical représente le coût marginal et le bénéfice marginal d'une action de *lobbying* :

— le coût marginal est croissant, ce qui signifie que l'augmentation du tarif douanier est d'autant plus coûteuse que le niveau de tarif est déjà élevé. La courbe de coût marginal OA représente également la capacité de résistance du pouvoir politique aux pressions protectionnistes : plus la courbe de coût marginal croît rapidement, moins le pouvoir politique est disposé à céder ;
— le bénéfice marginal est décroissant : une augmentation du droit de douane procure une utilité supplémentaire d'autant faible que le droit de douane est déjà élevé.

L'intersection de la courbe de coût marginal OA et de la courbe de bénéfice marginal OB détermine le niveau optimal de tarif douanier t^* pour les membres du *lobby*. On voit également que, si le coût marginal du *lobbying* s'accroît (courbe OA′), le niveau optimal de tarif diminue et passe de t^* à *t*¢.

• **L'efficacité du protectionnisme est limitée par la possibilité de représailles de la part des partenaires** [1].

1. Il convient ici de souligner que cet effet du protectionnisme vaut aussi comme déterminant du protectionnisme.

En effet, le protectionnisme relève typiquement d'une situation de dilemme du prisonnier [1] : le protectionnisme au niveau d'un pays n'a de sens que si les autres pays n'agissent pas de manière similaire. Une telle situation n'est cependant pas stable : si le pays A instaure à l'encontre du pays B des mesures protectionnistes, il est alors dans l'intérêt du pays B de réagir en fermant ses frontières. Bien que l'intérêt collectif des deux pays soit de maintenir le libre-échange, si l'un s'engage dans le protectionnisme, la meilleure réponse du partenaire est aussi de se protéger.

Schéma 16
Analyse coût/bénéfice du *lobbying*

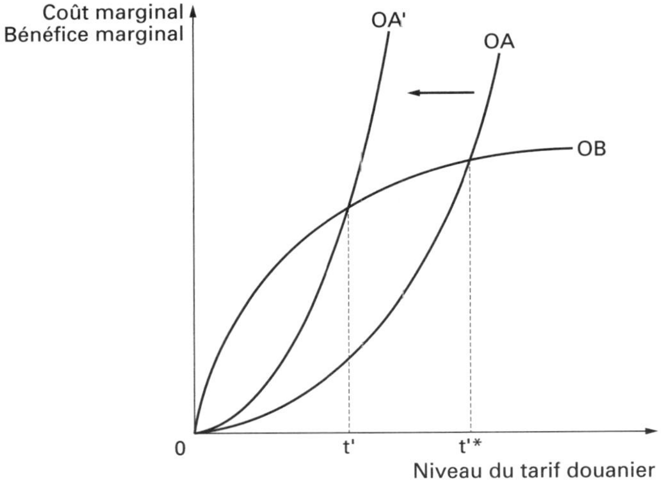

• **L'efficacité du protectionnisme risque d'être altérée par les mouvements de facteurs, destinés à se subtituer aux mouvements de produits.**

La présence de barrières protectionnistes ou la crainte de leur mise en place peut en effet inciter les firmes étrangères à réaliser un investissement direct afin de les contourner : il s'agit d'un comportement de « *jumping* », qui concerne à la fois les tarifs douaniers et les restrictions quantitatives. Comme le souligne Corden dans son ouvrage classique *Politique commerciale et bien-être économique* (1980) :

> Si une industrie est protégée, ses profits [...] augmentent. Ceci devrait naturellement entraîner un déplacement de capital et de travail vers cette industrie ; la tendance devrait être celle d'un déplacement de capital et de travail national et étranger, les déplacements effectifs dépendant des élasticités d'offre de facteurs. [...]. En outre, la protection ne se contente pas de relever les profits de l'industrie du pays ; elle

1. Le principe du dilemme du prisonnier est expliqué au chapitre 5.

> réduit également les profits de l'industrie étrangère dont les exportations ont été éliminées grâce à la protection. Cette industrie étrangère s'efforcera naturellement de rétablir ses profits en gardant son marché dans le pays qui a pris les mesures de protection par des investissements dans l'industrie du pays qui est ainsi devenue rentable. Il s'agit d'un investissement défensif (p. 322-323).

Cette inefficacité relative du protectionnisme pose alors le problème de son existence et de son maintien : si les pouvoirs publics savent que la protection est poreuse, pourquoi recourent-ils néanmoins à cet instrument ? Bhagwati (1990) apporte une réponse convaincante à ce paradoxe, en prenant l'exemple des restrictions volontaires d'exportations :

> Si, dans un pays, l'exécutif adopte une orientation libérale, alors que les organes législatifs doivent, eux, tenir compte des pressions protectionnistes, des divers groupes d'intérêt, on peut avancer l'argument selon lequel l'exécutif préférera, fort habilement, avoir recours à une forme « poreuse » de protection : tout en élargissant l'accès aux marchés, elle fera figure de concession accordée à ceux qui avaient exprimé leurs doléances [...]. Dans ces conditions, la non-transparence des RVE est un avantage, et non une entrave, à une situation de libre-échange relatif[1].

• **Le protectionnisme temporaire, instauré au nom de l'industrie en enfance, risque de se muer en protectionnisme durable.**

En effet, si la protection est destinée à protéger une industrie naissante (ou sénescente), cette dernière n'a plus aucune incitation, une fois le protectionnisme instauré, à s'améliorer puisqu'elle est protégée : ce résultat paradoxal provient du fait que le protectionnisme ne constitue pas un instrument crédible aux yeux des agents protégés. Une fois le protectionnisme instauré il risque donc d'être difficile d'en sortir, sauf à édicter une loi obligeant le gouvernement à lever les mesures protectionnistes à une certaine date.

De plus, la protection risque d'entraîner le développement d'industries employant une partie importante de la population : il devient alors politiquement impossible de supprimer dans un second temps la protection.

► **Au regard des effets pervers et des limites du protectionnisme, la majorité des économistes s'accorde aujourd'hui à défendre par défaut le libre-échange.**

Ce dernier aurait en effet, par rapport au protectionnisme, quatre mérites principaux, à en croire Krugman :

— le libre-échange évite les pertes de surplus, en particulier dans le cas d'un petit pays ;

— le libre-échange permet des gains additionnels, tels que les économies d'échelle : en s'ouvrant, le pays peut produire en quantité plus grande et réaliser des économies d'échelle ; un tel argument milite en faveur des intégrations régionales, en particulier dans le cas de la CEE : l'ouverture permet aux firmes d'atteindre

1. *Protectionnisme*, Paris, Dunod, 1990.

la taille minimale optimale (TMO : taille telle que le coût de production unitaire soit minimum) ;

— le libre-échange se révèle un excellent outil pour stimuler la concurrence ; cet argument est très souvent invoqué dans le cas des pays en voie de développement, où de nombreuses entreprises se trouvent en situation de monopole : les théoriciens des marchés contestables (et en particulier Baumol) préconisent aujourd'hui aux PVD de s'ouvrir sur l'extérieur pour améliorer l'efficience de l'économie interne, le commerce international jouant le rôle d'une police de la concurrence ;

— le libre-échange évite les marchandages politiques qui président à l'instauration du protectionnisme : si le libre-échange peut ne pas profiter également à tous les groupes d'un pays, il est en revanche certain que le protectionnisme ne contribue jamais à l'intérêt de l'ensemble du pays puisqu'il se fait toujours au profit d'un groupe (généralement les producteurs, au détriment du consommateur).

Si le libre-échange est préférable au protectionnisme, pourquoi les pays ne s'engagent-ils pas spontanément dans un processus de libéralisation commerciale, à l'image du Royaume-Uni en 1846 (abolition des *corn laws*) ? Plusieurs réponses peuvent être avancées pour rendre compte de ce paradoxe.

En premier lieu, il existe des obstacles internes à l'ouverture sur l'extérieur, dans la mesure où certains groupes perdent à l'instauration du libre-échange. Par exemple, lorsqu'un pays supprime ses droits de douane dans un secteur, il permet aux consommateurs de payer moins cher les biens importés, ce qui est source d'efficacité ; néanmoins, les entreprises domestiques du secteur seront contraintes de diminuer leur production, compte tenu du fait qu'elles ne sont plus protégées. Si les perdants ont plus de poids politique que les gagnants, la libéralisation tarifaire sera différée, alors même qu'elle est source d'accroissement du bien-être (les gains des consommateurs l'emportent sur les pertes des producteurs). Mais comment expliquer que l'intérêt des producteurs, généralement peu nombreux, puisse l'emporter sur l'intérêt des consommateurs, qui sont aussi des électeurs ? Le paradoxe de l'action collective d'Olson (*Logique de l'action collective*, 1962) fournit une réponse convaincante : les consommateurs, trop nombreux, ne constituent pas un groupe organisé, au même titre que les producteurs, généralement peu nombreux, qui peuvent former un *lobby*. Qui plus est, pour chaque consommateur, les gains résultant de la libéralisation sont modérés : lorsqu'un quota sur le sucre est supprimé, le consommateur gagne quelques dizaines de francs chaque année ; mais au niveau global, l'addition de ces gains modiques donne une somme considérable. En revanche, pour chaque producteur protégé, les pertes consécutives à la libéralisation peuvent être très élevées dans la mesure où elles ne sont pas réparties sur un grand nombre d'acteurs.

En second lieu, la libéralisation est souvent perçue au niveau externe comme une situation de « dilemme du prisonnier » : un pays a toujours intérêt à se protéger si son partenaire applique une politique de libre-échange. Cette situation peut être illustrée par un exemple numérique (schéma 17). Soit les pays A et B. Chaque pays, au départ protégé par des droits de douane prohibitifs, a le choix entre le *statu quo* et la libéralisation.

Schéma 17
Libéralisation du commerce et dilemme du prisonnier

		Pays A	
		Statu quo	Libéralisation
Pays B	Statu quo	(1 ; 1)	(3 ; – 1)
	Libéralisation	(– 1 ; 3)	(2 ; 2)

Lorsque le *statu quo* prévaut, chaque pays a un niveau d'utilité de 1. En cas de libéralisation réciproque, l'utilité de chaque pays s'élève à 2 : on voit donc que le libre-échange est collectivement préférable au maintien du protectionnisme. Néanmoins, si un pays s'ouvre unilatéralement au commerce, il réalise une perte d'utilité (égale à – 1), tandis que son partenaire obtient un gain supérieur à celui engendré par la libéralisation réciproque (3 > 2). Dans ces conditions, la solution dominante pour chaque pays est le *statu quo* : chacun attend que le partenaire libéralise son commerce et la libéralisation est continuellement différée.

Le processus de libéralisation unilatérale peut aussi être perçu comme un « jeu de coordination », lequel admet plusieurs solutions. Dans ce cas, chaque pays préfère être libre-échangiste si son partenaire l'est aussi, mais perd s'il libéralise seul son commerce (schéma 18). Lorsque le *statu quo* prévaut, chaque pays réalise un niveau d'utilité de 1. En cas de libéralisation réciproque, chaque pays gagne 2. Si un pays s'ouvre seul à l'échange, il réalise une perte d'utilité (égale à – 1), tandis que son partenaire obtient un gain de 1,5. Ce type de jeu admet deux solutions : soit les deux pays maintiennent le *statu quo*, soit les deux pays s'ouvrent en même temps.

Schéma 18
Libéralisation du commerce et coordination

		Pays A	
		Statu quo	Libéralisation
Pays B	Statu quo	(1 ; 1)	(1,5 ; – 1)
	Libéralisation	(– 1 ; 1,5)	(2 ; 2)

Dès lors qu'il est difficile d'instaurer le libre-échange de manière unilatérale, les pays doivent recourir à la négociation et fixer un minimum de règles les incitant à respecter leurs engagements. Trois solutions s'ouvrent alors aux partenaires.

— Les négociations bilatérales : deux pays négocient entre eux des concessions tarifaires et non tarifaires, qui ne sont pas étendues aux autres pays. Le bilatéralisme repose donc sur un principe de discrimination des partenaires ;
— le régionalisme : les pays membres d'une région (zone de libre-échange ou union douanière) suppriment entre eux les obstacles au commerce mais maintiennent une protection (différenciée ou uniforme) vis-à-vis des pays tiers. Cette forme de libéralisation est aujourd'hui très répandue, avec la multiplication des accords régionaux (ALENA, ASEAN, APEC, Mercosur, etc.) ;
— le multilatéralisme : les pays négocient entre eux des concessions, qui sont automatiquement étendues à l'ensemble des participants à la négociation. Depuis 1947, l'essentiel de la libéralisation commerciale s'est fait dans un cadre multilatéral, sous l'égide du GATT puis de l'OMC.

Ces trois formes de libéralisation entretiennent entre elles des rapports ambigus et complexes. D'un côté, le recours au régionalisme et au bilatéralisme témoigne des limites du multilatéralisme : il est trop long et difficile de négocier avec une multitude de partenaires, ce qui peut inciter les pays à s'engager dans des accords bilatéraux ou régionaux. D'un autre côté, les formes de libéralisation peuvent se renforcer mutuellement : par exemple, le régionalisme peut constituer le prélude au multilatéralisme ; les pays négocient d'abord leur appartenance à un bloc puis les blocs négocient entre eux une libéralisation du commerce. D'ailleurs, l'accord du GATT tolère la formation de zones régionales, dès lors que certaines conditions sont respectées. Si les trois formes de libéralisation coexistent aujourd'hui, le choix a été néanmoins réaffirmé de privilégier le multilatéralisme avec la naissance en 1995 de l'Organisation mondiale du commerce, qui prend la succession du GATT.

4. Le GATT puis l'OMC se proposent de démanteler progressivement et multilatéralement les obstacles au libre-échange

▸ L'institution du GATT doit être replacée dans le contexte de l'après-Seconde Guerre mondiale.

En 1945, les États-Unis sont à la poursuite d'un objectif politique majeur : ériger un nouvel ordre mondial sur une base négociée, au moyen d'organisations internationales. Cette volonté américaine donne naissance dès 1945 à des institutions telles que l'ONU, le FMI ou la BIRD. En matière de commerce international, les Américains, soutenus par des économistes de renom (au rang desquels figure Keynes), veulent éviter à tout prix la répétition de la solution protectionniste qui a prévalu dans les années 1930, en instaurant une structure qui permette de négocier multilatéralement l'élimination progressive des obstacles aux échanges.

À cet effet, deux négociations sont entamées dès 1946, l'une au sein de l'ONU portant sur la création d'une organisation internationale du commerce, l'autre à Genève sur la réduction des barrières douanières. Les débats au sein des Nations unies se concluent en mars 1948 par la charte de La Havane, qui reste cependant lettre morte, le Congrès américain refusant de la ratifier : sur le plan institutionnel, aucune organisation internationale du commerce ne voit donc le jour. De leur côté, les négociations de Genève débouchent en octobre 1947 sur un accord général de réduction des tarifs douaniers, qui s'institutionnalise sous le nom de GATT (General Agreement on Tariffs and Trade) : le GATT ne constitue pas une organisation internationale au sens juridique du terme, mais simplement un secrétariat chargé du suivi d'un accord international.

À sa création, le GATT comprenait vingt-trois parties contractantes ; en décembre 1993, à l'issue des négociations sur l 'Uruguay Round, on dénombre pas moins de 115 membres permanents, auxquels il faut ajouter les pays disposant du statut d'observateur et les pays admis à titre provisoire. Deux groupes de pays sont restés longtemps à l'écart du GATT : il s'agit des pays de l'Est et des pays de l'OPEP.

• **Composé à l'origine de 38 articles, le GATT repose sur trois principes, qui structurent le commerce international depuis maintenant près d'un demi-siècle** :

— le principe de non-discrimination : L'ARTICLE Ier de la Charte établit la clause de la nation la plus favorisée, qui assure un traitement identique entre tous les partenaires. Si deux pays A et B réduisent bilatéralement leurs barrières douanières, cette concession doit être automatiquement étendue aux autres pays, le bilatéralisme cédant la place au multilatéralisme ;

— la réciprocité des concessions tarifaires : en vertu de l'article XXVIII, un pays qui reçoit une concession tarifaire doit faire de même avec son partenaire ;

— la transparence des politiques commerciales : l'article XI interdit les pratiques dissimulées de protectionnisme et les pratiques trop discriminatoires telles que le quota, tandis que les articles VI et XVI prohibent respectivement le *dumping* et les subventions à l'exportation.

• **Mais ces trois principes connaissent de nombreuses exceptions : la charte du GATT apparaît très pragmatique dans ses modalités d'application.**

Dans la charte du GATT, six cas particuliers peuvent être distingués.

L'article VI permet la mise en place de taxes de compensation, en représailles à une action unilatérale d'un pays (en particulier en matière de *dumping*).

L'article XII autorise les restrictions quantitatives dans certaines situations, en particulier dans le cas d'une crise de la balance des paiements.

L'article XVIII permet aux PVD de protéger temporairement leur industrie naissante par des droits de douane.

L'article XIX autorise un pays à mettre en place des barrières protectionnistes à court terme si les importations affectent gravement la production locale.

L'article XXIV constitue sans doute l'exception la plus importante à la clause de la nation la plus favorisée : sous certaines conditions, une union douanière ou une zone de libre-échange est autorisée, bien qu'elle repose sur un traitement préférentiel entre membres de la zone.

La partie IV de la Charte, ajoutée en 1964, permet aux PVD de bénéficier de la clause de la nation la plus favorisée sans pour autant qu'ils soient obligés de pratiquer le principe de réciprocité.

Il faut ajouter à ces exceptions codifiées dans la charte du GATT les exceptions *de facto* qui ont longtemps prévalu pour certaines catégories de produits : l'agriculture, le textile, les semi-conducteurs, les services ont ainsi longtemps échappé au domaine de la négociation, avant d'être inclus dans le cycle de l 'Uruguay Round à partir de 1986, en partie sous la pression des autorités américaines.

▸ Depuis sa création en 1948, le GATT organise des cycles de négociation, dont la durée apparaît très variable.

L'activité principale du GATT a consisté à organiser régulièrement des Négociations commerciales multilatérales (NCM) entre les parties contractantes. Depuis 1947, sept cycles de négociation (*round*) peuvent être identifiés (tableau 6). On peut noter que la durée des sessions a tendance à croître au cours du temps, ce qui s'explique par deux facteurs :

— la croissance du nombre de participants ; de 23 signataires en 1947, le GATT est passé à 120 en 1994, lors de la signature de l'Accord final à Marrakech, et à 147 membres en 2004 ;
— la complexité des dossiers, avec les discussions relatives au protectionnisme non tarifaire et aux nouveaux domaines de négociation (agriculture, textile, etc.).

• Dans la continuité des négociations précédentes, le Kennedy Round se propose d'abaisser les tarifs douaniers.

À l'occasion du Kennedy Round, les États-Unis espèrent obtenir une diminution générale des barrières douanières d'au moins 50 % ; l'accord final entérine une réduction de 35 % en moyenne sur les produits industriels et de 20 % sur les produits agricoles. Une négociation sur les barrières non tarifaires est aussi entamée, qui aboutit à de modestes résultats (signature d'un accord sur les pratiques d'anti-*dumping*).

Le Kennedy Round met au jour la rivalité entre la Communauté européenne naissante et les États-Unis : ces derniers s'inquiètent de la formation d'une union douanière, perçue comme un obstacle aux exportations américaines, et réclament un abaissement du tarif extérieur commun ; de leur côté, les Européens dénoncent la sélectivité du protectionnisme tarifaire américain, qui comprend des pics tarifaires, et exigent une diminution non linéaire des tarifs douaniers.

Tableau 6
Les cycles de négociation du GATT

Cycle	*Année*	*Nombre de participants*
Genève	1947	23
Annecy	1949	33
Torquay	1951	34
Dillon	1960-1961	35
Kennedy	1964-1967	48
Tokyo	1973-1979	99
Uruguay	1986-1993	120
Doha	2001-	149

• **L'objectif du Tokyo Round consiste à poursuivre le démantèlement des barrières douanières et à prendre en considération le protectionnisme non tarifaire.**

Dans le prolongement du Kennedy Round, le Tokyo Round aboutit à une réduction de 33 % en moyenne des tarifs douaniers, avec une harmonisation des niveaux entre pays (les pays disposant de barrières élevées baissèrent plus fortement leurs tarifs). Les produits sensibles tels que le textile ne sont toujours pas intégrés à la négociation.

Pour ce qui est des obstacles non tarifaires, le Tokyo Round marque une avancée dans la prise de conscience de la multiplication de tels obstacles mais ne se traduit par aucune mesure concrète de grande ampleur.

• **L'Uruguay Round marque un tournant dans l'histoire du GATT.**

Dans la continuité des négociations précédentes, l'Uruguay Round devrait permettre une diminution d'un tiers des tarifs douaniers existant : lorsque les engagements pris seront appliqués, ce sont près de 40 % des marchandises échangées dans le monde qui se feront en franchise totale (tableau 7). Toutefois, ce démantèlement tarifaire demeure différencié selon les secteurs et selon les régions :

— les droits de douane restent en moyenne plus élevés dans les pays en voie de développement par rapport aux pays développés ;
— des secteurs tels que le textile-vêtement, le cuir disposent de droits de douane supérieurs à la moyenne.

Mais les négociations de l'Uruguay Round se caractérisent surtout par leur côté novateur, et ce d'un triple point de vue.

En premier lieu, les accords de l'Uruguay Round, signés en avril 1994, entérinent la naissance, à partir du 1er janvier 1995, d'une nouvelle organisation internationale, dénommée OMC (Organisation mondiale du commerce), au même titre que la Banque mondiale ou le FMI. L'adhésion à l'OMC implique pour un membre de souscrire en bloc à tous les accords couverts par cette organisation. Cette nouvelle institution se voit confier quatre missions principales :

Tableau 7
Les droits de douane à l'issue de l'Uruguay Round (industrie)

	Droits de douanes moyens (en %)		Importation à droit zéro (en %)	
	Pré-Round	*Post-Round*	*Pré-Round*	*Post-Round*
Pays développés	6,3	3,9	20	44
– CEE	5,7	3,6	24	38
– États-Unis	5,4	3,5	10	40
– Japon	3,9	1,7	35	71
PVD	15,3	12,3	52	49
– Brésil	40,7	27,0	8	5
– Inde	71,4	32,4	17	16

Source : GATT.

— veiller à la mise en place des accords de l'Uruguay ainsi que des accords plurilatéraux, signés par un nombre plus restreint de pays ;
— constituer le nouveau cadre pour les négociations multilatérales en cours et à venir ;
— établir régulièrement le bilan des politiques commerciales suivies par les pays membres ;
— proposer un règlement aux différends qui peuvent surgir entre plusieurs pays membres.

L'OMC est composée d'une conférence ministérielle, d'un conseil général, d'un secrétariat général et de conseils spécialisés. La conférence ministérielle constitue l'organe étatique et plénier de l'OMC : elle correspond à l'ancienne assemblée des parties contractantes du GATT. Composée des représentants de tous les pays membres, elle doit se réunir au moins tous les deux ans pour faire le bilan des négociations en cours et fixer le programme de travail. Entre deux sessions, la direction de l'OMC est gérée par le conseil général, qui reprend les fonctions assurées précédemment par le conseil du GATT. Ce conseil général est assisté par trois conseils spécialisés. Le conseil général remplit les fonctions de l'Organe de règlement des différends (ORD) et celles de l'Organe d'examen des politiques commerciales. Trois conseils spécialisés ont été créés, sous la direction du conseil général : il s'agit du conseil du commerce des marchandises, du conseil du commerce des services et du conseil des ADPIC (portant sur la propriété intellectuelle). La procédure de règlement des différends a été renforcée, en particulier pour remédier à la lenteur des procédures du GATT et aux difficultés de mise en application des recommandations. La nouvelle procédure modifie l'étape du panel : l'ORD désigne un panel de trois experts, qui doivent fournir un rapport dans un délai de six mois. Le conseil général de l'OMC adopte automatiquement le rapport sauf s'il est rejeté à l'unanimité ; ce principe d'automacité conditionnelle permet une prise de décision plus rapide. L'une des parties peut faire appel devant l'organe d'appel de l'ORD ; dans ce cas, l'ORD suit la décision de l'organe d'appel, sauf s'il la rejette à l'unanimité. L'ORD est alors chargée de la mise en application de la décision (du panel ou de l'organe d'appel) ; si l'une des parties refuse de s'y plier, l'ORD peut autoriser les pays lésés à prendre automatiquement des mesures compensatoires.

En deuxième lieu, l'Uruguay Round marque l'**incorporation dans le champ des négociations de produits réservés tels que l'agriculture, les services et le textile** :

— dans le domaine agricole, des mesures d'accès minimum aux marchés sont adoptées, tandis que les subventions à l'exportation et à la production sont limitées. Les mesures non tarifaires doivent être converties en droit de douane, qui seront consolidés ;
— dans le domaine textile, l'accord multifibres (AMF), qui régit ce secteur depuis 1974, devrait être progressivement démantelé en quatre phases, étalées sur dix ans : tous les quotas devraient disparaître sous le contrôle d'un organe de supervision des textiles (OSPT) ;
— dans le domaine des services, la négociation a débouché sur l'adoption du GATS (General Agreement on Trade of Services), qui applique aux services les principes du commerce des marchandises, et en particulier la clause de la nation la plus favorisée et la clause de réciprocité.

En dernier lieu, l'Uruguay Round a contribué au **démantèlement des barrières non tarifaires**, avec l'adoption d'un accord sur la propriété intellectuelle (accord TRIPS), couvrant toutes les formes de protection en usage (brevet, droits d'auteur, dépôts de marque, appellations d'origine). Le non-respect des règles de protection par les pays en voie de développement constitue en effet une forme détournée de protectionnisme : d'une part, certaines exportations des pays développés vers les pays en voie de développement sont entravées par l'existence d'une production locale de contrefaçon ; d'autre part, les exportations de contrefaçons, réalisées en particulier en Asie du Sud-Est, à destination des pays développés concurrencent de manière déloyale les productions locales de marque. L'accord sur la propriété intellectuelle (dénommé accord TRIPS) stipule que les pays développés disposent d'un délai maximum de cinq ans et les pays en voie de développement d'un délai de dix ans pour se mettre en conformité avec les règles adoptées.

En dépit de ces avancées, de nombreuses questions restent en suspens à l'issue de l'Uruguay Round :

— les pratiques éventuelles de protectionnisme monétaire n'ont pas été abordées dans l'accord final de Marrakech ; or certains économistes, à l'image de M. Allais, estiment que la sous-évaluation d'une monnaie constitue aujourd'hui une forme détournée et efficace de protection ;

— la question du « *dumping* social », invoquée par les Européens à l'encontre des PVD, n'a pas reçu de réponse ;
— certains produits échappent toujours à la logique du multilatéralisme et font l'objet de négociations bilatérales, à l'image de l'industrie aéronautique civile ou de l'audiovisuel ;
— la législation commerciale américaine, fondée sur les sections 301 et Super 301, permet la mise en place de mesures unilatérales en cas de « concurrence déloyale », ce qui ne correspond pas à l'esprit de l'OMC (voir encadré).

La législation commerciale américaine

Les États-Unis ont renouvelé depuis les années 1970 leur législation commerciale, avec l'adoption en 1974 du Trade Act et de l'Omnibus Trade Act en 1988.

Le Trade Act de 1974 comprend quatre dispositions principales. Les trois premières ne posent pas véritablement problème vis-à-vis des règles du GATT. En effet, la section 201 établit une clause de sauvegarde : les États-Unis peuvent se protéger temporairement si l'accroissement des importations cause de sérieux dommages à une industrie. Cette section 201 est conforme aux règles du GATT et s'inscrit dans la lignée de l'article XIX. De même, la section 701 énonce un principe du GATT : les États-Unis peuvent instaurer des droits de douane compensateurs pour éliminer les effets de subventions à l'exportation dont bénéficieraient les firmes étrangères. La section 731 concerne l'anti-*dumping* : les États-Unis peuvent se protéger contre le *dumping* en instaurant des droits de douane.

La section 301 du Trade Act permet aux États-Unis de mener des actions unilatéralement à l'encontre de partenaires : elle autorise en effet le représentant des États-Unis pour le commerce international à prendre les mesures appropriées pour lever les obstacles entravant les exportations américaines. Cette section conduit en fait les États-Unis à contourner le système de règlement des différends du GATT, jugé trop lent, au profit d'une approche unilatérale.

Le texte de 1974 a été renforcé en 1988, avec l'adoption de l'Omnibus Trade Act. Ce texte contient trois nouvelles procédures permettant de prendre des mesures unilatérales contre la concurrence déloyale :

— la première est connue sous la dénomination de « Super 301 ». L'exécutif américain peut conduire des études sur les restrictions commerciales utilisées dans le monde entier et entamer des procédures pour les éliminer. Si aucun accord n'est trouvé avec le partenaire, des mesures de représailles sont décidées ;
— la deuxième, dénommée « Spécial 301 », concerne les droits de la propriété intellectuelle : selon le même raisonnement, l'exécutif doit identifier les pays qui ne respectent pas les droits de la propriété intellectuelle et mettre en œuvre, le cas échéant, des représailles ;
— la dernière procédure concerne le secteur des télécommunications : l'exécutif doit recenser les restrictions au commerce existant dans ce secteur et, en cas d'échec des négociations, recourir aux représailles.

Les États-Unis ont usé à de nombreuses reprises de la Section 301 et Super 301 à l'égard de partenaires jugés « déloyaux » (Brésil, Corée du Sud, Japon, Europe en particulier). Cet usage est essentiellement dissuasif : les États-Unis menacent le partenaire de rétorsions, en cas d'échec de la négociation avant la date fixée. Ainsi, les Américains ont brandi la menace du Super 301 dans le conflit qui les oppose au Japon dans le domaine automobile. Dans ce secteur, les États-Unis présentent un fort déficit commercial, compte tenu des fortes exportations d'automobiles japonaises. En 1995, le représentant américain pour le commerce menace le Japon de la section 301, si ce dernier ne prend pas des mesures d'ouverture de son marché aux importations automobiles américaines. Sous la menace de représailles, les Japonais cèdent en juin 1995.

La conférence de Singapour (décembre 1996) a constitué la première conférence interministérielle de l'OMC. Elle visait à évaluer la mise en œuvre de l'accord de Marrakech, à faire le point sur les négociations en cours et à préciser le programme de travail de l'OMC pour les années à venir. Sur ce dernier aspect, cinq thèmes principaux ont été abordés, qui ont donné lieu à la création de groupes de travail qui n'ont pas abouti à des propositions concrètes :

— les relations entre commerce international et environnement : dans quelle mesure les impératifs de compétitivité peuvent-ils conduire à une dégradation de l'environnement ? À l'inverse, le thème de la protection de l'environnement ne risque-t-il pas de servir d'alibi à des pratiques protectionnistes (« protectionnisme vert ») ? Ce thème de réflexion a été confié au comité du commerce et de l'environnement de l'OMC, créé en 1995 ;
— le rôle de l'IDE (Investissement direct étranger) et des relations qu'il entretient avec le commerce : dans quelle mesure les restrictions à l'IDE affectent-elles les flux de commerce ?
— la question de l'introduction d'une clause sociale dans les accords commerciaux : l'absence de protection sociale et de règles minimales sur les conditions de travail dans les pays pauvres ne conduit-elle pas à une forme de concurrence déloyale, comme le soutient la France ? À l'inverse, l'imposition de normes sociales ne constitue-t-elle pas une forme de protectionnisme détourné ?
— les relations entre la politique de la concurrence et la libéralisation commerciale. En effet, l'ouverture des économies au commerce peut engendrer des comportements anticoncurrentiels de la part des firmes. Par exemple, les firmes domestiques peuvent former un « pacte de non-agression » avec leurs concurrents étrangers afin de figer les positions établies et d'éviter une mise en concurrence des marchés géographiques. Nous pouvons d'ailleurs constater que les principaux cartels démantelés dans les années 1990 prenaient la forme d'accords internationaux, rassemblant des firmes de différents pays et dont la couverture géographique s'étendait sur plusieurs régions, à l'image du cartel des vitamines. De même, une firme étrangère peut choisir d'entrer sur un nouveau marché en adoptant une politique tarifaire agressive, afin d'éliminer ou de discipliner les concurrents locaux. Ce cas de figure concerne tout particulièrement les pays en développement : à la suite de l'ouverture du marché domestique, une petite firme desservant le marché local (monomarché) peut se trouver engagée dans une guerre des prix initiée par une firme multinationale. Face à ces pratiques anticoncurrentielles, plusieurs pays, au premier rang desquels l'Europe, ont proposé l'ouverture de négociations sur les règles de concurrence dans le cadre de l'OMC.

En novembre 2001, à l'occasion de la quatrième conférence ministérielle à Doha, les membres de l'OMC ont officiellement lancé un nouveau Round de négociations mais les désaccords persistants entre pays n'ont toujours pas permis, à la mi-2009, de parvenir à un accord global. En particulier, les oppositions sur la question agricole entre les six grands acteurs du commerce international (États-Unis, Union européenne, Japon, Inde, Brésil et Australie) bloquent l'issue des négociations. L'agenda de Doha prévoit, outre la reprise des négociations sur les droits de douanes, l'agriculture et les services, un ambitieux programme en faveur d'une meilleure prise en compte des intérêts des pays en développement dans le commerce mondial. Ainsi, à la suite de la conférence de Doha, les pays en développement ont manifesté leur hostilité à l'accord TRIPS, en particulier dans le domaine des médicaments : cet accord risque en effet de se traduire dans les pays du Sud par une hausse marquée du prix des médicaments sous brevet [1]. L'OMC a assoupli sa position sur ce point :

— le principe de la production locale de copies dans des situations d'urgence sanitaire nationale (conformément à ce que prévoit l'article 30 de l'accord TRIPS) a été admis ; il s'agit d'autoriser la délivrance de « licences obligatoires » à une firme locale qui produira pour le marché intérieur, dans le cas où aucun accord avec le titulaire du brevet ne serait trouvé ;
— la situation spécifique des trente-neuf pays les moins avancés a été reconnue par un allongement de dix ans de la période de transition pour mettre en œuvre les dispositions de l'accord TRIPS, soit le 1er janvier 2016.

5. L'intégration régionale : entre libre-échange mondial et protectionnisme national ?

▸ **Aujourd'hui, les échanges s'organisent de plus en plus dans un cadre régional.**

La régionalisation traduit un mouvement d'intensification des échanges entre pays géographiquement proches. L'importance du commerce entre pays géographiquement proches peut être mise en évidence en comparant le ratio du commerce observé avec le ratio correspondant à une répartition proportionelle à la place occupée par chaque pays dans le PNB mondial. Summers montre ainsi que les États-Unis commercent avec le Canada 5,2 fois plus que ce qui correspond à la part du Canada dans le PNB mondial (tableau 8).

• **La régionalisation des échanges résulte le plus souvent d'un processus volontaire d'intégration économique** : un groupe de pays décide de former un espace économique à l'intérieur duquel les échanges sont sans entraves.

L'intégration régionale peut être plus ou moins poussée et, à la suite de Balassa (1961) [2], il est usuel de distinguer cinq étapes :

— la **zone de libre-échange** : les pays membres éliminent entre eux les droits de douanes et les restrictions quantitatives à la libre circulation des marchandises ; chaque membre conserve cependant son propre arsenal de protection vis-à-vis des pays tiers ;

1. Voir E. Combe et E. Pfister, « Le renforcement international des droits de propriété industrielle : quels effets en attendre ? », *Économie internationale* (revue du CEPII), n° 85, 2001.
2. *The theory of economic integration*, Irwin.

— l'**union douanière** : elle est plus poussée que la zone de libre-échange, dans la mesure où les partenaires adoptent une politique commerciale, marquée par l'instauration d'un tarif extérieur commun ;
— le **marché commun** : en plus du tarif extérieur commun, les pays membres éliminent toute entrave aux mouvements de facteurs de production à l'intérieur de l'union ;
— l'**union économique** comprend, en plus d'un marché commun, une harmonisation des politiques économiques des pays membres ;
— l'**union économique et monétaire** (UEM) constitue la phase ultime de l'intégration avec la création d'une monnaie commune.

Tableau 8
Commerce et proximité géographique (1986)

	États-Unis	*Canada*	*Autres pays américains*	*Japon*	*Pays en développement Asie*	*CEE*
États-Unis	2,9	5,2	1,3	1,1	1,7	0,6
Canada	1,5		0,4	0,6	0,6	0,4
Autres pays américains	1,1	0,6	2,0	0,6	0,5	0,8
Japon	0,8	0,9	0,5		3,1	0,5
Pays en développement	0,3	0,5	0,2	1,2	3,3	0,5
Asie		0,3	0,3	0,5	2,5	

• **Les années 1960 sont marquées par une première vague d'accords d'intégration régionale.**

La création de la **CEE** (Communauté économique européenne) en 1957 puis celle de l'**AELE** (Association européenne de libre-échange) en 1960 ont suscité un engouement de la part des pays en voie de développement, qui s'engagent à leur tour dans la constitution d'unions douanières : ainsi naissent successivement l'Union des États de l'Afrique de l'Est (1959), l'Union douanière des États d'Afrique de l'Est (1959), le Marché commun centre américain (en 1960), le Pacte andin (en 1969). Mais ces accords entre pays en voie de développement resteront largement formels, à la différence de l'expérience européenne.

En effet, fondée en 1957 par le **traité de Rome**, la CEE connaît un certain succès à en juger par les demandes d'adhésion : rassemblant au départ six pays (la France, la RFA, la Belgique, l'Italie, le Luxembourg et les Pays-Bas), la CEE s'élargit en 1973 vers le nord-ouest avec l'adhésion du Royaume-Uni, de l'Irlande et du Danemark puis vers le sud de l'Europe avec l'adhésion de la Grèce en 1981, de l'Espagne et du Portugal en 1986. Selon les critères de Balassa, on peut dire que la CEE a été dès le début une union douanière : suppression des barrières quantitatives dès le 1er janvier 1961 puis des droits de douane le 1er juillet 1968, adoption d'un tarif extérieur commun. Depuis 1993, et à la suite de l'Acte unique ratifié en 1986, la CEE constitue un marché commun : abolition de tout contrôle douanier entre les pays membres, élimination des barrières techniques, ouverture des marchés publics aux firmes de l'union, harmonisation des fiscalités nationales, liberté de circulation des capitaux, liberté d'établissement pour les travailleurs indépendants, reconnaissance mutuelle des diplômes. Sur certains points, la CEE peut également se définir comme une union économique, en particulier dans le domaine agricole avec la création de la PAC (Politique agricole commune) dès 1962. Depuis 1999 – et à la suite des accords de Maastricht –, la CEE est devenue une union économique et monétaire et s'apprête en 2004 à s'élargir à l'Est, avec l'arrivée de dix nouveaux pays.

Tableau 9
Les principaux accords de régionalisation

Nom	*Date de création*	*Participants en 1995*
CEE	1957	12 pays
AELE	1960	19 pays dont Autriche, Suisse, Suède
ALENA	1992	États-Unis, Canada, Mexique
Pacte andin	1969	Bolivie, Chili, Équateur, Pérou
	1991	Colombie
Mercosur	1991	Brésil, Argentine, Uruguay, Paraguay
ASEAN	1992	Indonésie, Malaisie, Phillipines Singapour, Thaïlande
Espace économique européen	1992	CEE + AELE
Accord de libre-échange d'Europe centrale	1992	Hongrie, Pologne, Slovaquie, République tchèque

• De nouvelles zones d'intégration régionale se forment depuis la fin des années 1980.

Cette seconde vague affecte des régions très diverses : pays de l'Est, d'Amérique du Sud, d'Amérique du Nord, d'Asie du Sud-Est. Seule l'Afrique semble pour l'heure échapper à ce mouvement, en dépit de la création en 1989 d'une Union du Maghreb arabe (UMA) rassemblant l'Algérie, la Libye, le Maroc et la Tunisie. Ces accords constituent à la fois des nouveautés, à l'image de l'**ALENA**, ou bien consistent en la réactivation de traités déjà anciens, à l'image du Pacte andin. Ces nouveaux accords de régionalisation présentent plusieurs caractéristiques, qui les différencient nettement de la vague précédente :

— ils regroupent le plus souvent quelques petits pays (en termes de PIB) et un grand pays : ainsi en est-il de l'ALENA, qui rassemble un petit pays (le Mexique) et deux grands pays (le Canada et surtout les États-Unis) ; de même, le Mer-

cosur rassemble des pays aussi différents que le Brésil, le Paraguay ou l'Uruguay ;
— ils n'entraînent pas une baisse marquée des droits de douane, compte tenu de la faiblesse des tarifs déjà en vigueur : ainsi, l'adhésion récente de l'Autriche et de la Suède à la CEE a eu peu d'implications en termes tarifaires ;
— ils se traduisent par l'adoption de mesures, telles que des réformes économiques, qui vont au-delà de simples concessions tarifaires.

L'ALENA représente l'accord de régionalisation le plus important de ces dernières années : il s'agit d'un traité de libre-échange, conclu entre le Mexique, les États-Unis et le Canada, qui donne naissance à un marché de 360 millions de consommateurs et à une zone de 6 000 milliards de dollars de PNB ! Cet accord prévoit le demantèlement progressif de près de 20 000 barrières tarifaires d'ici 2005 ; mais, à la différence de la CEE, aucune harmonisation des droits de douane vis-à-vis des pays tiers n'est prévue. L'ALENA présente la spécificité d'associer deux pays développés à un pays en voie de développement : le Mexique. Le PNB par habitant avoisine les 3 500 $ au Mexique, contre 21 000 pour les États-Unis et le Canada. C'est dire que le Mexique attend beaucoup de cette zone de libre-échange : stimulation de la concurrence intérieure, mouvement d'investissements directs des firmes des États-Unis et du Canada ; cet accord permet également aux États-Unis d'éviter la menace d'une migration massive de Mexicains, la mobilité des capitaux se substituant à la mobilité du facteur travail.

• **L'intégration régionale entretient des rapports complexes avec le libre-échange mondial.**

En effet, le mouvement de régionalisation peut être tout d'abord analysé comme un substitut au multilatéralisme : l'intégration constitue alors un protectionnisme régional, entre blocs commerciaux.

Mais une autre vision appréhende les zones régionales comme une étape préalable au libre-échange mondial : la formation de zones régionales préparerait des négociations entre blocs.

Quoi qu'il en soit, l'essor du commerce régional ne semble pas se faire au détriment du commerce interzone ; au cours des années 1980, le commerce le plus dynamique (en termes de taux de croissance) est celui entre la CEE et l'Asie du Sud-Est, l'Amérique du Nord et l'Asie du Sud-Est.

► **La régionalisation des échanges peut engendrer des gains à la fois statiques et dynamiques.**

• **Selon la théorie de l'union douanière [1], l'intégration se traduit par deux effets sur les mouvements internationaux de marchandises** :

— un **effet création de trafic** : l'abolition des barrières douanières permet aux pays membres de s'approvisionner à un coût moins élevé chez les partenaires de l'union ;

1. La théorie de l'union douanière naît dans les années 1950 sous la plume de J. Viner (*The customs union issue*, 1950), de J. Tinbergen (*International economic integration*, 1954), de J. Meade (*The theory of customs unions*, 1955) et de J. Scitovsky (*Economic theory and western european integration*, 1958).

— un **effet détournement de trafic** : les pays de l'union vont substituer à des importations en provenance de pays tiers des importations en provenance de pays de l'union.

Ces deux effets peuvent être mis en évidence à l'aide d'un exemple (schéma 20). Soit le pays domestique A, qui souhaite former une union douanière avec le pays B ; le pays C constitue le pays tiers. Les trois pays produisent des voitures à un prix différent : le prix de la voiture (noté P_A) dans le pays A est supérieur à celui pratiqué en B (noté P_B).

Schéma 20
Effet création/détournement de trafic

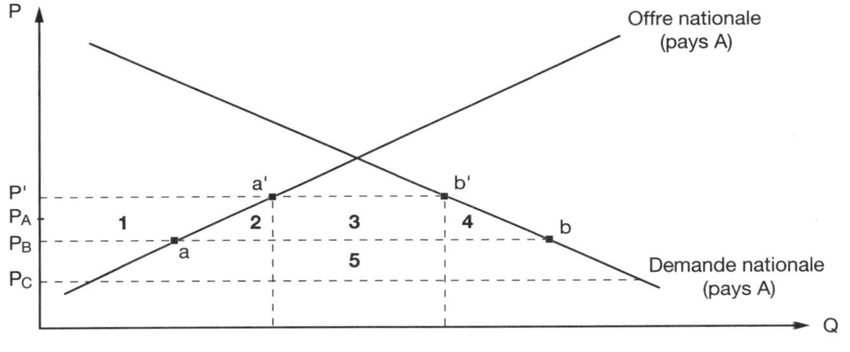

Avant la formation de l'union douanière, le pays A s'approvisionne chez B en voitures au prix P′, correspondant à P_B majoré d'un tarif douanier t ; on a donc : $P' = P_B(1 + t)$. Pour ce prix P′, la demande totale de voitures de A est égale à la distance $P'b'$ dont $P'a'$ est fournie par la production domestique et $a'b'$ est importée du pays B. Si A et B forment une union douanière, le tarif douanier est supprimé et le prix de la voiture importée devient P_B : la demande de voitures de A augmente (elle passe à P_Bb), la production domestique diminue, et les importations de voitures en provenance de B augmentent. Il y a un effet création de trafic : à la suite de l'union, le pays A s'approvisionne moins auprès des producteurs domestiques à coût élevé et davantage auprès de son partenaire étranger à coût plus faible. Le gain de cette union peut être évalué par la méthode des surplus :

— pour le producteur de voitures du pays A, la variation du surplus est négative : il perd l'aire 1 ;
— le consommateur du pays A gagne l'aire (1 + 2 + 3 + 4) ;
— l'État perd des recettes douanières, égales à l'aire 3.

Le gain net, résultant de l'effet création de trafic, correspond donc à l'aire (2 + 4).

Supposons à présent que le pays A s'approvisionne avant la création de l'union douanière auprès du pays C car P_C est inférieur à P_B. Les importations en provenance de C sont soumises à un tarif douanier qui fait que le prix est égal à P'. Si le pays A conclut une union douanière avec le pays B, il va s'approvisionner maintenant chez B en voitures, car P_B est inférieur à P' : on a un effet détournement de trafic.

L'effet détournement de trafic peut être évalué par la méthode des surplus :

— le producteur du pays A perd l'aire 1 ;
— le consommateur du pays A gagne l'aire (1 + 2 + 3 + 4) ;
— l'État perd l'aire (3 + 5).

Le résultat global de l'effet détournement de trafic, qui équivaut à l'aire (2 + 4 – 5), est généralement négatif.

Il apparaît donc que les gains statiques résultant d'une union douanière sont très variables :

— plus le tarif douanier entre partenaires est initialement élevé, plus l'effet création de trafic sera fort ;
— un tarif extérieur commun faible limite l'effet de détournement de trafic ;
— une union douanière qui comprend un grand nombre de pays limite l'effet de détournement de trafic ;
— si les pays de l'union commercent peu avec le reste du monde avant la création de l'union, l'effet détournement de trafic est limité ;
— l'union douanière n'est intéressante que si les effets création de trafic l'emportent sur les effets détournement de trafic (généralement négatifs).

Dans le cas de l'UE, de nombreuses études empiriques ont été effectuées après 1958 pour évaluer l'ampleur des effets création de trafic et détournement de trafic : la plupart des travaux convergent pour estimer que les effets création de trafic l'ont emporté sur les effets de diversion, comme le met en évidence le tableau 10.

Tableau 10
Estimations des effets création/détournement de trafic (Union européenne)

Étude	*Produits couverts*	*Création de trafic**	*Détournement de trafic**
Aitken (1973)	Tous les biens (1967)	9,2	0,6
Balassa (1975)	Produits manufacturés (1970)	11,4	0,1
Kreinin (1972)	Produits manufacturés (1969-1970)	7,3	2,6
Verdoorn et Schwartz (1972)	Produits manufacturés (1968)	10,1	1,1

* En milliards de dollars courants.

• **L'intégration engendre également des gains dynamiques.**

Elle permet de tirer parti des économies d'échelle : les entreprises de chaque pays de l'union peuvent échapper à l'exiguïté de leur marché national et approvisionner un marché plus étendu. Dans le cas de l'UE, plusieurs études ont montré que l'achèvement du grand marché de 1993 permettrait d'obtenir un gain de 60 milliards d'euros du simple fait des économies d'échelle.

De même, l'intégration économique stimule la concurrence entre les entreprises des pays membres : la suppression de la protection oblige les entreprises de chaque pays à s'adapter, ce qui stimule en particulier l'innovation.

Approfondir

LECTURES

- P. Krugman, M. Obsfeld, *Économie internationale*, Paris, De Boeck, 2009.
- J.-L. Mucchielli, *La mondialisation : chocs et mesure*, Paris, Hachette, « Les Fondamentaux », 2008.
- M. Rainelli, *L'organisation mondiale du commerce*, Paris, La Découverte, « Repères », 2007.
- M. Rainelli, *Le commerce international*, Paris, La Découverte, « Repères », 2009.

THÈMES DE RÉFLEXION

— Faut-il revenir aujourd'hui au protectionnisme ?
— La théorie des avantages comparatifs est-elle aujourd'hui dépassée ?
— L'échange intrabranche remet-il en cause les théories traditionnelles du commerce international ?
— Qu'est-ce qu'une bonne spécialisation internationale ?
— La France est-elle bien spécialisée ?
— À quoi sert le GATT ?
— Comment expliquer la multinationalisation des firmes ?
— Régionalisation et libre-échange.
— Bilan de l'intégration économique européenne.

Retenir

Commerce intrabranche ; théorie des avantages absolus/comparatifs ; théorème de Mundell ; théorie HOS ; théorème d'Heckscher-Ohlin ; théorème de Stolper-Samuelson ; théorème de Rybczynski ; paradoxe de Léontieff ; tarif douanier ; quota ; GATT ; clause de la nation la plus favorisée ; effet petit pays/grand pays ; politique commerciale stratégique (PCS) ; tarif extérieur commun (TEC) ; restrictions volontaires d'exportations (RVE) ; accord multifibres (AMF) ;

subventions à la production/à l'exportation ; conditions d'exécution locale ; *dumping* ; argument de l'industrie en enfance/sénescence ; équivalent subvention du tarif douanier ; rente de contingentement ; guerre tarifaire ; pérennité du protectionnisme temporaire ; régionalisation ; tarif optimal ; transfert de surplus ; perte de surplus ; taux d'ouverture ; coefficient de Grubel et Lloyd ; firmes multinationales ; décomposition internationale des processus productifs (DIPP) ; prix de transfert ; commerce captif ; protection effective ; coûts de transaction ; effet création de trafic ; effet détournement de trafic.

Utiliser

Faut-il revenir au protectionnisme ?

Les tensions commerciales observées depuis l'Uruguay Round, la promotion des intégrations régionales et la multiplication des barrières non tarifaires peuvent apparaître aujourd'hui comme les symptômes d'une remise en cause des principes du libre-échange, instaurés au lendemain de la Seconde Guerre mondiale.

Il est vrai que certains faits semblent militer en faveur d'un retour au protectionnisme, et ce à un double niveau. Dans un contexte de récession keynésienne et d'imperfection des marchés, un protectionnisme conjoncturel peut apparaître comme un outil de relance à court terme. En outre, dans un contexte de changement de système technologique, un protectionnisme structurel permettrait de faire émerger sur le long terme de nouvelles activités et de se désengager des industries en déclin.

Toutefois, ces arguments doivent être relativisés à la lumière des enseignements du passé. Au niveau externe, le protectionnisme se heurte généralement à la réaction des partenaires, qui tentent par divers moyens de contourner les obstacles érigés. Au niveau interne, le protectionnisme entraîne à court terme une distorsion de bien-être et peut constituer à long terme un obstacle à la croissance.

Le décalage entre les effets espérés aujourd'hui d'un retour au protectionnisme et les effets observés par le passé n'incite-il pas à la prudence et ne milite-t-il pas, par défaut, en faveur du libre-échange ?

I. Certains faits semblent militer aujourd'hui en faveur d'un retour au protectionnisme

1. Les effets espérés à court terme d'un protectionnisme conjoncturel

▶ **Dans un contexte de récession, le protectionnisme ponctuel serait un instrument de reconquête du marché intérieur.** Dans la conception keynésienne de l'ouverture sur l'extérieur, la propension à importer constitue une fuite de revenu qui compromet l'efficacité de la relance. Dès lors, instaurer un tarif douanier peut être perçu comme une forme détournée de relance de l'activité intérieure.

► **Dans un contexte oligopolistique, le protectionnisme ponctuel serait un instrument de conquête des marchés extérieurs.** La théorie de la politique commerciale stratégique (PCS) montre que, dans le cas d'un oligopole, en subventionnant la firme nationale, un pays peut exclure les firmes étrangères du marché et obtenir une situation de monopole.

Cet argument semble aujourd'hui d'actualité puisque de nombreux marchés se caractérisent par une structure oligopolistique : marché des longs courriers (duopole Airbus/Boeing), marché des mémoires dynamiques.

2. Les effets espérés à long terme d'un protectionnisme structurel

► **Dans un contexte de mutations technologiques, le protectionnisme permettrait l'émergence d'industries naissantes...** Il s'agit de se protéger temporairement, selon List, pour contruire un nouvel avantage comparatif ; cette vision dynamique n'est pas contradictoire sur le long terme avec le libre-échange.

Le fait que l'on entre aujourd'hui dans une nouvelle ère industrielle fondée sur les technologies de l'information et la biotechnologie – secteurs à fortes barrières à l'entrée – pourrait justifier la mise en place d'un protectionnisme temporaire.

► **... et la sortie progressive des activités en déclin.** Il s'agit de se désengager d'une activité, c'est-à-dire de surmonter des barrières à la sortie : pour cela, il faut subventionner les firmes pour qu'elles puissent réallouer leurs ressources vers une autre activité.

Cet argument semble aujourd'hui d'actualité pour les NPI, qui veulent sortir d'une spécialisation dans la sidérurgie et la construction navale, ainsi que pour les pays développés souhaitant se désengager de l'agriculture.

II. Mais les expériences passées ont montré les limites et les effets pervers du protectionnisme, ce qui milite par défaut en faveur du libre-échange

1. Les effets pervers du protectionnisme au niveau externe

► **Le protectionnisme risque de se heurter à des représailles immédiates de la part des partenaires lésés (à court terme)...** Le protectionnisme constitue une situation typique de dilemme du prisonnier : chaque pays a intérêt individuellement à se protéger mais ne gagne rien si les partenaires font de même, puisque la baisse des importations s'accompagne d'une diminution des exportations.

Ce risque est confirmé par les expériences de guerres tarifaires : à la fin du XIXe siècle, au cours de la crise de 1929.

▶ **... tandis que les stratégies de contournement vont se développer à terme.** Le protectionnisme peut entraîner une délocalisation de la production. Le pays exportateur substitue à l'exportation de marchandises la mobilité des facteurs de production : on retrouve les enseignements du théorème de Mundell (1957). Le protectionnisme est ici rendu inefficace.

Le protectionnisme peut se traduire par un détournement de trafic : le protectionnisme pénalise un importateur mais favorise l'émergence de nouveaux exportateurs. De nouveau, l'efficacité du protectionnisme est annulée puisque l'on aboutit à une simple substitution de partenaires.

2. Les effets pervers du protectionnisme au niveau interne

▶ **Le protectionnisme entraîne une perte de bien-être immédiate (court terme)...** Pour le consommateur tout d'abord : dans le cas d'un tarif douanier, le protectionnisme équivaut à une perte de surplus car le prix du bien importé augmente par rapport au prix mondial, tandis que la quantité consommée est réduite. Cette perte risque aussi de se produire dans le cas d'un quota, si la demande interne est assez inélastique au prix (la rente de contingentement). Cette affirmation doit cependant être nuancée, car il faut prendre en compte la taille du pays qui instaure le tarif douanier : s'il s'agit d'un grand pays, la perte de surplus peut être faible ou nulle puisque le grand pays est *price maker*.

Pour le producteur ensuite : le producteur gagne apparemment au protectionnisme, car ce dernier opère un transfert de surplus en sa faveur. Toutefois, si le producteur utilise le bien importé comme consommation intermédiaire, il risque d'être pénalisé.

▶ **... et risque de développer à terme une économie de rente.** La protection temporaire risque de se muer en protection durable. On retrouve le problème de la crédibilité de la subvention : si l'État subventionne une industrie naissante, cette dernière n'a plus aucune incitation à s'améliorer puisqu'elle est protégée. Il y a risque d'une pérennité de la protection temporaire.

L'existence d'une protection peut encourager les comportements de *rent seeking* : les agents vont dépenser des ressources pour tenter d'obtenir des mesures protectionnistes en leur faveur. Cela nuit à la croissance économique, car il s'agit d'un simple transfert de ressources.

9

Le désordre monétaire international

LES RELATIONS MONÉTAIRES INTERNATIONALES

Connaître

Juillet 1944	Naissance du système de Bretton Woods
Janvier 1969	Création des DTS
Août 1971	Les États-Unis décrètent l'inconvertibilité du dollar en or
Avril 1972	Création du serpent monétaire européen
Mars 1973	Flottement généralisé des monnaies
Janvier 1976	Accords de la Jamaïque
Mars 1979	Création du SME
Septembre 1985	Accords du Plaza
Février 1987	Accords du Louvre
Décembre 1991	Sommet de Maastricht sur la monnaie unique
Septembre 1992-août 1993	Crises du SME
Juillet-novembre 1997	Crises de change dans les pays émergents d'Asie du Sud-Est
1er janvier 1999	En Europe, passage à la monnaie unique pour les pays qualifiés
Décembre 2001	Crise argentine marquée par la dévaluation du peso
1er janvier 2001	L'euro devient la monnaie officielle des 12 pays de l'Union européenne
Fin 2001	1 € s'échange contre 0,88 $
Mai 2008	1 € s'échange contre 1,56 $
Décembre 2010	1 € s'échange contre 1,31 $

Si les relations monétaires internationales constituent un thème ancien de la science économique, elles ont été marquées depuis les années 1980 par de profonds changements qui ont conduit à un renouvellement de l'analyse.

Plusieurs phénomènes ont en effet retenu l'attention ces vingt dernières années : le marché des changes a connu une véritable explosion des volumes ; le flottement des monnaies – et en particulier du dollar – s'est accompagné d'une forte volatilité des taux de change ; les pays émergents, qui avaient souvent ancré leur monnaie au dollar, ont connu de violentes crises de change à la fin des années 1990 ; les pays du SME se sont engagés dans une expérience d'Union économique et monétaire (UEM) avec la naissance de l'euro en 1999.

Confrontés à ces mutations, les économistes ont développé de nouvelles analyses, tout en réactualisant les approches traditionnelles : ainsi, la théorie de la détermination du change, longtemps centrée sur la parité des pouvoirs d'achat et sur la balance courante, a été complexifiée par l'introduction des anticipations, de la rationalité mimétique et de l'hétérogénéité des agents.

C'est dire que nous ne saurions rendre compte, dans l'espace d'un chapitre, de la multiplicité des approches et de la subtilité des analyses ; notre propos vise plutôt ici à présenter les principaux éléments – tant empiriques que théoriques – qui permettront au lecteur de se repérer dans le dédale des relations monétaires internationales contemporaines.

Nous commencerons par porter notre attention sur le taux de change : que recouvre cette notion ? Quels sont ses déterminants à court terme et à long terme ? Sur quel marché spécifique se forme-t-il ?

Nous poursuivrons en étudiant l'évolution du système monétaire international depuis 1945. Quel bilan tirer de l'expérience de Bretton Woods ? Les effets espérés des changes flottants correspondent-ils aux effets observés ?

Nous continuerons ce chapitre en évoquant le problème de la dette des PED et les crises de change qui ont affecté les pays émergents d'Asie du Sud-Est à la fin des années 1990.

Nous terminerons le chapitre avec l'expérience européenne de fixité des changes, au travers du SME et puis de l'UEM, en mettant l'accent sur les différents arguments mobilisés en faveur et à l'encontre de la création d'une monnaie unique.

I. Le taux de change

1. Qu'est-ce qu'un taux de change ?

Chaque pays disposant de sa propre monnaie, les échanges internationaux de biens et services nécessitent des opérations de conversion entre monnaies. Le taux de change représente justement le prix d'une monnaie par rapport à une autre (lorsque ces monnaies sont convertibles).

Supposons par exemple qu'un producteur français exporte des voitures vers les États-Unis et reçoive en contrepartie des dollars. Comme le dollar n'a pas cours légal en France, le producteur français va échanger auprès de sa banque les dollars contre des euros, à un certain cours, dénommé taux de change.

► **La notion de « taux de change » recouvre différentes acceptions.**

• **Une première distinction doit être établie entre le taux de change nominal et le taux de change réel.**

Le **taux de change nominal** représente le nombre d'unités monétaires que l'on peut obtenir en échange d'une unité d'une autre monnaie. Il peut être défini soit **au certain** (une unité de monnaie nationale vaut x unités de monnaie étrangère), soit **à l'incertain** (une unité de monnaie étrangère vaut y unités de monnaie nationale).

Il est usuel en France de raisonner à l'incertain [1] : le taux de change nominal (noté e) désigne alors le prix d'une monnaie étrangère en monnaie nationale. Si e augmente, cela signifie que la monnaie nationale se déprécie.

Le taux de change nominal permet de convertir le prix d'un bien en devises (P*) en un prix exprimé en monnaie nationale (P) :

$$P = eP^*$$

Par exemple, si $e = 4$, un téléviseur de 1 000 $ vaut en France 4 000 €.

Le **taux de change réel** (noté e_r) exprime le prix relatif des produits étrangers par rapport aux produits nationaux exprimés en monnaie nationale. Il équivaut à :

$$e_r = eP^*/P.$$

Si e_r augmente, cela signifie que les prix étrangers exprimés en monnaie nationale augmentent par rapport aux prix nationaux ; la hausse du taux de change réel peut résulter de trois facteurs :

— une dépréciation de la monnaie nationale (hausse de e) ;
— une hausse des prix étrangers P* ;
— une baisse des prix nationaux (P).

1. En revanche, au Royaume-Uni la cotation se fait au certain.

• **Une seconde distinction doit être opérée entre le taux de change bilatéral et le taux de change multilatéral.**

Le taux de change bilatéral désigne le rapport d'échange entre deux monnaies ; pour une même monnaie, il existe autant de taux de change bilatéraux qu'il existe de devises étrangères convertibles en cette monnaie.

Le taux de change multilatéral constitue une moyenne des différents taux de change bilatéraux, pondérée par le poids de chaque partenaire dans le commerce extérieur du pays.

• **Le taux de change d'une monnaie peut être fixé de manière institutionnelle (changes fixes) ou résulter du libre jeu du marché (changes flottants).**

Dans un système de **flottement pur**, le taux de change est déterminé par le seul jeu de l'offre et de la demande de devises : lorsqu'une devise est fortement demandée, elle tend à s'apprécier ; à l'inverse, lorsqu'une devise est massivement offerte sur le marché des changes, elle se déprécie. Illustrons ce principe au travers d'un exemple (graphique 1).

Graphique 1
La fixation du change (en régime de changes flexibles)

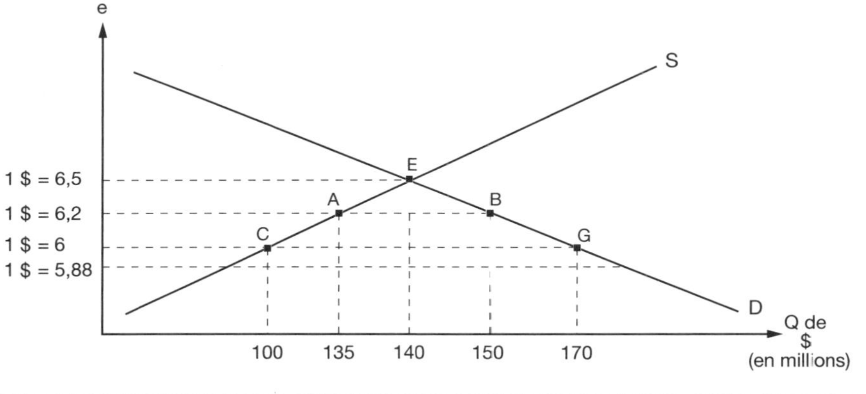

La droite S représente l'offre de dollars sur le marché des changes : elle exprime, pour chaque niveau du taux de change, la quantité de dollars offerte par les détenteurs de dollars contre des euros. Ainsi, pour un taux de change de 1 $ = 6,2 €, les détenteurs de dollars offrent 135 millions de dollars (point A) ; si le taux de change passe à 1 $ = 6 €, ils n'offrent plus que 100 millions de dollars (point C) : en effet, les détenteurs de dollars paient alors plus cher pour obtenir 1 €, ce qui réduit leur offre de dollars.

La droite D exprime la demande de dollars : elle représente, pour chaque niveau du taux de change, la quantité de dollars demandée par les détenteurs d'euros.

Ainsi, pour un taux de change de 1 \$ = 6,2 €, les détenteurs d'euros souhaitent acquérir 150 millions de dollars (point B) ; si le taux de change passe à 1 \$ = 6 €, la demande de dollars s'élève à 170 millions de dollars (point G), car le prix du dollar en euros baisse.

Le taux de change d'équilibre se situe à l'intersection des courbes d'offre et de demande : sur le graphique 1, il s'agit du point E ; 140 millions de dollars sont échangés au taux de 1 \$ = 6,5 €.

Soulignons qu'en réalité un système de changes flottants pur n'existe pas, dans la mesure où les banques centrales continuent à intervenir pour influer sur la parité de leur monnaie, notamment par le maniement des taux d'intérêt ; on parle alors de **flottement impur**.

Dans un système de changes fixes, chaque banque centrale s'efforce de maintenir le taux de change à un certain niveau (appelé **parité officielle**). Cette parité est fixée par rapport à un **étalon**, lequel peut revêtir plusieurs formes (étalon-or, panier de devises, etc.). Généralement, la fixité du change n'est pas absolue : il est prévu une bande étroite de fluctuation, autour de la parité officielle. Tant que la parité observée correspond à la parité officielle et s'inscrit dans la **bande de fluctuation**, la Banque centrale n'intervient pas ; mais si le taux de change s'éloigne de la bande de fluctuation, la Banque centrale doit intervenir pour défendre la parité officielle. Dès lors que la parité officielle ne peut être maintenue durablement dans les bandes de fluctuation, le pays procède à une **dévaluation**, c'est-à-dire à une diminution institutionnelle de la valeur de la monnaie par rapport à l'étalon de référence, ou à une **réévaluation**.

2. Le taux de change se forme sur le marché des changes

► Le marché des changes est le lieu de confrontation des offres et des demandes de devises, permettant la détermination du taux de change.

Marché international par nature, le marché des changes ne dispose d'aucune localisation géographique précise : les principales transactions sont réalisées simultanément sur les grandes places financières internationales, telles que Londres, Francfort, Tokyo, Paris, New York. Sur ce marché, les opérateurs sont en permanence informés des tendances par le biais d'agences d'informations spécialisées (Reuters). Bien qu'une **cotation officielle** (*fixing*) soit affichée en fin de chaque journée, la cotation s'effectue en continu : le cours d'une monnaie se modifie à chaque instant, en fonction de l'offre et de la demande. Par exemple, si un opérateur important se met à vendre massivement des euros sur le marché des changes contre du dollar, le cours de l'euro – toutes choses égales par ailleurs – va baisser ; à l'inverse, si les principaux opérateurs achètent massivement de l'euro contre du dollar, le cours de l'euro va s'apprécier tandis que celui du dollar va diminuer.

Le marché des changes a connu depuis le début des années 1970 – et l'instauration de changes flexibles – une véritable explosion des volumes : selon les estimations de la BRI (Banque des règlements internationaux), le volume quotidien des transactions serait passé de 50 milliards de dollars en 1973 à plus de 1 000 milliards de dollars en 1992 pour atteindre près de 2 000 milliards de dollars aujourd'hui. Les principales devises échangées sur le marché des changes sont : le dollar (45 % environ), l'euro (19 %) et le yen (11 % environ).

Le marché des changes est pour l'essentiel un marché interbancaire : les banques, les fonds d'investissement, les compagnies d'assurance et quelques intermédiaires spécialisés (dénommés courtiers) sont les principaux intervenants. En effet, la clientèle privée n'intervient en général pas directement sur le marché, mais passe des ordres d'achat ou de vente aux banques. Parmi les banques qui interviennent, un nombre limité d'entre elles réalisent des opérations d'un montant élevé, dont l'impact est suffisamment fort pour influer sur l'évolution du marché : on qualifie ces intervenants de ***market makers***. Ces banques proposent un prix acheteur et un prix vendeur pour chaque devise, le prix vendeur étant toujours supérieur au prix acheteur (la différence constitue le ***spread***). Au sein de ces banques, les opérations de change sont confiées à des **cambistes**, qui opèrent dans une salle des changes.

Les banques centrales interviennent également sur le marché des changes, en particulier dans le contexte de changes fixes, pour influer sur le cours de la monnaie nationale. Soulignons qu'aujourd'hui, dans un contexte de libéralisation des mouvements de capitaux, les réserves de changes des banques centrales apparaissent bien faibles par rapport au volume total du marché des changes.

Le marché des changes comprend deux compartiments : le marché des changes au comptant (*spot*) et le marché des changes à terme (*forward*).

Sur le **marché des changes au comptant** s'effectuent des achats et des ventes de devises qui doivent être livrées au plus tard dans les deux jours ouvrables après la date de conclusion du contrat.

Sur le **marché des changes à terme**, les opérateurs contractent des engagements d'achat et de vente de devises à un cours fixé au moment du contrat, mais repoussent la livraison et le paiement à une date ultérieure, déterminée au moment de l'engagement.

► Sur le marché des changes, trois types d'opérations peuvent être distinguées.

• Les **opérations d'arbitrage** consistent à tirer parti des différences (passagères) de cours d'une même monnaie entre différentes places financières internationales. Illustrons ce type d'opération par un exemple : supposons que le dollar vale 5 € à Paris et, au même moment, 5 € et 2 centimes sur la place de Francfort. Connaissant cette information, les opérateurs vont procéder à une opération d'arbitrage : ils vont acheter des dollars à Paris pour les revendre à Francfort et tirer ainsi parti du différentiel de taux entre les deux places financières. La demande supplémentaire de dollars fait monter le cours du dollar à Paris, tandis que l'offre supplémentaire de dollars fait baisser son cours à Francfort : ce mouvement d'équilibrage se poursuit jusqu'à la disparition du différentiel (les seuls écarts qui peuvent subsister correspondent aux éventuels coûts de transaction liés aux opérations de change) [1].

• **Les opérations de couverture** sont destinées à se prémunir contre le **risque de change** (dénommé aussi **risque de marché** ou **risque de prix**), c'est-à-dire le risque lié à la variation du cours d'une devise. Tout agent qui détient un montant d'une devise étrangère différent de celui qu'il doit à un autre agent encourt un risque de change, car sa position de change est **ouverte**. Une position est ouverte dans deux cas :

— l'agent détient plus de devises qu'il n'en doit : on parle alors de **position longue**. Par exemple, une entreprise est en position longue lorsqu'elle détient plus d'avoirs que de dettes en dollars : si le dollar s'apprécie demain, elle en bénéficiera, mais si le dollar se déprécie elle réalisera une perte ;
— l'agent doit plus de devises qu'il n'en détient : sa position de change est qualifiée de **position courte**.

L'objectif d'un agent qui ne souhaite pas prendre de risques est de **fermer sa position de change**, en égalisant ses avoirs et ses engagements dans une monnaie donnée. Concrètement, il existe différents moyens de se couvrir contre le risque de change : les achats et ventes de devises à terme, les contrats à terme (*futures*), les marchés d'option (voir encadré).

La couverture contre le risque de change

La plupart des transactions commerciales donnent rarement lieu à un paiement au comptant ; des délais de paiement sont généralement octroyés, ce qui signifie qu'un importateur ou un exportateur se trouve en position de change ouverte dès lors que le contrat est libellé en monnaie étrangère. L'entreprise va donc se couvrir pour fermer sa position de change. Il existe différents moyens de se couvrir contre le risque de change.

— Les opérations sur devises à terme :

Supposons qu'un importateur français doive payer dans trois mois 10 000 $ pour des marchandises qu'il a importées des États-Unis. Pour se couvrir contre le risque d'une appréciation du dollar, l'importateur va conclure de gré à gré avec sa banque un contrat à terme, qui fixe dès aujourd'hui le taux de change auquel il pourra acheter ses dollars à terme, c'est-à-dire dans trois mois.

Pour couvrir sa position de change, la banque va à son tour acheter immédiatement les 10 000 $ sur le marché des changes et les placer durant trois mois sur le marché financier

1. Dans notre exemple, nous avons considéré une opération d'arbitrage entre deux monnaies. Bien entendu, l'arbitrage s'effectue également de manière triangulaire : il assure alors la cohérence des taux de change croisés.

international. Pour acheter ces dollars, la banque a dû immobiliser des euros, dont le coût d'opportunité est le taux d'intérêt versé sur les placements en euros. En contrepartie, elle va recevoir pendant les trois mois un taux d'intérêt sur ses dollars placés. Si le taux d'intérêt sur le dollar (r^*) est inférieur au taux d'intérêt en France (r), l'opération n'est pas avantageuse pour la banque ; elle va donc faire payer les dollars demandés à terme plus cher qu'elle ne les achète au comptant : le taux de change à terme est supérieur au taux de change courant (on dit qu'il est en report) ; inversement, si $r^* > r$, le taux de change est en déport.

— Les marchés de contrat à terme (*futures*) :

Depuis le milieu des années 1970 se sont développés de véritables marchés de contrats à terme. À la différence des opérations de change à terme, il ne s'agit pas de contrats de gré à gré mais de contrats standardisés quant à l'échéance et aux quantités.

— Les marchés d'option :

Une option se définit comme un droit d'acheter ou de vendre à une date donnée et à un cours fixé à l'avance une certaine quantité d'un actif : l'option présente donc un caractère conditionnel.

« Les deux contrats principaux négociés sur les marchés d'option sont les options d'achat *call* et les options de vente *put*. Un call donne à l'acheteur de l'option le droit d'acheter un montant donné de devises, à un cours déterminé, appelé prix d'exercice ou *strike-price*, avant ou à la date d'échéance du contrat ou *strike-date*. Un put donne à l'acheteur le droit de vendre un certain montant de devises à un prix déterminé, avant ou à une échéance donnée. L'acheteur d'un call exercera son option si le cours de la devise est supérieur au prix d'exercice à l'échéance du contrat. L'acheteur d'un put profitera de son option si le prix de l'actif est inférieur au prix d'exercice à l'échéance du contrat[1]. »

1. D. Plihon, *Les taux de change*, Paris, La Découverte, « Repères », 2010.

Les opérations de couverture ont connu un essor depuis les années 1970, dans la mesure où le système des changes flottants s'est caractérisé par de fortes fluctuations de change : la **volatilité des cours** peut parfois atteindre plus de 2 % au cours d'une seule journée.

• **Les opérations de spéculation** reposent sur une prise de risque, dans l'espoir de réaliser un gain ultérieur. La stratégie du spéculateur consiste à ne pas fermer sa position de change, c'est-à-dire à prendre un risque de change. Contrairement aux opérations de change qui sont liées à des transactions commerciales, les opérations spéculatives n'ont pas nécessairement pour support une transaction commerciale : on parle alors d'**opérations sèches**.

Par exemple, si un spéculateur anticipe une appréciation du dollar par rapport à l'euro (et donc une dépréciation de l'euro par rapport au dollar), il a intérêt à acheter des dollars aujourd'hui (c'est-à-dire à se mettre en position longue) pour les revendre demain, lorsque l'euro se sera déprécié. On voit ici que l'activité de spéculation se distingue de l'activité d'arbitrage par la nature de l'information : l'arbitragiste agit à partir d'informations connues (l'écart momentané entre taux de change), alors que le spéculateur agit en fonction d'anticipations sur des variables futures. On voit également que la spéculation se révèle nécessaire : les agents qui veulent se prémunir contre le risque de change ne peuvent le faire que parce que d'autres, les spéculateurs, acceptent de supporter un tel risque.

3. Le taux de change dépend de facteurs structurels et conjoncturels

L'étude des déterminants du taux de change se révèle particulièrement ardue, dans la mesure où il existe de multiples facteurs qui influent sur la formation du prix d'une devise. Qui plus est, les théories ont beaucoup de difficultés à rendre compte des fluctuations du taux de change à très court terme : Meese et Rogoff [1] ont montré qu'un modèle de **marche au hasard** [2] permettait de réaliser de meilleures prévisions sur l'évolution du taux du change au jour le jour que les approches économiques usuelles. C'est dire qu'à très court terme le marché des changes est fortement influencé par le rôle des *news* : la publication d'indices – tels que le montant du déficit commercial américain, les déclarations de leaders politiques – vont influer sur l'évolution quotidienne des taux de change.

En dépit de ces obtacles, il est possible de distinguer deux grandes catégories de déterminants du change : les déterminants de long terme, qui expliquent l'évolution tendancielle d'une monnaie, et les déterminants de court terme.

▶ **Sur le long terme, l'évolution du change est déterminée par des variables structurelles appelées « fondamentaux »** : il s'agit respectivement de l'évolution tendancielle de la balance courante et de la parité des pouvoirs d'achat.

• **La théorie de la parité des pouvoirs d'achat**, initiée dès les années 1920 par Cassel [3] et reprise ensuite par les auteurs monétaristes, a connu deux variantes : la théorie de la parité absolue des pouvoirs d'achat ; la théorie de la parité relative des pouvoirs d'achat.

La théorie de la **parité absolue des pouvoirs d'achat** repose sur la **loi du prix unique**. L'idée en est relativement simple : si un même bien X homogène est disponible dans les pays A et B, son prix en A doit être identique à celui en B, après conversion par le taux de change *e*. On a donc la condition d'équilibre :

$$e = p_A / p_B.$$

avec p_A, le prix du bien X dans le pays A ;
avec p_B, le prix du bien X dans le pays B.

1. « Empirical exchange rate models in the seventies : do they fit out-of-sample ? », *Journal of International Economics*, 1983.
2. La marche au hasard suppose que le taux de change d'aujourd'hui constitue la meilleure prévision du taux de change futur.
3. « The present situation of the foreign exchanges », *The Economic Journal*, 1916.

Si cette égalité n'est pas vérifiée (par exemple si $p_A > ep_B$), personne n'achètera dans le pays A, ce qui se traduira soit par une baisse du prix p_A (si les prix sont flexibles), soit par une augmentation de e (un taux de change parfaitement flexible garantit la loi du prix unique même si les prix sont rigides).

On peut généraliser le raisonnement à un niveau macroéconomique : le taux de change bilatéral entre deux monnaies est déterminé par le rapport du niveau général des prix dans les deux pays.

La théorie de la PPA absolue repose sur plusieurs hypothèses fortes :

— les marchés des changes sont parfaits (il n'y a pas de contrôle des changes [1] ni de coût de transaction) ;
— les biens nationaux et étrangers sont substituables ;
— les marchés de biens sont parfaits (sans droits de douane ni coûts de transport).

Plusieurs auteurs ont tenté de vérifier empiriquement la portée de cette approche en termes absolus. En particulier, Kravis dans les années 1970 a comparé le prix en dollars de différents biens au taux de change en vigueur à leur prix aux États-Unis. Il montre que la condition de parité des pouvoirs d'achat absolue est à peu près vérifiée pour les pays développés mais non dans le cas des PED.

La théorie de **la parité relative des pouvoirs d'achat** met en relation la variation du taux de change avec la variation des prix. L'idée est que la variation du change est déterminée par le différentiel entre le taux d'inflation interne et le taux d'inflation étranger. Une inflation nationale supérieure à l'inflation étrangère doit déprécier le taux de change national ; à l'inverse, une inflation nationale inférieure à l'inflation des partenaires doit apprécier le taux de change national. On obtient :

$$\dot{e} = \dot{P}_A - \dot{P}_B.$$

Dans une optique monétariste, le différentiel d'inflation renvoie lui-même à un différentiel de croissance de la masse monétaire et donc de politique monétaire : une croissance excessive de la masse monétaire doit logiquement se traduire par une dépréciation du taux de change.

La PPA relative a donné lieu à de nombreuses vérifications empiriques au cours des années 1980, qui permettent d'aboutir à plusieurs conclusions :

— la PPA relative permet d'expliquer assez bien les évolutions de change en longue période. Tel est en particulier le résultat d'une étude de Solnik et Roll, effectuée sur vingt-trois pays au cours de la période 1957-1976 : le différentiel d'inflation a un pouvoir explicatif d'autant plus grand que la période retenue est longue (5 % pour un mois, 15 % pour un trimestre, 37 % pour un an) ;
— la théorie de la PPA relative est d'autant plus vérifiée que les différentiels d'inflation sont élevés entre pays (cas de pays qui connaissent de l'hyperinflation) ;

1. Le contrôle des changes consiste à limiter les entrées et les sorties de capitaux.

— depuis les années 1970, l'évolution du change n'est pas directement liée à celle de l'inflation pour les principales monnaies. Par exemple, entre 1973 et 1991, l'évolution du mark par rapport au dollar ne correspond pas au différentiel d'inflation : l'indice des prix en RFA augmentait moins vite qu'aux États-Unis et pourtant ce différentiel en défaveur du dollar n'entraînait pas une dépréciation du dollar par rapport au mark (en particulier entre 1979 et 1985). Il en est de même pour l'évolution comparée du yen et du dollar : bien que le yen se soit apprécié face au dollar durant les années 1980, le yen demeurait sous-évalué par rapport à son niveau de PPA. Selon une étude de la Direction de la prévision, le yen était sous-évalué de 60 % par rapport au dollar en 1989, ce qui favorisait les exportations japonaises (tableau 1) ;
— la PPA explique assez bien l'évolution de certaines parités relatives, en particulier la parité livre/DM et celle du franc par rapport au DM.

Tableau 1
La théorie de la PPA appliquée au yen (1975-1990)

	1975	*1980*	*1985*	*1990*
Taux de change constaté	297	226	238	138
Taux de change de PPA	186	135	102	86

Il faut lire : 1 dollar =... yens

Source : Direction de la prévision.

• **L'approche du taux de change en termes de balance courante** a été mise en évidence dans les années 1960. Deux pays ayant le même taux d'inflation peuvent néanmoins connaître des évolutions divergentes de leur taux de change si le solde tendanciel de leur balance courante diffère.

Deux situations types peuvent être envisagées :

— si un pays dégage structurellement un excédent commercial (car il dispose d'une bonne spécialisation internationale), il est détenteur net de devises. En conséquence, il vend ces devises contre de la monnaie nationale sur le marché des changes, ce qui tend à apprécier la monnaie nationale. Le graphique 2a met en évidence l'effet d'une augmentation des exportations européennes sur le taux de change de l'euro face au dollar : l'offre de dollars s'accroît de S_1 à S_2, ce qui se traduit par une appréciation de l'euro, dont le taux de change passe de e_1 à e_2 ;
— si un pays présente un déficit structurel de sa balance commerciale, il est demandeur net de devises (pour pouvoir régler les importations), ce qui tend à

dépréciser la monnaie nationale. Le graphique 2b illustre l'effet d'un accroissement des importations européennes sur le taux de change : la demande de dollars augmente (on passe de D_1 à D_2), ce qui entraîne une dépréciation du taux de change de l'euro de e_1 à e_2.

Une étude sur les pays européens au cours des années 1970-1980 parvient à la conclusion selon laquelle l'évolution des taux de change en Europe a été fortement influencée par la structure des balances courantes. En particulier, l'Allemagne bénéficie d'une appréciation de son taux de change supérieure au seul différentiel de prix, qui s'expliquerait par la qualité de la spécialisation allemande. La situation inverse s'observe dans le cas du Royaume-Uni : la dépréciation du taux de change va au-delà de ce qu'imposerait un différentiel de prix assez défavorable et l'écart s'explique par la mauvaise évolution de la spécialisation anglaise au cours de cette période [1].

Graphique 2
Solde de la balance courante et taux de change

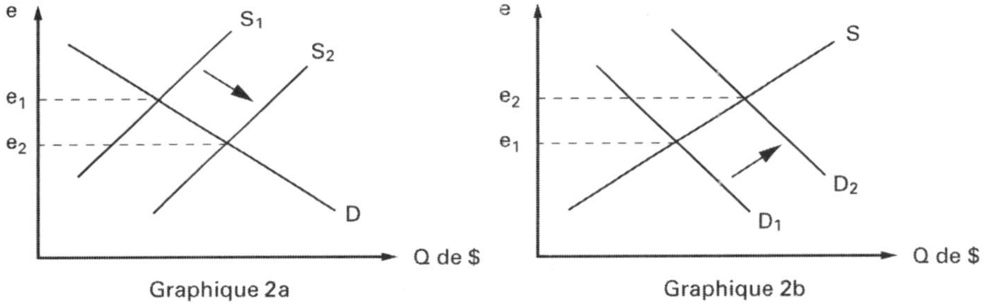

► **Sur le court terme, l'évolution du change est déterminée par des variables financières et les comportements d'anticipation qui y sont associés.**

• Le taux de change répond au principe de la **parité des taux d'intérêt** : dès lors que les capitaux sont mobiles, l'égalisation des rendements des placements financiers entre les différents pays devrait être vérifiée en permanence. Il n'y a en effet aucune raison pour que des agents acceptent de placer des fonds (présentant une même échéance) à des taux de rendement différents, pour un même niveau de risque.

En particulier, des politiques monétaires divergentes en matière de taux d'intérêt devraient se traduire par des variations de change. Supposons, par exemple, que les taux d'intérêt en Europe deviennent supérieurs aux taux d'intérêt américains. Les

1. Ph. Rollet, *Spécialisation internationale et intégration européenne*, Paris, Economica, 1987.

investisseurs américains vont augmenter leur demande d'euros (et par conséquent accroître l'offre de dollars) pour investir à Paris : l'offre de dollars passe de S_1 à S_2, tandis que la demande de dollars diminue de D_1 à D_2 (graphique 3). Une appréciation de l'euro en résulte : le taux de change passe de e_1 à e_2. Ce mouvement se poursuit jusqu'à ce que les taux d'intérêt soient identiques : l'entrée de capitaux en Europe se traduit par une hausse de la masse monétaire, qui entraîne à son tour une baisse de taux d'intérêt, tandis qu'aux États-Unis la sortie de capitaux réduit l'offre de monnaie et accroît les taux d'intérêt.

L'approche en termes de parité des taux d'intérêt peut être complexifiée, en prenant en compte les anticipations des agents : il faut alors que l'anticipation de la variation du change compense le différentiel de taux d'intérêt. Par exemple, si l'on observe un écart positif et durable de 2 % entre le taux d'intérêt en Europe et le taux d'intérêt aux États-Unis, cela signifie que les agents anticipent une dépréciation future de l'euro contre le dollar de 2 %.

Graphique 3
Taux d'intérêt et taux de change

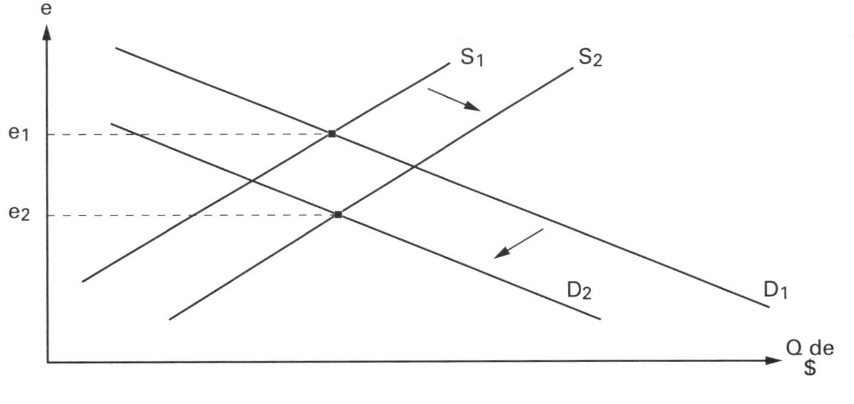

► **À court terme, le taux de change peut s'éloigner de son cours d'équilibre** (appréhendé par les fondamentaux tels que la PPA), sous l'influence de comportements spéculatifs : il s'agit en particulier du phénomène de **bulle spéculative**.

Conformément au principe de la **prophétie autoréalisatrice**, si la majorité des opérateurs sur le marché des changes estime qu'une devise X va s'apprécier, cette dernière va effectivement s'apprécier. Un mécanisme d'autorenforcement se met en place : comme la devise X s'est appréciée en $t+1$, les opérateurs peuvent parier sur une nouvelle hausse en $t+2$ et achètent en $t+1$, ce qui contribue du même coup à valider leurs anticipations en $t + 2$. On obtient alors un phénomène de bulle spéculative, c'est-à-dire un écart croissant entre la valeur observée d'une variable (en l'occurrence une devise) et sa valeur d'équilibre en termes de fondamentaux. Bien entendu, ce phénomène spéculatif ne se prolonge pas indéfiniment (une devise ne saurait avoir un cours qui tend vers l'infini !) : l'éclatement de la bulle survient lorsque la majorité des opérateurs sur le marché des changes estime que la devise a atteint une valeur critique et se met en position de vendeur. La probabilité d'un éclatement est donc d'autant plus forte que la bulle est importante, mais il est *a priori* impossible de prévoir le moment précis où il se produira.

Soulignons ici que le phénomène de bulle spéculative suppose des comportements de **mimétisme** de la part des opérateurs : l'objectif de l'opérateur est moins de suivre les fondamentaux que d'anticiper l'opinion moyenne sur l'évolution du change [1].

▶ À court terme, le taux de change peut s'éloigner de son cours d'équilibre, à la suite d'un phénomène de **surréaction** (*overshooting*).

Graphique 4
La surréaction du change

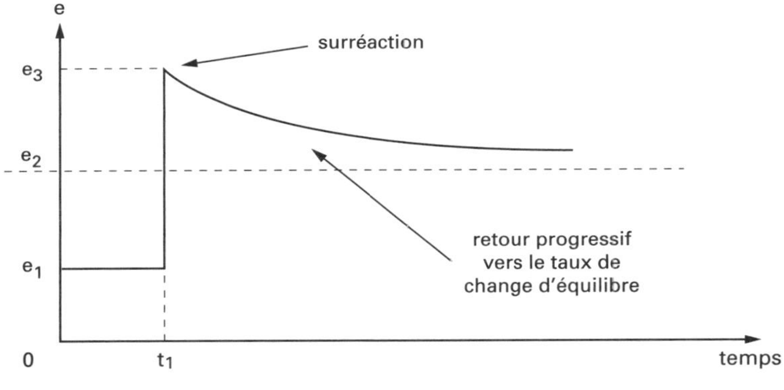

Telle est l'analyse développée en 1976 par Dornbusch, qui conjugue dans un même modèle l'approche en termes de PPA (à long terme) et l'approche en termes de PTI (à court terme). L'hypothèse centrale est que les marchés financiers s'ajustent plus rapidement que les marchés de biens et services ; cette différence dans l'ajustement des prix va entraîner une variation du change à court terme supérieure à sa valeur d'équilibre à long terme.

Supposons que le taux de change du pays A se situe à son niveau d'équilibre e_1 (graphique 4). La masse monétaire augmente dans le pays A ; comme les prix des biens sont rigides à court terme, cette croissance de la masse monétaire n'entraîne

1. Ce faisant, nous retrouvons ici les analyses de Keynes sur le fonctionnement des marchés financiers, avec le célèbre exemple du concours de beauté.

pas immédiatement de l'inflation. En conséquence, l'offre réelle de monnaie augmente, ce qui se traduit par une diminution des taux d'intérêt. Il en résulte aussitôt une sortie de capitaux (conformément à la théorie de la parité des taux d'intérêt), qui déprécie le taux de change. Cette dépréciation s'accentue ensuite sous l'effet de l'inflation : à court terme, le change « surréagit » puisqu'il passe de e_1 à e_3. Mais à long terme, le phénomène de surréaction disparaît, car la dépréciation du change supérieure à l'inflation stimule les exportations et limite les importations : le taux de change s'apprécie progressivement, pour rejoindre à long terme son niveau d'équilibre en termes de PPA, soit le niveau e_2.

II. De Bretton Woods au flottement des monnaies : l'évolution récente du système monétaire international

Si l'on se place dans une perspective historique, force est de constater qu'il existe plusieurs formes d'organisation des relations monétaires internationales : *Gold standard*, *Gold exchange standard*, flottement des monnaies, zones régionales de stabilité, etc.

Une typologie des différents régimes de change peut être proposée, qui s'organise autour du diptyque degré de coopération des pays/respect de règles de fonctionnement (schéma 1) [1]. Quatre types d'organisation des relations monétaires internationales peuvent être mis en évidence :

- — les pays se soumettent à des règles très contraignantes, ce qui ne rend pas nécessaire la coopération entre pays : tel est le principe de l'étalon-or, qui a prévalu de 1870 à 1914 (cadran nord-ouest du schéma 1) ;
- — les pays érigent un système monétaire fondé sur des règles et sur la coopération entre pays membres, notamment en matière de politique économique : tel a été le cas du SME, du système de Bretton Woods et du *Gold exchange standard* hier (cadran nord-est du schéma 1) ;
- — les pays ne coopèrent pas entre eux et ne se soumettent à aucune règle préétablie : tel est le principe (théorique) du flottement pur des monnaies. On peut dire que la politique américaine du dollar fort, pratiquée entre 1980 et 1987, s'inscrivait dans cette perspective (cadran sud-ouest du schéma 1) ;
- — les pays n'adoptent pas de règles rigides mais coopèrent entre eux lorsqu'ils le jugent nécessaire : telle est la logique qui a présidé aux accords du Louvre en septembre 1985, destinés à stabiliser le dollar.

Notre propos ne vise pas ici à reprendre l'évolution des différents régimes de changes depuis le XIXe siècle [2] ; nous centrerons plutôt notre attention sur l'évolution

1. Nous reprenons cette typologie de L. Orio.
2. Une présentation en est faite dans le *Dictionnaire d'histoire, économie, finance, géographie*, sous la dir. de F. Teulon, Paris, PUF, « Major », 2004.

Schéma 1
Une typologie des différents régimes de change

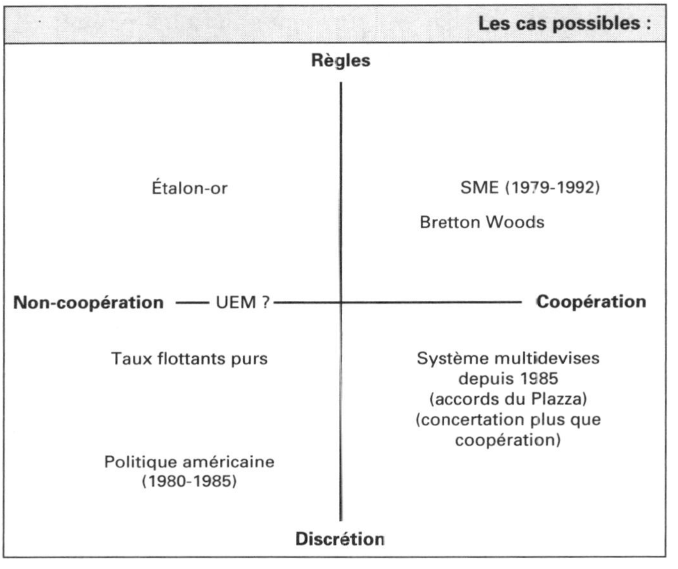

récente du système monétaire international, marqué par le passage d'un ordre fondé sur la convertibilité du dollar en or à une situation polymorphe, caractérisée notamment par le flottement impur des monnaies.

1. Le système de Bretton Woods se fonde sur le principe du *Gold exchange standard*

Le système monétaire mis en place à la conférence de Bretton Woods en 1944 visait à remédier à l'instabilité des relations monétaires durant l'entre-deux-guerres. Cet ordre monétaire international, fondé sur la primauté du dollar, a fonctionné jusqu'à la fin des années 1960, avant d'imploser en 1973 après deux années de crises.

► **Le système de Bretton Woods repose sur trois principes : la fixité des parités, la convertibilité externe des paiements, la coopération monétaire internationale.**

• Bretton Woods marque le retour à un **système de parités fixes** : chaque monnaie est définie par rapport à l'or et au dollar, le dollar étant lui-même rattaché de façon fixe à l'or (35 $ l'once). Il s'agit donc d'un **système d'étalon de change-or**

(*Gold exchange standard*). Le taux de change d'une monnaie en une autre est fixe et égal au rapport des quantités d'or ou de dollars qui caractérisent chacune d'entre elles. Illustrons ce principe au travers d'un exemple simple ; soit les trois parités-or suivantes :

1 \$ = 0,888 g d'or fin ;
1 DM = 0,243 g d'or fin ;
1 F = 0,160 g d'or fin.

À partir de ces trois parités par rapport à l'or, il est possible de calculer le taux de change d'une monnaie par rapport à l'autre. Ainsi, la parité officielle du DM en franc est égale à :

1 DM = 0,243/0,160 = 1,52 F.

Cette même parité peut être calculée par l'intermédiaire du dollar :

1 DM = (0,888/0,16)/(0,888/0,243) = 1,52 F.

Tout pays a l'obligation de maintenir la parité de sa propre monnaie à l'intérieur de marges de fluctuations étroites (+ ou – 1 %) : les banques centrales doivent intervenir sur le marché des changes pour maintenir la valeur de leur monnaie. Par exemple, si la valeur du franc menace de dépasser la limite supérieure des marges de fluctuations, la Banque de France doit acheter des devises et vendre des francs sur le marché des changes. La parité officielle d'une monnaie n'est modifiée que si des déséquilibres exceptionnels et durables de la balance courante obligent le pays à opérer une dévaluation ou une réévaluation [1].

• **En vertu du principe de convertibilité externe des paiements**, chaque pays est tenu de convertir en or, dollar ou toute autre devise tout montant de sa propre monnaie qui pourrait lui être présenté sur le marché des changes. En particulier, les États-Unis doivent convertir en or tous les dollars qui pourraient leur être offerts par les banques centrales des autres pays, et ce au prix officiel de 35 \$ l'once d'or (soit 31 g). Dans les faits, la convertibilité externe ne sera effective qu'à la fin des années 1950 (en 1958, pour ce qui concerne la France).

Le système de Bretton Woods se présente donc comme un **système de double convertibilité** : les pays autres que les États-Unis s'engagent à fournir des dollars contre leur propre monnaie et les États-Unis s'engagent à fournir de l'or contre les dollars [2].

• **Afin de développer la coopération internationale en matière monétaire, l'accord de Bretton Woods institue un Fonds monétaire international** (FMI) qui joue le rôle d'un intermédiaire financier entre États membres. Chaque État doit

1. Lorsque les réajustements monétaires sont d'un montant inférieur à 10 %, les États sont simplement tenus d'en informer le FMI ; au-delà, ils doivent obtenir son accord préalable.
2. Au sortir de la Seconde Guerre mondiale, les États-Unis détiennent plus de 60 % du stock d'or mondial.

verser au FMI une certaine somme (la **quote-part**) constituée pour un quart d'or et pour les trois quarts de sa propre monnaie. L'importance de la quote-part dépend de la puissance économique du pays, mesurée par son PNB et l'importance de son commerce extérieur. Cette quote-part est révisable tous les cinq ans. Le FMI accorde des prêts aux pays qui connaissent des difficultés de balance des paiements, en fonction de leur quote-part : le FMI peut prêter jusqu'à 125 % de la quote-part. Chaque pays peut disposer automatiquement d'un crédit représentant 25 % de sa quote-part ; au-delà, l'octroi de crédits est soumis à conditions : le pays doit s'engager dans une politique d'ajustement, en signant avec le FMI un accord de confirmation (*stand by*).

► **Le système de Bretton Woods fonctionne de manière efficace, avant de s'effondrer au début des années 1970.**

• Les années 1950-1960 se caractérisent par le **passage d'un dollar rare à une abondance de la monnaie américaine**. En effet, en 1944, le dollar est rare parce que recherché : on parle alors de **disette du dollar** (*dollar gap*). Cette rareté provient en particulier des besoins en dollars de l'Europe, dont la reconstruction est fondée sur l'achat de produits alimentaires et de matières premières en provenance des États-Unis.

À partir des années 1950, la situation se modifie : le dollar devient progressivement une monnaie abondante. Cette situation s'explique par la réduction de l'excédent courant américain (l'Europe commence à exporter aux États-Unis) et par le développement des investissements directs américains en Europe (payés en dollars). Le déficit courant américain devient alors la principale source d'approvisionnement en liquidités internationales et permet de financer la croissance des échanges internationaux.

Dès les années 1950, le système de Bretton Woods connaît une première crise : en 1959, certains pays demandent la conversion de leurs encaisses en dollar en or : le stock d'or de la Banque centrale américaine passe de 23 milliards de dollars en 1958 à 11 milliards en 1959. Le 20 octobre 1960, le cours de l'once d'or passe à Londres de 35 $ à 40 $: cette situation exprime la défiance vis-à-vis du dollar, qui ne paraît plus « aussi bon que l'or ». Pour contrecarrer cette spéculation, différentes mesures sont prises : accords de *swaps* entre banques centrales, création du *pool* de l'or.

À l'occasion de ces premières crises, il apparaît clairement que le système de Bretton Woods repose sur la confiance dans la monnaie américaine, comme l'a mis en évidence dès 1960 le **paradoxe de Triffin** :

— soit les États-Unis présentent un déficit extérieur structurel, ce qui permet aux autres pays de se procurer des dollars ; le crédit des États-Unis s'en trouve néanmoins affecté à terme, car une discordance apparaîtra tôt ou tard entre le montant de dollars détenu par les différents pays et le stock d'or des États-Unis (graphique 5) ;
— soit les États-Unis disposent d'une balance structurellement excédentaire : dans ce cas la valeur du dollar en or n'est plus en péril mais les autres pays voient leur réserve de dollars diminuer, ce qui risque de freiner l'essor des échanges internationaux.

Graphique 5
La relation dollars externes/stock d'or

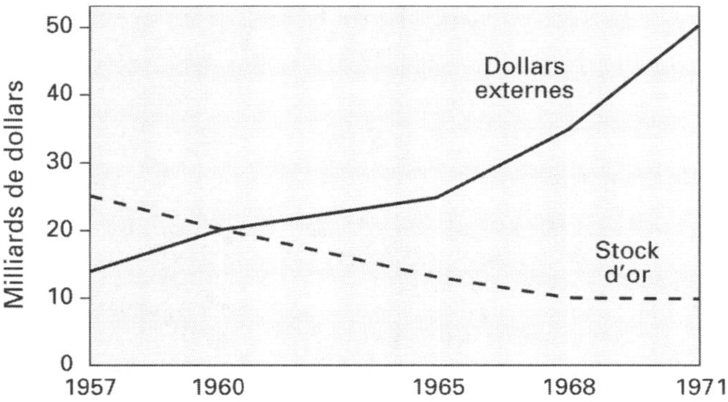

Source : FMI.

Le paradoxe se transforme en une contradiction interne : pour que le système de Bretton Woods fonctionne, il faut que les États-Unis acceptent une balance déficitaire, ce qui devrait provoquer à terme la remise en cause de la convertibilité or du dollar, c'est-à-dire les fondements du système lui-même.

• **Cette crise de confiance éclate au grand jour en 1967-1968 lorsque la spéculation contre le dollar s'intensifie** : le prix de l'or en termes de dollars monte au-dessus du cours officiel de 35 $ l'once. Cette fragilité du dollar à l'égard de l'or conduit le Congrès américain à voter en mars 1968 la **suspension immédiate de la convertibilité externe du dollar en or** : désormais, le dollar n'est convertible en or au taux de 35 $ l'once que pour les banques centrales. Deux marchés de l'or coexistent : un marché officiel, réservé aux banques centrales, et un marché libre, sur lequel le cours de l'or fluctue en fonction de l'offre et de la demande.

Puis, en 1971, Nixon décide de **suspendre la convertibilité officielle du dollar en or**. Cet événement marque le début de l'effondrement du système de Bretton Woods. À la suite de la décision de suspendre la convertibilité du dollar en or, la spéculation contre le dollar se développe et en décembre 1971 les États-Unis et l'Europe signent un accord au terme duquel ils conviennent :

— de dévaluer le dollar par rapport à l'or de 8 % ;
— d'élargir les marges de fluctuations de chaque monnaie par rapport à sa nouvelle parité en or (+ ou – 2,25 %).

La spéculation contre le dollar reprend en 1973, ce qui oblige une nouvelle dévaluation du dollar vis-à-vis des autres monnaies. Finalement, en mars 1973, à la **conférence de Paris**, les pays de la CEE décident de laisser flotter leur monnaie par rapport au dollar, tout en maintenant une zone de stabilité monétaire entre eux. C'est le « serpent » européen.

On peut dire qu'en mars 1973 le SMI de Bretton Woods a vécu, car il n'y a plus ni changes fixes ni convertibilité du dollar en or. Cet abandon des principes de Bretton Woods est entériné par l'**accord de la Jamaïque** signé par les membres du FMI en janvier 1976 : acceptation du principe de changes flexibles, renforcement du rôle du DTS (encadré).

Le DTS (Droit de tirage spécial)

« Le DTS est une monnaie créée de toutes pièces par le FMI en 1969 à une époque où l'on craignait un manque de liquidités internationales. Il est avant tout une unité de compte utilisée par le Fonds pour évaluer ses opérations.

« Initialement défini par un poids d'or, la valeur du DTS est aujourd'hui calculée à partir d'un panier de monnaies de référence composé des cinq devises les plus couramment utilisées dans le commerce mondial. Plusieurs allocations de DTS ont été octroyées à partir du début des années 1970 en fonction des quotes-parts des pays membres du FMI, en vue de créer de nouvelles liquidités internationales (1970, 1978, 1981). Ainsi, les DTS font partie des réserves de change au même titre que l'or et les devises. Mais ils ne représentent pas une véritable monnaie internationale, leur utilisation reste limitée au cercle étroit des banques centrales » (F. Teulon [dir.], *Dictionnaire d'histoire, économie, finance, géographie*, Paris, PUF, coll. « Major »).

▸ **Le bilan du système de Bretton Woods apparaît relativement contrasté** : âge d'or de la stabilité des changes, Bretton Woods n'en constitue pas moins un système asymétrique, fondé sur l'hégémonie du dollar.

• Le système établi à Bretton Woods consacre la puissance américaine et institue des **rapports asymétriques**, pour reprendre l'expression de F. Perroux. En effet, en cas de déficit de la balance courante les pays doivent payer en or ou en devises, à l'exception des États-Unis, qui peuvent combler leur déficit avec leur propre monnaie nationale. On retrouve ici le problème classique du **N – 1** : dans un système de changes fixes comprenant N pays, il suffit d'assurer la stabilité de N – 1 taux de change dans la mesure où le N-ième taux de change est nécessairement stable si les N – 1 taux de change le sont : la stabilité du taux de change avec la N-ième monnaie constitue un objectif pour les N – 1 pays, mais pas pour le N-ième pays. Rueff dénoncera cette asymétrie, qu'il qualifiera de **droit de seigneuriage** :

> L'étalon de change-or a accompli cette immense révolution de livrer aux pays bénéficiant d'un prestige international le merveilleux secret du déficit sans pleurs, qui permet de prêter sans emprunter et d'acquérir sans payer [1].

• **Le système de Bretton Woods a néanmoins permis une relative stabilité des changes**, favorable à l'essor des échanges commerciaux ; les dévaluations ou réévaluations sont rares et restent d'une ampleur limitée. Ainsi, de 1950 à 1970, la

1. *Le péché monétaire de l'Occident*, Paris, Plon, 1971.

parité du yen contre dollar demeure parfaitement stable. Il en va de même pour le mark vis-à-vis du dollar, à l'exception de deux réévaluations (en 1961 et 1969). Cette stabilité est moins marquée pour le franc et la livre, mais, quoi qu'il en soit, les décennies 1950-1960 ont connu des mouvements de parité beaucoup moins amples qu'aujourd'hui.

2. L'après-Bretton Woods inaugure une période de flottement impur des monnaies

► **En l'absence d'un système de change unique, le SMI contemporain se présente comme un système polymorphe.** Dans ces conditions, il apparaît relativement difficile de le décrire et de le qualifier.

• **Le SMI après 1973 est caractérisé par la multiplicité des régimes de change.** En effet, selon le FMI, pas moins de quatre régimes de change coexistent depuis 1973 (tableau 2) :

— certaines devises sont rattachées à une monnaie, de fait (zone dollar, zone rouble, zone mark) ou de droit (zone franc) : ce régime de change rassemble le plus grand nombre des pays recensés (57 sur 178) ;
— certains pays voient la valeur externe de leur monnaie définie par rapport à un panier de monnaies, à l'image du DTS et de l'ECU ;
— d'autres pays ont adopté un régime de flexibilité limitée : la fluctuation des monnaies s'effectue à l'intérieur de marges préétablies (à l'image du SME) ou, de façon plus discrétionnaire, selon des règles fixées par chaque banque centrale ;
— certains ont opté pour le flottement libre (« flottement pur ») ou le flottement administré (« flottement impur ») de leur monnaie.

Tableau 2
Les différents régimes de change de 1978 à 1992

Régimes de change	*1978*	*1983*	*1988*	*1992*
Fixité par rapport à une monnaie :				
Dollar US	43	34	39	26
Franc français	14	13	14	14
Livre sterling	4	1	0	0
Rouble				9[1]
Deutsche Mark	0	0	0	22
Autre monnaie[2]	3	4	5	6
Fixité par rapport à un panier : DTS				
ECU[3]	15	13	8	3
Autre panier		1	1	2
	21	26	30	26
Flexibilité limitée :				
Serpent, puis Système monétaire européen	4	7	7	8
Autres parités fixes avec marges étroites de fluctuations	cf. fixité	9	4	4

Parités glissantes et flottement géré	7[4]	29	27	30
Flottement libre	27[5]	9	17	48
Total	138	146	152	2178

1. Estonie, Croatie.
2. Rand sud-africain, roupie indienne, peseta espagnole, lire italienne, escudo portugais et dollar australien.
3. Autriche (1983, 1988), Autriche et Chypre (1992).
4. Parités glissantes seulement.
5. Y compris flottement géré.

Source : FMI.

Comment expliquer qu'un pays adopte un régime de change plutôt qu'un autre ?

Si plusieurs pays sont fortement intégrés commercialement, ils auront tendance à choisir la fixité des changes, afin d'éviter les perturbations résultant des fluctuations de change ; telle est la situation des pays de la CEE, regroupés au sein du SME puis de l'UEM.

Si certains petits pays sont très dépendants en termes de commerce d'un grand pays, ils ont intérêt à fixer leur monnaie par rapport à celle du pays dominant : tel a été le cas de la Belgique ou des Pays-Bas, qui appartenaient à la zone mark.

Si des pays sont peu ouverts au commerce international, ils choisiront plutôt un régime de changes flexibles : comme leur économie dépend assez peu des échanges extérieurs, il est peu intéressant de se fixer une contrainte de change. À l'inverse, des pays fortement ouverts au commerce international devront adopter des changes fixes.

• **Le SMI contemporain est caractérisé par la diversité des acteurs et par la redéfinition des rôles** : les investisseurs financiers constituent aujourd'hui les principaux acteurs du système monétaire international ; les gouvernements nationaux et les firmes multinationales n'occupent plus les premiers rôles sur le marché des changes.

En effet, les mouvements de capitaux sont largement le fait de deux grandes catégories d'investisseurs institutionnels :

— les fonds de pension : très développés aux États-Unis et au Royaume-Uni, ils ont pour fonction de gérer les retraites par capitalisation des ménages. Leurs placements financiers représentaient en 2008 plus de 20 000 milliards de dollars ;
— les organismes de placement collectif en valeurs mobilières (OPCVM) : ils totalisaient en 2008 pas moins de 30 000 milliards de dollars.

Ces investisseurs institutionnels effectuent de nombreux placements sur des titres étrangers (notamment des titres de dette publique) et modifient la composition de leur portefeuille, en fonction de la rentabilité des titres ; il en résulte de très forts mouvements internationaux de capitaux, qui peuvent déstabiliser très rapidement une monnaie.

Les investissements de portefeuille ont déjà largement supplanté les investissements directs à l'étranger (tableau 3) : ils représentaient en 1993 plus de 620 milliards de dollars, contre 173 pour les investissements directs.

Les investisseurs institutionnels ont également modifié les modalités d'intervention des gouvernements sur le marché des changes : les pouvoirs publics n'ont plus les moyens de résister aux attaques spéculatives par leurs réserves de change ; il s'agit aujourd'hui d'envoyer des signaux rassurants aux marchés – notamment en rendant indépendantes les banques centrales – ou de prendre les marchés « par surprise », notamment en développant la coopération entre banques centrales.

L'avènement des acteurs financiers aboutit à une configuration du système monétaire international très différente de celle de Bretton Woods (schéma 2).

Tableau 3
Évolution des mouvements internationaux de capitaux
(en milliards de dollars ; moyenne annuelle)

	1976-1980	*1981-1985*	*1986-1990*	*1993*	*1998*
Investissements directs	39,5	43,0	162,8	173,4	611
Investissements de portefeuille	26,2	76,6	215,4	620,5	923

Source : BRI.

Schéma 2
De Bretton Woods aux changes flottants

Système de Bretton Woods	*Système post-Bretton Woods*
A. Liquidités internationales	
Liquidité contrainte par l'offre du pays à devise clé	Offre privée de liquidités parfaitement élastiques : eurodevises
Création d'une liquidité internationale publique : le DTS (droit de tirage spécial)	Création d'un marché mondial des liquidités : globalisation financière
B. Échange et circulation des monnaies nationales	
Régime de changes fixes	Changes flottants
Contrôle des changes	Libéralisation financière
C. Ajustement des balances des paiements	
Contrainte d'équilibre de la balance courante	Recours à l'endettement international
Politiques d'ajustement par le change et le contrôle de la demande interne	L'ajustement passe davantage par les marchés : la flexibilité des changes, les entrées de capitaux
Faiblesse et stabilité des capitaux	Autonomie et instabilité des capitaux

> Un système monétaire international a trois fonctions principales : assurer l'alimentation en liquidités internationales (A) ; assurer l'échange et la circulation des monnaies nationales (B) ; permettre l'ajustement des balances des paiements (C).
>
> *Source* : D. Plihon, *Alternatives économiques*.

▶ **En dépit de cette polymorphie du SMI, le débat s'est focalisé principalement sur le flottement des monnaies**, sans doute parce que les deux principales devises – le dollar et le yen – sont soumises depuis 1973 au régime des changes flottants.

• Pour les auteurs d'inspiration monétariste (Friedman), l'avènement de taux de changes flexibles est appréhendé comme le plus sûr moyen de réguler les relations monétaires internationales. Plusieurs arguments sont mobilisés à cet effet :

— les changes flottants doivent conduire à la formation de taux de change vrais, correspondant au libre jeu de l'offre et de la demande de devises ;
— dans un contexte de rigidité des prix internes, la flexibilité du taux de change constitue une variable d'ajustement alternative à la flexibilité des prix :

> Pourquoi ne pas laisser à un prix unique (le taux de change) – très flexible celui-là – le soin de procéder à l'ajustement au lieu de multiplier les modifications de prix internes avec tout ce que cela implique comme contrainte et effets marginaux ? Pourquoi ne pas laisser le chien remuer la queue au lieu de laisser la queue remuer le chien [1] ?

— les changes flottants évitent la mise en place de politiques de déflation, lorsqu'un déficit de la balance courante apparaît. En effet, en situation de changes fixes, un pays confronté à un déséquilibre externe commence par puiser dans ses réserves de change puis mène une politique restrictive, afin de restreindre ses importations. En changes flottants, l'ajustement se fait par la dépréciation du taux de change ; par exemple, si un pays procède à une création monétaire excessive, cela se traduit par une accélération de l'inflation ; la hausse des prix handicape les exportations, ce qui entraîne un déficit commercial. Ce dernier implique une baisse du taux de change, qui stimule les exportations et réduit les importations : la variation du taux de change assure le retour automatique à l'équilibre de la balance des paiements (schéma 3) ;
— le système de changes flottants permet une meilleure maîtrise de l'inflation : en effet, dans un système de changes fixes, il n'y a pas de véritable autonomie de la politique monétaire, puisque chaque pays doit créer ou détruire de la monnaie selon la situation du solde des transactions courantes. En revanche, en situation de changes flottants, les pays sont débarrassés de la contrainte liée au soutien du cours de leur monnaie et peuvent donc se centrer sur la maîtrise de la croissance de la masse monétaire ;

1. M. Friedman, *Inflation et système monétaire*, Paris, Calmann-Lévy, 1969.

— en régime de flottement des monnaies, la spéculation se révèle stabilisante :

> En effet, au lieu d'avoir à faire face à un comportement des opérateurs nécessairement déstabilisateur parce que se produisant toujours dans le même sens (de la dévaluation ou de la réévaluation), la libre détermination par le marché paraissait susceptible d'éviter ce type de concentration spéculative en conduisant à des comportements plus diversifiés [1].

• **L'expérience ne confirme pourtant pas les prédictions des défenseurs du flottement des monnaies.**

Il est vrai que la fin du système de Bretton Woods n'a pas signifié véritablement l'avènement d'un flottement pur des monnaies : depuis 1973, la flexibilité du change a été contenue par l'intervention des banques centrales. Pour caractériser cette période, on parle justement de système de **flottement impur** ou de **flottement administré**.

Schéma 3
Le rééquilibrage automatique en changes flottants

excès de création monétaire
↓
hausse des prix
↓
déficit de la balance courante
↓
baisse du taux de change
↓
reprise des exportations et diminution des importations
↓
retour à l'équilibre de la balance courante

Toujours est-il que le flottement des monnaies s'est caractérisé par une forte volatilité (mesurée par l'écart type des cours) des taux de change nominaux tant à court terme qu'à long terme. L'évolution du dollar par rapport au yen et au deutsch mark est à cet égard significative : de mars 1973 à décembre 1978, le dollar perd 36 % de sa

1. H. Bourguinat, *Finance internationale*, *op. cit.*

valeur par rapport au DM et 27 % de sa valeur par rapport au yen. À partir de 1979, le dollar connaît une véritable envolée jusqu'en 1985 et l'on estime même qu'à partir de 1983 il devient surévalué par rapport à la parité des pouvoirs d'achat (de près de 40 % au début de 1985). Après 1985, alors que l'on redoute un « atterrissage en catastrophe » du dollar, le dollar se déprécie vis-à-vis du DM et du yen.

Plus généralement, les détracteurs des changes flexibles mobilisent plusieurs arguments à l'encontre des thèses monétaristes :

— dans les faits, la flexibilité du change n'a pas abouti à un rééquilibrage des balances courantes ;
— le système des changes flottants n'a pas mis fin aux privilèges du dollar : les États-Unis, depuis l'effondrement du SMI de Bretton Woods, ont utilisé le dollar comme une arme dans la bataille commerciale. Pendant les années Reagan, la politique du dollar fort aura permis de restructurer l'appareil productif américain et de mener une politique de déficit budgétaire financée par l'épargne étrangère. Ce déficit budgétaire a lui-même accru le déficit de la balance courante, selon la **thèse des déficits jumeaux**. Les États-Unis ont dans ces conditions accumulé une dette considérable à l'égard du reste du monde ; cette accumulation de créances en dollars pose le problème de la confiance dans la monnaie américaine ;
— les taux de change flottants n'ont pas donné plus d'autonomie aux politiques monétaires nationales, dans la mesure où les banques centrales ont dû intervenir pour limiter l'excessive volatilité des taux de change ;
— les taux de change flexibles encouragent la spéculation, qui se révèle déstabilisante : elle amplifie les mouvements de change, en particulier lors des phénomènes de bulle spéculative ;
— la volatilité du change est source d'incertitude pour les exportateurs et nécessite la mise en place de procédures coûteuses de couverture contre le risque de change.

• **Face à ces dysfonctionnements des changes flottants, plusieurs voies de réforme du SMI ont été explorées** : certains préconisent le retour à un ordre monétaire international fondé sur la fixité des changes ; d'autres adoptent une position minimaliste, consistant à gérer les désordres monétaires, en limitant la volatilité des changes par la coordination des politiques économiques.

Les partisans d'un retour aux changes fixes ont développé de nombreuses propositions, parmi lesquelles un retour à l'étalon-or : solution déjà préconisée dans les années 1950 par Rueff en France, elle a été remise à l'honneur par Laffer au début des années 1980. Sur un plan pratique, le retour à l'étalon-or pose néanmoins problème, compte tenu de l'inégale répartition des stocks d'or mondiaux et de la faiblesse du rythme d'extraction de l'or par rapport aux besoins en liquidités internationales.

De leur côté, les minimalistes, qui se proposent de gérer les désordres monétaires internationaux par la coordination, ont également envisagé plusieurs solutions. En particulier, Williamson a développé la **théorie des zones cibles** : il s'agit de laisser flotter les monnaies autour d'un **taux de change d'équilibre fondamental** (TCEF), défini comme le taux permettant de maintenir l'activité économique au plus haut niveau possible sans déséquilibre massif de la balance courante. Sur un plan pratique, la gestion du désordre par la concertation ne va pas sans poser problème : comme les conférences internationales n'ont pas un caractère coercitif mais seulement consultatif, elles ne permettent pas de « lier les mains » des gouvernements et sont donc peu crédibles.

Les vertus supposées de l'étalon-or selon les quantitativistes

Le système de l'étalon-or, tel qu'il est décrit par les quantitativistes (en particulier D. Hume), doit permettre le rééquilibrage automatique des déséquilibres commerciaux.

Supposons en effet qu'un pays connaisse un déficit de sa balance courante ; ce dernier se traduit par une sortie d'or, qui conduit à une contraction de la masse monétaire ; une baisse des prix en résulte, tandis que le taux d'intérêt augmente. Le pays assiste alors à une entrée de capitaux, à une reprise de ses exportations et à une contraction des importations : le déficit se résorbe automatiquement par les mouvements d'or.

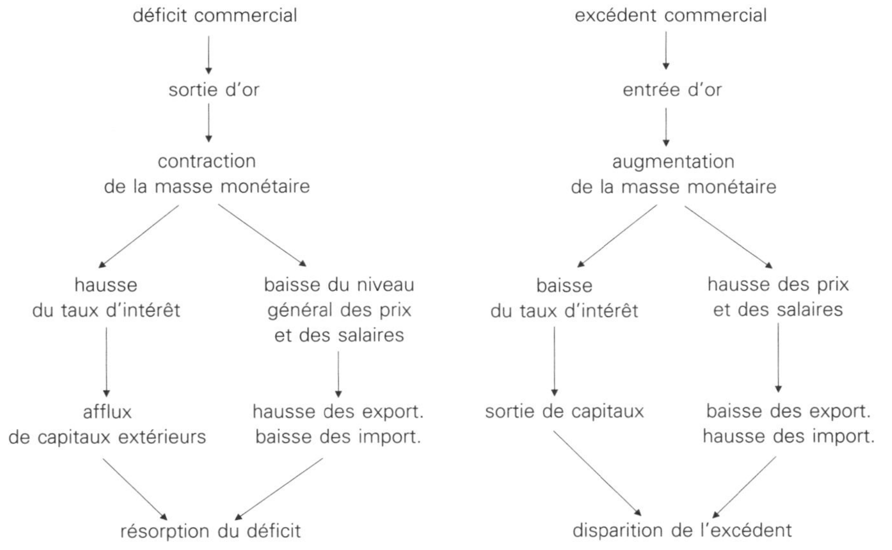

III. La dette des pays en développement

1. La stratégie de croissance par endettement extérieur est soumise à conditions

Le développement fondé sur l'endettement extérieur n'est pas nécessairement voué à l'échec, comme en témoignent l'exemple des États-Unis au XIXe siècle et celui de la Corée du Sud dans les années 1970-1980 [1] ; à l'inverse, le recours à l'endettement externe n'est pas une condition suffisante au décollage économique. Il est par conséquent nécessaire d'étudier les mécanismes par lesquels l'apport de capitaux extérieurs influence la croissance d'un pays en voie de développement et, en fin de compte, sa capacité de remboursement.

Les pays en développement (PED) se caractérisent par la faiblesse de leur système financier : le marché des actions et des obligations y est rudimentaire, tandis que les dépôts et prêts bancaires sont étroitement réglementés. Comme la collecte de l'épargne est difficile et comme les agents disposent de revenus modestes, les pays en voie de développement affichent un faible taux d'épargne national, renforcé par le phénomène de fuite des capitaux à l'étranger. Pourtant, ces pays offrent des opportunités d'investissement, dans la mesure où leur stock de capital est relativement limité.

Pour combler cet écart entre épargne et investissement, les PED peuvent recourir à l'épargne étrangère, sous la forme d'émissions d'obligations et d'actions, de prêts bancaires, d'investissements directs étrangers (IDE) ou de prêts officiels. Ces différents modes de financement regroupent à la fois :

— des titres de propriété (actions, investissements directs) : le propriétaire perçoit un dividende en fonction des profits dégagés par la firme, profits eux-mêmes dépendants de la situation économique du pays en voie de développement ;
— des titres de dette (obligations, prêts bancaires et officiels) : le remboursement des intérêts et du principal est indépendant de la situation économique de l'emprunteur. Dans les développements qui suivent, nous nous centrerons pour l'essentiel sur le financement de l'investissement par endettement.

La stratégie d'endettement consiste à emprunter aujourd'hui, pour accroître l'investissement national, ce qui doit générer une croissance économique permettant de rembourser demain l'emprunt (schéma 4). Le processus de croissance par endettement extérieur est soumis à différentes conditions :

— l'apport de capitaux extérieurs peut avoir un effet dépressif sur l'épargne intérieure, comme l'a montré Haavelmo (prix Nobel 1989). L'épargne extérieure va s'investir dans les projets les plus rentables, ce qui limite les opportunités d'investissement pour les épargnants nationaux. Un autre mécanisme peut éga-

1. Dans le cas de la Corée du Sud, la dette extérieure (aide américaine puis prêts bancaires) représentait plus de 40 % du PIB en 1975 pour culminer en 1985 à 52 %. En 1994, le ratio dette extérieure/PIB n'était plus que de... 15 %.

lement conduire à une éviction de l'épargne nationale par l'épargne étrangère : l'afflux de capitaux se traduit par une baisse du taux d'intérêt sur le marché financier local, ce qui incite peu les agents nationaux à placer leur épargne ;

— il est nécessaire que l'emprunt soit affecté à l'accumulation de capital et non à des dépenses courantes, telles qu'une augmentation des importations ;

— pour rembourser l'emprunt, il ne suffit pas que le pays connaisse une croissance économique, liée à l'accumulation de capital. Encore faut-il que l'économie dispose, pour régler la charge de la dette, de ressources en devises, c'est-à-dire d'une capacité de production de biens échangeables. La capacité de remboursement dépend essentiellement de la capacité d'exportation ou de substitution d'importation du pays.

Schéma 4
La stratégie d'endettement externe

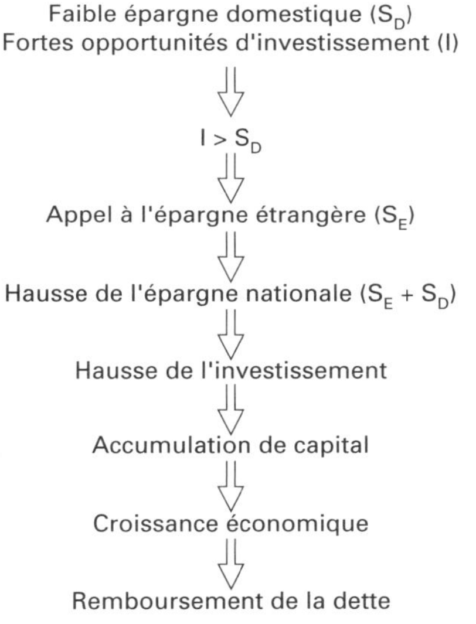

Mais un pays peut décider de ne pas honorer sa dette : il n'existe pas, en matière de défaut de paiement international, une législation permettant au créancier de se protéger efficacement contre un débiteur étranger défaillant, surtout quand celui-ci est un État. La théorie du risque pays étudie justement les raisons qui peuvent conduire un pays à interrompre le respect de ses engagements sur la dette extérieure. Trois configurations de risque sont généralement distinguées [1] :

1. Nous nous appuyons ici sur l'ouvrage de J.-C. Berthélemy, *L'endettement du tiers-monde*, Paris, PUF, « Que sais-je ? », 1994.

— un **risque d'insolvabilité** : le pays peut ne pas honorer sa dette car celle-ci dépasse sa capacité de remboursement future ;
— un **risque d'illiquidité** : bien que solvable, le pays se trouve dans l'impossibilité temporaire de faire face à ses obligations financières ;
— un **risque de reniement**, dénommé également risque de répudiation : le pays endetté, qui est liquide et solvable, décide de ne rembourser ni le principal ni les intérêts de la dette. Cette stratégie de reniement est d'autant plus probable – toutes choses égales par ailleurs – que la dette est élevée et que le pays connaît une croissance économique faible [1]. Une telle décision est cependant coûteuse pour le pays emprunteur : 1/les créanciers peuvent demander à leur gouvernement de saisir les actifs de l'emprunteur, situés dans leur juridiction ; 2/le pays qui fait défaut est exclu à l'avenir du marché international des capitaux : il acquiert une mauvaise réputation auprès des banques étrangères, qui refusent de lui prêter ; 3/le pays emprunteur risque d'être handicapé dans ses relations commerciales, dans la mesure où le financement des exportations se fait le plus souvent par des crédits à court terme.

2. L'endettement des PED durant les années 1970 a débouché sur une crise de la dette

Jusqu'au début des années 1970, les prêts bancaires à destination des PED sont restés limités : la majorité des mouvements de capitaux vers les PED prennent alors la forme de prêts officiels (sous l'égide du FMI et de la Banque mondiale), de crédits à court terme accordés aux exportateurs et d'investissements directs étrangers (particulièrement en Amérique latine).

▸ **C'est à l'occasion des deux chocs pétroliers que les prêts bancaires aux PED connaissent une forte croissance** (graphique 6). La hausse du prix du pétrole se traduit en effet pour les pays de l'OPEP par un afflux de devises ; ne pouvant absorber intérieurement ce surplus de la balance courante, les pays pétroliers placent leur épargne auprès des banques des pays développés, qui se livrent à une activité de recyclage des pétrodollars. L'origine première de l'endettement des PVD est donc à rechercher dans l'évolution des conditions de l'offre internationale de capitaux.

Pourquoi les banques ont-elles recyclé l'épargne des pays de l'OPEP auprès des PED et non à l'intérieur des pays développés ? Trois raisons principales peuvent expliquer ce choix :

— les taux d'intérêt réels sont peu attractifs dans les pays développés, compte tenu de l'accélération de l'inflation ;
— les pays développés connaissent la récession et sont donc faiblement demandeurs de capitaux ;

1. Les exemples de répudiation de dette sont nombreux : songeons par exemple à l'Argentine (1891), au Mexique en 1911, à la Russie au lendemain de la révolution de 1917, à l'Allemagne hitlérienne, etc.

Graphique 6
Évolution de la dette des PED (1970-1990)

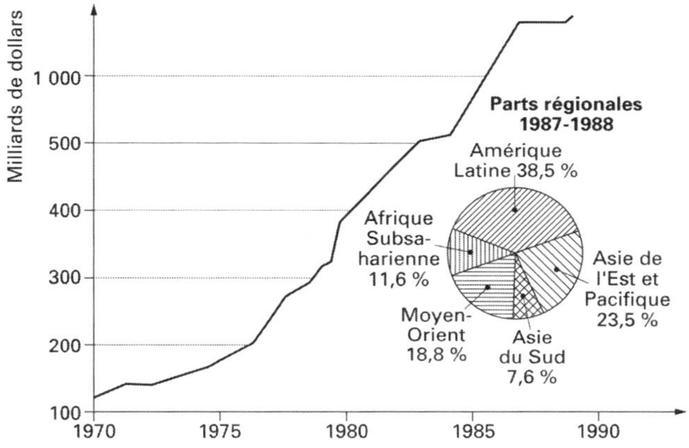

— les PED, spécialisés dans les matières premières, connaissent alors une forte croissance de leurs recettes d'exportation : les banques estiment qu'ils seront en mesure d'honorer leur dette extérieure.

Les prêts bancaires sont généralement octroyés aux PED sous la forme de prêts à taux variable : le créancier peut modifier le taux d'intérêt en cours de contrat, en fonction des changements de taux d'intérêt sur un marché de référence, en l'occurrence le LIBOR (taux interbancaire sur la place de Londres).

▸ **Durant les années 1980, une conjonction d'événements va rendre problématique la stratégie d'endettement des pays en voie de développement** :

— à la fin de 1979, les taux d'intérêt connaissent une forte augmentation à la suite de la politique monétaire restrictive menée par Volcker aux États-Unis. Ce changement se traduit au niveau des PED par un alourdissement de la charge de la dette et une augmentation des taux d'intérêt sur les nouveaux prêts ;
— comme la plus grande partie de la dette est libellée en dollars, l'appréciation de la devise américaine accroît la valeur réelle du service de la dette ;
— après 1982, la situation se retourne sur le marché du pétrole : les pays de l'OPEP connaissent un déficit de leur balance courante et ne sont plus en mesure d'alimenter le circuit du recyclage des pétrodollars ;

— au début des années 1980, les PED, spécialisés dans la production de matières premières, sont touchés par la récession : la crise qui affecte les pays développés se transmet aux PED et leurs exportations chutent en valeur.

Dans ce contexte, la situation financière des pays en voie de développement se révèle explosive au début des années 1980 ; précisément, le 12 août 1982, le Mexique annonce qu'il a épuisé ses réserves de change et qu'il ne peut plus honorer les paiements prévus sur la dette étrangère ; cette dernière s'élève alors à 80 milliards de dollars, faisant du Mexique le deuxième pays en développement par le montant de la dette. Dans le sillage du Mexique, plusieurs pays d'Amérique latine comme le Brésil et l'Argentine se trouvent dans l'impossibilité de rembourser leurs emprunts. Les banques, pour l'essentiel américaines, craignent alors que le Mexique ne fasse défaut, ce qui aurait eu un effet de contagion sur l'ensemble des pays de la région : compte tenu de l'engagement de certaines banques, la faillite d'un créancier comme le Mexique était de nature à déstabiliser tout le système financier des États-Unis.

▶ **Face à cette crise de l'endettement, les créanciers ont mis en œuvre deux types de stratégie** : dans un premier temps, une politique de transfert intertemporel de la dette a été pratiquée, avant que ne se développe une politique de réduction de la dette par des mécanismes de marché.

De 1982 à 1985, les banques ont estimé que les pays en voie de développement traversaient une simple crise de liquidité et que la totalité de la dette serait remboursée : cette vision se retrouve en particulier dans le plan américain de gestion de la dette, initié par Baker en 1985. Pour surmonter cette crise, la stratégie suivie consiste à aider financièrement les pays endettés, tout en leur imposant des réformes économiques. Plus précisément, trois types de politiques sont mis en œuvre, à des degrés divers selon les pays :

— sous l'égide du FMI, les pays endettés s'engagent dans des **politiques d'ajustement structurel**, destinées à renouer à terme avec la croissance. Il s'agit essentiellement de mesures de baisse des salaires, de dévaluation et de réduction des dépenses publiques ;
— les banques pratiquent une politique de rééchelonnement de la dette ;
— les banques tentent de se concerter pour apporter de l'argent frais aux pays endettés. Cette coordination est rendue difficile par le fait que chaque banque a individuellement intérêt à se désengager des pays endettés et à refuser de renouveler ses créances.

Compte tenu des résultats mitigés des politiques d'ajustement structurel, l'idée selon laquelle la totalité de la dette ne serait pas remboursée à sa valeur faciale commence à faire son chemin à la fin des années 1980. Le **plan Brady**, lancé en 1989 à l'initiative des États-Unis, entérine cette vision et préconise le recours à des solutions de marché pour régler le problème de la dette. Dès 1987, sur le marché secondaire, la dette des PVD s'échange à la moitié de sa valeur faciale, ce qui signifie bien que les marchés financiers anticipent un remboursement partiel.

La politique de réduction de la dette va alors emprunter plusieurs voies :

— le rachat de dettes (*buyback*) par le pays endetté : ce dernier rachète une partie de sa dette sur le marché secondaire, avec une décote. Cette technique est paradoxalement désavantageuse pour le pays endetté, dans la mesure où le coût du rachat de la dette est supérieur à la réduction de la valeur espérée de la dette restante ;
— les échanges de dettes contre des titres de propriété (*debt equity swaps*) : dans ce cas, une entreprise multinationale rachète une partie de la dette sur le marché secondaire et la revend au gouvernement du pays endetté, afin d'obtenir des devises ; la FMN utilise ces devises pour réaliser un investissement direct, notamment en rachetant des actions d'entreprises locales. Ce mécanisme permet de remplacer des titres de dette par des titres dont la rémunération est fonction de la conjoncture économique ;
— l'échange dette contre dette : l'État débiteur échange sur le marché secondaire un nouveau titre de dette contre un ancien ; l'échange consiste à remplacer une partie de la dette antérieure par une dette privilégiée, c'est-à-dire remboursable en priorité ;
— la remise de dettes (*debt relief*) : dans ce cas, les créanciers acceptent de rayer une partie de la dette... dans l'espoir d'augmenter la valeur anticipée des remboursements sur la dette restante. En effet, un pays lourdement endetté est peu incité à « faire des efforts », dans la mesure où les fruits en reviendraient exclusivement à ses créanciers : il s'agit d'un phénomène de défaut d'incitation, appelé parfois « effet de surcharge de la dette ». Le créancier peut avoir intérêt à alléger la dette (dont la probabilité de remboursement est très faible), pour qu'une amélioration de la situation économique profite à la fois au créancier et au pays endetté. On retrouve ici un mécanisme de **courbe de Laffer** (graphique 7) : dans un premier temps (de 0 à V*), la valeur des remboursements anticipés est une fonction croissante de la valeur faciale de la dette ; mais au-delà du point V*, la relation devient décroissante : l'importance de la dette réduit fortement la probabilité de remboursement. Dans ce dernier cas, le créancier accroît les chances de remboursement sur la dette restante... en allégeant la dette (on passe du point A au point B).

IV. Les crises de change en Asie du Sud-Est dans les années 1990

L'année 1997 a été marquée par de violentes attaques sur les monnaies asiatiques (Thaïlande, Malaisie, Indonésie, Corée principalement) et par une récession marquée dans ces pays : ces crises de change constituent le symptôme, sinon l'origine,

Graphique 7
La courbe de Laffer de la dette

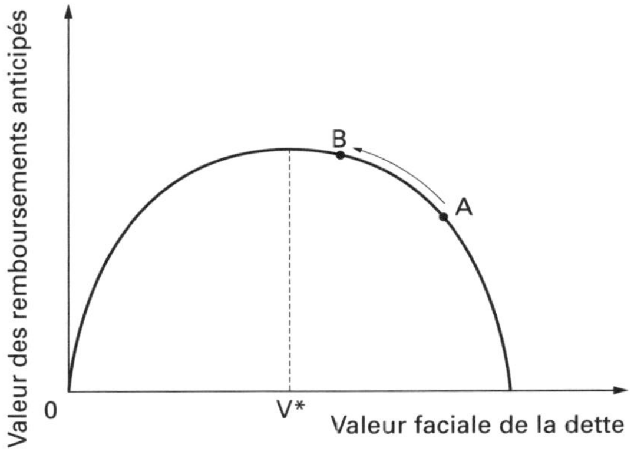

de ce que l'on a appelé la « crise asiatique[1] » ou plutôt « les crises asiatiques », compte tenu des spécificités propres à chaque pays. De manière schématique, la crise asiatique pose trois questions essentielles à l'analyse économique :

— comment expliquer l'apparition de cette crise, qui a surpris par son ampleur et sa rapidité ?
— quels ont été les effets à court terme de cette crise sur l'économie des pays d'Asie du Sud-Est et, indirectement, sur l'économie mondiale ?
— quelles solutions ont été mises en œuvre pour permettre à ces pays de sortir rapidement de la récession et comment éviter à l'avenir la survenue de ce type de crises ?

À ces interrogations, qui ont suscité une abondante littérature théorique et empirique, la science économique n'apporte pas de réponse univoque : il existe différentes lectures de la crise asiatique, souvent complémentaires.

1. Les pays émergents d'Asie ont connu de graves crises de change

► La « crise asiatique » débute en juillet 1997 et se propage rapidement à l'Asie du Sud-Est.

La monnaie thaïlandaise, qui est ancrée nominalement au dollar, est l'objet d'une violente attaque à la fin du mois de juin 1997 : les sorties de capitaux à court terme s'accélèrent et la Banque centrale de Thaïlande, après avoir utilisé ses réserves

1. La « crise asiatique » désigne une réalité différente de la « crise japonaise », qui s'est déclenchée au début des années 1990 et qui ne s'est pas traduite par des attaques spéculatives contre le yen.

de change et augmenté les taux d'intérêt, doit se résoudre, le 2 juillet 1997, à abandonner la défense de la parité du bath en dollars. La monnaie thaïlandaise se déprécie rapidement : au printemps 1997, un dollar valait 25 bath, contre 55 bath au début de 1998.

Les crises de change en Asie : points de repère

- Mars 1997 : première attaque contre le bath thaïlandais.
- 2 juillet 1997 : deuxième attaque contre le bath, qui perd 20 % de sa valeur en quelques jours.
- 4 juillet 1997 : à la suite d'une attaque, la Malaisie abandonne la défense du ringgit.
- 11 juillet 1997 : les Philippines laissent flotter le peso, jusque-là arrimé au dollar.
- 14 août 1997 : l'Indonésie laisse flotter la roupie.
- 25 août 1997 : attaque sur la monnaie sud-coréenne (le won) et le dollar de Singapour.
- 17 octobre 1997 : attaque sur le dollar de Taiwan, qui laisse flotter sa monnaie, laquelle perd 10 % de sa valeur.
- 23 octobre 1997 : attaque sur le dollar de Hong Kong.
- 5 novembre 1997 : nouvelle attaque contre la monnaie sud-coréenne.

Un phénomène de contagion se produit en direction de la Malaisie, puis de l'Indonésie et de la Corée du Sud. La contagion touche également des économies comme Hong Kong, qui parvient à résister, ou Singapour et Taiwan, dont les monnaies se déprécient faiblement. Au total, entre juillet et octobre 1997, la dépréciation des taux de change s'est inscrite entre 30 et 50 %.

Plusieurs canaux de transmission ont favorisé cet « effet de domino » :

- le canal du commerce extérieur : dans la mesure où ces pays sont concurrents entre eux au niveau des marchés d'exportation, la dépréciation d'une monnaie se traduit par une perte de compétitivité pour les autres pays. Dans ces conditions, les marchés financiers anticipent une dégradation à venir du solde de la balance courante, ce qui peut conduire les agents à retirer leurs fonds ;
- le défaut d'information : compte tenu du manque d'information sur la situation économique des différents pays, les premières attaques spéculatives ont fait douter les marchés financiers de la solidité du « modèle asiatique » en général, quel qu'en soit le pays ;
- le canal financier : les importants engagements des banques coréennes et taiwanaise en Thaïlande fragilisent leur situation financière.

► **Les crises de change ont conduit à une récession en Asie.**

• À court terme, ces crises de change se traduisent par une grave récession en Asie du Sud-Est, contrastant avec la croissance rapide de ces pays : les taux de croissance du PIB, qui pouvaient atteindre 6 à 7 % par an, deviennent négatifs (tableau 4). Cette récession a des conséquences sociales marquées, compte tenu de la faible protection sociale : le taux de chômage en Corée est passé de 2 % à près de 10 %. Dans le cas de l'Indonésie, la crise s'est traduite par une inflation galopante et une croissance très forte de la pauvreté.

La capitalisation boursière des places asiatiques a chuté à l'automne 1997 : en monnaie locale, la baisse est de 84 % en Thaïlande, de 70 % en Corée, de 63 % en Malaisie et de 58 % en Indonésie. De même, le prix de l'immobilier s'effondre dans des pays comme la Malaisie. On assiste à la faillite de nombreux intermédiaires financiers, qui s'étaient engagés dans des prêts à long terme financés par des emprunts à court terme en devises. La chute des monnaies locales et le retrait massif des capitaux les acculent à la faillite.

Tableau 4
Taux de croissance du PNB (en %)

Pays	*1996*	*1997*	*1998*
Corée du Sud	7,1	5,8	– 3,8
Indonésie	8,0	4,6	– 6,2
Malaisie	8,6	7,0	– 1,8
Thaïlande	6,4	0,5	– 5,5

• S'il est difficile d'apprécier quantitativement les effets de la crise asiatique sur l'économie mondiale, on peut néanmoins mettre au jour plusieurs mécanismes de transmission :

— l'effet sur les importations : compte tenu de la récession, les pays d'Asie du Sud-Est ont diminué leurs importations, notamment en provenance des pays développés. Plusieurs grands projets et contrats ont été annulés ou reportés. Cet effet risquait d'être sensible dans la mesure où les exportations européennes et américaines vers l'Asie du Sud-Est avaient fortement augmenté depuis le début des années 1990 ;

— l'effet financier : si les grandes banques occidentales étaient relativement peu engagées en Asie, il n'en est pas de même pour les banques japonaises, dont les engagements dans la région sont élevés (Indonésie, Thaïlande, Corée) et qui doivent faire déjà face depuis 1990 à la récession japonaise. De même, certaines firmes japonaises, notamment les maisons de commerce (*sogo shosha*), avaient accordé des crédits et des garanties pour des montants élevés ;

— l'effet sur le prix des exportations : la dépréciation des monnaies asiatiques a durci la concurrence par les prix sur les marchés des pays développés, tout particulièrement dans les secteurs comme l'automobile ou l'électronique, en situation de surcapacité.

Les effets négatifs de la crise asiatique sur la croissance des pays riches doivent être nuancés, puisqu'ils sont en partie compensés par :

— le reflux des capitaux vers les pays occidentaux, et tout particulièrement l'Europe : cette « fuite » vers la qualité a permis une détente des taux d'intérêt, favorable à l'investissement ;

— la pression à la baisse sur les prix : aux États-Unis, la diminution du prix des importations en provenance de la zone asiatique a permis de limiter les tensions inflationnistes, dans un contexte de forte croissance économique. Elle a permis également d'accroître le pouvoir d'achat des consommateurs ;
— les opportunités d'investissement direct : la chute du prix des actifs dans la zone asiatique ont favorisé l'implantation des firmes multinationales occidentales. Les investissements directs, par nature plus stables, ont ainsi pris le relais des investissements de portefeuille. Il est vrai toutefois que la décision d'investissement direct, largement irréversible, dépend également du climat social et politique : en présence d'une forte incertitude et d'une instabilité politique (cas de l'Indonésie), l'attentisme peut prévaloir. Qui plus est, les législations des pays asiatiques en matière d'investissement direct étranger demeurent contraignantes et souvent restrictives.

2. La question de l'origine et des remèdes à la crise asiatique reste ouverte

La crise asiatique a surpris les analystes : si certains économistes (à l'instar de Krugman) avaient attiré l'attention sur les risques d'explosion d'une bulle spéculative en Asie du Sud-Est, rares sont ceux qui avaient anticipé des crises de change et une récession aussi violentes.

► **Plusieurs analyses de la crise asiatique ont été développées.**
La crise asiatique peut être analysée comme une crise de change classique, liée à un déséquilibre des fondamentaux et à une surévaluation du taux de change par rapport au dollar. Si l'on considère le cas de la Thaïlande, il est vrai que ce pays connaît avant la crise un creusement du déficit des paiements courants, qui atteint 8 % en 1995-1996. À l'inverse, la crise de change a épargné les pays qui ne connaissaient pas de déséquilibre majeur des fondamentaux, à l'image de Singapour et de Taiwan. L'approche en termes de fondamentaux pose néanmoins problème, comme le souligne Krugman [1] (1998) :

— à la veille de la crise, les principaux fondamentaux n'étaient pas dégradés dans la plupart des pays d'Asie du Sud-Est : la création monétaire n'était pas excessive, compte tenu du taux de croissance de ces pays ; l'inflation restait à un niveau modéré et les déficits publics étaient limités. Par exemple, dans le cas de la Thaïlande, avant le déclenchement de la crise, les finances publiques continuaient de dégager un excédent important. Plus généralement, compte tenu de la multiplicité des fondamentaux, lesquels doivent être pris en compte pour juger de la dégradation de la situation économique d'un pays ? La dégradation de certains indicateurs est-elle une condition suffisante au déclenchement d'une crise de change ?

1. « What happened to Asia ? », texte non publié.

— à la différence de certains pays européens à la veille des crises de change de 1993, le taux de chômage restait relativement faible en Asie du Sud-Est : les marchés financiers ne pouvaient donc anticiper un abandon de la fixité du change dans le but de relancer l'activité économique ;
— la crise de change a été précédée par l'éclatement d'une bulle spéculative, affectant le prix des actifs financiers et immobiliers. On peut en effet considérer que la crise asiatique est liée à l'organisation même du système économique et financier des pays émergents : en ce sens, la crise asiatique constitue d'abord une crise du « capitalisme à l'asiatique ». Selon Fisher (FMI), l'absence de transparence et du libre jeu du marché, l'insuffisance des règlements prudentiels en matière bancaire, les relations étroites entre l'État, les firmes et le système financier sont à l'origine de la crise. De son côté, Krugman (1998) estime que la crise asiatique trouve son point de départ dans l'éclatement d'une bulle spéculative : en ce sens, la crise de change ne fait que valider la crise financière et immobilière et n'est, pour reprendre les termes mêmes de l'auteur, que « le symptôme de la maladie ». Ce retournement du marché des actifs a entraîné une révision des anticipations de croissance et une sortie massive de capitaux à court terme, qui rendait impossible le maintien de l'ancrage au dollar. Selon Krugman, le point de départ de la crise de change est donc à rechercher dans l'organisation du système financier, et en particulier bancaire, des pays asiatiques qui a permis le développement d'une bulle spéculative. Dans ces pays, les banques disposent de la garantie implicite de l'État, compte tenu de l'imbrication étroite entre les milieux économiques et politiques. Les banques locales sont donc incitées au laxisme en matière d'octroi de prêts [1] : elles ont ainsi financé des investissements douteux (notamment dans l'immobilier) en empruntant à court terme en devises. Cette bulle a dans un premier temps alimenté la croissance économique, selon un processus circulaire : la valorisation des actifs attire les capitaux étrangers et incite les banques à octroyer de nouveaux prêts. Mais lorsque la bulle explose, le mécanisme s'inverse : la chute du prix des actifs, les faillites en chaîne jettent le doute sur la garantie de l'État comme prêteur en dernier ressort et conduisent les détenteurs de capitaux étrangers à se retirer, ce qui provoque une crise de change.

Une troisième lecture met l'accent sur l'instabilité intrinsèque des marchés internationaux de capitaux : les déséquilibres, même structurels, des pays asiatiques ne constituent pas une condition suffisante à l'apparition de crises de change. Ainsi, Stiglitz, célèbre économiste américain, n'exclut pas les phénomènes de prophétie autoréalisatrice sur les marchés financiers : une crise de change peut toujours survenir si une majorité d'intervenants se met à douter de la solidité d'une économie et procède au retrait de ses capitaux. Cette thèse est reprise de manière plus systématique par Sachs : l'origine de la crise est d'abord à chercher dans le comportement

1. Nous retrouvons ici la notion d'aléa moral (voir chapitre 1) : comme les pertes éventuelles sont couvertes par les autorités monétaires, les banques sont guidées dans leur choix non par l'espérance de gain mais par l'espérance de gain en cas de succès, « dans le meilleur des mondes possibles » (ce que Krugman appelle la « valeur Pangloss »).

des marchés de capitaux à court terme, soumis à des phénomènes de panique et de mimétisme. Selon Sachs, l'ampleur des mouvements de capitaux étaye cette thèse : les cinq pays les plus touchés sont passés, entre 1996 et 1997, d'entrées nettes de 93 milliards de dollars à des sorties nettes de 12 milliards. La revalorisation partielle des monnaies asiatiques en 1998 donne également du crédit à cette thèse : lors des crises de change de 1997, les monnaies auraient « surréagi ».

▸ **La question de la résolution et de la prévention des crises de change fait débat.**

• La sortie de la crise passe par une politique de stabilisation et une réforme structurelle des économies asiatiques : telle est en substance la politique préconisée par le FMI après 1998. Cette réforme des économies asiatiques comprend différents volets :

— une politique monétaire stricte, se traduisant par la montée des taux d'intérêt réels ;
— une restructuration et une recapitalisation du système financier ;
— une réforme du système comptable et juridique, avec notamment le renforcement du droit des faillites et la publication de comptes consolidés ;
— la mise en place de règles prudentielles (assurance des dépôts, etc.) dans le domaine bancaire ;
— le développement de l'information statistique en matière économique ;
— une restructuration des grands groupes autour de pôles de compétences. En particulier, le système coréen des *chaebols* est réformé ;
— une ouverture accrue aux investissements directs étrangers et aux participations étrangères ;
— une libéralisation économique, avec le démantèlement des cartels et monopoles.

Ces réformes s'accompagnent à court terme de « plans de sauvetage », c'est-à-dire d'une aide financière du FMI, de la Banque mondiale et de prêts bilatéraux : ainsi, la Corée du Sud a bénéficié en décembre 1997 d'un plan de 57 milliards de dollars, dont 21 sont apportés directement par le FMI.

• Une seconde vision, plus hétérodoxe, met l'accent sur la nécessité de réguler les mouvements internationaux de capitaux, parallèlement aux réformes engagées par le FMI. En particulier, la proposition du prix Nobel Tobin de « glisser du sable dans les rouages de la finance internationale » (1972) est aujourd'hui rediscutée. Il s'agit de taxer les mouvements internationaux de capitaux à court terme à hauteur de 0,2-0,5 %, afin de réduire la volatilité des taux de change et d'accroître l'autonomie des politiques économiques. En effet, selon ses défenseurs, la taxe Tobin limiterait les mouvements de capitaux spéculatifs. Cette taxe sur les opérations de change serait uniforme au niveau international et son montant serait inversement proportionnel à la durée de la transaction. La taxe Tobin suscite néanmoins le scepticisme des économistes :

— son niveau optimal (celui qui minimise les distorsions) reste indéterminé ;
— pour être efficace, la taxe devrait être appliquée de manière uniforme aux différentes places financières internationales, ce qui pose un problème de coordina-

tion entre places. Qui plus est, une fois que la taxe a été instaurée, chaque place financière (et notamment les plus petites) a intérêt à se comporter en *free rider*, pour attirer une partie des capitaux ;

— la taxe risque d'entraîner une substitution (même partielle) entre actifs financiers. En effet, étant limitée aux seules transactions au comptant, la taxe peut encourager la substitution en faveur de *forwards* et de *futures* de court terme. Pour être efficace, la taxe sur les transactions de change doit être généralisée aux autres instruments financiers ;
— l'introduction d'une taxe Tobin entraînerait un affaiblissement du pouvoir de contrôle et de sanction des marchés financiers, ce qui pourrait conduire les gouvernements à s'engager dans des politiques monétaire et budgétaire insoutenables à long terme ;
— le niveau de la taxe est sans doute insuffisant pour stopper une grave crise de change.

V. Du SME à l'UEM : l'Europe monétaire

Si l'ambition de créer une aire régionale de fixité des changes figure dans le traité de Rome, aucune initiative spécifique – à l'exception des plans Barre et Werner – n'est prise en ce domaine durant les années 1960. C'est à la suite de la faillite du système de Bretton Woods que les pays de la CEE décident d'instaurer des mécanismes de coopération monétaire entre banques centrales et de réduire les marges de fluctuation de leurs taux de change : les accords de Bâle signés en avril 1972 marquent la naissance du **serpent monétaire européen** (réunissant le deutsch mark, le franc, le florin, la couronne danoise et le franc belge).

De fait, le système du serpent ne se révèle pas très efficace, car les deux principaux pays (la France et la RFA) présentent des performances en matière de prix trop disparates : ainsi la France, qui connaît des difficultés de balance courante, doit-elle sortir à deux reprises du serpent (entre janvier 1974 et juillet 1975, puis entre mai 1976 et avril 1979). C'est pour remédier aux imperfections du serpent qu'est créé en avril 1979 un système plus contraignant, le SME, à la suite du sommet européen de Brême de juillet 1978.

1. Le SME constitue une zone régionale de parités fixes mais ajustables

► **Le SME repose sur trois principes essentiels** : le principe du rattachement des monnaies à un étalon, l'ECU ; le principe de fixité des changes ; le principe de coopération européenne.

• L'**ECU** (*European Currency Unit*) constitue le numéraire du SME : il est défini à partir d'un panier de monnaies des pays membres, la quantité de chaque monnaie étant pondérée par le poids économique du pays au sein de la CEE (tableau 5). La valeur de l'ECU en l'une des monnaies qui le compose est donc obtenue à partir de ces quantités et des taux de change des monnaies les unes par rapport aux autres. Cette valeur se modifie quotidiennement, puisque les taux de change fluctuent, mais ces variations sont limitées, tant que les taux de change restent eux-mêmes dans les fourchettes fixées par le SME.

Tableau 5
La composition de l'ECU (en %, 1993)

Mark	32,6
Franc	19,9
Livre	11,3
Lire	8,1
Florin	10,2
Franc belge	7,99
Franc luxembourgeois	0,31
Peseta	4,45
Couronne	2,55
Livre irlandaise	1,05
Drachme	0,52
Escudo	0,70
Total	100

L'ECU constitue également une monnaie de règlement entre banques centrales. Il est émis par le **FECOM**, en contrepartie du dépôt par les banques centrales des pays membres de 20 % de leurs réserves en or et en dollars. Une banque centrale qui souhaite recevoir des devises pour soutenir sa monnaie sur le marché des changes peut obtenir du FECOM des crédits à court et moyen terme (90 jours) et à très court terme (45 jours).

Un marché de l'ECU privé s'est aussi progressivement constitué avec le développement d'actifs financiers libellés en cette monnaie. En effet, la stabilité du SME a incité nombre d'agents à émettre des emprunts en Ecu : ainsi, en 1991, les émissions d'obligations en ECU représentent 13 % du marché obligataire international, contre 31 % pour le dollar et 11 % pour le yen. L'ECU présente en effet plusieurs avantages :

> L'ECU est d'abord prisé par les emprunteurs des pays à forte inflation qui, grâce à lui, obtiennent des taux d'intérêt plus bas du fait de la moyenne pondérée qu'entraîne le mécanisme du panier des monnaies. Sa nature composite lui procure aussi une capacité bienvenue à jouer le rôle d'une clause de change, dans la mesure où il est, en tant que moyenne pondérée, plus stable que chacune des monnaies composantes. Il fournit aussi un instrument bien utile de diversification dans un système monétaire international qui n'en dispose pas et autorise, ce faisant, des stratégies de couverture sophistiquées [1].

1. H. Bourguinat, *Les vertiges de la finance internationale*, Paris, Economica, 1987.

• **Chaque banque centrale qui adhère au mécanisme de change s'engage à maintenir son taux de change autour d'un cours-pivot**, défini par rapport à l'ECU. Ainsi, à la fin de 1992, le taux central du franc était de 6,6 F pour un ECU, tandis que celui du mark était de 1,9 DM pour un ECU. À partir des cours-pivot, on peut calculer le **cours central bilatéral**, c'est-à-dire la parité d'équilibre entre deux monnaies ; à la fin de 1992, le cours central bilatéral entre le franc et le DM s'établissait à 1 F = 0,29 DM (soit 1,9 / 6,6). C'est sur la base de ce taux central bilatéral qu'est définie une **marge de fluctuation**, avec un cours plafond et un cours plancher. Cette marge de fluctuation a évolué au cours du temps et apparaît différenciée selon les pays (tableau 6).

Tableau 6
Les différentes marges de fluctuations du SME

	Avant 1989	*Après oct. 1990*	*Après sept. 1992*	*Après août 1993*
Monnaies non intégrées	4 (RU, Esp., Port., Grèce)	2 (Port., Gr.)	2 (Ita., RU)	2
Monnaies intégrées	8	10	11	9
Marges de 2,25 %	7	8	8	0
Marges de 6 %	1 (Italie)	2 (Esp., RU)	3 (+ Port.)	
Marges de 15 %				9

Source : CEE.

Dès que le taux de change franchit un **seuil de divergence** égal à 75 % de l'écart maximal autorisé par rapport à l'ECU, les banques centrales des pays concernés doivent intervenir sur le marché des changes [1]. Si le taux de change ne peut être maintenu dans les limites de marges de fluctuations, le pays peut procéder à un réajustement de parité (dévaluation ou réévaluation), après accord avec les autres membres du SME.

• **Le SME instaure un mécanisme de coopération et de soutien entre banques centrales.** Ainsi, si la monnaie du pays X atteint son cours plancher par rapport à la monnaie du pays Y, la banque centrale du pays X doit bénéficier du soutien de la banque centrale du pays Y et du FECOM (Fonds européen de coopération monétaire). Par exemple, lorsque le franc se déprécie par rapport au deutsch mark, la Bundesbank accorde généralement son soutien à la Banque de France, notamment en lui prêtant des deutsch marks pour qu'ils soient vendus sur le marché des changes contre des francs.

Ce mécanisme de coopération entre banques centrales, renforcé en 1987 par les accords de Bâle et Nyborg, constitue une innovation par rapport au système du serpent, où seule la banque centrale de la monnaie faible supportait le poids de l'intervention sur le marché des changes.

1. Dans les faits, les banques centrales procèdent à des interventions intramarginales, afin de convaincre les marchés de l'absence de toute intention de réalignement.

1979-1993 : une chronologie du SME

Il est usuel de distinguer, dans l'histoire du SME, trois grandes périodes.

Au cours de la période 1979-1986, le SME se caractérise par de fréquents réalignements de parité, qui ne remettent pas en cause les fondements mêmes du système :

- Mars 1979 : création du SME, composé de huit monnaies.
- Septembre 1979 : réévaluation du mark de 2 % et dévaluation de 3 % puis de 5 % de la couronne.
- Mars 1981 : dévaluation de la lire de 6 %.
- Octobre 1981 : réajustement général des parités (notamment dévaluation du franc et de la lire de 3 %).
- Février 1982 : dévaluation du franc belge de 8,5 % et de la couronne de 3 %.
- Juin 1982 : réajustement général des parités (notamment dévaluation du franc de 5,75 % et de la lire de 2,75 %).
- Mars 1983 : réajustement général des parités (notamment dévaluation du franc français de 2,5 %).
- Septembre 1984 : révision de la composition de l'ECU avec l'entrée de la drachme grecque.
- Juillet 1985 : réévaluation de toutes les monnaies à l'exception de la lire, dévaluée.
- Avril 1986 : réajustement général des parités (dont dévaluation du franc de 3 %).

Une deuxième période s'ouvre entre 1987 et 1992, marquée par la stabilité du système, aucun réalignement de parité n'a lieu, tandis que plusieurs monnaies font leur entrée dans le mécanisme des changes :

- Juin 1989 : la peseta rejoint le SME avec une marge de fluctuation de 6 % ; révision de la composition de l'ECU avec l'entrée de la peseta et de l'escudo.
- Octobre 1990 : la livre sterling entre dans le mécanisme de change européen avec une marge de fluctuation de 6 %.
- Avril 1992 : l'escudo entre dans le mécanisme de change avec une marge de fluctuation de 6 %.

La période 1992-1993 constitue pour le SME une période de turbulences :

- Septembre 1992 : dévaluation de la lire, de la livre, de la peseta ; la livre et la lire quittent le mécanisme de change européen.
- Novembre 1992 : dévaluation de la peseta et de l'escudo.
- Février 1993 : dévaluation de la livre irlandaise.
- Mai 1993 : dévalution de la peseta et de l'escudo.
- Août 1993 : élargissement des marges de fluctuations à + ou – 15 % autour des cours-pivot bilatéraux.

2. Le bilan du SME apparaît contrasté

Dans l'océan d'instabilité caractérisant le système des paiements internationaux depuis les années 1970, le SME a souvent été présenté comme un îlot de stabilité des changes. Il est vrai que les fluctuations des changes ont été en Europe moins marquées qu'ailleurs. On ne saurait néanmoins oublier que le SME s'est caractérisé jusqu'en 1986 par de fréquents ajustements de parité et qu'il a subi une grave crise en 1992-1993, conduisant à un réaménagement profond du système (élargissement des bandes de fluctuations).

C'est dire que le bilan du SME – pour autant qu'il soit possible d'en dresser un de manière exhaustive – apparaît nuancé, et ne s'apparente ni à un échec ni à une réussite totale :

> Il semble en définitive que les pays membres les plus inflationnistes ont trouvé un intérêt certain à accepter à travers le SME de s'aligner sur la discipline monétaire et financière de la « vertueuse » République fédérale d'Allemagne. Cette médecine leur a permis d'éviter de faire « bande à part » et, indéniablement, de délaisser plus rapidement la zone dangereuse de l'inflation à deux chiffres. En contrepartie, ils ont été conduits à accepter, au moins pour un temps, le sous-produit de cet ajustement : la diminution de leur taux de croissance et l'accroissement du sous-emploi. Cette thérapeutique, pour rude qu'elle ait été, a manifestement été préférable au laxisme qui eût conduit à multiplier les changements de taux centraux ; pour autant, dans tout bilan du SME, les retards d'investissement qui en ont résulté ne sauraient être omis [1].

► **Les pays membres du SME sont parvenus à maintenir une certaine stabilité des parités entre leurs monnaies.**

Certes, il y a eu de nombreuses modifications de parité – pas moins de 17 entre 1979 et 1994 –, mais leur ampleur est restée limitée par rapport aux variations du dollar ou du yen. Le tableau 7 retrace les écarts types des variations mensuelles des taux de change effectifs réels : il apparaît que la variabilité du change est moins forte à l'intérieur du SME.

Tableau 7
Écart type des variations mensuelles des taux de change

	1974-1978	*1979-1983*	*1984-1986*	*1987-1989*
SME	1,6	0,9	0,6	0,4
Autres pays européens	2,2	2,3	1,8	1,4
Yen	2,2	2,7	2,1	1,9
Dollar	2,2	2,6	2,6	3

Source : OCDE.

• **En matière de stabilité des prix, le SME a été incontestablement une réussite** : le rythme moyen d'inflation des pays membres a diminué et les écarts entre pays se sont réduits. En 1979, les taux d'inflation s'étalaient de 24 % pour le Portugal à 4 % pour la Belgique et s'établissaient en moyenne à 11,6 % ; en 1991,

1. H. Bourguinat, *Les vertiges de la finance internationale*, *op. cit.*

la moyenne de l'inflation est de 5 % et les taux se distribuent entre 18 % pour la Grèce et 2 % pour le Danemark.

On peut donc dire que le SME a joué comme une force de rappel, en assurant une meilleure convergence des taux d'inflation des pays membres. Au demeurant, des pays comme l'Espagne et le Royaume-Uni sont entrés dans le mécanisme de change du SME (respectivement en 1989 et 1990) pour bénéficier de cette **crédibilité importée** en matière d'inflation [1]. Ce mouvement de désinflation à l'intérieur du SME s'explique en partie par le rôle prépondérant de la politique monétaire allemande : en fixant leur taux de change par rapport au deutsch mark, les pays du SME ont importé la crédibilité allemande en matière de lutte contre l'inflation et découragé ainsi leurs tentations inflationnistes.

Le rôle du SME dans la lutte contre l'inflation doit être néanmoins relativisé : on ne saurait en effet oublier que, entre 1979 et 1987, les différentiels d'inflation entre pays ont été relativement importants et conduisaient à des réalignements périodiques des parités, à l'image des dévaluations du franc par rapport au mark (graphique 8). C'est dire qu'au sein du SME l'objectif de stabilité des prix est un objectif relativement récent :

> Il y a eu en réalité deux SME et deux approches de l'inflation. Durant les premières années, de 1979 à 1985, ont coexisté dans le SME des pays très attachés à un faible taux d'inflation tels que l'Allemagne, et des pays relativement désinvoltes sur ce point comme l'Italie – ou, à un moindre degré, la France. En gros, une zone mark et une zone franc [...]. Puis est arrivée une deuxième période durant laquelle la zone franc s'est rétrécie graduellement. La France, vouée par Pierre Bérégovoy à la politique du franc fort, a fini elle aussi par rejoindre les durs de la lutte anti-inflation. C'est depuis ce temps-là, et seulement depuis, que le SME est devenu un système dédié à la stabilité des prix, une zone mark [2].

Ajoutons que plusieurs études économétriques récentes ne parviennent pas à mettre en évidence un gain significatif de crédibilité pour les partenaires non allemands du SME. Ainsi, Blanchard et Muet [3] (1993) montrent que la désinflation n'a pas été plus rapide et ne s'est pas opérée avec un coût moindre en termes de chômage dans le SME par rapport aux autres pays de l'OCDE. Dans le cas de la France, les deux auteurs aboutissent à la conclusion selon laquelle la désinflation des années 1980 a été principalement obtenue par la désindexation des salaires et non par l'appartenance au SME.

► **En dépit de ces réussites, le SME a néanmoins prêté le flanc à la critique** :

1. La thèse de la crédibilité importée, développée par Giavazzi et Pagano (« The advantage of tying one's hand : EMS discipline and central bank credibility », *European Economic Review*, 1988), est reprise dans le chapitre 7.
2. Ch. Riché, P. Wyplosz, *L'union monétaire de l'Europe*, Paris, Seuil, « Points Économie», 1993.
3. « Competitiveness through disinflation : an assessment of the French macroeconomic strategy », *Economic Policy*.

Graphique 8
Prix relatifs France/Allemagne et taux de change

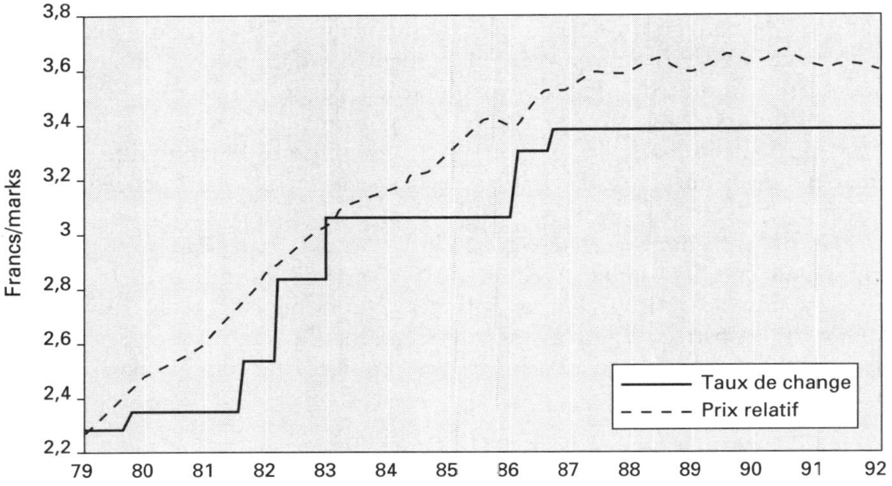

— le SME a souvent été accusé de fonctionner de manière asymétrique : la RFA, qui constitue l'ancre du système, fixe sa politique monétaire (en l'occurrence une politique monétaire restrictive) et les autres pays s'alignent, alors même qu'ils n'ont pas les mêmes contraintes macroéconomiques, notamment en termes d'emploi. Cette asymétrie renvoie au **principe N – 1** : lorsque N pays forment un système à taux de change fixe, seuls N – 1 pays doivent y consacrer leur politique monétaire ; il subsiste un degré de liberté dans le système, qui revient de fait dans le SME à la monnaie allemande ;
— le SME n'a pas empêché la CEE de réaliser durant les années 1980 de médiocres performances en matière de croissance économique et de taux de chômage. La CEE présente sur l'ensemble de la période un taux moyen de croissance annuelle du PNB en volume inférieur à celui du Japon et des États-Unis ;
— le SME n'a pas opéré de convergence entre pays en matière de chômage : les disparités de taux de chômage se sont même accrues. En 1990, les taux de chômage s'établissaient entre 1,3 % (Luxembourg) et 16 % (Espagne) ; en 1979, les taux de chômage sont compris entre 0,7 % (Luxembourg) et 8,5 % (Espagne).

► **Le SME a dû affronter de graves turbulences, en particulier à l'occasion des crises de 1992-1993.**

Afin de saisir la spécificité de ces crises, il importe de les resituer dans leur contexte : le début des années 1990 a été en effet marqué par un phénomène nouveau, **la mobilité des capitaux**. Au cours des années 1980, les mouvements de capitaux étaient restés limités, étant donné que de nombreux pays de la CEE disposaient d'un système de **contrôle des changes** (à l'image de la France et de l'Italie). Mais en octobre 1989 et en juillet 1990, deux directives de la CEE ont organisé la libéralisation des mouvements de capitaux en Europe : désormais l'épargne y circule librement. Or la mobilité des capitaux modifie radicalement les règles de fonctionnement du SME, comme l'a mis en évidence Padoa Schioppa au travers du **triangle d'incompatibilité** : il est impossible de concilier la mobilité des capitaux avec la stabilité des taux de change et l'autonomie des politiques monétaires (voir encadré).

Cette mobilité des capitaux n'a pas eu immédiatement d'effet déstabilisant sur le taux de change et l'on a même parlé de **paradoxe de la stabilité** : les mouvements de capitaux sont restés faibles au début des années 1990, alors même que l'on s'attendait à de fortes restructurations des portefeuilles. Toutefois, dès 1990, on assiste à la formation de bulles spéculatives sur les monnaies faibles : les pays qui avaient les taux d'inflation les plus élevés et donc les taux d'intérêt nominaux les plus élevés ont attiré les capitaux étrangers ; cela s'est traduit par une appréciation de leur taux de change. Ainsi, durant l'été 1990, la peseta et la lire sont devenues les monnaies fortes du SME, alors même que le taux d'inflation de l'Espagne et de l'Italie était le double de celui de l'Allemagne.

C'est dans ce contexte de libéralisation des mouvements de capitaux que se déclenche la crise en 1992 et 1993. Rappelons quelques dates clés de cette période noire : le 13 septembre 1992 la lire est dévaluée de 7,5 % ; quelques jours plus tard, la livre britannique et la lire sortent du SME, tandis que la peseta est dévaluée une première fois. Les attaques spéculatives reprennent en janvier 1993 contre le franc et contre la punt irlandaise, qui est dévaluée en mars 1993 ; le 13 mai, la peseta est de nouveau dévaluée ainsi que l'escudo. En juillet 1993, une nouvelle attaque spéculative se porte contre le franc, qui ne débouche pas sur une dévaluation mais conduit à une réforme profonde du SME : à la suite de l'accord de Bruxelles du 2 août 1993, les marges de fluctuations autour du cours-pivot sont élargies à + ou – 15 %. L'élargissement des bandes de fluctuations est tel qu'on ne peut plus véritablement parler de fixité des changes entre les monnaies européennes.

► **Comment expliquer ces crises à répétition de 1992 et 1993 ?** Deux explications principales ont été avancées :

Le triangle d'incompatibilité

Montrons qu'il est impossible pour un pays de concilier fixité des changes, mobilité des capitaux et maîtrise de la politique monétaire, sauf si ce pays constitue l'ancre du système :

- si le pays choisit la fixité des changes et la mobilité des capitaux, il n'a plus la maîtrise de ses taux d'intérêt : par exemple, s'il baisse ses taux d'intérêt, la fuite des capitaux remet en cause la fixité du change, en dépréciant la monnaie nationale. Tel a été le cas des Pays-Bas, qui ont aligné leur politique monétaire sur celle de l'Allemagne dès le début des années 1980 ;
- si le pays choisit la liberté des mouvements de capitaux et la maîtrise de sa politique monétaire, il doit adopter un régime de changes flottants : une politique monétaire expansive se traduit alors par une fuite des capitaux et une dépréciation du change. Tel est le cas des États-Unis, du Japon, qui ont opté pour des changes flexibles. Seul le pays ancre du système peut concilier les trois objectifs, dans la mesure où il n'a pas véritablement de contrainte de fixité du taux de change ;
- si le pays souhaite conserver la fixité des changes tout en maîtrisant sa politique monétaire, il doit limiter les mouvements de capitaux (par un contrôle des changes). Cette solution a prévalu au sein du SME pour les pays à monnaie faible (France, Italie, Irlande, Belgique), lesquels disposaient d'un contrôle des changes.

Le tableau ci-après fournit une illustration de cette « impossible trilogie ».

	Politique monétaire autonome	*Taux de change fixes (mais ajustables)*	*Liberté des mouvements de capitaux*
États-Unis	Oui	Non	Oui
Allemagne années 1990	Oui	Non Le mark flotte par rapport au dollar. Aux autres pays revient le soin de maintenir la parité de leur monnaie par rapport au mark	Oui Sauf brièvement dans les années 1970
France années 1980-1985	Oui	Oui	Non Contrôle des changes
France années 1990	Non La Banque de France aligne ses taux sur ceux de la Buba	Oui Pas de dévaluation depuis 1987	Oui Depuis le 1er janvier 1990
Grande-Bretagne après septembre 1992	Oui A baissé ses taux d'intérêt	Non A quitté le SME	Oui
Europe en UEM	Oui LA BCE en est chargée	Non L'ECU flotte par rapport au dollar	Oui

Source : Riché, Wyplosz, *op. cit.*

— à la suite du processus de déréglementation financière, le SME avec des marges étroites ne pouvait plus résister à l'ampleur des mouvements de capitaux, les réserves de change des États étant faibles par rapport au volume des capitaux privés. Ces mouvements de capitaux ont pu alimenter des **attaques spéculatives autoréalisatrices** : si la majorité des spéculateurs estiment que la monnaie du pays X va se déprécier, alors même qu'aucune raison objective ne justifie cette anticipation, les capitaux vont sortir du pays X, ce qui conduit effectivement à une dépréciation du change, entérinée par une dévaluation. On voit ici qu'une crise de change peut survenir, même si les politiques économiques sont compatibles avec la stabilité à long terme du taux de change : la crise résulte d'un mécanisme de prophétie autoréalisatrice ;
— la conjugaison de politiques monétaires restrictives et de taux de chômage élevés a conduit les opérateurs à douter de la crédibilité du SME et du passage à l'UEM. Rappelons en effet qu'en 1992 l'Allemagne, craignant un dérapage inflationniste après la réunification, décide de resserrer sa politique monétaire : les taux d'intérêt augmentent fortement outre-Rhin. À la même époque, les pays européens traversent une période de récession : le chômage se développe, en particulier en France. Dans ces conditions, la décision de la Bundesbank place les pays du SME devant un dilemme : soit ils resserrent leur politique monétaire, pour éviter une fuite des capitaux ; soit ils dévaluent leur monnaie par rapport au GC pour relancer l'activité. Les pays européens choisissent dans un premier temps la solution de la rigueur : ils augmentent leurs taux d'intérêt pour ne pas décrocher vis-à-vis du mark et ne pas compromettre la marche vers l'UEM. Or le niveau élevé du chômage en Europe justifiait au contraire une baisse des taux d'intérêt nominaux pour relancer l'activité. Qui plus est, le rejet du traité de Maastricht par les Danois en juin 1992 puis le timide « oui » des Français ont conduit les marchés financiers à douter de la réalisation de l'union monétaire. Dans ces conditions, les spéculateurs ont estimé que cette situation ne pourrait perdurer : anticipant des dévaluations à venir, ils ont mené une attaque préventive.

On retrouve ici le modèle usuel de crise de balance des paiements, développé notamment par Krugman (graphique 9) : si un pays se caractérise par un taux d'inflation supérieur à celui de ses concurrents, il doit connaître une perte continue de ses réserves de change ; lorsque les réserves de change sont épuisées ou atteignent un seuil critique R*, le pays est contraint de passer à un régime de changes flexibles. Anticipant ce changement, les détenteurs de la devise mènent une attaque spéculative préventive et la crise de change survient en t' c'est-à-dire avant t^*.

3. Les pays d'Europe se sont engagés dans une Union économique et monétaire

C'est en avril 1989 que le **plan Delors** pose les jalons du passage à l'étape ultime de l'intégration : l'Union économique et monétaire (UEM), caractérisée par la fixité

Graphique 9
Le principe de l'attaque préventive

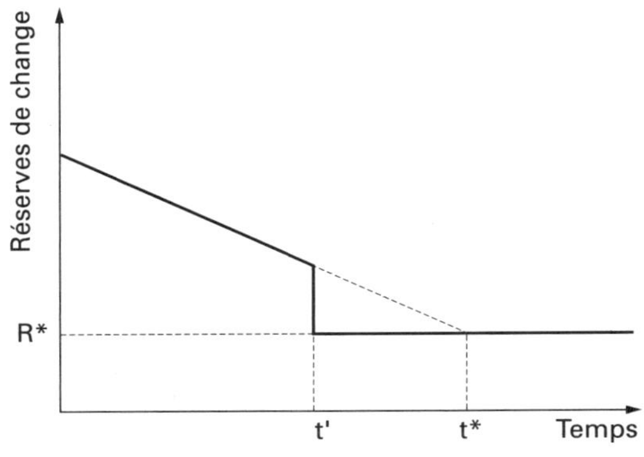

irrévocable des taux de change et par la création d'une monnaie unique [1]. L'impulsion donnée par le plan Delors aboutit à la signature à Maastricht du **traité d'Union européenne** le 7 février 1992, qui précise les conditions de la marche vers l'UEM. Ce traité prévoit le passage à une monnaie unique, après une période transitoire et à la condition que les pays membres remplissent certains critères de convergence.

Soulignons d'emblée que la réalisation d'une union monétaire n'impliquait pas nécessairement l'adoption d'une **monnaie unique**. En effet, on peut très bien conserver les différentes monnaies nationales et déterminer entre elles des parités définitivement fixes. De même, comme le souhaitaient les Anglais, on aurait pu instaurer parallèlement aux différentes monnaies nationales une **monnaie commune** à l'ensemble des pays membres.

▸ **Le traité de Maastricht prévoit un passage progressif à l'UEM, agencé en trois phases** : il s'inscrit donc dans une perspective gradualiste, où la convergence précède la réalisation de l'union monétaire.

— la **phase 1** débute en juillet 1990 avec l'instauration de la liberté totale de circulation des capitaux et le développement de la coordination des politiques économiques. En outre, le mécanisme de change du SME est étendu à toutes les monnaies ;

1. Soulignons ici qu'il existe peu d'exemples d'instauration d'une monnaie unique dans l'histoire contemporaine, si ce n'est les États-Unis (avec le dollar) et les États allemands (avec l'adoption du mark en 1876).

— la **phase 2** a démarré en juillet 1994, qui vise à renforcer la coordination des politiques monétaires et est marquée par la création de l'Institut monétaire européen (IME), devant préparer la mise en place de la monnaie unique et préfigurant la Banque centrale européenne (BCE) ;
— la **phase 3** a consisté à finaliser le passage à la monnaie unique. À l'occasion du **sommet de Bruxelles** (2-3 mai 1998), il a été décidé que l'Allemagne, la Belgique, l'Espagne, la Finlande, la France, l'Irlande, l'Italie, le Luxembourg, les Pays-Bas et le Portugal étaient qualifiés pour la formation le 1er janvier 1999 de l'Union monétaire. En deuxième lieu, le Conseil de l'Union a fixé de manière irrévocable les parités bilatérales entre les monnaies qui font partie de l'UEM. En dernier lieu, le Conseil de l'Union a arrêté la composition du futur directoire de la Banque centrale européenne (BCE), avec la nomination de Wim Duisenberg comme président.

Comme prévu, l'euro est entré en vigueur le 1er janvier 1999 ; jusqu'en 2002 néanmoins, l'euro n'a été disponible que sous forme scripturale, avant de remplacer définitivement les pièces de monnaie et billets nationaux à partir du 1er janvier 2002.

Les critères de convergence

L'adoption de critères de convergence repose sur une vision gradualiste du passage à l'UEM. Cette conception gradualiste s'oppose à la vision d'un big-bang ou d'une « marche forcée », défendue par les monétaristes : selon ces derniers, l'union monétaire doit être immédiate car c'est elle qui imposera une contrainte de convergence entre les pays.

Le choix des critères de convergence s'est révélé délicat, car il fallait éviter deux écueils :

— des critères trop souples accélèrent artificiellement la convergence : l'UEM risque alors de « s'autodétruire » au premier choc exogène ;
— des critères trop stricts retardent la convergence et font tendre l'UEM vers une solution triviale.

Quels sont les critères de convergence retenus ? Ils sont au nombre de 5 (article 109 J du traité) :

— un faible taux d'inflation : ce dernier ne doit pas dépasser de plus de 1,5 % le taux d'inflation moyen des trois pays les plus performants en la matière ;
— un déficit budgétaire limité à moins de 3 % du PIB ;
— un endettement public limité à moins de 60 % du PIB ;
— des taux d'intérêt réels à long terme supportables : ils ne doivent pas excéder de 2 % ceux des trois pays ayant les taux les plus bas ;
— des changes stables : la monnaie d'un pays ne doit pas avoir connu de dévaluation depuis au moins deux ans.

Soulignons qu'en 1996 bien peu de pays satisfaisaient aux exigences des critères de convergence : en particulier, ni la France ni l'Allemagne ne semblaient en mesure de respecter tous les critères du traité de Maastricht. Côté français, le déficit annuel des finances publiques dépassait les 3 % du PNB. Dans ces conditions, pour réaliser l'UEM début 1999, la France, qui respectait par ailleurs facilement tous les autres critères du traité, devait ramener le besoin de financement de ses administrations publiques de 5 % du PIB en 1995 à 3 % en 1997, ce qui revient à effacer

160 milliards de francs de déficit en deux ans. Côté allemand, le problème était le même avec, en plus, celui d'une dette publique, qui excédait la limite imposée des 60 %.

En dépit de ces obstacles, de remarquables progrès ont été accomplis en 1997 et 1998 dans la réalisation des critères de convergence :

— en matière de déficit public, tous les pays, à l'exception de la Grèce (4 %), ont réalisé en 1997 un déficit inférieur à la valeur de référence de 3 % ;
— en matière de stabilité des prix, la hausse moyenne des indices de prix à la consommation en 1997 a été inférieure dans quatorze pays membres à la valeur de référence (2,7 %). Seule la Grèce fait exception : la hausse des prix y a été de 5,2 %, bien inférieure à ce qu'elle avait été au cours des dernières années, mais toujours très au-dessus de la valeur de référence ;
— en ce qui concerne l'endettement public, quatre pays satisfont en 1997 au ratio de référence (60 %) : il s'agit de la France, du Luxembourg, de la Finlande et du Royaume-Uni. L'amélioration des finances publiques a été marquée dans les autres pays : la Commission prévoit pour 1998 une réduction du ratio d'endettement jusqu'au niveau de référence pour le Danemark, l'Irlande et le Portugal ; dans les pays les plus endettés (Italie, Grèce, Belgique), les ratios d'endettement ont fortement diminué ;
— en 1997, la moyenne des taux à long terme a été inférieure à la valeur de référence (7,8 %) dans quatorze États membres. Seule la Grèce s'écarte fortement de la valeur de référence, avec un taux à long terme de 9,8 % ;
— durant la période de référence 1996-1998, dix pays ont participé au SME depuis deux ans au moins. Deux monnaies y ont participé pour une période plus courte (mark finlandais et lire italienne). Trois devises sont restées en dehors du SME pendant la période de référence (drachme grecque, couronne suédoise et livre sterling). Chacune des dix devises du SME s'est en général échangée à des taux proches de ses taux-pivot bilatéraux, à l'exception de la livre irlandaise.

► **L'adoption d'une monnaie unique présente de nombreux avantages** [1] **:**

— elle permet de supprimer les coûts de transaction résultant de la conversion des monnaies : selon les calculs de la Commission, les coûts de transaction représentent chaque année entre 0,3 et 0,4 % du PIB total des pays de la CEE, soit 90 à 130 milliards de francs ;
— elle élimine toute incertitude sur l'évolution du taux de change : il n'est plus besoin de se couvrir contre la volatilité des taux de change entre pays européens. Cela étant, la monnaie unique ne résout pas la question de la volatilité des monnaies européennes par rapport au dollar et au yen ;
— elle permet de supprimer les primes de risque incorporées dans les taux d'intérêt des pays à monnaie faible, ce qui devrait se traduire par une détente des taux d'intérêt favorable à la reprise de l'investissement ;
— elle permet de faire de l'euro une monnaie internationale, compte tenu du poids économique de la CEE ;
— elle doit conduire à la disparition de l'asymétrie en faveur de l'Allemagne : la BCE, qui remplacera le pouvoir de fait de la Bundesbank, devra prendre en considération les problèmes de l'ensemble des pays de la CEE. La structure

1. Pour une présentation exhaustive des arguments en faveur et à l'encontre de l'UEM, voir : A. Fourçans, « L'union monétaire de l'Europe : fondements théoriques, problèmes et propositions », *Revue d'économie politique*, 1991 ; Ch. de Boissieu, « Avantages de l'Union économique et monétaire », *Revue d'économie politique*, 1991.

démocratique de l'UEM implique une répartition du pouvoir telle que tous les membres auront un droit de vote : un véritable partage du pouvoir monétaire devrait en résulter ;
— elle évite l'inflation importée qu'engendrent par les dévaluations et oblige les pays à s'aligner sur le taux d'inflation le plus bas.

► **Les détracteurs du plan Delors doutent du bien-fondé et de l'efficacité d'une monnaie unique.**

• **Selon certains, la marche vers la monnaie unique entraînerait la mise en place de politiques déflationnistes**, dont le coût est élevé en termes de chômage : telle est l'argumentation développée par Cotta [1] et reprise en 1993 par des économistes du MIT (Blanchard, Dornbusch, Fisher, Modigliani, Samuelson, Solow). Ces derniers dressent un bilan sévère du fonctionnement récent du SME, à l'occasion de la crise de 1993 :

> Le facteur le plus important de cette débâcle est de loin la politique de taux d'intérêt élevés de la Bundesbank [...]. La conséquence de ces taux d'intérêt élevés partout en Europe a été que le chômage a battu des niveaux records [...]. Il semble que l'on rejoue les années 1930. À l'époque on expliquait qu'il était impératif de se cramponner à l'étalon-or et ceci à n'importe quel prix ; aujourd'hui le sentiment est qu'il faut s'accrocher au mark [2].

• **L'adoption d'une monnaie unique signifie la disparition du taux de change, variable d'ajustement en cas de choc asymétrique.**

Lorsqu'un pays est confronté de manière isolée à une récession, il peut tenter d'amortir le choc en modifiant son taux de change : la dévaluation ou la dépréciation peut lui permettre de relancer ses exportations et de limiter les importations. Néanmoins, cette solution ne peut prévaloir que si le choc est asymétrique : dans le cas contraire, la dévaluation ou la dépréciation du change présente peu d'intérêt puisque tous les pays sont affectés de manière identique par la récession.

Pour un pays, le renoncement à son taux de change dépend donc de la probabilité d'un choc asymétrique, qui est elle-même fonction de deux facteurs :

— le degré d'intégration entre les pays : plus les pays commercent fortement entre eux, plus les chocs sont symétriques, dans la mesure où ils se transmettent entre partenaires par le canal des exportations et des importations. On voit donc que le coût d'une monnaie unique décroît avec le niveau d'intégration économique. L'UEM rassemble précisément des pays qui commercent fortement entre eux, à l'image du couple France-Allemagne : la plupart des pays de la CEE exportent 10 à 20 % de leur production vers les autres pays membres ;
— la spécialisation des pays qui composent l'union monétaire : plus les pays sont spécialisés, plus ils risquent d'être soumis à des chocs spécifiques. Les pays

1. *Pour l'Europe, contre Maastricht,* Paris, Fayard, 1992.
2. Article du *Financial Times,* 6 août 1993.

européens tels que la France et l'Allemagne présentent des structures de production relativement diversifiées, ce qui atténue les effets d'un choc sectoriel.

Le choix d'une union économique et monétaire (par rapport au maintien du taux de change) peut être appréhendé au travers d'une analyse coût/bénéfice, comme le suggère Krugman. Le coût d'une UEM est une fonction décroissante du niveau d'intégration entre les pays (droite CC sur le graphique 10) ; le bénéfice d'une UEM est une fonction croissante du niveau d'intégration (droite BB) : plus les pays commercent entre eux, plus ils ont intérêt à supprimer le taux de change pour éviter le risque de change et les coûts de transaction. Si les coûts l'emportent sur les bénéfices, les pays ont intérêt à conserver leur taux de change (segment OA) ; en revanche, si les coûts d'une UEM sont inférieurs aux bénéfices, les pays doivent adopter une monnaie unique.

Graphique 10
Le choix d'une monnaie unique

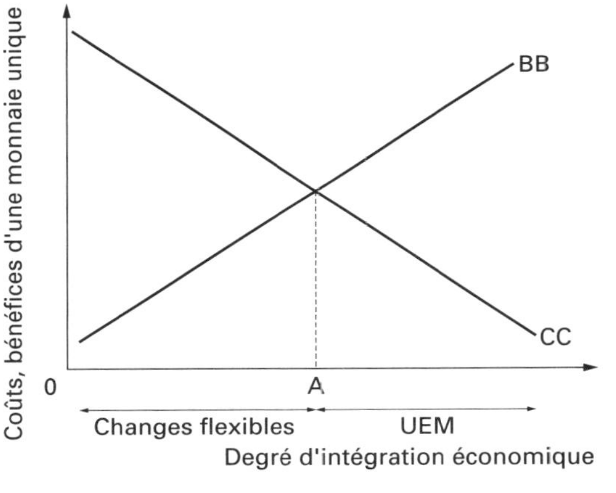

À ce stade de l'analyse, on serait tenté de conclure que l'Europe a intérêt à opter pour une monnaie unique, compte tenu de la faible probabilité de chocs asymétriques. Mais il faut également s'interroger sur les mécanismes d'ajustement dont disposerait l'Europe, en cas de choc symétrique : existe-t-il une variable qui puisse se substituer au taux de change ? Cette question a donné lieu depuis les années 1960 à un foisonnement de travaux théoriques et empiriques, qui tournent autour de la notion de **zone monétaire optimale**. Une zone monétaire comprenant *n* pays est qualifiée d'optimale si, lors de chocs asymétriques affectant la demande de produits ou l'offre de facteurs d'un de ces pays, il existe un mécanisme d'ajustement permettant de résorber le choc rapidement. Trois variables d'ajustement sont généralement envisagées :

— la mobilité du facteur travail : selon Mundell [1], deux pays A et B ont intérêt à former une zone monétaire, si la mobilité du facteur travail est forte à l'intérieur de la zone. À l'inverse, si le facteur travail est peu mobile, les deux pays doivent conserver des taux de change flexibles. Illustrons ce principe par un exemple ; supposons que les pays A et B souhaitent créer une union monétaire. Si un choc de productivité positif affecte le pays B, la demande de produits se déplace alors du pays A vers le pays B. Un chômage apparaît dans le pays A ainsi qu'un déficit de sa balance courante. À l'inverse, dans le pays B, la forte activité crée des tensions inflationnistes et un excédent de la balance commerciale. Afin de corriger ces déséquilibres, le pays A peut dévaluer sa monnaie par rapport au pays B. Mais une autre solution est possible : si le facteur travail est mobile, le rééquilibrage se fera par les migrations du pays A vers le pays B, sans que l'on ait besoin de jouer sur le taux de change. Dans ce cas, les deux pays peuvent très bien supprimer leur taux de change puisqu'il existe un mécanisme substituable d'ajustement :

> Les États-Unis sont un exemple de vaste zone monétaire qui fonctionne : lorsque le Texas est en crise, une bonne partie des Texans changent d'État, sans trop d'états d'âme. Autre exemple, beaucoup plus près d'ici : en Allemagne, plusieurs centaines de milliers d'habitants de l'ex-RDA sont passés à l'Ouest pour y trouver du travail. Dans le Mecklembourg-Poméranie, le Land le plus pauvre d'Allemagne, 100 000 habitants (soit 1 sur 20) avaient déjà déménagé vers l'Ouest en 1992, plus de 60 000 autres travaillaient dans la journée à Hambourg, Berlin, ou Lübeck et revenaient chez eux le soir. Pour cette région qui connaît déjà un taux de chômage de 17 %, ces migrations ont grandement atténué le choc de l'unification [2].

— les transferts budgétaires : pour reprendre notre exemple, si le pays B connaît un choc de productivité positif et qu'il n'y a plus de taux de change entre A et B, un système de transferts de revenus du pays B vers le pays A permet d'amortir la récession dans le pays A. Ainsi, aux États-Unis, le principe du fédéralisme fiscal est très développé : les États soumis à un choc négatif reçoivent automatiquement un appui du gouvernement fédéral sous la forme d'un transfert de revenus, financés par les autres États : on a calculé qu'aux États-Unis, lorsqu'une région perd 100 $ par rapport au reste de l'Union, elle reçoit sous cette forme automatique une assistance de 20 $. Le tremblement de terre qui a secoué la Californie en 1992 constitue un exemple célèbre de choc négatif, qui a été lissé par le fédéralisme fiscal ;

— la flexibilité des prix et des salaires : le pays affecté par la récession peut relancer ses exportations en modifiant le taux de change réel par une baisse des salaires et des prix.

1. « A theory of optimum currency areas », *American Economic Review*, 1961.
2. Ch. Riché, P. Wyplosz, *L'union monétaire de l'Europe*, *op. cit.*, p. 211.

Au regard de ces différents critères, l'Europe constitue-t-elle une zone monétaire optimale ? Il est permis d'en douter dans la mesure où :

— l'Europe ne dispose pas encore d'un système de fédéralisme fiscal, à la différence des États-Unis ;
— les prix et les salaires sont relativement rigides à la baisse dans la plupart des pays européens ;
— si l'on considère le critère de mobilité du facteur travail, les migrations intra-européennes restent limitées (notamment en raison de l'obstacle de la langue), comparativement à la situation des États américains. Ainsi, Englander et Egebo ont montré que le taux de migrations de la main-d'œuvre (immigrés et émigrés exprimés en % par rapport à la population) n'est que de 0,41 % entre la France et les autres pays du SME, alors qu'il atteint 1,5 % entre les provinces canadiennes et 2,8 % entre les États des États-Unis. Le seul pays européen comparable aux pays nord-américains est la Belgique, où le taux de migration atteint 1,6 %.

Comment expliquer la faible mobilité du facteur travail en Europe, alors même qu'il n'existe aucune entrave juridique à la libre circulation des personnes [1] ? La faible ampleur des flux migratoires s'explique par des facteurs institutionnels tels que les conditions d'emploi dans la fonction publique, le droit de résidence des inactifs et des chômeurs, la reconnaissance mutuelle des qualifications professionnelles, le développement de l'accession à la propriété, la pluriactivité des ménages, le niveau des prestations sociales. En particulier, un niveau élevé de prestations sociales – et en particulier d'allocations chômage – peut constituer un frein à la mobilité des chômeurs. Mais au-delà de ces obstacles institutionnels, deux facteurs économiques viennent limiter l'incitation à la migration. Il s'agit respectivement de :

— la conjoncture : les migrations sont dépendantes de la situation globale de l'emploi en Europe. De ce point de vue, le ralentissement de la mobilité de la main-d'œuvre durant les années 1970-1980 n'est que le reflet d'une dégradation générale du marché de l'emploi : « Un chômage élevé dans les régions pourrait limiter les mouvements migratoires internes : les actifs occupés sont moins enclins à changer d'emploi et les chômeurs de domicile, dans la mesure où leurs perspectives d'emploi ne sont pas sensiblement meilleures dans une autre région » (p. 114) ;
— le rattrapage économique : les migrations observées durant les Trente Glorieuses en Europe ont été motivées par les écarts de revenu par tête entre les pays d'Europe (songeons, au cours des années 1950-1960, aux migrations d'Italiens et d'Espagnols à destination des pays du nord de l'Europe). Le processus de convergence des économies européennes réduit aujourd'hui l'incitation à

1. S. Mantel, « Quelles perspectives pour la mobilité du travail dans l'UEM ? », *Économie et statistique*, n° 262-263, 1993.

migrer. On voit ici que la décision de migrer dépend non seulement des caractéristiques du pays d'origine (taux de chômage, etc.), mais également et surtout des caractéristiques de la région d'accueil.

• **L'UEM peut inciter les pays membres, privés de l'arme monétaire, à s'engager dans des politiques de déficits budgétaires en cas de choc.**

Plusieurs raisons, soulignées dans le rapport du Comité Delors (1989), justifient les craintes de déficits budgétaires excessifs en UEM :

— l'UEM réduit la capacité de chaque État d'opérer des prélèvements fiscaux. En effet, la mobilité des facteurs rend plus fugitives les bases d'imposition ;
— l'Union monétaire supprime la possibilité pour un État de se procurer éventuellement des recettes par le seigneuriage (financement monétaire du déficit) ;
— si le pays emprunte en euros (alors qu'il empruntait jusque-là en sa propre monnaie), les taux d'intérêt devraient être moins élevés, compte tenu de la profondeur du marché. De plus, « il est possible qu'un gouvernement, au sein d'une union monétaire, cherchant à augmenter ses emprunts sur les marchés de capitaux, ne soit pas autant pénalisé par une hausse des taux d'intérêt réels de même ampleur que si le pays avait conservé une monnaie qui lui soit propre. Les taux d'intérêt risquent d'augmenter dans une proportion moindre, dans toute l'Union, et tous les États membres en seront affectés [1] » ;
— en supprimant la sanction (très visible) de la dépréciation du taux de change, l'Union rend la politique budgétaire expansive plus tentante ;
— un pays ayant de forts déficits budgétaires peut anticiper une monétisation de la dette de la part de la Banque centrale européenne ; ce faisant il fait supporter le coût, en termes d'inflation et de crédibilité de la politique monétaire, à l'ensemble des membres de l'Union. Cette anticipation de monétisation dépend bien sûr de la manière dont est perçue la BCE : plus cette dernière est indépendante à l'égard du pouvoir politique, plus il paraît difficile d'infléchir ses orientations, en cas de difficultés budgétaires. Précisément, les statuts de la BCE lui interdisent de prendre en charge les engagements d'un État membre.

Afin de prévenir d'éventuelles dérives des politiques budgétaires en UEM, un **pacte de stabilité** a été ratifié par le Conseil européen d'Amsterdam en juin 1997. Ce pacte comprend plusieurs dispositions :

— un renforcement de la procédure de surveillance multilatérale des politiques économiques. Chaque État doit présenter annuellement un « programme de stabilité » comprenant des prévisions macroéconomiques, avec les dépenses et recettes budgétaires anticipées. Le Conseil les examine et peut par la suite adresser des recommandations de politique économique ;
— un système de sanctions, si le déficit budgétaire est jugé excessif par la majorité des membres du Conseil européen. En cas de sanctions, le Conseil demande un dépôt par l'État sanctionné ne portant pas intérêt et équivalent à 0,2 %

1. D. Stasavage, « Le pacte de stabilité de l'UEM : crédible et efficace ? », *Problèmes économiques*, n° 2573, 1998.

du PIB auquel s'ajoute un élément variable selon l'ampleur du dépassement, le dépôt maximum s'élevant à 0,5 % du PIB. Si dans les deux années qui suivent le dépassement n'est pas corrigé, le dépôt est converti en amende. Normalement, un déficit de plus de 3 % du PIB est considéré comme « excessif », mais diverses possibilités sont envisagées si un pays doit faire face à des « circonstances exceptionnelles et temporaires ». En particulier, si le dépassement de la valeur de référence (3 %) est consécutif à une récession grave (baisse annuelle du PIB d'au moins 2 %), la procédure de sanction ne s'applique pas.

Durant les années 2003-2004, plusieurs pays de l'Union européenne avaient franchi le seuil des 3 % du PIB, conduisant la Commission à engager des procédures pour déficits excessifs notamment à l'encontre de la France, de l'Allemagne et des Pays-Bas. Ainsi, en 2004, le déficit a atteint 6,6 % en Grèce, 3,7 % en Allemagne, 3,6 % en France, tandis que l'Irlande, la Suède et le Danemark enregistraient... des excédents budgétaires. La situation s'est améliorée de 2004 à 2007, avec une diminution des déficits dans la plupart des pays de la zone euro, notamment sous l'influence de la reprise économique.

Avec la crise économique de 2008-2009, les déficits publics ont fortement augmenté dans la zone euro, passant de 2,0 % du PIB en 2008 à 6,3 % en 2009, avec des niveaux élevés en Grèce (– 15,4 %), en Irlande (– 14,4 %), au Royaume-Uni (– 11,4 %), en Espagne (– 11,1 %) ou au Portugal (– 9,3 %). Aucun État membre n'a enregistré un excédent public en 2009. Le ratio de la dette publique par rapport au PIB a également crû dans la zone euro, de 69,8 % en 2008 à 79,2 % en 2009. Certains États membres ont affiché un ratio de dette publique supérieur à 60 % du PIB en 2009, à l'image de la Grèce (126,8 %), de l'Italie (116,0 %), de la Belgique (96,2 %), de l'Allemagne (73,4 %) ou du Royaume-Uni (68,2 %). Dans le cas de la France, le déficit public a atteint en 2009 7,5 % du PIB tandis que la dette publique représente 78,1 % du PIB (tableau 8).

Tableau 8
Évolution des principaux ratios de finances publiques en France

Taux en % du PIB	*2006*	*2007*	*2008*	*2009*
Déficit public notifié[1]	- 2,3	- 2,7	- 3,3	- 7,5
Dette publique notifiée[1]	63,7	63,8	67,5	78,1
Dette publique nette[2]	59,4	59,1	61,6	71,1
Recettes publiques	50,4	49,6	49,5	48,4
Dépenses publiques	52,7	52,3	52,8	56,0
Prélèvements obligatoires	43,9	43,2	42,9	41,6

1. Au sens du traité de Maastricht
2. La dette publique nette est égale à la dette publique notifiée diminuée de certains éléments actifs.

Source : INSEE 2010

► **L'adoption d'une monnaie unique en Europe pose la question du statut international de l'euro, face à la suprématie du dollar.**

• **L'euro peut-il devenir une monnaie internationale ?**

Comme nous l'avons vu dans le chapitre 7, toute monnaie remplit une triple fonction : elle est à la fois unité de compte, moyen de paiement et réserve de valeur. Il en va de même pour une monnaie qui aspire à devenir « monnaie internationale », à l'image du dollar. À la suite de Krugman (*Currency and crisis*, 1991), on qualifie une monnaie d'« internationale » lorsque ces trois conditions sont réunies, à la fois au niveau du secteur privé et des gouvernements :

— unité de compte : la monnaie est utilisée par les agents privés pour libeller les prix, à l'image du pétrole dont les cours sont exprimés en dollars. Au niveau des gouvernements, l'ancrage à une monnaie de référence constitue un engagement crédible des autorités monétaires à limiter (voire supprimer) les fluctuations du taux de change national par rapport à cette monnaie ;
— moyen de paiement : au niveau privé, les règlements (que ce soit pour les biens, les services ou les produits financiers) s'effectuent avec cette monnaie internationale. Dans le cas des gouvernements, il s'agit d'une monnaie qui est utilisée pour intervenir sur le marché des changes en cas de variation non souhaitée du taux de change entre cette monnaie de référence et la monnaie nationale ;
— réserve de valeur : les agents privés investissent leur épargne et les banques centrales disposent de réserve de change dans cette monnaie « internationale ».

	Secteur privé	*État*
Unité de compte	Monnaie de libellé	Monnaie d'ancrage
Moyen de paiement	Monnaie véhiculaire	Monnaie d'intervention
Réserve de valeur	Monnaie d'investissement	Monnaie de réserve

Dans quelle mesure l'euro a-t-il le pouvoir de concurrencer le dollar et de postuler au rang de « monnaie internationale » ? Tout d'abord, au niveau privé, l'importance des échanges commerciaux intra-européens incite à libeller et à facturer les exportations et importations en euros. De surcroît, dans les échanges extra-européens, « des producteurs locaux nombreux et puissants sur le marché forcent les fournisseurs étrangers à fixer leurs prix et à régler en monnaie locale [1] ». L'euro permet également aux investisseurs de diversifier leur portefeuille, en bénéficiant d'un marché financier de grande taille et d'une relative décorrélation des conjonctures américaines et européennes. Pour ce qui est du secteur public, les pays de l'Est et d'Afrique, pour lesquels la zone euro représente un important débouché commercial, ont intérêt à s'arrimer à l'euro.

1. A. Benassy-Quéré, B. Cœuré, *Économie de l'euro*, Paris, La Découverte, « Repères », 2002.

Toutefois, l'avènement de l'euro se heurte à un obstacle de nature structurelle : l'existence préalable d'une monnaie internationale – en l'occurrence le dollar. Car du fait de son antériorité le dollar bénéficie de deux effets favorables :

— un effet d'économie d'échelle : par exemple, une entreprise a intérêt à utiliser une seule monnaie de facturation afin de minimiser les coûts de transaction ;
— un effet d'« externalité de réseau » : si la majorité des intervenants sur un marché utilise le dollar, une entreprise n'a aucun intérêt à utiliser une autre monnaie, quelle que soit la confiance intrinsèque qu'elle accorde à cette monnaie. La monnaie s'apparente ici à un standard.

On peut d'ailleurs constater qu'après 1999 l'euro s'impose difficilement comme monnaie de placement (et de diversification de portefeuille) pour les agents privés, qui utilisent encore largement le dollar. De même, au niveau des banques centrales, le poids de l'euro dans les réserves de change reste inférieur à celui du dollar ; pour ce qui est des échanges commerciaux, au-delà des échanges intra-européens, l'euro n'a pas remis en cause le rôle du dollar.

• **L'évolution de l'euro par rapport au dollar après 1999 apparaît contrastée : à une phase de dépréciation a succédé depuis 2001 une phase d'appréciation.**

Après son introduction en janvier 1999, l'euro a connu une première phase de dépréciation (graphique 12) : alors que le taux de change s'établissait à 1,17 $ pour 1 € lors de son lancement, il n'a cessé de chuter pour atteindre en octobre 2000 0,83 $, soit une baisse de près de 30 %. Cette dépréciation de l'euro, qui n'avait pas été anticipée, provient de la conjugaison de deux facteurs principaux :

— alors que les prévisions tablaient en 1999 sur un ralentissement de la croissance américaine et sur un raffermissement de la reprise en Europe, la croissance est restée très vigoureuse aux États-Unis et encore modeste en Europe ; le rendement du capital aux États-Unis se révélait plus élevé qu'en Europe, ce qui a entraîné des sorties de capitaux en direction des États-Unis ;
— la crédibilité de la politique monétaire européenne (notamment en matière de lutte contre l'inflation) ne s'acquiert pas instantanément, surtout dans un contexte de divergence des conjonctures au niveau national.

Cette dépréciation de l'euro a, au demeurant, favorisé la compétitivité-prix et donc les exportations fortement dépendantes du prix ; en contrepartie, cette baisse de l'euro a stimulé l'inflation importée, dans un contexte de tensions inflationnistes liées à la forte croissance économique en 1999-2000.

Entre 2002 et 2010, l'euro s'est fortement apprécié vis-à-vis du dollar – avec une correction passagère en 2005 – pour atteindre en mai 2008 plus de 1,50 $. Sur la période 2001-2006, l'appréciation de l'euro est donc supérieure à 50 % (graphique 11). Cette évolution reste difficile à expliquer par les approches conjoncturelles usuelles (parité des pouvoirs d'achat, parité des taux d'intérêt), notamment dans un contexte de remontée des taux d'intérêt à court terme aux États-Unis à partir de 2004. Une explication structurelle est parfois avancée : l'euro serait en train d'acquérir

Graphique 11
Évolution du cours de l'euro par rapport au dollar

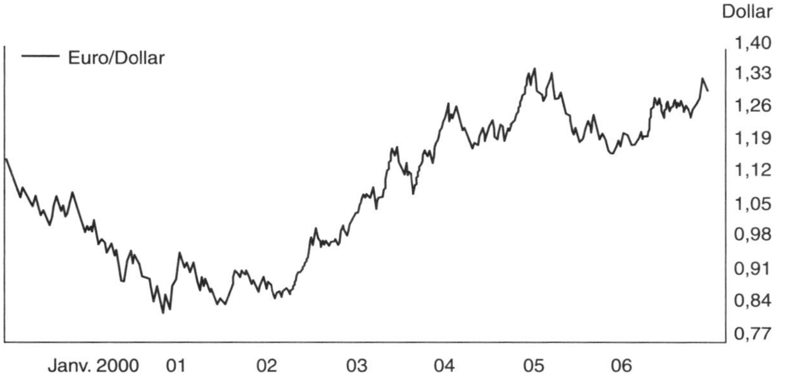

progressivement le statut de deuxième monnaie internationale, aux côtés du dollar, les agents diversifiant leurs portefeuilles d'actifs en direction de l'euro.

Approfondir

LECTURES

- A. Bénassy-Quéré, B. Cœuré, *Économie de l'euro*, Paris, La Découverte, « Repères », 2010.
- P. Krugman, M. Obsfeld, *Économie internationale*, Paris, Pearson, 2009.
- D. Plihon, *Les taux de change*, Paris, La Découverte, « Repères », 2010.
- M. Lelart, *Le système monétaire international*, Paris, La Découverte, « Repères », 2007.

THÈMES DE RÉFLEXION

— Les déterminants du taux de change.
— Comment expliquer la volatilité des taux de change ?
— Quel bilan tirer du Système monétaire européen ?
— Coûts et avantages de l'UEM.
— Faut-il revenir aux changes fixes ?
— Quelles leçons tirer de Bretton Woods ?
— Portée et limite de la théorie de la PPA.
— La gestion de la dette des PVD : quelles solutions ?

Retenir

Taux de change nominal/réel ; taux de change bilatéral/effectif ; taux de change au comptant/à terme ; le marché des changes ; les opérations de couverture du risque de change ; la théorie de la PPA absolue ; la théorie de la PPA relative ; la théorie de la PTI couverte/non couverte ; la bulle spéculative ; la surréaction du change (*overshooting*) ; le système de Bretton Woods ; le SME ; le plan Delors ; les critères de convergence ; l'UEM ; le *Gold exchange standard* ; le *Gold standard* ; cotation au certain/à l'incertain ; changes fixes ; changes flottants ; flottement impur ; parité officielle ; cours-pivot ; bande de fluctuations ; cotation officielle (*fixing*) ; *market makers* ; *spread* ; opération d'arbitrage ; opération de spéculation ; opération de couverture ; position ouverte/fermée ; position longue/courte ; le serpent monétaire européen ; l'ECU ; le fédéralisme fiscal ; le FECOM ; le cours-pivot ; la crédibilité importée ; la zone monétaire optimale ; le seuil de divergence ; les marges de fluctuations ; le triangle d'incompatibilité ; les attaques spéculatives autoréalisatrices ; le traité de Maastricht ; la monnaie unique ; la monnaie commune ; la BCE ; le SEBC ; théorie des zones cibles ; thèse des déficits jumeaux ; principe N – 1 ; le contrôle des changes ; la volatilité du taux de change ; le principe de la marche au hasard ; le système de la double convertibilité ; le paradoxe de Triffin ; le FMI ; les DTS ; les fonds structurels ; le cycle de la dette ; l'hypothèse d'Haavelmo ; la théorie du risque-pays ; le risque d'insolvabilité ; le risque de reniement ; le risque d'illiquidité ; les prêts à taux variable ; le rééchelonnement de la dette ; le marché secondaire de la dette ; le plan Brady ; le plan Baker ; le rachat de dette ; la remise de dette ; la courbe de Laffer de la dette.

Index des auteurs

Index des notions

MAJOR

ALBERTIN Gérard et divers auteurs – L'amitié : dissertations
ALBERTINI Jean-Marie – Le chômage est-il une fatalité ?
ALLAL Patrick, GUILHEMSANS Marie-Françoise, SAILLARD Marie-Odile, FRAISSEIX Patrick – Droit hospitalier
ALLMANG Cédrick – Petites leçons de géographie
ALVERGNE Christel, TAULELLE François – Du local à l'Europe, les nouvelles politiques d'aménagement du territoire
AMMIRATI Charles et divers auteurs – Littérature française, manuel de poche
BARON-GIRACCA Sylvia – Les métiers de l'environnement
BAUER Alain – Criminologie plurielle
BEDEL Jean-Marc – Grammaire espagnole moderne (3e éd. corrigée)
BERGERON Claudine et divers auteurs – L'héroïsme : dissertations
BERGERON Claudine, BORRUT Michel, KERBRAT Marie-Claire, SANTERRE Jean-Paul – Savoir et ignorer, dissertations
BERNARD Guillaume, DESCHODT Jean-Philippe, VERPEAUX Michel – Dictionnaire de la politique et de l'administration
BERTHELOT Ascension – Le thème espagnol aux concours
BIGEL Jean-Pierre – Mesure et démesure. Dissertations
BILEMDJIAN Sophie – Premières leçons sur *L'existentialisme est un humanisme* de Jean-Paul Sartre
BONNEFOUS Alexis – Les métiers du dessin
BONIFACE Pascal, NIVET Bastien – Petit dico européen
BRABEC Maximilien – Sortir du « Me too ». La stratégie de compétition par la différence
BRUNEL Sylvie – Le Sud dans la nouvelle économie mondiale
CAQUET Emmanuel – Leçon littéraire sur *Médée* de Sénèque
CAQUET Emmanuel, DEBAILLEUX Diane – Leçon littéraire sur le temps
CAREL Nicolas – Exercices de version anglaise
CARRÉ Frédéric, SEGUIN André de – Mexique, Golfe et Caraïbes
CASTELLANI Jean-Pierre, URABAYEN Miguel – Décrypter la presse écrite espagnole
CHAMPAGNE Pierre – L'organisation scolaire et universitaire
CERVELLON Christophe – Mesure et démesure
CHAMPAGNE Pierre – L'organisation scolaire et universitaire
CHANCEL Claude, DRANCOURT Michel, LOUAT André, MARSEILLE Jacques, PIELBERG Éric-Charles – L'entreprise dans la nouvelle économie mondiale
CHANCEL Claude, PIELBERG Éric-Charles – Le monde chinois dans le nouvel espace mondial

CHANTEPIE Philippe, GAUTIER Louis, PIOT Olivier, PLIHON Dominique – La nouvelle politique économique. L'État face à la mondialisation
CHAPRON Françoise, MORIZIO Claude – Préparer et réussir le CAPES externe de documentation
CHAUVIN Andrée – Leçon littéraire sur *W ou le souvenir d'enfance* de Georges Perec
CHIBAUDEL Pierre – Les mathématiques sur Casio
CLÉMENT Jean-Pierre – España, ahora
COBAST Éric – Anthologie de culture générale
COBAST Éric – Lexique de culture générale
COBAST Éric – La revue de culture générale. L'année Major 1999/2000
COBAST Éric – Leçons particulières de culture générale (7e éd.)
COBAST Éric – Petites leçons de culture générale (6e éd.)
COBAST Éric – *Les Dieux antiques* de Stéphane Mallarmé
COMBE Emmanuel – Précis d'économie (7e éd. mise à jour)
COMBROUZE Alain – Probabilités et statistiques
COMBROUZE Alain – Probabilités, 1
COMBROUZE Alain – Probabilités et statistiques, 2, Voie scientifique
COMBROUZE Alain, DEDE Alexandre – Analyse. Algèbre
COMBROUZE Alain, DEDE Alexandre – Analyse. Algèbre, Prépa HEC, 2e année, voie économique
COMBROUZE Alain, DEDE Alexandre – Probabilités et statistiques, 1, Voie économique
COMBROUZE Alain, DEDE Alexandre – Probabilités et statistiques, 2, Voie économique
COMBROUZE Alain, TRAN VAN HIEP – Mathématiques. Analyse et programmation
COMTE Maurice, GADEN Joël – Statistiques et probabilités pour les sciences économiques et sociales
CONRAD Philippe – Le poids des armes. Guerres et conflits de 1900 à 1945
DANIEL Gérard – L'anglais, du bac aux grandes écoles DAUBE Jean-Michel – Verbes anglais : savoir et savoir-faire
DAVID François – Les échanges commerciaux dans la nouvelle économie mondiale
DEBOVE Frédéric, FALLETTI François – Précis de droit pénal et de procédure pénale (2e éd.)
DEDE Alexandre – Exercices de mathématiques (Prépa HEC)
DÉFOSSÉ Jacques – Principes et méthodes du commentaire de cartes aux concours (2e éd. corrigée)
DESCHANEL Jean-Pierre, GIZARD Bruno – À la découverte du monde de la Bourse. Manuel d'économie boursière
DIEHL Christel – L'anglais du droit des affaires
DIOT Marie-Renée, DIOT Jean-Robert – Deutschland, was nun ? (6e éd.)
DRANCOURT Michel – Leçon d'histoire sur l'entreprise, de l'Antiquité à nos jours (2e éd. mise à jour)
DREVET Jean-François – La nouvelle identité de l'Europe DROUIN Jean-Claude – Tous économistes. Guide d'introduction à l'économie
DUPAS Hervé Guy, BENNERT Uwe – Lexique de civilisation germanique
DURAND Virginie – Les métiers de la communication d'entreprise
ECK Jean-François – La France dans la nouvelle économie mondiale (4e éd.)
EDEL Patricia, VACHERAT François – Les métiers de la solidarité
ENJEUX – LES ÉCHOS – Sous la crise, la croissance
FABRIÈS-VERFAILLIE Maryse – L'Afrique du Nord et le Moyen-Orient dans le nouvel espace mondial
FERRANDÉRY Jean-Luc – Le point sur la mondialisation (3e éd.)
FESSIER Guy – L'épistolaire
FESSIER Guy – *Dom Juan* de Molière. Leçon littéraire
FICHAUX Fabien – L'épreuve d'anglais à Sciences Po
FLOUZAT Denise – La nouvelle émergence de l'Asie

FLAM Emmanuel – L'économie verte
FORT Sylvain – Leçon littéraire sur l'amitié
FORT Sylvain – Leçon littéraire sur *93* de Victor Hugo
FRAISSEX Patrick, VALETTE Jean-Paul – Précis de droit public
FRÉMICOURT Éric – Diriger. 100 fiches techniques de gestion des ressources humaines
FUMEY Gilles – L'agriculture dans la nouvelle économie mondiale
GAILLOCHET Philippe – Le monde des MBA
GAUCHON Pascal, HAMON Dominique, MAURAS Annie – La Triade dans la nouvelle économie mondiale (4e éd. mise à jour)
GAUCHON Pascal – Mondialistes et Français toujours ?
GAUCHON Pascal, COBAST Éric – L'année Major 98/99. Revue de culture générale
GAUCHON Pascal – Dictionnaire de géopolitique et de géoéconomie
GAUDIN, Philippe – Préparer les concours des écoles de journalisme (2e éd.)
GERRER Jean-Luc – Leçon littéraire sur *Dans la jungle des villes* de Bertolt Brecht
GERRER Jean-Luc – Leçon littéraire sur *La Vie de Galilée* de Bertolt Brecht
GERVAISE Yves, QUIRIN Bernard, CRÉMIEU Élisabeth – Le nouvel espace économique français
GERVASI Laurène, JOHANSSON Franz – Le biographique
GOFFART Michel, GUËT Alain, JONES Gwyn, MICHELET Françoise – Lexique de civilisation américaine et britannique (2e éd. revue et augmentée)
GUEDON Jean-François – La note administrative aux concours
GUËT Alain, LARUELLE Philippe – The US in a Nusthell (2e éd. revue et augmentée)
HAMON Dominique, KELLER Ivan – Fondements et étapes de la construction européenne
HAUTIN Christine, BILLIER Dominique – « Être compagnon »
HERVOUET François-Xavier – La poésie
HILLERIN Alexis de, HILLERIN Camille de – Théâtre, texte et représentation
HOLZ Jean-Marc, HOUSSEL Jean-Pierre, MANTEAU Julien – L'industrie dans la nouvelle économie mondiale
IMBERT Marie-José – ¿Cómo decirlo ? Comment le dire ? Vocabulaire français-espagnol (2e éd.)
JANVIER Sophie – Les métiers du journalisme
KARILA-COHEN Pierre, WILFERT Blaise – Leçon d'histoire sur le syndicalisme en France
KERBRAT Marie-Claire – Leçon littéraire sur l'écriture de soi (2e éd.)
KERBRAT Marie-Claire – Leçon littéraire sur *L'Emploi du temps* de Michel Butor
KERBRAT Marie-Claire – Leçon littéraire sur l'héroïsme
KERBRAT Marie-Claire – Leçon littéraire sur la ville
KERBRAT Marie-Claire – Leçon littéraire sur *Frankenstein* de Mary Shelley
KERBRAT Marie-Claire, MAXIMINE – L'œuvre d'art par elle-même
KERBRAT Marie-Claire, LE GALL Danielle, LELIÈPVRE-BOTTON Sylvie – Figures du pouvoir
KERMEN Denis, LAUPIES Frédéric – Premières leçons sur le pouvoir
KLOTZ Gérard – Mathématiques pour les sciences économiques et sociales. Analyse 1
KLOTZ Gérard – Mathématiques pour les sciences économiques et sociales. Algèbre 1. Cours et exercices
KLOTZ Gérard – Mathématiques pour les sciences économiques et sociales. Algèbre 2
LABREUCHE F., MAZEREAU G., TIRARD M. – Vocabulaire économique quadrilingue
LAIZÉHubert – Leçon littéraire sur *Les Grands Chemins* de Jean Giono
LAIZÉ Hubert – Leçon littéraire sur l'*Iliade* d'Homère
LAIZÉ Hubert – Leçon littéraire sur *Les faux-monnayeurs* d'André Gide
LAIZÉ Hubert – Leçon littéraire sur *La Paix* d'Aristophane

LANOT Franck et divers auteurs – Dictionnaire de culture littéraire
LARUELLE Philippe, MICHELET Françoise – L'aide-mémoire de l'angliciste (3e éd. corrigée)
LARUELLE Philippe – Mieux écrire en anglais (2e éd. corrigée)
LAUPIES Frédéric – Leçon philosophique sur autrui
LAUPIES Frédéric – Leçon philosophique sur le bonheur
LAUPIES Frédéric – Leçon philosophique sur le mal
LAUPIES Frédéric – Leçon philosophique sur la sensibilité
LAUPIES Frédéric – Leçon philosophique sur le temps
LAUPIES Frédéric – Leçon philosophique sur la représentation
LAUPIES Frédéric – Leçon philosophique sur l'échange
LAUPIES Frédéric – Leçon philosophique sur *Projet de paix perpétuelle* de Kant
LAUPIES Frédéric (sous la direction de) – Dictionnaire de culture générale
LAUPIES Frédéric – *Gorgias* de Platon. Leçon philosophique
LAUPIES Frédéric – La croyance. Premières leçons
LE DIRAISON Serge, ZERNIK Éric – Le corps des philosophes
LEFEBVRE Maxime – Le jeu du droit et de la puissance. Précis de relations internationales (2e éd. mise à jour)
LE GUÉRINEL Pierre – Individualisme et crise des institutions. Manuel de culture générale
LE GUÉRINEL Pierre – Une société d'exclusion ? Manuel de culture générale
LEVEAU Jacques – L'aide-mémoire du germaniste
LEVEAU Jacques – L'oral d'allemand aux concours
LION Claude, Aubey-Berthelot Catherine – Les écrits aux concours administratifs
MAIXENT Jocelyn – Leçon littéraire sur Vladimir Nabokov, de *La Méprise* à *Ada* (2e éd.)
MALVILLE Patrick – Leçon littéraire sur les *Confessions* de Jean-Jacques Rousseau (2e éd.)
MANTEAU Danièle – Leçon littéraire sur le mal
MARÉCHAUX Pierre – Littérature latine. Manuel de poche
MARTINIÈRE Nathalie – Décrypter les médias américains
MARZÉ Jo, Sainte-Lorette Patrick de – L'épreuve d'entretien aux concours (5e éd.)
MAYEUR Arnaud – Les grands économistes contemporains
NOUSCHI Marc – Temps forts du XXe siècle
ORTEGA Olivier – La note de synthèse juridique à l'entrée à l'EFB, aux CRFPA et à l'ENM
ORTEGA Olivier – Les métiers du droit
PARENT Jean, SEPARI Sabine – La société technicienne des origines à nos jours
PELLEGRIN Marie-Frédérique – Leçon sur les expériences du présent
PELLEGRIN Marie-Frédérique – Leçon sur le *Ménon* de Platon
PORTIER François – Documents for Civilization Studies of Great Britain and the English Speaking World
Prépasup – Guide de l'étudiant en droit
PRETESEILLE Stéphane, FEGYVERES Matthias, LATTAIGNANT Guillaume – Annale de mathématiques, 1998-1999. Voie économique
PRETESEILLE Stéphane, FEGYVERES Matthias, HUILLERY Élise, TACONNET Benoît – Annale de mathématiques 2000. Voie économique
PRETESEILLE Stéphane, FEGYVERES Matthias, LATTAIGNANT Guillaume – Annales de mathématiques, 1998-1999. Voie scientifique
PRETESEILLE Stéphane, FEGYVERES Matthias, HUILLERY Élise, TACONNET Benoît – Annales de mathématiques 2000. Voie scientifique
PRETESEILLE Stéphane et divers auteurs – Annales de mathématiques 2001. Voie scientifique

PRETESEILLE Stéphane et divers auteurs – Annales de mathématiques 2001. Voie économique
PRETESEILLE Stéphane et divers auteurs – Annales de mathématiques 2002. Voie scientifique
PRETESEILLE Stéphane et divers auteurs – Annales de mathématiques 2002. Voie économique
PRETESEILLE Stéphane et divers auteurs – Annales de mathématiques 2003. Voie scientifique
PRETESEILLE Stéphane et divers auteurs – Annales de mathématiques 2003. Voie économique
PROST Yannick – Petites leçons d'histoire contemporaine
QUESNEL Alain – Les mythes modernes. Actualité de la culture générale
REVARDEAUX François – Petite grammaire de l'italien
REVARDEAUX François – L'aide mémoire de l'italianisant
RICOT Jacques – Leçon sur *La perception du changement* de Henri Bergson
RICOT Jacques – Leçon sur savoir et ignorer
RICOT Jacques – Leçon sur l'*Éthique à Nicomaque* d'Aristote
RICOT Jacques – Leçon sur la paix
RIUTORT Philippe – Précis de sociologie
ROTGÉ Wilfrid, MALAVIEILLE Michèle, MUTCH George – Exercices de thème grammatical anglais
ROBERT Richard – Les mouvements littéraires
ROBINET Jean-François – Le temps de la pensée
ROYER Pierre – Préparer et réussir Sciences Po Strasbourg ROYER Pierre – Préparer et réussir les concours commerciaux : SESAME, VISA, ECCIP, ECE, MBA Institute...
ROYER Pierre, GABBAY Anne, TREMOLET Vincent – Préparer et réussir le concours des IRA (2ᵉ éd.)
SAÏD Laurent – Nécessaire et suffisant. Cours et exercices appliqués de mathématiques
SAINTE-LORETTE Patrick de, MARZÉ Jo – L'épreuve d'entretien aux concours (5ᵉ éd.)
SANTERRE Jean-Paul – Leçon littéraire sur *Bouvard et Pécuchet* de Gustave Flaubert
SANTERRE Jean-Paul – Leçon littéraire sur *Noces* d'Albert Camus
SANTERRE Jean-Paul – Leçon littéraire sur *La Chartreuse de Parme* de Stendhal
SANTERRE Jean-Paul – Leçon littéraire sur *En attendant Godot* de Beckett
SANTERRE Jean-Paul – Dissertation sur *La Paix*
SANTERRE Jean-Paul – *Gargantua* de Rabelais. Leçon littéraire
SCHARFEN Herbert – Allemand, cinq cents fautes à éviter (3ᵉ éd. corrigée)
SCHIRMANN-DUCLOS Danielle, LAFORGE Frédéric – La France et la mer
SEGUIN André de – Le Mexique dans la nouvelle économie mondiale
SÉNAT David, BONAN Fabien – Préparer et réussir les concours de l'École nationale de la magistrature (3ᵉ éd. mise à jour)
SÉNAT David, GAYRAUD Jean-François – Préparer et réussir les concours de commissaire de police et de lieutenant de police SÉNAT David, JEANJEAN Philippe – Préparer et réussir les concours de l'École nationale des greffes
SÉNAT David, ORTEGA Olivier – Les métiers du droit
TABET Emmanuelle – Convaincre, persuader, délibérer
TARIN René – Préparer et réussir le concours de conseiller principal d'éducation
TEULON Frédéric – L'État et la politique économique
TEULON Frédéric – Croissance, crises et développement (9ᵉ éd. mise à jour)
TEULON Frédéric – La nouvelle économie mondiale (5ᵉ éd. mise à jour)
TEULON Frédéric (sous la direction de) – Dictionnaire. Histoire, économie, finance, géographie (5ᵉ éd. refondue)
TEULON Frédéric – Initiation à la macro-économie
TEULON Frédéric – Initiation à la micro-économie (3ᵉ éd.)
THORIS Gérard – La dissertation économique aux concours

TOUCHARD Patrice, BERMOND Christine, CABANEL Patrick, LEFEBVRE Maxime – Le siècle des excès de 1870 à nos jours (7e éd.)
TOUCHARD Patrice – La nouvelle économie mondiale en chiffres
TRAN VAN HIEP – Mathématiques. Formulaire (4e éd. revue et augmentée)
TRAN VAN HIEP – Morceaux choisis de l'oral de mathématiques
TRAN VAN HIEP – Les plus beaux problèmes de mathématiques. HEC 1re et 2e années
TRAN VAN HIEP – Algèbre
TRAN VAN HIEP – Algèbre, cours et exercices
TRAN VAN HIEP – Analyse, 2
TRAN VAN HIEP, COMBROUZE Alain – Mathématiques. Analyse et programmation. Cours et exercices
TREMOLET Vincent, ALCAUD David, GABBAY-BAUX Anne – Réussir le concours d'attaché territorial
TROUVÉ Alain – Leçon littéraire sur *Mémoires d'Hadrien* de Marguerite Yourcenar
TROUVÉ Alain – Réussir le résumé et la synthèse de textes aux concours (2e éd. corrigée)
VENET Gisèle – Leçon littéraire sur *Henry V* de Shakespeare
VIELLARD Stéphane – Lire les textes russes
VILLANI Jacqueline – Leçon littéraire sur *Les Mots* de Jean-Paul Sartre

Cet ouvrage a été mis en page
par Meta-systems
59100 Roubaix

Cet ouvrage a été achevé d'imprimer en août 2012
sur les presses de Normandie Roto Impression s.a.s.
61250 Lonrai (Orne)
N° d'impression : 123002

Imprimé en France